人文传统 三

【第七版】

[美] 费尔罗（Gloria K. Fiero）著 陈丽莎 译

十九世纪——现当代

The Humanistic Tradition

3

Gloria K. Fiero
THE HUMANISTIC TRADITION, BOOK 5, ROMANTICISM, REALISM, AND THE NINETEENTH-CENTURY WORLD, SEVENTH EDITION
ISBN 978-1-259-35540-0
THE HUMANISTIC TRADITION, BOOK 6, MODERNISM, POSTMODERNISM, AND THE GLOBAL PERSPECTIVE, SEVENTH EDITION
ISBN 978-1-259-35211-9
Copyright ©2015 by McGraw-Hill Education.

All Rights reserved. No part of this publication may be reproduced or transmitted in any form or by any means, electronic or mechanical, including without limitation photocopying, recording, taping, or any database, information or retrieval system, without the prior written permission of the publisher.
This authorized Chinese translation edition is published by China South Booky Culture Media Co.,LTD in arrangement with McGraw-Hill Education (Singapore) Pte. Ltd. This edition is authorized for sale in the People's Republic of China only, excluding Hong Kong, Macao SAR and Taiwan.
Translation Copyright ©2025 by McGraw-Hill Education (Singapore) Pte. Ltd and China South Booky Culture Media Co.,LTD.

版权所有。未经出版人事先书面许可，对本出版物的任何部分不得以任何方式或途径复制传播，包括但不限于复印、录制、录音，或通过任何数据库、信息或可检索的系统。
此中文简体翻译版本经授权仅限在中华人民共和国境内（不包括香港特别行政区、澳门特别行政区和台湾）销售。
翻译版权 ©2025 由麦格劳-希尔教育（新加坡）有限公司与中南博集天卷文化传媒有限公司所有。
本书封面贴有 McGraw Hill 公司防伪标签，无标签者不得销售。

© 中南博集天卷文化传媒有限公司。本书版权受法律保护。未经权利人许可，任何人不得以任何方式使用本书包括正文、插图、封面、版式等任何部分内容，违者将受到法律制裁。

著作权合同登记号：字 18-2021-71

图书在版编目（CIP）数据

人文传统. 三 /（美）费尔罗（Gloria K. Fiero）著；陈丽莎译. -- 长沙：湖南文艺出版社，2025.5
ISBN 978-7-5726-0110-1

Ⅰ. ①人… Ⅱ. ①费… ②陈… Ⅲ. ①文化史—世界 Ⅳ. ①K103

中国版本图书馆 CIP 数据核字（2021）第 058880 号

上架建议：世界文化通史

RENWEN CHUANTONG.SAN
人文传统. 三

著　　者：[美] 费尔罗（Gloria K. Fiero）
译　　者：陈丽莎
出 版 人：陈新文
责任编辑：吕苗莉
监　　制：于向勇
策划编辑：陈文彬
文字编辑：罗　钦　刘　盼　赵　静
营销编辑：时宇飞　黄璐璐
版权支持：辛　艳　张雪珂　刘子一
封面设计：利　锐
出　　版：湖南文艺出版社
　　　　　（长沙市雨花区东二环一段 508 号　邮编：410014）
网　　址：www.hnwy.net
印　　刷：北京嘉业印刷厂
经　　销：新华书店
开　　本：889 mm×1194 mm　1/16
字　　数：667 千字
印　　张：25.75
版　　次：2025 年 5 月第 1 版
印　　次：2025 年 5 月第 1 次印刷
书　　号：ISBN 978-7-5726-0110-1
定　　价：128.00 元

若有质量问题，请致电质量监督电话：010-59096394
团购电话：010-59320018

序 言
Preface
人 文 传 统

1992年，《人文传统》首次出版。作为一名长期教授人文学科的老师，我意识到只从西方视角理解世界文明的基础是远远不够的。然而，现有的人文教科书并不能满足我的需要。于是，我决定撰写此书。这项挑战十分艰巨，令人生畏。对人文学科而言，研究西方的文学、哲学、美术、音乐和舞蹈等各方面历史，已是一份雄心勃勃的事业。我该采用何种办法，既能将视角扩展至亚洲、非洲和美洲，又能避免课程内容过于繁杂？

针对这个问题，我在课堂上找到了解决方案。我并未像往常一样，采用严格的历史研究方法（正如我曾经在历史课上所做的那样），而是按照主题编排我的人文课程，并着眼于文明的普遍主题、主要风格和重大事件，包括诸神和统治者、古典主义、帝国主义、浪漫主义英雄人物、种族和性别平等、全球化等。因为这些元素反映或塑造了特定时间或地区的文化。

最终，《人文传统》的内容架构由以上思想和课堂实践演化而来。本书并不希望将学生埋在书山之中，让他们一味地接受海量信息，而是立足全球视野，采用主题法和编年法讲述人文知识，并致力于引发读者的思考和讨论。

如今，《人文传统》第七版将着眼于艺术和思想之间的相互联系，以及两者揭示的人文特征，并借此培养读者的创造性思维。

本书的宗旨仍与当下息息相关，希望每位读者都能通过此次阅读让自己的未来变得更加丰富多彩。

第七版修订

在《人文传统》第七版中，我添加了一个新的板块："调查研究"。该板块以图解的方式分析了世界文明中的重要作品，包括新石器时代的巨石阵（含土耳其东南部最新的考古发现）、帕提侬神庙、彼特拉克和多恩的十四行诗、印度湿婆舞王像、文艺复兴时期画家杨·凡·爱克的作品《阿尔诺芬尼夫妇像》，以及美国现代艺术家朱迪·芝加哥的画作《晚宴》。

为了培养读者的批判性思维，第七版还加入了两个热门板块："问题探讨"和"触类旁通"。"问题探讨"侧重于介绍有争议的观点和当前的争论（比如文物所有权之争、创造论与进化论之争），而"触类旁通"则关注古今之间的传承与差异。在"问题探讨"中，我加入了学界对印度吠陀文化起源的争论（第三章）。而在"触类旁通"中，我提出了一种全新观点，解释当代中国人对于传统山水画的感受（第十四章）。

作为《人文传统》的一大标志，本版仍将文学、视觉和听觉等方面的原始资料逐章进行整合。为了让文学作品深入浅出、通俗易懂，一些阅读材料将以译文形式替代原文出现。此外，还有一些文学材料只在讨论中出现，并未编入正文。我在这些材料上添加了注释，旨在引导学生进行补充学习。

新增加的艺术作品包括内布拉星象盘，希腊化时期的马赛克艺术，法国著名画家德拉克洛瓦的作品《阿尔及尔妇女》，大洋洲文身艺术，日本阿弥陀佛像，查尔斯·威尔森·皮尔的作品《穆罕默德·亚罗肖像画》（美国最早的穆斯林肖像），以及英国女建筑师扎哈·哈迪德的作品盖达尔·阿利耶夫文化中心。此外，我更新了第三十七章和第三十八章，探讨了信息时代和全球化等主题，并简要叙述了当今世界的问题，包括恐怖主义、生态问题、种族冲突和数字艺术。

在人文课程中，每个部分的内容年代跨度各异。认识到这一点之后，我决定独树一帜，将《人文传统》丛书分为六卷。每一卷的篇幅都力求精练，这样不仅能让教师灵活安排课程，也方便学生将教材带到课堂、图书馆和其他地方进行学习。因此，第七版将继续保留六卷本，并把两卷合订成一册，以便开展最为常见的两学期课程。

在第七版的准备工作中，我对英国劳伦斯·金出版社的优秀编辑和制作团队一直信赖有加，并向其领导者唐纳德·丁威迪先生表示感谢。另外，我要对来自英国劳伦斯·金出版社的卡拉·哈特斯利·史密斯以及来自麦格劳希尔高等教育集团的莎拉·雷明顿特别表示感谢。

格洛丽亚·K. 费尔罗

目录
Contents
人文传统

第二十七章　浪漫主义的自然观
001　约 1780 年—1880 年

- 工业化进程　003
- 19 世纪早期思想　003
- 欧洲文学中的自然与自然派　007
- 亚洲文学中的自然和自然派　016
- 浪漫主义风景画　017
- 美国的浪漫主义　023

第二十八章　浪漫主义英雄
037　约 1780 年—1880 年

- 民族主义和英雄　039
- 普罗米修斯式的英雄　041
- 歌德的浮士德：典型的浪漫主义英雄　052
- 浪漫主义爱情和浪漫主义刻板印象　061

第二十九章　美术和音乐中的浪漫主义风格

065　约 1780 年—1880 年

美术中的英雄主题	067
19 世纪中期的建筑潮流	073
音乐中的浪漫主义风格	075
浪漫主义芭蕾	080
浪漫主义歌剧	082

第三十章　工业、帝国和现实主义风格

087　约 1850 年—1900 年

西方世界对全球的控制	089
19 世纪社会理论	094
文学中的现实主义	101
视觉艺术中的现实主义	118
19 世纪末期的建筑	132
音乐中的现实主义	135

第三十一章　迈向现代主义

139　约 1875 年—1900 年

19 世纪晚期的思想	141
19 世纪晚期的诗歌：象征主义者	143
19 世纪晚期的音乐：德彪西	145
19 世纪晚期的绘画	147
新艺术运动	157
19 世纪晚期的雕塑	158
非洲和大洋洲的艺术	162
后印象主义	165

第三十二章 现代主义的进攻

173　　约 1900 年—1950 年

新物理学	175
20 世纪早期的诗歌	176
20 世纪早期的视觉艺术	181
20 世纪早期的建筑	193
20 世纪早期的音乐	197
现代舞的开端	199

第三十三章 弗洛伊德引发的革命

203　　约 1900 年—1950 年

弗洛伊德	205
新心理学和文学	210
新心理学和视觉艺术	218
新心理学和音乐	229

第三十四章 全面战争、极权主义及艺术

233　　约 1900 年—1950 年

全面战争	235
关于第一次世界大战的文学	236
关于第一次世界大战的绘画	242
俄国革命	244
大萧条和美国景象	246
极权主义和第二次世界大战	248
战争时期的视觉艺术	253
战争时期的音乐	255

第三十五章　对意义的追寻

263　约1940年—1960年

冷战 265
存在主义 265
20世纪中叶的文学 270
20世纪中叶的视觉艺术 276
20世纪中叶的雕塑 281
20世纪中叶的建筑 284
20世纪中叶的音乐与舞蹈 287

第三十六章　解放与平等

291　约1930年—现当代

反殖民主义与解放 293
寻求种族平等 295
寻求性别平等 319

第三十七章　信息时代

337　约1960年—现当代

信息爆炸 339
科学与哲学的新方向 341
信息时代的文学 344
信息时代的视觉艺术 352
信息时代的建筑 363
信息时代的音乐 364
信息时代的舞蹈 369

第三十八章　全球主义：当今世界

373　　约1970年—现当代

全球典范	375
全球主义的挑战	377
全球生态系统	381
全球主义与民族身份	384
地球村的视觉艺术	388
数字艺术	392
地球村的建筑	397
地球村的音乐	398
地球村的舞蹈	399

第二十七章
浪漫主义的自然观

约1780年—1880年

艺术的美即真理，它一直存在于人们对自然的认识中。

——柯罗

图 27.1 奴隶船 约瑟夫·马洛德·威廉·透纳，绘于1840年。透纳在很多画作中使用了金黄色的光辉，这是他用白底而不是以深色打底，并使用1817年新上市的黄色颜料画出的效果

19世纪通常被认为是"浪漫主义时期"。浪漫主义指的是文化史上的一场运动、一种美学风格和一种思想观念。作为一场文化运动，浪漫主义反对启蒙运动时期的理性主义，反感西方的工业化压抑人性的现实。浪漫主义运动从18世纪末期开始，一直持续到20世纪，它反对学院派传统及官方权威，抵抗对个性自由、政治自由以及艺术生活自由的限制。

作为一种美学风格，浪漫主义在对规则、明晰和理性约束的理解方面，提供了有别于启蒙运动时期的价值观念。不同于新古典主义的拘谨和对智力的理性运用，浪漫主义崇尚自主性以及对想象的主观运用。在所有的艺术形式中，浪漫主义者摒弃了传统的约束，致力于探索全新的、富有想象力的表达方式。

作为一种思想观念，人们可以认为，浪漫主义是强调主观直觉和个性的一种主张，它把个人的情绪感受放在首位。浪漫主义者并不否认理性的价值，但是，他们认为人的情绪（以及感官）对人的体验同样重要——对创造力也至关重要。他们把自然看作提供极佳灵感的源泉，抓取他们那个时代或奇异、或灾难性、或精彩绝伦的动荡事件来进行创作。他们不墨守成规，行为举止不合主流，这让他们和传统社会格格不入。

浪漫主义者的生活和作品中都带有浓厚的主观色彩，甚至以自我放纵为特征。他们的感知和情绪极其强烈，强烈到他们试图设计出一种能完整表达他们强烈情感的语言，可这种愿望的落空经常会令他们陷入沮丧、忧郁、绝望的境地，有些浪漫主义者甚至因此早逝，比如诗人雪莱、济慈和拜伦，作曲家肖邦和舒伯特，画家格罗和籍里柯，他们都早早地离开了人世。

002　人文传统

工业化进程

19世纪,欧洲的人口数相比过去翻了一番。与此同时,物质文化的发展变化比以往几千年都更快速、更彻底。从18世纪开始,人们将科学运用于实际发明,由此引发了工业革命——人们开始用机器大批量生产物质产品。随着蒸汽机以及纺纱机、纺织机的发展,18世纪中期的英国揭开了第一次工业革命的序幕。在之后的半个世纪里,工业革命继续在英国展开,直到19世纪30年代,才逐渐从英国向欧洲其余各国以及美国传播。煤、铁、钢产量的增加促使工业和商业进一步扩张,西方国家逐渐实现了由农耕社会向工业社会的转变。从前在家里或在手工工场制作的产品开始交由各种新兴的工厂、磨坊、矿山进行大批量生产。工业化需要大量的资本投入和大量的劳动力,这刺激了欧洲城市的发展。最终,工业化为西方国家控制世界上其他国家和地区提供了基础(详见第三十章)。

19世纪早期思想

浪漫主义时期涌现的哲学家大多是19世纪的德国知识分子。戈特利布·费希特(1762—1814)、弗里德里希·席勒(1759—1805)和亚瑟·叔本华(1788—1860)受到了康德哲学唯心主义的影响,赞扬人的思想在构建世界这个观念时起到的重要作用。根据德国唯心主义学者的观点,约翰·洛克主张的经验主义的真理并不是不证自明的,笛卡尔认为的有关人类思想的真理也并没有那么清晰明确。唯心主义学者同卢梭以及浪漫主义时期的诗人一样,珍视人类本能的力量,他们在解读自然时也掺入了浓厚的主观色彩。

叔本华认为"生命意志"是存在于世间的一种盲目而永无止息的客观力量,意志的活动没有目的和计划,还会带来混乱和谬见。在叔本华看来,印度教文化中描述的忘我冥想以及约翰内斯·埃克哈特的神秘主义理论才是人们得以逃离这个丑恶的现实世界的唯一途径。叔本华很推崇印度宗教哲学对文化的影响,他曾写道:"梵语文学对我们这个时代的影响程度,绝不亚于15世纪的希腊文学对文艺复兴的影响。"

叔本华提出"人的存在没有理性可言""生命的本质就是痛苦"等观点之时,其他学者已经开始研究神秘主义。他们推崇极富远见的优秀学者的观点,这些学者包括弗里德里希·冯·哈登堡,他也有个更为人熟知的名字,叫诺瓦利斯(1772—1801)。诺瓦利斯通过诗歌和散文来表达对遗失的神秘过去和受到神灵启示的未来的渴望,使德国的浪漫主义运动得以成型。"如果神能变成人,"诺瓦利斯写道,"那他也能变成石头、植物、动物或者自然界的其他要素,这样一来,大自然中或许也存在救赎。"浪漫主义时期宗教的再觉醒采纳了神秘主义的学说、忏悔式的情感主义,以及泛神论的内容;其中,泛神论强调神和人类及自然是同一的。德国最优秀的新教神学家和传教士弗里德里希·丹尼尔·恩斯特·施莱尔马赫(1768—1834)认为,宗教的目的是"去爱这个世界的灵魂"以及"使人与无限的神达到融洽的境界"。

黑格尔与黑格尔辩证法

19世纪最具有影响力的哲学家是格奥尔格·威廉·弗里德里希·黑格尔(1770—1831)。作为当时柏林大学的一位哲学教授,黑格尔告诉学生,世界由一种单一的神圣本质构成,他将之称为"绝对精神"。精神和物质遵循发展演化的过程,这一过程受到力图完成自我认识的精神的推动。他对这个过程的演化,或者说是辩证法的运作方式,做出了如下解释:每种情况(即"正题")都存在着与之相反的情况(即"反题"),最后,它们会得出一个"合题"的概念。同样,这个合题会再次产生针对它的反题,在两者的共同作用下,得出新的合题。这个过程循环往复,朝着实现精神自由这个终极目标推进。黑格尔认为,一切现实的发展过程都遵循辩证法的原理——正题,反题,合题,这是观念、艺术创作、哲学理解等领域需要遵循的原理,甚至是历史本身的发展也要符合这一原理。"不管其形式有多千变万化,"黑格尔写道,"自然变化表现出的就是一个周而复始的循环。在自然界中,太阳底下并无新事。"

黑格尔在其艰深晦涩的著作《历史哲学》(1837年)中选编了他本人及其学生的一些讲演笔记,他在书中推崇的观点是,精神的本质是自由,这种自由最终将通过民族国家表现出来。黑格尔认为,人类拥有自由意志(正题),可以按照自由意志来自主支配财产,但自由意志还是受到普遍意志的约束(反题)。只有个人的意志符合普遍意志的要求并与之和谐,才能到达最终阶段,得出最终的合题。这个最终阶段代表着真正的自由,将通过有形的国家体系及其法律体现出来。黑格尔认为国家(尤其是欧洲的民族国家)是精神发展的最终阶段的观点以及黑格尔辩证法的整套理论,对19世纪后期的民族主义以及卡尔·马克思的经济理论的形成和发展有着重大影响(详见第三十章)。

达尔文及其进化论

和黑格尔一样,英国科学家查理·罗伯特·达尔文(1809—1882)认为自然是不断变化的。承袭亚里士多德的自然观,作为博物学家的达尔文早年积累了大量生物方面和地质方面的资料,这一定程度上得益于他参加了英国皇家海军军舰"贝格尔"号历时5年的环球航行。达尔文对在太平洋岛屿科隆群岛[1]上采集的化石进行研究,其结果证实了他的前辈们的观点,即生物都是从一些最简单的原始有机形态进化而来,通过进化才形成其复杂多样的形态。进化理论并不是达尔文最先提出来的——歌德很早之前就提出,所有植物都是从一种原始植物进化而来的;法国博物学家让·巴蒂斯特·拉马克(1744—1829)表示,化石就是所有物种经历永不止息的变化的证据。但是,达尔文通过解释进化的发生过程,证实了进化的理论。他观察到,随着时间的推移,特定的生物体数量不断增多,与此同时它们会保留对其生存有利的特性,因此他得出结论,物种是通过自然选择实现进化的。

达尔文所说的自然选择是一个过程,即自然通过淘汰该物种中不利于物种发展的特性,允许最适合生存的生物存活下来并进行繁衍。他认为,大象的鼻子、长颈鹿的脖子,以及人类的大脑都是物种适应环境的证据,并且证明了任何有利于物种繁衍并存续的特性都能得以保留。未能发展出这些有利于生存的特性的生物,最终将面临淘汰乃至灭绝的结果,只有适者才能生存。

1859年,达尔文出版了他的经典作品《物种起源》[2]。该书出版不到一年,就有一位评论员评述道:"在19世纪已出版的科学作品中,没有一本能像此书一样,激起公众如此强烈的好奇心。"但这部著作并不仅仅是引起公众的好奇心这么简单,因为达尔文的进化论同牛顿的万有引力定律一样,挑战了有关自然和世界秩序的传统观念。在过去的几个世纪里,大多数西方人坚持认为《圣经》里有关创世记的描述就是真理。事实上,有些人还认

---

1. 又名加拉帕戈斯群岛。
2. 全称是《论依据自然选择即在生存斗争中保存优良族的物种起源》。

同了爱尔兰天主教会大主教詹姆士·厄舍（1581—1656）推崇的年表，年表记载地球是在公元前4004年被创造出来的。然而，大多数学者更倾向于认为，地球和其物种的出现时间比这要久远得多。

达尔文的论文并没有否认神创论的观点——事实上，达尔文最初推测"相信上帝创造了几种原始形态，这些形态能够自我发展成其他所需的形态，这与相信上帝需要通过新的创造行为来填补其法则作用所造成的空白一样，都是对神的崇高构想"。但是达尔文的理论意味着，支配进化过程的是自然选择，而不是神的意志。自然选择理论指出，自然和其发展变化是客观的、持续的、自治的，这种观点挑战了神创论的"上帝创造了数量恒定不变的物种"的观点（由《圣经》充当有力佐证）。达尔文的另一个观点（他在1871年出版的《人类的由来和性选择》中做了说明）同样令人不安，他认为人类和低级生物的差别仅存在于程度上，而非种类上，并且所有的生物都是通过和较低的生命形式之间的亲缘关系而相互关联的。达尔文解释道，智人的祖先最有可能是"浑身长毛、有尾巴的四足动物，很有可能习惯栖息在树上……"

很显然，达尔文的结论（该结论使他不情愿地接受了不可知论）颠覆了人类在生物等级中的统治位置。哥白尼和伽利略的宇宙论否定了地球在太阳系中的中心地位，同样，达尔文的理论否定了人类在这个行星上的卓越地位。达尔文一下就打破了文艺复兴时期的人文主义学者以及启蒙运动时期的启蒙运动家所倡导的和谐的世界观。

然而，通过自然选择实现的进化论却完善了浪漫主义的自然观。梭罗曾若有所思地说："在某种意义上，我自己不就是一片树叶、一撮腐殖土吗？"（见阅读材料27.6）华兹华斯、雪莱、爱默生、惠特曼（本章中提及的浪漫主义者）在他们的作品里，都表现出了类似的泛神论观点。与此同时，达尔文的观点也促进了19世纪末期的"科学至上主义"运动（即自然科学理论应被应用于所有理性研究领域的主张）的产生和发展。达尔文的作品也同样推动了自然历史博物馆的兴起。不同于以往几个世纪胡乱摆放收藏品的博物馆，自然历史博物馆的馆藏品为生物发展的共同秩序提供了证明。

达尔文不朽的理论对后世影响深远，但人们对他的观点的理解经常过于简单化，甚至错误解读他的观点。一些思想家认为，进化论为分析生物文明——生物体都有生长、成熟、衰退这几个明确的阶段——提供了理论基础。再者，达尔文将"适者"这个词用作他主要作品的副标题这一行为，为社会达尔文主义理论的发展提供了助力，奉行社会达尔文主义的学者自由地将他的观点运用于政治、经济、文化生活等方面。

"社会达尔文主义"这个术语直到1879年才开始进入大众视野，但是，通过自然选择来决定某些个体、群体、种族和国家要优于其他的个体、群体、种族和国家的这种观点却很早便为人所用，作为欧洲帝国主义政策的合理性辩护词和开脱言论（详见第三十章）。社会达尔文主义推崇者认为，西方人（并且通常是白种人）因为其智慧和财富水平之高，很明显就是社会中的"适者"，因此，控制并支配弱者是他们的使命。因为达尔文所说的"适合"指的是一个物种的繁殖成功率，而不是单纯意义上的生存，达尔文理论在同时代社会条件下的大多数应用都是对他观点的曲解。尽管如此，经由政治理论学家详述的社会达尔文主义将为欧洲殖民主义行为提供"具有科学意义的"正当理由。在社会达尔文主义的理论基础上也滋生了一些更加危险、极端的理论，比如优生学（致力于灭绝社会中"较为低劣"的成员）、阿道夫·希特勒的种族主义理论。

在20世纪，现代生物学，尤其是分子遗传学（研究脱氧核糖核酸——DNA——中保留的数据信息的科学）为达尔文自然选择的理论提供了依据。

尽管如此，如今的科学家还是在继续探索生命的起源——生命是从哪里，以何种方式第一次出现的。但在19世纪的大背景下，达尔文一直是该领域的领导人物。和所有的浪漫主义者一样，他是一个敏锐、好奇的自然观察者，他将自然描绘为广袤无垠、充满活力且永不停息地变化着。在《物种起源》中，他写道：

只有当我们不再像一个未开化的人看超出他理解范围的船那般看待有机生命的时候，当我们将自然的每一个产物都视为一个有着漫长历史的生命体的时候，当我们将每一个复杂的结构和本能都视为许多创造物的总和，而且认为每一部分对所有者来说都有用的时候——就像任何一个伟大的机械发明是劳动力、经验、理性，甚至是许多工人犯过的愚蠢错误的总和一样，我们观察每一个有机生命体的时候，才会觉得博物学研究真的远比想象中有趣得多！

科技发展一览表

1799年	英国古生物学家威廉·史密斯推测，人类可以通过化石的特征来识别岩层。
1830年	英国地质学家查尔斯·莱伊尔的《地质学原理》一书为现代地质研究提供了基础。
1859年	达尔文出版了《物种起源》。

问题探讨

神创论vs进化论

在出版之后的很长一段时间里，达尔文的《物种起源》引发了诸多争议。在过去的150年间，化石研究和分子生物学提供了相当多的证据，证明了进化论的合理性。然而，争议依旧存在。争议主要集中在起源的问题上，即人类究竟是由神创造的，还是在自然选择的作用下，是一系列生物"偶然事件"的产物？神创论认为宇宙的物质结构证明了上帝是存在的，上帝运用其"智慧设计"创造出了我们所知的世界。"智慧设计论"的支持者认为达尔文提出的自然选择的理论只能证明宇宙的随机性和不定向性。而达尔文自己也说过"生命宏伟壮丽，拥有数种能量，起源于'神'这位创造者的呼吸之间……"他曾推测自然选择和生物进化可能也是神设计的一部分。

很多宗教信仰都承认，几十亿年来，生物进化决定着生物的多样性，因此他们发现进化论和宗教信仰是相容的。然而，那些坚持从字面意思上理解《圣经》真理的人认为，达尔文的理论是与其宗教信仰对立的。这种持续存在的争议主要在美国兴盛，集中体现在公共教育问题上：在课堂上，神创论能否和进化论一同教授？这场争论引发了很多相关的问题，包括什么才是"好的科学"及其存在的正确性，以及对《创世记》的当代文学解读。

在他作品的最后一段里,达尔文对自然法则的描述充满了浪漫主义热情:

> 想象这样一个富有活力的堤岸该多有趣啊——上面覆盖着大量不同种类的植被,鸟儿在灌木丛中歌唱,各种昆虫快活地飞来飞去,虫子在潮湿的土壤上缓缓爬行。这些结构精巧的生物,彼此存在巨大的差异,以一种复杂的方式互相依存,它们因着我们所遵循的法则产生。这些法则,从最大意义上来讲,就是生长和繁殖;由繁殖引出的遗传;在生存环境的直接或间接作用下,以及使用或废弃的选择下产生的变异;由高增长率导致的生存竞争,进而引发的自然选择,并引起性状分歧以及发展不足的生命形态的灭绝。因此,从自然战争、饥荒和死亡中,我们能想到的生命最崇高的目标,即高等动物的产生与繁殖。这样的生命宏伟壮丽,拥有数种能量,起源于"神"这位创造者的呼吸之间,发展成一种或几种形态;我们的星球遵循万有引力定律,循环往复地转动着,无穷无尽的生命形态从非常简单的形态开始,进化成最完美奇妙的形态,并将继续进化着。

欧洲文学中的自然与自然派

19世纪浪漫主义主要的特征之一,就是浪漫主义者对自然的热爱。浪漫主义者在有着转瞬即逝的特性和规律性变化的自然界中找到了慰藉、灵感,完成了自我发现。对启蒙运动时期的思想家来说,"自然"即宇宙秩序,但对浪漫主义者而言,"自然"是神性的源泉,是将人类与上帝联结在一起的现象。"自然人"指的是那种亲近自然,(按卢梭的话来说)还未遭受社会体系和规则影响的人。

浪漫主义者哀叹日渐发展的工业化带来的诸多负面影响。他们来到偏远的乡村地区,在这里找到了实用的避难所,远离衰败的城市、烟雾弥漫的工厂和一贫如洗的贫民窟。这里大片未被破坏和污染的自然风景,向人们展示着神和宇宙的同一性。相比西方的宗教哲学,这种更具有典型东方宗教哲学特征的泛神论观点开始越来越多地出现在欧美浪漫主义者的作品中。

华兹华斯和自然诗歌

1798年,威廉·华兹华斯(1770—1850)和同时期的英国诗人塞缪尔·泰勒·柯勒律治(1772—1834)共同出版了文学作品《抒情歌谣集》,这标志着英国浪漫主义运动的开端。1880年,在该书第二版面世时,华兹华斯在书中加了一篇序言,正式解释了他们出版浪漫主义诗歌的目的。在这则宣言中,华兹华斯将诗歌描绘成"自恬静处忆得"的"强烈情感的自然流露"。诗人的目标是从平淡生活中选取生活片段和情境,再饰以一定的想象色彩,最重要的是要真实而不浮夸地将基本的自然规律融入进去,从而使这些生活片段和情境的描述变得生动有趣。

作为19世纪自然派的诗歌领头人,华兹华斯出生在英国的湖区。他认为自己的创作生涯始于14岁的一个偶然时刻——在傍晚明亮天空的映衬下,树枝的轮廓在他眼前显现,那一刻,他内心受到了极大的触动。从那以后,被他称为"具有无穷多样性的自然景观"变成了他最重要的灵感来源和首要的诗歌主题。华兹华斯认为,自然能帮助人类恢复感知能力,让人类再次体会到未受世俗污染的、孩童般的惊奇。更重要的是，通过自然（我们主要通过感官来感知），人类或许还能与宇宙中神圣的自然力量进行交流。

华兹华斯倡导一种诗歌语言，他认为那就像"人处在生动的感受状态时使用的真实语言"。尽管他并不会时时遵守自己的准则，但他对新古典主义诗歌的虚伪措辞弃之不用，反而支持"真实语言"的做法，预示着一种新的、更贴近自然派的声音将会在诗歌领域崭露头角——这类诗歌取材于童年时的记忆和具有深刻感受的经历。从他的诗歌类型来看，华兹华斯更偏爱抒情诗，如同艺术歌曲一样，诗人用它来描述深刻的个人情感。

《抒情歌谣集》里最能激发共鸣的一首诗是《丁登寺旁》。这是华兹华斯在参观了位于威尔士东南部瓦伊河岸边的中世纪修道院遗迹（图27.2）之后写就的。这首长达159行的诗是赞美自然的颂歌。华兹华斯在诗篇开头描述了英国乡村风景给自己带来的触动，接着抒发了过往的回忆给自己带来的愉悦感。诗歌的核心在于对自然的道德价值的快乐歌颂：自然使诗人得以"认识事物生命的本质"，使他能有机会享受这首"寂静的人间悲曲"，最后让他感受到了神圣的精神无比庄严的存在。他欢欣鼓舞地将自然当作他"最纯真思想的依托"，是他"心灵的乳母、向导和守卫者"。在下文阅读材料最后一部分选段中，华兹华斯与他"最亲爱的朋友"——他的妹妹多萝西——分享他与自然和人类进行的神秘交流中感受到的愉悦心情。《丁登寺旁》这首诗阐明了19世纪浪漫主义的3个关键主题：自然的救赎力量、自然对人类的怜悯，以及亲近自然就是亲近上帝的观念。

图 27.2 丁登寺内景 约瑟夫·马洛德·威廉·透纳绘于1794年。透纳在19岁的时候到瓦伊河谷游历，想找寻别致的景观作为绘画主题。在16世纪30年代亨利八世解散大批修道院之后，这座13世纪建成的修道院变成了一片废墟

阅读材料27.1
选自华兹华斯《丁登寺旁》（1798年）

五年过去了，那是五个盛夏和五个
漫长的寒冬！我再一次听到
这滚滚流下的山泉水
在山间的潺潺低语。我再一次
看到这些险峻高耸的绝壁，
将风景融入这静默的天空，
在这片与世隔绝的僻静清幽之地，
显得更加遗世而独立。
我再一次来到这里，
安静地站在这棵茂密的槭树下，
眺望远方遍布农舍的土地和满栽果树的山坡，
这个时节的果实还未成熟，
果树披着一层青葱色的外衣，
在树丛和灌木林中若影若现。我再一次
看到了那不似树篱的树篱，它们像
随意伸展的顽皮小树枝；这些乡间农场，
连门口都是绿意盎然；袅袅炊烟
从寂静树林中升腾而起。
它们的踪迹难寻，也许是来自
栖息在树林中无家可归的漂泊者，
也许是来自隐士的洞穴，他此刻
正孤独地坐在火堆旁。
这些美好的景象，
虽然已经久违了，但对我来说，
我从没有像盲人观景一般无视它们；
当我身处城市的喧嚣之中，
感到孤寂疲惫之际，正是如此故景
带给我甜蜜和愉悦，
浸润我的心灵，萦绕在我的周身；
让我的心灵更加纯洁，
更加安宁恬静——我忆起
那些被我忘却的愉快岁月，也许

这为良善之人最宝贵的岁月
留下了不可磨灭的印记和深深的触动，
他做过的许多不被人记起的小事
皆来自这样的善意和爱。我相信，
是它们赐予了我另一份
更加珍贵的礼物；那是一种幸福的心境，
神秘加之与人的烦扰，
这个莫名其妙的世界
带来的令人疲倦的重压，都在它面前
变得轻盈——在安详、幸福的心境中，
我们任由情感轻柔地为我们指引方向，
直到我们的肉体停止了呼吸，
甚至连血液也凝固了，
我们沉睡在这具躯壳里，
灵魂将继续绽放光芒；
和谐和愉悦的强大力量，
让我们的眼神变得沉静，
让我们得以认识事物生命的本质。
也许这
只是虚妄的念头，但是啊，有多少次
在黑暗中，在了然无趣的白日里，
当无益的喧嚣纷扰和世界的狂热
沉重地压在我的心头，
有多少次，我的灵魂飘向了你，
树荫环绕的瓦伊河！丛林的漫步者，
有多少次，我的灵魂飘向了你！

如今，回忆又发出朦胧微光，
带着似曾相识之感，
和些许怅然若失的茫然，
心里的画面又闪现；
我站在这里，心中不仅
充斥着当下的快乐，还欣喜于
眼下的风景将成为未来岁月的
生命和粮食。这是我大胆的希望。

我心知自己已然改变，早已不是第一次
出现在这里的自己；那时我像一头小鹿，
在山林间跳跃，在河岸边，
在孤独的溪流旁嬉戏，
去大自然指引的任何地方，与其说
这是在追寻所爱之物，
不如说是在逃离所怕之物。那时
（孩童时候快乐很简单，无忧无虑，
自由自在的岁月已成往事）
大自然就是我的一切——我无法描绘
那时的自己。瀑布的轰鸣
似激情萦绕在我心间；巨石，
高山，幽深阴郁的丛林，
它们的颜色和形状，对那时的我来说，
带着强烈的诱惑；那是一份情愫，一份爱意，
无须再用思想修饰，
它的魅力就已经足够，仅一双眼睛
已足够欣赏它的美。那样的时光远去了，
过去种种刺痛心扉的愉悦不复存在，
其令人眩晕的狂喜也消失了。我不再
为此沮丧、悲伤、怨愤；我得到了
其他的恩赐；我相信，这种恩赐，
足够补偿我的损失。因为我
不再用年少轻率的眼光看待自然；
我学会了时常倾听
这首寂静的人间悲曲，
它不刺耳，不粗糙，有足够强大的力量
让人沉静而克制。我惊觉
崇高思想带来的愉悦
充斥在我的心间；这是一种
与自然深深融合的绝妙感受，
仿佛停驻于落日余晖之上，
徜徉于浩瀚海洋和清新空气之中，
存在于蔚蓝天空和人的心灵，
它是一种动力，一种精神，推动

一切思考之物，一切被思之物，
穿越万物而行。我依然
热爱着这草场、丛林
和高山；依然热爱这个地球上
目之所及之景；热爱耳闻目睹的
一切——有感知到的，
也包括创造的。我欣喜地发现，
自然和感官的语言
是我最纯真思想的依托，
是我心灵的乳母、向导和守卫者，
以及我精神生活的灵魂。
即使我
没有学会这样的方法来感知自然，
我的能力也不会衰退，
因为有你陪着我在这美丽的河边
徜徉；我最亲爱的朋友[1]，
我最亲密的家人，在你的声音里，
我听到了我的初心，
在你闪闪发亮的眼神中，
我看到了曾经属于我的欣喜。哦！多希望
我能再多看一会儿你身上流露出的我曾经
的模样，
我最亲爱的妹妹！我祈祷，
因为我知道自然从不辜负
热爱着她的心灵；她有能力
让我们一生的岁月都充满
无尽的欢乐，因为她
能让我们的心灵享受
宁静与美丽，能赋予我们
以崇高的思想。使得恶言、
妄断、自私之人的嘲讽、
虚情假意的问候，以及
日常枯燥的对话，

1. 华兹华斯的妹妹——多萝西。

都无法对我们产生影响，
无法扰乱我们愉快的信仰，
目光所及，都是恩赐……

问：华兹华斯将自然描述为"我最纯真思想的依托"是想表达什么？

问：节选部分的哪几行诗最为贴切地捕捉到了自然崇高的精髓？

雪莱的诗歌

和华兹华斯一样，英国诗人珀西·比希·雪莱（1792—1822）认为自然是崇高真理的源泉，但由于他情绪特别容易激动，相比于年长的华兹华斯，雪莱对自然世界的描绘包含了更强烈、更忧郁的情感。作为一位多产的作家和人类自由的狂热拥护者，他在1811年发表了一篇名为《无神论的必然性》的论文，激怒了广大的读者。由于该作品的发行，雪莱被牛津大学开除。他以法国大革命为主题写了一本名叫《人权宣言》（1812年）的小册子，在其中，为了达到政治平等，他提倡这样一种激进的信条："（在政府的福利和责任这个层面）基督徒、自然神论者、土耳其人和犹太人都应该享有平等的权利。"

雪莱直言不讳地反对婚姻，他认为这种结合有悖于人类获得幸福的目标。他的行为和他的言论一样不合常规：他在与哈丽雅特·韦斯特布鲁克的婚姻存续期间（他们拥有两个孩子），和另一个女人（玛丽·葛德文）私奔了。他对英国统治者有着强烈不满，在1818年被迫远走至意大利并在那里长久居住。4年之后，雪莱死于一次海难。

雪莱的《诗之辩护》（1821年）是一则强调诗人在社会中的作用的宣言，他称赞诗人是"不被承认的世界的立法者"。诗人们从被他们视为灵感源泉的自然中汲取权力。在自然中，雪莱找到了用来比喻人类变化无常的欲望的意象。在《西风颂》中，他请求象征着创造力的风将他的愿景吹走，就如同吹走大地上的落叶（第一节），吹散空中的云（第二节），吹起海上的浪（第三节）一样，使他的愿景遍及宇宙。在最后一节，他将诗人比作竖琴，在极具创造力的风的扰动下，诗人"强大的和声"将会唤醒整个世界。最后，他在风和自然中寻找自我定位："让我成为你，狂野的灵魂，我的灵魂！成为我吧，狂暴的精灵！"雪莱用音乐效果极强的语言表达了自己将诗歌看作灵魂的音乐的观念。比如，他在诗中频繁使用感叹词"啊"，有效地运用半谐音[1]和声调色彩："远在海底的花草和污泥森林，闻声吓得纷纷落叶。"

阅读材料27.2
雪莱《西风颂》（1819年）

一

啊，狂野的西风，你是秋之精灵的呼吸，
你，虽无所寻觅，却将枯叶横扫吹散，
如一众鬼魅见了巫师般，匆匆逃离，

黄色，黑色，苍白，猩红绚烂，
成团的落叶怕你如同瘟疫：啊，是你
将它们送给黑暗的冬日做伴。

长着翅膀的种子躺在寒冷的地里
如同墓地里的尸体，直到春天，

---

1. 指一行诗中同一元音的重复。

你蔚蓝的姐妹[1]对沉睡的土地

吹起了她响亮的号角,
(春天的蓓蕾像羊群般享受新鲜空气)
给平原和山坡抹上生命的色调。

不羁的精灵,你行走于这世间,
摧枯拉朽,又孕育新生命;啊,你且聆听!

二

你的气流直上,长空一片混乱交错
如同地面的枯叶,松散的云朵被吹开,
从天空和海洋纠结的枝丫间掉落

成为大雨和闪电的信使,它们飘落
在汹涌蔚蓝的波浪上,
如同狂女的发丝随风散开。

浓密的卷云从地平线
最昏暗的边沿,直达苍穹之巅,
风暴即将来临。你是

残年的挽歌,这个夜晚
如同巨大墓穴的穹顶,
笼罩着集聚你力量的水蒸气。

你将幻化成暴雨、火焰和冰雹
迸发出全部力量:啊,你且聆听!

1. 这里指的是春天的西风,春天的西风是从地中海吹来,地中海的天空呈蔚蓝色,故有"蔚蓝的姐妹"一说。

三

清澈水流的波漪将它送入梦乡,
是你把蔚蓝的地中海,
从夏日的甜梦中唤醒,

在巴亚海湾的浮石岛旁,
它梦见了古老宫殿和城堡的倒影
在微波中颤动着,色彩浓烈,

上面生满青苔,开满花朵
甜蜜得让人沉醉!
大西洋的汹涌波浪

劈开自己给你让路,
远在海底的花草和污泥森林
闻声吓得纷纷落叶。

听到你的声音就让它们吓破了胆
它们颤抖着缩成一团:啊,你且聆听!

四

若我是一片枯叶,我会伴你起舞;
若我是一朵流云,我会随你飞翔;
我愿是你巨大威力下喘息的浪花,

虽不如你那般自由不羁,
也能和你强大的力量产生共鸣。
如果我重回孩童时代,

也许能和你自由地翱翔于长空,
那时,我若想追赶你的速度,
并不会是奢望;我从没像现在这样努力

渴求你能听到我的祈愿。
啊！将我当成浪花、落叶、云朵，把我举起来吧！
生活将我弄得遍体鳞伤，鲜血直流！

岁月如桎梏囚禁了我，
我原本也同你一样：狂野、轻盈、骄傲。

五

将我当作你的竖琴，看作树林吧：
即使我的叶子都掉落又有何妨？
你奏出强大的和声

将带着浓浓的秋韵，
甜蜜而悲凉。让我成为你，狂野的灵魂，
我的灵魂！成为我吧，狂暴的精灵！

将我死去的思想像枯叶那样吹散
吹到宇宙的各个角落，加速它的新生！
赋予这首诗以魔力，

像播撒火炉里未灭的灰烬和火星般，
将我的话语播撒到人世间，
用我的嘴唇来吹响预言的号角

唤醒沉睡的大地！啊，西风，
冬天已经到来，春天还会远吗？

问：你认为，在这首诗中，颜色起到了什么作用？
问：这首诗表现出了诗人怎样的个性？

济慈的诗

约翰·济慈（1795—1821）是英国第三位伟大的自然派诗人，他的诗歌同雪莱的诗歌一样，具有一种哀伤的情怀。济慈在思索生命短暂的同时，也为人生的乐趣转瞬即逝而哀叹。他的母亲和弟弟都因为肺结核离世，他自己也在25岁时罹患肺结核，而后病逝。死亡的临近似乎使济慈对美、人类的爱和友谊的美好有了更深的认识。他认为，这些现象是高于生活现实的表现形式，它们转瞬即逝，只有在艺术中才能永恒存在。对济慈来说，艺术能给诗人带来极大的慰藉。艺术不仅是对人类关于爱和自然的经验的回应与表达，它还是想象力转化而来的产物，是自然更高的一种表现形式，它的存在不受人类有限寿命的影响。这些观点是济慈在《希腊古

图 27.3 意大利南部涡旋双耳喷口瓶 西西弗斯画家（意大利红彩陶器画家，真名不详），作于公元前5世纪晚期。红彩陶器，绘有奏乐的女人和战斗的人首马身的动物

第二十七章 浪漫主义的自然观 013

瓮颂》中阐述的主题。这首诗的灵感来自济慈见过的一件古希腊文物。1816年，额尔金伯爵将很多文物带回伦敦，并将其陈列在大英博物馆中，济慈所见的古希腊艺术品就是其中之一。

在《希腊古瓮颂》中，济慈凝视着一个古希腊花瓶（类似图27.3），花瓶上精致绘就的人物正在享受短暂的快乐。时光被定格在这只花瓶的表面，这些鲜活的年轻生命永远都不会变老。箫声和鼓声永不停息，情人将永远相爱。诗中描绘的"河边小镇"和其他田园生活场景可能并不存在于任何现存的希腊花瓶上；但济慈认为，这只想象中的瓮（被他喻为"冰封的田园风光"）是所有伟大艺术作品的象征，因其永恒不变的美丽，它将永久地保持"真实"。这首诗以乐观的声明结尾：美丽和真理是同一的。

阅读材料27.3
济慈《希腊古瓮颂》（1818年）

一

你是静若处子的新娘，
受着沉默、漫长时光的抚育，
你如林野的史学家，描绘的景致
比我们的诗歌还要绚烂甜美：
绿叶为缘[1]的传说令人魂牵梦绕
是在滕陂还是阿卡狄山谷？
是神还是凡人，抑或兼而有之？
他们是什么神、什么人？什么样怩悦的少女？
怎样疯狂地追逐？怎样挣扎着逃生？
怎样的箫和鼓？怎样的狂喜？

1. 参考了希腊常见的做法，用风格化的叶子形状与瓶口相接（参见图27.3）。

二

能听见的音乐固然美妙，但那些听不见的乐曲
更令人陶醉；所以，悦耳的箫，继续演奏吧；
这是为灵魂，而不是耳朵
吹奏的无声小曲：
站在树下美丽的年轻人，这首歌
将永远为你弹奏，这些树木永远不会枯萎；
奔放的恋人啊，你们相互靠近，
却永远无法接吻——但，请不要苦恼；
尽管你无法得偿所愿，但她不会消失，
你们将永远相爱，她将永远美丽！

三

啊，快乐的树枝！你的树叶
永远都不会掉落，春天永远不会离去；
快乐的音乐家，你永远不会疲惫，
你吹奏的乐曲永远新鲜；
快乐的爱情！令人愉悦的爱情！
它将永葆温暖，永远可以享受，
让人脸红心跳，永远保持青春的样貌；
这远超于人间的情态，
不会让心灵感到悲伤或餍足，
不会让人头脑发热，唇焦口燥。

四

是谁要赶着去参加祭祀？
神秘的牧师，你带着朝天低鸣的小母牛，
要去往哪个绿色的圣坛？
它滑如丝绸的腰上还绑着花环。
哪个河边小镇或海边小城，
或是安静的堡寨山村，
在这个虔诚的早晨倾巢而出？

小镇啊,你的街道将永远
保持宁静;没有人会回来诉说
小巷空无一人的原因。

五

哦,雅典城邦的影像!美的姿势!
装饰着大理石雕成的男人和少女,
和森林的树枝,踏过的青草交织在一起;
你那沉默的样子,你那永恒的存在,
让我们看得出神:冰封的田园风光!
这一代终将灭绝消失,
但是你将永存,下一代会有我们
所不知的悲哀,人类的朋友,你会对他们说:
"美就是真,真就是美。"——这是你们
所知的全部,也是你们应知的全部。

问:这件艺术品——古瓮——是如何引导济慈洞察到真理的?

布莱克:浪漫的神秘主义者

英国诗人、版画家威廉·布莱克(1757—1827)和其他浪漫主义者一样,蔑视传统和官方权威。但是,布莱克在对自然、上帝和人类的解读中加入了更多神秘主义的内容。他深信精神的力量,曾写出"从一粒沙中看自然,从一朵花中看世界"这样的诗句。这种观点贯穿于他的诗歌和绘画创作中;他经常自己画一些和诗歌主题相对应的画,来加强读者对其诗歌的理解。因为曾在绘画学校学习过,他总是亲力亲为地完成自己的作品,包括每一页的设计、插图、雕刻,以及手工上色。他还为别人的文学作品画插图(参见图28.3),这些人和他一样惊骇于欧洲殖民地上的反抗奴隶所遭受的压迫和非人的待遇。

布莱克的优秀艺术作品部分是他为《圣经》绘制的插图,尤其是像《启示录》这样极富创见的里程碑式的作品。在这些充满激情的设计中,他的灵感更多来自心灵所想,而非目力所及。事实上,他认为与天使的心灵对话是他想象的源泉。

布莱克早期的诗歌具有独特的意象,他试图通过这些意象向读者传递清晰、生动且通常与道德有关的信息。他在诗集《天真之歌》(1789年)的一首名叫《羔羊》的短诗中,把羔羊看作上帝温和善良的象征。在他的另一本诗集《经验之歌》(1794年)中,孩童般天真烂漫的抒情风格被成熟的醒悟代替。该诗集最有名的一首诗名为《老虎》。通过这首诗,布莱克提出了"邪恶是否一定会伴随善良出现",以及"上帝是否应该对此负责"等质疑。

阅读材料27.4
布莱克《老虎》

老虎!老虎!你是暗夜林中
熊熊燃烧的火光,
是怎样超凡的手和眼
造就了你这样的恐怖之物?

你在哪处遥远的深渊或天空,
第一次睁开那炯炯的双眸?
你的创造者乘着怎样的翅膀,
用怎样的手抓住那团熊熊燃烧的光芒?

怎样大的力量,怎样非凡的艺术,
能把你强健的心脏捏出形状?
当你的心脏开始跳动,
又是谁用强劲的手和脚,

用怎样坚硬的铁锤和链索，
来控制你，锤炼出你的大脑？
要用怎样的铁砧，来制住
你这力大无比的恐怖之物？

当星星扔下长矛，
它们的眼泪浸湿了天堂，
他是否微笑着欣赏你？
创造羔羊的他是否也创造了你？

老虎！老虎！你是暗夜林中
熊熊燃烧的火光，
是怎样超凡的手或眼
敢造就如此可怖之物？

问：布莱克在诗中描绘了怎样的造物主？布莱克的自然观中先入为主的是哪些观点？

布莱克诗歌中的形象大多来自《圣经》以及弥尔顿的《失乐园》——有些学者认为，在《老虎》的第五节中，布莱克提及了弥尔顿作品中强大的撒旦。不管人们将老虎的创造者理解为魔鬼还是神，或者将老虎看作他们共同作用下的产物，这首诗体现的还是艺术家典型的浪漫主义观点，即在上帝造物以及造物过程中为其分忧。

亚洲文学中的自然和自然派

尽管在中国历史上并没有可以被定义为"浪漫主义"的文学运动，但是在19世纪的中国文学里，还是有一些明显带有浪漫主义色彩的文学作品，这在赞颂个人对自然的情感认同的作品中，体现得尤为突出。和华兹华斯、雪莱、济慈一样，中国作家沈复（1763—约1838）对自然的本质及其转瞬即逝的特性有着独到的见解。沈复有着不羁的灵魂，他没有去参加当地的科举考试——科举考试对中国当时的读书人来说相当于成功的敲门砖。他经常负债累累，后来还被专横的父亲赶出了家门，但他在与陈芸的婚姻生活中找到了简单又深刻的快乐。沈复的自传《浮生六记》（1809年）是对自己婚姻生活的自白式记录，虽然贫穷一直伴随着他们，但是婚姻生活带来的幸福感和对自然恒久的爱却抵消了贫穷带来的困扰。

《浮生六记》直至今日都为中国读者所喜爱。以下的阅读材料就选自沈复的这本自传，他在文中记叙了他和妻子陈芸在种花和设计假山庭院过程中的简单快乐。这本书也记录了这对夫妇搭建的微型花园"落花流水之间"被破坏的温柔故事，预示着沈复亲密关系中最重要的事件发生：他挚爱的妻子离世了。这个故事也提醒人们，自然中的一切都是脆弱且短暂的。

阅读材料27.5
选自沈复《浮生六记》（1809年）[1]

及长，爱花成癖，喜剪盆树。识张兰坡，始精剪枝养节之法，继悟接花叠石之法。

花以兰花为最，取其幽香韵致也，而瓣品之稍堪入谱者不可多得。兰坡临终时，赠余荷瓣素心春兰一盆，皆肩平心阔，茎细瓣净，可以入谱者。余珍如拱璧。值余幕游于外，芸能

---

1. 沈复：《浮生六记》，向梅林校注，岳麓书社，2016，第35—41页。

亲为灌溉，花叶颇茂。不二年，一旦忽萎死，起根视之，皆白如玉，且兰芽勃然。初不可解，以为无福消受，浩叹而已。事后始悉有人欲分不允，故用滚汤灌杀也。从此誓不植兰。

次取杜鹃，虽无香而色可久玩，且易剪裁。以芸惜枝怜叶，不忍畅剪，故难成树。其他盆玩皆然。

惟每年篱东菊绽，秋兴成癖。喜摘插瓶，不爱盆玩。非盆玩不足观，以家无园圃，不能自植，货于市者，俱丛杂无致，故不取耳。

…………

余扫墓山中，检有峦纹可观之石。归与芸商曰："用油灰叠宣州石于白石盆，取色匀也。本山黄石虽古朴，亦用油灰，则黄白相间，凿痕毕露，将奈何？"芸曰："择石之顽劣者，捣末于灰痕处，乘湿掺之，干或色同也。"乃如其言，用宜兴窑长方盆叠起一峰，偏于左而凸于右，背作横方纹，如云林石法，巉岩凹凸，若临江石矶状。虚一角，用河泥种千瓣白萍。石上植茑萝，俗呼云松。经营数日乃成。至深秋，茑萝蔓延满山，如藤萝之悬石壁。花开正红色，白萍亦透水大放，红白相间。神游其中，如登蓬岛。置之檐下，与芸品题：此处宜设水阁，此处宜立茅亭，此处宜凿六字曰"落花流水之间"，此可以居，此可以钓，此可以眺。胸中丘壑若将移居者然。一夕，猫奴争食，自檐而堕，连盆与架顷刻碎之。余叹曰："即此小经营，尚干造物忌耶！"两人不禁泪落。

问：此篇节选在哪些方面反映了中国文学对自然和自然派的态度？

问：沈复是怎样暗示生命的脆弱性的？

浪漫主义风景画

风景画作为一种独立的体裁，最初出现在东方，而不是西方。当古罗马人为神话题材设计带有自然主义色彩的背景时（参见图6.19），10世纪的中国画家已经将风景画当作一个独立的主题来进行创作了（参见图14.12）。到13世纪，中国风景画的受欢迎程度已经超过了人物画。这种绘画体裁很快就传到了日本，以及东亚的其他国家和地区。

广袤且意义深远是中国风景画的特色，画家在风景画中追求天空、大地和水流在意境上的统一，同时将人物刻画得很渺小。画中的风景并不是现实的真实写照，而是画家表达让人心旷神怡的自然和谐的一种方式。画家使用单色墨水在丝绸、竹板或纸卷上作画，这些画被认为是个人幸福感的来源，给画家提供了私人隐居之所。不管画纸是横向的还是纵向的，解读画作的视角往往不止一个，人们会从多个角度去诠释画作。从这些特征上看，中国风景画和欧洲艺术家绘制的风景画还是有区别的。

在欧洲，直到文艺复兴时期，自然风景才开始独立成为一个绘画主题——代表画家包括达·芬奇、丢勒、勃鲁盖尔等。大多数文艺复兴时期的风景画，都是对一个特定的时间和地点的风景的直观记录。17世纪，法国学院派画家规定了理想风景画的标准。从此，自然成了画家表达神话和《圣经》故事的舞台（参见图21.12）。画家一般在画室构思出作品，然后将关键的图案，比如放在前景中的树，或一条曲折的小道（通常取材于自然）加到他们的设计中。而17世纪的荷兰绘画大师反对这种理想风景画的概念，画家弗美尔和伦勃朗依据经验，准确地描绘出人眼所观察到的物质世界。在之后的一个世纪里，地质风景画——对著名景点或偏远地区的详细描绘——为那个时代提供了风景明信片。然而，直到19世纪，风景画才成为艺术家表达其变

触类旁通

中国的风景画通常追求天空、大地和水流在意境上的彻底统一，同时会将人物画得相对渺小。中国绘画大师沈周（1427—1509）在一幅典型的中国水墨画中（图27.4），刻画了一位孤独的人物（很可能是他自己），他站在崎岖而陡峭的悬崖上，俯瞰广阔的自然风景。他还在画上题了一首诗：

> 白云如带束山腰，
> 石磴飞空细路遥。
> 独倚杖藜舒眺望，
> 欲因鸣涧答吹箫。

德国画家卡斯帕·大卫·弗里德里希（1774—1840）创作于19世纪的绘画虽然没有直接受到中国艺术的影响，但是沿用了中国绘画的一些基本特征。弗里德里希在描绘冬日墓地和哥特式废墟的时候，一般会将人物放在远处做沉思状（画家称之为"我们的心灵之眼"）：思考时间和自然的神秘之处。在弗里德里希的一幅著名画作中（图27.5），两个男人站在峭壁的边缘，俯瞰画面中看不到的山谷。一棵参差不齐、树根半露的树在昏暗的月光下显出轮廓，昏暗的色调凸显了画作诗意的孤独感。在沈周的画中，无边的远景让自然成了主题；弗里德里希则聚焦于近景，更注重细节的风景画将我们的注意力拉回到人物身上。不管怎么说，两位艺术家都捕捉到了自然那能将人物从物质世界的桎梏中解放出来的力量。在不到两英尺[1]见方的画纸上，他们记录下了人类和自然的对话。

图 27.4 杖藜远眺图 选自沈周的《沈文合璧册》，约绘于1495—1500年，该册为裱好的手卷，画作皆为水墨或水墨淡彩画

图 27.5 两人观月 卡斯帕·大卫·弗里德里希，创作于1819—1822年

---

1. 英美制长度单位，1英尺=0.304 8米。——编者注

幻情绪和个人情感的主要载体。19世纪对自然的"重塑",伴随着人类对地球的年龄和演变产生了好奇心而一同出现,后者是在达尔文和其他地质学家的努力下,才得以进入大众视野。浪漫主义时期的画家将他们与生俱来对乡村田园的热爱,转化为他们绘画中或别致或庄严的景象。同华兹华斯和雪莱一样,这些艺术家将自然视为灵感的源泉,以及能折射他们情感的镜子。

康斯太布尔和透纳

在浪漫主义风景画的创作上,英国的艺术家走在了前列。约翰·康斯太布尔(1776—1837)的创作在很大程度上受惠于荷兰的绘画大师,但他描绘自然的方式却不受传统束缚。"每当我坐下来,准备画一幅大自然的素描时,"他写道,"我首先做的就是忘记我曾看过的画。"康斯太布尔的风景画描绘了家乡萨福克乡间的河流、树木、农舍的美景,就算是萨福克居民劳作的平凡场景,在康斯太布尔的画中,他们也是美的象征(图27.6)。和喜欢"从平凡生活中抓取片段进行创作"的华兹华斯一样,康斯太布尔会选择普通的主题来作画,比如"从水闸流出的水、柳树、腐坏的旧木板、黏糊糊的标牌、砖墙"。和华兹华斯一样,他从童年的经历中汲取创作的灵感。康斯太布尔解释道:"绘画不过是我表达感受的另一种途径,我在斯陶尔河畔度过了无忧无虑的童年;那里的风景成就了我,让

图 27.6 干草车 约翰·康斯太布尔,绘于1821年。画家最初将这幅画命名为《风景画:正午》。就时间和地点的特殊性,他如此评价:"没有完全相同的两天,甚至没有完全相同的两小时;从世界创造之初开始,永远不会有两片完全相同的树叶。"

我成为一个画家，我很感激。"

康斯太布尔的风景画既有以经验为依据的细节，也有开放式画风的自由，两者巧妙地融合在他的画作中。他曾着迷于19世纪有关云朵分类的论文，尝试着以油画的形式画了很多不同形状的云朵，在每一幅画作的背面写下具体的日期、时间，以及当天的风向。他写道："天空是大自然的光源，支配着一切。"他承认对自己所画的天空有着"过分的忧虑"，担心自己可能会破坏"自然变化中的从容"。为了捕捉自然的这种"从容"，以及光线和大气变幻的效果，他会用白色小圆点对部分风景进行点描——评论家称之为"康斯太布尔的雪"。他所绘的风景画，与其说是记录了自然的"样貌"，不如说是记录了其转瞬即逝的特性。

在《埃塞克斯的威文侯公园》（图27.7）中，康斯太布尔描绘了牛在草坪上吃草的情景，这些草坪很像修剪整齐的花园。遥远的地平线上，草坪主人在住宅里俯瞰着这片翠绿的土地。灿烂的阳光洒在林间，穿过绿地，照耀在湖上，轻抚着湖上的渔夫和天鹅。但这幅画真正的主题是天空，天空中被风吹起的云朵体现了康斯太布尔油画素描所要表达的自然随性。

如果说康斯太布尔的风景画描绘了英国乡村的温柔特性，那与他同时期的英国画家约瑟夫·马洛德·威廉·透纳（1775—1851）的画作则赋予了自然戏剧性的激情。在系统地学习了建筑制图后，透纳开始绘制以哥特式废墟、英格兰和威尔士著名的旅游景点为主题的精美画作，从此开始了他的绘画生涯。他把这些画作卖给雕刻师，后者则大批量生产并出售这些画。他早期的作品中，有一幅复杂、精细的铅笔素描，画的是丁登寺修道院遗迹（参见图27.2）。带着些许怀旧之情，画家用画笔捕捉到了中世纪转瞬即逝的美丽。在1814—1830年，透纳游遍了英格兰和欧洲大陆，悉心研究沿途的风景，包括瑞士的山川和湖泊，阿尔卑斯山地区令人惊叹的河段，以及意大利风景如画的城市。欧洲之旅让

图 27.7 埃塞克斯的威文侯公园 约翰·康斯太布尔，绘于1816年。康斯太布尔经常去户外写生并绘制素描，这样他可以捕捉自然风景的光影效果，然后他会在画室完成绘画作品

图 27.8 暴风雪：汽船驶离港口 约瑟夫·洛马德·威廉·透纳，绘于1842年。透纳声称他被绑在船的桅杆上，其灵感很可能来自古希腊史诗《奥德赛》中的一个类似场景。英国作家约翰·罗斯金认为："《暴风雪》是大海的律动、薄雾和光线在画布上最为宏伟的表达形式之一。"

他灵感迸发，透纳快速画了上百幅铅笔素描，他还自发地使用（便携的）水彩，研究如何用水彩来有效地表现光亮。他在威尼斯主题系列的画作中，对水上光影的绘画技巧进行了探索，这个系列的画作是他在旅行期间完成的作品中极受欢迎的几幅。

画风渐渐成熟之后，透纳早期作品中的抒情风格逐渐被替代，他开始充满激情地研究自然更为狂暴的特性，研究自然灾难（比如暴风雨，阿尔卑斯山的雪崩等）和人为灾难（比如船只失事、火灾等），这些都暗示了人类在自然力量面前的脆弱。这种对"崇高"的表达——人类在面对无法抵抗的自然力量时感受到的恐惧——占据了他浪漫主义的想象。大海是自然不屈不挠的力量的象征之一，它作为浪漫主义的一个主题，出现在很多浪漫主义者的作品里，比如柯勒律治的《古舟子咏》（1798年）、赫尔曼·麦尔维尔的不朽著作《白鲸》（1851年），以及透纳在伦敦看过的泰奥多尔·籍里柯的《梅杜萨之筏》（参见图29.4）。

在透纳1840年所画的《奴隶船》（参见图27.1）中，作者描绘了昏黄的落日余晖、波涛汹涌的大海、即将来临的暴风雨和大批奇形怪状的鱼（食人鱼出现在画作右侧的前景部分，它们正在吞食被手铐和脚镣束缚的人体残骸），他用一种不是很直接的方式，将画作想要传达的恐怖主题展现在人们面前。英国终于在1838年废除了殖民地的奴隶制度。次年，以奴隶贸易为题材的通俗文学出版，里面详尽地描述了这项臭名昭著的活动，这给透纳提供了灵感：横渡大西洋的奴隶贸易商为了拿到保险公司针对海上"丢失货物"的理赔，将营养不良、疾病缠身的非洲奴隶扔进大海。在英国商业主义兴起之初（详见第三十章），透纳似乎在暗示：人类作恶的能力竟能与自然最残酷的力量相抗衡。

1842年，在《暴风雪》（图27.8）的创作中，透纳对自然的浪漫主义情怀达到了一个新高度：这位67岁的艺术家声称，水兵应他的要求，将他绑在船的桅杆上，在受到暴风雨袭击的大海上漂浮了几小时，他因此才能"如实地将这种场景描绘出来"。他给这幅画加了这样的说明："驶离港口的汽船在浅海区发来信号……作者在'阿里尔号'[1]离开哈里奇港口的那天晚上，亲自经历了这场暴风雨。"但在哈里奇港口登记的船只中，没有一艘船名为"阿里尔号"，所以说明这部分很有可能是透纳的想象，而不是他所经历的事。不管怎么说，和透纳晚期的很多作品一样，《暴风雪》可以看作对感官和直觉的锻炼。狂风和海浪的旋涡，是作者事后回忆的切身体验在想象力发酵作用下的产物，激起了华兹华斯所说的"与自然深深融合的绝妙感受/仿佛停驻于落日余晖之上/徜徉于浩瀚海洋和清新空气之中/存在于蔚蓝天空和人的心灵"。相较于康斯太布尔对自然景观的温柔表达，透纳画中"绝妙的风景"更契合华兹华斯的自然神秘主义之精神。透纳画作中或延伸或紧缩的形态、令人惊叹的色彩运用，可与浪漫主义时期音乐中充满激情的韵律和其蕴含的绝妙活力相媲美，这在当时来看是非常大胆的创新。评论家们轻蔑地称透纳对色彩浅淡变化的运用——指的是他钟爱的水彩——为"带颜色的蒸汽"和"肥皂泡沫"。在未敢对外人展出的几百幅作品里，透纳几乎放弃了用可辨识的主题来作画。但是，他对光和色彩的试验比法国印象派画家早了至少30年。

法国的风景画

在欧洲大陆上，有一个名叫巴比松画派的艺术家群体以巴黎近郊枫丹白露的森林边风景如画的巴比松村庄为名。巴比松派画家是最早一批将画笔拿出画室，到户外写生的艺术家。他们直接从大自然采景，描绘朴素的风景和乡村生活的景象，而后一般会在画室里完成作品。这些不掺杂过多感情色彩的作品是乡村生活的真实写照，成功捕捉到了自然的神韵。

19世纪中期最伟大的法国风景画家让·巴蒂斯特·卡米耶·柯罗（1796—1875）作为巴比松派画家的一员，喜欢在户外写生，但是他的作品中却有种令人惊叹不已的和谐感与秩序感。柯罗的早期风景画大部分是在意大利完成的，他的画作和尼古拉·普桑、雅克·路易·大卫的一样，构思非常严谨；但相比之下，柯罗的画作更加个性化，更显宁静。柯罗后期画作的冷色调有宁静怡人之感，引人沉思。他称之为"留念"，意即"回忆的纪念品"，也就是说这些画作并不是现场创作的，而是柯罗依据记忆中的风景而作的。和很多艺术家一样，柯罗会随身携带笔记本，简单地把每天的想法记录下来，下面这段话完美地还原了他的浪漫主义观点：

> 被感觉引导着，我们只是普通人，容易犯错，所以应当听从他人的建议；与此同时，只遵从你所能理解的、契合你感觉的部分……艺术的美即真理，它一直存在于人们对自然的认

---

[1] 指的是作者经历暴风雨的那条船。有意思的是，莎士比亚的剧本《暴风雨》中有一个叫阿里尔的精灵。

识中。

在柯罗的画中，银色光线透过树丛的间隙，照在雾气朦胧的河面上，因角度不同，光线有细微的变化。柯罗这些饱含诗意的风景画在法国以及其他国家和地区很受欢迎，他的作品常常销售一空。

美国的浪漫主义

超验主义

浪漫主义作为一种思想观念和美学风格，跨越大西洋，沿着工业化快速发展的美洲大陆东海岸传播，很快就占据了上风，对19世纪美国文化的方方面面都产生了影响：詹姆斯·费尼莫尔·库珀（1789—1851）的西部小说、埃德加·爱伦·坡（1809—1849）的悬疑小说、纳撒尼尔·霍桑（1804—1864）和赫尔曼·麦尔维尔（1819—1891）的长篇小说，都体现出浪漫主义色彩。但是，浪漫主义最纯粹的表达还是体现在被称作"超验主义"的文化运动中。新英格兰的一位论派[1]牧师组建了第一个超验俱乐部，该名字取自德国哲学家弗里德里希·谢林所写的一篇论文。谢林的《先验唯心论体系》（1800年）主张精神和自然的同一性，鼓励人们通过对自然的认同使精神上的自我得到提升。作为英国清教徒的后代，美国的超验主义者认为，通过直觉获得的知识胜过基于理性和逻辑获得的知识。他们对工业化的快速发展带来的物质过剩持消极态度，在诸如新柏拉图主义的神秘哲学，以及19世纪早期流入波士顿地区的东亚的宗教中，他们找到了能引起共鸣的完美典范。受印度教和佛教的启发，他们采纳了一种基于泛神论，以及由人类、自然和上帝共享的"世界大同"这样一种理想状态下的整体主义哲学。

超验主义最主要代表人物是拉尔夫·沃尔多·爱默生（1803—1882），其散文对19世纪的美国思想有着巨大的影响力。爱默生出身于牧师家庭，他的祖父和父亲都是牧师。他20多岁时，被任命为一位论派牧师。和华兹华斯一样，他热爱自然，通过自然认识事物生命的本质，欣赏自然净化一切的力量。在一篇名为《论自然》（1836年）的小品文中，爱默生陈述了其泛神论观点：

> 在森林之中，青春永驻。在上帝的这片庄园里，一种神圣的礼仪和秩序统治一切。在这里，一年四季都是节日，这里的美景让身在其中的人看一千年都不会厌倦。在森林里，我们回归理性，重拾信仰。在那里，我感觉再也不会有不幸降临——没有屈辱，没有灾难，大自然能将一切恢复如初。站在这片荒原上，我的头脑享受着让人快乐、无忧的空气，神思似是飘到了无垠的天空，自负感消失无踪。我化身成一只透明的眼球。我什么都不是，却洞察一切。宇宙的生命之流在我身体里循环，我也成了上帝的一个重要组成部分。

爱默生以其散文闻名于世——尤其是宣扬自力更生和不墨守成规等美德的散文，同时他是一位非常有才华的诗人。同柯勒律治和华兹华斯（他在英国见过这两位诗人）一样，爱默生对自然有一种近于神秘的崇拜。同时，他的诗也包含了对亚洲哲学的独特见解。究其原因，这与他读过印度教的重要著作（包括《薄伽梵歌》）有关。在短诗《梵天》（见"调查研究"）中，爱默生通过抒情的方式，

---

[1] 主张上帝只有一位，否认传统基督教所说的上帝由圣父、圣子、圣灵组成。

调查研究

爱默生《梵天》（1857年）

拉尔夫·沃尔多·爱默生对亚洲哲学，尤其是印度教的赞赏，源自他对印度教的宗教典籍《奥义书》和《薄伽梵歌》的理解。在这两部典籍中，婆罗门被认为是宇宙精神。三大神：梵天、毗湿奴和湿婆神，分别代表着婆罗门的三种力量——创造、维护和破坏。在他以世界创造者"梵天"为主题的诗歌中，爱默生提醒读者，自然万物存在明显的差异，但这种差异是假象，它们最终都会统一于一个身份。宇宙间的力量，甚至生死，都是同一的，这种认识超越了对天堂的认识。

> 如果浴血的杀戮者以为自己杀了人，
> 如果被杀之人以为自己被杀了，
> 那是因为他们不知我高深玄妙的道
> 我创造、毁灭，也能让万物重生。
>
> 远去的和被遗忘的人，近在我眼前；
> 暗影和阳光，与我并无区别；
> 已逝去的神，在我眼前重现；
> 耻辱和荣耀，没有太大差别。
>
> 遗忘我的人理解会出现误差；
> 当他们飞翔时，我是他们的翅膀；
>
> 我既是怀疑者，又是怀疑本身，
> 我就是婆罗门歌唱的圣歌。
>
> 威武的神明嫉妒我的地位；
> 七圣人也妄想着取代我；
> 但是你，谦恭的善良人！
> 你找到了我，而放弃了天堂。

问：爱默生的诗歌，表达了印度教哪些方面的内容？

问：印度教和典型西方宗教信仰相比较，有何异同？

将超验主义者的泛神论哲学表达得淋漓尽致。

爱默生的朋友亨利·戴维·梭罗（1817—1862）实践了很多超验主义者的反唯物主义理想。年轻时，梭罗在哈佛大学获得了学士学位，之后通过做家教、勘测以及制作铅笔来维持生计。作为一个热切的废奴主义者，他曾因拒绝向支持奴隶制度的政府缴纳人头税而被捕。在一篇极具影响力的有关非暴力反抗的文章中，梭罗为他自己尝试过的消极抵抗和道德理想主义哲学进行辩护。20世纪的领袖人物莫汉达斯·卡拉姆昌德·甘地和马丁·路德·金都深受梭罗这种哲学的影响。

1845年，梭罗放弃了城市生活，搬到马萨诸塞州瓦尔登湖附近的次生林居住——这个实验持续了26个月。他在可以充当现代人"生活指南"的《瓦尔登湖》一书中，描述了自己对自然世界的喜爱，对社会不墨守成规的态度，以及对苦行僧般简朴生活的执着追求。在这本记录个人生活的私密日记中，梭罗直抒胸臆，赞美自然的纯洁和恩赐，认为它是欢乐的源泉，也是实践教学的导师。

阅读材料27.6
选自梭罗《瓦尔登湖》（1854年）

1845年3月末，我借来一把斧子，向瓦尔登湖畔的树林走去。我走到最想安家的那个地方，砍了一些笔直挺拔、树龄较小的白松做木材……我干活的地方是被白松林覆盖的山坡，透过松树枝，我可以看到瓦尔登湖，以及林中一小片长着松树和山核桃树的开阔空地。尽管湖面的冰还没有完全融化，但还是有几处化开的，黝黑的湖水从冰面下渗出来。在我干活的那几日，天空飘了一点雪，但大多数时候的景色是这样的：在我回家途中经过铁道附近时，金色的沙堆在我眼前蔓延开去，在朦胧的雾气中闪着微光，铁道在春日阳光的照射下闪闪发亮，我听到云雀、小燕和其他鸟啾啾的叫声，它们回来和我们一起迎接新的一年。那是令人愉快的春日，让人不满的冬天终于像这冻土一般开始渐渐消融，蛰伏的生命开始重新舒展。某一天，我的斧柄脱落了，我砍下一棵小山核桃树当楔子，用石头敲紧了。之后，我把整把斧子浸入湖中，想让新楔子吸水膨胀起来，就在这时，我看到一条带斑纹的蛇窜入水中，停在了湖底，丝毫不觉有任何不便之处。它在那儿待了一刻钟左右，也可能比我待的时间还久，也许是因为它还没完全从冬眠状态中醒转过来。在我看来，大概也是因着这个理由，人类还停留在目前原始且低级的状态。如果人们感受到了春天的生机和气息，并被这种生机唤醒，他们必然会升华到一个更高、更超凡的生命状态。在结霜的早晨，我曾在路上看到过蛇，它们的身体还有些僵硬，不能灵活游动，正等待着太阳来温暖它们。4月1日下了雨，冰也融化了，那天早上的氤氲雾气中，我听到一只迷路的鹅在湖面上摸索着，发出迷途似的哀鸣，好似雾气的灵魂之音……

我搬去树林中生活，是因为我想活得纯粹一点，只面对必须面对的生活事实，看看我能否学会生活所教之事，我不想到死的那天才发现自己从没有生活过。我不想过那种不能称为生活的生活，因为生活的经历太珍贵了；除非是万不得已，我也不想过退隐的生活。我想要活得深刻，吸取生活能提供的全部精髓，坚定地生活，简朴地生活，将所有不属于生活的东西都剔除掉，框定一个范围并细细修剪，把生活逼到角落，使之最简化。如果生活被证明是卑微的，那就全面地、真实地认识它的卑微，并将这种卑微公布于世；如果它是崇高的，我希望去经历它、了解它，并且能在下一次的旅行中还原它真实的样貌，真实地去描述它。奇怪的是，在我看来，大多数人并不确定生活是属于魔鬼的，还是属于上帝的。他们有些匆忙地下了结论，认为人类生活的首要目标是"崇拜上帝，并永远享受他带来的喜悦"。

…………

简单！简单！再简单！我认为，事务不必有成百上千件，两三件就足够；钱财不必赚足万贯，够用就足够……一日不必有三餐，如有必要一顿就足够；吃饭不必满汉全席，五道就足够；至于别的，酌情减量……

自然有着难以言表的纯洁和恩赐，它带来春夏秋冬和风霜雨雪，永远带给人欢乐和健康！它和人类心意相通，如果有人感到悲伤，自然的一切也会受到影响——太阳会变得暗淡，风会发出哀怜的叹息，云朵会洒下泪滴，森林会在盛夏抖落树叶，换上丧服。难道我不是和大地惺惺相惜吗？在某种意义上，我自己不就是一片树叶、一撮腐殖土吗？

....

问：梭罗搬去瓦尔登湖是实践意义上的生存冒险，还是长期的神秘体验？

问：梭罗所说的"难以言表的纯洁和恩赐"指的是什么？

沃尔特·惠特曼的浪漫个人主义

虽然从严格意义上说，沃尔特·惠特曼（1819—1892）并不是一个超验主义者，但是他表达了自己对超验世界观和爱默生自力更生之信条的支持。他在布鲁克林当过印刷工，后来做过报纸编辑，在美国南北战争期间还当过护士。他的散文和诗歌是美国经典文学作品的重要组成部分，他在作品中表达了自己对美国的风景以及居民的喜爱之情。

和华兹华斯一样，惠特曼从每天的生活中抓取创作灵感；他也不用传统诗歌的格律来创作，认为它太过不自然。他为自己"最原始的叫喊"找到了一种理想的表达方式，即自由体诗歌（自由体诗歌，打破了传统的诗歌韵律，其特点是自由奔放、无规律）。他在诗歌中使用了大量的头韵、半谐音和重复，因此他的诗歌节奏自由，读起来响亮、抑扬顿挫。他喜欢意大利歌剧，并经常加以模仿，将歌剧的宏伟庄严融入自己的作品中。

惠特曼的诗歌中非常常见的主题是民族主义和民主。他理解并支持普通人，同情无足轻重的小人物、罪犯、妓女。他声称自己是身体及灵魂的诗人，主张人应该诚实地认识生理自我（物质自我）。美国的风景为他的创作提供了源源不断的灵感，他的自传体著作《草叶集》（1855年）描绘的大片蔓生的芳草正是源于这种灵感。

《草叶集》的第一版问世后，该诗歌集因其随心所欲的诗体形式和对性行为直言不讳的颂扬而遭受非议——一位评论家批评它为"美国佬超验主义和纽约粗暴行为的混合体"。作者在《草叶集》最长的一篇抒情诗《自己之歌》中，表明了自己对美国浪漫主义运动所提倡的广义上的个人主义的支持。与此同时，它也表达了惠特曼对回归自然，与全人类达到团结一致的热切渴望。

阅读材料27.7
选自惠特曼《自己之歌》（1855年）

1

我赞美自己，我为自己歌唱，
我接受的，你们也应接受，
因为我身体里的每一个原子也是你们的。

我邀请我的灵魂一起悠闲游荡，
自在地观察夏日草叶生出的嫩芽。

我的舌头，我的每一滴血，都是由这土地，由这空气化成，
我在这里生长，我父母和他们的父母也同样在这里生长，
我已经三十七岁了，身体健康，
我希望生命不息，直到死去的那一刻。
学校和教义失去作用，
它们从原来的位置退居幕后，
但也绝不会被遗忘，
无论好坏，我勇敢地让自然畅所欲言，
任其保持原本的活力。

24

沃尔特·惠特曼,曼哈顿之子,我是自己的宇宙,
狂暴,肥胖,多欲,爱吃喝玩乐,会纵情声色,
并不多愁善感,与世间男女并无太多差别,
不谦逊,也不乖张。

把门锁从门上拧下来,
把门从门框上拽下来,
任何贬低他人的行为就是在贬低我,
他人的一切言行最终也会回归到我这里。
神悟在我体内汹涌澎湃,如电流,如指引。

我说出初始口令,我发出民主信号,
上帝啊!若人类不能在同等条件下获得同样馈赠,那我什么也不会接受。

很多沉默已久的人通过我发声,这声音来自罪犯和奴隶的子子孙孙,
来自病人、绝望者,来自小偷和侏儒,
来自准备好进入新一轮生长周期的生命,
来自连接星星的线引,来自子宫和精子,
来自争取权利的被践踏者,
来自残疾人、无名之辈、呆子、愚人、被鄙视者,
雾气弥漫的空中,屎壳郎正滚着它的粪球。

被噤声的人通过我发出呐喊,
性欲释放的呐喊,被我揭开面纱的被隐藏的呐喊,
因我而变得澄净、美好的呐喊。

我没有做出噤声的手势,
我将肚肠保持得像头脑和心灵一样高洁,
性交并不比死亡更恶俗,
我相信在食欲和色欲里,
视觉、听觉、感觉,都是奇迹,我的每一部分都是奇迹。

我极为神圣,任何我触碰的或触碰我的东西,都会变得圣洁,
腋窝的香味比祈祷还妙,
这个头脑也比教堂、《圣经》和所有信条更值得信奉。

52

苍鹰俯冲下来,谴责我,说我不该瞎扯和闲荡。

我一样不甘示弱,一样不可捉摸,
我在世界之上发出了最原始的叫喊。

白日里的最后一束光为我停留,
它将我的影子抛到其他事物之后,和所有蒙上阴影的生物一样真实,
它哄着我靠近烟雾,走进黄昏。

我像空气一样离开,朝着夕阳甩动白发,
我投身于涡流中,让身体在里面浮沉。
我将自己献给大地,再从我喜爱的草丛中重生,
如果你还想见我,请在你的鞋底寻找我。

你不会知道我是谁,不会明白我说的话,
但我仍然会给你带去健康,

净化你的血液，给你补充营养。

找不到我的人，请不要沮丧，
去下个地方继续寻找，
我正在某个地方，等你出现。

问：惠特曼的诗（以及其个性）和欧洲浪漫主义者相比有何异同？（试比较《自己之歌》和阅读材料27.1到27.4的异同）

美国风景画

美国的风景画家通过捕捉梭罗描述的自然"难以言表的纯洁和恩赐"，来反映超验主义者的观点。这些美国的艺术家乐于描绘自然及其转瞬即逝的特性之美，其程度并不亚于欧洲浪漫主义画家。同时，他们通过作品表达了他们对这个年轻的国家独有的、未遭破坏的壮丽山河的热爱，给作品增添了民族主义的色彩。他们带着这份热爱，将山脉、湖泊、河流，以及郁郁葱葱的森林的样貌准确地记录下来。这些画家似乎逼着自己用摄影般的精确度和道德的力量，去准确记录美洲大陆的壮美，与此同时高度还原它的原生态荒野。全景画面和对细节的极致处理等特征，在哈德逊河派画家创作的地形风景画中得到了很好的体现。哈德逊河派是活跃于19世纪30年代到40年代的艺术家团体，主要在纽约北部地区活动。

哈德逊河派的其中一位领军人物是出生在英国的托马斯·科尔（1801—1848），他的画作《牛轭湖》（图27.9）展现了流经马萨诸塞州北安普敦的康涅狄格河的风景。科尔将远景中明亮的山丘和弯曲的河流，与即将过去的暴风雨、枯萎的树等更为昏暗的意象放在同一张画布上，营造出了一种扣人心弦的气氛。

美国的西进运动引起了阿尔伯特·比尔施塔特（1830—1902）的极大兴趣，这个德国出生的画家以美国西部那块未开垦的处女地为主题，对其做了很多全景的描画。在以落基山脉为主题的风景画中（图27.10），他在前景位置画了一个美洲原住民的营地，这表明他对西部崎岖多岩的广袤空间带给人的神圣和纯洁有一种迷恋的情感。在覆盖着皑皑白雪的山脉、壮观的瀑布和清澈如镜的湖水的映衬下，这个与世隔绝的营地显得很小，却神圣不可侵犯。这里的一切都沐浴在金色的阳光下，这里是美国的伊甸园，里面居住着质朴的部落，画家称部落的人为"高尚的野蛮人"。比尔施塔特用巨幅画布为这种古罗马田园牧歌式的风景作画。在这样的风景里，人类和自然以一种和谐的方式蓬勃地发展。这幅画的巨大画幅预示着风景画将正式被大家认可，成为一种新的绘画体裁，它将与史学、宗教等在学术传统中使用大画布的主题平分秋色。这种"西部风景画"证实了美国的扩张主义和日渐上涨的民族主义的存在。

19世纪的大多数美国艺术家都到欧洲游览过，也曾到海外留学。然而，对普通民众来说，描绘偏远地区的全景式风景画弥补了他们未能亲自游历的遗憾。据传，参观者会携带双筒望远镜来观展，这些画展通常要求参观者缴纳入场费。事实上，托马斯·科尔的学生弗雷德里克·埃德温·丘奇（1826—1900）的画展就是如此。丘奇的《尼亚加拉大瀑布》（图27.11）就曾在纽约的一个收费展上展出，到场观众至少有10万人。他描绘瀑布的观察角度在加拿大境内，整幅画几乎没有前景，这让观众仿佛置身于奔腾的瀑布边缘。空中的彩虹——丘奇喜欢的元素之一，可以被认为是天赐恩惠与和谐的象征。一个评论家称，《尼亚加拉大瀑布》是大西洋西海岸画得最好的一幅画。

丘奇描绘的热带风暴、喷发的火山、巨型冰山

图 27.9 牛轭湖 托马斯·科尔，绘于1836年，暴雨过后作者在马萨诸塞州北安普敦的霍利奥克山所观之景。康涅狄格河在北安普敦形成的环路是19世纪早期很有名的一个景点

图 27.10 落基山脉，兰德峰 阿尔伯特·比尔施塔特，绘于1863年

图 27.11 尼亚加拉大瀑布 弗雷德里克·埃德温·丘奇，绘于1857年。恢宏的气势和精雕细琢的细节是这幅典型的美国19世纪画作的特征。当时有一位报纸评论家欣喜若狂道："就我们所知，没有哪一幅美国风景画能像这幅一样，将构图和细节处理的优点如此完美地结合起来。"

等风景画，仿佛将美国画廊的参观者带到了画家亲身游历过的异国他乡——巴西、厄瓜多尔、纽芬兰。

在极地探险和沉船事故多发的时代，这些风景令人敬畏，让人感觉到一种浪漫主义的崇高。丘奇被同时代的人冠以"风景画艺术领域里的米开朗琪罗"的称号，成了那个时代最有名的美国画家。

美国和美洲原住民

浪漫主义者对未遭破坏的自然美以及"自然人"的痴迷，激发了人们对美洲原住民的纪实研究的热情，艺术家兼民族学家的乔治·卡特林（1796—1872）就是其中一位。在19世纪30年代，卡特林跑去大平原地区，同原住民一起生活了一段时间。被这些拥有着"沉默和坚韧的尊严感"的美洲部落民族感动，他用文学的方式记录了他们的生活和习俗，同时画了几百幅素描和油画。19世纪中期，卡特林的"印第安人美术馆"在欧洲的很多地方展出，在国外获得了比国内更高的呼声和赞美。

卡特林把原住民刻画为对自然界非常敬重的人。他描述了印第安人向他们崇拜的大神致敬，祈求健康和子嗣的独特宗教仪式。他观察到，大多数部落在宰杀猎物时总是遵循适可而止的原则，他们的宰杀量刚好能满足生活所需。他让世界了解到，原住民才是最早的生态学家。

与自然及自然界的生物和谐相处，是美洲原住民文化的精髓，这种泛神论的唯心主义观点在西北部落流传的谚语中得到了很好的体现："地球不属于我们，我们属于地球……并不是我们编织了生命之网，我们只是网中的一根线。无论我们对生命之网做什么，这种行为最终都会影响到我们自身。"原住民遵循祖先留下的传统，他们敬畏一切生命，包括植物、动物和人类；他们认为在一个以精神为主导且包容一切的环境中，生命是其神圣的组成部分。原住民大部分的艺术活动都是为宗教和公共事务服务的，原住民的两种诉求通过这些活动得以体现——他们既需要保护自然力量间的平衡状态，也需要在精神层面利用自然力量的这种转化和疗愈能力。原住民在木雕、陶器、编织篮、珠饰刺绣、沙

图 27.12 祖尼水罐 19世纪

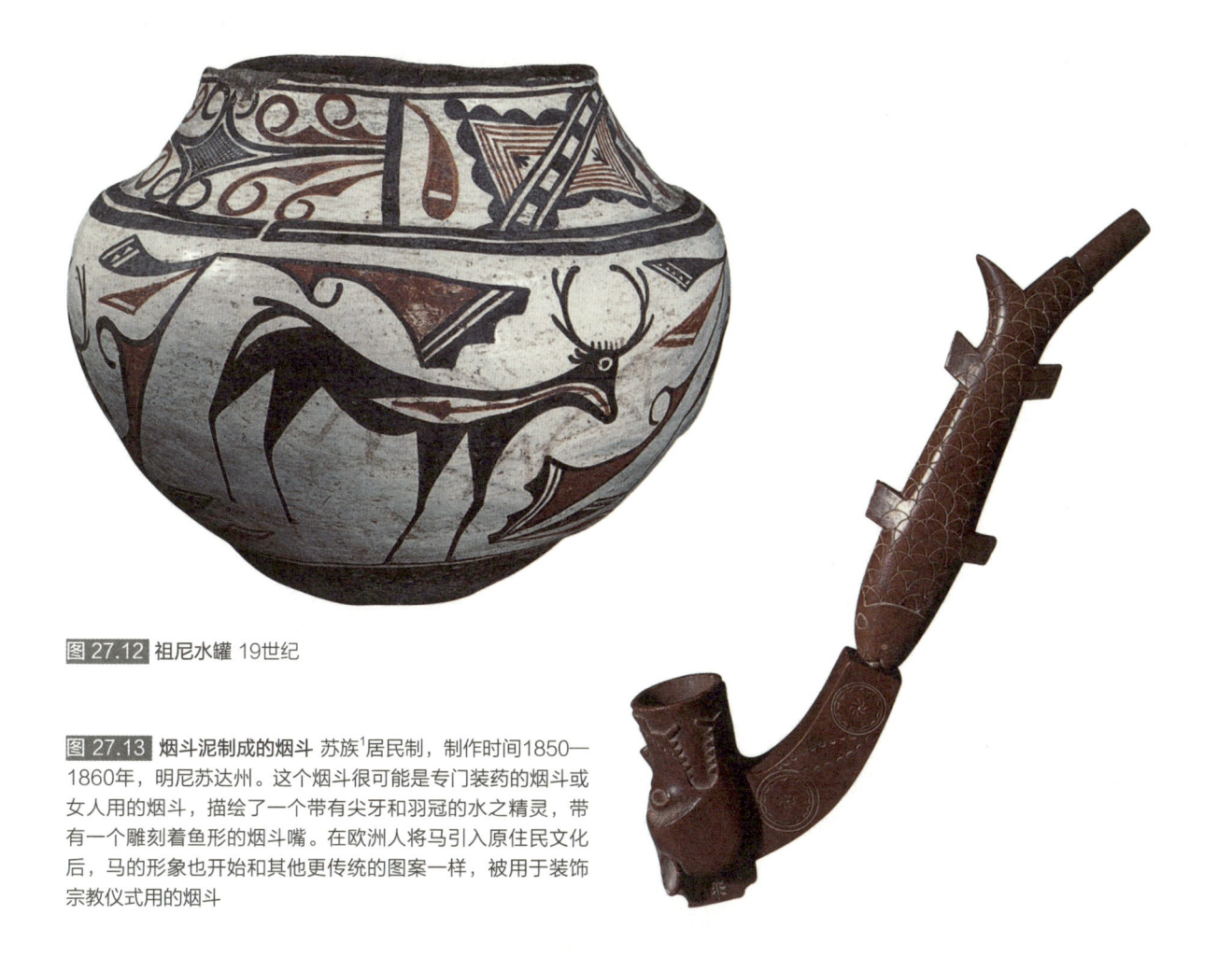

图 27.13 烟斗泥制成的烟斗 苏族[1]居民制,制作时间1850—1860年,明尼苏达州。这个烟斗很可能是专门装药的烟斗或女人用的烟斗,描绘了一个带有尖牙和羽冠的水之精灵,带有一个雕刻着鱼形的烟斗嘴。在欧洲人将马引入原住民文化后,马的形象也开始和其他更传统的图案一样,被用于装饰宗教仪式用的烟斗

画,以及其他工艺品的制作过程中,运用了大量的自然意象,但他们对这种意象的运用又与欧洲和美国的浪漫主义艺术家有很大区别:西方艺术家从"外在"感受、认识自然,将自然视为道德和审美灵感的来源;原住民艺术家则从"内在"感受、认识自然,将自然视作一种能够被利用,又需要被尊崇的力量。一件来自美国西南部普韦布洛族祖尼人的彩绘水罐(图27.12)被视作一个有生命的物体。沿着水罐肩部绘制的双线纹路中有一处开口,水罐的"灵魂"或"气息"可能会通过这里从罐体逸出。水罐上描绘的鹿的身体上,一条"灵魂"之线连接着鹿的心脏和嘴巴——这一传统源自史前陶器装饰。

令原住民艺术家着迷的,不是全景式的风景,而是自然的力量以及住在那片风景里的生命体。正如卡特林与大平原上的印第安人生活时所观察到的,自然意象的运用使一切仪式物品得到美化,石雕烟斗就是其中极为重要的作品之一。原住民通常把烟斗当作礼物,来维系他们与部落盟友之间的关系。他们相信,烟斗有着超自然的力量,不管在公共场合还是私下里,抽烟斗都被认为是很神圣且庄严的行为。大平原地区的印第安人认为,当象征男性力量的烟斗嘴和象征母体大地的斗钵连接在一

1. 旧时居住于从密歇根湖和落基山脉之间广大地区的北美印第安族群。

起，烟斗就被赋予了生命。大平原地区的烟斗通常由男人和女人共同雕刻完成，其原料是烟斗泥——那是由一种从明尼苏达州西南部开采来的红石头制成的（烟斗泥的命名，是因为第一个将这种来自东边、与众不同的矿石样本带到这里来的人，正是卡特林[1]）。部落里流传着很多有关这种石头的传说，有人说这种石头是由一个神秘部落的居民的血肉制成的，也有人说这是死去的印第安人和水牛的血凝结成的。在宗教仪式中，这种烟斗被认为有疗愈的功效。人们一般会在其表面雕刻传说中的鸟、熊、水生生物的图案（图27.13）。

美国诗人亨利·沃兹沃思·朗费罗（1807—1882）在文学领域大力宣传原住民的文化，他在叙事诗《海华沙之歌》（1855年）里，用细腻抒情的笔调刻画了美洲原住民的生活。这个故事是以16世纪一位莫霍克族[2]的政治家为原型。令人遗憾的是，朗费罗、卡特林甚至是原住民取得的成就都无法阻止原住民文化遭受大规模的破坏。自19世纪30年代始，在美国政府的强压下，原住民部落被迫将生存的家园和猎场割让给白人定居者，并迁到西部更为荒凉的地方居住。相比于浪漫主义者认为的原住民是"高尚野蛮人"的看法，认为原住民是"恶魔野蛮人"的观念更占优势，后者甚至为美国政府通过一系列政策（这类政策被卡特林等人严厉谴责）对这种"野蛮"人群进行教化的行为提供了理论依据，将恶行正当化了。这些政策不仅包括之前提到的逼迫原住民部落迁往荒凉的地方，还包括逼迫原住民放弃自己的语言、宗教信仰、传统等。迫害、侮辱、直接的身体攻击，以及疾病的持续困扰加速了美国原住民部落的衰落，让其濒临灭绝。

1. 英文Catlin（卡特林）和Catlinite（烟斗泥）拼写相似，所以说是为了纪念卡特林才把这种矿物叫作烟斗泥。
2. 以前居住在莫霍克河两岸的北美印第安人。

美国民间艺术

美国民间艺术家创造了一些美国19世纪极为有趣的艺术品。和科尔、丘奇等经过专业训练的艺术家不同，民间艺术家在视觉艺术方面缺少技术理论知识。但是，他们还是会受灵感启发，用各种物品装饰日常所处的环境——这些物品往往展现出他们对设计超乎寻常的敏锐感知，以及对自然细节的喜爱。

19世纪的美国民间艺术中，最与众不同的要数手工缝制的棉被了。这是非常实用的东西，几乎只由女性制作完成。和学术性的艺术作品不同，棉被通常是由多人制作完成的。女人们在多余的缝补材料中挑拣出布料小块，再在这些布料小块上缝上或绣上贴花图案。妇女们聚集在一起，将各自缝好的布块拼接成9英尺×8英尺大小的被面。棉被上的图案大都取材于自然，一般是非写实的图案，颜色非常鲜艳，有很多甚至成了代代相传的标准化图案。拼接棉被可以用来纪念宗教、家庭活动（比如婚礼）或公共事件，但它们很少能传达一个完整的故事。相反，它们是通过抽象的符号和标志来传达意思的。作为自然和自然事物的民间记录方式，制作棉被和相关的纺织艺术是美国19世纪的艺术形式中具有装饰性，又比较私人的一种。

美国民间艺术家爱德华·希克斯（1780—1849）的绘画作品《和平的王国》（图27.14），更为生动地展现了浪漫主义对自然的神圣化程度。希克斯是宾夕法尼亚州巴克斯县的贵格会牧师，同时是一位颇受欢迎的广告牌绘制者。他对这个乌托邦的主题有超过一百种诠释方式，其灵感来源于《以赛亚书》："豺狼必与绵羊羔同居，豹子与山羊羔同卧，少壮狮子与牛犊并肥畜同群；小孩子要牵引它们。"希克斯将睁着大眼睛的可爱动物和体重很轻的小孩一同放在草木葱郁的风景里。在左边的背景处，希克斯的贵格会同仁威廉·佩恩正向其他人

图 27.14 和平的王国 爱德华·希克斯，绘于1834年左右。希克斯特别崇拜他的贵格会同仁威廉·佩恩；光这幅画，他就画了至少61个版本

展示与莱纳佩部落签订的和平条约（此事件也曾在学术性较强的其他美国艺术作品中被提及）。对构图的美化处理和对传统视角的漠视，赋予画作一种实时性的视觉效果。画中的孩童伸出手，温柔地抚摸周围的动物，画家正是通过这种姿势，将自然的纯真与和平联结了起来。

回 顾

工业化进程

19世纪的欧洲经历了人口爆炸式的增长；煤、铁、钢的产量增加，这促使西方工业和商业进一步扩张。在这个以工业化为基础的社会，以前由家庭小作坊制作的商品逐渐交由工厂进行大批量生产。

日益发展的工业化加速了城市化进程，西方人开始在世界的其他国家和地区开拓市场、寻找资源。

19世纪早期思想

受到亚洲哲学和康德唯心主义的影响，德国的哲学家在看待自然时带有深深的主观色彩和神秘主义色彩。

黑格尔提出一种辩证法模式，他认为，所有现实、历史和观念都会朝着精神自由这个完美的目标发展。

达尔文主张，在自然选择的作用下，包括人类在内的所有生物都是从一些最初的简单形态进化而来的；物种要么通过进化获得更高级的生命形态，要么面临毁灭。

自然选择的理论颠覆了人类在生物等级中的高级地位，它提出了"自然和人类是统一的"的观点。

欧洲文学中的自然和自然派

自然既为浪漫主义者表达情感提供了隐喻的灵感，也成为他们躲避19世纪工业化和城市化的避难所。

作为19世纪自然派诗人的领军人物，威廉·华兹华斯赞颂自然所拥有的救赎力量。他盛赞自然风景，认为那是崇高的灵感、道德和真理的源泉。华兹华斯和他同时代的英国诗人揭开了浪漫主义运动的序幕。

浪漫主义者主张人们对想象的自由运用、感官的释放，以及在诗意的表达中对更自然的语言的培养。

雪莱将自然所拥有的力量和诗人的创造力进行类比，济慈欣喜于自然转瞬即逝的美可以在艺术中长存。深深相信精神力量的布莱克所作的诗歌，也反映了他对自然的一种有创见的道德感知。

亚洲文学中的自然和自然派

对自然和自然意象的浪漫主义的推崇，并不局限于西方：在以沈复自白式的散文为代表的中国文学中，自然也是创作灵感和个人慰藉的来源。

中国诗人和画家往往通过细细斟酌的几个字和生动的描绘，来表现他们眼中的自然风景。

浪漫主义风景画

西方的浪漫主义者将风景画当作一种表达他们心境和情绪的主要途径。

康斯太布尔为英国乡村生活制作的冥想式风景，以及透纳庄严肃穆的远景，可以看成华兹华斯诗歌的视觉写照。

德国画家弗里德里希和法国画家柯罗创作的弥漫着哀伤的风景画反映了浪漫主义艺术家想通过发掘自然多变的状态，来寻找其与人类感受共通点的想法。

美国的浪漫主义

美国的浪漫主义者在对自然朴素和简单的特质

的探求中，加入了强有力的个人主义精神。超验主义者爱默生和梭罗寻求自然与自我的统一；惠特曼宣称其原生态、"难以捉摸"的自我能与自然能量产生共鸣。

在科尔、比尔施塔特和丘奇所绘的美国风景画中，自然成了一个未被破坏，正在迅速消亡的世界的象征；在卡特林的艺术作品中，他友爱地记录下了美洲原住民的生活形态及其传统。

在美洲原住民中流行着另一种对自然的看法，这种看法没有浪漫主义那么浪漫，但是一样带着神秘主义色彩，主要是通过他们庄严华丽的仪式用品表现出来的。

以爱德华·希克斯的绘画为代表的美国民间艺术，使用自然意象来表达其美化和象征意义。

术语表

半谐音：一种文学修辞手法，指两个词的元音发音相似，但辅音却并不相同。

辩证法：黑格尔哲学提出的一种过程，即每种情况（"正题"）都存在着与之相反的情况（"反题"），最后，它们会得出一个合题的概念。

优生学：通过基因操控技术来提高人类质量的科学。

自由体：一种诗体，打破了传统的诗歌韵律，其特点是自由奔放、无规律。

泛神论：一种信仰，认为神存在于宇宙万物中。

第二十八章
浪漫主义英雄

约1780年—1880年

啊，英雄，你浴血奋战的故事

将长久、长久地在这片大地上回响……

——普希金

图 28.1 拿破仑越过大圣伯纳德山口 雅克·路易·大卫，绘于1800年。这幅画第一次在伦敦展出时，名为《波拿巴将军越过圣伯纳德山》，其描述词如下："在这幅画中，他勇敢地面对自然在他前进的路上设置的所有困难——大风、寒冷、冰雪、雷声，没有什么能阻挡他；他一只手牵引战马越过看似无法翻越的岩石，另一只手为他勇敢的追随者们指明在荣耀的时刻到来之前还需要战胜的危险。"

浪漫主义者热爱自然，他们也盛赞以英雄为代表的富有创造力的个人。不管是凡人英雄还是神明英雄，英雄都象征着人性中最好、最强大、最神圣的部分，比如过去文学作品中的英雄——吉尔伽美什[1]、阿喀琉斯[2]、罗兰[3]，浪漫主义英雄是具有传奇色彩的人物，他们有着非凡的能力和目标，也承担着极高的期望。文学作品中的英雄捍卫社会的传统和道德价值观，而浪漫主义英雄却试图挑战，甚至寻求可以改变这种观念和传统的方法。

浪漫主义者认为自己是那个时代的空想主义者，他们支持人对感官和心灵的狂热崇拜。18世纪末期，浪漫主义的先知卢梭曾提出："于我们而言，存在即被感知。"在卢梭的宣言中，英雄自我的精神初见端倪："我和我所见过的任何人都不一样；我敢说，我和世界上的任何一个人都不一样。我可能并不比别人好多少，但至少我是独一无二的。"浪漫主义诗人、画家、作曲家为实现自己的理想努力着，不再依赖教会和国家的庇护。与此同时，他们捍卫自由的理想，捍卫伴随着新兴民族主义而产生的民族团结的理想。他们反对根深蒂固的奴隶制度以及对个人自由由来已久的限制。在19世纪，英雄的数量并不比其他时代多，但是只有这个时代的人将英雄人物视为浪漫主义情感的代表来赞颂。

---

1. 苏美尔时期城邦国家乌鲁克的国王。
2. 出自荷马史诗《伊利亚特》，是在特洛伊战争第十年参战的半神英雄。
3. 法国英雄史诗《罗兰之歌》中的主人公。

民族主义和英雄

19世纪文化得以成型的其中一股推动力量就来自民族主义——民族主义是主权国家升华的产物。近代民族国家的起源至少可以回溯到14世纪,而民族主义作为一种以一个民族的文化和政治团结为基础的意识形态(或信仰体系),直到大约1815年才得到人们广泛的认可。近代民族主义在法国大革命爆发之后,以及在之后反抗拿破仑·波拿巴(即拿破仑一世)和法国的帝国主义侵略过程中,得以蓬勃发展。欧洲、非洲和拉丁美洲的一些国家一个接一个地站起来,反抗外国侵略者。对国家和自由的热爱,成了实现民族自决和政治自由这一理想的代名词。从积极方面来看,民族主义推动了语言、习俗、历史的复兴与繁荣,这表现在诗歌、音乐和其他艺术形式上。德国的雅各布·格林和威廉·格林两兄弟收集整理的童话故事集(1812—1815年发表)就是一个很好的例子。但是民族主义也显现出了不好的一面:在进入20世纪之后,帝国主义国家打着民族主义和爱国沙文主义的旗号推行其侵略政策,不仅在国家之间,还在不同地区的种族人群中挑起战争。事实上,本节所展示的大部分19世纪的艺术作品是创作者对伴随着初期民族主义而来的野蛮行径发自肺腑的回应。

19世纪的知识分子赞美英雄的品格,尤其赞美英雄对自由和平事业的奉献。英国历史学家、散文家托马斯·卡莱尔(1795—1881)出版的《英雄和英雄崇拜》集结了他一系列的讲演稿,他在书中赞美了英雄神祇、先知、诗人、教士、学者,以及具有传奇色彩的帝王拿破仑·波拿巴。沃尔特·司各特(1771—1832)和亚历山大·仲马(大仲马,1802—1870)在各自的历史小说中,描绘了历经艰险的士兵和困境中的少女的英雄冒险故事。维克多·雨果(1802—1885)则在小说《悲惨世界》中,通过对倡导平等主义的爱国者的描绘,塑造了悲情英雄的形象。相比于文学作品里的英雄,现实生活中英雄的勇气和胆量也不容小觑。祖鲁战士恰卡(约1787—1828)骁勇善战,通过一系列的战役统一了当地部落,建立了祖鲁国家,从此改变了非洲南部地区的命运。

在美国,小说家纳撒尼尔·霍桑和赫尔曼·麦尔维尔也常以英雄作为主题来进行创作。两人都创造过阴森、忧郁的小说人物,这些人物的道德力量往往会受到邪恶势力的考验。在麦尔维尔的知名海洋题材小说《白鲸》中,作者对两位主要人物的刻画是半自传体性质的,其灵感来自麦尔维尔自己的冒险经历——他曾是一艘捕鲸船的前桅水手,也曾是美国海军的一名船员。美洲也有一些著名的现实生活英雄和政治自由的捍卫者,比如西蒙·玻利瓦尔(1783—1830)——他在南美洲战胜了西班牙军队,为玻利维亚、哥伦比亚、厄瓜多尔、秘鲁、委内瑞拉赢得了独立;比如弗雷德里克·道格拉斯(1817—1895)——他是废奴运动的领袖,他的自传详细地记录了一位英雄因何遭受压迫,又如何持续抗争的一生。

浪漫主义英雄拿破仑

1799年,来自科西嘉岛的30岁将军拿破仑·波拿巴(1769—1821)控制了法兰西政府。他结束了内乱,重组了教育体系,将民法体系制度化,颁布了《民法典》。1804年,拿破仑加冕称帝,宣布:"革命结束了。"在之后的10年里,拿破仑奉行征战原则,确定了法兰西第一帝国在西欧大陆的霸主地位。在西欧的大部分地区,拿破仑废除农奴制,征收教堂的财产,剥夺封建特权,介绍并引进法兰西的法律和制度,给西欧大陆的发展带来了不小的影响。拿破仑在他的帝国传播自由、友爱、平等的革命理想，他拥护人民主权论，并燃起了法兰西人民的民族主义情绪。

拿破仑的抱负极具英雄气概，他的一系列军事行动更是令人震惊。在战胜了意大利、埃及、奥地利、普鲁士、葡萄牙、西班牙的军队之后，他在1812年又对俄国发起进攻，最后，苦寒的天气和匮乏的物资迫使他的军队撤离。原本60余万士兵的军队，到最后只有大约10万人幸存。1813年，欧洲各国再一次结成反法联盟。1814年，拿破仑宣布投降，并被流放到意大利沿海的厄尔巴岛。1815年，拿破仑逃出小岛，集结了一支新军队。在滑铁卢战役（1815年）中，拿破仑遭到了由英国的威灵顿公爵指挥的欧洲反法联军的顽强抵抗，最终拿破仑不敌，第二次败下阵来。至此，拿破仑彻底失败了。这位战败的英雄被流放到位于非洲西海岸的圣赫勒拿岛上，度过了余生。

拿破仑是近代欧洲第一位独裁者，在巴黎留下了明显的新古典主义印记（详见第二十六章）。然而，他也成了19世纪的第一位浪漫主义英雄，在众多的欧洲诗歌和绘画中受到赞誉，这其中最有名的莫过于他最喜欢的画家雅克·路易·大卫为他画的一系列壮观庄严的肖像画。大卫画的拿破仑骑马肖像画（参见图28.1）明显借鉴了古罗马帝王的形象，这幅画展现的是一个理想化的拿破仑形象，他想追求卓越功勋，像汉尼拔、查理大帝这样伟大的军事领袖一样——画面前景的石头上还刻着他们的名字。但事实上，拿破仑通过圣伯纳德山口时，骑的是一头骡子。这幅画其实有五个相似的版本，在本书选用的这一幅中，大卫将拿破仑描绘成一个浪漫主义英雄。拿破仑在记录个人所思所想的日记——19世纪的浪漫主义者最喜欢的一种体裁——中证实了这一形象。拿破仑在1800—1817年写下的文字体现出了许多典型的浪漫主义个性特征：自觉的个人主义、个人力量感、放任的自我主义、对想象的生命力的高度重视。

阅读材料28.1
选自拿破仑的日记（1800—1817年）

1800年6月17日，米兰：……想象力是多么神奇的一个东西！这些人不认识我，从没见过我，他们只是听说过我的名字，他们被我的存在感动，他们愿意为我做任何事！在任何一个时代，任何一个国家都发生过类似的事！这就是盲信的狂热力量！对，想象力支配着世界。我们现代社会制度的不足之处在于它们不和想象力对话。只有想象力才能统治人类；没有想象力，人与残暴的畜生无异。

1802年12月30日：我的权力来自我的名誉，我的名誉来自我打过的胜仗。如果我不能为它提供更多的荣耀和胜利，我的权力就会崩塌。征战成就了今日的我；我只有在征战中才是自己……

1817年3月3日，圣赫勒拿：尽管别人对我有诸多诋毁，我并不担心我的名誉会受到什么影响，子孙后代总会还我一个公道。真相终会大白于天下，人们会将我做过的好事与我犯下的错进行比较，我对结果并不会感到不安。如果功成，我将以有史以来最伟大的人之名死去。照目前的情况来看，我虽败，但仍将被视为超凡之人：我并没有犯罪，我崇高的地位是别人无法企及的。我打过50场激战，几乎都获得了胜利。我制定并实行的一套法典将对后世产生巨大影响。我从一个无名之辈成长为世界上最强大的帝国统治者。欧洲曾臣服于我的脚下。我一直都坚信，主权掌握在人民手中。

问：在拿破仑看来，想象力的作用是什么？

问：为什么拿破仑的自我形象被视为"具有浪漫主义色彩"？

普罗米修斯式的英雄

文学中普罗米修斯式的神话

如果说拿破仑是19世纪欧洲最受欢迎的现实英雄，普罗米修斯就是那个时代最受欢迎的虚构英雄。普罗米修斯（该名字的含义为"深谋远虑、先觉"）是希腊神话中希腊原始神祇的后代之一。传说，普罗米修斯从宙斯居住的奥林匹斯山偷取圣火（圣火被视为天赐的智慧和创作灵感的来源），并将这份珍贵的礼物送给了人类，从而惹怒了宙斯。作为惩罚，宙斯用铁链将普罗米修斯绑在悬崖的一块岩石上，让老鹰每天啄食他的肝脏，而他的肝脏每天晚上又会奇迹般地复原。有关普罗米修斯的第二个故事没有那么惊险刺激，而且相较于古希腊人，这个故事在古罗马人中更广为流传。传说，这位英雄按古巴比伦的神明、英雄马尔都克的样子，用黏土造出了人类。

浪漫主义诗人非常喜欢普罗米修斯备受磨难的人类捍卫者的形象——他是自由的象征，是不惜为实现高尚的理想而惹怒众神的人类拯救者。本书第二十七章提到的诗人珀西·比希·雪莱在他的四幕戏剧《解放了的普罗米修斯》（1819年）中，将普罗米修斯刻画成一个救世主般的英雄人物。在这部作品中，普罗米修斯从众神的专制暴政中，将整个宇宙解放了出来。在这之前一年，即1818年，雪莱的第二任妻子玛丽·雪莱（即玛丽·葛德文，1797—1851）在她的小说《弗兰肯斯坦》中，探索了普罗米修斯式的传奇。玛丽·雪莱是威廉·葛德文和女权主义作家玛丽·沃斯通克拉夫特（详见第二十四章）的女儿，她18岁就开始写《弗兰肯斯坦》。该小说以一系列信件为框架，讲述了科学家兼哲学家弗兰肯斯坦经历的惊心动魄的故事——他在发现了可以将生命注入无生命的物质中去的

秘密后，制造了一个具有超自然力量的怪物（图28.2）。弗兰肯斯坦是现代的普罗米修斯，他在自己的野心驱使下设计了一个怪物，并因此受到了惩罚——这个怪物因为被众人排挤，无法过上普通人的正常生活，因此背叛了他的制造者，他抗议道："我本善良、仁慈，但苦痛把我变成了魔鬼。"像堕落天使路西法一样，弗兰肯斯坦创造的怪物最后成了带有英雄色彩的邪恶力量的化身。

《弗兰肯斯坦》属于哥特式小说这一文学体裁，是一种设置在中世纪背景下，以恐怖和超自然元素为特征的小说类型，最早的同类型小说要数霍勒斯·沃尔波尔的《奥特兰托堡》（1764年）。这类小说反映了反理性主义的逆势上涨趋势，预示着学者们对中世纪历史重新燃起了兴趣。玛丽·雪莱的小说实际上是一个科学恐怖故事，它已经成了现代经典文学著作之一。《弗兰肯斯坦》是第一部质疑科学研究会对人类造成影响的文学作品，在它的

图 28.2 第一幅描绘弗兰肯斯坦的怪物的插图 1831年标准小说版《弗兰肯斯坦》的卷首插画

激励下，许多科幻小说的"衍生物"以及相关的电影、舞台剧得以产生。然而，讽刺的是，怪物所获得的关注度却远高于科学家，甚至到了占用自己创造者名字的地步。

阅读材料28.2
选自玛丽·雪莱《弗兰肯斯坦》（第四、五章）（1818年）

有诸多现象特别吸引我的注意，其中之一便是人体的结构（实际上是任何有生命的物体的结构）。我常常问自己，生命的本质从何而来？这是个大胆的问题，一直以来，这都是个谜。但是，如果怯懦胆小或粗心大意限制了我们的求知欲，我们不会像现在这样对很多事都似懂非懂。我反复考虑这些情形，决定从今以后投身于自然哲学中与生理学相关的研究。要不是我被一种近乎超自然的热情鼓舞，我的这项研究肯定会让自己感觉到厌恶、无法忍受。要了解生命的起因，我们首先得了解死亡。我熟知了解剖学原理，但是这远远不够；我还必须观察人体的自然衰变和腐坏。在对我的教育过程中，我的父亲尽他所能地采取了大量的预防措施，来保障我不被超自然的恐怖事物吓到。从我记事以来，我从不害怕幽灵、鬼怪，也不会被一些有迷信色彩的故事吓得浑身发抖。我不惧怕黑暗，墓地只不过是置放没有生命的躯壳的容器，而拥有生命的身体本是美和力量的所在，现在却成了虫子的食物。我要去调查衰变发生的原因和过程，被迫没日没夜地待在地窖和停尸房里。我全神贯注地观察着超出人类忍受极限的、令人作呕的物体。我看到了人体是如何腐化变质的，看到了盛开着生命之花的面颊是如何被死亡侵占的，看到了蠕虫是如何蚕食人的眼睛和大脑的。我停下来，检查并分析着在从生到死、从死到生这两种变化中可能得到例证的因果关系的细枝末节。突然，我一激灵，仿佛一道光穿透了这片黑暗，打在我的身上——这道光简简单单，却那么明亮，那么奇妙，在它为我展现出取得巨大成功的机会时，我不禁感到头晕目眩，然而我惊讶地发现，在想要了解这门科学奥义的许多天才之中，只有我发现了这个惊天的大秘密。

记住，我并不是在记录一个疯子所见的幻象，就如太阳在天空中发光发热般真实，我能百分之百地肯定我所说的是事实。这也许是某种奇迹创造的，但这种新发现的过程是清晰且可信的。经过没日没夜的超负荷的工作，我已疲惫不堪，但我终于成功发现了生命的起因；不，不只这些，我还获得了将生命的活力注入无生命的物质中去的能力。

新发现最初带给我的惊讶逐渐被高兴和狂喜代替。在经过长时间的痛苦劳作后，我立刻实现了愿望，辛勤付出有了这样完美的结果，没有比这更能让我心满意足的事了。但是，这种新发现太过伟大且势不可挡，以至于我忘记了过程中的种种艰难困苦，我只看到了结果：自世界诞生以来，最聪明的人想要了解并得到的秘密现在就掌握在我的手中……

如果不信我说的话，至少要以我为戒，我的亲身经历能让你了解到获取知识是多么危险的一件事，相信家乡即世界的人肯定要比渴望突破天赋所限获得成功的人幸福。

当我意识到自己的双手竟蕴含如此惊人的力量时，我犹豫了很长时间，不知道该以何种方式去运用它。尽管我拥有赋予物件以生命的能力，但要准备一个接收生命的身躯，那复杂精细的组织、肌肉和血管将是一个浩大的工程，需要我克服难以置信的困难，付出大量的时间和劳力。一开始，我有过迟疑，不确定是应该创造一个像我一样的生命体，还是应该创造一个相对来说简单一点的生物；但我的想象力受到了最初成功的鼓舞，它不允许我质疑自己的能力，我要创造一个和人类一样结构复杂、精妙的生物。当时，我手上可供支配的材料并不足以支撑我完成这么艰巨的任务，但我坚信我最终一定会成功。我做了大量的心理建设，预想了很多可能出现的问题，比如我的操作可能会不断受阻，我的作品也许并不完美；但每当我想到科学和机械学一天天在进步的时候，我受到了鼓舞，希望当下的努力至少能为将来的成功打好基础。我不能将这个计划的复杂程度和重要程度视为其无法实施的论据。我就是抱着这样的想法和感受，开始了我的创造。因为身体结构太过精密而严重影响了我的速度，我决定放弃最初的想法，转而创造一个庞然大物。这个生命体高约8英尺，其他部分成比例增大。下定决心之后，我花了几个月，成功搜集到材料，继续开始我的创造。

没人能想象到，我被初次成功激发的热情像飓风般支撑着我前行时的复杂感受。生和死似乎是理想的界限，我首先要做的就是突破界限，将光注入我们黑暗的世界里。一个新的物种将赞美我，视我为创造者和生命的源头；我将创造出许多快乐、优秀的生命体；没有父亲能像我这样，更应该得到孩子的感谢，这是我应得的。想到这里，我就觉得，如果我能够将生命注入无生命的物质中去，随着时间的推移（尽管我知道现在是不可能的），我也许还能将已死之人复活过来。

在我以不懈的热情努力完成任务时，这些想法在精神上支撑着我。我的脸颊因为劳累变得苍白，我的身形因为终日闭门不出而变得憔悴。有时，我感觉快要做成了，但又失败了；但我还是没有放弃希望，也许是下一个小时，也许是第二天，我就能成功。这个只有我知道的秘密是我全身心投入工作的希望。多少个午夜时分，月亮凝视着劳作的我，我不敢松懈，凭着屏息以待的渴望，在自然的藏身处寻觅着她。当我在墓穴污浊的潮气中摸索，当我为了赋予无生命气息的这具肉体以活力而折磨活物时，谁能想象这个隐秘的任务带给我的恐惧？现在回想起来，我的四肢都止不住在发抖，而眼前是一片虚无；但是，一种让人无法抵抗、近乎疯狂的冲动推着我继续前进；我好像失去了灵魂和感知能力，心中只有这一个目标。那是一种短暂的恍惚状态，一旦异常刺激物不再对我起作用，我很快就恢复了老习惯，知觉也重新变得敏锐。我在停尸房搜集骨头，用渎神的手指扰乱了人体构造的惊人秘密。我把一个被走廊和楼梯通道隔开，同时远离其他公寓的顶层房间（对我来说更像是牢房）变成了工作室，开始了这项肮脏的创造。为了应对工作中的各种细节，我瞪着眼睛，眼球差点从眼窝里蹦出来。我的很多材料来自解剖房和屠宰厂；我所拥有的人类本性经常让我对自己所从事的工作表现出厌恶，但是凭着日益增长的渴望，我没有放弃。我的工作渐渐接近尾声……

11月里的一个沉闷夜晚，我看着辛勤劳作的成果。在近乎痛苦的焦虑中，我收拾好身边用来注入生命的工具，准备将生命之光注入躺在我脚边没有生命的东西中去。那时已经是凌晨1点了，外面一片阴森，雨沙沙地拍打着窗户，我的蜡烛也快要燃尽。在微弱的烛光中，我看到那东西睁开了一只呆滞的黄眼睛；他喘着粗气，一阵痉挛后，四肢开始晃动起来。

第二十八章　浪漫主义英雄　043

我该如何描述看到这个"灾难"时的情绪？我该如何描述我千辛万苦造出来的这个可怜虫？他的四肢比例相称，我挑拣的部分形成的容貌应该是漂亮的。漂亮啊！伟大的上帝！他黄色的皮肤下，肌肉和动脉几乎裸露在外面；头发黑亮飘逸，牙齿像珍珠一般白，但这些和他那黏湿而灰白的眼睛、灰白色的眼窝、枯槁的面色，以及乌黑而僵硬的嘴巴对比，看起来更加恐怖。

人生虽有各种意外，但不至于像人的感受那样变化无常。我辛辛苦苦劳作了接近两年的时间，就为了将生命注入无生命的身躯中。我放弃了休息时间，甚至牺牲了自己的健康，我怀着超乎寻常的激情创作着，渴望其到来。可是，眼前的景象让我美好的梦想破灭了，取而代之的是令人窒息的恐惧和厌恶。不忍直视自己创造出来的怪物，我冲出工作室，回到卧室，在里面来回踱步，长久地不能入眠。最后，我终于抵不住困乏之意，和衣躺到了床上，想暂时忘却前面发生的事。但那是徒劳的；我确实睡着了，却被噩梦缠身。我好像看到了伊丽莎白，她面色红润，正在英戈尔施塔特的街头漫步。我又欣喜又惊讶地过去拥抱她，但当我吻上她嘴唇的时候，这嘴唇变成了青灰色，带着一丝死亡的气息。我看着她的面容开始变化，仿佛我怀中抱着的是我死去的母亲的尸体。她的身体被裹尸布封起来，我看到尸虫在法兰绒衣服的皱褶里爬行。我从梦中惊醒，头上冒了一层冷汗，牙齿咯咯作响，四肢剧烈抽搐。月光透过百叶窗照进屋子，借着这昏黄的光线，我看到了那可怜虫——我创造的那个可怜的怪物。他拉开窗帘，一双眼睛直直地盯着我——如果那能被称为"眼睛"。他的下巴张开，咕哝着发出模糊的声音。他咧开嘴笑着，脸颊皱成了一团。他可能说了些什么，但我并没有听见。他一只手伸过来，好像是要抓我，但我逃脱了，并且快速冲下楼去。我躲在这座房子的庭院里，无比焦虑地走来走去，侧耳听着房里的动静，听到一点声响就吓得魂不附体，以为那个被我赋予了生命的恶魔般的怪物就要来了。我一直在那里待到天亮……

问：在弗兰肯斯坦看来，"获取知识"有什么危险？
问：为什么弗兰肯斯坦最终感到"令人窒息的恐惧和厌恶"？

拜伦和普罗米修斯式的神话

普罗米修斯式的神话在英国诗人乔治·戈登·拜伦（1788—1824）的生活和作品中得到了最热烈的体现。拜伦是那个时代极为耀眼的人物之一。他喜好感官的享受，也热心于为自由和民族团结的理想而战斗。他是个多才多艺的人，在短暂的一生中，他确立了浪漫主义英雄的原型——常被称为"拜伦式英雄"。

拜伦年轻的时候，游遍了欧洲和地中海地区，如饥似渴地欣赏沿途的山水和主要景点。他是个很有魅力的男子（尽管他因为跛足而行动稍有不便），有一双深沉、忧郁的眼睛，他的风流韵事从不间断，他甚至与同父异母的姐姐有暧昧关系。1816年，拜伦放弃了一段并不成功的婚姻，被迫离开英国后便再也没有回去过。他和雪莱夫妇以及他的一众情人在意大利暂住了一段时间。那个时候，英国的统治阶级诋毁他的名声，指责他是不守规矩的危险分子。有一次，一个英国妇女在罗马看到了他，还警告自己的女儿："不要看他！他是个危险分子，不能看。"1823年，为支援希腊人民对抗土耳其的民族解放运动——19世纪民族主义动荡历史中的一个小片段，拜伦乘船去希腊。这是他最后一次扮演英雄的角色，他因受寒而一病不起，于1824年在希腊逝世。

在他的一生中，拜伦沉溺于创造力的周期性爆发，他的生活也较为放荡。他是一个充满激情的人，曾称自己"精神不完全正常……流连于形而上学、大山、湖泊、难以辨别的爱和自我犯罪的噩梦间"。为了把最隐秘的感受拿出来和大家分享，他的两首长篇诗歌——《恰尔德·哈罗德游记》（创作于1812—1818年）和《唐璜》（创作于1819—1824年）——都是以自己为原型写就的，后者直到诗人逝世也未完成。《恰尔德·哈罗德游记》叙述了拜伦虚构的自己——恰尔德·哈罗德的漂泊历程，他描述人物为"人群中／最不合群的一个；他与别人／毫无共同点"。这位幻灭的英雄在自然中找到了慰藉，正如拜伦在第三篇章（第十三节）写的那样：

> 他饱含激情和力量去漫游；
> 沙漠、森林、洞穴、大海，
> 是他的伙伴；他们拥有
> 同样的语言……

《唐璜》创作于威尼斯，它以传奇中虚构的西班牙浪子为原型——这个故事也是莫扎特的歌剧《唐璜》的灵感来源。但拜伦笔下的主角不是莫扎特歌剧里沉溺女色的好色之徒，唐璜是无意中被卷入荒谬的恶作剧般的风流韵事中去的，用拜伦的话说就是卷入"对社会弊端、陋习的讽刺"。拜伦在其称之为"记录现代生活的史诗般的作品"中，出色地表达了他对那个时代和国家的社会传统的蔑视和嘲讽。

相比于他在其他作品中刻画的英雄人物，"因为盗取圣火而受到惩罚"的神明普罗米修斯更让拜伦着迷。在他眼中，普罗米修斯就是成功的个人主义的象征。对诗人来说，在艺术或生活中汲取想象力，就像盗取圣火那般神圣。拜伦在很多诗歌中将败北的拿破仑和神话人物普罗米修斯进行比较——他们都有着英雄式的抱负和无法控制的热情。但在那首名为《普罗米修斯》的激情澎湃的颂歌中，拜伦将普罗米修斯式的神话视为浪漫主义想象的一个寓言。他以回忆英雄的事迹作为开篇，认为"仁慈是你犯下的神圣罪行"，接着又把普罗米修斯刻画成凡人的"一种象征和标志"，凡人虽然也有"部分神性"，但他们终将面临"死亡的命运"。拜伦说，我们要像普罗米修斯一样，去做一些能让我们的生命变得有意义，可以长存于世的创举，尽全力去抗争命运的安排。面对悲哀和绝望，拜伦借着作品既对其提出挑战，又燃起了一丝希望。

阅读材料28.3
拜伦《普罗米修斯》（1816年）

> 巨人！你永生的眼
> 所见的人世间苦难，
> 是他们可悲的现实，
> 那不该遭众神所鄙夷；
> 可悲悯给你带来了什么？
> 是沉默又深重的折磨；
> 铁链、岩石、秃鹰[1]，
> 让骄傲之人备受痛苦，
> 他们不会让人知晓这酸楚，
> 以及令人窒息的悲伤，
> 只有在孤寂时才敢吐露，
> 就算这样也要提心吊胆，
> 生怕被天上的神明听见，

1. 拜伦在诗中用秃鹰代替了神话中的老鹰。

只能化成一句无声的叹息。

巨人！你是注定
要夹在意志和苦痛中受难，
这虽不至死却让你受尽折磨；
无情的上天和众神，
闭耳塞听的命运的专横，
憎恨统治下的可笑原则。
宙斯为了游戏而创造万物，
又准备把它们都毁灭，
甚至拒绝给你死的权利：
你被赋予了不幸的礼物
永生——你却默默承受了。
宙斯从你这里得到的，
除了你的威胁外再无其他，
他也会感同身受你的痛苦；
你能预知宙斯的命运，
却不肯透露给他分毫；
你的沉默就是对他的宣判，
即使他暗自后悔也是徒劳，
他惧怕预言成真，极力掩饰，
手中的闪电却止不住颤抖。

仁慈是你犯下的神圣罪行，
用你的亲身经历和经验
去帮助人类减少苦难吧，
让他们用智慧变得强大；
尽管上天阻挡你的去路，
你依然耐心、从容，
依然坚毅、隐忍，
你百折不挠的灵魂，
就连大地和天堂都无法动摇，
你教会我们重要的一课：
你是人类命运和力量的
一种象征和标志；

和你一样，人也有部分神性，
自纯净源头而来的浑水；
人也可以预见到
自己死亡的命运，
要遭受的苦难和阻力，
及孤身一人的悲哀：
他的灵魂会因此奋起反抗
获得和苦难相当的力量，
他会有坚定的信念和深切的感受，
即使身处苦难也能发现
灵魂给予的报酬，
他骄傲地公然违抗命运，
将死亡变成了胜利。

问：拜伦在这首诗中刻画了怎样的一个普罗米修斯？
问：普罗米修斯具有拜伦式英雄的哪些特点？

普希金：俄国的拜伦

1812年拿破仑入侵俄国，是19世纪历史上引人注目的事件之一。拿破仑的法国大军在数量上远远超过了俄国，俄国军队则采取了"焦土政策"（即当法军侵入时故意烧毁、破坏当地物资），这使得法军和俄军面临严重的食物短缺。随着法军开出一条血路，朝莫斯科进发的时候，俄国人烧毁了自己的首都。拿破仑最终占领了莫斯科，但是没过几个月，他就带着数量锐减的部队逃离了莫斯科，再也没有回去。亚历山大·谢尔盖耶维奇·普希金（1799—1837）是俄国首屈一指的抒情诗人和剧作家，他感慨于拿破仑在俄国的民族主义萌生过程中起到的重要作用，写了一首名为《拿破仑》的诗来赞颂这位英雄。他在诗中写道，正是这位英雄"为俄国的人民／指明了崇高的使命"。

普希金的外曾祖父是一名非洲黑人将军，他出身于一个古老的贵族家庭。尽管如此，他还是声称自己是俄国普通群众的一员。他骄傲地说："我是个诗人，是个学者……／不是资本家，不是有头衔的侍从，／我是个普通人：自力更生，自得其乐。"和拜伦一样，普希金支持政治自由，他为自由主义事业发声，其结果是他被流放到俄国南部任职，最终被免去了驻外事务处的职位。38岁时，他在与声称是他妻子的情人的决斗过程中受了重伤，最后痛苦地死去。

普希金在其浪漫主义悲剧和叙事长诗中表达了他对莎士比亚和拜伦的钦佩与赞美之情，他还因此获得了"俄国的拜伦"这样的称号。普希金的作品，比如《鲍里斯·戈东诺夫》（1825年）和《叶甫盖尼·奥涅金》（1830年），部分模仿了拜伦的《唐璜》，后来为作曲家莫杰斯特·彼得罗维奇·穆索尔斯基（1839—1881）和彼得·伊里奇·柴可夫斯基（1840—1893）（详见第二十九章）提供了素材和灵感，这两位作曲家分别将这两部作品改编成歌剧。阅读材料28.4节选了抒情诗《拿破仑》的一部分，该诗体现了普希金在运用轻快、充满活力的语言方面的天赋，以及他对自己笔下这位既是压迫者又是解放者的人物的深深敬意。

阅读材料28.4
选自普希金《拿破仑》（1821年）

你令人惊叹的一生已经终结，
世上从此少了一位伟大的人。
拿破仑冷酷、动荡的时代，
已沉睡在寂寥的暗夜里。
被胜利女神眷顾的将军变成

被流放的统治者，从此销声匿迹。
他受到天下人的唾弃之时，
子孙后代已然开始崛起。

啊，英雄，你浴血奋战的故事
将长久、长久地在这片大地上回响，
在你荣耀的庇佑下沉睡吧，
安息于这荒凉浩瀚大海中……
你的墓碑是那样显赫壮丽！
人们对你的憎恶已经减弱，
那存放着你肉身的坟墓，
正要闪烁出不灭的光芒。

你的军队如何虎视眈眈地
盯着被你侵占的世界，
多少国家在你手里沦陷，
迫于你的淫威瑟瑟发抖！
你的战旗所过之地，
灾难丛生，饿殍遍野，
你将专制和暴政的枷锁
强加在了地球子民的肩上。
…………

自负的男人！是谁控制了你？
是谁将你的心智蒙蔽？
你为什么要妄图揣测
俄国人民的心不是天赐之物？
你蔑视命运，却未曾料到
俄国人民会燃起熊熊烈焰反抗，
你以为我们会为和平屈膝，对你感恩戴德；
等你回过神来一切已晚……

战斗吧，我四面楚歌的国家，
记住我们往昔的权利！

奥斯特里茨[1]的太阳已经落下！
雄伟的莫斯科开始发光！
我们经历了短暂的耻辱，
现在命运之轮转向了我们；
万岁，莫斯科——愿俄国保佑它！
我们誓死要把战争消灭！

他伸出僵硬无力的手
抓住头上的铁王冠[2]，
颤抖着凝望眼前的深渊，
看着千军万马四散逃窜；
败了，他终究还是败了……
寒冬的旷野被染成了血色
宣布着他们的落败，
直到血色脚印消融在冰雪中。
....

让我们谴责
这些心胸狭窄之辈
对拿破仑的诅咒，
惊扰他墓中的安宁！
赞颂他！他为俄国人民
指明了崇高的使命，
为人类消失已久的自由
预言了最终的救赎。

问：这首诗是如何表达民族主义观点的？
问：在普希金看来，拿破仑在俄国时未能认识到的道理是什么？

---

1. 拿破仑取得战争决定性胜利的地方。1805年12月2日，他在这里击败了奥地利和俄国组成的反法同盟联军，控制了欧洲大陆的罗马北部地区，成了意大利的国王。
2. 指的是伦巴第的铁王冠，历史可追溯至公元前5世纪。在击败意大利后，拿破仑曾佩戴过它一段时间。

废奴主义者：美国的普罗米修斯

在19世纪的美国，最热忱的自由捍卫者是为废除奴隶制度而奋斗的人。他们的努力引发了一场黑人民族主义运动，这场运动一直持续到20世纪（详见第三十六章）。这场废奴主义运动的领导者未必会将自己看作拿破仑或虚构神话中普罗米修斯一样的人物，但是作为历史人物，他们是那个时代的英雄。他们反对奴役非洲人（及其后代）的行为，并为此抗争，这种做法是从16世纪开始在美洲盛行的。尽管废奴主义者只占美国人口的一小部分，但他们的辩论往往充满激情，抗议也非常引人注目并极具说服力。

反对奴隶制的小说中，最著名的是哈里特·比彻·斯托（1811—1896）写的《汤姆叔叔的小屋》（1852年），这部作品激起了公众对奴隶制的残忍和不公的反对情绪。斯托的小说一开始是在一份反奴隶制的报纸上连载的，出版后一年内的销量就超过了100万册。但是对奴隶制最直接的反抗和挑战还是来自奴隶自身，尤其是那些奴隶中的反叛者，他们像普罗米修斯那般，为了获得自由这项宝贵的权利，公然向奴隶主发起进攻。虽然奴隶的反抗斗争在19世纪的美国较为罕见——在1800—1860年间只有两起公开的起义，但起义的威胁或谣言还是让奴隶主十分恐惧（图28.3）。

19世纪著名的起义之一发生在1831年的弗吉尼亚州南安普敦县。奈特·特纳（1800—1831）是一名黑人奴隶、传教士和神秘主义者，他相信他被赋予了神圣的使命，来领导奴隶获得自由。特纳发起的起义导致了至少57个白人死亡（还有更多黑人奴隶在起义遭到镇压时惨遭杀害），该地区的一些种植园也遭到了破坏。在起义失败后，被俘虏的特纳向当地的一名律师解释了起义的动机。这位律师整理并发表了一份关于特纳个人陈述的文本，即所谓的"奈特·特纳自白书"。

图 28.3 肋骨挂在绞刑架上被活活吊死的黑人 威廉·布莱克，1796年，彩色版画。约翰·加布里埃尔·斯特德曼是一位荷兰海军军官，他自愿申请参加军事远征，去镇压南美洲东海岸圭亚那的荷兰殖民地苏里南的奴隶起义。他为《关于五年征伐苏里南起义黑人的叙事》所绘制的插图，是对殖民地主人给叛乱奴隶施加各种酷刑的视觉记录。布莱克的彩色版画就是以斯特德曼的画为基础创作的

弗雷德里克·道格拉斯

作为19世纪美国废奴运动领袖的非裔美国人弗雷德里克·道格拉斯（1817—1895）写了一本名叫《弗雷德里克·道格拉斯的生平和时代》（1845年）的自传，里面有对奴隶制度详细的、更长篇幅的描述。道格拉斯出生于马里兰州东海岸，一出生就是奴隶，他从小就自学阅读和书写。1838年，他在巴尔的摩挣脱了奴隶的枷锁，辗转北上来到了新英格兰，在这里他加入了马萨诸塞州废奴协会。他是一个极具感染力的演讲者，对自己的经历的描述能吸引大量观众的注意力。道格拉斯的事迹证明了奴隶作为自由人能获得杰出成就的潜力。为了支持废奴运动，他写了大量有说服力的文章，他写道"奴隶制度会让人丧失人性"（即该制度会对黑人和白人都带来负面的影响），还呼吁人们摒弃奴隶般的行为，即使奴隶也有权利自由决定自己的命运。他有时会在文章里运用反讽法（即字面意思和作者想传达的真实意思相互矛盾）。他为盗窃行为辩护时就用了反讽法——他称如果奴隶为了反抗主人而偷窃，就该视其为合乎道德的行为，但其实作者真正想表达的意思恰好相反。尽管道格拉斯未必在写作时参考了普罗米修斯反叛的英雄形象，但其相似之处却意义深远。阅读材料28.5《奴隶偷窃的权利》一文出自《我的枷锁与我的自由》，这是弗雷德里克·道格拉斯的自传经过修订和扩充后的版本。

阅读材料28.5
选自弗雷德里克·道格拉斯《我的枷锁与我的自由》（1855年）

厨房里有我们四名奴隶，大房子里有四位白人——托马斯·奥尔德、奥尔德夫人、哈达韦·奥尔德（托马斯·奥尔德的兄弟），以及小阿曼达。厨房里的奴隶分别是我姐姐伊丽莎、姑姑普丽西拉、堂兄亨利和我。这户人家一共有八个人。每周都会有人从磨坊捎回来半蒲式耳[1]玉米面；玉米面几乎是我们唯一的食物，因为除此以外，我们没有别的东西可吃。大房子里的这一家人每天早晨都要从这半蒲式耳玉米面里取一点，用来做一块小面包，这就使得厨房里的我们每人每周吃到的玉米面总量

---
1. 英美制容积单位，1蒲式耳（英）≈36.37升。

第二十八章 浪漫主义英雄 049

不超过半配克[1]，这食物的总量还不到劳埃德种植园提供的一半。光靠这些，我们根本就吃不饱，因此我们沦落到要去偷邻居[2]的食物来维持生存这样的可怜境地了。我们别无他法，要么去乞讨，要么去偷窃，然后我们两样都做了。坦白说，我非常讨厌这样的偷窃行为，但是饥肠辘辘的我为了能吃饱，还是会毫不犹豫地去任何能找到食物的地方偷食物。这并不仅仅是毫无理性的本能行为；就我而言，这更是对道德权利要求有了清晰的理解后产生的行为。在我甘愿冒险用这种方式满足我的辘辘饥肠之前，我已经对这个问题进行了仔细掂量和思考。鉴于我的劳动力和人本身都是主人托马斯先生的财产，而我又被他剥夺了食物这种生活必需品——这是我靠劳动力换来的，是我应得的——由此推论，我有权利拿到原本就属于我自己的那部分食物。这只不过是占用本就属于我的东西的行为，最后受惠的还是主人——因为我吃了食物后，身体变得健康，浑身充满力量，那样我就能更好地服务于主人。当然，按照我在圣迈克尔教堂的讲坛上听到的法律条文和教义来说，这是偷窃行为；但是，就这点来说，早在那一刻，我就不再在乎我丢失的品质了，但我至今仍保持着对宗教的敬畏。偷主人的东西并不总是方便的，我毫无罪恶感地从他那里偷东西所依据的理由，在我偷其他人东西的时候并不适用。我偷我主人的东西，充其量只涉及一个搬运的问题——把他的肉从罐子里拿出来，放到另一个罐子里，但这块肉的所有权不会因为这个行为而发生变化。起初，他的所有物——肉块是在罐子里，最后，这块肉到了我这里，但所有权还是主人的。他存放肉块的仓库的门不会总开着，那里有一个非常严格的看守人，仓库钥匙在罗伊娜的口袋里，她拿着一大串钥匙。很多次，我们这些可怜的人饿得前胸贴后背了，但肉和面包却在锁着的仓库里发霉，那钥匙就在我们的女主人的口袋里。她知道我们快要饿死了却视而不见；然而，那个女人却装作虔诚的样子，每天早晨和她丈夫一起跪在地上，祈祷仁慈的上帝保佑他们富足，并最终能在天堂得到救赎。好了，我继续论证我的观点。

证实偷东西的权利是有必要的；我说的这种权利应该是广义的概念，不只限于偷我主人东西的权利。

这是我花了一些时间才理清的思路。通过我简单的陈述，读者会对我推理的过程有所了解。我是这么想的："我不仅仅是主人托马斯的奴隶，我还是这个社会的奴隶，这个社会不论是在形式上还是事实上，都给主人托马斯在剥夺我的合法自由及我凭劳动力获得合法报酬的过程中提供了帮助；因此，我有何种权利去反抗主人托马斯，我也有相同的权利去反抗那些和他同流合污而剥夺了我自由的人。社会把我标记为可以随意掠夺的对象，但基于自我保护的原则，我也有正当的理由反过来偷他们的东西。既然每一个奴隶都属于全社会，那全社会的东西也同样可以为每一个奴隶所用。"

我要在这里声明我的信念，这可能会使一些人震惊，可能会冒犯其他人，也可能会引起所有人的反对，但我还是要说，我的信念如下：在一个奴隶的合理收入的范围内，我认为他有完全正当的理由，帮助自己获取他的主人或任何其他奴隶主的金银钱财和最好的衣物；这种获取并不算偷窃。

自由社会的道德规范并不适用于奴隶社会。奴隶主的存在让奴隶几乎不可能犯罪，不

---

1. 英美制容积单位，1配克（英）≈9.1升。
2. 这里的邻居指的是大房子里的主人一家。

管是上帝的法则还是人类的法律，奴隶都不会触犯。如果奴隶偷窃，那是他应得的；如果一个奴隶杀死自己的主人，他只不过是模仿了革命中英雄的行为。我认为，奴隶主个人以及整个群体都要为这种可怕的关系滋生出来的所有罪恶负责。我相信，在正义的上帝面前，他们会为此受到惩罚并付出代价。把人变成奴隶，你剥夺的是他的道德责任……

问：道格拉斯为偷窃行为辩护时，使用了怎样的论据？

问：道德责任会因为一个人地位的变化而改变吗？

索杰纳·特鲁斯

弗雷德里克·道格拉斯凭借其出色的公共演讲技巧，成了早期获得国际关注的非裔美国人之一，他同时代的一位名叫索杰纳·特鲁斯（约1797—1883）的女性则为废奴运动贡献了女性的智慧和热情。出生于纽约州阿尔斯特县的一户奴隶家庭，伊莎贝拉·鲍姆弗里（索杰纳·特鲁斯的原名）在她30岁前就被交易了四次，这对她来说是个不幸的人生开端。这个女人后来成了美国最直言不讳的废奴主义者之一，她同时是福音传道者和女性权利的拥护者。

在1828年获得自由后，鲍姆弗里开始广泛地游历于美国各个地区，并在1843年将自己的名字改成了索杰纳·特鲁斯[1]，意为"向人们宣讲真理的旅行者"。尽管从未学过阅读和写字，她还是决心让这个国家和子孙后代听到自己的声音。为了实现这个愿望，她口述自己的故事，请她的朋友奥利芙·吉尔伯特进行记录。这个故事在1850年被发表，讲述了她这一生的重大事件，包括索杰纳·特鲁斯为夺回被非法卖到纽约州做奴隶的5岁儿子而卷入一场官司的英勇事迹。索杰纳·特鲁斯利用其演说家的天赋，表达了她对奴隶制、死刑、诱拐和贩卖黑人儿童（在美国的一些地区被视为很普通的行为）的反对立场。她还支持监狱改革，帮忙安置曾为奴隶的人们，为捍卫女权而奋斗。直言不讳、言辞犀利（她还一直抽烟斗）的索杰纳·特鲁斯，因为1851年在俄亥俄州阿克伦市妇女权利大会上发表的题为《难道我不是个女人？》的简短即兴演讲而名声大噪。尽管学者们对这篇演讲（大约12年后才被废奴主义者公开发行）的不同版本的真实性存在质疑，但对于索杰纳的生平自述（《索杰纳·特鲁斯自述》）却不存在这样的争议。在下面的阅读材料中，我们能体会出她那种直截了当的修辞风格所蕴含的精神。

阅读材料28.6
选自索杰纳·特鲁斯《索杰纳·特鲁斯自述》（1850年）

伊莎贝拉的婚姻

后来，伊莎贝拉嫁给了一个名叫托马斯的奴隶小伙子，他之前有过两任妻子，其中至少有一位是被迫与他分离的，并被卖到了很远的地方。几乎可以断定，在每一次奴隶买卖的交易中，奴隶主不仅允许他再娶一位妻子，而且还怂恿他这么做。我说"几乎可以断定"是因为我通过个人观察了解到，在当时的环境下，这已成为奴隶主之间交易的惯例；在长达20个月的相处中，我们从没听说有任何人反对这种

---

1. 英文为Sojourner Truth, Sojourner意为旅行者，Truth意为真理。

行为；当我们严厉谴责这种行为时，奴隶主无话可说；那个奴隶为自己辩解，说在当时的环境下，他已经尽力了。

退一步讲，这种令人憎恶的事态可以说是被奴隶主们默许的——谁也不能否认。是哪种宗教默许了美国南部黑奴制度的一切内容？如果有比这个毁灭灵魂的制度（这种制度受到美国的宗教及其牧师和教堂的鼓励）更彻底地反对耶稣的教义，请让我们知晓它的所在。

我们前面说到，伊莎贝拉嫁给了托马斯——根据奴隶制的规定，她是举行仪式的奴隶之一；因为真正的基督教牧师不会这么做，他不会在上帝面前，为一场闹剧，一段虚伪的、不被任何法律认可的，随时可能因为其主人的喜好或任性而宣告无效的婚姻举行仪式。

奴隶主清楚地意识到，我们知道他们是多么沉着地思考着当下由他们道德沦丧的法律所滋生的无法无天、肆意妄为的状态，这不仅关系到奴隶，还关系到美国南部享有特权的部分人，他们是怀着怎样的心情，期待我们聆听他们对未来南北合并的恐惧？

在我看来，奴隶主就如同留意自己马匹凶残的性情一样，留意着奴隶的罪恶。他们经常带来不便；除此之外，他们并不会费心去想这个问题……

问：索杰纳·特鲁斯为什么声称奴隶制是"受到美国的宗教及其牧师和教堂的鼓励"的？

奴隶歌曲和灵歌

19世纪出现了一种独特民歌，表达美国奴隶群体的英雄式悲情和希望。奴隶歌曲有时候也被称为"悲歌"，是后来"灵歌"的原型。这些歌是美国南北战争前民众在音乐上做出的最重要的贡献，创造了一种极具特色的文化形式，融合了18世纪的卫理公会教派和浸礼会福音派教堂音乐，以及两百年间从非洲传入美洲的音乐传统。

作为传达对自由热切渴望的共有载体，奴隶歌曲和灵歌的内容主要取材于《圣经》故事，通常聚焦的主题是"救赎"——比如有关希伯来人摆脱埃及奴役的经历——以及对最终得以成功、获得解放的期许。《有时我感觉我像个没有妈妈的孩子》就是一首典型的灵歌，歌词中的恒久信念缓和了绝望的心情。在形式上，灵歌通过复杂的打击乐节奏（比如复拍、切分节奏）、重叠对唱模式和传统非洲音乐的即兴演唱技巧，对典型的新教曲调和轮流吟唱的结构进行润色。

作为一种强有力的宗教音乐，灵歌直到1871年才进入大众视野——当时的契机是，田纳西州费斯克大学的一位声乐老师带领学校合唱队参加了大学的募捐巡回演出。当时的汉普顿学院（如今是弗吉尼亚州的汉普顿大学）在1873年也成立了一个类似的团体。这种歌曲形式在市场上很受大众欢迎，它也对许多音乐流派的发展产生了很大的影响，包括爵士乐、福音音乐和布鲁斯音乐（详见第三十六章）等。

歌德的浮士德：典型的浪漫主义英雄

在19世纪的所有文学英雄中，最引人注目的可能是歌德笔下的浮士德。浮士德的故事是以德国16世纪的一个民间传说为原型的：旅行中的医生约翰·浮士德（或称格奥尔格·浮士德）同时是一个黑魔法练习者，传说他将自己的灵魂出卖给魔鬼，以换取无穷无尽的知识。这个故事后来成为很多戏剧的主题，第一部是英国剧作家克里斯托弗·马洛（1564—1593）写的《浮士德博士的悲剧》。浮士德是最受作家喜爱的文艺复兴时期的人物形象，他象征着人类想要获取知识，获得力量以解除"永坠地狱"这一危险的强烈欲望——这个主题也同样体现在"唐璜"这个文学人物特性的塑造上。在德国诗人约翰·沃尔夫冈·冯·歌德（1749—1832）的笔下，浮士德成了西方人的典范和浪漫主义英雄的典型代表。

作为那个时代的文学里程碑，《浮士德》是歌德毕生创作的结晶：他在18世纪70年代构思出这个故事，于1808年出版了第一部分，但直到1832年才完成整个作品。尽管它是以戏剧的方式呈现出来的，但《浮士德》其实更像是一首叙事诗。它是一首德语抒情诗，包含了丰富的诗体形式，具有浪漫主义诗歌的典型特征。作为一部戏剧，它故意忽略了时间和地点的古典统一——其实，相较于传统的

图 28.4 **靡菲斯特现身于浮士德的书房** 欧仁·德拉克洛瓦，歌德《浮士德》中的插图，绘于1828年。靡菲斯特身穿"镶金边的鲜红外套"和一件"硬挺的织锦小披肩"，头戴一顶时髦的帽子，他让浮士德穿成他那样，准备去追寻"快乐和激情"。歌德的戏剧为很多同时期的插图创作提供了灵感，柏辽兹和其他作曲家还以此作为背景创作音乐（详见第二十九章）

舞台剧，它不断变换的"影片"特质使这部剧更适合以现代电影的形式呈现出来。除了它的巨大篇幅经常被拿来与弥尔顿的《失乐园》或但丁的《神曲》比较之外，歌德的《浮士德》的关注点集中在对人性的探讨上。歌德并不试图为上帝了解人性的方法的合理性进行辩解，也不试着把基督徒走向救赎的过程寓言化；相反，他揭示了英雄抱负和人类的认知局限之间存在的悲剧性冲突。歌德学过法律、医学、神学、戏剧、生物学、光学和炼金术，他似乎是以自己为原型塑造出了浮士德这个英雄人物。浮士德是个知识渊博的人，他是一个基督徒，也是一位科学家。在掌握了传统学科知识后，他开始学习魔法，他想要"知晓是什么样的东西／将这个世界牢牢地凝聚在一起"。他想要了解更多知识，想要获得成功的欲望促使他继续学习，但他感觉那些知识太陈腐、太枯燥，因此十分沮丧："我已过了寻欢消遣的年纪，但我对世界还抱有欲望。"他快要自杀时，被撒旦怂恿着放弃理性的世界，去重新体验更丰富的生活，但这种特权可能会让他付出沉重的代价。

《浮士德》的序幕在天堂展开，在那里（在某种意义上，这个场景会让人想起《约伯记》），靡菲斯特（魔鬼）和上帝立下了一个赌约。靡菲斯特跟上帝打赌，说他可以将浮士德从"人间正道"上引开。上帝争辩说，尽管"人只要奋斗，就有可能犯错"，但浮士德不可能将自己的灵魂交给撒旦。靡菲斯特接着又签了第二份契约，这一份是和浮士德用血签下的：如果他能满足浮士德内心最深处的欲望和野心，让浮士德的满意程度达到极致，浮士德的灵魂就归靡菲斯特所有。靡菲斯特引诱这个感到绝望的学者走出书房（"这该死的墙洞枯燥透顶"），让他去体验更大的世界（图28.4）。这个重获自由的主人公与一位名叫格蕾琴的年轻女子展开了一段充满激情的恋爱。了解到感官生活带来的精神愉悦后，浮士德宣称心灵比理智重要。然而，浮士德的浪漫情事却引来了悲剧的结果，格蕾琴的母亲、私生子和哥哥相继死亡，最后格蕾琴也死去了。尽管如此，在第一部分结尾，格蕾琴因其纯洁和无私的爱获得了救赎。

在《浮士德》的第二部分里，浮士德与靡菲斯特游历了阴间，他遇到了各种各样的女巫、迷人的女性和稀奇古怪的生物。他遇见了魅力四射，拥有完美外表的海伦（特洛伊的海伦），她向浮士德讲述了人类的完整历史，但浮士德还是不满足。他对经验的不灭渴望引导他去追寻一种献身公益事业的人生。他承接了一个土地开垦的大项目，能为数百万人提供住处。在这个普惠人类的普罗米修斯式的行为中，上了年纪且几乎失明的浮士德终于找到了个人满足感。然而，在完全实现这个梦想之前，他就死去了，因此他从来没能向他人诉说那种极致的满足感。靡菲斯特试图抓住从浮士德身体里飘走的灵魂，上帝派来的以格蕾琴（歌德笔下永恒女性的象征）为首的天使及时出现，将浮士德的灵魂引上天堂。

浮士德这个英雄人物是西方人对知识、经验的完整性的渴求，以及想要控制自然的决心的永恒象征。尽管我们只能在这里选取《浮士德》中的一小部分，但读者同样能品味该诗精妙的言辞、亦庄亦谐的风格以及鲜明的抒情性。这些特征也是《浮士德》被称为文学巨著的原因。

阅读材料28.7
选自歌德《浮士德》（1808年）

天堂的序幕

上帝、天使们与跟在后面的靡菲斯特
（三位大天使站出来）

拉斐尔：日夜吟诵圣歌的太阳[1]，

和他的兄弟星球竞相歌唱，

循着命定的轨迹行进着，

脚步声如雷鸣般轰响着。

他的样貌[2]让天使为之欢呼，

但没人得以参透他的本质。

造物主创造出的非凡之物

仍然保持着初现时的辉煌。

加百列：地球以不可思议的速度

周而复始转动着展现其壮丽，

一会儿是亮如天堂的白昼，

一会儿是寂静可怕的黑夜；

汹涌的海浪拍打深渊的礁石，

激起的浪花瞬间转化为泡沫。

礁石和大海随着地球转动，

一刻不停歇地快速运动着。

米迦勒：暴风雨正要肆虐，

在海洋和大地之间徘徊回旋，

疯狂地将世间万物困在里面，

没有谁能逃得出其手掌心。

闪电在远处燃起了烈焰，

雷声紧跟其后发出轰鸣；

上帝啊，你的使者对你深感敬佩，

天堂的一切都是那么祥和。

三位大天使：你的样貌让天使为之欢呼，

但无人得以参透你的本质。

出自你手的最高贵的创造物

仍然保持着初现时的辉煌。

（靡菲斯特[3]登场）

靡菲斯特：上帝啊，感谢你屈尊询问吾辈

最近事务是轻松抑或烦冗，

你以往也非常乐意接见我，

故而我常现身你的朝会中，

原谅我不善使用华丽的辞藻——

就算你的天使们讥笑我、鄙视我；

若你此前未曾收敛你的笑容，

我的言语定能让你笑逐颜开。

你的太阳和世界对我不甚重要，

我眼里只看到人类折磨自己的情状。

这世间的小神[4]已无法重新回炉；

还是和你创造他时一样行为怪异，

若不是你曾许给他一丝天堂之光，

他的生活不至于像今天这么糟糕，

他称之为理性，并加以运用，

倒叫他变得比野兽更加残忍。

请原谅我的措辞——在我看来，

他就像一只长腿的蚂蚱，

一会儿飞翔，一会儿蹦跳，

钻进草丛里又开始唱起歌。

我倒希望他能待在草丛里，

谁知他又要用鼻子去拱污物。天啊！

上帝：靡菲斯特，你难道没有别的事要禀报？

为什么来这里总是谴责个不停？

你眼里难道就看不到好的东西？

靡菲斯特：看不到！我觉得那里的情况实在太糟糕。

我为人类的恐惧和饥馑的日子担忧；

可怜的东西，我都不忍心折磨他们。

上帝：你知道浮士德吗？

靡菲斯特：那个博士？

上帝：对，我的仆从。[5]

靡菲斯特：确实！他是你的仆从，我想来

---

1. 这里的太阳也被看作行星，按照毕达哥斯拉（古希腊哲学家）的理论，行星在透明球体里和谐地运动着。
2. 这里说的"他（太阳）的样貌"指的是太阳散发的光芒。
3. 这个名字可能起源于希伯来语中的"Mephistoph"，意为诸神的毁灭者。
4. 这里的"小神"指的是人类。
5. 比较《约伯记》开头部分上帝和撒旦之间的对话（详见第一章）。

第二十八章　浪漫主义英雄 · 055

也奇怪。
那个傻子不好尘世的酒肉之欢,
他向往着远方,渴望无穷的知识,
他也知道自己就像个愚蠢的疯子;
他想飞上天摘取最美的星辰,
想在人间体会极致的快乐,
所有新鲜的事物、陌生的东西,
都能激荡起他心中的万千沟壑。
上帝:他在黑暗中探索而不知我存在,
不久我就将示之以光让他知晓。
园丁知道树苗何时会长出嫩芽,
开的花和结的果,让未来变得鲜亮。
靡菲斯特:打个赌吗?如果你准我行动,
我会让你失去他。
我会慢慢引他走我为他选的道。
上帝:只要他还存活于尘世间,
你想做什么便去做吧;
人只要奋斗,就有可能犯错。
靡菲斯特:谢谢你的允许;说到死人,
我从来都不喜欢与他们打交道。
我最喜欢活人红润饱满的脸颊;
我并不欢迎死人来我家报到,
我想要的是猫捉老鼠的游戏。
上帝:好吧,你享有我充分的授权。
如果你能让他的灵魂背离
他的本源,如果你能抓住他,
就把他带到你的地狱里去——
善良之人在探索时难免出错,
但他仍然能判断出人间正道,
如果结局如此,你必须承认你的失败。
靡菲斯特:好吧!这花不了多长时间。
我不担心我会输给你。
如果我最终获得胜利,
请让我表达成功的喜悦。
我要让他心甘情愿地吃土——

像故事和歌曲里常提到的蛇那样。[1]
上帝:我给你这样的自由。
我从不厌恶你及你的同类。
在所有惯于否定的灵魂中,
我并不反感冷嘲热讽之人。
人类很容易就会松弛懈怠,
轻易沉沦在绝对的安逸中;
我很乐意给他送去一个伙伴,
引诱他,推动他,去品尝人间。
但是你们,我真正的孩子[2],你们的职责
是领略逼真的美感,尽享快乐。
愿变幻无常的命运保佑你们,
以爱意为臂护你们安详、周全,
世间万物瞬息万变,浮浮沉沉,
用思考让它们成为永恒。
三位大天使:你的样貌让天使为之欢呼,
但无人得以参透你的本质。
出自你手的最高贵的创造物
仍然保持着初现时的辉煌。
(天堂闭幕)
靡菲斯特(独自一人):我喜欢时不时地
过来看看这老头,
并试图和他保持良好的关系。
上帝竟能这么谦逊地和魔鬼对话,
他的举止确实相当得体。

悲剧之夜第一部分

(在一个有着高拱顶的哥特式小房间里,
浮士德坐在书桌前,心绪不宁)

浮士德:唉,我在这里苦苦钻研

---

1. 在《创世记》(3:14)中,上帝责令蛇用肚子走路,终生吃土。
2. 指的是大天使。

哲学、法学、医学的知识，
还吃了苦头学了神学！[1]
我费尽心力，呕心沥血，
但我和从前相比并无区别，
还是可怜的傻瓜一个。
有人称我为硕士，有人称我为博士，
在这十年的时间里，
我牵着学生的鼻子东拐西绕，
上下求索，兜兜转转，
到头来竟只发现如此事实——
我们无法掌握全部的知识！
这样的认识让我心力交瘁；
比起庸医、硕士、博士、牧师，
我当然比他们都聪明，
我丝毫没有一丝顾虑或疑惑，
也不惧怕魔鬼或者地狱之火，
但也因此失去了欢乐的源泉，
我不能妄自利用我的学识，
我不能敞开心扉传播知识，
妄图引领人类抵达知识的巅峰。

我既没有财产也没有金钱，
既不身居要位也不背负盛名；
就算是狗也不愿意这么苟活！
因此我将自己献身于魔法，
看看是否能借助神灵之力，
了解许多我不曾知道的秘密，
希望不必再像从前那样费力
不知所谓地谈论我一无所知之物，
希望能让我知晓是什么样的东西
将这个世界牢牢地凝聚在一起，
让我看清它如何发生，发展，
让我从此不再胡扯。

啊，皎洁的满月之光，现在，
你能否最后再看一眼我的痛苦，
有多少个午夜，我坐在书桌旁，
就为了等待你的到来，忧郁的朋友，
你的光穿越书本和纸页，
照耀在我紧皱的眉头上！
啊，我能否披着你圣洁的光
在高高的山岗上慢慢踱步，
或跟着精灵在山间小巢盘旋，
或穿梭在闪耀你银光的草地间，
摆脱所有毒害心灵的道理，
沐浴在你的清新中把我洗净！[2]
哦！我还身陷这座囹圄吗？
这该死的墙洞枯燥透顶，
美好的天堂之光透过有色窗格
也会因此黯然失色！
这堆积如山的书本，
落了灰又遭虫子蛀蚀，
快要碰到拱顶了，
烟熏的纸像壳一样将它围绕。
曲颈瓶罐子散落在房间，
实验仪器也快堆成了山，
还有几世纪前传下来的废家具——
这就是你的世界！这就是所谓世界！

你竟还问为何困在胸口的
你的心感觉到担忧和恐惧，
为何一种无法言喻的痛苦
将你的生活变得一团乱麻？
上帝创造了充满生机的世界，
将人类都视为自己的子民，
而你却选择与各种骷髅为伍，

1. 哲学、法学、医学、神学是中世纪大学的四个专业。

2. 歌德认为自然是心灵净化的源泉，这与第二十七章讨论的自然派诗人和超验主义者所持的观点有异曲同工之妙。

宁愿待在臭气熏天的腐烂之地。
出去！外面的世界等着你探索！
这本诺斯特拉达姆斯[1]写的
有关神秘艺术的作品，
难道还不够引导你、保护你？
一旦自然释放信号，
你能知晓星星的轨迹，
心灵也开始萌生领悟，
神明的呼唤音犹在耳，
若想参透这些神圣符号，
枯坐苦学并无多大用处。
神明啊，我知道你盘旋在此，
如果你能听见，请回答我！
（他打开书，试图参透宇宙符号[2]）
哈！光看一眼就能感觉到
一股神奇的力量在体内喷涌！
我感受到了年轻和活力，
生命的神圣幸福感在我体内
奔腾流动，焕发着新鲜的光芒！
是神画出了这些秘密符号吗？
它们竟能抚平我狂暴的怒火，
让我的心灵寻到了慰藉，
这种神秘的力量指引着我
去探寻自然力量面纱背后的本质。
难道我也是神？领悟来得如此容易！
看着这页纸上清晰的符号，
我突然参透了造物之道，
也终于明白了智者箴言
"神明的世界之门常开，
但你固执己见，心如死水；
年轻人，站起来，勇敢地纵身，

---

1. 诺斯特拉达姆斯（1503—1566），原名米歇尔·德·诺特雷达姆，是法国占星家，因其预言而出名。
2. 诸如五角星之类的符号，在那些练习魔法和秘术的人当中非常流行。

将你尘世的胸怀投入到曙光中去。"
（他凝视着符号）
万物汇聚成一个整体，
相互作用，相互依存！
通过传递黄金吊桶，
神圣之力此消彼长！
扇动的翅膀将恩惠撒播，
从天而降到尘世万物中，
它们歌唱着，宇宙万物也响起灵音！
多么壮观的景象！啊，但也仅此而已！
无垠的自然，我怎样才能参透你？

［浮士德用一个魔法符号召唤来地灵；地灵现身了，但并没有带来慰藉。他与助手瓦格纳就学习生涯毫无成果地讨论了一番。瓦格纳走后，浮士德准备自杀；但他的念头被教堂的钟声和唱诗班的音乐打断了。他沉思着，加入了瓦格纳和小镇的人流中，和他们一起庆祝复活节。在城门下，浮士德遇到了一只黑色的狮子狗，他把狗带回了书房。这只狗就是靡菲斯特，不久就会以真身示人与浮士德交谈。］

（同样的书房，晚些时候）
浮士德：是谁在敲门？进来！又是谁想打扰我清静？
靡菲斯特（门外）：是我。
浮士德：进来！
靡菲斯特（门外）：你要说三遍"进来"。
浮士德：进来吧！
靡菲斯特（进入房间）：谢谢。我太高兴了。
我希望，我们两个能成为朋友。
为了驱散你的消极和沮丧，
我特意扮成年轻贵公子，
身着镶金边的鲜红外套，
披着硬挺的织锦小披肩，

帽子上插着公鸡的羽毛，
随身佩带一柄锋利的长剑。
我能给你的最精练的建议，
就是你要同我一样装扮，
你就能发现生活的意义
原来是无拘无束和自由。
浮士德：我想，不论如何盛装打扮，
尘世压抑的苦痛依然会刺穿我；
我已过了寻欢消遣的年纪，
但我对世界还抱有欲望。
世界怎样才能驱散我的疑虑？
你要将就！将就！
这声音回荡于每个人耳际，
久久地回荡，不绝于耳，
只要我们还存活于世间，
这嘶哑的声音便时刻萦绕。
清晨起床我总心有余悸，
我眼中流出苦涩的泪水，
这一天又将碌碌无为地度过，
我的愿望又将落空，落空；
光阴如流水般逝去，欢乐
甚至期许也会遭百般挑剔，
心中一旦有创造的念头，
便有千万种干扰横加阻挠。
夜幕再次降临，我伸展四肢，
痛苦万分地躺在床上，
噩梦缠身让我万分惊恐，
久久地不能安然入眠。
我心中所敬重的上帝
能让我内心深处激荡；
赐予我所有力量的主
却无力应对外在影响。
活着让我不堪负累，
我渴望死，憎恶生。
靡菲斯特：但死亡从来都不受人欢迎。

浮士德：在战场上获胜，被死神
授予血色桂冠的人该有多快乐！
在疯狂危险的舞蹈结束后，被死神
投入少女怀抱的人该有多快乐！
要是能从地灵那里获得神力，
就算死后万劫不复也甘愿。
靡菲斯特：但我却知道在那天，某人
没敢喝下手里棕色的毒药[1]。
浮士德：你喜好刺探别人的隐私，是吗？
靡菲斯特：我并非无所不知，但我确实了
解很多。
浮士德：当那甜美熟悉的鸣响
让我动荡不安的灵魂重获平静，
更多美好时光的余音
却勾起我心中孩童时的回忆，
我诅咒所有羁绊住
我灵魂的诱惑和欺骗，
你们怎敢以谄媚诡计为链，
将灵魂困于这具悲伤的躯壳。
先要诅咒种种溢美之词，
将我们的灵魂束缚、隐匿！
再诅咒光鲜耀眼的表象，
给我们的感官套上了枷锁！
再诅咒荣誉的弥天大谎，
让我们误以为名声永垂千古！
再诅咒我们拥有的谄媚之物，
包括仆从、犁头、妻子和孩子！
再诅咒财神，他会用钱财
引诱我们以身犯险，
他也会让我们尽享奢华，
帮我们铺就绵软的卧榻！
诅咒葡萄香甜的汁液！
诅咒冲昏头脑的爱情！

1. 靡菲斯特指的是浮士德之前想服毒自杀的事。

诅咒希望！诅咒信仰！
诅咒这最该诅咒的耐心！
（隐身的神明再次歌唱）
众神灵：唉！唉！
是你毁了它，
这美好的世界；
你猛烈的一击
让它顷刻崩塌！
这半神半人的东西将它撞成碎片！
我们
不知该将碎片送往何方，
悲痛
这美丽世界已经消失。
强大有力的
人类之子，
在你心中
将这壮丽的世界
重新建立！
开启
新的生命旅程，
那里充满了美景，
回响悦耳的新曲，
欢迎着你！
靡菲斯特：这是我的一群
小跟班。
听听他们这老成的建议，
你应该有所行动，及时享乐。
他们诱你远离
让你精神干涸的
空虚和寂寞。
悲伤如秃鹫般蚕食你的生命和心灵，
别再与它纠缠了！
身处于最不堪的人群中，
你会感受到生而为人的归属感。
将你推到平民中去，

并非我本意；
我并非伟人。
但若你与我交朋友，
让我这一生与你相伴，
我已做好准备，
马上就臣服于你。
我将成为你的同伴；
若你有此恳求，
我还将成为你的仆从，你的奴隶。
浮士德：那我要怎么报答你？
靡菲斯特：讨论报答为时尚早。
浮士德：不，凡魔鬼都利己，
不会轻易帮助陌生人，
却不求任何回报。
告诉我你的条件，切勿搪塞。
拥有你这样的仆人终究是危险的。
靡菲斯特：在人世间我是你的仆从，
唯你马首是瞻，绝不懒惰懈怠；
若你身死，我们在另一世界相见，
你就得做我的仆从，听我的差遣。
浮士德：我不担心另一世界会发生什么；
不管未来是否存在天堂、地狱，
我统统都不在乎。
靡菲斯特：若你这么想，大可以冒险试试。
在这里签上名字！接下来的日子里
你会感受到我的神力；
我会给你别人不曾有过的感受。
浮士德：可怜的魔鬼，你能给我什么？
你和你的同类何曾理解过
抱负远大之人的精神？
你是否有不能果腹的食物？
是否有如水银般从指缝溜走，
永不凝结的纯金？
一场永远无法获胜的游戏？
一个投入你怀抱，

却对别人暗送秋波的佳人？
如流星般陨落并消失
只给你带来一瞬快感的荣誉？
先去采来未摘就先腐坏的果实
和每日都能冒嫩芽的树枝吧！
靡菲斯特：这个任务难不倒我，
我能让你得到这些。
我的朋友，时间已到，
我们该放松下来尽情享受了。
浮士德：如果我放松下来，
我就完了！你明白吗？
如果我受你甜言蜜语的哄骗
对自己感到满意，或者
你施咒让我满足，而我信以为真——
那我的末日就到了！
这就是我的赌注[1]！
靡菲斯特：成交！
浮士德：一言为定！
如果我对流逝的时光说出：
"请为我停驻！你太美了！"
你可以给我戴上枷锁，
我会欣然接受死亡！
你可以敲响丧钟，
不用再做我的奴仆。
我的生命之钟停止，指针掉落，
我在尘世的时间也算耗尽！

［浮士德同意用自己的一滴血来签订协议。］

问：比较浮士德和靡菲斯特的人物特征。
问：为什么浮士德被认为是典型的浪漫主义英雄？

---

1. 靡菲斯特和浮士德之间的赌注让人回想起序幕里上帝和靡菲斯特之间的赌注。

浪漫主义爱情和浪漫主义刻板印象

浪漫主义爱情，是追求与异性身体和心灵结合的一种非理性的、需要全身心投入的激情，是最受19世纪作家、画家和作曲家喜爱的主题。很多浪漫主义者认为，友情、宗教信仰之爱，以及异性之间和同性之间的性爱，是这些灵魂处在极度和谐的状态下外化出来的亲密情感的表现。热烈的爱情，尤其是得不到回应或未得到满足的爱情，是很多文学作品创作的主题。举三个例子：歌德的《少年维特之烦恼》（1774年）讲述的是主人公维特单相思的故事，他对一个已婚女人倾心，最终悲痛欲绝，结束了自己的生命——这本书非常受欢迎，以至于自杀在19世纪成了很时髦的一件事；柏辽兹的《幻想交响曲》（1830年）描述了作曲家对一个耀眼的女演员的痴迷之情（详见第二十九章）；理查德·瓦格纳的歌剧《特里斯坦与伊索尔德》（1857—1859年）则改编自中世纪传说中的一对恋人的悲剧命运。

浪漫主义者塑造的男性都极具创造力，有胆量，且致力于探索知识，而他们笔下的女性要么被美化成纯洁、温驯、顺从的，要么被赋予了危险、极具威胁性的特点。浪漫主义作家接受了从中世纪以来就盛行的对女性形象的双重解读：像夏娃这样的女人就是荡妇，是魅惑男性、毁灭男性的罪魁祸首；而像玛利亚这样的女人，则是灵魂获得救赎的根源，象征着纯洁和真实。对夏娃的刻板印象在一些作品中显而易见，比如普罗斯珀·梅里美（1803—1870）的中篇小说《卡门》、乔治·比才（1838—1875）的歌剧《卡门》就是以此为素材来创作的。比才的《卡门》（1875年）是在西班牙的塞维利亚展开的，它讲述了一个有关诱惑、抛弃和致命报复的故事。卡门在烟厂工作，是一个毫无羞耻心、爱卖弄风骚的女人。她引诱倾心于她的唐何塞，让他放弃军队职务跟着她。不久后，她腻烦了这个军人，于是抛弃了他，并爱上了一个有名气的斗牛士。最终，她死于之前的情人之手。比才的女主角成为19世纪末期不忠、危险的女性的象征。

另一方面，对玛利亚的刻板印象存在于无数19世纪的故事中，包括《浮士德》里的格蕾琴。格蕾琴扮演了"永恒的女性"的角色，象征着生育和个人救赎。下文的阅读材料是德国诗人海因里希·海涅（1797—1856）作的诗，曾被同时期的德国作曲家罗伯特·舒曼（1810—1856）谱成曲，诗中女性以优雅、纯洁的天使形象出现——这激发了很多欧洲浪漫主义者的想象。

阅读材料28.8
海涅《你像一朵鲜花》（1827年）

你像一朵鲜花，
美丽、纯洁、珍贵；
看着你，甜蜜的忧伤
伴着恐惧在我心里蔓延。
我感觉应该张开双手
轻柔抚摸你的秀发，
祈祷上帝能让你
一直珍贵、纯洁、美丽。

问：这首诗中的比喻展现的是哪种刻板印象？
问：为什么叙述者会体验到"甜蜜的忧伤"？

女性的声音

19世纪是女性作家的第一个辉煌时代。比如，英国女性小说家有以乔治·爱略特为笔名写作的玛丽·安·艾文思（1819—1880），小说《呼啸山庄》的作者艾米丽·勃朗特（1818—1848），艾米丽·勃朗特的姐姐、小说《简·爱》的作者夏洛蒂·勃朗特（1816—1855），还有我们之前讨论过的小说《弗兰肯斯坦》的作者玛丽·雪莱。法国的热尔曼娜·内克，也就是斯塔尔夫人（1766—1817），被她同时期的人誉为浪漫主义运动的奠基人；她既是一个有才气的小说家，也是一位杰出的女性，她的作品在当时被广泛阅读和赞赏。在美国波士顿，路易莎·梅·奥尔科特（1832—1888）创作了她的经典小说《小妇人》（1868年），这是一部半自传体的作品，其灵感来自她与三个姐妹度过的童年时光。这其中的一些作家在生活中表现出追求个人自由的强烈意愿，然而她们在作品中却倾向于沿用浪漫主义刻板印象，刻画忠贞、纯洁、执着的女性人物形象。即使19世纪思想最自由的女性小说家，也还是会将自己笔下的女主人公刻画成屈从于高人一等的男性的意愿和价值观念的人物。总之，浪漫主义英雄以男性占支配地位的刻板印象一直影响着女性文学中的人物刻画，这种情况一直持续到19世纪中期。

简·奥斯丁（1775—1817）的小说是个例外。在她出版的《理智与情感》（1811年）一书中，奥斯丁诙谐地抨击了感伤脆弱的爱情及浪漫主义狂热。她在《傲慢与偏见》《曼斯菲尔德庄园》《爱玛》《诺桑觉寺》《劝导》等小说中，将关注点转移到了英国乡村中产阶级家庭关心的日常事务上。小说中的女主人公秀外慧中、落落大方，她们关心的是如何通过恰当的社交和道德行为来获得经济上的保障。对家庭生活细节、人类行为和价值观念之间的巨大矛盾的细腻观察和描写，让奥斯丁成了英国小说史上第一位现实主义女性小说家。

浪漫主义时期的法国作家中第一位发声的女性作家是阿尔芒迪娜·吕西·奥罗尔·杜班，她以乔治·桑（1804—1876）为笔名进行写作。她以这个男性名字为笔名，自觉地审视受欢迎的浪漫主义刻板印象，在解读男女关系时提出了很多不同的视角和观点。桑的小说中有一位女主人公曾这样为浪漫主义爱情的强烈情感辩护："如果我允许自己沉迷于爱情，我想要它狠狠地伤害我、刺激我、赞扬我或让我伤心……我想要遭罪，想要变得疯狂。"桑认为，完整的真爱是身、心、头脑的统一。她公开宣称"最理想的爱情一定是永久的忠诚"。她写的八十多部小说，大多数都是以浪漫主义爱情和深切、永恒的友谊为主题的。但在另外一些小说中，她笔下的女主人公却自由地享受着婚外情。然而，在这些小说里，即使两个人是真的相爱，这些女主人公到最后都没有得到完美的爱情。

桑和她笔下的女主人公不同，她的爱情生活丰富多彩，曾和很多浪漫主义的领军人物有过风流韵事，其中包括诗人阿尔弗雷德·德·缪塞、小说家普罗斯珀·梅里美，以及作曲家弗雷德里克·肖邦，这也为她的创作提供了灵感。桑和缪塞的感情破裂后，她剪掉了自己的头发，将头发塞进一个头盖骨并寄给了他。桑用玩世不恭的生活方式、自由恋爱的态度，以及穿男人的衣服、抽雪茄等行为，来表达她对社会的不满和蔑视。作为拜伦式的女英雄，她曾坦言："我的情感一直比理性争辩来得强烈，我试着加诸自己身上的限制并没有什么效果。"

桑在她的第三部小说《莱莉亚》（1833年）中就爱情和婚姻的问题发表过模棱两可的观点。这本书中有很多关于"真爱"意义的思考。在她精神苦旅中的某一刻，这位不再抱有任何幻想的女主人公试着公开提出以下观点：

随着年龄的增长，我越来越意识到，年轻时认为的"爱情是独一无二的"以及"爱情能永恒"这些观点都是错的，甚至是致命的。所有观点都应该被允许。能保持婚姻忠诚的人少之又少，大多数人有别的需求，他们的强项在别处。对于这些人，我会给予他们相同的自由和宽容，放弃所有的嫉妒和自负。对于这些人，我会给予他们神秘的热情、沉默的激情，以及长久而撩人的矜持。最后，我会对他们展现天使般的安宁、友情般的纯洁，以及永恒的童贞。所有灵魂都相似吗？所有人的能力都相同吗？有些人可能是为了宗教信仰的苦行而生，但也有人是为了感官享受，为了工作，为了热情的奋斗而来到这个世界上，更有一部分人是为了实现心中模糊的幻想。没有什么能比人们对"真爱"的理解更武断了。不管是热烈的还是平静的，肉欲的还是禁欲的，持久的还是转瞬即逝的，会让人痛苦到自杀还是给人带来快乐的，所有的爱都是真爱。头脑发热产生的爱情和心灵感受引发的爱情一样高尚。尽管持续的时间可能不一样，但它们一样激烈，一样充满力量。

桑的作品以男女之间的脆弱关系为主题，提出了很多不同的矛盾观点，同时也提供了有关19世纪欧洲生活和文化的丰富信息。除了小说和信件，她还留下了一部自传和一些支持社会主义、女性以及工人阶层的论文和文章。她如此解读浪漫主义的创造力："作者这个职业传达的是一种激烈、几乎不可毁灭的热情。它一旦进入了人的脑袋，就再没有什么能阻止它……艺术人生万岁！自由就是我们的座右铭！"

年代表

1804年	拿破仑称帝
1812年	拿破仑入侵俄国
1814年	拿破仑被流放到厄尔巴岛
1815年	滑铁卢战役
1829年	希腊摆脱了土耳其控制，获得自治
1832年	歌德完成《浮士德》

回 顾

民族主义和英雄

对19世纪的浪漫主义者来说，英雄是个人主观性放大之后的一种表现。不管是历史上的英雄，还是文学作品中虚构的英雄，他们都有超乎常人的天赋和抱负，在生活中都要面临自我牺牲的危险。

拿破仑·波拿巴的卓越功勋成了受无穷想象力和抱负驱动的英雄行为的典范。

19世纪早期的西方文学作品，在很大程度上更像是记录了具有传奇色彩的英雄人物的感情和情绪的个人日记。

普罗米修斯式的英雄

在浪漫主义者的眼中，普罗米修斯这位无私地赋予人类智慧的古希腊神明就是英雄式自由的象征。玛丽·雪莱、拜伦和其他浪漫主义者认为，普罗米修斯就代表着大胆的、富有创造力的人文精神。英国的拜伦和俄国的普希金的很多创作灵感都来自拿破仑。

在美国，废奴主义运动的支持者弗雷德里克·道格拉斯以亲身经历表达了他对权威的普罗米修斯式反抗，以及捍卫人类自由的决心。

歌德的浮士德：典型的浪漫主义英雄

文学作品中的英雄浮士德，象征着人类对有限的知识和力量进行无止境探索的渴望，他成了浪漫主义作家、画家和作曲家的作品里的典型浪漫主义人物。

歌德认为，浮士德象征着为体验生活的所有而不懈奋斗，并不惜以付出灵魂为代价的人类意志。

浪漫主义爱情和浪漫主义刻板印象

浪漫主义爱情是很受19世纪作家喜爱的一个主题，很多作家会把女性形象模式化，他们笔下的女性要么如天使，要么如荡妇。

19世纪对女性小说家来说是第一个辉煌的时代。很多出色的女性小说家在这个时代大放异彩，比如乔治·爱略特、玛丽·雪莱、简·奥斯丁等。

在乔治·桑的小说中，浪漫主义女英雄是受到强烈感情的刺激而自主地思考（可能并非亲身经历）性自由的一类人。

第二十九章
美术和音乐中的浪漫主义风格

约1780年—1880年

如果不听从心灵的声音进行创作,我绝不可能获得成功。
——威尔第

图 29.1 阿尔及尔妇女 欧仁·德拉克洛瓦,绘于1834年。1832年,德拉克洛瓦去北非游历,他在这趟旅程中创作了一百多幅绘画和素描。这幅图中的女人穿着摩尔人的裙子,被黑人妇女侍奉在侧,体现出了绘者对异国风情的喜爱

和文学领域一样，美术和音乐领域的浪漫主义艺术家也更偏爱那些能让想象力自由驰骋的主题。自然和自然风景、英雄和英雄主义，以及以政治独立为目标的民族主义斗争等是浪漫主义作家十分感兴趣的主题，也是19世纪大部分美术和音乐作品的灵感来源。浪漫主义艺术家们摒弃了新古典主义风格的理性约束，崇尚情感和自发性行为。浪漫主义者在作品中刻意运用无序和不规则，来取代原来新古典主义作品体现出来的规则以及冷静的理性主义内容。

从最浅显的角度来比较新古典主义和浪漫主义画作，人们也能看出两者风格上的本质差异：新古典主义画家通常用线条（为区别所绘客体及其所在空间的边界而人为画上的"理性"的边界）来明确所绘物体的外形，浪漫主义画家则喜欢用色彩来塑造所绘物体的外形。新古典主义画家一般会用一种色彩的不同色调来描绘一个物体，浪漫主义画家则会使用多种互补色彩来突出强调所绘物体。新古典主义画家在作画时笔触平滑，他们的画表面光洁、圆滑，浪漫主义画家则倾向于将笔锋显露出来，似是为了强调其创作的即时性。

浪漫主义画家可能会刻意模糊细节，夸大色调和纹理给人带来的观感。他们排斥新古典主义在礼仪方面的规则，推崇真性情、机遇和个人天赋的自由发挥。浪漫主义时期的作曲家也和那个时代的画家一样，采用了一种更个性化、不受拘束的风格进行创作。他们通过修改古典作品的创作"规则"，来加强音乐的表现力。他们抛弃了古典作品明晰和精确的特点，发展并拓宽音乐形式，引入了出人意料的节奏和韵律变化。和浪漫主义画家为了加强主题的情感震撼效果而自由运用色彩的行为一样，作曲家认为，音色——人的声音、一件乐器或不同乐器的组合发出的乐声所具有的与众不同的特点——和旋律、和声、节奏一样重要。19世纪，交响乐团开始用于赞颂英雄和英雄主义，一些相对小型、私人的音乐形式则成了表达渴望、乡愁、怀旧和爱情的载体。标题音乐、音乐剧、音乐大师的器乐演奏等，都丰富了浪漫主义音乐的内容。

最后，大歌剧和浪漫芭蕾也在这个阶段兴起，这些艺术形式（同19世纪的其他艺术形式一样）吸引了不断发展壮大的中产阶级的目光。在这个时代，艺术家之间的观念和思想的交流，为一种崭新的、生机勃勃的艺术综合体的出现提供了契机。

美术中的英雄主题

让·格罗及其对英雄的赞颂

赞颂富有创造力的个人主义、爱国主义和民族主义，是浪漫主义艺术的重要主题。作为19世纪首位现实生活中的英雄和法国民族主义象征的拿破仑·波拿巴，是19世纪早期很多法国画家最喜欢的绘画对象。拿破仑的"首席宫廷画家"——雅克·路易·大卫绘制的大部分官方肖像画都是赞颂拿破仑的帝王身份的（参见图28.1），而他在军事方面的英雄事迹则被另一位御用画师安托万-让·格罗（1771—1835）记录下来并公之于众。格罗对拿破仑军事战役的记录和描绘成了政治宣传的强有力工具。

格罗是大卫的学生，但和大卫不同的是，格罗反对新古典主义正式和拘谨的画风。在他的宏伟画作《拿破仑视察雅法的鼠疫患者》（图29.2）中，格罗把拿破仑到雅法慰问受鼠疫折磨的士兵这样一个小小的历史事件，转变成带有寓意的、具有异国情调的戏剧性事件，画中的拿破仑俨然是救世主。格罗通过光与影的强烈对比，加强了场景的戏剧效果。生动的细节刻画将观众的注意力从遍布因染病而垂死的士兵的前景，吸引到描绘远处城市风光的背景上去。

这幅画表明了浪漫主义画家对个人英雄主义、痛苦和死亡等主题的喜好。它第一次在巴黎展出时，令众人心生敬畏，并拿棕榈树枝和花环来装饰它。但格罗成功的原始动力也是他失败的根源：在拿破仑被流放后，格罗的事业也惨遭滑铁卢，最后格罗投入塞纳河，结束了自己的生命。

戈雅和籍里柯作品中的大众英雄主义

绘画中的英雄形象与古典文化传说和基督教传说紧密相连，这种现象几乎贯穿了整个西方历史。格罗可以说是最早一批尝试以绘画手段来赞颂当代英雄及英雄事迹的画家。西班牙绘画大师弗朗西斯科·戈雅（1746—1828）为这种现象的发展提供了助力。他刚开始工作时，是一位模仿洛可可风格的壁毯设计师，后来成了西班牙国王查理四世的宫廷画师，一举成名。1808年，西班牙被拿破仑军队占领，戈雅的画风又有了新的变化。惊骇于法国占领

图29.2 **拿破仑视察雅法的鼠疫患者** 安托万-让·格罗，绘于1804年

西班牙后的暴力行径,他成了一名言辞刻薄尖酸的社会评论家,创作出了西方艺术史上最难忘、最值得纪念的有关人类战争和暴行的画作。

西班牙民众曾起义对抗法国军队的侵略和占领,《1808年5月3日》(图29.3)就是戈雅对当时发生的事件的民族主义回应。法国士兵在马德里大街上抓捕西班牙嫌疑人,并在市郊将他们残忍杀害,以示惩戒。戈雅在创作过程中发挥了想象力,他将此次事件的发生时间设置在夜晚,在夜幕的映衬下城市的轮廓显得阴森不祥。在画作的前景处,偏离中心位置的路灯发出的光芒形成一个三角形区域,照亮了地上的西班牙反抗者:有些躺在血泊中已没了生气,其余的人则惊恐地捂着脸。在受害者中,有一位双臂向上张开的年轻男子,他带着恐惧又想反抗的神情,最终以如耶稣一样的姿势定格在画面上,戈雅刻意在画面中突显这个在即将来临的死亡面前睁大眼睛、不知所措的人物。在画面右边的阴影处,笨拙的行刑者站成一排,像一排毫无生气的大炮。光与影的鲜明对比,以及对细节清楚而具体的戏剧性描绘,增强了这一当代政治事件的矛盾和张力。

在法国占领西班牙期间,戈雅创作了许多蚀刻版画和凹版蚀制版画,即"战争的灾难"系列作品。相比于这些作品,以战争之名控诉大屠杀的《1808年5月3日》算是比较克制的。"战争的灾难"的灵感来源于史实,也源于戈雅的想象。《对

图 29.3 1808年5月3日 弗朗西斯科·戈雅,绘于1814年。法国军队被驱逐出去后,西班牙政府委托戈雅作画来纪念这一事件。戈雅认为这幅作品对未来的暴行起到了警示作用

图 29.4 梅杜萨之筏 泰奥多尔·籍里柯，绘于1818年。和弗雷德里克·埃德温·丘奇的全景风景画类似，籍里柯的画也经常被拿来作展览和观赏之用。1820年6月到12月之间，该画在伦敦展出，吸引了4万名左右的参观者

付死难者的英勇事迹》记录了拿破仑军队惨无人道的暴行，其残忍程度令人发指。同时，它也提醒着人们，近代战争中的英雄应该是那些无辜的受害者。

和戈雅同时期的法国画家泰奥多尔·籍里柯（1791—1824）拓宽了浪漫主义主题的范围：未被驯服的马的蓬勃生命力、被诊断为精神失常的人那扭曲的脸都是他灵感的来源。这些主题在学院派艺术中并不常见，但是这恰恰反映了浪漫主义者对处于理性界限之外的生命的痴迷。让籍里柯一举成名的作品是《梅杜萨之筏》（图29.4），这幅画作记录了籍里柯那个时代发生的一件富有争议的新闻头条事件，并将它永恒地保留了下来——一艘名为"梅杜萨"号的政府护卫舰的残骸及其乘客的可怕命运。

这艘船在距离非洲西部海岸50英里[1]处撞上暗礁。出于政治原因而被任命的船长毫无经验，他很卑鄙，只顾救自己和船员的性命，他们坐上仅有的几只救生艇逃走了；与此同时，上百名乘客被迫挤上一个被救生艇拖着的临时木筏。但是，那些残忍的船员却放开了绳子，让木筏在海上漂流。木筏上的人几乎没有食物和补给，他们的生存机会渺茫；大多数人都死了，一些人通过吃人活了下来，差不多两周之后，岸上有人看到了木筏；最终，15个幸存者获救。

籍里柯（当时任命"梅杜萨"号船长的政权的坚决反对者）看到这个悲剧事件的新闻报道后异常愤怒，下决心要用绘画的形式让这一事件永载史册。他依据双重三角形来构思画面布局：固定桅杆的两条线和木筏构成了第一个三角形，桅杆正好将这个三角形一分为二；画中这群焦虑不安的人物构成了第二个三角形，画家精心勾勒的一个黑人裸露的上半身位于这个三角形的顶端，他正向远处即将驶近并实施救援的船只招手。清晰的对角线、鲜明的光影对比（令人想起卡拉瓦乔的作品）、肌肉线条分明的裸体（受到米开朗琪罗和鲁本斯的启发）

---

1. 英制长度单位，1英里合1.609千米。——编者注

都加强了这幅作品的戏剧性感染力。

籍里柯在《梅杜萨之筏》中将普通人刻画成与自然力量做永恒斗争的英勇战士，赞颂人们面临死亡威胁时表现出来的集体英雄主义，这个主题在浪漫主义文学中同样受欢迎。与约瑟夫·马洛德·威廉·透纳的《奴隶船》（参见图27.1）以及戈雅的《1808年5月3日》（参见图29.3）一样，《梅杜萨之筏》是对政治不公这一现象的公开抗议。在本质上，它将人为灾难的现实和崇高的浪漫主义这个更为抽象的主题结合了起来，以表现普通人在面对无法抗拒的自然威力时所感受到的恐惧。

德拉克洛瓦和革命英雄主义

在戈雅和籍里柯将英雄的形象大众化的同时，籍里柯的追随者欧仁·德拉克洛瓦（1798—1863）将英雄形象上升到了拜伦式英雄的高度。德拉克洛瓦是知识分子，同时是忧郁症患者，他和拜伦一样都痛恨暴政，自命不凡，给人一种疏离感——这些特质在他的日记中展露无遗。德拉克洛瓦赞美想象力，认为想象力是艺术家生命中最重要的东西。他说："这听起来可能有些奇怪，但我认为大多数人都没有想象力。他们不仅缺乏能让他们清晰地认识事物并得以探寻事物本质的敏锐的、深刻的想象力，还不能理解或欣赏由想象力创造出来的作品。"

德拉克洛瓦喜欢极具戏剧性的故事，他偏爱来源于当代生活、通俗文学、古代史和中世纪历史中的暴力和感性的题材。1832年，他在法国新征服的殖民地阿尔及利亚的邻国摩洛哥进行了为期6个月的游历，这次游历让他对异国题材产生了兴趣，激发了他对光与色彩的喜爱。他描绘非洲伊斯兰教国家中男子的妻妾（参见图29.1），记录希腊国土上土耳其人大屠杀过后令人悲痛且震惊的景象，将但丁《神曲》中的地狱描绘得栩栩如生，为他同时期的人绘制肖像画，并为歌德的《浮士德》绘制了令人难忘的插图。他的叙事性题材作品饱含旺盛的生命力和鲜明生动的细节，也充分证明了他的宣言："我不喜欢理性风格的绘画。"在他的日记中，德拉克洛瓦主张，艺术家应该具有将形式和内容浪漫化的自由，他写道："每一位绘画大师最超群的影响通常是在绘画方面特许自由的结果，比如伦勃朗不加修饰的粗犷笔触、鲁本斯的夸张手法等。普通的画家根本没有足够的胆识，他们永远也无法突破自己。"

德拉克洛瓦的里程碑之作是《自由引导人民》（图29.5），他将当代的一个事件（1830年法国七月革命）描绘成人类为自由而抗争的英雄寓言。

查理十世国王（1757—1836）解散法国议会并采取一系列措施限制投票权和新闻出版自由之时，自由主义领导者、激进分子和记者都奋起反抗。德拉克洛瓦将这次叛乱想象成一个意义深远的寓言。画作的中心人物是一名女性，她正是自由的化身。这名女性带领法国反叛者穿过巴黎狭窄的街道，踏过尸体向前奋进。她一手拿着刺刀，一手高举法国的三色旗，奋力向前，挑战专制暴政的武装力量。她是这些"人民"的捍卫者：以身着长礼服的男士为代表的中产阶级，以手持手枪、穿着邋遢的年轻人为代表的下层阶级，以画面左侧手握军刀的黑人为代表的少数族裔群体。她更象征着法国本身，是扛着全面影响19世纪欧洲历史的民族主义精神大旗的旗手。

德拉克洛瓦的《自由引导人民》很快就被赋予了象征意义，它象征着法国追求民主的渴望。为纪念美法两国友谊，法国将一座巨大的铜制雕像（完成于1884年）赠送给美国这个年轻的国家。这座象征着完美女性的雕像一手握着代表《独立宣言》的石板，一手高举燃烧的火炬，就是后人熟知的自由女神像。自由女神像（自由照耀世界）由弗雷德里

触类旁通

欧仁·德拉克洛瓦的《自由引导人民》经常被人拿来同雅克·路易·大卫的《荷拉斯兄弟之誓》（图29.6）做比较，因为两幅画都明确表达了对英雄行为的呼吁。但从概念和风格来看，两幅画又有着本质上的区别。大卫在选取主题的过程中借鉴了古罗马历史，而德拉克洛瓦则利用现实存在的问题来作画，他通过将真实事件寓言化的方式来增强画作的戏剧性效果。大卫描绘的内容本质是精英主义，而德拉克洛瓦却用画作来赞颂普通人的集体英雄主义。

德拉克洛瓦的创作从来都不局限于事实，比如前景左侧那个躺在地上的裸体反叛者（很明显与籍里柯的《梅杜萨之筏》里的裸体像有关联）并没

图 29.6 荷拉斯兄弟之誓 雅克·路易·大卫，绘于1784年

有现实依据——很少有人会在战斗中丢了裤子。然而，这个细节恰好强调了人在战争中的脆弱，以及他们面临迫近的死亡的事实。在风格上，德拉克洛瓦的《自由引导人民》充满了浪漫主义热情。风起云涌的画面将硝烟弥漫的背景与前行的反叛者身影，以及堆叠在前景部分倒下的英雄们的尸体联结了起来。相比之下，大卫的新古典主义风格的《荷拉斯兄弟之誓》偏向冷色调，整体画面比较素净，他的构图呈网格状，人物线条很清晰。德拉克洛瓦的画作结构紧凑，笔触松散粗犷，而大卫的画作表面光滑、精巧。

图 29.5 自由引导人民 欧仁·德拉克洛瓦，绘于1830年

第二十九章 美术和音乐中的浪漫主义风格 071

克·奥古斯特·巴托尔迪（1834—1904）设计，是德拉克洛瓦画中女英雄的"姐妹"；对世界各处受压迫的民众而言，它已成为象征自由的经典形象。

雕塑中的英雄主题

和绘画一样，在雕塑艺术中，英雄题材也是为民族主义事业服务的。弗朗索瓦·吕德（1784—1855）的浮雕《1792年志愿军的出发》（也叫《马赛曲》，图29.7）体现了拿破仑时代充满活力的英雄主义。这个石雕被装饰在巴黎香榭丽舍大街尽头的凯旋门门柱上（参见图26.31），用来纪念法国志愿军的爱国主义精神——据推测，这支志愿军很可能是1792年从马赛赶来巴黎保卫共和国的马赛部队。不论年纪大小，不管是裸体还是一身古代或中世纪风格的装束（一个将英雄主题普遍化的同时，增强戏剧性效果的惯例），这支英勇的马赛人民志愿军队在罗马女战神贝娄娜这个饱含寓意的人物领导下，奋勇前进。和德拉克洛瓦的自由女神一样，吕德的女战神也激励着爱国者向前奋进。凸雕的运用造成了光与影的强烈对比，赋予了作品旺盛的生命力。这个纹理分明、特征显著的作品充分还原了他们的行军曲《马赛曲》体现出来的革命精神及战斗热情。后来，法国将《马赛曲》列为国歌。

19世纪的民族主义激起了人们对欧洲西部以外地区的各民族文化遗产的极大兴趣。正如卡特林在美国西部发现了大量令人陶醉的风景和资源一样，欧洲人也开始到欧洲东部及非洲寻找具有异国情调的题材。拿破仑入侵埃及，掀起了一股追逐北非事物的狂热，在19世纪30年代法国占领阿尔及利亚后，这种现象更为普遍。1848年，法国政府废除了在法国境内及其全部殖民地的奴隶制度。

夏尔-亨利-约瑟夫·科尔迪耶（1827—1905）

图 29.7 1792年志愿军的出发 弗朗索瓦·吕德，创作于1833—1836年

是吕德画室的一员，也是巴黎学术沙龙最喜欢的展商，他曾请求政府委派他去非洲，以便观察并记录非洲各个民族的特征。得益于他的民族学研究，科尔迪耶创作了十二座具有非洲人和亚洲人特征的半身像。他将青铜或彩色大理石与从阿尔及利亚采石场获得的斑岩、碧玉和黑玛瑙混合起来，采用新颖的多色装饰技巧完成了创作。科尔迪耶的半身像体现出创作者对人物个性的细腻刻画，也显示了他对体现模特尊严的承诺的恪守。他并没有将他创作的对象看作来自异国的"另类"，而是将其视为"就快要融为同一个民族"的一类种族。

1865年，美国宪法第十三条修正案在法律上废除了美国境内的奴隶制度，这也引发了一场赞颂英雄壮举的狂潮。《永远自由》（图29.8）是一座

科技发展一览表

1835年	美国人塞缪尔·科尔特制造了弹膛可容纳6发子弹的左轮手枪。
1841年	一种被称为"针发枪"的后装步枪被引入战斗军队中。
1847年	意大利化学家研制出了易爆的硝化甘油。

富有纪念意义的大理石雕塑,一个挣脱了锁链的年轻奴隶高举手臂以庆祝胜利,而他身边的女性同伴正跪在地上,感激地做着祷告。构思出这件非凡艺术品的是一位名叫埃德蒙尼亚·刘易斯(1844—1907)的女性艺术家,她父亲是一位非裔美国人,母亲是奇佩瓦人。和这个时代大多数天赋极高的美国年轻艺术家一样,刘易斯曾前往欧洲接受学术训练,之后她在罗马追求自己的事业,并因其技艺纯熟的半身雕塑像及富有寓意的雕像收获了极大的认可,包括一些赞美《圣经》里的故事与古代历史中的女英雄的作品。目前,她的很多作品都遗失了,并且人们对她在1885年之后经历的事几乎一无所知。

图 29.8 永远自由 埃德蒙尼亚·刘易斯,1867年

19世纪中期的建筑潮流

西方的新中世纪文化思潮

19世纪早期到中期的建筑师,将过去看作灵感来源和道德指引。古典希腊和罗马共和国时期的建筑体现了拿破仑、杰斐逊这类统治者的政治和审美理想(详见第二十六章),但新古典主义的肃穆庄重并非符合所有人的审美喜好。浪漫主义想象最典型的特征还是对充斥着阴森城堡和高耸教堂的中世纪的眷恋和缅怀。同新古典主义一样,中世纪文化的复兴,即"新中世纪文化思潮"也是为民族主

第二十九章 美术和音乐中的浪漫主义风格 073

义事业服务的。它通过重现一个国家独特的历史和文化过往来颂扬这个国家。在德国统一前夕（1848年）及之后的几十年里，德国的工匠修复了德国许多著名的哥特式历史遗迹，包括大教堂。

在英格兰，中世纪的基督教传统与民族身份紧密相连，作家们对中世纪的过往满怀热忱。例如，英国桂冠诗人艾尔弗雷德·丁尼生勋爵（1809—1892）将英国早期的传说和基督教传教活动相结合，创作了以诗歌的形式讲述亚瑟王传奇的《国王之歌》；沃尔特·司各特爵士则创作了备受读者青睐的历史小说和浪漫主义诗篇。他们用这种方式使中世纪的男英雄和女英雄得以名垂千古。

哥特式风格的复兴，在建筑艺术方面同样具有特色。查尔斯·巴里（1795—1860）和奥古斯塔斯·韦尔比·诺斯莫尔·普金（1812—1852）构想的英国国会大厦建造于1836—1868年。英国国会大厦是大规模新哥特式公共建筑中极具美感的成功案例之一。伦敦泰晤士河畔耸立的尖顶和塔楼组合在一起，形成了如画的风景，这得益于普金的坚持——他认为哥特式风格能最完美地体现一个基督教国家的官方建筑应该具有的威严。另外，在象征意义的层面，哥特式风格也很符合代表着议会立法原则的英国国会大厦——1215年签署的《大宪章》是英国最早的议会立法。可以说，英国国会大厦反映出了中世纪的宗教和政治传统在塑造英国国家形象过程中的重要性。

新中世纪文化思潮在欧洲大陆引发了一场修复教堂和城堡的考古运动，这也是北美洲的一些新颖别致的建筑活动得以出现的原因。一些大学和学院（例如哈佛大学和耶鲁大学）、博物馆（例如位于华盛顿特区的史密森博物馆），以及大量的教堂等就是模仿中世纪建筑风格建造的。在美国的哥特式风格复兴的过程中，非常优雅、精妙的一个案例是纽约的圣帕特里克大教堂，这座教堂和纽约曼哈顿的恩典堂、华盛顿特区的史密森博物馆是由詹姆斯·伦威克（1818—1895）和威廉·罗德里格（1800—1867）设计的。

西方建筑学中的异国情调

浪漫主义建筑也借鉴了具有异国情调的东方建筑风格，尤其是从欧洲的一些殖民国家获得了许多灵感。最有意思的、非西方风格的集成之作是位于英格兰南海岸城市布赖顿的英皇阁（图29.9）。这是由英国建筑师约翰·纳西（1752—1835）于1815—1821年设计并参与建造的，是为摄政王提供的海滨疗养胜地。建筑师在设计过程中融合了中

图29.9 英皇阁 又称皇家穹顶宫

国、印度和伊斯兰风格的装饰元素。

纳西在隐蔽的铸铁框架上搭建球状穹顶和细长的尖塔，这种建筑方式很快就在近代建筑中普及起来（详见第三十章）。睡莲垂吊灯、铜叶铸铁棕榈树等奇异的内部装饰体现出了纳西折中的建筑风格，评论家称其为"印度哥特式风格"。

音乐中的浪漫主义风格

"音乐是所有艺术形式里最具浪漫气息的——几乎可以说音乐是唯一的、真正浪漫的艺术形式，因为无限就是音乐唯一的主题。"德国小说家、音乐家恩斯特·特奥多尔·霍夫曼（1776—1822）曾这么写道。与很多浪漫主义作曲家一样，霍夫曼相信，在表达他所说的"难以言喻的憧憬"方面，音乐有得天独厚的优势。对浪漫主义者来说，作为最抽象、最难琢磨的一种艺术形式，音乐有一种让思维和话语直达心灵的能力。

19世纪，各种题材的音乐作品层出不穷——在如今人们听的音乐中，19世纪的音乐作品占的比例比以往任何一个世纪的都多，这也间接体现了19世纪产出的音乐之多。个性化表达是19世纪音乐的特征，在大到管弦乐作品，小到私人音乐作品中，这种特征都是显而易见的。

管弦乐在浪漫主义时期发展壮大，19世纪中期管弦乐的规模比海顿和莫扎特时期管弦乐的规模要大五倍。在响度增加的同时，可选择的乐器种类也增多了，这部分得益于乐器制作技术的进步。铜管乐器（例如小号和大号）增加的活塞按键产生了新的音高和更宽的音域；木管乐器（例如长笛和单簧管）结构的变化对指法和调音大有助益。对小提琴的调整赋予了乐器更大的力量；19世纪早期的钢琴经过改造换上了铁框架，装了两到三个脚踏和更粗的弦，其演奏音色变得更洪亮、更具表现力了——这也是钢琴成为19世纪最受欢迎的乐器的原因。这些技术上的改进开发了乐器在音调上的潜力，引发了一场管弦乐织体[1]革命。

在音乐作曲方面，交响乐和协奏曲是大型管弦乐的两种重要的表现形式。然而，音乐曲式也同样重要，尤其是表达爱与死亡、自然与自然特性主题的音乐。作曲家从英雄故事、当代事件，以及自己国家的传说和史料中汲取灵感。他们和浪漫主义画家、作家一样，也都喜欢具有异国情调的主题。不管是小曲式还是大型歌剧，他们在创作中总会不遗余力地追求诗意和音乐的完美统一。这个时期的很多歌剧和交响乐作品都是以19世纪的戏剧、小说、诗歌为基础而创作的，从这些作品中不难看出音乐和诗歌这两种艺术形式有紧密的联系。浮士德博士的传说，尤其是歌德的《浮士德》为很多音乐作品提供了灵感。第二十八章中提到的乔治·比才的《卡门》是以一部中篇小说《卡门》为原型的，而这篇中篇小说又受到了普希金的叙事诗《茨冈》（1824年）的影响；普希金的诗体小说《叶甫盖尼·奥涅金》（1830年）为柴可夫斯基提供了灵感，后者以此为基础创作了同名歌剧。但最受欢迎的还要数沃尔特·司各特的历史小说，据说法国、英国、意大利的作曲家以这些小说为原型，一共创作了至少十二部歌剧。

和18世纪一样，19世纪的作曲家也同时是演奏家。他们创作出只有像他们这样有天赋又技艺精湛的音乐家才能演奏的大师级作品——通常是钢琴曲或小提琴曲，并进行演奏，让人们注意到他们的专业能力。他们不再受贵族资助体系的摆布，公然放任自己沉浸于狂喜、忧郁、嫉妒等激烈情绪中。例如，意大利富有才华的作曲家和小提琴家尼科

---

1. 织体，音乐的结构形式之一。

洛·帕格尼尼（1782—1840）拒绝出版他的作品；他曾以超乎想象的精湛技术和灵敏度演奏这些作品，甚至有传言说他是因为和魔鬼签订了协议才获得了这种高超的技巧。

贝多芬的天赋

出生在德国的路德维希·凡·贝多芬（1770—1827）是19世纪早期的一流作曲家、世界上最伟大的音乐家之一。贝多芬20多岁后定居在维也纳，这使他能近距离接触莫扎特和海顿的音乐，他还跟随后者学习了一段时间，这也让他有机会了解古典音乐风格的基本原理。他的早期作品受古典音乐风格的影响尤为显著，这让他成了联系古典音乐和浪漫主义音乐的桥梁。

贝多芬是一个有天赋的钢琴家、风琴演奏家和小提琴演奏家。他为很多不同类型的乐器创作过作品，几乎用过所有曲式。他的32首钢琴奏鸣曲则体现了他对钢琴这种极富表现力的乐器情有独钟。被评论家称为贝多芬取得极高成就的9部交响曲不仅遵循了古典音乐的格式，还突破了古典音乐原有结构的限制——《第三（英雄）交响曲》就是一个很好的例子。《第三（英雄）交响曲》比以往任何一部管弦乐作品都更长、更复杂，在遵循古典交响乐乐章的标准段落数量和规则的前提下，它的时长几乎是以往20—25分钟的交响乐作品的两倍。被一位法国评论家称为"灵魂的伟大军团"的第一乐章包含6个主旋律（而不是传统的2个），以协奏曲式呈现。该乐章以法国号的两下威风凛凛的号声开篇，而法国号象征的正是这部交响乐赞颂的英雄；第二乐章是庄严而肃穆的葬礼进行曲；在第三乐章，贝多芬没有采用传统的小步舞曲，而使用了更具朝气和活力的谐谑曲，用轻快、节奏多变的旋律代替了原本优雅庄严的舞曲形式——这种谐谑曲根本不适合跳舞；最后一个乐章是胜利的终曲，它将第一乐章的主旋律和变奏曲与长长的终曲结合起来，终曲也同样出现了庄严的号声。值得注意的是，在这部震撼人心的交响乐的最后一个辉煌乐章中，贝多芬加入了原本为以普罗米修斯为主题的芭蕾舞曲写就的乐段。

贝多芬写《第三（英雄）交响曲》原本是为了致敬拿破仑，因为在他眼中拿破仑既是著名的英雄，又是自由的拥护者。但是，拿破仑在1804年加冕称帝，贝多芬听到这个消息后，生气地画掉谱子上写的拿破仑的名字，代之以一个笼统的献辞："为纪念一个伟大的英雄而谱写的英雄交响乐。"据说，贝多芬曾愤怒吼道："他不过是个凡夫俗子！他将会践踏全人类的权利……成为一个暴君。"最后，这部交响乐被献给了约瑟夫·弗朗茨·洛布科维奇王子。

贝多芬的天赋体现在他对作曲原理的灵活运用上，这让他的音乐有了史无前例的强大表达力。他为作品注入了一种新的有节奏的生命力，灵活运用音乐风格强烈而快速的反差，引入了更多的乐器到作品演奏中。他将短笛、低音单簧管、长号、低音鼓、钹加入总谱，并把长笛、双簧管、单簧管、低音管的数量增加了一倍，极大地拓展了管弦乐的表现力范围，增强了其戏剧性力量。

与古典音乐家前辈相比，贝多芬对音乐强弱法（响度和柔度的层次变化）的运用更加明晰、多变。在1812年之前，他仅使用5个术语来表示钢琴演奏的强弱程度；后来，他越来越多地用诸如"dolente（悲伤的）"和"teneramente（温柔的）"这类词汇来扩充古典音乐术语，以表达演奏中的细微差别。和其他浪漫主义艺术家（尤其是德拉克洛瓦）一样，贝多芬模糊了作品结构单元的划分，充分挖掘并利用织体的差别来增强表达效果。他经常破坏古典音乐的形式并加以改动，例如在他的《第六（田园）交响曲》里加入第五乐章，在《第九交响曲》的终曲中加入合唱和独唱。贝多芬对不协和音、突然的停顿和无声的大胆运用，以及他创作主旋律和节奏的才华都体现出他爱好自发性多过规律和规则。《第五交响曲》强有力的开场音符——据说，贝多芬称其为"命运在敲门"——证明了他喜欢运用别出心裁的重复节奏和逐渐增强的韵律来将音乐推向高潮。

虽然很难想象，但是贝多芬的大部分伟大的音乐作品是在他的听力退化后创作的。从29岁开始，贝多芬就意识到他的听力在不断退化，那之后他一直痛苦地挣扎在抑郁和绝望的边缘。喜怒无常、性格倔强的他蔑视曾将莫扎特和海顿压得喘不过气来的贵族资助体系，他经常以独立艺术家的身份出售他的音乐作品。他曾公开发表对贵族的鄙视，不理会他们的需求。1802年，他对家人吐露内心的想法："我注定会被人误解，我不可能和我的同胞自在相处，不可能与他们相谈甚欢，不可能互相交流想法。我得像一个被驱逐的人那样孤独地生活。"这位离群索居的作曲家远离了社会纷杂，投身于自然的怀抱（图29.10）。

贝多芬一只胳膊夹着音乐随笔集，在维也纳郊外的树林里漫步，大声唱着歌。他在日记里写道："森林、树木、石头，给予人类他需要的回应。"他发现自然就是他内心最深处情感的真实写照，受此启发，他在1808年创作出了标题音乐——《第六（田园）交响曲》，并配上了"乡间生活的回忆"的副标题。《第六（田园）交响曲》的五个乐章都配有一个与自然相关的标题：初到乡村时的愉快感受；在溪边；乡村欢乐的集会；暴风雨；牧歌，暴风雨过后快乐和感激的心情。承袭维瓦尔第的《四季》的风格（详见第二十三章），贝多芬偶尔会用乐器模仿自然界的声音。例如，在第二乐章结尾处，他将长笛、双簧管、单簧管的声音合在一起模仿鸟叫声；低弦上的颤音（音调快速重复，营造出一种发颤的音效）则代表着溪水潺潺流动的声音。

一些评论家认为贝多芬的最后一部交响曲，即《第九交响曲》（1824年）是他最伟大的作品。这是第一部将人声作为乐器加入演奏的交响曲：在最后一个乐章中，贝多芬做出了一个史无前例的尝试，他加入了四个不同声部的人声独唱和一个大合唱团的合唱。标题为《合唱》的《第九交响曲》的灵感来自弗里德里希·席勒（详见第二十七章）的一首名叫《欢乐颂》的诗——一首赞颂博爱的欢乐颂歌。这部宏大的交响乐的最后一个合唱乐章很好地体现了贝多芬的想象力和他对人文主义理想的捍卫。这部交响乐在维也纳首演时，这位失聪的作曲

图 29.10 贝多芬在小溪边谱写《第六（田园）交响曲》选自《1834年苏黎世音乐年鉴第22卷：路德维希·凡·贝多芬传》的插图。1802年，贝多芬的听力越来越差，于是他搬到维也纳郊外一个名叫海利根施塔特的小村庄里居住。他的孤独感和对抗绝望的英勇斗争都反映在他的音乐里

第二十九章　美术和音乐中的浪漫主义风格　077

家和指挥家出现在台上，为他脑海中听到的音乐击打节拍。

艺术歌曲

与贝多芬同时期的奥地利作曲家弗朗茨·舒伯特（1797—1828）的艺术歌曲恰如其分地展现了19世纪作曲家想将诗歌和音乐结合起来的理想抱负。舒伯特开了浪漫主义"德国抒情歌曲"的先河，这是一种只有一架钢琴伴奏的独唱歌曲。"德国抒情歌曲"并不是传统意义上的歌曲，它的本质其实是经过音乐语言加工的诗歌。和一些简单的民歌一样，它的抒情性来自诗歌本身。舒伯特、罗伯特·舒曼和约翰内斯·勃拉姆斯把海因里希·海涅和歌德的诗歌谱成曲，这些歌曲都是个人情感和情绪的完美重现。他们叙述爱情和渴望，描绘自然及其神韵（有40首歌曲是与水或鱼有关的），也哀叹人世间快乐的短暂。

舒伯特创作了大约1000部作品（包括10部交响乐、几部歌剧以及大量小厅内表演的音乐作品），其中有600多首"德国抒情歌曲"。他对歌德的叙事诗歌的再创作可以看作对浪漫主义音乐精神里程碑式的表达。舒伯特在17岁时写的《纺车旁的格蕾琴》是以歌德的《浮士德》第一部分结尾的诗歌为基础进行创作的。在这个部分，格蕾琴哀叹她的情人浮士德不在身边，并预料到他们的爱情会引发不幸。歌曲以重复了三遍的感伤诗句作为开篇："我内心痛楚，无法寻得安宁：／我再也再也找不回它。"声线的旋律和音色传达了诗句的哀伤，钢琴的旋律则将纺车的韵律模仿得惟妙惟肖。

舒伯特另一首很出色的艺术歌曲是《魔王》，它结合了自然元素（暴风雨）、超自然现象元素（传说中象征着死亡的魔王），以及英雄元素（一位父亲不顾一切地挽救他生病的孩子的生命）。在舒伯特的音乐中，暴风雨中的马蹄声、为生命抗争的声音与迫近的死亡诱惑交织在一起，加强了音乐的戏剧效果。舒伯特于1828年因梅毒不治逝世。

柏辽兹的标题交响曲

法国作曲家埃克托尔·柏辽兹（1803—1869）于1830年创作出他的第一部标题交响曲。柏辽兹发挥想象，将自己的生活和浮士德的故事结合在一起，创作了《幻想交响曲》；用他自己的话来说，这部作品讲述的是自己对魅力四射的爱尔兰女演员哈丽雅特·史密森抱有"无法泯灭的无尽热情"的激动人心的故事。柏辽兹第一次激情澎湃地创作了标题交响曲，那时他只有27岁。他疯狂地追求哈丽雅特，两人最终结婚了，但柏辽兹发现他和他崇拜的女神极不相配——他们结婚后，哈丽雅特终日酗酒，而柏辽兹则沉溺于婚外情。

《幻想交响曲》属于标题音乐，即包含作者想要传达的明确文学或形象化内容的纯音乐。柏辽兹并不是第一位谱写标题音乐的作曲家——维瓦尔第在《四季》中将音乐和诗歌完美地结合了起来，贝多芬在《第六（田园）交响曲》中也做过如此尝试，但柏辽兹是第一位围绕一个音乐主题故事谱写交响曲的作曲家。标题音乐在19世纪的流行证实了文学对其他艺术形式的重要影响力。柏辽兹的第二部交响曲《哈罗尔德在意大利》是受拜伦的《恰尔德·哈罗德游记》（详见第二十八章）的启发。对文学主题感兴趣的不止他一人，匈牙利作曲家李斯特·费伦茨（1811—1886）也曾根据普罗米修斯神话和莎士比亚的《哈姆雷特》谱写了交响诗，他还创作了献给柏辽兹的《浮士德交响曲》。俄国作曲家彼得·伊里奇·柴可夫斯基（1840—1893）谱写了很多标题音乐，包括幻想序曲《罗密欧与朱丽叶》。欧洲的政治事件为作曲家们提供了创作灵感，很多表达民族主义情感的标题音乐应运而生，比如贝多芬在1813年创作的《战争交响曲》（也叫《惠灵顿的胜利》），以及柴可夫斯基华丽的《一八一二年序曲》（1880年）——这是为庆祝拿破仑从莫斯科撤军而作，包含了法国和俄罗斯帝国国歌中的部分内容。

在《幻想交响曲》中，柏辽兹把一种特定的情绪或一个特定的事件与一个乐句联系起来，在法语里叫作"idée fixe"（固定乐思），这种反复出现主题的功能就是把作曲家叙事歌曲里各个独立的部分连接起来。《幻想交响曲》的副标题为"一个艺术家生活的插曲"，这作品讲述了年轻音乐家被鸦片诱发的梦境；根据作曲家的曲目注解，在这个梦里，"心爱的人化作美妙的音乐出现在脑海里，就像'固定乐思'一样无所不在，不绝于耳"。

受"固定乐思"的统一，这部交响曲由五部分组成，每一部分都营造了独特的氛围：梦幻和热情；主人公见到心爱之人的"舞会"；田野景色；朝断头台行进（《赴刑进行曲》，主人公梦见自己杀死了心爱之人，将要被行刑）；最后是受歌德的《浮士德》启发创作的"女妖夜宴之梦"，奏响了强烈的和弦。（柏辽兹所作的适合独奏、合唱、管弦乐队演奏的《浮士德的沉沦》，同样参考了歌德这部优秀的戏剧作品。）《幻想交响曲》的"情节"与乐谱一起出版，当时是（现在仍然是）印刷在曲目注解中，供听众观看的。但是，书面叙述对音乐欣赏来说并不是必不可少的，因为柏辽兹认为，音乐作为一种绝对的声音，其地位要高于标题音乐的联想。在《幻想交响曲》经过第一遍彩排后，柏辽兹惊叫说《赴刑进行曲》比他想象中还要恐怖50倍。

作为贝多芬精神的继承者，柏辽兹颠覆了传统的交响乐形式。他谱写的《幻想交响曲》一共有五个乐章，而不是传统的四个乐章。他还以一种独出心裁的方式将乐器组合起来，营造出与众不同的混音效果。例如，在第三乐章里，独奏的英国管和双簧管的声音营造出孤独的氛围；之后，四只定音鼓（半球形铜鼓）又模拟出"远处雷声"的效果。他还致力于扩大音色范围，例如他将单簧管的音域扩展到了类似尖叫的高音域，还尝试用弓杆而不是弓毛来擦奏小提琴琴弦。柏辽兹最喜欢的还是完整的交响乐团，他将音乐家的数量扩大到了150人。作为"庞大规模的倡导者"，柏辽兹构想了一个包含400多位音乐家的理想管弦乐队，其中包括242件弦乐器、30架钢琴、30架竖琴，还有360人的合唱队。当时很多法国和德国的报纸、期刊都以柏辽兹管弦乐队和合唱队的庞大规模以及他们制造的大音量为抨击对象，发表讽刺性文章。描绘这位大音乐家的漫画形象也极其讽刺，他顶着夸张的发型，用一个小电报杆打着拍子，从卫戍区的炮兵部队招收管弦乐队成员，指挥着大量的乐器演奏家。但是，作为一个很有才华的作家和巴黎报界的音乐评论家，他写文章来捍卫自己的音乐哲学，对这些讽刺他的评论家嗤之以鼻。

肖邦的钢琴曲

如果说19世纪是浪漫个人主义兴盛的年代，那它也是艺术大师层出不穷的年代：作曲家创作的都是只有具有非凡的音乐天赋和技巧的人才能优雅、准确地演奏的音乐。其中，最典型的人物就是波兰作曲家弗雷德里克·肖邦（1810—1849）。肖邦在7岁的时候，举办了自己的首场钢琴音乐会。尽管成年后的肖邦体形瘦弱，双手也很小，但它们却能如同"蟒蛇的下巴"一般在琴键间自如跳跃（他的一位同侪曾如此说道）。离开华沙后，肖邦成了备受巴黎沙龙欢迎的钢琴家，也成了德拉克洛瓦、柏辽兹和当时很多顶尖小说家的密友，他还与乔治·桑（详见第二十八章）维持了8年轰轰烈烈的感情。

肖邦39岁时因患肺结核去世，在他短暂的一生中创造了一种能淋漓尽致地表现现代钢琴潜能的彻底的个人化乐语。肖邦创作了约200部作品，大部分是短小的键盘音乐作品，比如圆舞曲、前奏曲、夜曲（缓慢如歌的旋律）、即兴曲（听起来像是即兴创作的作品）和练习曲（为了提升演奏者的技术而作的学习曲）。他的《降G大调练习曲》作品10号第5首是一首令人惊叹的钢琴曲，要求演奏者在还没有白键长度一半宽的钢琴黑键之间非常快速地切换演奏。

肖邦也像德拉克洛瓦一样，很容易出现剧烈的情绪波动。正如德拉克洛瓦精心描绘的画作给人自然而然创作的印象一样，肖邦的大部分音乐作品看起来也像是即兴创作的作品——对转瞬即逝的情绪的冲动记录，而不是费尽心血研究作品结构的产物。他的作品中最吸引人的地方是和声的新颖转换以及自由的节拍和韵律。肖邦会在曲调中加入不同寻常的华丽指法，比如琶音（指一串和弦音从高到低或从低到高快速连续奏出）。他的前奏曲体现出沉静深思和大胆尝试的鲜明对比，而他的夜曲——与卡斯帕·大卫·弗里德里希和柯罗的浪漫主义风景画的风格类似——经常带着梦幻、沉思的味道。肖邦舞曲中的波洛涅兹舞和玛祖卡舞保留了来自他故乡波兰的民间小调的粗犷和活力，而华尔兹舞曲则反映了浪漫主义者对一种新的舞曲形式的喜爱，这种舞曲比以往正式的宫廷风小步舞曲更具有肢体表现力，更令人陶醉。华尔兹舞在18世纪末期初次进入大众视野，因其自由的旋转动作、醉人的韵律，以及舞伴间距离太近而被斥为一种粗俗、淫荡的舞蹈，但到了19世纪，它成了最受人们欢迎的舞蹈形式。

浪漫主义芭蕾

被称作"芭蕾"的戏剧艺术形式在浪漫主义时期非常受欢迎。19世纪末期，柴可夫斯基创作的《天鹅湖》《胡桃夹子》《睡美人》这几部出色的芭蕾舞剧让俄国经历了芭蕾的鼎盛时期，但浪漫芭蕾最初诞生于19世纪早期的巴黎。到了1800年，芭蕾舞剧的表演舞台从宫廷转移到剧院，成了供中产阶级欣赏的艺术。华丽宏伟的剧院成了公众娱乐消遣的场所，比如由让-路易·查尔斯·加尼埃（1825—1898）设计的巴黎歌剧院（图29.11）。

从巴黎歌剧院新巴洛克风格的彩饰外观可以看出，加尼埃借鉴了希腊建筑家为建筑物的部分墙面刷彩色涂料的操作，但这个建筑最惊艳的部分还是它的内部装饰，尤其引人注目的是它壮观的大楼梯（图29.12）。豪华的内部装饰在最新的技术发明——煤气灯的照耀下熠熠生辉，这让巴黎歌剧院成了全欧洲公共剧院的典范。让-巴蒂斯特·卡尔波（1827—1875）为剧院设计了一个雕塑，其生机勃勃的律动感很好地体现了作为人类欢乐的外在表现形式的舞蹈的精神。

在巴黎歌剧院演出的芭蕾舞剧是欧洲舞蹈黄金时代的巅峰之作。在1830年的巴黎，意大利芭蕾舞团首席女舞者玛丽亚·塔廖尼（1804—1884）完美地演绎了用脚尖跳舞的艺术（图29.13），她跳舞所穿的芭蕾舞鞋其实就是由绸带条编织起来并用棉绒填充的薄软底鞋，和拖鞋没什么两样。

塔廖尼在芭蕾舞剧《仙女》（她父亲为她精心编排的舞剧）中里程碑式的表演让她广受称赞，被誉为最伟大的芭蕾女演员之一。她穿着带有束胸和钟形裙摆的精致裙子（芭蕾舞短裙的原型），跳出了完美的阿拉贝斯克芭蕾舞姿——舞者单腿站立，动作腿在后，一只手臂或双手臂最大程度向前伸展，同时形成一条柔和流畅的线条。她轻盈地跳跃三次穿过舞台，出色的表演令观众惊叹不已。她一方面遵循古典芭蕾的规范，另一方面又把19世纪浪漫主义更新颖、更感性的精神带入正式的舞蹈表演中。塔廖尼很快就收获了名气：她在伦敦演出后，

图 29.11 巴黎歌剧院 设计者让-路易·查尔斯·加尼埃，建于1861—1874年。这个能容纳2000多名观众的歌剧院如今主要被用于芭蕾舞剧表演。它的外观设计和奢华的内部装饰都能让人联想起凡尔赛宫

图 29.12 巴黎歌剧院内部的大楼梯 以让-路易·查尔斯·加尼埃的《新巴黎歌剧院》（1880年）第2卷的插图为模板的雕刻版画

图 29.13 表演芭蕾舞剧《花神与西风》的玛丽亚·塔廖尼 理查德·詹姆斯·莱恩，创作于1831年，手工上色版画。塔廖尼擅长足尖舞，这项才艺让她作为首席芭蕾舞女演员声名远扬。图中描绘的是她1830年在伦敦首次登台饰演花神时的样子。这个时代的芭蕾舞裙被缩短，以便展示舞者的腿部线条，并突显此前一直是男舞者专利的精湛的足部舞步

第二十九章 美术和音乐中的浪漫主义风格 081

以她为原型、穿着芭蕾舞裙的娃娃大受欢迎。

广为流传的神话和童话故事为很多浪漫主义时期的芭蕾舞剧提供了灵感，包括《仙女》和《吉赛尔》，以及柴可夫斯基更广为人知的《天鹅湖》和《睡美人》等。每一部芭蕾舞剧的中心人物一般都是某个如天使般纯洁的女性——借鉴寓言、童话故事和幻想中的女性形象来虚构的人物。在《仙女》中，一个仙女（神话中的自然女神）迷惑男主人公，诱使他离开了自己的未婚妻。男主人公追着她，她却在得到爱情之前逃开了，最后遭到恶毒巫婆的算计而死去。爱和美是浪漫主义诗人极为喜欢的主题之一，而和其他浪漫芭蕾一样，《仙女》这部芭蕾舞剧中的女主人公是象征爱和美的完美典范。她也符合很多浪漫主义小说中出现的纯洁、善良的模式化女性形象。一个法国评论家欢欣鼓舞地评价塔廖尼灵动、纯真的魅力为"她像一个精灵，穿着薄如蝉翼的棉布裙翩翩起舞——如同一个快乐的天使"，这个完美女性的形象很好地证明了传统的美丽与天真无邪的特性在女性个体身上的完美融合。显然，19世纪的芭蕾舞女演员是浪漫主义时期永恒女性的象征，符合天使般的女人这一模式化形象。

浪漫主义歌剧

威尔第和意大利大歌剧

为迎合日益增长的中产阶级观众的喜好而创作的浪漫主义歌剧，在1820年之后出现。作为巴洛克式戏剧风格发展的巅峰，浪漫主义歌剧的规模很宏大，给观众带来的精神震撼也很强烈。这种盛大的演出形式集结了剧场创作的各个方面：音乐、舞蹈、舞台布景、道具布置和服装。19世纪前期，巴黎是欧洲的歌剧之都；后来，意大利逐渐取代了巴黎的地位——意大利作曲家创作了成百上千部悦耳、优美、极具戏剧张力的浪漫主义歌剧，成功吸引了公众的目光，成了歌剧界的新领军。

19世纪前期，在意大利兴盛的歌唱艺术确立了美声唱法的传统。美声唱法的字面意思是"美妙的歌唱"或"美妙的歌曲"，这种风格的歌剧强调旋律线，以及歌唱者处理琶音、颤音等华丽装饰音（也称花音）的能力。19世纪早期极为著名的两部美声歌剧是加埃塔诺·唐尼采蒂根据沃尔特·司各特爵士的小说创作的《拉美莫尔的露契亚》（1835年）以及焦阿基诺·罗西尼的《塞维利亚的理发师》（1816年）。在这些作品中，咏叹调（一般是用高声部来唱）大多篇幅较大、旋律多变，需要歌者灵活、熟练地运用声乐技巧。

意大利作曲家朱塞佩·威尔第（1813—1901）的音乐标志着歌剧向歌声更具热情、更富有感染力的歌剧式戏剧的转变。在他的26部歌剧里，始于蒙特威尔第（详见第二十章）的意大利歌剧传统发展到巅峰。威尔第曾如此解释他在呈现音乐强烈的戏剧效果方面的天赋："如果不听从心灵的声音进行创作，我绝不可能获得成功。"《弄臣》（1851年）、《茶花女》（1853年）和《阿依达》（1871年）是威尔第非常喜欢的歌剧，里面的女主人公也是遵从内心生活的人，最后都为爱而亡。

威尔第最著名的歌剧可能要数《阿依达》了，这部歌剧是威尔第受埃及总督委托，为纪念苏伊士运河通航而创作的。《阿依达》发出了对抗外国统治，以求统一的民族主义呼唤——一位评论家称其为"煽动者的音乐"。的确，威尔第通过咏叹调里的"啊，我的祖国！"，表达了对新近统一的意大利的深切热爱之情。《阿依达》讲述了一位埃及王子和一位被俘虏成为奴隶的埃塞俄比亚公主之间的动人爱情故事。威尔第创作的激动人心的咏叹调、充满活力的合唱、绚丽的管弦乐段也适合独自欣赏，但是这部歌剧所蕴含的强烈戏剧性效果只有在亲眼看见剧场表演时才能体会到，尤其是那些会用到马匹、战车、大象等传统舞台道具的场景。

理查德·瓦格纳和乐剧的诞生

在19世纪的德国，理查德·瓦格纳（1813—1883）是一位歌剧大师，也是令人敬畏的作曲家之一。作为一位很有才华的演员的继子，他童年的大部分时间都在作诗、创作戏剧，以及为创作的内容谱曲。音乐和文学的结合为瓦格纳所说的"乐剧"的诞生提供了助力——"乐剧"是一种取代歌剧对咏叹调、二重唱、合唱和伴奏乐段的传统划分，并将声音和故事交织融合的一种连续不断的戏剧结构。瓦格纳对歌剧的设想颠覆了存在已久的西方剧场传统。他曾解释道，他的目的是"通过让听众倾听歌剧情节的完整发展，（在歌剧史上）第一次迫使听众对（体现在音乐中的）歌剧充满诗意的观念产生兴趣"。早期的作曲家一般通过声乐旋律来讲述故事，而瓦格纳使管弦乐队在戏剧中成了和声乐同样重要的组成部分。瓦格纳的管弦乐队规模宏大，通常以不间断的美妙音乐让听众沉浸其中。人物角色和事件借由主乐调呈现出来——主乐调是一个短乐句，和固定乐思一样，用来表达故事里的一个特定人物、事件或观念。

瓦格纳具有强烈的民族主义意识，他几乎完全以中世纪德国的英雄主题为基础来创作乐剧。他自己写的剧本完美还原了德国民间故事和传说中的精彩事件和人物。他的剧本中反复出现的主题有两个，与歌德常用的一样，即永恒女性的救赎之爱和浮士德式的对权力的渴望。魔法道具——戒指、宝剑或圣杯——和歌剧里的人物一样，都会有属于自己的独特乐句或主乐调。

在他主要的9部歌剧中，最宏大的要数由4部乐剧组成，连演15小时的音乐连本剧《尼伯龙根的指环》了。《尼伯龙根的指环》根据北欧和日耳曼的神话而创作，讲述人们追寻一枚受到诅咒，且具有极大魔力的黄金指环的故事，得到这枚指环的人会拥有指环的魔力，可以统治整个宇宙。在瓦尔哈拉神殿，众神和一众巨人、巨龙、侏儒的争斗中，英雄齐格弗里德出现了，他的英勇行为为他所爱之人伯伦希尔德赢得了指环。故事的最后，齐格弗里德失去了爱情，失去了生命，瓦尔哈拉神殿也在火海中崩塌，众神陨灭，催生了一个新的秩序。众所周知，歌德用一生的时间创作了《浮士德》，以致敬自己的祖国；瓦格纳同样不辞辛劳，从1851年到1874年，用超过20年的时间创作了《尼伯龙根的指环》这部不朽的著作。

《尼伯龙根的指环》赋予了德国文学传统的英雄神话以想象的广度，而它的音乐在范围和戏剧性上也与其诗歌相匹配。瓦格纳的管弦乐队为这个演出演奏了115首乐曲，用到了64件弦乐器。不少于20个独立主乐调编织出一个极富戏剧性和音乐性的错综复杂的作品。瓦格纳强调道："只有当戏剧音乐的每一小节都用来说明故事的具体情节或演员的个性时，它的存在才是合理的。"在其和声风格中，瓦格纳的一些乐段预示着20世纪的音乐将会出现更重大、更彻底的尝试，比如不协和音、古典音乐调性解体等（详见第三十二章）。模拟咆哮的洪水和燃烧的烈焰的管弦乐间奏充分体现了以音乐形式展现的浪漫主义。瓦格纳坚持认为，艺术家的使命就是传达"必要、自发的情绪感受"。在乐剧中，他不仅完成了这一使命，还成功引领着浪漫主义音乐迈向现代化。

回 顾

美术中的英雄主题

浪漫主义艺术家通常重视内心感受多过理智，重视情感多过思想。他们喜欢能够让想象力自由驰骋的主题，喜欢探索精神的奥秘，对自我有着狂热崇拜。

浪漫主义艺术家渐渐不再依赖官方资助，他们认为自己是时代的英雄。他们喜欢英雄故事和英雄人物，尤其是那些为政治独立而抗争的英雄故事。

让·格罗、泰奥多尔·籍里柯和欧仁·德拉克洛瓦拓展了传统主题的边界，将富有争议的时事、极富异国情调的人和物、中世纪传说纳入了绘画主题。他们的画作为席卷19世纪欧洲的民族主义精神提供了实质性内容。

浪漫主义时期对英雄主题的青睐与在创作和技法上获得的新自由相呼应。绘画的构图匀称、明晰和素净等新古典主义规则，逐渐被富有活跃想象力的构思、大胆的色彩运用、有力的笔法和画风代替。

19世纪中期的建筑潮流

在西方建筑的哥特式复兴中，建筑师对民族认同的探求也是显而易见的。致敬欧洲历史的新中世纪文化思潮挑战了新古典主义。

对亚洲和伊斯兰教文化的日益熟悉为艺术家提供了灵感，他们设计出了具有异国情调的建筑，比如布赖顿的英皇阁。

音乐中的浪漫主义风格

浪漫主义音乐的灵感来自英雄和民族主义主题，也来自自然神韵和人类爱情的反复无常。为了表达强烈的个人情感，作曲家经常会抛弃古典模式，拓宽音乐的曲式。

交响乐团在规模和表现力上的扩大，在贝多芬、柏辽兹、瓦格纳等作曲家的作品中都有明显的体现。19世纪的音乐巨人贝多芬创作了9部交响曲和不计其数的其他音乐作品。柏辽兹的固定乐思和瓦格纳的主乐调将声音与故事结合在一起，说明浪漫主义作曲家致力于探索诗歌和音乐完美结合的形式。

抒情的旋律和音色之于浪漫主义音乐，就像线条和颜色的自由运用之于浪漫主义画家那样重要。

舒伯特将诗歌和音乐结合起来，用"德国抒情歌曲"的形式表现出来。肖邦则用技艺精湛的钢琴曲表达多种感受和情绪。

浪漫主义芭蕾

浪漫芭蕾以取材于幻想和传说的主题为特征，在法国萌芽并发展，在俄国达到鼎盛。

在巴黎歌剧院演出的芭蕾舞剧是欧洲舞蹈黄金时代的巅峰之作。在1830年的巴黎，玛丽亚·塔廖尼完美演绎了用脚尖跳舞的艺术。

柴可夫斯基通过他著名的芭蕾舞剧《天鹅湖》《胡桃夹子》《睡美人》强调了幻想和故事的重要性。

浪漫主义歌剧

为迎合日益增长的中产阶级观众的喜好而创作的浪漫主义歌剧，在1820年之后出现。作为巴洛克式戏剧风格发展的巅峰，浪漫主义歌剧的规模很宏大，给观众带来的精神震撼也很强烈。这种盛大的演出形式集结了剧场创作的各个方面：音乐、舞蹈、舞台布景、道具布置和服装。

意大利的威尔第和德国的瓦格纳都围绕民族主义主题创作歌剧，他们的作品推动了大歌剧的发展，使之到达巅峰。

术语表

美声唱法：一种歌剧风格，字面意思是"美妙的歌唱"或"美妙的歌曲"，以抒情性和华丽的装饰音为特色。

强弱法：音乐演奏的响度或柔度的层次变化。

固定乐思：柏辽兹在描述其交响乐作品中反复出现的主题时使用的术语。

主乐调：指表达特定的人、物、地点或观点的一个短小的音乐主题，在一个音乐作品里重复出现。

德国抒情歌曲：只有一架钢琴伴奏的独唱歌曲，也被称为"艺术歌曲"。

乐剧：将声音和故事交织融合、共同持续发展的独特戏剧结构；用来表示瓦格纳后期的作品。

夜曲：缓慢如歌的旋律，一般适合钢琴演奏；演奏者常右手弹奏旋律，左手佐以稳定、轻柔的伴奏。

标题音乐：作曲家用来传达明确的文学或形象化内容的纯音乐。

谐谑曲：出现在贝多芬及其之后的音乐中，包含轻快或多变的旋律的乐章。

第三十章
工业、帝国和现实主义风格

约1850年—1900年

让我看一眼天使,我就能把天使画出来。

——库尔贝

图 30.1 拾穗者 让-弗朗索瓦·米勒,绘于1857年。在米勒以劳作中的乡村妇女为对象而创作的肖像画中——她们或忙于收获小麦,或纺纱,或缝补,或照料羊群,或喂养小孩——他将这些妇女刻画成无私奉献、高尚而神圣的理想化女性。他的画作还让人了解到法国经济要依赖乡村农民的劳作这一事实

长期以来，各国都从有别于其他国家的经济和军事优势中，汲取力量和身份认同，但在19世纪末期，在民族主义和追求经济霸权的刺激下，这些国家的行为更显侵略性。在工业化快速发展的推动下，西方国家不仅互相在经济和政治领域争夺霸主地位，它们还寻求控制全球市场的方法。在民族主义、工业化、帝国主义和殖民主义的联合作用下，近代西方历史乃至整个世界历史的发展方向都受到了影响。

现实主义就是在这样的环境下产生的。现实主义作为一种文化运动，反映了大众对获得更多的物质财富和福祉的需求。现实主义者不再对过去的浪漫主义抱有怀旧、感伤的情绪，他们表现出一种全新的社会意识，对当下的阶级问题和性别问题给予了极大的关注。不同于因强烈的主观情感而远离社会现实的浪漫主义者，现实主义者视自己为"时代的产物"。

现实主义作为一种艺术风格，摒弃了理想化的想象，提倡对日常生活进行客观、真实的记录和描绘。艺术家抨击处于支配地位的现有刻板印象，主张以科学为依据忠实地还原事物的本质。石版印刷和摄影技术促进了现实主义感知力的发展，科学和技术的进步增强了人口流动性，改变了城市生活。摩天大楼拔地而起，人口高密度集中的城市成为推动西方走向现代新观念和文化准则的发源地。

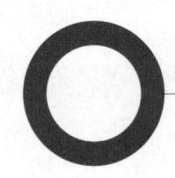

西方世界对全球的控制

日益发展的工业化

工业化为西方国家的崛起，以及实现对世界的控制提供了经济和军事基础，铁路的发展史就是极好的例证。铁路是19世纪早期重要的技术发明，它帮助国家加速实现了经济和政治的扩张。铁路运输依靠煤、铁和蒸汽动力技术的共同作用才得以实现。

1789年，英国锻造了第一批全铁铁轨，那之后直到1804年，英国才建造出第一台蒸汽铁路机车。几十年之后，这些"铁马"才成为主要的运输工具。在全国范围内建造铁路的势头蔓延开来，欧洲以及广阔的北美大陆的国家都开始修建铁路。到1850年，23 000英里长的铁轨在欧洲大陆纵横交错，将原材料产地（例如提供煤矿的德国北部鲁尔河谷）和工厂、市场连接了起来。19世纪后半叶，德国和意大利各自完成了统一，俄国实现现代化，美国在充足的铁矿石和煤资源支持下发展成了经济强国。横跨广阔的北美大陆的铁路系统加速了经济和政治的扩张步伐。西方国家在全球建立殖民地的同时，也为这些殖民地国家带去了铁路技术及其他工业化的革新技术。

19世纪末以前，西方的技术发明包括动力内燃机、电报机、电话机、照相机，以及电力（可能是对人类日常生活影响最大的发明）等。19世纪80年代发明并投入生产领域的加工钢铁、铝、蒸汽轮机、充气轮胎，进一步改变了工业化社会中人们的生活方式。这些技术发明以及像全自动机枪之类的致命战争工具的开发，为欧洲国家提供了有别于世界其他国家和地区的明显优势，为西方帝国主义国家在工业化发展较为落后的地区进行扩张提供了助力。在扩张帝国领土方面，英国、法国、比利时、德国、意大利和美国这些工业化国家起到了带头作用。

殖民主义和新帝国主义

欧洲在亚洲、非洲及全球其他国家和地区的扩张行为最早要追溯到文艺复兴时期。大约在1500—1800年，欧洲人在非洲一些国家、中国和印度建立了贸易基地。随着工业革命的发展，直到1800年后，欧洲帝国主义国家才把一些外国的领土彻底变为它们的殖民地。为了获取原材料，并为它们的工业品争夺更大的市场，工业化国家依托先进的军事技术，迅速将亚洲、非洲和拉丁美洲的大部分地区变为殖民地或纳入控制范围。西方国家的殖民地规模巨大，到19世纪末期，它们控制了世界上大部分国家和地区的经济、政治和文化。

欧洲帝国主义国家为它们对弱国实施的经济剥削行为辩护时，引用社会达尔文主义的理论，声称自然界的法则也适用于政治领域，强大的国家即"适者"，它们能在"生存竞争"中获胜。它们争辩道，既然白种人已经证明了他们是"适者"，那他们就要"肩负"起照顾、保护、统治"不适者"（地球上的非白人种族）的"责任"。欧洲工业化国家中的领先者英国率先推动了殖民化进程。

西方国家自作主张地对技术发展落后的国家进行统治的所谓"责任"在英国当时著名的作家——鲁德亚德·吉卜林（1865—1936）的一首诗中得到了完美的呈现。从他的诗《白人的负担》节选的这三节诗歌中可以概括出两个主要的帝国主义观念：种族优越感和慈父般的英雄救赎精神。

科技发展一览表

1844年	美国人塞缪尔·莫尔斯传输了第一则电报信息。
1866年	第一条横渡大西洋的海底电缆成功铺设。
1869年	第一条横贯美国大陆的铁路竣工。
1876年	亚历山大·格雷厄姆·贝尔在美国发明了第一台可用电话。

阅读材料30.1
选自鲁德亚德·吉卜林《白人的负担》
（1899年）

肩负起白人的负担，
把你们最好的基因送出去，
将你们的孩子放逐到别国，
让他们为你们的俘虏服务；
让他们背起沉重的甲胄，
去服侍那些刚被抓到的
性情急躁野蛮、满腔愤懑，
如魔鬼般狡猾、孩童般多变的人。

肩负起白人的负担，
你们不敢屈尊降贵，
不敢大声呼吁自由，
来掩盖你们的疲惫；
那些沉默、愠怒的民族，
会因你们的呼喊或私语，
会因你们留下未做的事，
权衡你们和你们敬重的神。

肩负起白人的负担，
毫不费力地得到桂冠，
轻松获得慷慨赞许的
孩童般的时光已经过去。
来吧！在费力不讨好的岁月中，
在冷漠、惨痛的教训里，

找回你们的男子气概！
同侪终将为你们正名！

问："如魔鬼般狡猾、孩童般多变"描写的是哪类人？
问：节选的诗歌中，作者是怎样描述"白人"的？

吉卜林这首献给美国的《白人的负担》是为了纪念美国1899年在菲律宾建立殖民地，但殖民主义模式其实早已被英国确立。英国在海外扩张的活动中一直处于领先地位，第一个被英国征服的主要大陆国家是印度。一开始，英国在印度进行商业帝国主义扩张，后来逐渐转为对印度各个方面的控制，直到1858年，英国政府正式接管印度，开始直接对其进行殖民统治。不到一个世纪的时间里，英国在全球范围内建立了多个殖民地，并宣称大英帝国是"日不落帝国"。

新帝国主义极引人注目的一个案例是在非洲。1880年，欧洲国家只控制了非洲大陆约10%的国家，但到了1900年，除了埃塞俄比亚和利比里亚，非洲其余国家和地区都被欧洲列强瓜分完毕。欧洲殖民者引入了新的政治和经济统治模式对当地人进行剥削，几乎不会考虑当地人的感受。对非洲的分割始于1830年法国对阿尔及利亚（北非国家）的侵占。之后的几十年里，比利时占领了刚果，荷兰和英国争夺南非的统治权——这两个国家都野蛮地从祖鲁和其他非洲部落手中抢夺土地。

在同西非地区的阿散蒂王国进行了长达一个世纪之久的残酷战争之后，英国控制了黄金海岸（西非几内亚湾海岸）。1898年，英国占领苏丹，约11 000名苏丹人死在英国军队的机枪下（英方仅损失几十人）。追逐利益的欧洲公司租用非洲大片土地，用来开采橡胶、金刚石和黄金等当地资源；越来越多的非洲人被迫为白人的种植园和矿山工作。种族歧视的种子就是在这个动荡的时代埋下的，这个时代还预见性地为近代解放运动提供了契机——比如呼吁泛伊斯兰主义反对殖民主义的运动（详见第三十六章）。

到19世纪中期，美国（美国直到1776年才摆脱英国的殖民统治）也开始参与到全球经济、统治权的争夺战中。1853年，美国逼迫日本向西方贸易敞开大门，日本被迫结束了闭关锁国的状态，这加速了德川幕府（详见第二十一章）的垮台，标志着日本在明治新政府的带领下开始迈向现代化。美国在西半球确立了自己的海外霸主地位。

美国人常用"昭昭天命"[1]这个词来形容他们向美国西部、墨西哥及其他地区无限扩张的政策，并以此证明其合理性。其扩张结果是美国占领了墨西哥一半以上的地区，控制了菲律宾和古巴，并在拉丁美洲一些政局不稳定的国家确立了经济上的统治地位。尽管西方列强辩称，它们为世界上落后的民族带去了文明和教化，企图将它们的军事扩张主义合理化，但实际上，它们的外交政策破坏了当地的文化传统，羞辱并弱化了当地的文明，并确立了一直持续到20世纪的经济依附条件（详见第三十六章）。

中国和西方

到19世纪，中国作为一个独立文明而存在的漫长时代结束了，欧洲列强、俄国和日本获得了在中国开展贸易的许可。随后中国政府出台了包括限制外国贸易在内的贸易政策，再加上中国对利益获取行为本就抱有消极看法，这使得任何有可能帮助中国实现工业化的创举迟迟无法出现。

更令人震惊的是印度、中国和英国之间围绕鸦片和茶展开的三角贸易模式。19世纪早期，英国确立了贸易政策，禁止向中国输送黄金和白银去购买英国人喜欢的饮品——茶叶。虽然中国人使用具有麻醉效果的鸦片有几个世纪了，但是在英国这项贸易政策出台后，印度产的大批鸦片被直接运往中国；作为交换，中国要将茶叶以船运的方式运输到英国。吸食鸦片成瘾成为中国日渐严重的社会问题，因此中国政府想尽一切办法来限制鸦片的输入，并打击鸦片走私的一切活动，但英国商人拒绝配合。中英矛盾的激化导致了鸦片战争爆发（1840—1842年），最后以中国签订不平等条约告终。1839年，第一次鸦片战争爆发前，中国的钦差大臣林则徐（1785—1850）给英国女王写了一封信，请求英国在终止鸦片走私和贸易方面施以援手。没人知道维多利亚女王是否亲自阅读了林则徐的信件，但保留下来的内容却可以视为对一个伟大的亚洲文明在帝国主义时期试图通过外交手段求得和平的无谓努力的赞颂和致敬。

阅读材料30.2
选自林则徐《拟颁发檄谕英国国王稿》
（1839年）

贵国王累世相传，皆称恭顺，观历次进贡表文云："凡本国人到中国贸易，均蒙大皇帝

---

[1]. 这种观点的拥护者认为，美国被赋予了向西部扩张，对其进行开发的天命。

一体公平恩待"等语，窃喜贵国王深明大义，感激天恩，是以天朝柔远绥怀，倍加优礼。贸易之利垂二百年，该国所由以富庶称者，赖有此也。

唯是通商已久，众夷良莠不齐，遂有夹带鸦片、诱惑华民，以致毒流各省者。似此但知利己，不顾害人，乃天理所不容，人情所共愤。大皇帝闻而震怒，特遣本大臣来至广东，与本总督部堂、本巡抚部院会同查办……

查该国距内地六七万里，而夷船争来贸易者，为获利之厚故耳。以中国之利利外夷，是夷人所获之厚利，皆从华民分去，岂有反以毒物害华人之理。即夷人未必有心为害，而贪利之极，不顾害人，试问天良安在？闻该国禁食鸦片甚严，是固明知鸦片之为害也。既不使为害于该国，则他国尚不可移害，况中国乎！中国所行于外国者，无一非利人之物：利于食，利于用，并利于转卖，皆利也。中国曾有一物为害外国否？况如茶叶、大黄，外国所不可一日无也。中国若靳其利而不恤其害，则夷人何以为生？又外国之呢羽哔叽，非得中国丝斤不能成织，若中国亦靳其利，夷人何利可图？其余食物自糖料姜桂而外，用物自绸缎磁器而外，外国所必需者，曷可胜数。而外来之物，皆不过以供玩好，可有可无，既非中国要需，何难闭关绝市！乃天朝于茶丝诸货，悉任其贩运流通，绝不靳惜，无他，利与天下公之也。该国带去内地货物，不特自资食用，且得以分售各国，获利三倍，即不卖鸦片，而其三倍之利自在，何忍更以害人之物，恣无厌之求乎！设使别国有人贩鸦片至英国诱人买食，当亦贵国王所深恶而痛绝之也。

向闻贵国王存心仁厚，自不肯以己所不欲者施之于人，并闻来粤之船，皆经颁给条约，有不许携带禁物之语，是贵国王之政令本属严明，只因商船众多，前此或未加察。今行文照会，明知天朝禁令之严，定必使之不敢再犯……今定华民之例，卖鸦片者死，食者亦死。试思夷人若无鸦片带来，则华民何由转卖？何由吸食？是奸夷实陷华民于死，岂能独予以生？彼害人一命者尚须以命抵之，况鸦片之害人岂止一命已乎？故新例于带鸦片来内地之夷人，定以斩绞之罪，所谓为天下去害者也……

问：这封信里描述了什么样的"贸易差额"？
问：林则徐的信对良知的呼唤到了什么程度？

欧洲列强认为，西方先进的科学、技术和宗教带去的好处远远超过了帝国主义产生的负面影响。但是中国在面对列强带来的这份所谓进步的"礼物"时却是谨小慎微的，越发奉行闭关锁国的政策。整个19世纪，中国的技术都没有太大的新发展（印度也是如此），总体上来看，中国的生产力和创造力都有明显下滑。然而，西方殖民主义对亚洲及其他国家和地区产生的影响一直到20世纪才会全面清晰地体现出来。

社会现实和经济现实

从全球范围上看，日益发展的工业化导致全球的国家出现了两极分化，将世界分为了技术先进的国家（即"富国，有产者"）和技术落后的国家（即"穷国，无产者"）。工业化对工业化国家自身的影响也同样巨大：工业化改变了人类劳作的本质和特性，改变了人与人之间的关系，还对自然环境产生了影响。

图 30.2 轧铁工厂 阿道夫·弗里德里希·埃德曼·冯·门采尔，绘于1875年

1800年以前，为工业生产和商业利润积累资本的旧做法在欧洲社会中发挥的作用有限，但此后随着机器工业技术的发展，欧洲国家的工业生产能力得以增强，工业生产开始被一小部分中产阶级企业家（组织、管理企业并承担企业经营风险的人）和更少量的资本家（为企业提供资金的人）控制。

工业化创造了财富，但这部分财富却集中在一小部分人的手中。绝大部分人靠着微薄的工资，过着艰难的生活——他们只能出卖自己的劳动力。包括女人和孩子在内的工厂劳工在危险、肮脏的条件下长时间劳作，每天的工作时长甚至可能超过16个小时（图30.2）。19世纪30年代，伦敦的葬礼几乎有一半是为10岁以下的孩子举办的。大批量生产更快速地为更多人带来了更多、更便宜的商品，最终提升了工业化国家的人民生活水平。但是，欧洲的工业化和不均衡的财富分配使资本企业家（社会的"有产者"）和工人阶级（"无产者"）之间的贫富差距越来越大。1846年，英国政治家本杰明·迪斯累里（1804—1881）将维多利亚女王统治下的英国国民划分为两类：穷人和富人。

从1848年开始，下层阶级曾因抗议这些不公正待遇发起过零星的起义。经济动荡的现象不仅在城市普遍存在，农村地区也是如此。法国有三分之二的人口是在农村，他们大多都很贫穷，经常迫于无奈从事非常辛苦的体力劳动。欧洲一些地区的富人作为土地所有者，视他们的农业工人为奴隶。在美国南北战争（1861—1865年）之前，在南方种植园工作的大部分人实际上是非裔奴隶。1855—1861年，欧洲爆发了近500起农民起义。

然而，改革进程很缓慢。在英国以外的国家，例如德国，直到1880年或更晚时期，为工人阶级谋福利的工会和社会立法才开始出现；而在俄国，经济改革需要的是一场全面的革命（详见第三十四章）。

问题探讨

伊斯兰教和西方世界

殖民化进程对伊斯兰世界产生了巨大的影响。中东地区、印度、阿拉伯半岛、马来半岛和非洲大部分地区的穆斯林，将欧洲列强的殖民活动看作对他们文化和宗教信仰的猛烈攻击。在把现代化之前的农业社会视为落后、退步的象征的欧洲人眼中，"东方人"（对欧洲以东的所有人的统称）天生就是下等人。日本和中国因为从未被殖民化，所以能保留很多原来的经济和政治传统，但伊斯兰国家因依赖西方国家，国力日渐被削弱，还常被西方国家羞辱。

欧洲国家对伊斯兰国家的殖民化始于18世纪末期。1798年，拿破仑入侵埃及，他带去了一批欧洲文学作品和阿拉伯字体的印刷机。尽管拿破仑入侵埃及的战役失败了，但埃及为现代化发展做出了很大的努力，然而这些探索最终以失败告终，埃及破产，最后被英国占领。

西方国家在伊斯兰土地上存在过的第二个例证是在波斯（1935年重新命名为伊朗）。战略位置在中东的波斯被卷入了英俄的战争中，英国和俄国在中东地区的战略竞争和瓜分利益的行为威胁到了卡扎尔王朝（1796—1925年）的自治权。19世纪末期，波斯改革家阿加·汗·基尔马尼（1853—1896）力劝穆斯林们采纳西方的现代化做法，用现代非宗教法典代替伊斯兰教教法，并创立议会代表制度。波斯的第一个现代化大学体系在1848年建立。然而，伊斯兰世界的其他国家反对西方和西方化的生活方式的入侵，认为那是对穆斯林传统和宗教理想的威胁（详见第三十六章）。其中最明显的差异还是在于历史悠久的伊斯兰神权体制和西方代议制民主政体之间存在政治鸿沟。时至今日，这些问题也依然存在。

19世纪社会理论

19世纪，欧洲知识分子就如何处理工业资本主义引发的社会后果展开了激烈的辩论。意识形态影响着与政治经济活动相关的特定政策，而社会变革活动对这种意识形态的发展极为重要。一方面，传统的保守派强调保持秩序稳定以及维持传统权力结构和宗教权威的重要性；另一方面，深受启蒙运动有关人类进步和可完善性理论（详见第二十四章）影响的自由主义者支持通过进步的法律体系、宪法保障和普遍公平的物质利益分配体系来逐步实现改革。英国自由主义者杰里米·边沁（1748—1832）提出功利主义学说，主张政府应该尽最大可能确保"大多数人获得最大的幸福感"。边沁的学生约翰·斯图尔特·穆勒（1806—1873）对社会自由主义的观点进行了详细的说明。

穆勒强调思想自由高于平等和个人幸福，认为个人有决定自己生活的自由，但考虑到自由竞争可能会带来的弊端，他又主张国家必须采取行动，在私人企业无法对经济进行调节时加以规范，以保护弱势群体。穆勒担心普遍意志（即蒙昧无知且无财产的民众的意志）有可能会是专横的、不公正的。在他表达自由信条的经典著作《论自由》（1859年）中，他提出："任何个人行为一旦损害到其他人的利益，社会就有权对其加以管束和制约。"同19世纪的大多数自由主义者一样，穆勒认为，政府有义务进行干预和调停，以保护社会大多数人的利益。

这些理论遭到了欧洲社会主义者的强烈反对，他们认为保守主义和自由主义都无法彻底解决当时的社会和经济不平等问题。社会主义者抨击资本主义的不公平现象，他们呼吁基于公众利益，对生产资料和分配方式进行共同占有和管理。根据社会主义者的观点，社会应该完全为了人民的需要和利益，以合作共有而不是竞争的方式进行运作。空想社会主义支持者皮埃尔·约瑟夫·蒲鲁东（1809—1865）设想了一个没有国家控制的社会，而更为激进的无政府主义者则赞成彻底解散国家，不再受任何法律的制约。

马克思和恩格斯的激进观点

德国理论家卡尔·马克思（1818—1883）同意社会主义者的观点，认为资产阶级的资本主义造成了人性的堕落，但他对社会改革所持的理论却更为激进——这种理论宣扬暴力革命，主张摧毁旧秩

问题探讨
权力的限制

在《论自由》中，穆勒对自由的本质进行了探讨，他认为个人权利要高于国家的。但他还提出，政府有权对任何可能伤害社会其他成员利益的自由行为加以管束和制约。他在设法解决像"国家对个人可以正当行使权力的界限"等主要问题时，曾问道："那么，个人自我统治权的合理界限是什么？社会权力从哪里来？人类生活归属于个人和社会的部分各是多少？"

与穆勒同时期的美国人亚伯拉罕·林肯（1809—1865）从更广泛的意义上对以上问题进行了详述："政府的合理目标就是为这个国家的民众做他们需要完成，但依靠他们自己的力量又绝对办不到或办不好的任何事情。"满足民众的需求——这和保护民众的性质很像——也是政府的职责吗？如果满足这些需求（如保护个人安全的义务）的政治进程是以限制他人的绝对自由为代价呢？

在一定程度上，根据19世纪社会思想产生的大多数主要政治分歧都是以这些问题开始的。这样的争论直到今天还存在，主要围绕自由主义和保守主义对立的政治意识形态展开。当代的自由主义者倾向于更多地借助政府权力来满足社会民众的需求，而保守主义者则主张政府要尽量少地运用这种权力。

序，建立新的社会秩序。马克思从事他后来的事业前，在柏林大学学习法律和哲学。后来，马克思搬到巴黎，认识了社会科学家兼记者弗里德里希·恩格斯（1820—1895），并与其成了一生的挚友。马克思和恩格斯对欧洲工业资本主义的影响抱有近乎一致的批判态度，他们在1848年完成并发表了《共产党宣言》，这本著作是他们为名为"共产主义者同盟"的工人协会起草的纲领。《共产党宣言》是马克思社会主义的指导手册，主张"用暴力推翻所有现存的社会制度"，解放无产阶级或工人阶级。马克思在其花费了30多年创作的政治经济学著作《资本论》一书中，对自由企业制度提出了更详细的反对意见。

《共产党宣言》就资本主义对个人和整个社会造成的影响进行了彻底谴责。它的开篇就是一句引人注目的断言："至今一切社会的历史都是阶级斗争的历史。"接着，它就资本主义将财富集中到小部分人手中，为一部分人提供奢侈享受的同时，创造了一个被压迫、为贫穷所苦的无产阶级这样的事实展开了论述。《共产党宣言》称，这种情况产生的心理学影响极具毁灭性：资产阶级的资本主义不仅让工人与自己的生产力分离，还剥夺了他们基本的人权。最后，《共产党宣言》呼吁工人通过革命来掌握资本主义生产的工具，消灭资产阶级私有制。

马克思和恩格斯的社会理论具有巨大的实践和理论影响。它们不仅为下层阶级的反抗行为提供了正当的理由，还让人们意识到了经济学在社会生活中的地位。马克思从唯物主义角度出发理解人类历史，认为个人的生存条件决定了其社会、政治、文化等生活的所有方面。作为黑格尔（详见第二十七章）的学生，马克思认为历史是"有产者"（正题）和"无产者"（反题）之间的斗争，这种斗争会在无阶级社会（合题）中得到解决。马克思提出的关于国家可完善性的乌托邦观点也来源于黑格尔。马克思认为，辩证变化的结果是一个没有阶级对立的社会，国家最终会面临解散。

尽管马克思和恩格斯没能预见资本主义扩大财富（而不是限制财富）的可能性，但他们的宣言清晰地展现出了普遍存在的阶级差异以及欧洲当时的实际经济情况。尽管他们没有解释他们所描绘的无阶级社会是如何运行的，但他们对革命的启示性号召将在未来几十年内重新被人重视。然而，共产主义革命是在工业化程度低的一些国家爆发的，比如俄国和中国，而不是像马克思和恩格斯期望的那样在工业化程度高的国家发生。在其他地区，共产主义者大多借助工会、政治组织这样的非革命性途径开展活动，以争取更好的工作条件、更高的工资、更多的社会公平。尽管《共产党宣言》没有准确地预言近现代世界的经济命运，但它仍然是表达19世纪社会意识的经典之作。

阅读材料30.3
选自马克思和恩格斯《共产党宣言》（1848年）

一、资产者和无产者

至今一切社会的历史都是阶级斗争的历史。

自由民和奴隶、贵族和平民、领主和农奴、行会师傅和帮工，一句话，压迫者和被压迫者，始终处于相互对立的地位，进行不断的、有时隐蔽有时公开的斗争，而每一次斗争的结局都是整个社会受到革命改造或者斗争的各阶级同归于尽。

在过去的各个历史时代，我们几乎到处都可以看到社会完全划分为各个不同的等级，看到社会地位分成多种多样的层次。在古罗马，有贵族、骑士、平民、奴隶，在中世纪，有封建主、臣仆、行会师傅、帮工、农奴，而且几乎在每一个阶级内部又有一些特殊的阶层。

从封建社会的灭亡中产生出来的现代资产阶级社会并没有消灭阶级对立。它只是用新的阶级、新的压迫条件、新的斗争形式代替了旧的。

但是，我们的时代，资产阶级时代，却有一个特点：它使阶级对立简单化了。整个社会日益分裂为两大敌对的阵营，分裂为两大相互直接对立的阶级：资产阶级和无产阶级。

从中世纪的农奴中产生了初期城市的城关市民；从这个市民等级中发展出最初的资产阶级分子。

美洲的发现、绕过非洲的航行，给新兴的资产阶级开辟了新天地。东印度和中国的市场、美洲的殖民化、对殖民地的贸易、交换手段和一般商品的增加，使商业、航海业和工业空前高涨，因而使正在崩溃的封建社会内部的革命因素迅速发展。

以前那种封建的或行会的工业经营方式已经不能满足随着新市场的出现而增加的需求了。工场手工业代替了这种经营方式。行会师傅被工业的中间等级排挤掉了；各种行业组织之间的分工随着各个作坊内部的分工的出现而消失了。

但是，市场总是在扩大，需求总是在增加。甚至工场手工业也不再能满足需要了。于是，蒸汽和机器引起了工业生产的革命。现代大工业代替了工场手工业；工业中的百万富翁，一支一支产业大军的首领，现代资产者，代替了工业的中间等级。

大工业建立了由美洲的发现所准备好的世界市场。世界市场使商业、航海业和陆路交通得到了巨大的发展。这种发展又反过来促进了工业的扩展。同时，随着工业、商业、航海业和铁路的扩展，资产阶级也在同一程度上得到发展，增加自己的资本，把中世纪遗留下来的一切阶级排挤到后面去。

由此可见，现代资产阶级本身是一个长期发展过程的产物，是生产方式和交换方式的一系列变革的产物。

资产阶级的这种发展的每一个阶段，都伴随着相应的政治上的进展。它在封建主统治下是被压迫的等级，在公社里是武装的和自治的团体，在一些地方组成独立的城市共和国，在另一些地方组成君主国中的纳税的第三等级；后来，在工场手工业时期，它是等级君主国或专制君主国中同贵族抗衡的势力，而且是大君主国的主要基础；最后，从大工业和世界市场建立的时候起，它在现代的代议制国家里夺得了独占的政治统治。现代的国家政权不过是管理整个资产阶级的共同事务的委员会罢了。

资产阶级在历史上曾经起过非常革命的作用。

资产阶级在它已经取得了统治的地方把一切封建的、宗法的和田园般的关系都破坏了。它无情地斩断了把人们束缚于天然尊长的形形色色的封建羁绊，它使人和人之间除了赤裸裸的利害关系，除了冷酷无情的"现金交易"，就再也没有任何别的联系了。它把宗教虔诚、骑士热忱、小市民伤感这些情感的神圣发作，淹没在利己主义打算的冰水之中。它把人的尊严变成了交换价值，用一种没有良心的贸易自由代替了无数特许的和自力挣得的自由。总而言之，它用公开的、无耻的、直接的、露骨的剥削代替了由宗教幻想和政治幻想掩盖着的剥削。

资产阶级抹去了一切向来受人尊崇和令人敬畏的职业的神圣光环。它把医生、律师、教士、诗人和学者变成了它出钱招雇的雇佣劳动者。

资产阶级撕下了罩在家庭关系上的温情脉脉的面纱，把这种关系变成了纯粹的金钱关系。

…………

资产阶级，由于一切生产工具的迅速改进，由于交通的极其便利，把一切民族甚至最野蛮的民族都卷到文明中来了。它的商品的低廉价格，是它用来摧毁一切万里长城、征服野蛮人最顽强的仇外心理的重炮。它迫使一切民族——如果它们不想灭亡的话——采用资产阶级的生产方式；它迫使它们在自己那里推行所谓文明，即变成资产者。一句话，它按照自己的面貌为自己创造出一个世界。

资产阶级使农村屈服于城市的统治。它创立了巨大的城市，使城市人口比农村人口大大增加起来，因而使很大一部分居民脱离了农村生活的愚昧状态。正像它使农村从属于城市一样，它使未开化和半开化的国家从属于文明的国家，使农民的民族从属于资产阶级的民族，使东方从属于西方。

资产阶级日甚一日地消灭生产资料、财产和人口的分散状态。它使人口密集起来，使生产资料集中起来，使财产聚集在少数人的手里。由此必然产生的结果就是政治的集中。各自独立的、几乎只有同盟关系的、各有不同利益、不同法律、不同政府、不同关税的各个地区，现在已经结合为一个拥有统一的政府、统一的法律、统一的民族阶级利益和统一的关税的统一的民族。

资产阶级在它的不到一百年的阶级统治中所创造的生产力，比过去一切世代创造的全部生产力还要多，还要大。自然力的征服，机器的采用，化学在工业和农业中的应用，轮船的行驶，铁路的通行，电报的使用，整个整个大陆的开垦，河川的通航，仿佛用法术从地下呼唤出来的大量人口——过去哪一个世纪料想到在社会劳动里蕴藏有这样的生产力呢？

…………

资产阶级用来推翻封建制度的武器，现在却对准资产阶级自己了。

但是，资产阶级不仅锻造了置自身于死地的武器；它还产生了将要运用这种武器的人——现代的工人，即无产者。

随着资产阶级即资本的发展，无产阶级即现代工人阶级也在同一程度上得到发展；现代的工人只有当他们找到工作的时候才能生存，而且只有当他们的劳动增殖资本的时候才能找到工作。这些不得不把自己零星出卖的工人，像其他任何货物一样，也是一种商品，所以他们同样地受到竞争的一切变化、市场的一切波动的影响。

由于推广机器和分工，无产者的劳动已经失去了任何独立的性质，因而对工人也失去了任何吸引力。工人变成了机器的单纯的附属品，要求他做的只是极其简单、极其单调和极容易学会的操作。

…………

现代工业已经把家长式的师傅的小作坊变成了工业资本家的大工厂。挤在工厂里的工人群众就像士兵一样被组织起来。他们是产业军的普通士兵，受着各级军士和军官的层层监视。他们不仅仅是资产阶级的、资产阶级国家的奴隶，他们每日每时都受机器、受监工、首先是受各个经营工厂的资产者本人的奴役。这种专制制度越是公开地把营利宣布为自己的最终目的，它就越是可鄙、可恨和可恶。

手的操作所要求的技巧和气力越少，换句话说，现代工业越发达，男工也就越受到女工和童工的排挤。对工人阶级来说，性别和年龄的差别再没有什么社会意义了。他们都只是劳动工具，不过因为年龄和性别的不同而需要不同的费用罢了。

当厂主对工人的剥削告一段落，工人领到了用现钱支付的工资的时候，马上就有资产阶级中的另一部分人——房东、小店主、当铺老板等向他们扑来。

....

二、无产者和共产党人

共产主义革命就是同传统的所有制关系实行最彻底的决裂；毫不奇怪，它在自己的发展进程中要同传统的观念实行最彻底的决裂。

不过，我们还是把资产阶级对共产主义的种种责难撇开吧。

前面我们已经看到，工人革命的第一步就是使无产阶级上升为统治阶级，争得民主。

无产阶级将利用自己的政治统治，一步一步地夺取资产阶级的全部资本，把一切生产工具集中在国家即组织成为统治阶级的无产阶级手里，并且尽可能快地增加生产力的总量。

....

四、共产党人对各种反对党派的态度

共产党人不屑于隐瞒自己的观点和意图。他们公开宣布：他们的目的只有用暴力推翻全部现存的社会制度才能达到。让统治阶级在共产主义革命面前发抖吧。无产者在这个革命中失去的只是锁链。他们获得的将是整个世界。

全世界无产者，联合起来！

问：《共产党宣言》最有力的论据是哪些？最无力的论据是哪些呢？

穆勒和女性权利

当马克思和恩格斯批判视中产阶级女性为"纯粹的生产工具"的社会现象时，穆勒将所有阶级的女性描述为不情愿地屈从于更强大的男性群体的附属品。在他的《女性的屈从地位》一书中，穆勒谴责这种女性屈从于男性的合法从属关系，他认为这种关系从客观上来看"本身就是错误的……是人类发展过程中主要的阻碍因素之一"。穆勒对社会变革的无尽潜力所持的乐观主义态度（具有自由主义的特征）可能有些过于乐观了，因为英国的女性一直到1928年才获得投票权。

在美国，第一所女子学院——蒙特·霍利约克学院于1837年在马萨诸塞州的南哈德利落成；1848年，在纽约北部的塞尼卡福尔斯，美国女权主义者在伊丽莎白·卡迪·斯坦顿（1815—1902）和苏珊·布朗奈尔·安东尼（1820—1906）的带领下，发表了许多女权主义宣言中的第一份宣言，要求女性在所有生活领域中都能得到平等的对待。

从女权运动的支持者克里斯蒂娜·德·皮桑到孔多塞侯爵和玛丽·沃斯通克拉夫特（详见第二十四章），他们都在自己的著作中主张女性应该享有的权利，但是对女性所处困境最具说服力的描述还要数穆勒的文章。穆勒将女性的绝对服从状态与文化历史中其他受压迫、受制约的阶级进行了比较，但他最新颖的、独创的贡献，还是他对男性和女性的关系分析，以及对这种关系如何有别于奴隶主和奴隶之间的关系的解释。

阅读材料30.4
选自穆勒《女性的屈从地位》（1869年）

鉴于所有的社会原因和自然原因，女性对男性的权威进行全体反抗这种事情是不太可

能发生的。到目前为止，她们所处的地位有别于所有其他的受压迫阶级，她们的主人希望从她们身上获得的远远不止于实实在在的服务。男性不仅希望女性顺从他们，他们还想控制女性的感情。除了最粗俗、野蛮的男人，所有男性都希望女性能与他们有最亲密的情感联结，希望女性是心甘情愿而不是被迫成为他们的奴隶，希望女性不仅仅充当奴隶的角色而是成为他们的宠儿。因此，他们尝试了各种方法来约束女性的思想。其他奴隶的主人会利用恐惧来让奴隶保持恭顺，这种恐惧的对象可以是奴隶主，也可以是宗教信仰。但是，女性的主人不仅仅想要单纯的恭顺，因此，他们动用了教育的力量来实现自己的目的。所有女性从小受到的教育，都是让她们相信女性理想的性格与男性截然不同，女性不是通过自我意志和自我控制来实现管理，而要保持谦恭，要服从于他人的统治。所有的道德理论都告诉她们，她们的天性就是为别人而活，以及完全放弃自我，除了付出感情之外没有别的存在意义，这是女性的职责。这里说的感情，只限于她们对特定男性的感情，或是与孩子（女性和男性之间的一条附加的、牢不可破的纽带）的感情。让我们把这三件事串起来看：第一，不同性别之间存在着天然吸引；第二，妻子完全依附于丈夫，她所拥有的每一项特权或快乐要么是他的馈赠，要么完全取决于他的意志；最后，一般来说，人类追求、思考的主要目标，以及社会理想的所有目标只有通过他的力量，才能被女性找到或实现，如果对男性产生吸引力的这个女性不是女性教育和品格培养中的佼佼者，那可真要算一个奇迹了。在学会了这种对女性思想加以影响的主要手段后，男性发挥自私的天性，充分利用这种手段，向她们指出对男人温顺、服从，甚至放弃所有个人意志

是性吸引力的必要组成部分，让女性臣服于自己……

前面的讨论充分说明，不管这种习惯有多么普遍，在这种情况下，它不为其提供推论，也不应该产生任何支持把女性置于社会和政治服从地位，并使之屈从于男性这种安排的偏见。我还想说的是，我坚持认为历史进程和进步的人类社会发展趋势，不仅不会为这种赞同权利不平等的体系提供推论，它们还是其强有力的反对者。就迄今为止的人类发展的全过程而言，整个近代社会都趋向于支持对以下这个话题的任何推论——过去流传下来的行为与未来发展不相符，必须让其消失。

近代社会独有的特征是什么？近代的体系、社会观点与生活，主要区别于过往时代的差异是什么？那就是，人类不再生来就属于他们生活的地方，不再受到以无法更改的出生地为纽带的束缚，他们可以自由地发挥才能，充分利用机会，可以自由地实现最想实现的理想和命运。旧时代的人类社会所遵循的原理与当前的有相当大的差异。所有人生来都处在一个固定的社会位置上，这种安排受法律限制不得更改，任何能帮助他们跳出这种框架的手段也受到阻断和禁止。就像有人生来就是白种人而有人生来就是黑种人一样，有人生来就是奴隶，有人生来就是自由人和公民；有人生来是贵族，有人生来是平民；有人生来是封建权贵，有人生来是平民百姓……

旧理论认为，留给个人做选择的部分应该尽可能少；只要行得通，一个人需要做的所有事情，都应该由更高且更优的智慧为其做出决断。如果让他自己做决定，那他必定把事情搞砸。依赖着千年的经验，近代社会坚信，只要是个人感兴趣的事，除非个人能自行做出决断，否则它肯定会出错；除了为保护他人权利

而制定的法规外，所有权威制定的法规都是有害的……

问：在穆勒的观点里，女性和男性的关系是怎样有别于奴隶和奴隶主的关系的？
问：穆勒认为近代社会的"独有的特征"是什么？

古典历史主义新学说

19世纪的一些伟大学者在思考阶级问题和性别问题时，同样对与历史解读相关的问题进行了思考。一直以来，历史都被视为文学的一个分支，而与社会科学无甚关系。浪漫主义的历史，例如托马斯·卡莱尔（详见第二十八章）的著作，强调伟大人物在塑造国家命运时起到的重要作用。同时，高度的爱国精神激励着诸如英国的托马斯·巴宾顿·麦考莱（1800—1859）和法国的甫斯特尔·德·库朗日（1830—1889）等历史学家，他们记录下能体现本国人民和文化伟大之处的民族历史故事。

然而，历史学家也在爱国主义的驱使下，重新努力寻找历史的依据。学者收集并汇编了大量的原始文献资料；在重新燃起的对客观评估和记录的实证主义热情的激励下，他们将科学方法运用于历史写作中。这种做法引发了一场"以真实样貌"再现历史的运动，后来被称为"历史主义运动"。在德国历史学家利奥波德·冯·兰克（1795—1886）的带领下，历史学家依据对目击者报告的客观解读和真实的文件记录来创作历史作品。兰克从许多档案馆收集资料并对其加以批判性研究，在此基础上，他创作了六十卷有关近代欧洲历史的作品。这种记录历史的方法成了现代历史编纂学采用的主要方法。

学者在对宗教历史的批判性研究中用到的这种新方法引发了极大的争议。在19世纪，一些反对所有形式的超自然力的学者对《圣经》的字面解读，尤其是与科学证据相矛盾的内容（比如童贞女产子这件事）提出了质疑。由于有关耶稣生活的事实记录太少了，一些学者对耶稣存在的真实性持怀疑态度（即耶稣是否曾真正存在于这个世界），还有一些人——例如《耶稣传》（1863年）的作者、法国著名的学者欧内斯特·勒南——质疑耶稣的神性。勒南和他的支持者提出了对宗教历史的理性重建，试图将个人信仰和道德行为从传统宗教历史和教条中分离出来。随着全民教育在世界的普及，教堂和国家进一步分离，教育也日渐大众化了。

文学中的现实主义

查尔斯·狄更斯和马克·吐温的小说

阶级和性别的不公平现象在历史上一直存在，但在一个工业资本主义的进步影响与贫穷、不公平的现实对抗如此激烈的时代，社会批评也不可避免地产生了。很多作家指出了这些现象，用不加修饰的客观态度对其进行了描述，这种直面当下生活和经历的态度为"现实主义文学"的产生和发展提供了基础。

19世纪的小说因其对人物和现实生活的详细描述而比其他任何一种体裁都更符合现实主义者的信条，即用彻底开诚布公的态度去描述生活。现实主义小说抛弃了英雄行为和具有异国情调的人、事、物等主题，着力刻画现实生活中男性和女性令人沮丧的日常境遇。现实主义小说对中产阶级奉行物质享乐主义的社会后果、工人阶级的困境、对女性的压制等问题进行了仔细的研究和探讨。

现实主义并没有完全取代浪漫主义而成为19世纪主要的文学模式，它时常与浪漫主义相伴出现——的确，浪漫主义和情感元素也常出现在大多数现实主义故事中。英国的查尔斯·狄更斯（1812—1870）和美国以马克·吐温为笔名的萨缪尔·兰亨·克莱门斯（1835—1910）的小说就是其中的两个例子。包括他最杰出的小说《哈克贝利·费恩历险记》在内，马克·吐温的作品交织着幽默和讽刺，而查尔斯·狄更斯的作品却没有这种特征。尽管如此，两位作家都在作品中熟练地运用方言，都对形象化细节有敏锐的认识，在对19世纪特定地区（对马克·吐温来说是密西西比河沿岸的乡间农田，对狄更斯来说是英国工业城市的街道）群众生活的描述中透露出人道主义同情。

狄更斯是那个时代最著名的英国小说家，他出身于一个贫穷的家庭，几乎没有受过正规的教育。他早年的生活经历为他后来创作的部分著名小说提供了素材：生动地刻画伦敦的贫民区、孤儿院和寄宿学校的《雾都孤儿》（1838年），控诉和谴责英国乡间寄宿学校的残忍行为的《尼古拉斯·尼克贝》（1839年），谴责债务人监狱和滋生这种现象的社会的《大卫·科波菲尔》（1850年）。

狄更斯的小说常常具有戏剧性，他的人物可以用漫画手法描绘出来，他表达的主题往往暗示着作者在情感上对善良和勇气所抱有的信心——这两种品质是人们对抗当时苦难生活的最好的解药。但是，正如下文的阅读材料所描述的，狄更斯对现实细节的刻画十分尖锐，他毫不畏惧地对客观存在的丑恶现象加以描绘。在下文《老古玩店》的节选中，他通过描写令人惊骇的城市生活环境，为读者描绘了一幅难忘的画面（图30.3）——正是这种环境导致了劳动阶级的绝望，激起他们对社会变革的呼声。作者借助小说的女主人公小耐尔和其外祖父的视角描述的英国工业城市伯明翰，与19世纪画家

图 30.3　**193号主街道近景**　托马斯·安南，拍摄时间约为1877年。安南在苏格兰的格拉斯哥度过了人生的大部分时光。他为疾病肆虐的贫民区拍摄的照片极具代表性，是对19世纪末工业中心类似情况的真实记录。安南的照片为格拉斯哥贫民区的最终拆除提供了帮助

笔下的欧洲穷苦的劳动人民的处境有惊人的相似之处；这也让人想起了中世纪的艺术和文学（详见第十二章）中有关地狱的设想。

阅读材料30.5
选自查尔斯·狄更斯《老古玩店》
（1841年）

郊外长长的路上立着一溜红砖房子——有些带着花园，但煤尘和工厂排放的烟已经把里面的植物熏黑了，它们的叶子皱巴巴的，花也不再鲜艳好看，挣扎着生长的植被病恹恹的，在烧窑和熔炉释放的滚滚热浪中耷拉着脑袋，看上去好像比城市里的植物还要枯萎，没有

生机。他们走了长长的一段路,把地势平坦、布局散乱的城郊甩到背后,慢慢来到一片沉闷阴郁的地区。这里寸草不生,更没有报春的小花蕾,黑色土路旁零星地有些小水坑正懒洋洋地冒着热气,污浊的水面上点缀着绿色的漂浮物,除此以外,其他地方根本见不到一丝绿。

他们继续朝着这个死气沉沉的地方的阴暗深处走去,黑暗带来的压抑不声不响地逼近他们,让他们顿感忧郁凄凉。从这里朝四周望去,高高的烟囱耸立着,一个接一个地挤着,没完没了,一样乏味、丑陋,这正是令人感到压抑的梦境中的恐惧所在。它们吐着浓浓的黑烟,将光线都遮去了,把原本凄清的空气变得污浊。路旁的灰土堆上盖着几片粗木板,或者就是一些腐坏了的小楼房顶材料,那些奇形怪状的工具翻滚扭动着,活像是被拷打的动物;铁链发出叮叮当当的响声,不时地快速旋转着发出尖叫,好似在忍受不能承受的痛苦,整个大地都跟着颤抖起来。破败的屋子开始映入眼帘,它们到处都是,大都摇摇欲坠,多亏其他已经坍塌了的房子支撑着,它们才能勉强立着。这些屋子没有屋顶,没有窗户,漆黑,荒凉,里面却住着人。男人、女人、孩子,都面色苍白,衣衫褴褛,他们或料理机器,或照看炉火,或上街乞讨,或在没有房门的屋子里半裸着皱眉怒视。接着出现了一帮怒气冲冲的怪物,它们蛮横无理,肆意妄为,不断地发出尖叫声,不停地走来走去;前后左右望出去,目力所及之处依然是砖头堆砌的塔楼,一刻不停地冒着黑烟,笼罩了周围一切有生命和无生命的物体。烟雾遮蔽了日光,将所有的恐惧都围在厚厚的黑云之中。

这个可怕的地方到了夜晚更糟糕!到了晚上,这里的浓烟都变成了火焰,每一个烟囱都往外冒着火苗;那些地方在白天是漆黑的地窖,此刻也燃起了红红的火焰,有人影在地窖口来回走动着,用沙哑的声音喊着别人的名字。到了晚上,每一台奇怪的机器发出的刺耳声音在黑夜里更加刺耳瘆人,而站在机器旁的人看起来也更凶狠、更野蛮;失业的劳动者成群结队地在路上游行,或是拿着火把团团将老板们围住,老板们则声色俱厉地列举工人的错处,引发了工人又一轮可怕的哭喊和威胁;那些被激怒的男人拿着刀和火把,不理会试图拦住他们的女人的哭泣和恳求,冲上前去干损人不利己的事情,大搞破坏,弄得人心惶惶。到了晚上,载着简陋棺材(因为传染病肆虐,死亡正威胁着活人的性命)的车子驶过,发出轰隆的响声;孤儿大哭着,被吵醒的女人心烦意乱,发出尖锐的叫喊声。到了夜晚,有人想要面包,有人想借酒消愁,有人噙着眼泪,有人步履蹒跚,有人双眼布满血丝,他们带着忧虑走回家去。这夜晚,不同于天堂赐予地球的夜晚,它没有给地球上的人类带来和平,也没有带来受祝福的安眠。有谁会向那个年轻的流浪孩子诉说夜晚的可怕之处呢?

问:在营造这篇小说的风格方面,哪些描述性的细节最有效?

马克·吐温的文学经典作品《哈克贝利·费恩历险记》是美国文学中教学使用最广泛的一本书。作为非常受欢迎的"男孩之书"《汤姆·索亚历险记》(1876年)的续集,《哈克贝利·费恩历险记》和狄更斯的小说一样,最初也是以连载的方式发表的。这本书记录了年轻的叙述者哈克和逃亡奴隶吉姆乘坐摇摇晃晃的小木筏顺着密西西比河漂流的英勇事迹。作为一个幽默作家、记者、社会批评家,马克·吐温创作这部作品不仅为他同时代的人提供了娱乐，还让他们清晰地了解在那个独一无二的时段（即美国南北战争前），那个独一无二的地方（美国南方）发生了什么事。更概括地讲，作者想借此书表达少年时代的纯真，他一直在全力克服贪婪、虚伪等现实问题，以及由19世纪中期黑人和白人之间的混乱关系引起的道德问题。作者用奇异的方言混合体——融合了美国南方方言和当地未受教育的黑人的俚语——将这些内容充分体现了出来。

在下面的阅读材料里，当贫穷、无知，但是心地善良的南方白人少年哈克必须在"帮助并支持一个逃亡的奴隶"（这种行为在南方蓄奴州是重罪）和"遵守法律并把他年长的旅伴兼朋友交给地方当局"之间做选择时，他受到了良心的拷问。阅读材料的主题就是哈克的道德困境，这对奴隶制度的整个体系有至关重要的作用。从历史角度看，奴隶被认为是财产（动产），也就是说奴隶可以被买卖或者被偷。然而毫无疑问，奴隶也是人。在选择帮吉姆出逃的那刻起，哈克实际上也成了从犯。虽然如此，哈克还是决定帮助吉姆这个"人"，尽管这意味着他会因包庇"奴隶"而触犯法律。

阅读材料30.6
选自马克·吐温《哈克贝利·费恩历险记》（1884年）

第十六章

我们几乎睡了一整天，晚上才出发。我们跟在一个巨长无比，像游行队伍一样长的筏子后面。长木筏每一头都配有四支长长的桨，因此我们判断那上面乘坐了大约三十人。木筏上有五个大棚屋，彼此之间隔得很远，中间还燃着一堆火，每一端都竖着一根高高的旗杆。它看上去气派极了，要是能在这筏子上当个划桨人，那也是很了不起的。

我们一路漂流，来到一个大转弯处，夜晚的天空阴云密布，天气变得闷热起来。河流很宽，岸边茂密的大树像密不透风的墙一样挡着，你几乎找不到一点缺口，也没有一丝光线透进来。我们聊着开罗[1]，想着如果我们到了那里能不能认出来。我说，我们很可能认不出，因为我曾听人说那里只有十几户人家，如果他们都不点灯，我们怎么会知道我们经过了一个小镇？吉姆说如果两条大河在那里交汇，我们就会知道。但我反驳说，也有可能我们以为是经过了小岛这一端，实际上又驶到原来的大河里去了。这让我们很不安。那么问题来了，我们要怎么办呢？我说在第一次看到光亮的时候划到岸边，然后告诉岸上的人，说老爸就在后面的商船上，他是个贸易新手，想打听一下这里距离开罗还有多远。吉姆觉得这主意不错，于是我们点了根烟，耐心等着。

我们现在得专心地盯着前面，不能一不小心错过了那个小镇。吉姆说他一定能找到，因为看到开罗的那一刻他将会成为自由人，一旦错过的话，他又要身陷蓄奴州，再也没有机会获得自由。他每过一会儿就会跳起来，喊道："它在那里！"

但那并不是开罗的亮光，不过是鬼火或者萤火虫的光而已。他又坐下来，继续像刚才那样盯着前方。吉姆说，能离自由这么近让他激动到浑身发抖。我听他这么一说，也开始激动得浑身发抖了，我开始理解了他其实已经快要得到自由了——这该怪谁呢？当然是我啦。我的良心开始有点不安起来，这种情况愈演愈烈，搞得我坐立不安，无法消停。我之前根本

---

1. 这里指美国伊利诺伊州亚历山大县的一个城市。

没认识到这一点，我压根没想过我在做什么。但我现在认识到了，我的心越来越焦灼。我试图说服自己这并不是我的错，因为并不是我帮吉姆从他的合法主人手里逃脱的；但这没用，良心每次都会起来反驳道："但是你知道他为了自由而逃跑了，你应该划到岸边，把这件事告诉别人。"就是这样——我怎么也逃避不开了。这让我很苦恼。良心对我说："可怜的沃森小姐怎么对不起你了，你眼睁睁看着她的奴隶逃跑却什么也不说？那个可怜的老妇人怎么亏待你了，你要这么对她？她只不过是想教你读书，让你学规矩，她用她能想到的方法，变着法地对你好，她可没亏待你。"

我感觉自己太卑鄙，太可恶了，真恨不能马上去死。我烦躁不安地在木筏上走来走去，咒骂着自己，吉姆也在我身边焦躁不安地走来走去。我们两个都没法平静。每次他蹦蹦跳跳地嚷道："那就是开罗！"我都像挨了一枪似的，我想着，如果那真是开罗，我可能会痛苦地死过去。

吉姆一直在大声说着什么，而我却在自言自语。他说等他到了自由州要做的第一件事就是攒钱，一分钱也不花，等他攒够了，就去把沃森小姐隔壁农场上干活的妻子赎回来，然后两人一起干活攒钱，把两个孩子也赎回来，如果两个孩子的主人不肯卖掉孩子，他们就去找个废奴主义者，伙同他把孩子偷回来。

听到这些我惊呆了，以前他从来都不敢说这些话的。看看吧，当他觉得自己快要自由了，立马就像变了一个人似的。俗话说得好："给黑奴一点好处，他就要得寸进尺。"我想着，这就是我欠考虑造成的后果。这个黑奴实际上就是在我的帮助下逃出来的，他现在直截了当地说他要去偷自己的孩子——那两个孩子的主人我也不认识，他更是从来没有害过我。

听到吉姆说这些话我感到悲哀，他怎么能去做这么低劣的事呢。我的良心又开始焦躁不安，这让我倍受煎熬，最后，我对它说："别这么折磨我了，现在还不算晚，我见到第一缕亮光就划到岸边去告发他。"我立马感觉自在、开心了不少，心轻快得像一根羽毛，所有顾虑都消散了。我伸长了脖子找寻着亮光，开始哼起歌。过了不久，岸边开始出现亮光了，吉姆大声喊道："我们安全了，哈克，我们安全了！跳起来跺跺脚，我们终于到开罗了，我就知道我们会的。"

我说："我先坐划子过去看一眼，吉姆，那也有可能不是开罗。"

他跳起来把划子准备妥当，把他的旧大衣垫在底下让我坐上去，然后把桨递给我。我刚离开，他就说："我马上就要开心得喊起来了，我想说，这都要谢谢哈克帮我；我马上就是自由人了，如果不是哈克我想都不敢想象自己会得到自由。哈克帮我做到了。吉姆永远不会忘记你。哈克，你是我最好的朋友，也是我交到的唯一的朋友。"

我划着水，急得满头大汗想去告发他；但听到他说那些话的时候，我好像又一下子没了动力。我慢慢地往前划，不确定我对自己出发了是高兴还是不高兴。划到五十码[1]远的时候，吉姆说："你就这么出发了，真诚好心的哈克，你是唯一一个对吉姆信守诺言的白人。"

我听了这话，有点不舒服，但我想，我一定要这么做——不能再逃避了。就在那时，旁边来了条小船，上面是两个拿着枪的男人。他们停下了船，我也停下了。其中一个人说："那边是什么？"

"一个木筏。"我说。

---

1. 1码=0.914 4米。——编者注

"那是你的吗?"

"是的,先生。"

"上面还有人吗?"

"只有一个人,先生。"

"那什么,那里的河湾口今天晚上逃了五个黑奴,你筏子上那个是黑人还是白人?"

我没有马上就回答,我想说的,但是怎么也说不出口。过了一两秒钟,我想下定决心把事情说出来,但我没那个胆子——兔子的胆量都比我的大。我意识到我动摇了,于是放弃了挣扎,直接说:

"他是白人。"

"我想我们还是自己去看一看比较好。"

"那再好不过了!"我说,"那是我爸爸,你们能帮我把那筏子拖到岸边有亮光的地方吗?他病了,我妈妈和玛丽·安也病了。"

"哦,可怜的家伙!我们可忙着呢,孩子。但我想我们还是过去吧,来吧,用力划桨,咱们一块往前走。"

我用力划着桨,他们自己划着小船。我们划了一两下,我说:

"我跟你们说,爸爸会很感激你们的。我之前找人帮我们拖筏子,他们都不帮我,我自己也做不了。"

"是吗?那可太不地道了,那也是奇怪……告诉我,孩子,你爸爸得的什么病?"

"他得的是……那个……那个……也没什么大不了的,没事。"

他们一下就停住了。这里已经很靠近木筏了。其中一个说:

"孩子,你在撒谎吧。你爸爸到底怎么了?你最好老实回答我们的问题。"

"我会的,先生,我会的,我保证。但请你们别走。那是……是……先生们,你们再往前划一点,我把缆绳给你们拉过来,你们不会太靠近筏子的。求求你们了。"

"往回走,约翰,快往回走!"其中一个说,他们开始往回划,"别靠近我们,孩子,到下风口去。真该死,我觉得风可能已经把病毒吹到我们这边了。你爸爸得了天花,你心里清楚得很。你刚才为什么不告诉我们?你想让我们都感染上那玩意儿吗?"

"那个,"我哭着说,"我之前都老实和别人说,但他们听了都扭头就走。"

"可怜的孩子,你也不容易,我们感到很抱歉,但我们——好吧,告诉你实话吧,我们不想得天花,你知道的。听着,我教你个好办法。你可不要自己上岸,不然你会把你的木筏撞得粉碎的。你再顺着河漂二十英里,就会看到你面向河时的左手边有一个小镇,那会儿太阳应该已经出来了,你再去找人帮忙时,一定要说你家人因为发高烧在打寒战,可别说傻话,让别人猜出你家人到底得了什么病。我们这可是好心在帮你,所以离我们远一点,那才是好孩子呢。你看着那边有亮光,可是上了岸也没多大用啊,那里只是个木材场。孩子,我猜你爸爸是不是没钱,我敢说他运气也不见得多好。行吧,我会在这块木板上放一枚二十块钱的金元,等它漂过去你就收下吧。我觉得这么抛下你,这事也很缺德,但我的天,那可是天花啊,我可不敢轻举妄动。你明白吗?"

"等一下,帕克,"另外一个男人说,"你帮我把这枚二十块钱的金元也放上吧。再见,孩子,你就照着帕克先生告诉你的去做吧,你会没事的。"

"是了,孩子,再见,再见,如果你看到出逃的黑奴,找人帮忙抓住他,自己还能赚点钱。"

"再见,先生。"我说,"如果可以,我绝不会让逃跑的黑奴从我身边溜走的。"

他们离开了，我登上了木筏，心里感到难过又失落。我很清楚，我做错事了，而且我也知道即使我想学着做对的事，那也是没用的。如果人从小就不学好，以后更不可能有机会了——当危机来临的时候，没有什么东西能支撑他，让他挺住，然后他就会被击垮。我想了一分钟，对自己说，等一下——假设你做了对的事，把吉姆交出去了，你难道会比现在好受一点吗？不，我心想，我会感觉很糟糕，就如同现在这种糟糕的感受一样。当做对的事很费劲，做错的事却毫不费力，两种选择付出的代价都一样，那么为什么还非要去做对的事呢？我想不明白了，回答不了这个问题。所以，我决定还是不思考这个问题了，以后选最不费力的事做就行了……

问：马克·吐温用了什么方法将哈克和吉姆的个性描写得生动有趣、跃然纸上的？
问：哈克是如何解决道德困境的？

俄国的现实主义：陀思妥耶夫斯基和托尔斯泰

相比狄更斯和马克·吐温，对人类社会的普遍状况有着更深刻的分析、态度更为悲观的是俄国的小说家陀思妥耶夫斯基（1821—1881）和列夫·托尔斯泰（1828—1910）。两位作家都出身于贵族家庭，生活条件优渥，但他们都表达了对俄国上流社会的反对，对困苦的下层阶级的同情。

托尔斯泰放弃财富和产业，与农民一起工作和生活。他的历史小说《战争与和平》（1869年）被誉为俄国现实主义小说最伟大的代表，小说以四大家族的经历为主线，描绘了他们在拿破仑入侵俄国的大背景下各自的命运。同作者创作的许多作品一样，在这部庞大的叙事小说中，托尔斯泰揭露了贵族的特权地位，以及他们对俄国广大群众的残忍剥削。托尔斯泰的朋友兼崇拜者伊利亚·列宾（1844—1930）和托尔斯泰一样，对俄国民族主义事业抱有同情，以揭露贵族对群众的剥削为己任，他纯熟、直率的绘画技巧使得其画笔下的托尔斯泰栩栩如生。作为俄国杰出的现实主义画家，列宾的风俗画用精准的细节描绘普通俄国民众（农民、工人和乞丐）的悲惨生活，完全可以充当托尔斯泰和陀思妥耶夫斯基的小说插图。

相比托尔斯泰，陀思妥耶夫斯基更关注哲学问题和心理学问题。他笔下的人物往往会受到贫穷和良心的双重折磨，他们苦苦寻求解决内心矛盾的方法，但是屡屡受挫。陀思妥耶夫斯基的个人经历是他悲观的人生观形成的一大原因：因与一群无产阶级革命分子有牵连，他被逮捕并被流放至西伯利亚，他在那里做了5年的苦力。苦难的必然性是他作品的主题，通过苦难获得救赎的希望也同样是其中一个重要的主题。

小说《罪与罚》（1866年）、《群魔》（1872年）、《卡拉马佐夫兄弟》（1880年）都是以主角的非理性行为及其产生的精神上的影响为主题创作的。在《罪与罚》中，年轻的穷学生拉斯科尔尼科夫杀害了一个老妇人和她的妹妹，但他的罪行并未被发现。在那件事之后，他在罪恶感的折磨下倍受煎熬——这是对他犯罪行为的自我惩罚。他还探究了由自由作恶引发的问题。在下文的阅读材料中，小说的主人公提出了一个道德问题——那些非同寻常的人物是否因其身份的特殊性而享有做出不道德行为的权利？拉斯科尔尼科夫和他朋友的对话，是由拉斯科尔尼科夫辍学不久后在报纸上发表的一篇有关犯罪的文章引发的。阅读材料体现了陀思妥耶夫斯基写作的一个典型特征，他喜欢通过独白和对话，而不是通过描述性的细节使小说中的人物性格变得更加立体。陀思妥耶夫斯基的现实主义（以及他的天赋）体现在他的写作手法上——他借助小说人物的自我剖析迫使读者去了解这个人物。

阅读材料30.7
选自陀思妥耶夫斯基《罪与罚》（1866年）

"那些'非同寻常'的人物有权利……我指的并不是那种正式、合法的权利，而是他自己给自己的权利……去说服自己的良心做一些逾矩之事，但只是在他的想法（有时候可能是对全人类有益的想法）需要得到实现的时候才会这么做。您说我的文章没有表达清楚，我准备尽我所能，好好给您解释清楚。恕我冒昧猜测，您正等着我给您解释吧？那好吧。我认为，如果因为种种情况的影响，开普勒和牛顿的发现不能为世人所知，除非牺牲一个、十个或更多妨碍这些发现或者是在某种程度上阻碍了发现得以问世的人的性命，那么，牛顿就有权利，或者说他有义务……去除掉这十个或一百个人，那样，他的发现就能为全人类所知。当然，这并不意味着牛顿有权利随心所欲地去杀阿猫阿狗，或者每天出门去街市上偷东西。我记得我在文章里进一步引申了这个观点，所有的——例如，人类社会的立法者和监管机构，从远古时候起，到来库古[1]、梭伦[2]、穆罕默德[3]、拿破仑，他们无一例外都是罪人[4]，因为他们为了创造新的法律，破坏了世代传承的、被社会公认的神圣的旧法律。当然，他们也做好了流血的准备，只要是流血（为保护古代法律有多少无辜的人英勇洒下了热血）有利于他们达到目的。值得注意的是，这些施恩者和人类立法者中的绝大部分都是嗜杀成性的。总而言之，我的推论是，所有人——不管是伟大的英雄，还是稍稍偏离于常规惯例、另辟蹊径之人，只要是能提出具有一点新观点的人，就其本性而言，他们必然就是罪犯，仅仅是程度大小上有差别而已。否则，他们就无法摆脱一成不变的状态，就其本性而言，他们当然不会满足于原地踏步；我认为，他们也不应该满足。总之，说到这里，您也看到并没有什么新的见解。这种陈词滥调已经被刊登，被阅读过无数遍了。我把人类分成普通人和非同寻常的人，我承认这有点武断，但我并没有强调说一定是分成这两类。我只是坚信我的观点所遵循的主要原则——一般而言，人类按自然法则可分成两大类：一类是下等人（普通人），即被视为用来繁衍同类的物体；另一类就是人，确切地说他们有在自己的领域里发表新观点的天赋或才能。当然，如果细分下去还会有很多类别，但这两类人的区别已经相当明显了：第一类被视为物体的人，一般而言，天生保守古板，他们唯唯诺诺，并且很喜欢这种状态。我认为，他们也应该这样，因为那就是他们的命运，他们也并不认为这是什么丢脸的事。第二类都是违法犯罪者，或是有这种意向实施违法犯罪行为的人，这取决于他们的个人能力。当然，这些人的目的是相对的、变化多样的。虽然所处的大环境有相当大的差异，他们多半需要借着创造更好的未来为由头来摧毁现有的一切。如果其中一个人在实现理想目标的过程中，需要踏过尸体或蹚过血泊，我觉得他也会准许自己那么做的——但这也取决于他

---

1. 古希腊的一位政治人物，古斯巴达的立法者。
2. 古希腊时期雅典城邦著名的改革家、政治家。
3. 伊斯兰教的创立者。
4. 拉斯科尔尼科夫的观点和拿破仑三世在《尤利乌斯·恺撒的一生》一书中表达的观点类似。俄国报纸《俄罗斯之声》总结了英国《星期六评论》杂志对拿破仑就"杰出的个人（如来库古、穆罕默德和拿破仑）违反法律甚至杀人的权利"的看法的分析。该书首现于1865年3月的巴黎，同年4月就出了俄文版。

的理想目标和其重要程度。这点需要注意一下。我在文章中提到的他们犯罪的权利只是从这个层面上来分析的。（您应该记得我们一开始是在讲合法不合法的问题。）但是，也用不着惊慌：群众几乎没有承认过他们的权利，而且（或多或少）会把他们送上绞刑架或直接砍了头，大家这么做是合理的，正好履行了其保守的作用。尽管如此，再往后几代，这帮人却会把其处置的那些受害者当成偶像来崇拜，开始（或多或少地）敬奉他们。第一类人常常是'当下'的主人，第二类人却是未来的掌控者。前者维护着现有世界，生长和繁衍着；后者推动世界，引导它向着目标前进。两者享有绝对平等的生存权利。简言之，在我看来，所有人都拥有相同的权利——永恒的战斗万岁——当然，这种情况一直到我们建立新耶路撒冷[1]时才会有所改变。"

"那你相信新耶路撒冷会出现了？"

"是的，我相信。"拉斯科尔尼科夫坚定地说。他说这句话的时候，眼睛盯着地毯的某个点，那样子就和刚才他发表长篇大论时一模一样。

"那……那你相信上帝吗？很抱歉我这么好问。"

"是，我信。"拉斯科尔尼科夫再次说道，抬眼望着波尔菲里。

"那你相信拉撒路复活吗？"

"是的。您为什么问我这些？"

"你真的相信？"

"是的。"

"哦……我纯粹就是好奇。抱歉了。那我们回到原先的话题——他们不会总是被处死

---

1. 新耶路撒冷是时间尽头之后，天堂降落地球产生的城市的名称，象征着理想的秩序，是一个新的"天堂"。详见《圣经·启示录》。

的。相反，有些人……"

"在他们有生之年获得成功了？嗯，对，他们之中有些人的确是在活着的时候达成了目标，然后……"

"他们就开始对别人处以极刑？"

"如果有必要这么做的话，他们会的，而且您知道，大多数情况下是有必要的。您的观察非常敏锐细致。"

"多谢夸奖。那你说说看，你如何区分非同寻常之人和普通人？他们出生的时候有明显的迹象或征兆吗？我指的是我们需要有更大的准确性，也可以说，需要更显而易见的标记。请原谅一个务实、善良的人自然而然产生的担忧，我就想知道，比如说，会不会是因为什么特殊的衣着，又或者他们是不是身上都带着什么烙印之类的东西？……你大概也知道，如果这两类人混淆了，如果属于某一类的人觉得他属于另一类，然后，按你的话说，他开始'排除一切困难'，那真是……"

"哦，这种情况经常会发生！您的这个理解比刚才的更深刻。"

"多谢。"

"不客气。但您要知道的是，这种错误只会发生在第一类人身上，也就是说，只会发生在'普通人'（这是我对他们的称呼，可能并不是很恰当）身上。尽管他们生来就唯唯诺诺的，但还是有一部分人因为在母牛身上也能见到的某些性格反常，幻想自己是进步人士，是'毁灭者'，是'新世界'的宣传者，而且他们还非常虔诚。与此同时，他们又对新人置若罔闻，甚至鄙视他们，认为他们太保守，不可能有崇高的思想。但我认为，这类人不会构成真正的威胁，您不必过于忧心，因为他们走不远的。他们时不时会因自己的狂热行为受到折磨，好让他们摆正自己的位置。但任何人都没

有必要去实施这种惩罚：他们会自己处理，因为他们都是行为正派的人，有些人互相帮忙惩罚对方，其他人则是自己惩罚自己……此外，他们也会逼自己做一些公开的忏悔——其结果非常具有教育意义。总之，您不用担心……这就是自然法则。"

"好吧，至少你稍稍消减了我对那个问题的顾虑，但我还担心另一件事：请告诉我，在'非同寻常的人'中，有权利去毁灭别人的很多吗？当然，我是很乐意向他们鞠躬致敬的，但是你也同意吧，如果这样的人有很多的话，那世界会很可怕，对吧？"

"哦，您也别担心这个了，"拉斯科尔尼科夫用同样的语气说道，"一般来说，生来就有新想法或者有能力去表达新想法的人少之又少。只有一件事是很清楚的，那就是，人类出生的规则，即人类所有的分类以及每一分类下的细分，都必须受到自然法则仔细、准确的控制。当然，这个法则目前还不为人所知，但我相信它是存在的，最终也是会被人了解的。大部分人都是普普通通的，他们存活于世间只是为了有朝一日，在某种努力下，用某种目前仍难以理解的方法，在某些血统的结合之下，产生一个百里挑一且有能力（再小的能力也算数）独立于世的人物。可能一万个人（为了说明，我这里是粗略估计）中才出现一个独立程度稍稍大一点的人，十万个人中才出现一个独立程度更甚一点的人。几百万人中才会出现一个天才，也可能要几十亿人中才会出现一个。总之，我还没有探究过所有这些从何而来，但是一定是有一个明确的法则在起作用，一定是；这不可能是偶然的。"

问：拉斯科尔尼科夫将人类分成了哪两大类？

问：拉斯科尔尼科夫是如何为"未来的掌控者"的犯罪行为辩解的？

福楼拜和凯特·肖邦文学作品中的女主人公

19世纪的小说家有一个共同的兴趣爱好，他们都喜欢探究社会习俗和个人价值之间的冲突——尤其是影响女性日常生活的个人价值。在居斯塔夫·福楼拜的《包法利夫人》（1856年）、托尔斯泰的《安娜·卡列尼娜》（1877年）和凯特·肖邦的《觉醒》（1899年）这几部典型的作品中，作者关注的都是充满热情的女性人物挑战既定的社会和道德规范，由此引发的悲剧后果。这些小说的女主人公并没有创造出她们想象中的世界，相反，是世界——或者更确切地说，是社会和经济环境塑造了她们，并且掌控着她们的命运。

被评论家称为"现代小说的创造者"的福楼拜（1821—1880）在小说中不掺杂感情因素，也不加入任何先入为主的行为观念。他致力于准确描述现实世界以及他书中角色的动机。作为一个一丝不苟的观察者，他找寻最确切的词来描述每一个有形的物体、每一种心理状态——这种行为习惯导致他每周写散文最多只能写一两页。同时期的一个评论家曾诙谐打趣道："作为外科医生的儿子，福楼拜握笔就如同握手术刀一样。"

福楼拜具有里程碑意义的小说《包法利夫人》，讲述了一个拼命想摆脱枯燥乏味生活的中产阶级女性的故事。爱玛·包法利在一个女修道院念书，后来嫁给了一个无趣的小镇医生，她想实践她最喜欢的浪漫爱情小说中的幻想桥段，拥有美好浪漫的爱情，但她的尝试引发的后果是灾难性的，最终导致了她的死亡。福楼拜用最少的语言再现了爱玛所处的小镇环境和她单调的婚姻细节。由于小说是随着情节和人物性格的逐级展开来实现预期效果的，任何一则简短的节选都无法将小说以完美的方式呈现在读者眼前。尽管如此，凭借其对细节描述上用词的细细斟酌和积累，以下描写爱玛·包法利和年轻的书记员莱昂的婚外情恶化的节选部分，依然能展现福楼拜在塑造人物和地点特征方面的高超能力。

阅读材料30.8
选自福楼拜《包法利夫人》（1856年）

莱昂已经发过誓再也不见爱玛了；当他想到这个女人有把他卷入暧昧之中或引人说闲话的魔力时（这种闲话可不同于每天早晨他的同事围着火炉讲的那些打趣话），他又暗自责备自己不守承诺。另外，他马上就要升为首席书记员了，现在可是很关键的时刻。因此他放弃了长笛，不再沉溺于私情，不再抱有幻想——每个人格高尚、值得尊敬的中产阶级男人在年轻气盛的时候，都认为自己满腔豪情壮志，定能创造一番大事业，哪怕这种豪情只持续了一天，甚至仅有一小时。最平庸的浪子也幻想过东方皇后的样貌，每一个公证人身上都带着残存的诗人气息。

现在，当爱玛毫无征兆地扑到他怀里哭泣时，他已经感到厌烦了。就如同欣赏音乐到厌倦的听众，在面对这份喧嚣的爱情时，他的心也变得越来越冷漠、麻木，其中的趣味他再也无法体会了。

他们太了解对方了，再也体会不到相互占有时那能让欢愉扩大百倍的惊喜感受。她对他的厌恶程度不亚于他对她的厌倦程度。爱玛在婚外情中，再一次体会到了婚姻中的平凡与寡淡。

她要怎么摆脱他呢？尽管爱玛对这种低俗欢愉的渴望感到羞耻，出于习惯也好，抑或是堕落也罢，她已经对它们上瘾了，每一天她都更疯狂地想得到满足，因为太过热切反而消磨了这种幸福的感受。她把这种失望归咎于莱昂，似乎认为他背叛了她。她甚至希望有个灾祸让他们分开，因为她自己没有勇气这么做。

尽管如此，她还是继续给他写情书，她坚信一个女人应该经常给她的情人写情书。但她在写信的时候，从她最激情的记忆里、最美妙的小说片段中、最深切的渴望里，浮现了另一个男人的身影。最后，他变得那么真实，仿佛触手可及，她的心因吃惊而怦怦地跳动着，却怎么也无法清晰地想象出他的具体样貌，他像神一样，因为有太多光环，让人辨别不清他的身形。他栖身的朦胧蓝色天际垂着一根通往阳台的丝绸绳梯，皎洁的月光在浓郁的花香中沉醉。她感觉他就近在身边，他慢慢向她靠近，就要印上深吻，带她离开。可是，那之后，她又会重重地摔到地上，心力交瘁——那些模糊不明的狂热感情比最放肆的纵情声色更让她精疲力竭。

问：这部分节选表现了爱玛怎样的个性？又表现了莱昂怎样的个性？

小说《包法利夫人》一经发表（在《巴黎评论》以连载六期的方式发表）就遭人诟病，认为它有悖公共和宗教道德规范。福楼拜和《巴黎评论》的出版商、印刷商都被带到刑事法庭接受审讯。在一位能言善辩的律师对书中的所有被谴责为荒唐和不道德的描述（包括阅读材料30.8中的节选）进行辩护之后，三人最终被宣判无罪释放。

美国作家凯特·肖邦（1851—1904）也遭遇了相同的困境。在她的小说《觉醒》1899年发表后不久，她出生的城市圣路易斯就宣布禁止传播这部小说。这部小说是对女性的性欲和婚姻不忠的直白探究，它违反了肖邦所处社会的规范。与福楼拜传达法国乡村生活的陈腐气息和不可逃避性的小说不同，肖邦的很多故事都刻意忽略了对时间和地点的详细描述。有些故事发生在路易斯安那州，肖邦在那里和她的丈夫与6个孩子生活了12年。肖邦用路易斯安那州的方言创作的故事在市场上大受欢迎，其中大部分都是探讨克里奥尔[1]社会的阶级、种族和性别问题，但她的小说在她去世之后就沉寂了。女主人公用婚外情的方式公然反抗社会习俗的小说《觉醒》一经出版就饱受争议，一直到20世纪50年代才逐渐得到肯定。

肖邦借鉴了福楼拜的现实主义策略和对社会问题的关注，她的作品体现了其对存在于人类（尤其是女性）行为中的细微差别的敏锐观察，而这种行为挑战的正是广受喜爱的浪漫主义模式化形象（详见第二十八章）。她的作品也反映出她以宝石般的精准度去叙述故事的非凡才能。她紧凑的叙述风格在其短篇小说《一个小时的故事》中达到了无人企及的高度。在这篇小说里，主人公在体会了短暂的自由之后，遭遇了一个讽刺性的致命转折。

阅读材料30.9
凯特·肖邦《一个小时的故事》（1894年）

大家都知道马拉德夫人患有心脏病，所以他们在向她传达她丈夫的死讯时，都非常谨慎，尽可能采用更委婉的方式。

最后，是她的姐姐约瑟芬遮遮掩掩地给她暗示，断断续续地把事情说出来的。她丈夫的朋友理查兹也在她旁边。接到铁路事故的新闻时，他就在报社，布伦特里·马拉德的名字排在"死者"一栏的第一行。他在接到第二封电报并确认了事情的真实性后，立马抢在那些没那么细心、没那么体贴的朋友之前，急急忙忙地去传达这个坏消息。

她没有像很多女人那样，听到这样的消息就目瞪口呆，表示无法接受。她一听到消息就猛地扑进姐姐的怀里哭泣。等悲伤的情绪稳定下来，她独自走回房间，不让任何人跟着。

敞开的窗户前，放着一把舒服而宽敞的扶手椅。她感到筋疲力尽，那种疲惫感仿佛要直击她的灵魂。她坐下，一下陷进了椅子里。

她看到屋前的开阔空地上，树梢洋溢着初春的生机，空中弥漫着雨珠甘甜的气味。楼下的街道上，一个小贩正吆喝着卖货，微弱的歌声从远处传来，数不清的麻雀在屋檐上叽叽喳喳地叫着。

窗外正西方，蓝色的天空被时不时交织重叠的白云遮挡，东一块西一块地露出来。

她坐在椅子里，头往后靠着垫子，一动不动。啜泣呜咽的时候，她的身体会跟着摇晃一下，就像一个哭着哭着就睡着的孩子在睡梦中还在抽泣。

她还年轻，面容姣好沉静，脸部线条展现着她的克制和压抑，甚至散发着一股无形的力量。但是现在，她目光呆滞，定定地望着远方某一处的蓝色天空。那眼神不像是在沉思，而是在运用理智思考着什么悬而未决的事。

有某种东西向她袭来，她只是惶恐地等待着。那是什么？她不知道。它难以捉摸，难以名状，但是她能感受到，它偷偷从天空溜下来，穿越空气中的各种声音、气味和颜色，向她奔来。

她的胸口开始起伏，内心波涛汹涌。她开始意识到向她靠近，正要将她占有的东西的存在，她努力想用意志击退它——但她的意志就

---

1. 肖邦在《觉醒》中提到的克里奥尔人是指在殖民地出生，有着法国和西班牙血统的贵族。

像白皙而纤细的双手那样无力。

当她放弃抵抗时，犹如耳语般细小的声音从她微张的双唇溢出来。她压着嗓子一遍又一遍地重复道："自由！自由！自由！"她原本空洞无神、流露着恐惧的双眼，变得敏锐而明亮。她的脉搏跳得很快，体内奔腾的血液变得温暖，使她身体的每一寸都放松了。

她没有试着问自己是否被一种巨大的喜悦控制着。一个清晰而令人兴奋的念头告诉她，可以对这样无关紧要的暗示不予理会。

她知道，当她看到那双手交叠在一起，僵硬的尸首死灰般灰白时，她一定止不住流泪。但她跳过了那个痛苦的时刻，预见到往后长长的日子都属于她一个人了。她不禁张开双臂，欢迎这未来的到来。

未来的岁月里，没有人替她决定该怎么生活，她可以为自己而活。没有人会把意愿强加到她身上了——男人和女人竟然盲目且固执地相信他们有权利把自己的意志强加到另一个人的身上。不管是出于善意还是恶意，这种行为在现在神志清明的她看来，无异于是犯罪。

当然，她曾经是爱他的——只是有时候，大多数时候是不爱的。那有什么关系？在自己做主的自由面前，爱情这个尚未被解开的谜团算什么？她突然意识到，这种自由就是现在她生命中最强有力的脉搏。

"自由了！身体和灵魂，都自由了！"她自言自语道。

约瑟芬跪在紧闭的门前，苦苦哀求马拉德夫人让自己进去。"路易丝，开门！求你了，把门打开，你这样会把自己憋坏的。你在做什么，路易丝？求你快把门打开。"

"走吧，放心，我不会有事的。"她当然不会有事，她正透过那扇敞开的窗户，沉醉在未来仿佛永恒的日子里。

她徜徉在对未来岁月的期望中，春天、夏日，还有各种各样的日子，以后都将属于她一个人。她低声祈祷，希望自己活得长久些，但就在昨天，她还因为想到一生可能会很漫长而发怵呢。

最后，她起身，应她姐姐的强烈要求打开了门。一股狂热的喜悦之情在她眼中流转，不知不觉间，她的行为举止活像个胜利女神。她抓住姐姐的手腕，两人一起走下楼。理查兹正在下面的楼梯口等着她们。

有人用钥匙打开了正门，进来的正是布伦特里·马拉德，他风尘仆仆，面色却镇定自若，手里拿着旅行包和一把伞。原来他距离事发地点很远，甚至不知道那里发生了事故。他惊讶地看着尖声哭喊的约瑟芬，奇怪地看着理查兹快速地挡在他和他妻子之间。

但是理查兹还是晚了一步。

医生到的时候，他们说她是因为心脏病去世的——她死于极度欣喜。

问：在这个故事中，丈夫和妻子的关系是怎样的？

问：如果路易丝和布伦特里·马拉德的角色调换一下，故事还会有相同的效果吗？

埃米尔·左拉和自然主义小说

与凯特·肖邦同时代的埃米尔·左拉（1840—1902）独创了一个新的现实主义文学流派：自然主义。自然主义小说遵循的前提是日常生活应该用科学的客观性呈现出来，即要忠于事实，准确描述细节。与浪漫主义作家不同的是，自然主义作家拒绝对经历加以润色或使之理想化。他们设想的人物是与心理学和社会学因素相符的，是遗传法则的产物，在这一点上，他们超越了福楼拜和狄更斯的现实主义。这种决定论的写作手法将人类视为环境或遗传因素的产物，而人类根本没法掌控这些因素。就如同马克思认为经济生活塑造了文化的各个方面一样，自然主义者也相信，物质和社会要素决定着人类的行为和表现。

左拉把小说视为对平凡的物质存在的细致研究和学习。他抱着绝对精确地还原时间和空间的极大热情，研究了劳动问题、警察记录、工业历史，还因此积累了记载着品类繁多的研究对象信息的笔记本，这些研究对象包括煤矿开采、铁路、股票市场、外科手术学等。他如实地反映生活的侧面，让读者了解了社会环境和物质环境是如何影响了19世纪末期的法国社会。他的20部小说（"卢贡－马卡尔家族"系列，1871—1893年创作）描绘了法国农民、矿工、政治家、妓女、学者和艺术家的生活，构成了一部关于他那个时代的心理-社会-生物学史。《小酒店》（1876年）呈现的是酗酒给工业社会的工人带来的可怕影响。《娜娜》（1880年）刻画了一个貌美如花却毫无道德感的妓女；作为左拉作品中最没有道德底线的小说，该书被指控为色情作品，曾被列为禁书。

"卢贡-马卡尔家族"系列的第13部作品《萌芽》（1885年）揭露了法国北部地区煤矿工人的悲惨生活。下面的阅读材料对矿工马厄地狱般经历的描写，反映了左拉在翔实描述方面的才能，凭借着这种描述，他的作品才得以从单纯的社会历史记录升华成富有影响力的小说。

阅读材料30.10
选自埃米尔·左拉《萌芽》（1885年）

四个采煤工（矿工）一个接一个地，从头到脚舒展着身子，分布在倾斜的采煤工作面的整个区域。他们之间用钩子固定的木板隔开，这些木板可以接住松动掉落的煤块。他们每个人大约负责开采矿脉上15英尺长的区域。那个矿脉特别窄——空间几乎不足20英寸[1]——他们被挤在顶部和墙体之间。他们不得不借着膝盖和手肘，匍匐着前进，每次转身的时候必会擦伤肩膀。为了够到煤矿，他们得侧躺着，扭着脖子，抬起胳膊，斜斜地挥动短柄凿。

扎沙里耶在最底下，勒瓦克和沙瓦尔在扎沙里耶上方，马厄在最上面。每个人都用自己的凿子劈着岩床，在矿脉中切两个竖直的凹槽，然后往煤块最上方打一个铁楔子把它弄下来。煤矿很软，煤块一碰就变成了碎片，顺着他们的肚子和大腿滚落下来。这些碎片掉落到板子上堆积起来，就不见了矿工的身影，他们被堵在狭窄的裂缝里了。

马厄是最受罪的那个。顶端的温度高达35摄氏度，压根没有空气循环，这让人窒息的高温越来越难以忍受。为了看得清楚些，他刚开始把矿灯挂在了脑袋旁边的一个钉子上。冲着他脑袋直射的矿灯散发出来的额外热量让他的耳朵都充血了。最糟的还是潮气。离他的脸几英寸远的地方，一直有水从岩石上面滴下来，这水滴以一种让人恼火的速度没完没了地滴着，还总滴在同一个地方，扭脖子或是转动脑袋都没什么用：那水滴还是会砸到他脸上，水花飞溅，一刻不停。15分钟过去了，他浑身已经被汗浸透，像个洗衣盆一样冒着热气。那天早晨，不停滴在他眼睛里的水滴让他气得诅咒发誓，但他的手也没停下来，那一下下强有力的敲打让身处两个岩层之间的他剧烈地晃动，他看起来就像是不小心被夹到两片书页里的蚜虫，正面临着被挤扁的危险。

1. 英美制长度单位，1英寸=2.54厘米。——编者注

他们没有说一句话，都忙着敲敲打打，除了低沉而飘忽的不规则敲打声，什么声音也听不到。在没有回声的死寂空气里，这声音听起来很刺耳，那一团团黑影的颜色看起来很奇怪，像是在飞扬的煤灰的作用下，以及在让他们眼皮沉重的瓦斯灯的熏染下，变得更加厚重。在金属屏后面，矿灯的灯芯只闪烁着微红的光点，很难看清任何东西。小隔间就像一个又大又平坦，积攒了十个冬天的煤灰的斜烟囱，黑得不能再黑了。虚浮的幻影飘来飘去，在阴暗的光线下，他们似乎瞥见了一个丰满的臀部，一只结实的手臂，一张乌漆漆的扭曲的脸，似是正准备做什么犯罪的勾当。偶尔当煤块变松时，它们能捕捉到一丝光线，突然被照亮的切面会反射水晶般的光芒。但是，周围很快又变得漆黑，凿子发出一声声沉闷的敲击声，在这令人窒息的空气里，除了粗重的喘气声，表达不适和疲惫的咕哝声，还有地下河的水滴声，周围一片死寂。

问：在这篇描写煤矿开采的节选部分，左拉运用了哪些感官来表现？

19世纪末期，很多欧洲和美国的作家创作的小说中都含有自然主义的元素。英国的托马斯·哈代（1840—1928）和美国的斯蒂芬·克莱恩（1871—1900）、杰克·伦敦（1876—1916）、西奥多·德莱塞（1871—1945）是英语国家里著名的自然主义文学作家。

现实主义戏剧：易卜生

挪威戏剧家亨里克·易卜生（1828—1906）的作品关注点与现实主义文学家的小说的关注点相似，他将以此为基础创作的戏剧搬上了19世纪末期的舞台。作为一个道德学者和人类行为的批评家，他抨击那些引导人们追求自欺欺人的伪善生活的虚伪社会传统。易卜生对同时代发生的事件和社会问题深表关注，他创作的散文体戏剧针对像精神错乱、乱伦、性传播疾病等富有争议的话题展开，震惊了整个社会。与此同时，他还探究了个人与社会的冲突、爱情与责任的冲突、丈夫与妻子的冲突等普遍存在的主题。

1879年，易卜生完成了有关女性解放的经典戏剧《玩偶之家》。多年前的一场债务纠纷让娜拉落人口实，因而遭人威胁与勒索，娜拉向她那自命清高的丈夫托瓦尔·海尔茂寻求庇护。但是，托瓦尔心胸狭窄，是他所处时代的中产阶级社会桎梏的牺牲品，他并没有坚定地同妻子站在一起并支持她。直到这时，娜拉才明白这种依赖别人的生活有多脆弱。她意识到自己的生活就像"玩偶之家"里的"玩偶妻子"那样毫无意义可言，明白自己的第一要务是对自己负责，她要找回自己生而为人的尊严。

娜拉得到的启示通过极具说服力的日常对话，生动地揭示了男女之间存在的心理冲突，这种冲突是穆勒于10年前就已经在他有关女性的屈从地位的文章里分析过的。易卜生并没有解决"女性作为妻子和母亲对丈夫和孩子负有的职责，是否优先于她作为个人对自己负有的责任"这个问题，然而，如同下文的阅读材料中娜拉和托瓦尔之间的对话暗示的那样，娜拉的自我发现促成了她婚姻的终结。她毅然决然地关上门，不再沉溺于过去的幻想，正如同易卜生决然地将浪漫主义的理想拒之门外一样。

阅读材料30.11
选自易卜生《玩偶之家》（1879年）

第三幕，最终场

（海尔茂家的起居室里，深夜。娜拉没有休息，反而换上了便服。）

海尔茂：你这是要干什么？我还以为你要睡觉了，你换下了睡裙？

娜　拉：是的，托瓦尔，我换下了睡裙。

海尔茂：这么晚还换衣服干什么？

娜　拉：我今晚不睡了。

海尔茂：但是，娜拉，亲爱的——

娜　拉（看了一眼手表）：现在也不算很晚。坐下吧，托瓦尔，我们应该有很多话要说。

（她在桌子边坐下。）

海尔茂：娜拉，你这是什么意思？为什么你的表情那么严肃？

娜　拉：坐下，这可能要花一点时间。我有很多话要对你说。

（海尔茂在桌子另一边坐下。）

海尔茂：你吓到我了，娜拉，我有点搞不明白你。

娜　拉：是的，你说对了，你是不明白我。我也从来没有搞懂过你——直到今天晚上。不要打断我，听我把话说完。这将是我们的最后一次谈话了，托瓦尔。

海尔茂：你这是什么意思？

娜　拉（沉默了一会儿）：我们现在这么坐在这里，你难道就没想起些什么吗？

海尔茂：没有啊！怎么了？

娜　拉：你从来没有想过，是吧？我们结婚已经八年了，这是我们第一次坐下来认真地谈话。

海尔茂：你说的"认真"是什么意思？

娜　拉：在这八年里，不——从我们认识的时候算起，比八年还要更长，我们从来没有就正经事交流过哪怕一个字。

海尔茂：我为什么要让你为我的忧虑和问题而烦恼？你能帮我解决那些问题吗？

娜　拉：我说的不是你的忧虑和问题。我只是说，我们从来都没有坐下来交流过一件正经事。

海尔茂：可是娜拉，亲爱的——你为什么要考虑正经事呢？

娜　拉：这就是问题的关键！你从来都不懂我——你这么做对我非常不公平，托瓦尔。以前我的父亲这么对我，现在你也这么对我。

海尔茂：你这是什么话？世界上再也找不出像我和你父亲这样爱你的人了！

娜　拉（摇着头）：你从来都不爱我。你只是觉得与我相恋是一件好玩的事情。

海尔茂：你真是异想天开！

娜　拉：也许吧，但那是真的。我未出嫁时，总是会听我父亲发表意见，他的意见也就成了我的意见。如果我不同意他的看法，我也总是自己藏着掖着——不然他肯定会不高兴。他以前叫我洋娃娃，像我对待我的玩偶那样和我玩耍。然后我就住到了你的房子里——

海尔茂：你就是这么看待我们的婚姻的？！

娜　拉（泰然自若）：我是说，我父亲把我交到了你的手中。你按照自己的喜好来安排一切，我也有了和你一样的喜好，或者说我是假装喜欢——我也不知道究竟是哪一种，或者两者兼有。我现在回想一下，我在这里住着就像个仅能糊口的乞丐一样，我要为你表演戏法才能活下去，托瓦尔。但那是你想要的生活。你和我父亲从来都没有理解过我，是你们剥夺了我作为一个人的权利。

海尔茂：娜拉，你怎么能这么没良心，这么不讲道理？住在这里难道不幸福吗？

娜　拉：不，从不！我曾以为我是幸福的，但我不是真的幸福。

海尔茂：什么？不幸福！

娜　拉：是的，只是凑热闹而已。你对我总是很和善，但我们家就像儿童游戏室。我一直就是你的玩偶妻子，就像我在自己家是我父亲的玩偶孩子那样。而我们的孩子，他们是我的玩偶。你和我玩耍的时候，我以为那是有趣的，那同孩子在我和他们玩耍时感受到的乐趣是一样的。那就是我们的婚姻，托瓦尔。

海尔茂：尽管你曲解、夸大了事实，但你说的也有点道理，从现在开始，一切都会不一样了。现在游戏时间结束了，从明天开始要学规矩了。

娜　拉：谁要学规矩？我，还是孩子们？

海尔茂：如果这是你想要的，你们都要学，娜拉。

娜　拉：托瓦尔，恐怕你没有资格来教我如何做一个真正的妻子。

海尔茂：你怎么能说这种话？

娜　拉：我肯定也不是教孩子们的最佳人选。

海尔茂：娜拉！

娜　拉：你刚才不是还说，你不放心把他们交给我？

海尔茂：那是一时的气话！你不要那么较真。

娜　拉：但你说的很对，托瓦尔，我做不好那个工作。我有一件非做不可的事要去做：我必须先试着教育好我自己。你帮不了我这个忙，我必须自己去完成。所以，你明白了吗？这就是我要离开你的原因。

海尔茂：（跳起来）你刚刚说什么？

娜　拉：除非我自己生活，否则我永远无法了解自己，永远学不会面对现实。所以我不能再待在这里了。

海尔茂：娜拉！娜拉！

娜　拉：我现在要走了。我相信克里斯蒂纳会让我在她那里借宿一晚。

海尔茂：可是，娜拉，这太疯狂了！我不让你走！你不许走！

娜　拉：你没有权利不让我走。我只带走那些属于我的东西。我再也不会接受你的任何施舍。

海尔茂：你这是昏了头吗？

娜　拉：明天我会回家——我是说，我原来的家。我住在那里的话，找点事做也更容易。

海尔茂：你现在就像个没有礼貌的孩子，娜拉！

娜　拉：对！所以我必须要教育我自己。

海尔茂：离开你的家，离开你的丈夫和孩子！你觉得别人会怎么说你？

娜　拉：那无所谓。我必须这么做。

海尔茂：这简直难以置信！你难道没有意识到，你这么做就是背叛了你最神圣的职责吗？

娜　拉：你觉得"最神圣的职责"是什么？

海尔茂：你作为妻子和母亲的职责——这还用我来告诉你吗？

娜　拉：我有另外一项同样神圣的职责。

海尔茂：胡说！你说的是什么？

娜　拉：做我自己。

海尔茂：记住，你作为妻子和母亲的角色先于其他的一切。

娜　拉：我再也不会这么想了。我现在相

第三十章　工业、帝国和现实主义风格　117

信的是，首先我是一个人，和你一样的人——或者说，至少我应该努力学做一个人。我知道，大多数人都会同意你的看法，托瓦尔，那也是书里常有的内容。但我再也不愿相信大多数人说的话，或是写在书里的内容了。我必须自己思考，自己去把事情弄明白。

海尔茂：你在家里的地位无疑是很清晰的，你难道没有宗教信仰吗？那对你来说难道不是一个可以绝对信赖的指引吗？

娜　拉：难道你不明白吗，托瓦尔——我从未真正了解什么是宗教信仰。

海尔茂：娜拉！你怎敢这样说话？

娜　拉：我知道的宗教信仰就是牧师告诉我的，那时候我还坚信他说的话。他告诉我他所理解的宗教是什么——说了一些有的没的。等我离开这里，我得好好研究一下宗教这个问题，试着验证一下他教我的是不是对——或者对我来说适不适用。

海尔茂：你可真敢说啊。我从来没听过这样的话！如果宗教信仰对你来说一文不值，那我就问问你的良心。你总该有道德标准吧？回答我！还是说你连道德标准都没有了？

娜　拉：你这个问题可把我难住了，托瓦尔。我想我不知道——所有的这些事都让我迷惑不解。但我知道我的看法肯定和你的不一样。比如说，我发现法律和我以前想的不一样，我很难相信它是正确的。据说，一个女人如果试着宽恕她病弱的老父亲，或是救她丈夫的性命，那她就是有罪的。我可不同意这些。

海尔茂：你现在的表现就像个小孩一样。你根本不了解我们所处的社会。

娜　拉：对，我不了解。但我会试着去了解。我想知道，社会和我，到底哪个才是对的。

海尔茂：你病了，娜拉，你一定是发高烧说胡话，你精神失常了。

娜　拉：我从来没有像今晚这样，这么清醒，这么确定过。

海尔茂：你这么"清醒和确定"地想要离开你的丈夫和孩子？

娜　拉：是。

海尔茂：那就只有一种解释了。

娜　拉：什么？

海尔茂：你不爱我了。

娜　拉：是，你说的对。

海尔茂：娜拉！你在说什么？

娜　拉：我一点都不快乐，托瓦尔。因为你一直都对我这么好，但我无能为力，我不再爱你了。

海尔茂（费力地控制着自己的情绪）：你对这一点也很"清醒和确定"吗？

娜　拉：是，很确定。所以我不能再待在这里了……

问：娜拉告诉海尔茂她离开他的理由是什么？

问：在海尔茂眼中，娜拉是怎样一个人？

视觉艺术中的现实主义

摄影的诞生

唯物主义思想发展的一个重要因素是摄影的诞生。绘画或雕刻作品或许能将艺术家的想象生动地展现出来，而照片则是对消失的时间的真实记录。不同于早期只能简单地捕捉到一点影像的暗箱，照片能够将真实场景固定保存下来。

1835年，威廉·亨利·福克斯·塔尔博特（1800—1877）用涂有光敏化学物的纸张拍摄出负像照片，用这种方法拍出来的照片，一次曝光可以印制很多份，摄影由此诞生。再早一点，与塔尔博特同时期的法国发明家路易·达盖尔（1787—1851）发明了类似的方法——他用打磨过的金属板来拍摄影像。不同于塔尔博特的印制照（由纸质负片制成），达盖尔的照片无法被复制，每一张都是独一无二的。不过，在之后的几十年里，他的一种更为人熟知、技术更进步的发明——银版照相法开始在整个欧洲和美国流行起来，满足了人们对相片日益增长的需求。照相机镜头和用来让图像显形的化学物质的逐步改良，加速了摄影的盛行，用空前的精确度来记录物质世界的摄影受到了越来越多人的喜爱。

在历史发展的过程中，艺术家一直扮演着自然的记录者的角色。显而易见，摄影的出现是对艺术家权威的挑战。但艺术家要过很久才会意识到摄影带来的长远影响——照相机可以将艺术家从复制自然物质"面貌"的行为中解放出来。评论家称，照片作为物质世界的真实记录，应该用来帮助艺术家进一步实现绘画中的现实主义。很多艺术家也确实在创作过程中，将照片当作事实资料的来源。不过，在19世纪中叶，照相机被欧洲人和美国人广泛地应用于许多其他领域。比如，在国外一些地方开展地质方面的研究，通过摄影记录建筑物遗迹，拍摄肖像照等。以前只有买得起肖像画的人才能拥有肖像，摄影的出现让普通人拥有自己的肖像成了可能。在肖像摄影领域，银版照相法被证实是最受欢迎的；到1850年，巴黎每年大约能卖出十万张照片。这些照片被用作名片，或用来纪念名人的样貌，也用于记录罪犯的样貌——罪犯的"面部照片"成了犯罪学发展初期的一个非常实用的工具。

图 30.4 缪斯的低语（乔治·弗雷德里克·沃茨和孩子）朱莉娅·玛格丽特·卡梅伦，约摄于1865年

一些摄影师，例如48岁才开启摄影事业的英国先驱人物朱莉娅·玛格丽特·卡梅伦（1815—1879），利用照相机再现浪漫主义时期画作的风格。她模仿艺术家画笔的效果，用情境式照明、浅景深和长曝光时间来创作传达浪漫主义精神和观点的柔焦肖像作品（图30.4）。其他摄影师则用照相机来记录他们所处的时代和空间的现实景象。法国摄影师纳达尔（本名加斯帕德·费利克斯·图尔纳雄，1820—1910）为许多名人拍摄了生动的肖像照，包括乔治·桑、柏辽兹和萨拉·伯恩哈特等。纳达尔是第一个进行航空摄影实验的人。他还首次使用电灯补光，拍摄了一系列非凡的照片，这些照片记录了巴黎的下水道和地下墓穴。

19世纪的照片不可避免地发挥了社会记录的作用，例如托马斯·安南（1829—1887）记录为贫穷所困的家庭和摇摇欲坠的旧式公寓大楼的黑白照

科技发展一览表

1835年	英国人威廉·亨利·福克斯·塔尔博特发明了卡罗式摄影法（正负片摄影法）。
1837年	法国人路易·达盖尔使用涂有银的铜板制作了第一张银版照相法照片。
1866年	第一支温彻斯特连发步枪开始在美国投入生产。
1866年	甘油炸药最早出现于瑞典。
1888年	美国人乔治·伊士曼完善了"柯达"箱式照相机。

片（图30.3），用逼真的现实主义风格展现了19世纪苏格兰格拉斯哥臭名昭著的贫民窟。这些照片完全可以充当查尔斯·狄更斯的小说配图。同样，马修·B.布雷迪（1823—1896）和他的员工拍摄的有关美国南北战争时期的纪实照片，说明了专业摄影师作为军事战争记录者的重要性。布雷迪拍摄的3500幅记录南北战争的照片，既有对兵营和军需品等普通场景的记录，也有对大屠杀毫不畏惧的揭露。

19世纪末期，柯达"傻瓜式"手持相机为广大普通民众带来了福音，他们能自己用照相机拍摄照片了。

库尔贝和法国现实主义绘画

和文学、摄影一样，现实主义绘画也开始挑战浪漫主义风格。现实主义画家倾向于对日常生活进行具体的、实事求是的描画，这种严肃的风格有别于浪漫主义画家对遥远、具有异国情调、有关英雄的人物或事件进行的形象化描述，也不同于新古典主义画家那宏伟而高贵的绘画主题。遵从艺术家必须直面他们所处时代的大环境和经历的信条，现实主义画家放弃了怀旧风景和英雄行为等浪漫主义的绘画主题，以工业化产生的影响和普通男女的生活为内容进行创作。

19世纪，法国绘画领域的重要现实主义画家是古斯塔夫·库尔贝（1819—1877）。他是农民的儿子，通过自学成为艺术家，他还是个直言不讳的社会主义支持者以及现实主义事业的坚定拥护者。他曾断言："一个画家应该只画他目之所见的东西。"的确，库尔贝的大多数作品——肖像画、风景画和他那个时代的场景画——都是对他目之所见的清晰事实的真实描绘。他曾用"让我看一眼天使，我就能把天使画出来"这样的话来奚落浪漫主义画家和新古典主义画家。库尔贝最感兴趣的并不是天使，而是现实生活中的普通人。

在《碎石工》（图30.5）一画中，库尔贝描绘了两个做着体力活的辛劳的乡村劳工。库尔贝的朋友蒲鲁东称这幅画为"第一幅社会主义绘画"，这样的评论激怒了其他批评家——他们认为，这幅画的主题非常平凡、单调，人物粗鄙且衣衫褴褛，完全不是理想化的形象。另外，画中人物背对着观众，根据19世纪的评判标准，这违反了被法国学院派艺术（详见第二十一章）视为神圣而不可侵犯的礼仪规范。尽管存在这些"违规行为"，库尔贝的这幅画依然非常受大众欢迎。在一个极度贫穷，乡村人口占总人数三分之二的国家里，因苦役而麻木的尊严是一个很受欢迎的主题。

与库尔贝同时期的画家让-弗朗索瓦·米勒（1814—1875），不像库尔贝那样具有改革的热情，但他也致力于描绘乡村无产者的日常生活。米勒对不辞辛劳的农场工人的刻画为他赢得了"农民

图 30.5 碎石工 古斯塔夫·库尔贝，绘于1849年

画家"的称号。在《拾穗者》（图30.1）一画中，三位农民妇女做着捡拾秋收后剩余的麦穗这样辛劳的工作。这些有着崇高而质朴品质的拾穗者，和库尔贝笔下的采石工人一样平凡普通、默默无闻，但是在辽阔背景的映衬下，她们显得极其优雅而高贵。库尔贝的画像是一张快照，是"随意"取景而作的，而在米勒的作品中，远处的草垛巧妙地呼应劳作者弯曲的背部，这让整幅画显得更有条理、更具设计感。与库尔贝表现出来的强烈现实主义色彩相比，米勒在绘画中表现的更像是被浪漫化的现实主义。

在当时就是里程碑式作品的《拾穗者》，象征着繁重工作应有的尊严，同时提醒人们记得工业化发展过程中迅速消失的一种生活方式。这幅作品被大批量生产，有许多雕刻版本。库尔贝致力于真实地还原自然和世俗世界，他知道无忧无虑的农民是只存在于城市想象中田园牧歌式的模式化形象，并不存在于现实生活中。他应该会认同同时期的英国小说家乔治·爱略特的观点："对英国农民极为了解的人绝不会认为农民是快乐的。"

库尔贝对平凡生活最大胆的记录体现在他的不朽画作《奥尔南的葬礼》上（详见调查研究，图30.6）。大幅画布上包含了约50个与真人等身的人物，他们随意地站在新近挖好的墓穴边。这种尺寸的图画一般被用于描绘历史性或宗教性的题材。然而，在这幅受自己伯祖父的葬礼启发而创作的画中，库尔贝描绘了相貌平平（甚至长得并不好看）的奥尔南镇民的情态。1855年，库尔贝的画作遭到万国博览会否决之后，库尔贝自己在万国博览会附近租了一片场地，支起帐篷，展览《奥尔南的葬礼》和其余38件画作。他将这片场地称为"现实主义者库尔贝先生个人展览会"。作为历史上第一个个人画展的举办者，库尔贝收取的入场费很低。

调查研究

库尔贝的《奥尔南的葬礼》

在这幅宏大的作品中，库尔贝记录了家乡发生的一个真实事件。他弱化了死亡和葬礼的惯例习俗、葬礼的排场，以及西方基督教中丧葬传统仪式的重要性。跪地的挖墓者和一旁的狗在画中的地位与神父以及他的随从人员一样重要。就构图而言，挤在一起的哀悼者的地位比死者还要高。凭借相机般的客观视角，库尔贝没有在画中掺入一丝感情色彩或者绘画技巧。

图 30.6 奥尔南的葬礼 古斯塔夫·库尔贝，绘于1849—1850年。在个人画展的目录简介一栏里，库尔贝写了一则现实主义者宣言，表明他的目标是根据他自己的判断将他所处时代的"习俗、观念和大环境用画作的形式呈现出来"。一位评论家称库尔贝描绘了"近代资本家的荒谬、丑陋和美"。

杜米埃的社会现实主义

法国艺术家奥诺雷·杜米埃（1808—1879）给世界留下了他所处时代的社会生活的详细记录。杜米埃没有接受过正规的学院派教育，他从小学习石版印刷——在石版上作画的一种版画复制方法（图30.7）。石版印刷是19世纪印刷技术发展的产物，是一种廉价且广泛应用于报纸、杂志和书本的插画印刷方法。

杜米埃制作了4000多个石版印刷品，每周生产2到3个成品供给巴黎的不同报纸和期刊使用。他直接从周围事物中取材：巴黎的街道、剧院、法庭等。近代生活中日益进步的技术也吸引了杜米埃的目光，比如首例航拍实验、电报、缝纫机、连发步

图 30.7 石版印刷是利用平面进行印制的方法，也叫平版印刷。先用油基的平版印刷蜡笔或铅笔将画像绘制在光滑的石灰岩表面上，再用水打湿表面，因为油不溶于水，所以水不会附着在已经用油基平版印刷油墨涂过的区域。沾了油的区域防水，因此会显露出来。然后在表面滚上印刷油墨，印刷油墨只会沾在用油基媒介绘制的部分。将打湿的纸张放在石块上，再用特殊的印刷机摩擦纸背，图案就从石块转印到纸张上

展览变成了深入人心的学术品位的象征。杜米埃的石版画讽刺巴黎沙龙是一大群目瞪口呆的都市人出席的"盛事"。

作为当代政治漫画的原型，杜米埃的石版画表达了他对君主制、政治腐败和投机倒把行为的强烈反对。在当时，这种评论的发表会让人陷入险境，尤其是在19世纪中期的法国，在没有获得允许的前提下，用漫画的形式公开讽刺他人的行为是违法的。1832年，他因发表一幅讽刺法国国王的石版画而被判入狱6个月——杜米埃将法国国王路易·菲力浦刻画为坐在便桶（王座）上，排出一袋袋黄金的、肥胖的大胃巨人。

杜米埃作为一个绘画艺术家，创作了不到300幅画作。在《三等车厢》（图30.9）里，他将19世纪的下层阶级乘坐火车时的寒酸和单调乏味充分体现

枪、铁路，以及拓宽巴黎街道在内的城市复兴项目。但是杜米埃也不是单纯地描述生活，他还会对生活中的一些现象进行嘲讽。对新科技和社会进步是否能彻底改变人类生存条件抱有怀疑态度的杜米埃，提醒大家注意人类典型的弱点——包括自私自利的政界人物表现出来的、人们再熟悉不过的自满和贪婪，以及新富人（暴发户）的虚荣和做作。

其中一个受到杜米埃嘲讽的有名机构是法国的巴黎沙龙（图30.8）。巴黎沙龙由成立于1648年的法国皇家绘画与雕塑学院发起（详见第二十一章），作品在沙龙里展出意味着该作品受到皇家赞赏，画家获得成功的一刻指日可待。18世纪，巴黎沙龙每年在卢浮宫举办一次展览会，这个有评委会参与的展览会已经成了社会公共活动，一般会持续几周。活动会吸引大量的人前来观摩，其中也包括崭露头角的艺术评论家。展厅里到处都是绘画作品，占据了所有可以展览作品的空间，展览还会提供印刷好的目录供参观者浏览。到了19世纪中期，每年由政府赞助，评委会参与，在商业大厅展出的

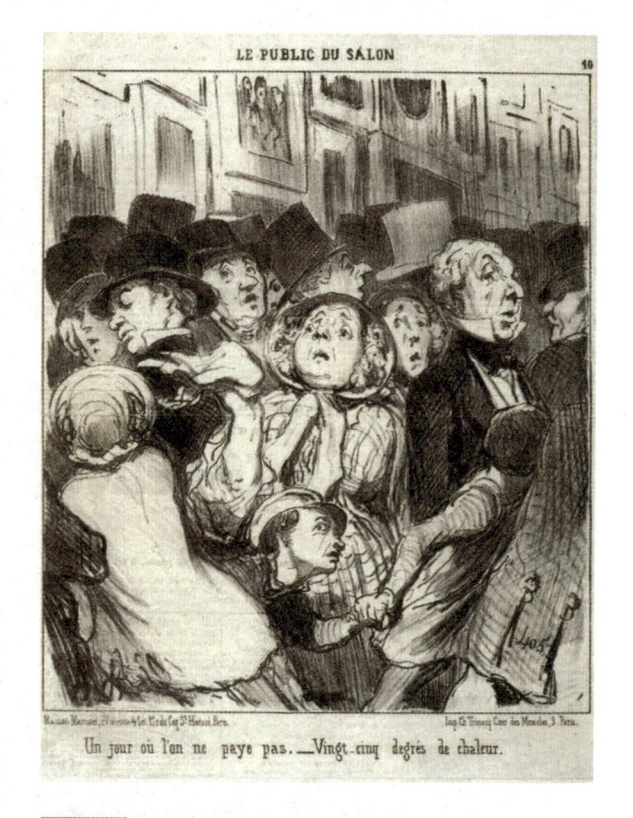

图 30.8 免费参观日——二十五摄氏度高温 奥诺雷·杜米埃，选自《巴黎沙龙的公众》系列，发表于《喧闹》杂志（1852年5月17日）的第10页。题词：不需要付费的一天，二十五摄氏度的高温

第三十章 工业、帝国和现实主义风格 123

了出来。欧洲火车上票价最便宜的车厢，当然也是让人感觉乘坐得最不舒服的车厢：车厢没有玻璃窗（因此乘客要忍受更多的烟味、煤灰和噪声），座位都是硬木长凳，而不是加了软垫的。杜米埃这幅画的前景是贫穷家庭的三代人——一个上了年纪的妇女、一个年轻的妇女和她的孩子。人物笨拙的身躯暗示着他们的疲惫和徒劳，但也显示出平凡人所拥有的尊严，这不禁让人联想起伦勃朗笔下的人物（详见第二十二章）。昏暗、松散的油画笔触突出显示了阴郁、惨淡却又无可奈何的氛围，杜米埃的这幅画真实地还原了当时城市环境下普通人的生活。

马奈的"不道德"现实主义

法国画家爱德华·马奈（1832—1883）对艺术

科技发展一览表

1796年	巴伐利亚人阿洛伊斯·塞内费尔德发明了平版石印技术。
1822年	美国人威廉·丘奇取得了自动排字机专利。
1844年	纸浆的生产为报纸和期刊提供了廉价的纸张。

图 30.9 **三等车厢** 奥诺雷·杜米埃，绘于1862年左右。该画描绘了一个下层阶级家庭，其中有老妇人、老妇人的女儿和两个小孩。杜米埃对巴黎生活的现场描绘具有的直率、即时性的画风在这里得到了很好的体现

世界发出了令人震惊的挑战。马奈出生于巴黎，他放弃了发展法律事业，毅然选择了绘画。他非常欣赏古代艺术大师的作品，也非常着迷于他所处时代的生活，尤其沉醉于巴黎中产阶级的乐趣中。1863年，他创作了一幅画幅巨大、色彩鲜艳、名为《草地上的午餐》（图30.10）的画，震惊了整个巴黎。在这幅画中，一个裸女正在和两个衣冠整齐的男性友人野餐，在附近的小溪边，另一个衣衫单薄的女人正在沐浴。

从历史角度来看，马奈选取的"风景中的裸女"这一主题对艺术家和普通的艺术赞助人来说都不陌生。显然，《草地上的午餐》借鉴了像提香的《田园合奏》这样来自文艺复兴时期的作品。这幅画中间的三个人物借鉴了16世纪的一幅版画（图30.11），这幅版画以文艺复兴时期的织锦为基础，而这幅织锦的图案又是取材于拉斐尔遗失的一幅画作。裸女形象被认为是古代的一个重要主题，这在学院派艺术中也是如此（详见第二十一章和二十六章）。在西方艺术史中，这些女性往往是神话或寓言故事里的人物，例如维纳斯或美惠三女神。然而，马奈的裸女却是普普通通的、一丝不挂的女性。他画中的人物既不是居住在森林里的仙女，也不是奥林匹斯山的神明，他们分别是画家最喜欢的模特（维多琳·默兰）和他未来的妹夫（斜靠在地上的男子）。

马奈选取了一个古典主题，再用现代手法重

图 30.10 草地上的午餐 爱德华·马奈，绘于1863年。画面左下方的静物写生证实了马奈作为一个画家的高超技艺

图 30.11 帕里斯的裁决（局部）马尔坎托尼奥·雷蒙迪，创作于1520年左右，根据拉斐尔的画作创作的版画作品

新赋予它意义的这种做法违反了学院派的传统。而让一个裸女（明目张胆地盯着观画者）出现在两个衣冠整齐的男子面前的做法，也冒犯了社会的道德规范。马奈用这种不拘礼节且咄咄逼人的直观绘画手法来"挑战"传统形象，以此表达自己对法国社会堕落和腐坏现象的抨击，正如福楼拜创作《包法利夫人》的意图。值得注意的是，和将细节的真实性与客观的叙述风格相结合进行创作的福楼拜一样，马奈以中立的立场，用冷静客观的态度来呈现主题。毫无意外，法国皇家绘画与雕塑学院的评委会给《草地上的午餐》投了否决票，拒绝将它放在1863年的巴黎沙龙展出。然而，同年，该画在落选者沙龙中展出。落选者沙龙是一个具有深远影响的展览会，它收取被巴黎沙龙拒收的画作，为它们提供了一个展览平台，这是法国君主（拿破仑三世）为了回应公众对学院评委会专制做法的抗议而批准的。

马奈的这幅画一经展出，就有参观者去戳画布，评论家也抨击其粗俗的"不得体的举止"。《草地上的午餐》被人形容为不道德的作品。"裸女的身材并不好，"一个记者如是写道，"再也想象不出有什么能比在裸女身旁伸展四肢的那个男人还要丑的东西了，在户外都没想到把他那用衬垫做的丑帽子拿掉。"马奈的画作虽然受到了持续的批评，但也有人为之发声，比如马奈的好朋友埃米尔·左拉，他在1867年写了一则有关马奈的简介。左拉称赞马奈的作品是"对现实的直白再现"，并且敏锐地评论道："他对待人物画，就像学院派画家对待静物画一样……他既不称颂，也不进行理性思考。他只是作画，仅此而已。"

在1863年创作的另一幅画《奥林匹亚》（图30.12）中，马奈再次"贬低"了一个传统的主题：斜靠着的裸女。这个身材矮小粗壮的裸女（依然是维多琳·默兰）不像提香画笔下的维纳斯或安格尔画笔下的宫女那样散发着魅力，她大胆地盯着观画者。她的缎面拖鞋、颈部的黑蝴蝶结和其余具有挑衅意味的细节（比如黑色的"野猫"——性欲的象征）表明了她是个高级妓女。就像福楼拜的《包法利夫人》或左拉的《娜娜》一样，马奈的《奥林匹亚》对女性形象的描绘并不带有感情色彩。马奈将完美典范普通化的方式，不仅冒犯了公众的品位，还挑战了作为崇高主题承载者的"艺术"的传统观念。

马奈还通过运用新的绘画技巧打破了学院派的传统。他模仿当时的摄影手法，让画中的人物沐浴在明亮的光线之下，并且极少使用阴影，以一种类似日本版画的方式将形体扁平化处理。他摒弃了中间色调，直接使用鲜亮、不透明的色彩（而非通过薄而透明的釉料来塑造形体），这一做法预示了印象派风格的出现，而他在自己职业生涯的后期也接受了这一风格。

图 30.12 奥林匹亚 爱德华·马奈，绘于1863年。女仆为高等妓女抱来一束崇拜者送给她的花。根据黑猫受到惊吓的反应来看，女仆应该是刚进房间

美国绘画中的现实主义

尽管大多数美国画家都是在欧洲的艺术学校接受绘画培训的，但他们对现实主义的喜好似乎来源于一种本土的情感，即对自身所处环境中的真实事物和物质层面的与生俱来的喜爱。19世纪末期，是物质享乐主义盛行的年代，也被称为"镀金时代"，在这期间，美国产生了很多一流的现实主义画家。他们探索的主题很广泛，从静物、肖像画，到风景、风俗画等都有涉猎。美国的现实主义画家和文学巨头马克·吐温一样，将敏锐的观察力和卓越的绘画技巧结合在一起实现其创作。

威廉·迈克尔·哈尼特（1848—1892）是其中才华极为出众的现实主义画家之一，他擅长静物画，也是错视画艺术手法的大师。哈尼特承袭17世纪荷兰绘画大师的风格，用极高的精准度来记录普通的物体——信件、剪报、名片等就像是被贴在画布上似的（图30.13）。

作为19世纪早期的肖像画大师和美国第一家博物馆（位于费城）的创建人，查尔斯·威尔森·皮尔（1741—1827）因他为著名的公众人物绘制的栩栩如生的肖像而闻名，其中包括乔治·华盛顿、托马斯·杰斐逊、安德鲁·杰克逊等，但他最引人注目的那幅肖像画是非裔美国人亚罗·马穆特的肖像（图30.14）。在签订契约后的45年，西非奴隶马穆特从美国奴隶主手中获得了自由，之后，他取得了事业上的成功，最终在华盛顿的哥伦比亚特区定居。皮尔为这位83岁高龄的穆罕默德·亚罗（他的

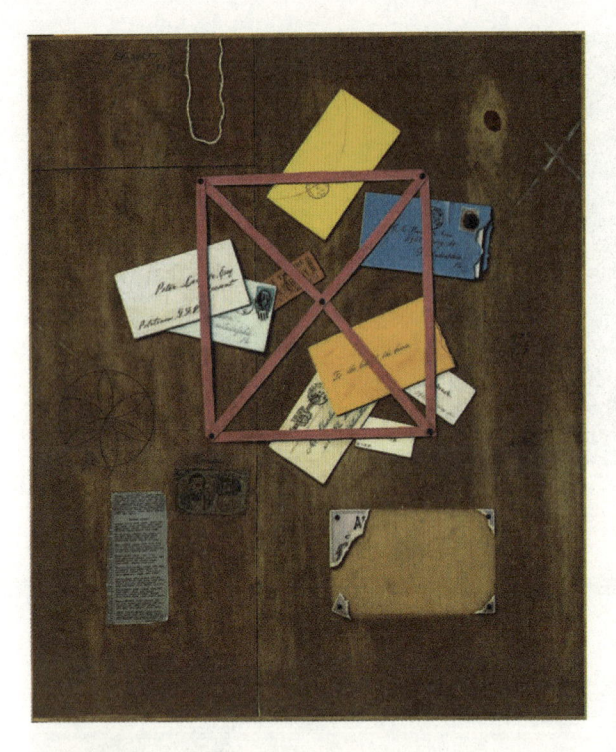

图 30.13 艺术家的信架 威廉·迈克尔·哈尼特，绘于1879年

作为绘画题材的艺术家。作为一个小有名气的摄影师，他用照相机为自己的画作搜集视觉资料。他也是第一批用自己拍摄的照片来为写实绘画的创作提供素材的艺术家，他还鼓励自己的学生也采用这种方法。

埃金斯在费城的杰斐逊医学院做过尸体解剖，凭着对科学解剖的这份热情，他创作了一些有关医疗训练和实践的非传统绘画作品。其中很有名的一幅作品是《阿格纽医师的临床课》（图30.15），描绘了在医学院阶梯教室里外科医生兼教授海斯·阿格纽为学生讲解在他的指导下正在进行的乳房切除手术的景象。

埃金斯的学生亨利·奥赛瓦·丹拿（1859—

非洲名字）作画时，自己也已经77岁了。画家在日记中写道，这位模特是个很快乐的老人，以"勤奋、节俭、清醒持重"著称。这幅画是美国历史上已知最早的穆斯林肖像画，很好地体现了人物的上述品质，以及马穆特的自信和坚韧。

在皮尔之后，费城的艺术家托马斯·埃金斯（1844—1916）因精通肖像画的创作艺术，绘制了很多栩栩如生的人物肖像画，其中诗人沃尔特·惠特曼的肖像画就是他执笔的。和19世纪的大多数美国艺术家一样，埃金斯是在欧洲的艺术学校接受绘画训练的，但他最后是以绘制美国的日常生活场景著称的，是一位极有影响力的艺术教师。在宾夕法尼亚美术学院任教时，他因坚持主张使用裸体模特而受到批评。在美术学院任职10年（1876—1886）后，他因在男女混合班的课堂上摘掉了男模特的缠腰带而被迫辞职。

埃金斯是第一批将运动（比如拳击和划船）

图 30.14 亚罗·马穆特（穆罕默德·亚罗）的肖像画 查尔斯·威尔森·皮尔，绘于1819年。马穆特戴着一顶无边的库非帽[1]，这是西非本地人戴的一种传统帽子

1. 这种帽子叫kufi或kufi cap。

触类旁通

1889年,埃金斯接受了宾夕法尼亚医学院学生请其绘制肖像画的委托,以纪念一位他们非常喜爱的教授的退休。埃金斯建议绘画的背景定在医学院阶梯教室里,这样外科医生的工作伙伴和学生都能出现在画中。在绘制草图的时候,他脑中闪现了伦勃朗著名的群像画《杜普教授的解剖学课》(图30.16)。埃金斯的画作(图30.15)借鉴了伦勃朗画作中戏剧性的场景布置、对光线的运用(照亮黑暗区域的人物)以及逼真的细节描绘。两幅画都是对物质世界的极其精确的即时记录。

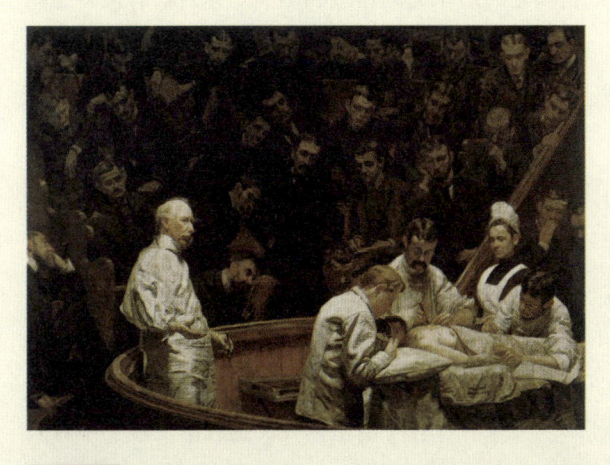

图 30.15 阿格纽医师的临床课 托马斯·埃金斯,绘于1889年。这张如同一面墙大小的画作是埃金斯最大的一幅画。画作右边的远景处是埃金斯的自画像,由他的妻子苏珊代笔

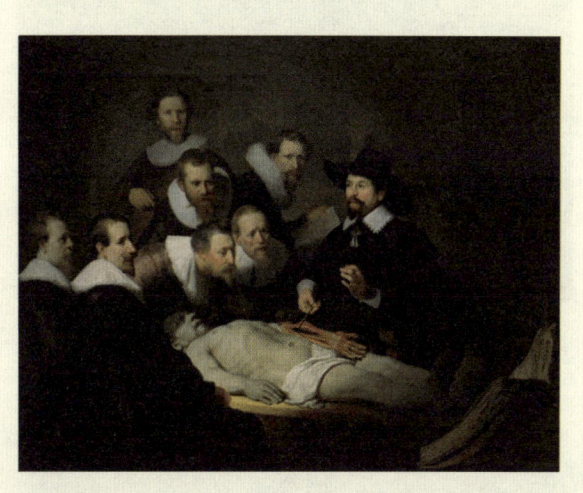

图 30.16 杜普教授的解剖学课 伦勃朗,绘于1632年

1937)和很多非裔的美国艺术家一样,认为巴黎比美国更具包容性。作为一个才华横溢的风俗画画家、风景画艺术家和摄影师,丹拿通过他的画作表现了对工人阶级简单的日常生活的关注。在《班卓琴课》(图30.17)一画中,画家描绘了祖父给小男孩进行音乐指导的亲密家庭场景。凭着娴熟的绘画技巧和运用自如的调色能力,丹拿也会定期在巴黎展出作品。1909年,他被推荐成为纽约国家设计学院的成员。

美国的现实主义拥护者深刻地意识到摄影这门新艺术的作用,一些艺术家,比如埃金斯和丹拿,他们本身是技术很好的摄影师。他们也十分感激在传播读写文化的过程中越来越起着重要作用的新闻业。温斯洛·霍默(1836—1910)是报纸的插图画家,也是纽约杂志《哈珀周刊》的记者。作为第一位被派去当战地记者的专业艺术家,他创作了以美国南北战争为主题的现场纪实绘画和素描,后来被《哈珀周刊》转成木版插画刊登(图30.18)。霍默会对他亲眼所见的事件进行概括说明,但他不会就主题进行说教或将其寓言化(戈雅和德拉克洛瓦

会这么做)。在绘画选择和戏剧性关注点方面的才能让他可以媲美美国的第一位战地摄影师——马修·B.布雷迪。

霍默曾两次远赴欧洲,但在大部分时间里他都待在新英格兰,在那里,他选取具有美国特色的普通主题来作画。对打猎和捕鱼场景的描绘显示出他对自然深切的热爱,他的许多风俗画则反映了其对美国妇女和儿童日常活动的关注。

霍默对非裔美国人在当时的美国文化中所扮演的角色很感兴趣,但对那些将美国奴隶刻画成欢乐且满足的形象的画作感到不满。他最具有挑衅意味的画《墨西哥湾流》(图30.19)画的是一个黑人乘坐无舵小船漂浮在海上,小船周围的水域里满是鲨鱼,整个海域因即将来临的飓风而波涛起伏。虽然这幅绘画具有现实主义风格,但也可以理解为美国黑人在南北战争之后几十年里孤立的地位和悲惨命运的隐喻。霍默与包括透纳、麦尔维尔、籍里柯在内的19世纪早期学者一样,都对人类与大海之间生死攸关的较量这类题材有着极大的兴趣。然而,相较于籍里柯在《梅杜萨之筏》中对人类对抗自然的行为的戏剧性描绘(霍默可能在巴黎参观过这幅作品),霍默的画是对人类在面对死亡威胁时表现出逆来顺受的态度的客观呈现。和很多公开展出的19世纪绘画作品一样,《墨西哥湾流》一经展出就引来了批评声。霍默在回应批评者的问题时挖苦道:"老妇人和其他人对《墨西哥湾流》的批评已收到。你可以告诉这些人,那个黑人没有被饿死,他也没有成为鲨鱼的食物,暴雨没有击打在他身上,他后来被过往的船只救了……"

美国大众喜欢现实主义画家,但偶尔评论家还是会表达矛盾又复杂的

图 30.17 **班卓琴课** 亨利·奥赛瓦·丹拿,绘于1893年左右

图 30.18 **工会战争:用刺刀冲锋** 温斯洛·霍默,发表在1862年7月12日的《哈珀周刊》上

图 30.19 墨西哥湾流 温斯洛·霍默,绘于1899年

感受。致力于探寻美国和欧洲人物差异的美国小说家亨利·詹姆斯(1843—1916),在评价他所谓霍默的"完美现实主义"时如是说:"他几乎简朴得野蛮,在我们看来,他是非常丑陋的;尽管如此,他身上也有让人喜欢的地方。那是什么呢?对我们来说,那并不是他的题材。坦率地说,我们憎恶他的题材——沉闷无趣的木栅栏,单调刺目的蓝天,大片空旷又枯燥的草地,满脸雀斑、直发的美国脏小孩,让人联想起一盘乡下的甜甜圈和馅饼的平胸少女,他的白棉布遮阳帽、法兰绒衬衫、牛皮靴子。他选了风景和文化里最没有价值、最没有绘画特色的东西来作画,自己却坚信它们是有绘画价值的。在他眼里,那些东西好像和卡普里岛或丹吉尔一样美好。为奖励自己的厚颜无耻,他毫无疑问是成功了。这也说明了,如果你固执己见,即使这种做法让人不愉快,至少你的创作会留下你自己的印记,有自己的特色。"

科技发展一览表

1779年	第一架铸铁大桥在英国建成。
1851年	第一届万国工业博览会在伦敦举行。
1856年	英国人亨利·贝塞麦完善了炼钢的方法,生产出了便宜的钢铁材料。
1857年	美国人伊莱沙·格雷夫斯·奥的斯安装了第一架客运安全电梯。
1863年	第一列"地铁"(伦敦地下铁)投入运营。

19世纪末期的建筑

19世纪,一种激动人心的新建筑材料"铸铁"投入使用,建筑史有了翻天覆地的变化。铸铁能加强建筑物的强度但不会增大体积,相比传统的砌石工程,建筑师可以用铸铁建造宽度更宽、高度更高的建筑物。尽管铸铁的出现足以改变建筑史,且其比罗马发明混凝土以来的任何一项技术的进步都更大,但是欧洲的建筑师却迟迟不能认识到铸铁的重要性。在英国,约翰·纳西在1815年就已经用铸铁来设计布赖顿英皇阁的构架了,但工程师们直到1826年才建造了第一架铸铁悬索桥。此后一直到19世纪中期,人们才以铁为原材料,来制造工厂、仓库、火车站等建筑的骨架。

其实,将铁作为原材料用于公共建筑物的创新者并不是建筑师,而是著名的园艺师兼温室设计者约瑟夫·帕克斯顿(1803—1865)。帕克斯顿设计的水晶宫(图30.20)是为1851年在伦敦举行的万国工业博览会建造的,它是世界上第一个由预制构件构成的建筑物,也是20世纪以钢铁和玻璃为原材料建造的"功能性"建筑物的先驱。这个长达1851英尺的建筑物(这个长度刚好象征着英国举办博览会的年份),是由铸铁和熟铁制成的大梁,以及几万

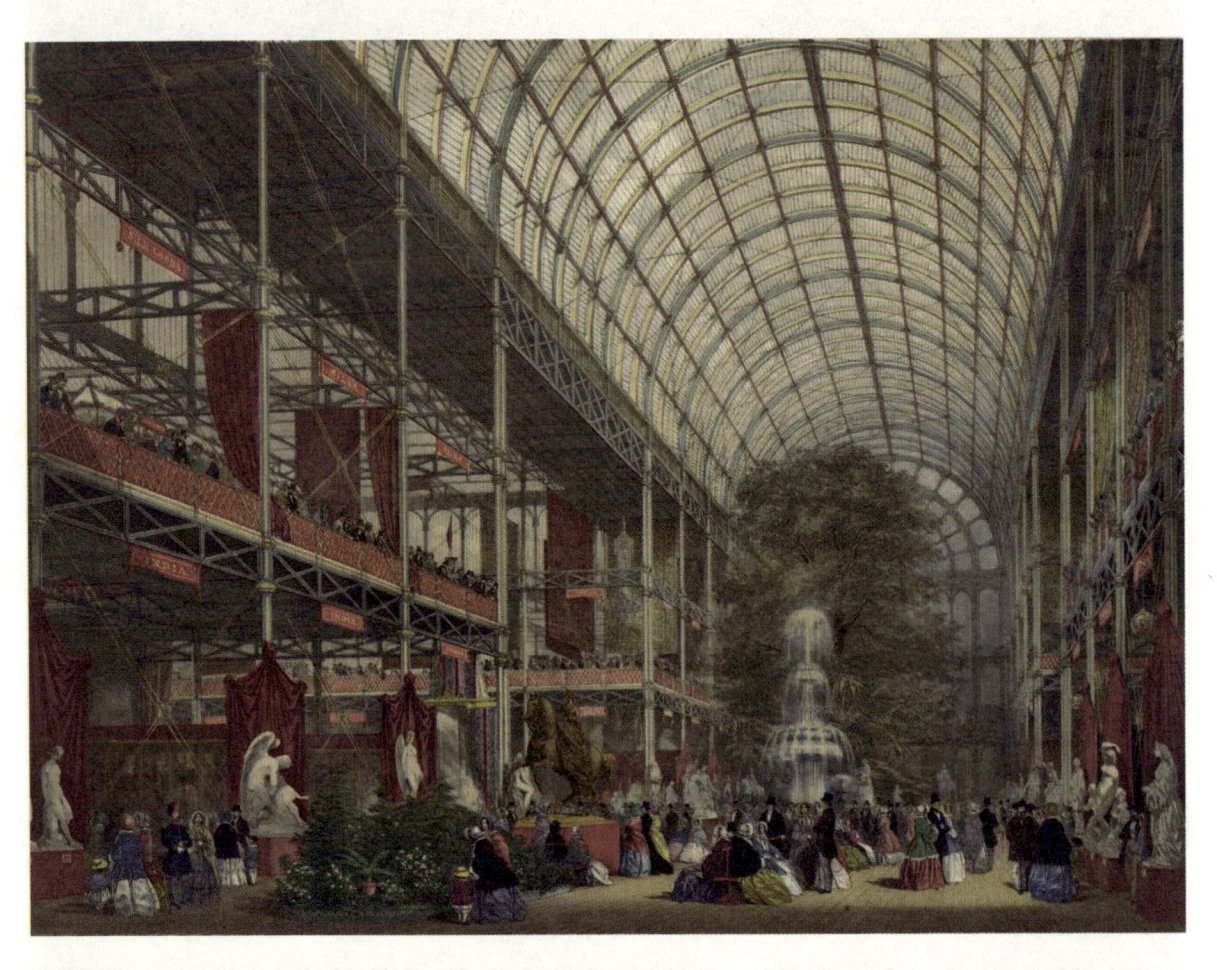

图 30.20 水晶宫内部,1851年首届万国工业博览会展示馆 建筑师约瑟夫·帕克斯顿,以铸铁、熟铁和玻璃为主要原材料,长达1851英尺。在现场完成预制构件安装的水晶宫,容纳了约14 000个展览台。这座主要依靠自然光照的三层建筑物为如今的大型购物中心提供了原型

块玻璃共同组建而成的，只用了9个月就建成了，就像一个巨大的温室。光线从透明的墙上穿透进来，空气则经过百叶窗后滤进室内。成千上万的人成群结队地去参观水晶宫，但大多数的欧洲建筑师还是觉得用玻璃和铁搭建起来的建筑太怪异了。尽管水晶宫很恢宏壮观，但它在当时几乎没有对欧洲建筑产生一丁点的影响。在万国工业博览会之后，水晶宫被拆除并搬到了一个新的场地上，直到1936年被烧毁前的几十年里，它因预制组件的建筑方法和轻便易携的特点被赞为典范。

和水晶宫一样，埃菲尔铁塔建造之初也被认为是新奇之物，但很快，它就成了早期现代主义的象征。这座观光塔是工程师古斯塔夫·埃菲尔（1832—1923）为1889年的巴黎世界博览会建造的，其实它是一座1063英尺高的铸铁构架，塔里配有观光电梯，游客乘观光电梯可在高处俯瞰巴黎壮丽的景色。以审美的角度看，埃菲尔铁塔联结了过去和未来的建筑传统：它连绵曲折的线条、精美的花饰图案，以及引人注目的垂直观感容易使人联想起哥特式大教堂的辉煌，而它宏伟的铁制构架也为国际风格建筑物的简约抽象概念提供了原型。埃菲尔铁塔刚建成的时候被人指责为奇丑无比的庞然大物，后来逐渐成为工业时代人们急剧增加的信心的象征。这个法国地标式建筑作为世界最高建筑的纪录保持了四十多年，之后美国摩天大楼的出现刷新了它的纪录。

在一个工业化迅速发展的年代，像水晶宫、埃菲尔铁塔这样的装饰性建筑逐渐被功能性建筑取代。不可避免地，摩天大楼成了企业权利和城市景观在建筑方面的主要表达方式。到了1850年，美国人口超过10万的城市约有7个；到了1900年，因为成千上万的移民涌入大都市生活或工作，造成了至少有3个城市——纽约、费城和芝加哥——人口迅速膨胀。现代化前的城市建筑高度不会超过四层楼，摩天大楼的出现大大改变了城市的样貌。

图 30.21 布法罗信托银行大厦 建筑师路易斯·亨利·沙利文和丹克马尔·阿德勒，位于纽约州，建于1894—1895年

随着1856年炼钢技术的进步和完善，建造多层垂直建筑物也成为可能。用比铸铁更轻、更坚固、更有弹力的钢制成的构架能承受建筑物的全部重量，这样就不需要用砌石墙来承重了。钢的使用体现出建筑设计的一种全新概念——主张使用更轻便的材料，在设计中采用平屋顶和大窗户。1868年，六层楼高的纽约公平人寿保险大厦是首栋安装电梯的办公大楼。到了19世纪80年代，建筑师和工程师将新的钢制构架应用到电梯设计中，建造出了高达十层及以上的建筑物。威廉·勒巴隆·詹

第三十章 工业、帝国和现实主义风格 133

图 30.22 布鲁克林大桥 建筑师约翰·奥古斯都·罗布林和华盛顿·奥古斯都·罗布林，位于纽约，建造时间为1870—1883年

尼（1832—1907）建造了第一座全钢构架的摩天大楼——位于芝加哥的家庭保险公司大厦，但讽刺的是，这座摩天大楼的金属骨架之外却是传统的砖石外观。设计多层建筑物的责任则落到了詹尼的继任者路易斯·亨利·沙利文（1856—1924）的肩上，他的其中一个作品是位于纽约州的布法罗信托银行大厦（图30.21），它的简洁外观里是钢制构架。"任何形式都应具有功能性"是沙利文所坚持的理念。在几十年内，美国的摩天大楼成了现代城市文化的象征。

19世纪炼钢和铸铁技术的进步也促进了桥梁的发展。1870年，美国的第一座钢丝悬索桥开始动工：布鲁克林大桥（图30.22）。布鲁克林大桥的设计者约翰·奥古斯都·罗布林（1806—1869）早先在宾夕法尼亚州、俄亥俄州、得克萨斯州都设计并建造过桥梁。布鲁克林大桥于1883年落成之时是世界上最大的悬索桥。大桥横跨纽约东河，连接布鲁克林区和曼哈顿岛，其主跨部分长达1600英尺。这座著名的桥梁是现代钢铁技术和新哥特式设计风格结合的产物，其特色在简洁的花岗岩和石灰岩拱门的设计中表现得很明显。

音乐中的现实主义

19世纪末期的意大利歌剧中出现了一种叫作真实主义（从字面理解是"真理主义"，但在普遍意义上还是"现实主义"）的运动，它与文学和艺术中的现实主义风格同时出现。真实主义作曲家拒绝采用浪漫主义大歌剧中的英雄人物，他们致力于向观众呈现日常生活中人与人之间存在的熟悉的问题和冲突。代表人物是意大利作曲家贾科莫·普契尼（1858—1924）。

普契尼的歌剧《波希米亚人》（或称《艺术家的生涯》）讲述了法国巴黎拉丁区的年轻艺术家（因其不按惯例的生活方式而被称为"波希米亚人"）的悲剧爱情故事，这个故事改编自19世纪的小说《波希米亚人的生活情景》。华美的管弦乐曲和旋律，以及极其优美的咏叹调，将歌剧中人物的欢乐和悲伤表达得淋漓尽致。这部令人感伤的歌剧在1896年初次公演时，反响并不热烈，但它如今已是人们最喜爱的19世纪歌剧之一。

普契尼的另一部歌剧《蝴蝶夫人》的出现适时为欧洲观众再现了当时西方人在亚洲的所作所为（也许有说教的意味），这是一部将两种截然不同的文化之间的冲突具象化的作品。故事发生在长崎，时间是日本向西方国家重开港口后的几年。故事以一个年轻的美国海军军官和一个名叫"蝴蝶夫人"的15岁艺伎（以艺术表演和陪客饮酒作乐为业的日本女孩）的婚礼为开端。美国海军军官在婚后接到命令随舰队回国，蝴蝶夫人在他离去的三年里，和他从未见过的儿子一起，苦苦地盼着他归来。最后，美国海军军官带着自己的美国新娘，回到长崎来认养孩子；痛不欲生的蝴蝶夫人决定带着尊严自杀。这个悲剧故事是根据真人真事改编的，曾被创作成小说、喜剧和杂志故事。歌剧《蝴蝶夫人》包含了普契尼最抒情的音乐（歌曲和管弦乐），它反映出作曲家对日本文化的沉迷——这在普契尼对纤弱的蝴蝶夫人那富有诗意的人物塑造上表现得最为明显。这个歌剧的故事和音乐都不是真正采用了日本元素，它的写实主义在于，它虽然让人感到有些辛酸，却坦率地描述了东西方文化碰撞后产生的痛苦结果。

年代表

1830年	法国侵占阿尔及利亚
1840—1842年	中国鸦片战争
1848年	法国和欧洲中部地区爆发了反政府革命
1861—1865年	美国南北战争
1868年	日本明治时代开始
1870年	意大利统一
1871年	德国统一

回顾

西方世界对全球的控制

19世纪下半叶，随着西方工业化的加速发展，现实主义开始作为一种艺术风格和思想观念，挑战浪漫主义的地位。

西方工业化以及工业化大环境下物质至上的观念导致帝国主义和殖民主义的产生，这也改变了西方世界之外的国家的命运。西方帝国主义对非洲、亚洲的一些国家和地区实施的高压手段，严重损害了这些国家和地区的独立能力和生产力发展水平。

19世纪社会理论

自由主义、保守主义、功利主义和社会主义等意识形态，为19世纪社会和经济不公平的现象提供了不同的解决方法。马克思主义提倡的共产主义思想号召无产阶级进行暴力革命，以结束经济生产资料的私有制。

自由主义的主要拥护者约翰·斯图尔特·穆勒主张由国家来保护个人自由。

穆勒对女性处于从属地位的抗议为19世纪的女权运动提供了强有力的支持。

文学中的现实主义

在文学领域，出现了一种选取当时的人、事、物，并以逼真的方式将其记录下来的现实主义风格。

英国的狄更斯、俄国的陀思妥耶夫斯基和托尔斯泰、法国的福楼拜和左拉、美国的马克·吐温和肖邦等小说家满怀同情地描述当时的社会状况，同时他们十分注重对细节的真实还原。

福楼拜和肖邦对女性人物的现实主义刻画另辟蹊径，不同于以往浪漫主义对女性的理想化描写。

左拉的自然主义小说中的人物是社会学因素和遗传法则的产物，而易卜生对阶级和性别大胆的描述开创了现代戏剧的新篇章。

视觉艺术中的现实主义

19世纪中期，照相机被用来记录当时生活的各个方面，也为艺术家提供了详细的视觉资料。

在绘画领域，库尔贝通过绘画来描绘地位低下的平凡男女的生活，是现实主义运动的先驱。杜米埃运用石版印刷的新技术来展现其对现代化法国的政治和社会状况的关心。

爱德华·马奈里程碑式的画作《草地上的午餐》和《奥林匹亚》是对古典题材的重新诠释，却被认为冒犯了传统的绘画技术，震惊了当时的整个社会。

美国的现实主义在威廉·迈克尔·哈尼特的错视画，以及托马斯·埃金斯、温斯洛·霍默的现实主题中得到了完美体现。

19世纪末期的建筑

帕克斯顿的水晶宫，是世界上第一个由预制构件组建而成的铸铁建筑物，这为几十年后钢架摩天大楼的建造提供了思路。

在工业化日益发展的时代，像水晶宫和埃菲尔铁塔一类的装饰性建筑逐渐被功能性建筑取代。不可避免地，摩天大楼成了企业权利和城市景观在建筑方面的主要表达方式。

音乐中的现实主义

真实主义歌剧抛开了浪漫主义传统,致力于将男人和女人的生活以现实主义的小说和绘画所采取的逼真方式表现出来。

在歌剧《蝴蝶夫人》中,意大利真实主义作曲家贾科莫·普契尼,为观众适时地呈现了当时西方人在亚洲的所作所为。

术语表

资本家:在经济活动中提供投资资金的人。

企业家:组织、管理企业并承担企业经营风险的人。

石版印刷:也叫平版印刷,一种通过在石面上绘制图案来完成的版画制作工艺;参见图 30.7。

无产阶级:一个描述产业工人的集合术语,这些工人没有自己的生产资料,因此靠出卖劳动力为生。

第三十一章
迈向现代主义

约1875年—1900年

难道19世纪……是一个堕落的世纪？

——尼采

图 31.1 煎饼磨坊的舞会 皮埃尔·奥古斯特·雷诺阿，绘于1876年。蒙马特尔高地是巴黎一个半乡村化的工人阶级聚居区，直到1860年才被并入巴黎市区。"磨坊"标志着当地一座著名的古老风车磨坊所在的位置。"煎饼"是指用荞麦粉做的薄饼，是这家店的特色美食。用餐、跳舞以及享受城市生活的乐趣等，是雷诺阿以及法国印象派画家喜爱的绘画题材

在19世纪的最后25年里,法国一跃成为西方艺术创作的中心,巴黎成了画家、知识分子、作曲家、新闻工作者等汇聚的大熔炉。英国和法国分别在伦敦和巴黎举办了世界博览会,将日本和非洲、大洋洲国家的艺术和文化带到了西方人面前,震惊了西方世界。在一个世界相对和平、城市繁荣发展的时代,西方的艺术家沉浸在生活的愉悦中,关注稍纵即逝的感官世界的感受。他们创造出象征主义、印象主义和后印象主义等新风格,它们的特点是既不将世界以理想化的方式呈现出来,也不将其真实地表现出来。这些艺术家的大部分作品受审美原理的驱使,和音乐领域一样,这些原理传达了特定的意义,更确切地说,是通过纯形式和色彩来唤起共鸣。沃尔特·佩特 "为艺术而艺术" 的主张道出了这些艺术家的目标。

19世纪末期的科学和技术,为艺术的这种新发展提供了助力。19世纪后期的数十年时间里,便携式合成油画颜料问世。1873年,英国物理学家詹姆斯·克拉克·麦克斯韦(1831—1879)发表了《电磁学通论》,解释了由电磁粒子组成的光波会产生辐射能。1879年,在多次失败的尝试后,美国发明家托马斯·爱迪生(1847—1931)超越了科学理论,成功制成第一个高效的白炽灯泡。白炽灯泡的发明让人们得以更清晰地认识现实,它和照相机的发明一起粉碎了浪漫的梦幻世界。到了1880年,电话已经可以将人的声音传送到千里之外。在19世纪80年代后期,爱迪生改良了电影技术。内燃机的发明促成了汽车在19世纪90年代的诞生。19世纪90年代,X射线被发现,无线电报也是在这个年代被发明出来的。这些技术的发展,加快了人们的生活节奏,让人们逐渐注意到感观在界定人的体验方面所起的作用。

19世纪晚期的思想

尼采的新道德观

19世纪晚期最具争议的思想家是德国哲学家弗里德里希·威廉·尼采（1844—1900），他是一位古典语言学者，曾任瑞士巴塞尔大学的古希腊语教授，创作了很多著作，如《悲剧的诞生》（1872年）、《查拉图斯特拉如是说》（1883年）、《道德的世系》（1887年）。在这些作品以及尼采写就的其他篇幅较短的文章中，他表达了作为一个激进的道德学家的观点。他对自己所处的时代相当不满，呼吁对传统价值观进行审视并加以修正。他排斥有组织的宗教，抨击基督教和其他制度化、组织化的宗教，认为它们都是"奴隶道德"形成的主要原因。他也谴责民主制度，认为那是平庸大众统治国家的体现。他认为人类的理想目标是"超人"的出现，"超人"以非凡的眼界和勇气创造出一个"极好的"道德规范。

尼采不是以合理论述的哲学体系的形式提出自己的观点，而是引用格言警句、箴言、劝告等能够证明他"用自己的血"来写作的说法。他反映了19世纪晚期精神上的怀疑态度："到底人类是上帝的一个错误，还是说上帝是人类的一个错误？"

尼采认同陀思妥耶夫斯基的观点，即"欧洲的物质享乐主义不可避免地导致了欧洲的堕落和衰落"。在1888年发表的《反基督》一书中，他写道（之后没过多久，尼采的精神就崩溃了，据说这可能是由梅毒引发的）：

> 人类并不代表向如今所公认的更好、更强、更高的方向前进的发展。"进步"只是一个先进的理念，一个虚假的理想。从价值上来看，今天的欧洲人大不如文艺复兴时期的欧洲人；从必然性上看，进一步的发展完全不等同于提升、精进或强度的增加。

以下阅读材料展现了尼采那敏锐深刻的想象力和讽刺刻薄的才思。第一部分选自《快乐的科学》（1882年），选段题为《疯子》，这是一则利用尼采的破坏偶像主义来证明其预言天赋的寓言。其他部分节选自《偶像的黄昏》（1888年），探究了艺术与道德以及19世纪晚期"为艺术而艺术"的主张之间存在的脆弱关系。

阅读材料31.1 尼采作品选

《快乐的科学》（1882年）

你听说过那个疯子吗？他在大白天手持提灯，跑到市场上，不停地大喊："我找上帝！我找上帝！"那里有很多不信上帝的人闲逛着打发时间，疯子的举动引来了大笑。"怎么？上帝迷路了吗？"其中一个问道。"他像小孩那样迷路了吗？"另一个问。"还是说他在躲我们？他害怕我们？他去航海了吗？还是移民了？"他们喊叫着，继续笑话他。疯子跳到他们中间，盯着他们的眼神像要把他们穿透似的。

"上帝在何处？"他叫道，"让我来告诉你们。我们把他杀死了——你们和我。我们所有人都是凶手。我们怎么做到的呢？我们怎么能把大海里的水喝干？谁给了我们擦去整个地平线的海绵块？我们把地球从太阳的枷锁中解放出来时都做了什么？它现在要往哪里走？我们要往哪里走？要逃离所有的太阳吗？我们现在在不停地坠落吗？还是说向后，向侧面，向前，向所有方向运动着？还有'上''下'之分吗？我们没有像穿越无尽的虚无那样在其中迷失吗？我们没感觉到真空区的气息吗？我们没有感觉到温度下降吗？难道夜晚不是在一直上演吗？难道我们不能大白天点提灯吗？我们没听到正在埋葬上帝的掘墓人的喧嚣吗？我们没闻到上帝腐烂的味道吗？众神也正在腐烂。上帝死了，再也活不过来，是我们杀死了他。作为最残忍的谋杀者，我们怎么自我安慰呢？世界上最神圣、最强大的神因为流血过多，在我们的刀下死去。谁能把我们身上的血除去？有什么水能把我们洗净？我们要发明出多少赎罪的庆典或是神圣的游戏？这项任务的伟大程度是否超出了我们能承受的极限？仅仅是为了看起来值得这么做，我们自己难道不能成为诸神？再也没有比这更伟大的功绩了；我们的后代因为这功绩，他们会成为迄今为止最伟大的历史的组成部分。"

　　疯子沉默了，再次看向了他的听众；听众也沉默着，惊讶地盯着他。最后，疯子把提灯扔在地上，提灯被摔破了，灯灭了。"我来早了，"他说，"我的时间还没到。这件惊天动地的大事还'在路上'，还没有人知道它的消息。闪电和雷声需要时间，星光需要时间，大事也需要时间，也需要时间扩散，让人看到，让人听到。这件大事和他们之间的距离，比他们与最遥远的星球之间的距离还要远——虽然这是他们自己做的事。"

　　有人说，那天晚些的时候，疯子去了好几所教堂，高唱"请赐他们永恒的安息"。疯子被教堂的人拉了出来。被责问时，他每次都是这么回答的："如果不是上帝的坟墓，那这些教堂是用来干什么的？"

《偶像的黄昏》（1888年）

　　为艺术而艺术——对艺术之目的的反抗，一直以来反对的都是艺术的道德化趋势，反对艺术对道德的从属关系。"为艺术而艺术"指的是"让道德下地狱吧！"即使这样，这种反对还是无意间流露出了不可避免的偏见。当道德训诫和提高人的价值这样的目的被排除在艺术之外时，无论如何也不意味着艺术是完全无目的、无益、无意义的——简言之，为艺术而艺术就是一条咬住自己尾巴的虫子。"宁可没有目的，也不要有道德目的！"那仅仅是情绪激昂之言。另一方面，心理学家会问：艺术是做什么的？它难道不赞颂、不美化、不选择、不提升吗？它因为这些才得以加强或弱化某些评价。它难道仅仅是一个"多出来的东西"？是和艺术家的天性无关的东西？抑或是，这难道不是艺术家才能存在的前提？艺术家的本能指向是艺术，还是艺术存在的意义——生命？指向生命中值得向往之物？艺术对生命而言，是一个极好的刺激物，怎么能认为艺术无益、无目的，只为了艺术而艺术呢？

　　还有一个问题：艺术也会呈现出生命中很多丑陋的、难以忍受的、不合理的东西，这难道不会因此破坏我们的生活吗？确实有哲学家认可艺术的这个意义："摆脱意志的诉求"是叔本华认为的艺术的全部目的；他认为悲剧因其"唤起无可奈何的顺从"而具有极大的效用。但我之前已经说过，这是悲观主义者的观点，是"恶魔之眼"。我们必须向艺术家本身求证。悲剧艺术家在传达自身的什么内容？难道不是他在面对自己表现出来的可怕、不合理的内容时那毫无畏惧的状态吗？这种状态本身就是人们缺少而迫切需要之物，但凡知道它的人都对它抱着最崇高的敬意。他传达这种状态——作为一个艺术家，作为传达内容的天才，这是他必须要做的事。面对强有力的敌人，面对极其不幸之事，面对让人惧怕的问题时，表现出来的勇气和感情的自由——悲剧艺术家选择了这种胜利的状态并加以赞颂。在悲剧面前，我们灵魂中好战的一面纵情狂欢着；凡是习惯苦难，想获得苦难之意气豪壮的人，都是通过悲剧来赞颂自己的生命存在之意义的——悲剧作家把这一杯饱含最甜蜜的残酷之酒送到他嘴边。

……………

可能有人会说，在某种意义上，19世纪追求的是歌德追求过的东西：对一切事物的理解和欣然接受，接纳所有东西，无谓的现实主义，对一切真实的事物的崇敬。总的结果怎么会不是歌德式的，而是混乱的状态，虚无主义的长叹，彻底的迷失，以及实际上不断驱使人们诉诸18世纪的厌倦情绪？（比如，情感浪漫主义，利他主义，极度多愁善感，审美上的女性主义，政治上的社会主义）。难道19世纪，尤其是19世纪末期，仅仅是一个加强版、野蛮化的18世纪？是一个堕落的世纪？那么，不仅对德国而言，对整个欧洲而言，歌德都只不过是一个过场般的存在，是一个美丽、徒然的错误？如果一个人从公共利益这个糟糕的角度来理解伟人，那一定会产生理解的误差。不把伟人当作物来利用，这个行为本身就很伟大……

问：如果艺术将道德目的排除在外，在尼采看来，艺术的目的会是什么？

柏格森：理智和直觉

当尼采预见到现代文明的黑暗面时，亨利·柏格森（1859—1941）提出了更为积极的观点。柏格森是那个时代法国最重要的哲学家，他为大众展现了一个伴随着艺术和科学的发展而发展的世界，并预见到时间和空间的现代化概念。柏格森认为生命是创造性地进化着的重要推动力，非常像一件艺术品。

根据柏格森的观点，理智和直觉作为两种主要的力量，支配着人类的生命。理智从个别的、分立的角度来感知体验，或视体验为一系列分散的、真实可靠的存在；直觉则抓住了体验的本质：体验是永恒流动的感觉。理智运用逻辑和几何学将体验进行分离和分类，直觉则将过去和现在融合成一个有机整体。对柏格森来说，直觉（或本能）是人类最崇高的能力，而"绵延"[1]，或者说"永恒变化性"是现实的本质要素，即生命的精髓所在。

1889年，柏格森出版了《时间与自由意志》。在该著作中，他将真正的体验描述为具有绵延性且在时间层面不断变化的。他认为现实只能被直觉理解，是一系列性质变化，这些变化相互渗透，没有清晰的界限。

19世纪晚期的诗歌：象征主义者

柏格森对自然的诗意理解，与名为"象征主

---

1. 绵延，持续不断的状态，柏格森在《时间与自由意志》里提出的概念。

科技发展一览表

1877年	美国人托马斯·爱迪生发明了留声机。
1892年	德国人鲁道夫·狄塞尔获得了他发明的那款内燃机专利。
1896年	美国人亨利·福特试驾了他的"汽油小汽车"。

义"的流派有很多相似之处。据粗略估计，1885年到1910年是象征主义蓬勃发展的时期。象征主义者认为，真正的或普遍存在的真实并不是由有形世界构成的。根据象征主义者的观点，对现实的客观描绘无法表达感官体验的愉悦，以及幻想和神话的直觉世界。艺术家的任务是要找到一种能把神秘的、与性欲相关的、不可言喻的感觉世界完美表达出来的语言。对象征主义者来说，真实是许多混杂在一起的感觉，无法用语言来描述，只能通过诗意象征含蓄地表达出来——激发出字面意思之外的情绪和感受的意象。

文学领域的几位主要的象征主义者包括法国诗人夏尔·波德莱尔（1821—1867）、保罗·魏尔伦（1844—1896）、阿蒂尔·兰波（1854—1891）、斯特凡·马拉美（1842—1898），以及比利时剧作家莫里斯·梅特林克（1862—1949）。兰波的大多数诗歌是他在十几岁的时候创作的，他认为诗人就是预言家。他在散文诗的创作中，不再拘泥于语言的描述功能，这种做法打破了单词和短语的合理顺序，将它们从传统的句法中分离出来，并重新进行组合，以便为读者创造出极有影响力的感官印象。例如，选自兰波的散文诗集《彩图集》中的一首诗是这么描述花朵的："似玛瑙里镶嵌着的一块块小金片，似红木柱子支撑着的绿宝石圆顶，白色绸缎样的花束和细长的红宝石色枝条围着水中的玫瑰。"象征主义者在描绘自然的时候，尽量避免使用感情充沛的语言。正如保罗·魏尔伦所说："要把修辞法扼杀掉。"为了模仿体验本身的不确定性，他们会在创作中把毫无逻辑关联的词串起来，因此，在象征主义诗歌中，各个意象交织在一起，真正的"意思"则被隐藏在字里行间。

马拉美

对斯特凡·马拉美来说，诗歌这门"新艺术"是一种宗教信仰，而诗人艺术家则是传达神谕的祭司。马拉美的诗歌风格偏忧郁，他开创了一种建立在语言的"音乐性"这一基础上的艺术风格。他认为，艺术是关注"内心生活"的一小部分人才能领会到的内容。马拉美的诗歌中交织着诉诸美感的、梦幻般朦胧的意象，这些意象没有清晰的定义，也无从分析。马拉美坚持认为，给一件事物命名无异于毁了它，而将体验以暗示的方式表现出来就是要创造它。

马拉美的田园诗《牧神的午后》描绘的是神话中的两个林中生物——半人半兽的农牧神和美丽的林泽仙女——相遇的幻想，牧神醒来时试图还原那个午后的感受。谁也不知道这种难以找寻的回忆到底是梦境还是真实发生的事，但根据柏格森有关"绵延"的理论，这种体验是流动的感觉，过去和现在在这里交融。从下文的阅读材料中可以看出，马拉美的语言节奏很自由，有催人入眠的特点，诗歌中各个意象之间的过渡少有逻辑联系，而与感官世界有着紧密联系。

阅读材料31.2
选自马拉美《牧神的午后》（1876年）

我想让这些仙女为我停留，
她们纤弱的肉身如此白皙，
在空中飘动着，让人昏昏欲睡。
我爱上了一个春梦吗？
我的疑惑犹如夜的暗影，停在
一大片细密的树枝上，是真的树林，
唉！我自己也错认了，
竟想象那是鲜艳的玫瑰。

让我想想……
牧神，你看到的女人

也许正是内心欲望的体现!
纯洁少女冷凝的蓝色双眸
流露出幻想,如泪水的泉眼,
另一位叹息着,与冷艳少女相比,
她是否犹如暖风拂过你的羊毛?
不!在怠惰寂静的昏晕里,
凉爽的清晨被窒息的闷热控制,
听不见一丝流水的声音,只有我的芦笛
低语着让树林沉浸在乐声中,芦笛
送出的气息即刻将笛声如早雨洒落
越过毫无褶皱的地平线,
这股有形且清澈的灵动之气
重归于天空。

哦,西西里岛旁的宁静泽国,
被我骄傲如烈日的虚荣掠夺,
在灿烂的阳光下沉默着,请听好,
我在这里采集屈服于才华的空心芦苇,
远处闪耀着蓝绿色金光的青翠植物,
正将自己的藤蔓献给泉水时——
一个通体雪白的生物发着微光停下来;
笛声的前奏声再次响起,一群天鹅——
不,水中的仙女仓皇逃离
或潜入水中。
…………
我的热情已然熟透化成绛红,
石榴爆裂,与那蜜蜂低声呢喃;
我们的血液沉醉于俘获它之人,
随着永恒涌动的欲望流动。
当树林闪耀着金色和灰色的微光
枯叶中升腾起节日的气氛:
埃特纳[1]!维纳斯来到你这里,
她纯真的双脚踏上沉淀着熔岩的土地,

1. 西西里岛的一座火山。

哀鸣声震天响,火焰也熄灭了光芒,
我抓住了仙后!
这肯定会让我遭受惩罚……
不,
无言的灵魂和沉重的身躯
慢慢在这午后傲慢的寂静中下沉。
不能再耽搁,我必须忘记亵渎神灵的行径
赶紧睡去,在干涸的沙滩上躺下,
向着这醇酒般醉人的骄阳,我张开嘴。

别了,仙女们,我还会看到你们的幻影。

问:这首诗和华兹华斯、雪莱的诗(阅读材料27.1,27.2)相比有何异同?

问:马拉美的诗歌与德彪西的音乐、莫奈的画有哪些共同之处?

19世纪晚期的音乐:德彪西

象征主义诗歌本身就是音乐,毫无疑问,它在音乐中找到了与自己对应的内容。克洛德·德彪西(1862—1918)的音乐就像马拉美的诗歌,通过演奏的细微差别和营造的音乐氛围吸引听众的注意。德彪西的作品由破碎的旋律片段组成,其轮廓模糊不清,无法辨明。"我想要创作……一种没有主题和目的性的音乐。"德彪西写道,"这种音乐基于一个单一的连续主题,连贯不断且绝不重复。"

德彪西很感激理查德·瓦格纳,以及抛弃了古典作品明晰和精确的特点的浪漫主义作曲家(详见第二十九章)。他在1889年的巴黎世界博览会上听到了印度尼西亚巴厘岛那具有异域风情的音乐,这对他的创作产生了深刻的影响。德彪西尝试用非传统和声进行演奏，例如东亚音乐中的五声调式。他改变了西方将和声带回主音的传统做法，在创作中加入了没有清晰、明确的主调音的游移和声。他丰富的和声调色板以结构不同寻常的和弦为特征，反映了作曲家对音色的痴迷，这可能是受到德国生理学家赫尔曼·冯·亥姆霍兹（1821—1894）的作品的启发，尤其是他的著作《作为乐理的生理学基础的音调感受研究》（1862年）。但对德彪西启发最大的，还是同时期的艺术家创作的诗歌和绘画。作为一些象征主义诗人的密友，他以这些诗人的文稿为基础创作音乐。他的第一部管弦乐曲是《牧神午后前奏曲》（1894年），用他自己的话来说，这是"对马拉美的美丽诗篇的一次非常自由的诠释"，那时离马拉美发表这篇诗歌已经有18年了。德彪西最开始想根据这首诗创作一部紧张刺激的乐曲，但后来谱写了一部长达10分钟的管弦乐前奏曲，像诗歌一样呈现出梦幻般的朦胧特色。

1912年，瓦斯拉夫·尼金斯基（约1889—1950）以德彪西的乐谱为基础，精心设计了一个时长12分钟的芭蕾舞表演（图31.2）。这位才华横溢的俄国舞蹈家兼编舞者打破了古典舞蹈的规范，他引入了充满性暗示的动作，并且在表演芭蕾舞的部分段落时赤着脚。这激怒了评论家们，他们抨击尼金斯基的芭蕾舞，称其充斥着"淫秽的、充满色情兽性的动作以及极其无耻的姿态"。

德彪西不太喜欢法国和德国浪漫主义作曲家所使用的那种大型的管弦乐队编制。他为《牧神午后前奏曲》配器时采用了小型管弦乐队，乐队中的

图 31.2 牧神的午后 瓦斯拉夫·尼金斯基，1912年。尼金斯基表演的是牧神的角色，他模仿古希腊花瓶上的饰带，侧着身子穿过舞台。他进行专业表演仅10年时间，其富有争议的舞蹈编排风格开辟了现代舞的舞蹈派别。

乐器以木管乐器和铜管乐器为主，这样或许能重现马拉美作品中那种细腻的遐想氛围。乐曲以一段由独奏长笛演奏的优美动人的旋律作为开场主题；随后，长笛、双簧管和单簧管对这一主题逐渐进行发展。竖琴、三角铁、弱音大号和轻轻擦击的钹赋予了音乐明亮清晰的调性织体，就如同诗歌的意象一

科技发展一览表

1841年	美国人约翰·戈夫·兰德发明了一种可折叠的金属颜料管。
1889年	爱迪生发明了活动电影摄影机。
1895年	德国人威廉·康拉德·伦琴发现了X射线。

般,是以纯粹的感官体验为基础创作出来的。音乐的过渡很微妙,旋律也似乎飘忽不定,没有清晰主音调的游移和声让听众沉浸在朦胧的声音洪流中,似是看到光线照在水面上发出闪闪亮光,又似感受到海浪的潮起潮落。的确,水是印象主义画家最喜欢描绘的一个对象,它也是德彪西的很多管弦乐和钢琴曲的主题,如《雨中花园》(1903年)、《意象集:水中倒影》(1905年)、《大海》(1905年)。

19世纪晚期的绘画

象征主义

在绘画领域,象征主义者强调线条的简化,颜色选择的任意化,以及具有表现力的形状的扁平化。《被选者》(图31.3)是瑞士艺术家费迪南德·霍德勒(1853—1918)的作品,这幅画描绘了一个小男孩被六个天使模样的人围在中间的情景,正好体现了象征主义绘画的几个特征。这幅画并没有表现一个特定的事件,相反,它暗示了一个神秘的无名仪式。象征主义强调暗示而不是描绘,这是向现代抽象主义和表现主义方向发展的趋势。

图 31.3 被选者 费迪南德·霍德勒,1893—1894年。六个天使模样的女子悬浮在地面上方,而在地上,一个裸体小男孩坐在一棵光秃秃的树前。这幅画暗含了重生和复苏之意,但没有明确对此场景加以说明

印象主义

印象主义是最能充分体现19世纪人们的直观感受的一种艺术风格，因此可与柏格森、马拉美和德彪西的审美理想相媲美。印象主义艺术的主要特征体现在：光与影的相互作用、色调的精妙性、对感觉的极度关注等方面。

印象主义艺术家在选择主题的时候，保留了浪漫主义对自然的喜爱，以及现实主义对日常生活的关注。但印象主义又与两者不同，它背离了浪漫主义将自然理想化的尝试，也不像现实主义那样秉持毫无偏见的客观态度来记录自然世界。印象主义常被人称为纯感觉的艺术，在某种程度上，它是对19世纪人们对光的物理现象、颜料的化学反应以及光学规律的探究的回应。19世纪的法国化学家米歇尔·谢弗勒尔（1786—1889）发表的《色彩和谐与对比原理》以及前面提到的赫尔曼·冯·亥姆霍兹关于颜色和乐音的物理特性的论述，为知觉心理学提供了新的见解。这些与颜料技术的进步相辅相成，促使合成颜料取代了传统的无机颜料。尤为重要的是铬黄、人造群青色、铬绿和翡翠绿，这些颜色为印象主义画家提供了更加明亮的色彩，他们可以选择的色彩范围大大增加了。在19世纪中期之前，绘画颜料都是保存在猪膀胱做的袋子里，当画家要用颜料的时候，他们需要扎破袋子挤出颜料，然后将其密封。可折叠的金属颜料管的发明让艺术家能将颜料带到户外，同时让颜料能储存更长的时间。

莫奈：印象主义先锋

1874年，法国艺术家克洛德·莫奈（1840—1926）展出了一幅画，一些评论家认为那是第一幅现代主义画作。《日出印象》（图31.4）明显是一幅海景画，但相比这幅画传达的眼前所见之景，它更想表达的是看景的方式。它将光线瞬息万变的效果，以及水面和空气变幻的氛围，转化成画布上的小斑点和色彩线条——这些都是纯感知的元素。为了增强画作的亮度，莫奈在画布上涂了一层石膏粉作为打底的介质。然后，他到户外写生，用新的合成颜料，采用纯色的绘画技巧创作了这幅画。莫奈无视了艺术家描绘外形时使用棕色釉下彩的传统，他认为自然里本就没有"线"，因此他在创作中也避免出现固定的轮廓。他不是用混合颜色的做法来创造最终的效果，而是以平行的画法将颜色堆砌在画布上，以厚涂颜料的画法增强画面的光泽。为了强化视觉效果，他在创作时将互补色放在一起，如将橙色块（红色和黄色）画在蓝色块边上，再缀以明亮的玫瑰色、粉色和朱红色。他拒绝用棕色和黑色来描绘阴影，而选取与投射阴影物体的色调互补的颜色，从而创造出了光对人眼的棱镜效应。莫奈的画作充分体现出他对光线带给他的瞬间视觉感受的探索。

莫奈不是第一个背离学院派绘画技巧的画家。康斯太布尔上色的时候会用粗糙的小圆点或轻涂的方式进行点描，德拉克洛瓦偶尔会用互补色来提升画作的亮度，而马奈则经常忽略半色调。莫奈将形状诠释为颜色本身的做法比他们更进一步：色彩运用如此迅速，以致表现出了素描画才有的即时性。因此，《日出印象》作为具有革新意义的一幅作品，震惊了艺术世界。有一个批评家嘲讽该画作"仅仅是一个印象，和墙纸或草稿没什么两样"，19世纪70年代至80年代在法国艺术界盛行的"印象主义"运动也因此得名。

莫奈早期的绘画对象包括街道、野餐、咖啡馆景象、点缀在巴黎塞纳河畔的船上派对，然而在发现无形又瞬息万变的光影比巴黎社会的消遣方式更令人叹服之后，他的画作就渐渐褪去了个人色彩，变得更加抽象了。为了让感觉停留，或者用他的话

图 31.4 日出印象 克劳德·莫奈，绘于1872年

说——"抓住无形的东西"，他开始描绘像杨树和干草堆等普通的物体所呈现出来的光的变幻效果。莫奈经常会就一个主题同时画很多幅画，创作出一个系列的作品，以此来记录该绘画对象在晨光、正午阳光和日落转变的一天中不同时间呈现的样貌。他在19世纪90年代来到伦敦，研究学习了康斯太布尔和透纳的作品。在那之后，他的作品变得更加虚幻，更加光彩夺目了。在他位于吉维尼的私人庄园里，莫奈满怀深情地创作了几十幅描绘睡莲池以及他亲自设计和打理的繁茂花园的画作。在他漫长艺术生涯的尾声，这些令人陶醉的画作给他带来了愉悦和声誉。

从他绝对真实地还原变幻莫测的光影效果的做法来看，有人可能会认为莫奈是个极端的现实主义者。他摆脱了人们对自然先入为主的看法，这让与他同时期的保罗·塞尚忍不住高呼——莫奈"只是一只眼睛"，但又不无崇拜地加了一句："了不起的眼睛！"讽刺的是，莫奈致力于呈现自然的真实情况的做法，为现代抽象主义风格开辟了道路——关注描绘对象的内在特征，而非其外在表象。

雷诺阿

印象主义从来不是单一的、始终如一的风格。

尽管如此，巴黎艺术家群体的艺术还是以印象主义为特征，这些艺术家会定期在盖尔布瓦咖啡馆见面，在1874—1886年，他们至少在8个公共展览上展出了各自的作品。他们的作品或多或少反映出类似莫奈用明亮色彩的短促笔触来描绘自然的画法。最重要的是，他们将这种绘画的自发性运用到了颂扬休闲活动和城市生活的多样性中：进餐、舞蹈、观剧、划船、社交等。

从这个意义上来说，最有代表性的印象主义画家可能是皮埃尔·奥古斯特·雷诺阿（1841—1919）。巴黎蒙马特尔高地（19世纪巴黎的波希米亚人聚居区）的"煎饼磨坊"是一家有名的户外咖啡馆兼舞厅，雷诺阿最引人注目的一幅赞扬青春以及轻松愉快氛围的画作（参见图31.1）就是以它为基础创作的。在这幅画里，穿着优雅的年轻男女——艺术家、学生、工人阶级——在金色的午后阳光中尽情跳舞，喝酒，调情。

毕沙罗

雷诺阿的同僚卡米耶·毕沙罗（1830—1903）出生在西印度群岛，1855年到巴黎定居。作为年纪最大，同时也最多产的印象主义画家，每一次印象派群体办画展，他都有作品展出。和莫奈、雷诺阿一样，毕沙罗喜欢将户外的人、事、物作为绘画对象，包括在田间劳作的农民、刚落下雪的神奇景象、太阳照耀下的乡间风景……但到了艺术生涯的晚期，他的视力开始下降，他也就不再去户外写生了。他租住在巴黎临街的酒店里，创作出迷人的城市景致（图31.5）——仅1897年一年，他就画了至少14幅巴黎大道的景象。

毕沙罗的这些画与19世纪末20世纪初的巴黎全景照片有惊人的相似之处，其明亮的景致充分体现了城市生活的节奏感，一众马车和行人都沐浴在雨后笼罩巴黎的朦胧雾气中。有一个年轻的艺术家向毕沙罗请教"如何画画"，他回答说要即刻把视觉感

图 31.5 蒙马特尔大街：雨天，下午 卡米耶·毕沙罗，绘于1897年。在毕沙罗漫长的艺术生涯中，他创作了几百幅描绘城市和乡村风光的画作，他捕捉光影效果的技巧对其他印象主义艺术家产生了不小的影响。然而，他在世期间几乎没卖出去几幅画

知记录下来，避免去界定事物的轮廓，观察色彩和光线形成的影像，尊敬"自然"这个唯一的老师。

德加

埃德加·德加（1834—1917）会定期与其他印象主义艺术家一起展览作品，但他的风格非常独特。他18岁时开始描摹卢浮宫里普桑的画，一开始接受的是古典主义绘画的训练，因此在创作中，他不会为了追求色彩与光线那令人陶醉的特点而牺牲线条与形状。他创作了成千上万幅素描和粉彩，既有速写，又有完整的作品。不管他描绘的是咖啡馆、赛马场、剧院、商店等城市生活，还是风月场中的洗衣妇、妓女，他关注的都是转瞬即逝的时刻。他拒绝使用传统"摆造型"的模特，反而去找寻瞬间的甚至是怪异的姿势，比如伸懒腰、打哈欠。德加是个技艺精湛的画家，也是一个大师级的设计师。他借助新颖的创作技巧找到了自主性、即兴创作与巧妙策略、深思熟虑之间的平衡点。例如，在《舞台上的舞女》（图31.6）中，他似乎是以俯视的视角呈现了两名芭蕾舞女演员，同时，这个角度使画面左下角有了大量留白。这是惊人的不对称结构的创新，右边人物的手臂有一部分似乎在画面外，而最左边舞者的身体因为画面结构而没有显现出来。这种刻意营造的"随意"视角，既体现

图31.6 舞台上的舞女 埃德加·德加，绘于1874年左右。将这幅作品的构图和图31.8最左边的木版画进行比较的话，可以看到两幅作品对实体周围空间（负空间）的处理很相似，两者都是倾斜的视角，画面里的人物都偏离中心

图 31.7 起跑犯规 埃德加·德加，绘于1870年左右。19世纪30年代，当法国的尚蒂伊建成了一座赛马场后，英国制的赛马运动便在法国开始兴盛起来。1857年，在巴黎郊区布洛涅森林中的隆尚建成了一座豪华的赛马场

了摄影的影响——摄影具有那种偶然捕捉"生活片段"的可能性，同时也显示出日本木刻版画的影响——自19世纪60年代日本木刻版画传入欧洲后，德加便热衷于收藏它们。

19世纪60年代，德加对赛马产生了浓厚的兴趣。和剧院一样，赛马运动成了一种时尚的休闲活动和社交活动。德加以赛马为主体的素描和绘画作品（图31.7）主要关注马的身体和运动姿势。在对肢体运动的研究中，他从英国艺术家、摄影师、发明家埃德沃德·迈布里奇（1830—1904）那里学到了很多，迈布里奇在19世纪七八十年代拍摄的定格动作照片在当时是非常具有革命意义的。

日本木刻版画和西方艺术

19世纪晚期，日本木刻版画随着商品贸易一同进入欧洲（这些版画常被用作商品的包装纸）。尽管这些木刻版画在欧洲人看来是新事物，但它们代表着日本艺术中一种历史悠久的传统文化的终结——19世纪60年代日本被迫向西方世界打开大门的时候，这种传统文化就开始衰落了。1660—1860年，大量的木刻版画被制作出来，并当成流行纪念品出售，它们记录的是"浮世"的乐趣[1]，即为江

---

1. 浮世绘，日本江户时代（德川幕府时代）的一种民间风俗画、版画。

图 31.8 这个三联浮世绘作品创作于1831年左右，展现了日本木刻版画制作的过程。尽管做这些工作的工匠一般都是男性，但歌川国贞在画中将其换成了女性，这样可以使画作的设计更加有趣

右：一个女人正把原图贴到木板上去，她在和另一个用磨刀石磨刀的女人聊天

中：一个女人在给纸张上浆，之后会把它们悬挂起来晾干；另一个女人拿着凿子将没有设计图案的部分从木板上除去

左：印刷工刚完成了一次印刷，用马连（一种由一圈绳子缠绕而成、外面套着竹制护套的圆形垫子）在垫着彩色印版的纸张上摩擦；画中可以看到很多刷子和装着颜料的碗

户都市（今东京）熙熙攘攘的街道注入了生气和活力的交际花、歌舞伎演员和舞者"漂浮"或"流逝"的人生。就像富有的资助人委托制造的华丽屏风那样，这些木刻版画也采用未调制的浅色进行创作，有起伏的线条，作品构图有大面积的留白。它们对实体周围空间的大胆运用和展现出的令人惊叹的视角，都是因为创作者选取了与众不同的观察位置，例如歌川国贞的浮世绘就是一个鸟瞰图（图31.8）。撇开歌川国贞对浮世绘印刷过程的描绘，这些浮世绘作品大部分都是由男性进行大批量生产的。

19世纪中叶，日本的木刻版画艺术家将风景加入他们的创作主题中。这类作品经常是选取日本当地风景，并做成一个景观系列，和欧洲艺术家的地质学研究有异曲同工之处，但它们却是出于完全不同的风格需要：和浪漫主义艺术家不同，日本艺术家对风景几乎不感兴趣，他们关注的是抽象形状、大胆对比的色彩和装饰性的排版。没有明暗对比和空间透视的做法降低了对空间深度的正确感知，让人产生远近物体间的空间具有连续性的错觉。所有这些特点在19世纪中期日本最著名的风景版画之一中表现得淋漓尽致，那就是葛饰北斋（1760—1849）所创作的《富岳三十六景》版画集中的《神奈川冲浪里》（图31.9）。

日本的版画传到西方时，西方的美术品和商业艺术立刻就受到了它们的影响，包括石版印刷海报艺术。莫奈和德加买了很多日本版画（以及中国的瓷器），葛饰北斋的超级崇拜者文森特·凡·高认为自己的作品是"基于日本艺术而创作的"。

当时的一个法国艺术评论家、印象主义绘画的爱好者泰奥多尔·迪雷，是第一批就日本版画对19世纪的艺术家所产生的影响做出评论的作家。在一本名叫《印象主义画家》（1878年）的小册子里，迪雷阐述道：

图 31.9 神奈川冲浪里 选自《富岳三十六景》版画集，葛饰北斋，创作于德川幕府时代

我们一直等到日本的版画集出现，才有人敢于坐在河边，在画布上描绘显眼的红色屋顶、白色的墙壁、绿色的杨树、黄色的道路、蓝色的水。在日本艺术影响到来之前，这是不可能做到的，画家们总是在说谎。大自然有着鲜明的色彩，就清晰地呈现在我们眼前，然而在画布上人们所看到的却总是黯淡的色彩，全都淹没在一片灰蒙蒙的中间色调之中。

人们看到日本画的画布上堆砌着最耀眼、最打动人心的颜色，他们终于明白了，原来还有新的办法来再现自然的特定效果。日本风——日本对19世纪晚期的欧洲艺术所产生的影响，被证明是包罗万象的：版画符合印象主义者对休闲都市题材（尤其是涉及女性的题材）的关注，并激发了一种新的方式来调和三维世界的幻觉与二维画布的平整度。同时，亚洲的景泰蓝珐琅、陶瓷、漆器、象牙、丝绸，以及其他收藏品因优雅的自然主义和精妙的工艺而在19世纪末期盛行的工艺美术运动中被广泛模仿。

玛丽·卡萨特

受日本版画影响的艺术家中，最知名的一位是美国画家玛丽·卡萨特（1844—1926）。卡萨特在巴黎度过了她人生的大部分时光，她与德加、雷诺阿以及其他印象主义艺术家成了同事和朋友，经常和这些人一起定期举办画展。和德加一样，卡萨特主要在室内作画，在创作中，她将苍劲有力的书法、大面积未调制的颜色、不寻常的视角（这也是日本木刻版画的主要特点）和对女性主题的喜爱结

触类旁通

要说能完美呈现出浮世绘的乐趣和娱乐活动的作品，17世纪和18世纪的日本木刻版画无出其右。通过手工上色，描绘歌舞伎演员的木刻版画，因其明亮的原色、弯曲的线条，以及正像空间和实体周围的空间的巧妙融合而闻名（图31.10）。这类版画在西方大受欢迎的同时，用于记录和宣传城市事件的石版印刷技术也被引入（图31.11）。亨利·德·图卢兹－劳特累克（详见下文）并不是第一个为娱乐世界提供商业艺术品的人，但他是近代海报设计的先驱，其在世的最后十年间，完成了大约30幅彩色石版印刷海报。他受委托为蒙马特尔的红磨坊歌舞厅设计公关广告，让著名的康康舞者路易丝·韦伯（也称拉·古留，意为"贪吃者"）获得了不朽之名，她大胆、令人震惊的高踢表演吸引了观众的兴趣，虽然也让有些人对其产生了反感。代替了拉·古留的巴黎表演艺人简·阿芙莉尔的海报（图31.11）展现了画家将未调制的原色、优雅流畅的线条，以及人物与背景之间大胆的相互映衬效果的绝妙融合——这些风格上的特色反映出日本木刻版画对画家创作的直接影响。

图 31.10 耍猴人 鸟居清信，约创作于1720年，木刻版画

图 31.11 简·阿芙莉尔 亨利·德·图卢兹-劳特累克，创作于1899年，彩色石版印刷

合起来，开辟了一种绘画的新风格。

卡萨特特别关注以母亲和孩子享受日常生活和娱乐活动为特征的家庭题材。那些温馨、愉悦的画面很受美国收藏家的欢迎，也提高了印象主义艺术在美国的普及程度。然而，这位美国艺术界的"麦当娜"却选择在巴黎而不愿在女权主义盛行的美国生活。卡萨特曾写道："在这里，如果女人从事严肃的工作，就不必为获得认可而战斗。"

图卢兹-劳特累克

卡萨特对家庭生活的温柔憧憬与亨利·德·图卢兹-劳特累克（1864—1901）的绘画形成了强烈的对比。图卢兹-劳特累克出生于法国一个贵族家庭，他在创作中承袭并践行了很多印象主义绘画风格上的理论，但他对绘画主题的选择往往是放荡不羁的，连他的家人都会因此斥责他的作品，认为那是"有教养的人"无法接受的。他在硬纸板上画的画充分展现了生活在巴黎社会底层的那群人——歌

调查研究

图卢兹-劳特累克的《在红磨坊》

《在红磨坊》（图31.12）描绘的是蒙马特尔著名的歌舞厅里的顾客和表演者，这家歌舞厅于1889年在巴黎开业。这幅画是对放荡不羁的夜生活瞬间的特写，这与印象主义画家对白天在蒙马特尔聚集的人们享受娱乐活动的文雅描绘（参见图31.1）形成了对比。受到日本浮世绘的启发，画家用了一个非常规的绘画视角，迫使观众看到将步行区与舞厅区分开来的栏杆对角线上方的空间。在这里，人们能看到一群打扮时髦、戴着帽子的男人和女人聚集在一起，一个个看上去都疲惫不堪，其中包括舞蹈界的名人简·阿芙莉尔和著名的摄影师莫里斯·吉贝尔，他拍摄的照片为20世纪的实验性摄影技巧提供了基础。灯光让人物的肤色失真了，人物的脸蛋也因为超白的化妆品而有所变化（这借鉴了日本戏剧里的做法），这种化妆手法在当时的欧洲很流行。图卢兹-劳特累克因小时候遭遇骨折而落下残疾，在画中的背景处将自己漫画化成一个侏儒的形象。

图 31.12 在红磨坊 亨利·德·图卢兹-劳特累克，绘于1892年

舞厅的舞者、马戏团的表演者，还有像左拉作品中的娜娜一样游走在中产阶级社会边缘的妓女。他对妓院、酒吧、舞厅中亲密场景的描绘，记录了夜间蒙马特尔地区的感官欢愉（详见调查研究，图31.12）。

图卢兹-劳特累克在题材和风格上都蔑视传统的审美和礼仪观念。作为彩色石版印刷技术的先驱，他以刚劲大胆的线条及雄浑的黑色轮廓将人物风格化——几乎接近于漫画的程度，这些轮廓在后来成了流行的城市海报中的名人画像（参见图31.11）。

新艺术运动

图卢兹-劳特累克的海报带着新艺术运动引人注目的印记。新艺术是一种装饰风格，在19世纪末期变得空前流行。新艺术运动的艺术家和英国工艺美术运动成员一样，对工业化之前的中世纪美术工艺有着极高的评价，认为那个时代实现了日常生活中功能性和装饰性的完美结合。这种新风格的倡导者也同样重视亚洲和伊斯兰教的装饰艺术——它们倾向于采用大胆、平面、富有生机的图案，以及半抽象的线条设计。一位法国评论家承认受到日本木刻版画风格的影响，坚持认为新艺术运动的艺术家在创作中混合了日本的特色。

新艺术运动起源于比利时，是由一群使用铸铁的建筑家发起的，很快这个运动就有了国际影响力，对绘画以及家具、纺织品、玻璃制品、陶瓷、珠宝设计等产生了影响。这种风格的创始者是比利时人维克多·荷塔（1861—1947），他在创作中表达了对工艺美术的精湛技艺的崇拜，对自然中诉诸美感和转瞬即逝的形式的象征主义的赞颂。作为杰出的建筑师和埃菲尔铁塔的崇拜者，荷塔将花朵和植物的曲线以及有机的规律性变化都融入设计中，并转化成公共建筑物以及私人住宅——以玻璃和铸铁为原材料的宏伟设计。

"自然中有艺术，艺术中有自然"是新艺术运动的口号。以铁为原料，将花朵、树叶和卷须摇曳的曲线定格下来，这种设计被应用于巴黎地铁的快速运输系统等著名的建筑作品中，也因此获得了不朽之名。从墙纸、海报、图书插画、餐具、珠宝等的设计中也能看到这种特色。在新艺术运动中，如同在19世纪晚期的文学和绘画作品中一样，女性是备受青睐的主题：这些女性通常有一头茂密的秀发，可能被刻画成引诱者或迷人的女巫。她们或许

图 31.13 梳子 欧仁·格拉塞，设计于1900年左右

会以仙女或水泽女仙等诗意的、如精灵一般的形象出现。在新艺术风格的胸针、手镯和梳子上，她们是藤蔓与花朵的人类化身，这些饰品由精心制作的金属骨架和半宝石打造而成（图31.13）。这些形象表明，尽管新艺术运动试图通过形状、图案和装饰来传达意义的做法具有现代艺术的风格，但实际上它是长达一个世纪之久的浪漫主义对自然迷恋的一种逐渐式微的表达。

在美国，新艺术运动短暂地吸引了一些建筑家的注意，比如路易斯·亨利·沙利文（详见第三十章），他用花卉图案的铸铁装饰物装饰了朴素的办公大楼和百货商店。新艺术运动也为路易·康福特·蒂梵尼（1848—1933）那壮观的玻璃设计提供了灵感。路易·康福特·蒂梵尼是纽约著名的珠宝公司创始人查尔斯·刘易斯·蒂梵尼的儿子，他非常崇拜中国的景泰蓝和古代玻璃的制造技术。他的工作室极富创新精神，采用的生产方法包括流水线生产、使用模板，以及雇用女技工并给予她们与男技工同等的薪酬——这一政策在当时引发了巨大的争议。蒂梵尼设计的别出心裁的艺术玻璃以蔓藤花纹和优雅的几何图案为特色（图31.14），这让他成了国际新艺术风格的大师之一。

19世纪晚期的雕塑

德加和罗丹

19世纪晚期，欧洲两位主要的雕塑家埃德加·德加和奥古斯特·罗丹（1840—1917）极其擅长捕捉人物身体内的生命力。和印象主义画家一样，他们对万物的运动以及光线对感官造成的效果很感兴趣。为了捕捉这些转瞬即逝的特性，他们会用湿黏土或蜡快速地塑造出人物，由这些原始材料制成的青铜模型保留了制作过程中那种自然随性的感觉。的确，德加的很多青铜雕塑都是在他去世后浇铸的，这些作品保留了他的手指和指甲的痕迹。

德加经常在作画之前制作雕塑作为练习。在他的一生中，尤其是当他的视力衰退时，他开始绘制赛马、入浴者和芭蕾舞女演员（他最喜欢的题材）的立体素描。他去世时在工作室留下了约150个雕塑作品，有一些是成品，其他的都是制作到不同阶段的半成品。德加在世期间，这些作品中只有一个名为《十四岁的小舞女》的雕塑成品（图31.15）得以展出。德加给这个红褐色的蜡像原作配上芭蕾舞短裙、长筒袜、紧身胸衣、芭蕾舞鞋、绿色的缎子蝴

图 31.14 **孔雀花瓶** 蒂梵尼玻璃装饰公司制作，1892—1902年，虹彩"法夫赖尔"玻璃，蓝绿色，带有羽毛和眼状装饰。在学习了古代和中世纪的玻璃制造工艺后，蒂梵尼于1874年获得了将不同颜色的高温玻璃混合来制造彩虹色艺术玻璃的制作方法的专利，他称这种玻璃为"法夫赖尔"（来源于撒克逊语，意为"手工制作"）玻璃

蝶结、由马毛制成的假发（一缕一缕地嵌入人物的脑袋）之后，人物活灵活现起来。自1881年以来，这个作品一直是巴黎艺术界争论的焦点，直到半个世纪之后，才有艺术家创作出类似于这种综合材料制成的创新作品。德加的《十四岁的小舞女》青铜模型的深色皮肤在织物的衬托下，保留了艺术家精美的素描和绘画表现出来的优雅。

和德加一样，罗丹也对运动和姿态有极大的兴趣。对于工作室的模特在舞蹈时的身体变化，他用上百幅素描来记录，他请求这些模特自由地四处走动，而不是摆出传统的固定姿势。但罗丹最大的艺术贡献还是他的立体作品。他最早期的雕塑作品之一《青铜时代》（图31.16）是如此逼真，评论家甚至谴责他用活人模特的石膏模型浇铸雕塑。事实上，罗丹通过在作品形态上再现光线流失的效果，呈现了身体的运动感。他强化了雕塑表面被擦亮的部分和有粗糙质感的部分，对比之下，他刻意保留了一部分未完成的状态。罗丹曾说："简单来说，雕塑就是凹凸的艺术。"

罗丹的创作超越了自然主义的描绘。他采用富有表现力的变形来传达一种情绪或心理倾向的做法具有现代主义色彩。他放弃拘谨的理想化事物，赋予他的人物一种强健的活力和强烈的情感，这正是古典和文艺复兴时期的雕塑所缺少的。"古代的雕塑，"他解释道，"探索人体的逻辑结构，我却要表达人体的心理状态。"为了这个目标，罗丹和他的密友——美国舞蹈家伊莎多拉·邓肯（约1878—1927）通力合作。邓肯引入了一种以个性化姿态，以及猛烈、朴实、热情的即兴动作为特色的肢体表达语言。她认为，在古典芭蕾舞规则的束缚下，人们只会编排出难看的舞蹈，因此她光脚跳舞，参照古代舞蹈穿希腊风格的束腰外衣。她宣称："我发现我们已经遗失了两千年前的艺术。"

罗丹最宏伟的项目是一组大门的装饰雕刻设计，他受法国政府的委托给法国工艺美术博物馆设计大门。他借鉴了吉贝尔蒂设计的"天国之门"，设计出了《地狱之门》（图31.17）。受到但丁的《神曲·地狱篇》里受折磨的灵魂的启发，《地狱之门》包含了一群人物雕像。罗丹花了8年的时间，根据但丁的诗歌绘制了几百幅素描和雕塑画，但他没有完成这个作品。这个作品在他死后的几年间浇铸成青铜制品。《地狱之门》里的人物并不是每一个都是清晰可辨的，它们以或绝望或渴求的姿势扭曲翻滚着。直观地看，它们像马拉美的诗歌或莫奈

图 31.15 十四岁的小舞女 埃德加·德加，创作于1880—1881年（1932年浇铸成型），青铜像，配有网纱芭蕾舞短裙和缎带发饰。在德加所处的时代，这些年轻的女舞者被人称作"小耗子"，她们一般都出身于工人阶级家庭，要通过跳舞为家里赚钱

风景画里的形象一样，毫无逻辑地彼此融合。罗丹承认，他在创作时并没有固定的主题。"没有计划或预期的道德目的，我只是跟随自己的想象，"他解释道，"跟随自己的构思和创作的感觉。"总体而言，他塑造的人物唤起了一个充满混乱和变动的世界，它们的姿势表现了尼采和高更（详见下文）表达的焦躁不安和不满，它们随意的排列方式也印证了柏格森认为的现实是永恒的感觉之流的观点。

在罗丹的事业生涯中，他把主要精力投入《地狱之门》的创作中。他将其中许多单独的人物形象

图 31.17 **地狱之门** 奥古斯特·罗丹，创作于1880—1917年，青铜制品。在三个影子下面，门楣的中间（传统的基督审判场景中耶稣所在的地方）坐着一个正思考的人，这个人类的造物主注视着因热情而引来灭亡的人类

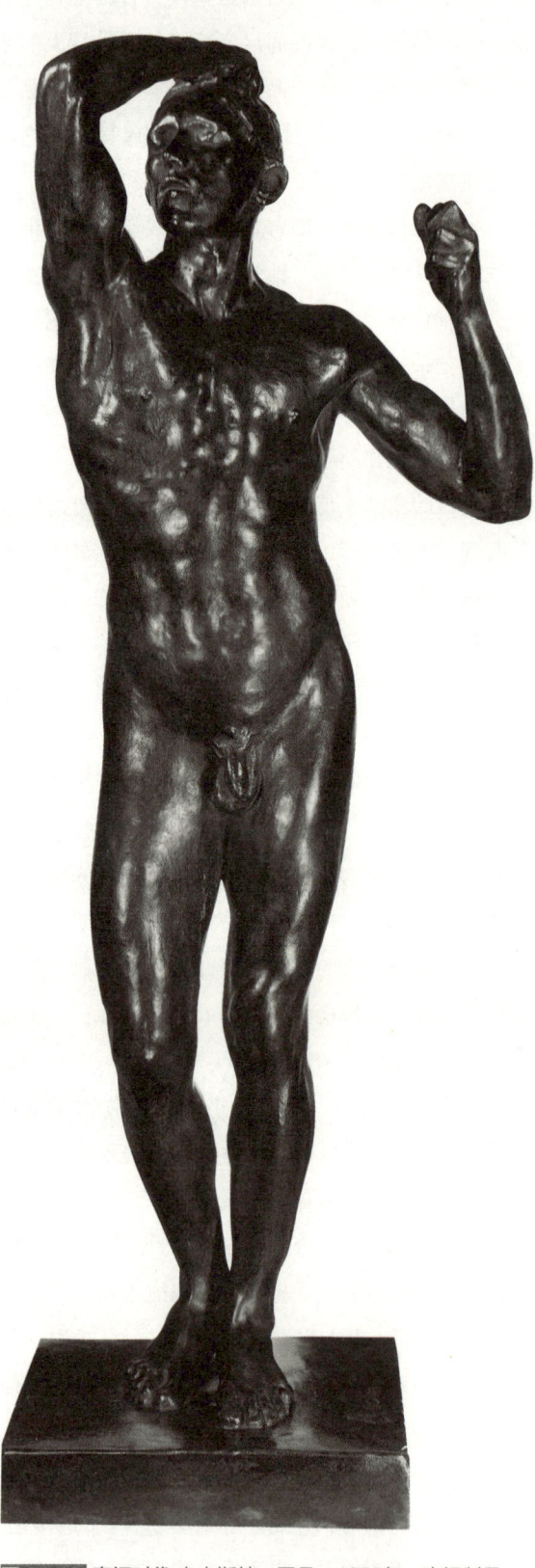

图 31.16 **青铜时代** 奥古斯特·罗丹，1876年，青铜制品

用青铜浇铸出来，还把另外一些形象用大理石重新塑造。其中著名的两件作品是《吻》（图 31.18）和《思考者》。前者的原型是位于《地狱之门》左下角那对恋人保罗与弗朗西斯卡；后者是罗丹最为人熟知的作品，他最初描绘的是但丁在地狱之门的上方注视着自己想象中的地狱。

图 31.18 吻 奥古斯特·罗丹，创作于1886—1898年，大理石，尺寸比真人还要大

非洲和大洋洲的艺术

19世纪晚期，日益扩张的西方商业主义和殖民主义，让欧洲人与非洲和大洋洲有了更近距离的接触。19世纪的非洲和大洋洲，实际上还没有经历工业化，是尚未使用文字的社会。它们的社会组织高度分化，形成了不同阶层，各个阶层之间有明显的差异：皇室、牧师和平民有不同的等级地位。它们还处于农业经济时代，它们崇拜的神和精灵都是与自然，以及作为群体和个人崇拜对象的自然力量（详见第十八章）密切相关的。在非洲的一些地区，有着悠久皇权传统的王国因为殖民主义者的入侵而被摧毁。但在非洲的其他地区，古老的生活方式继续存在着。贝宁、达荷美、刚果、约鲁巴和西非其他王国的皇家传统一直繁荣发展，直到现代。19世纪，非洲文学中的口述传说开始用以阿拉伯文字和西方字母表为基础的书面语言记录下来。

非洲和大洋洲上都有众多紧密相连的部落。这些部落有自己精细且繁杂的崇拜仪式，人们通过这些仪式来表达他们对神和逝去祖先的灵魂的崇敬之情。当地的艺术家制作出圣骨匣、面具和其他蕴含能量的物件来引导灵魂，庆祝成人礼，确保本族繁衍生息、幸福康乐。作为力量强大的灵魂的容器，它们的职责就是传输超自然能量。这些土著部落的艺术形式与西方一些艺术风格（比如象征主义）一样漠视客观的再现，但与19世纪西方学院派的传统相去甚远。换句话说，这些艺术形式都有其悠久的文化传统，甚至能追溯到几千年前。19世纪到20世纪期间，这些地区创造的大部分艺术都起源于代代相传的传统形式。比如，马里的班巴拉人在19世纪制造的头饰（参见图18.8）就保留了13世纪马里在第一个王国建立之后便传承下来的技艺和风格，这种传承几乎没有中断过。

非洲

在非洲，尽管法国的入侵使尼日利亚的约鲁巴王国陷入混乱，王室仍然坚持增加华丽珠宝的产量，其中一部分珠宝被用作国王的装饰，以显示国王的权力和威严。装饰有珠宝的圆锥形王冠（图31.19）原来属于达荷美（现贝宁共和国）的格莱勒国王（1858—1889年在位），它的顶上有一只鸟，象征着强大的超自然力量和统治者无与伦比的最高权威。自16世纪葡萄牙人将威尼斯玻璃珠子引入非洲大陆开始，西非人就开始进行珠饰细工的制作。然而，珠饰细工的黄金时代却是19世纪晚期，颜色多样、大小一致的欧洲"玻璃珠"在当时首次出

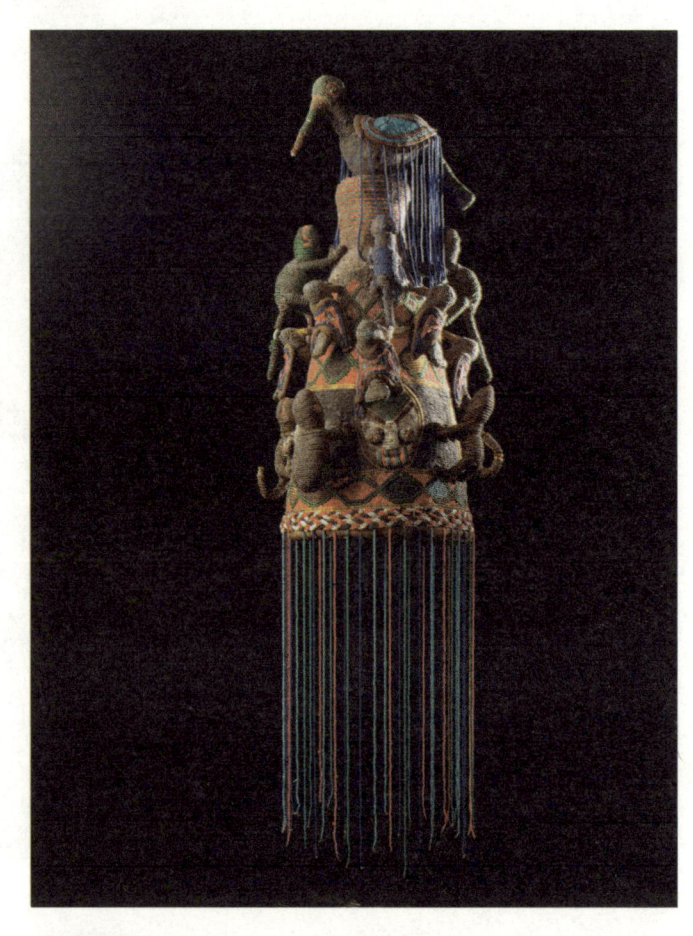

图 31.19 约鲁巴头饰 非洲，19世纪。这顶约鲁巴王国的王冠，装饰有鸟、变色龙、蜥蜴和人脸等立体图案

现。值得注意的是，串珠工艺在西非是一项专门由男性从事的活动。

彰显19世纪非洲高超艺术创造力的第二个例子是独立式的雕塑：格莱勒国王委托制作，象征其军事力量的战神"古"（图31.20）。该作品由木头雕刻而成，外面覆盖着经捶打的黄铜（这里的黄铜据说是用过的子弹壳）。这个人物挥舞着两把短弯刀，曾保卫着阿波美城的大门。其凶狠、带着划痕的脸，突出的下巴，宽扁的脚和紧绷、非写实的体形，反映出写实主义和代表着19世纪非洲艺术的抽象风格的有力结合，但同时它传承了西非雕塑的传统。遗憾的是，这个人物的保卫任务失败了：1889年，格莱勒国王死后不久，他的王国就被划归为法国的殖民地。

大洋洲

尽管大洋洲各岛屿之间的艺术创作产出差异巨大，但这个地区的民族在19世纪制造出了极为精美的艺术品。在新西兰的毛利人中，木雕艺术在19世

图 31.20 战神"古" 创作于19世纪，黄铜和木头制品

图 31.21 刺有多种不同文身的努库希瓦岛民 1813年，根据威廉·戈特列夫·冯·提列拿的原始素描创作的手工上色铜版画。努库希瓦岛是法属波利尼西亚的马克萨斯群岛中最大的一个

纪繁荣发展起来，包括精致的木质礼堂的建造。木雕工匠会使用欧洲的工具，设计出装饰着精美螺旋和卷轴形图案的凶狠图腾形象。这与"文身"这种身体装饰艺术中的设计很相像。

文身在南太平洋的马克萨斯群岛极受欢迎，被认为是一种神圣的艺术。文身师用带着锋利梳齿的骨梳刺出来的文身，可能象征着被文身的人所具有的特殊等级和权力，它还起到了保护的作用：文身其实是一种视觉盔甲。然而，文身在文化上的意义引发了各种各样的解读。在一个部落里，一般最富有、最有权力的人才会去刺既昂贵又痛苦的遍布全身的文身图案（图31.21）。

大洋洲的文身和木雕的蛇纹图案出现在保罗·高更的绘画和他在塔希提岛时创作的许多版画和雕塑中。可悲的是，随着大洋洲文化受到西方物质主义、商业开发以及剥削的影响，其辉煌和独创性开始衰落。

原始主义

自16世纪开始，欧洲就与非洲和大洋洲有了联系。到了19世纪，商品、枪支和奴隶等贸易开始改变非洲的文化。在非洲一些地区，枪支泛滥导致了暴力和混乱。除了帝国主义的野心，西方对非洲的渗透是好奇心的产物，为拿破仑远征埃及之战所刺激而产生（详见第二十九章）。1830年，法国入侵阿尔及利亚之后，尤其是医学发现奎宁可以有效地治疗可怕的疟疾后，非洲逐渐吸引了西方旅行者和探险者。德拉克洛瓦在1831年游历摩洛哥，带了7本画满了素描的画册和大量水彩画回欧洲。英国探险家大卫·利文斯通（1813—1873）和亨利·莫顿·斯坦利（1841—1904）花了好几年时间探索非洲广袤的疆土。这些探险的新闻记录引起了人们对与西方大相径庭的非洲文化传统的注意。结果经常出现一些对各种文化差异过度简化（经常是扭曲的）的理解，有些文化甚至被认为是异化的、暴力的、本质低劣的。很多西方人认为土著民族是"原始人"，暗示其愚蠢、缺乏教养。法语词primitif（有"原始人"之意）也带有正面的意思，指那些谴责早期现代工业化社会所带来的破坏性影响的人所推崇的亲近自然的状态。

1889年在巴黎举办的世界博览会为大众展示了亚洲、非洲和大洋洲的艺术，这让欧洲人对非西方文化更加着迷了。刚果、塞内加尔、日本、中国、波利尼西亚和其他南海岛屿将非西方世界的艺术文化介绍给了欧洲人。非西方社会及其艺术成就很快成了新人类学（研究人类及其文化的科学）以及人种学（研究尚未使用文字的民族或群落的人类学分支）的研究目标。1890年，人类学家詹姆斯·乔治·弗雷泽爵士（1854—1941）发表了《金枝》，这是对古代和传统风俗人情中的巫术和宗教的先驱性研究之作。非西方艺术藏品出现在民族志博物美术馆中，例如1869年在纽约建成的美国自然历史博物馆、1878年建成的巴黎夏乐宫人类博物馆。然而可悲的是，当这些文明开始受到重视，其艺术品被收藏在西方博物馆里时，它们的辉煌和独创性往往会面临衰落的后果。法国画家保罗·高更在他浪漫的手记《诺阿诺阿》里记录他对塔希提岛的印象时，感叹道：

> 欧洲的入侵和一神论，毁掉了一个曾经拥有辉煌文明的遗迹……塔希提人具有一种追求和谐的本能，这种和谐是人类创造物和构成他们生存环境的动植物之间的和谐，但现在这种本能遗失了。在和我们及我们的教育接触后，他们真的变成了"野蛮人"……

高更反对将法国的法律和经济政策强加到塔希提人身上的殖民行为，他还谴责天主教和新教的传教士消灭当地宗教信仰的行为。19世纪晚期像高更这样的"原始派"的诉求，反映了他们对西方之外的世界产生兴趣绝不是偶然的、不经意的。这引起了人们对高更所说的西方将信仰、观点等强加于非西方人群的"恐怖统治"的抗议，也引起了人们对西方价值观和社会禁忌的反感和抗拒——这种抗拒在早期现代艺术的原始主义中得以成熟发展。

后印象主义

1886年，印象派最后一场展览之后的艺术一般被称作"后印象主义"。为了寻求一种超越重视瞬间的印象主义的艺术风格，后印象派画家更加注重色彩和创作形式。他们信奉一种"为艺术而艺术"的美学主义，认为绘画创作高于绘画假象。后印象派画家奉行我行我素的个性，对满足公众以及个人

图 31.22 星夜 文森特·凡·高，绘于1889年。1889年，凡·高入住阿尔勒附近圣雷米的一家精神病院，在那里待了一年。阿尔勒位于法国南部，因其间歇性的狂风而闻名。狂风和布满了星星的清澈夜空，也许就是这幅画的灵感来源

第三十一章　迈向现代主义　165

赞助者的需求而创作的行为不感兴趣，他们中的大多数人只会偶尔售卖自己的作品。和印象派画家一样，后印象派画家会在自然中寻找灵感，但不同于他们的前辈的是，他们的创作强调自然力，这受到法国象征主义者莫里斯·德尼（1870—1943）的影响。莫里斯·德尼在观察中得到的启发是，一幅画在用绘画来再现现实之前，只是"一个以特定的规则排列的图形、线条和色彩的平面"。这一启发成为后印象派艺术践行的信条，推动了20世纪早期的现代艺术运动。

凡·高

荷兰艺术家文森特·凡·高（1853—1890）是一位充满激情的理想主义者，他被孤独、贫穷、抑郁，以及遗传性精神病折磨，最终因精神病发作而自杀。在他的艺术生涯中，他一共创作了超过700幅油画和上千幅素描，但他在世期间卖出去的作品仅仅几幅。

凡·高以平淡而明亮的色彩、规律跳动的弯曲线条、起伏不定的短笔触和大胆的构图来描绘风景、静物和人物肖像，这表现出他对日本木刻版画的欣赏。凡·高的画面以厚重着色为特点，他经常用调色板刮刀来操作或直接从颜料管挤颜料到画布上。他深受音乐（尤其是瓦格纳的作品）的影响，和浪漫主义者一样，对自然抱着一种既受到灵感启发又欣喜若狂的态度。影响他选择色彩的不是绘画对象的外观，而是他对这个物体在情感上的回应，他把这种情感回应比作管弦乐曲的演奏。他对弟弟特奥解释道："我更随意地使用颜色，以便更有力地表达自己。"

凡·高描绘法国小镇圣雷米景观的画作《星夜》（图31.22）运用了白、黄、橙、蓝等色彩的浓厚笔触，这让画变得极具活力——柏树如火焰那样

图 31.23　自画像　文森特·凡·高，绘于1889年

扭曲，星星仿佛正经历着爆炸，月亮简直像太阳那般燃烧了起来，天空似大海的波浪一样起伏翻滚。在这幅画中，凡·高对色彩富有表现力的运用，赋予了自然幻想的狂热。

在他写给特奥的信中，凡·高表达了他对艺术创造力的永恒信念。1888年，在他自杀之前的两年，他写道："在我的生活和绘画中，没有上帝也可以，但像我这样生病的人，不能没有那个比我自己还要伟大的东西——我的生命，即创造的力量。如果一个人被剥夺了繁衍后代这种物质层面的创造能力，他努力创造思想来代替生育孩子，那他就还是人类的一部分。"对于自己的创造力，凡·高认为绘制肖像让他能够培养出"最好、最深邃"的东西，"那是绘画中唯一能深切感动我的东西，它比其他任何东西都能让我感觉到无限"。对凡·高来说，绘制肖像的挑战在于捕捉模特的心灵和灵魂。他为很多朋友和邻居绘制的肖像，以及在1886—1889年之间绘制的24幅自画像，将浪漫主义的主观性提升

到了具有忏悔意味的新高度。例如，凡·高在1889年创作的《自画像》（图31.23）中，画家头部苍白的肤色与几乎是蓝色单色的背景相互映衬，头颅呈现出令人恐惧，甚至如幽灵般的样子——这种效果因为可怕的绿色面部阴影和蓝绿色的眼睛而得到加强，人物有些倾斜（他这么告诉特奥）以致让自己看起来像日本人。背景的笔触类似《星夜》中激荡的天空，增加了画面起伏的节奏感，和一动不动的人物形成了鲜明的对比。这种视觉策略突出显示了艺术家如僧侣般的疏远。实际上，凡·高曾向高更坦言，在这幅画像里，他看到的就是一个和尚。

高更

凡·高的朋友保罗·高更（1848—1903）和凡·高一样，对欧洲中产阶级社会有一种疏远感。他有秘鲁的血统，在南美洲度过了孩提时代的最早期，他在少年时代便乘船到巴黎定居。结婚十年后，他抛弃了妻子和5个孩子，也放弃了在巴黎作为股票经纪人的工作，全身心投入绘画中。他到法国西北部的布列塔尼、西印度群岛的马提尼克岛、塔希提岛，以及法国南部旅行，于1895年返回南太平洋诸岛并永久居住在那里。

图 31.24 敬神节 保罗·高更，绘于1894年。背景的蓝色和前景的蓝色具有一样的色彩强度，从而将空间展平，营造出了一种织锦的平面视觉效果。高更否认自己的画具有特殊的含义。"我的梦是无形的，"他给友人的信中写道，"它没有寓意。"

第三十一章 迈向现代主义 167

高更从布列塔尼的民间文化、南太平洋岛屿的本土艺术，以及许多其他非传统的资源中汲取艺术灵感。让他印象深刻的是自学的本土艺术的直接性和本真性，尤其是那些使用了强大的图腾式抽象手法的艺术品。他的艺术风格经象征主义理念的熏陶，并受到1889年巴黎世界博览会上展出的日本木刻版画、日本寺庙浮雕照片的影响，其绘画风格往往是扁平的、颜色鲜亮的，并且常常是扭曲的，看起来就像浮在画布上一样。

在《敬神节》（图31.24）中，鲜亮的蓝色、黄色和粉色形成了类似织锦的图案，让人想起了日本的版画和新艺术海报。高更画的人物没有影子，和凡·高的画一样，但他使用的大胆、非模式化的颜色更具装饰性。就如同象征主义诗人的语言意象，高更的彩色图案有一种超越文字描述的冲击力。例如，前景的水坑处那呆滞的天然形状和躺在岸边的人物那胎儿般的姿势，都让人联想起新生和再生。这些人物和画中的其他人物看起来都与图腾守护者（在画布上方中间位置）有精神上的关联，类似于毛利人文化中的造物主和至高无上的神。

高更和凡·高在1888年秋季法国东南部的城市阿尔勒相遇，这两位艺术家一见如故，决定一起生活、工作，但那只维持了很短的一段时间。他们二人情绪都不稳定，喜怒无常，经常会陷入激烈的争执。在其中一次争执中，凡·高的一只耳朵被砍掉了一部分，可能是凡·高自己砍的，（据一些历史学家称）也可能是高更砍的。尽管有强烈的个人差异，这两位艺术家在具有感染力的形态和色彩语言的探索中，仍然是兄弟般的先驱人物。高更自觉地扮演"文明的野蛮人"角色，这源于卢梭和梭罗等人所赞颂的原始状态，即未受到破坏的自然状态。他飞往南海代表着他对失落的伊甸园的探寻，也反映了其对席卷19世纪晚期欧洲的异域文化的迷恋。照此来看，高更的作品中与众不同的波希米亚风格，可能是浪漫主义的"最后时刻"。

乔治·修拉

乔治·修拉（1859—1891）排斥印象主义形状不明的特征，引入了严格的绘画构图法。他接受

图 31.25 大碗岛的星期日下午 乔治·修拉，绘于1884—1886年，布面油画

过学院派的训练，在自己的作品构图中融入了一定程度的平衡与秩序，可与普桑和大卫的作品相媲美。修拉画中的人物看起来像是沿着一个由垂直和水平线组成的无形网格绘制的，这些线都平行于画平面。每一个形状都处在预定的位置上。对秩序的偏爱，或许还激发了修拉对微小色点的创新性运用。他将细小的彩点并排堆砌（有时是将一个点嵌入另一个点）来创造密集的点群，以强化色彩，给人营造出固体形态的印象，这种风格被称作点彩法。在研究了米歇尔·谢弗勒尔和其他色彩理论先驱的作品后，修拉找到了将颜色分成不同成分的技术。这些先驱人物包括美国物理学家奥格登·尼古拉斯·鲁德（1831—1902），他的著作《现代色彩学》阐明，色彩的光学混合效果比预先混合好的颜色更为浓烈。修拉（高更称其为"小小的绿色化学家"）不遗漏任何一处，把每一个着色点都涂上颜色，以便它与下一个点并排出现时，在观众的眼中能产生预期的共鸣。尽管修拉和印象派画家一样对光线和色彩着迷，但他刻意摒弃了创作中的自发性。他虽然会去户外写生画草图，但通常是在晚上借助人造光在自己的工作室完成绘画成品。

修拉的不朽之作《大碗岛的星期日下午》（图31.25）展现了一群度假的巴黎人在塞纳河阳光灿烂的大碗岛上休息的情形。这幅画的主题（城市休闲风光）尽管是典型的印象派风格，却没有表现出印象派对亲密性以及瞬间感觉的喜爱。每一个人物都与另一个人物隔离开来，仿佛被冻结在空间里，不知道别人的存在。修拉称，他希望赋予他画中的人物以希腊浅浮雕中人物所具有的那种庄重感。尽管如此，一个评论家责骂道："剥去他人物身上的彩色跳蚤，你会发现下面什么都没有，没有思想，没有灵魂。"修拉所构建的艺术世界由极细的色彩微粒和沉默寡言的人物组成，也许看起来缺乏人类情感，但是相较于给人混乱体验的绘画，其细腻的规律性笔触提供了一种令人舒适的绘画风格。的确，《大碗岛的星期日下午》的持久吸引力在于它的象征意义，象征着人们可以从日常生活的喧嚣以及大自然的无常中逃离出来，获得内心的宁静。

图 31.26 圣维克图瓦山 保罗·塞尚，绘于1902—1904年。从1880年至塞尚于1906年去世，这位所谓"艾克斯大师"画家以这座他最喜欢的山为绘制对象，创作了至少25幅油画和水彩画。在这幅画中，浓厚的色块接近于纯抽象风格

第三十一章 迈向现代主义 169

塞尚

相比修拉，保罗·塞尚（1839—1906）更应被看作连接19世纪艺术和20世纪艺术的桥梁。塞尚最早是巴黎的印象派画家，但他的绘画题材多是风景、人物肖像和静物，这说明相较于主题，他对一幅画的形式更为在意。他试图"在普桑之后重塑自然"，也就是说去寻找自然经久不衰的形，这种形是所有伟大艺术的基础，这让塞尚成为第一位现代主义画家。

塞尚决心赋予自己的画作强烈的立体感（这种特色常被印象派忽视），这种想法催生了一种新画法，即通过小而平的色块（比修拉的彩点更大，但不是完全不同）来勾勒物体的外形。塞尚弃用印象派依靠直觉的、结构松散的构图，他还设法恢复学院派绘画的严谨的风格。他想要实现画面统一性的愿望激发了他在形式和透视方面大胆的创新：他可能会使物体表面倾斜或扁平化，将熟悉的物体简化或抽象化为基本的几何形状——圆柱体、圆锥体和球体，或者在一幅作品中从不同的角度描绘各种各样的物体。塞尚的静物画中所绘的苹果、桃子或梨并不如实物那样诱人，它们更像是对有色形体的一种架构性的组合。在这些画作中，叙事内容往往显得无足轻重，而形式本身则具有了更重大的意义。

塞尚离开巴黎，回到法国南部的家乡生活后，他的绘画风格越发成熟。他不知疲倦地研究当地的风景：有好多次，他都以家乡普罗旺斯地区艾克斯附近崎岖多岩的圣维克图瓦山为主题作画。在他以圣维克图瓦山为主题的最后几幅作品中，树和房屋变成了由色块组成的抽象网络（图31.26）。塞尚在画布的不同区域使用了相同的色彩浓度，挑战了传统的前景和背景的区分——注意天空和景色中的亮绿色和浓郁的紫罗兰色。在他的画中，所有部分都像日本木刻版画里的平面形状那样具有相同的价值。塞尚赋予一座普通的山不朽的象征意义的方法，引领着绘画向现代抽象风格发展。

回 顾

19世纪晚期的思想

具有深远影响的德国思想家弗里德里希·威廉·尼采察觉到欧洲物质享乐主义存在促使社会日渐堕落的风险，他呼吁改变传统的价值观。

尼采预见了现代主义的阴暗面，而亨利·柏格森对生活的观点比较积极，他认为生活是实现直观地、富有创造力地进化的重要推动力。

19世纪晚期的诗歌：象征主义者

像保罗·魏尔伦、阿蒂尔·兰波这样的象征主义诗人设计了一种能够唤起感情而不是描述感情的感官语言。

在斯特凡·马拉美的《牧神的午后》中，诉诸美感的意象像不连续的文学片段那样展开。

19世纪晚期的音乐：德彪西

象征主义诗歌找到了其音乐中的对应物。克洛德·德彪西的作品通过细微差别和氛围来引人入胜。

德彪西受到印度尼西亚音乐、瓦格纳的歌剧和象征主义诗歌的启发，在《牧神午后前奏曲》的游移和声中创造了梦幻般的朦胧特色。

19世纪晚期的绘画

以莫奈为代表的印象派，同样代表了19世纪晚期艺术家对感觉和感官体验的兴趣。这些艺术家尝试记录世界转瞬即逝的美景，他们忽略观察到的事物细节，以便充分体现光影效果。

雷诺阿、毕沙罗、德加创造出休闲通俗的绘画作品，让大家能够一睹19世纪城市生活的乐趣。

定格动作摄影和日本的木刻版画对19世纪的艺术家产生了重要影响，后者最开始是作为纪念品流行起来的，后来随着亚洲的商品贸易进入了欧洲市场。

卡萨特对家庭内部日常生活的描绘，以及图卢兹-劳特累克对歌舞厅日常的描绘，表现出了日本木刻版画对这些艺术家的影响。

新艺术运动

新艺术运动起源于比利时，是19世纪晚期非常流行的装饰性风格。

这种风格的支持者赞美亚洲和伊斯兰教的艺术，它们以大胆、平面、富有生机的图案和半抽象的线条设计为特色。在美国，这种风格在路易·康福特·蒂梵尼的艺术玻璃制品中得到了进一步发展。

19世纪晚期的雕塑

德加和罗丹的作品反映了他们对人物姿势和具有表现力的动作的关注。

罗丹试图将内在感觉状态用外形表达出来，这种做法和伊莎多拉·邓肯在现代舞中的创新相呼应。

非洲和大洋洲的艺术

19世纪晚期是非洲和大洋洲艺术生产力鼎盛的时期。圣骨匣、面具、独立式的雕塑等蕴含能量的物件被制作出来，用来引导灵魂，庆祝成人礼，确保本族繁衍生息、幸福康乐。

非洲和大洋洲的视觉艺术与西方的一些艺术风格（如象征主义）一样对客观描绘持忽视的态度，但与19世纪西方学院派传统格格不入。

殖民主义以及人们到非洲和大洋洲的游历让西方人认识到了新的文化，这些文化在有些人看来是异化的，是充满暴力的；其他人则认为这些文化是"原始的"，非常贴近自然的。

1889年的巴黎世界博览会将非西方文化带入了公众的视野，激励了民族学收藏品场馆的建立，也让人们对西方之外的世界更加感兴趣。

后印象主义

后印象派放弃了前辈对瞬间光影效果的迷恋，开始探索新的绘画技巧。

凡·高和高更将色彩当作表达个人情感、象征意义，以及展现奇思妙想的工具，而不是用它来表现氛围。

修拉和塞尚通过创造以构图稳定性为特色的绘画风格，来反对印象派缺乏形式感的特征。

术语表

康康舞：19世纪晚期的巴黎歌舞厅里流行的一种极耗费精力的舞蹈。

负空间：和人物的形状（正空间）相关联的背景或底色区域。

第三十二章
现代主义的进攻

约1900年—1950年

真实的不是外在形式,而是事物的本质。
——康斯坦丁·布朗库西

图 32.1 **拿着小提琴的人** 巴勃罗·毕加索,绘于1911年。在这幅立体主义画作中,扁平带阴影的平面和单色色彩紧密地排列着,人物和背景几乎难以区分。具象元素——人和小提琴——只能从一些零碎的部分看出来

自文明诞生以来，没有哪个时代能比20世纪更彻底、更自觉地打破传统。在20世纪初的几十年里，这种新发展方向的精神和风格被称为"现代主义"。现代主义抛弃了原来的文化价值观和传统，致力于追求创新、试验，甚至无政府主义（最极端的做法）——主张彻底摒弃已经建立的标准规范。

创意艺术领域的现代主义革命，是对科学和技术领域的革命性变化的响应。技术领域的变革开始于19世纪末期，以电话（1876年）、内燃机（1892年）和无线电报（1895年）的发明为标志，而内燃机让制造第一代依托汽油发动的汽车成为可能。1900年，法国和美国开始大批量生产汽车。在人口不断膨胀的现代城市中，生活节奏比以往任何时候都快。到了1903年，航空企业也加入发展行列，开创了快速传播和交流的时代——这个星球正在"缩小"，这为20世纪末"地球村"的形成提供了基础。科学理论的进步也同样重要：让人们得以重新认识物质宇宙的原子物理学对20世纪的重要程度，就等同于冶金术对公元前第四千纪的重要程度。但是，后者的出现让文明得以诞生，而推动了核时代到来的前者却威胁着文明的存在。

粗略来说，20世纪上半叶被称为现代时期。下面的三个章节主要围绕这个时间范围展开讨论。第三十二章讨论的是现代主义对艺术领域的传统的挑战。第三十三章探究的是伟大的奥地利精神病学家西格蒙得·弗洛伊德的影响力——他的著作对文化表达的任何一种形式都有颠覆性的影响。第三十四章探讨的是极权主义和两次世界大战给人类社会造成的残酷影响——两次世界大战将有望解放生产力的新科学技术工具当成了具有毁灭性的可怕武器来使用。

新物理学

在20世纪初期，原子物理学家提出了一个理论，挑战牛顿在两个世纪之前提出的宇宙模型。牛顿认为，宇宙是按照通常与感觉世界相一致的，且稳定运转的规律运行的。然而，现代物理学家发现，在自然界的物理极限情况下，即原子粒子所处的微观（极微小或极快速）领域以及大型天体所处的宏观世界中，牛顿在《自然哲学的数学原理》中提出的定律并不适用。1880年以后，美国物理学家阿尔伯特·迈克耳孙和爱德华·莫雷判定光的速度是一个普适常量，由此一个更为全面的宇宙模型理论开始显现。1897年，英国物理学家约瑟夫·约翰·汤姆孙（1856—1940）发现了电子。电子是一种基本的亚原子粒子，其在原子间的相互作用是化学键形成的主要原因。3年之后，德国物理学家马克斯·普朗克（1858—1947）提出，光波有时候表现为量子，即不连续的、分立的能量束。

除了上述理论以及量子物理学中其他开创性的研究，另一个德国物理学家阿尔伯特·爱因斯坦（1879—1955）于1905年提出了狭义相对论，表达了全新的时间、空间、运动和光的概念。牛顿认为，不管是运动还是静止，物体的质量和长度等特性都保持不变。而爱因斯坦的推论是，当一个物体的速度接近光速时，它的质量会增加，长度会收缩；物体的运动速度不可能超过光速，光的传播不需要任何媒介。本质上，爱因斯坦的理论认为，所有可测量的运动都是相对其他物体而言并与之相关的，不存在假设的以太，也不存在宇宙协调性。

在爱因斯坦理论的基础上，维尔纳·海森伯（1901—1976）从理论上提出，由于测量亚原子现象的行为改变了亚原子粒子，其位置和速度如果被同时测量，其结果不可能达到绝对精确。海森伯提出的不确定关系（1927年）——一个粒子的位置越精确，它的动量就越不可知——用一个在亚原子层面其确切原理是不确定的宇宙模型代替了确凿的、理性的宇宙模型。

量子物理学让人类能更深入地了解宇宙的运转，但同时它让宇宙运转的概念变得令普通人更难以理解。自然的基本组成部分是亚原子粒子，这是人眼和相机都观察不到的，因此也超出了感官的范畴。然而，新物理学的实际影响是巨大的，例如雷达技术、计算机和消费性电子产品，这些也仅仅是其众多长远影响中的三个方面。原子裂变，即原子粒子的分裂（始于1919年），以及原子弹（第一次试验在1945年）证实了爱因斯坦的著名公式$E=mc^2$的正确性，这个公式表明质量和能量是同一事物的

科技发展一览表

1900年	德国人马克斯·普朗克提出了他的量子假说。
1903年	美国人亨利·福特推出了A型车。
1905年	爱因斯坦发表了狭义相对论。
1910年	英国人伯特兰·罗素和艾尔弗雷德·诺思·怀特海发表了将数学建立在逻辑之上的系统化著作《数学原理》。
1913年	丹麦人尼耳斯·玻尔将量子论运用到了原子结构的研究中。
1916年	爱因斯坦发表了广义相对论。

不同表现形式，因此（用爱因斯坦自己的话来说）"非常少量的物质质量可以转变为大量的能量"。新物理学为原子时代铺平了道路，也彻底改变了人类理解物质世界的方式。

20世纪早期的诗歌

现代诗人既不需要19世纪浪漫主义者自我放纵的情绪，也不需要象征主义的唯心观点。他们在自然中发现的既不是狂喜，也不是救赎。如果自然真的是任意的，又是相对的，这些诗人的任务就是找到一种表达自然独特性的新语言，充分体现漠然的宇宙中断断续续的怪象。无论如何，他们都会创造出一种和现代物理学一样概念化的、抽象的风格。

意象派诗人

寻求更凝练表达风格的领路人是自称意象派的诗人。对意象派诗人来说，作者就像是雕塑家，他的技巧要求其在抽象过程中去掉不必要的物料，以得出一个本质或精华的形状。语言精练、形式准确、表达简洁是意象派的目标。他们放弃了传统的诗体形式、固定韵律和节奏，其主张的自由诗体风格因唐突、不连续的意象组合而遭诟病。从本质上来说，意象派是一场英语文学运动，它吸引了许多才华出众的美国女性，其中包括埃米·洛威尔（1874—1925）和以简单的"H.D."为自己的诗歌署名的希尔达·杜丽特尔（1886—1961）。

意象派最具影响力的诗人是美国诗人埃兹拉·庞德（1885—1972）。23岁时，庞德放弃了在美国的大学继续学习语言和文学，并开始了他的写作生涯，这也是他前往欧洲的原因。他几次赴欧，游历了英国、法国和意大利等国。庞德是诗人、批评家、翻译家，他对同时期的文学了解得非常深入，同时他广开眼界：他广泛涉猎古希腊、古罗马、中国、日本、中世纪的法国和文艺复兴时期意大利的散文和诗歌，并且总是阅读这些作品的原文。作为研究东亚书法的学生，他从汉语的疏朗和精妙处汲取灵感。他尤其着迷于不被语法或句法束缚来呈现意象的中国诗歌，它们就像自然影响人的思想那样，以同样直观的方式来传达思想。这就是庞德想让诗歌获得的活力。

在中国和日本的诗篇中——尤其是日本的一种叫俳句（详见第二十一章）的诗歌体裁——庞德发现了精练表达的关键。他的两首极有名的俳句式诗歌被收入他的诗集《人物面具》中。他声称，他花了一年半的时间才写出第一首诗，他将原来三十行的诗缩减到了两行。

阅读材料32.1
选自庞德《人物面具》（1909年）

《在地铁站内》
人群中闪现着这几张脸的幻影；
如同潮湿黑树枝上的花瓣点点。

《浴盆》
镶有白瓷的浴盆，
当热水散热变温，
我们的殷勤和热情也慢慢冷却，
哦，我那备受赞美却并不令人满意的夫人。

问：这两首诗歌的抽象体现在哪些方面？
问：关键意象组合在一起产生了怎样的效果？

庞德模仿了俳句风格的意象排列方式，以此唤起事物之间微妙的、隐喻性的关系。他构思出了一种他称之为"具有律感的词语排列"的手法，以营造出一种能表达情感的"形态"。

在"意象派宣言"（1913年）和各种访谈中，庞德概述了意象派学说的基本要点：诗人"绝对不能使用无助于表述的词汇"，他们应该"按乐句的顺序"采用自由诗体韵律。最终，庞德号召同时期的人抛弃西方作诗的传统模式，要"推陈出新"——据说是中国古代的一位皇帝草草地写在浴缸上的格言。"日复一日，"庞德写道，"推陈出新／砍灌木丛／堆起木柴／让它继续生长。""推陈出新"成了现代主义的战斗口号。

意象派对抽象表达语言的探索始于现代主义诗歌革命的开端。一种情感表达更为隐匿，意思更难以捉摸，自由地汲取丰富的世界文学和历史遗产的诗歌风格也应运而生。庞德在1920年之后创作的诗歌，尤其是在他创作了近55年也未完成的作品《诗章》中，出现了许多外语词汇、淫秽笑话，以及晦涩难懂的文学和历史典故，它们并列出现，相互之间并没有关联。这些诗歌不如庞德早期的意象派诗歌那样具有简练、准确、雄辩和纯粹的特点，并与之形成了鲜明对比。

T. S. 艾略特

没有一个以英语为母语的诗人能像在美国出生的作家T.S.艾略特（1888—1965）那样，如此有力地推动现代主义进程。1914年，艾略特遇见庞德之后，便开始和庞德一起为除去现代诗歌中的浪漫主义风格而努力。他认为，诗歌必须寻求语言公式或（用他自己的话来说）能准确地将感觉具体化的"客观关联词"。艾略特的风格很快就因其别出心裁的韵律、不规律的抑扬顿挫和令人惊奇的意象而变得有名，其中的很多意象都源于个人的回忆和晦涩难懂的文学素材。

艾略特就读于哈佛大学，专攻哲学和古典文学，第一次世界大战爆发时，他正在牛津大学求学。战争爆发后，他选择留在英国，并于1927年加入了英国国籍，同年转为英国国教信徒。他对现代哲学、世界宗教、人类学，以及亚洲和西方的古典文学都有透彻的理解，这让他成了他所处时代中最博学的文学大师。

艾略特于1915年发表了诗歌《杰·艾尔弗雷德·普鲁弗洛克的情歌》（下文有完整的引文），这首诗充分体现了第一次世界大战爆发前弥漫着的衰微的理想主义。《杰·艾尔弗雷德·普鲁弗洛克的情歌》实际上是一个怯懦的中年男人的戏剧性独白，他对自己和自己做出有效行动的能力几乎没有一点信心。普鲁弗洛克对人生的怀疑，预示着战后那代人（在第三十四章中有更为详细的讨论）感受到的幻灭感和无力感。

阅读材料32.2
艾略特《杰·艾尔弗雷德·普鲁弗洛克的情歌》（1915年）

> "若我以为回答的对象
> 是能重返人间之生物，
> 那这幽冥的火焰将不再颤抖。
> 但据我所知，的确无人
> 能活着走出这深渊，即便告诉你，
> 我也不担心我的名声会受损。"[1]

---

1. 引自但丁的《神曲·地狱篇》第二十七篇，出自吉多·达·蒙特费尔特罗之口。吉多因提供了错误的建议而下地狱。在向但丁解释自己受到的惩罚时，吉多依然相信社会的辨别力。

我们走吧，我和你，
当暮色渐渐铺满了天空，
如同手术台上躺着的麻醉病人；
我们走吧，穿过人烟稀少的街道，
穿过廉价旅店在躁动的夜晚
传出喃喃细语的休憩寓所，
穿过满地锯末的牡蛎壳饭馆：
一条条街道像冗长
又用心险恶的争执，
要让你面对一个难以应付的问题……
哦，千万别问"那是什么？"，
我们走吧，去拜访别人。

房间里女人们走来走去
谈论着米开朗琪罗。

黄色的雾在窗玻璃上摩擦背部，
黄色的雾在窗玻璃上摩擦口套，
将它的舌头伸向黄昏的各个角落，
徘徊在排水沟里的积水上，
任由从烟囱掉落的煤灰落在它背上，
从阳台上滑过，突然纵身跃起，
见到眼前是十月的温柔夜晚，
在屋旁蜷成一团，沉沉睡去。

确实，将来总会有时间
去看街道上漂浮着的黄色的雾
在窗玻璃上摩擦着它的背部；
将来总会有时间，总会有时间，
整理容颜去和那些想见之人见面；
总会有时间去谋杀和创造，
总会有时间让往你盘子里扔问题的双手[1]

去从事辛苦的劳作以度过时日；
在享受烤面包和茶之前，
你还有时间，我也还有时间，
还有时间去犹豫一百次，
憧憬一百次，改变一百次。

房间里的女人们走来走去
谈论着米开朗琪罗。

确实，总会有时间
去思考："我敢吗？""我敢吗？"
还有时间转身下楼，
让别人看到我头顶的一块秃斑——
（他们会说："他的头发怎么变得如此稀疏！"）
我穿着晨礼服，硬挺的领子戳到下颌，
领带华丽端庄，却用简单的别针来固定——
（他们会说："瞧他的胳膊和腿多么细啊！"）
我敢不敢
扰乱这个世界？
这一分钟里还有时间
做决定和改变，哪怕下一分钟又会反悔。

因为我已经熟悉了全部，全部的全部——
我熟悉夜晚、早晨和下午，
我已用咖啡勺将生命按量配出；
我知晓远处房间传出的音乐
会让谈话声逐渐变得低微。
我怎敢擅作主张？

我识得那些眼睛，我识得它们——
它们用明确的措辞钉住你的眼睛，
当我被钉住，懒散地趴在针尖上，

---

1. 暗指公元前8世纪的诗人赫西奥德写的赞颂辛苦劳作的诗歌《工作与时日》，带有讽刺意味。

当我被钉住，在墙上蠕动，
那我该如何吐出
日复一日的习惯的残留物？
我怎敢擅作主张？

我识得那些手臂，我识得它们——
白皙裸露的手臂戴着手镯
（在灯光下显出浅棕色的汗毛）
是裙子上的香水
让我神思恍惚吗？
那些放在桌上或裹着披肩的手臂啊。
我怎敢擅作主张？
我该如何开口？
············

我能否说，我在黄昏时刻走过狭窄的街道，
看到穿着衬衣的孤独男人倚在窗口，
手中的烟斗正袅袅飘着烟？……

我就该变成锯齿的爪子，
碎步疾跑过沉默的海底。
············

下午，夜晚，如此沉静地睡着！
长长的手指将它抚顺，
睡了……或只是装病，
它躺在你我身边，在地上伸展。
在品尝了茶水、点心和冰激凌后，
我有力气将这一时刻推向决定性的时刻？
尽管我哭泣着斋戒，哭泣着祈祷，
尽管我看到我（有些变秃的）脑袋
装在盘子上被送了进来，
我不是先知——这也不是什么大事；[1]

我看到我的光辉时刻摇曳着，
我看到永恒的侍者捧着我的外衣，
正在暗自窃笑，
简单说，我害怕。

这样究竟是否值得，
在享用果酱和茶水后，
在杯盏碗碟中，在你我的谈话中，
是否值得
用微笑解决问题，
将宇宙挤入一个球[2]，
把它滚向某个难以应付的问题，
说："我是拉撒路，我从地狱来[3]，
我来告诉你们，我把一切都告诉你们。"——
如果一个枕着枕头的人说：
"那不是我的本意，绝对不是。"
那这一切是否值得？

这样究竟是否值得，
这样究竟是否值得，
在许多个日落后，在路过庭院，走过街道后，
在读过小说、喝过热茶，
在慵懒扫过地面的裙角飘过之后——
在此或者更多时光后，是否值得？——
说出我所想已是不可能！
但仿佛放映机将紧张的神经
投向屏幕上：
如果枕着枕头或脱下披巾，
并走向窗边的人说：

---

1. 参考施洗者约翰，他被犹太国王希律王斩首（《马太福音》）。普鲁弗洛克认为自己是受害者，但不是圣人或烈士。

2. 参考17世纪的英国诗人安德鲁·马维尔的诗《致羞涩的情人》的诗句"让我们将所有的力量和汗水都积累起来揉进一个球"，马维尔在诗中极力劝说他的情人"及时行乐"。

3. 根据《约翰福音》，拉撒路是被耶稣复活的。

第三十二章 现代主义的进攻 179

"那不是我的本意，绝对不是。"
　　那这一切是否值得？
　　…………
　　不！我不是哈姆雷特，这也非我之命；
　　我只是侍奉左右的臣子，
　　会壮大声势，铺排场面，
　　为王子出谋划策；毫无疑问只是个方便的工具[1]，
　　恭敬顺从，很高兴对别人有用，
　　明智、谨慎、小心翼翼，
　　夸夸其谈，又有些迟钝，
　　有时候近乎荒谬可笑，
　　有时候简直就是傻瓜。

　　我已老去……我已老去……
　　我应卷起我的裤腿[2]。

　　我要把头发往后梳吗？我真敢吃桃子？
　　我要穿白色的法兰绒裤子在沙滩上行走。
　　我听到美人鱼自顾自地吟唱。
　　我想她们不会为我歌唱。
　　我看见她们乘着浪朝海里游去，
　　当风将海水吹得一片白一片黑，
　　她们为打回的浪花梳理白色的丝发。

　　我们徘徊在大海的内庭，
　　海女用红和棕的海草将其装饰，
　　一旦有人声将我们唤醒，我们就会被淹死。

问：你会怎样形容艾略特笔下的普鲁弗洛克的个性？

问：诗歌中的各个文学引喻对我们理解诗歌有什么帮助？

　　艾略特这首诗歌的风格是通过被强力压缩的、阴郁的意象建立起来的："廉价旅店""饭馆""从烟囱掉落的煤灰""狭窄的街道""穿着衬衣的孤独男人"等。艾略特笔下的文学片段，还有对《圣经》中的先知以及历史和艺术领域英雄人物（如哈姆雷特和米开朗琪罗）的引述，都与普鲁弗洛克空洞的理想主义形成了鲜明的对照，突显了他自觉地逃避行动，以及他对传统智慧源泉的信心的丧失。普鲁弗洛克得出结论，那些鼓舞人心的声音，都被太过世俗的声音所淹没，其中也包括他自己声音。普鲁弗洛克在道德上的麻木不仁使他成了与现代主义相关的精神失落状态的典型代表。

罗伯特·弗罗斯特和抒情诗

　　罗伯特·弗罗斯特（1874—1963）是美国极负盛名、最受人喜爱的诗人之一，他创作了一种有别于现代主义艺术家的抽象风格的作品。虽然弗罗斯特抵制19世纪大多数诗歌具有的浪漫主义感伤，但他欣然接受了西方抒情诗的旧传统。他在创作诗歌的过程中遵循韵律形式，诙谐地将现代派对自由诗体的运用比作没有网的网球运动。弗罗斯特避免引用晦涩的典故和学术性的参考。他用朴实简明的语言表达了对自然风景的深切感情和对人类脆弱处境的持久同情。他描绘美国乡村生活的无常和神秘，有时还有黑暗。弗罗斯特解释道："我的诗歌旨在引领读者最先进入无限。"弗罗斯特在《未选择的路》中使用质朴而直白的语言，这成了其诗歌成熟风格的标志。这首诗歌赞颂了深刻的个人主义，同时其

---

1. 指波洛涅斯，莎士比亚的悲剧《哈姆雷特》中国王的顾问。吉多·达·蒙特费尔特罗和他提供的都是错误的建议。
2. 在艾略特所处的时代，卷边或翻边的裤子被认为是时髦的。

表达上的简洁凝练也符合现代主义"推陈出新"的理念。

阅读材料32.3
罗伯特·弗罗斯特《未选择的路》（1916年）

> 黄色树林里有两条分岔路，
> 可惜我不能一一去涉足，
> 旅途中的我停在路口许久，
> 极目往小路深处望着，
> 看它消失在灌木丛中。
>
> 但我选择了另一条同样好的路，
> 也许这个决定更为正确，
> 因为它草木茂盛，似在引人去踩，
> 尽管如此，这两条路
> 被踩踏的样貌并无太大区别。
>
> 那天早晨，两条路上铺着树叶，
> 上面并没有踩黑的脚印，
> 哦，我要将第一条路留给以后！
> 然而我深知路连着路，
> 不知我是否还会重游故地。
>
> 岁月流逝不复回，若日后在某处
> 重提旧事，我只能轻叹一声：
> 树林中有两条分岔路，而我——
> 选择了少有人走的那条路，
> 这个举动改变了所有。

问：为什么弗罗斯特对道路的选择"改变了所有"？
问：这首诗是如何表现弗罗斯特对直白语言的喜爱的？

20世纪早期的视觉艺术

和现代主义诗歌一样，20世纪早期的艺术也开始挑战以往所有的艺术形式。照相机的发明将艺术家从模仿自然的必要性中解放出来，先锋派艺术家质疑作为可见世界的如实再现的艺术的价值。他们率先提出一种真正的、朴实无华的风格，这种风格类似意象派的诗歌，旨在唤起体验而不是描述体验。他们追求主题的固有特性和本质意义，以获得一种集中情感体验。然而，纯粹形式的语言并没有剥夺现代艺术中的人文主义，反而为艺术家提供了一种超越传统的描绘可见世界的方法。抽象派是现代主义的一个重要派别，抽象派艺术家承诺要净化自然，以便能更接近自然的真实样貌。

早期的现代派艺术家比文艺复兴以来的任何艺术家都更为努力地探索形式表达的工具和技巧。他们刻意模糊绘画和雕塑之间的界限，将三维的物体放到二维的平面中，从而打破了传统风格和格式的分类。和意象派诗人一样，他们在艺术被赋予了仪式力量的非西方文化中汲取灵感。创新、抽象、试验，成了现代派反抗传统和常规的特色标志。

毕加索

要说20世纪的艺术巨人，那一定是出生于西班牙的巴勃罗·毕加索（1881—1973）。在他长达92年的生命中，毕加索对20世纪主要的艺术风格几乎都有涉猎，有一些还是他自己创造的。他创作了数以千计的油画、素描、雕塑和版画——这些作品的规模、创造性和影响力都是非同寻常的。毕加索小时候就显现出了绘画方面的非凡天赋，到了20岁，他的作品中精准、诗意的线条风格可以与拉斐尔和安格尔的作品相媲美。1904年，年轻的画家离开祖国西班牙，前往巴黎定居。在巴黎这个熙熙攘攘的西方艺术之都，他受到了印象派和后印象派绘画的影响，以咖啡馆生活、乞丐、妓女和马戏团演员为主题进行创作。和意象派诗人一样，毕加索致力于用精练的表达来完善形式和色彩，减少调色板上的色彩种类，一开始使用各种深浅不一的蓝色，1904年后开始使用玫瑰色调。

到了1906年，毕加索开始抛弃西方传统的绘画表现模式，他于1907年创作完成的一幅大型油画——《亚威农少女》（图32.2）成了他对传统的最彻底的攻击。《亚威农少女》描绘了五个裸体的女性——灵感来源于巴塞罗那亚威农大街妓院的妓女。这幅作品的题材可以追溯到西方绘画在风景中表现单个女性裸体或女性裸体群像的悠久且备受推崇的传统。然而，《亚威农少女》却与这种传统彻底决裂了。

触类旁通

毕加索的《亚威农少女》（图32.2）反映了艺术家对他那个时代公开在巴黎的沙龙和博物馆展出的艺术作品的强烈关注。在塞尚那充斥着平坦的表面和随意的颜色的画作中，毕加索看出了一种一丝不苟的有关形式的新语言，这种形式似乎要定义自然潜在的结构。在非洲和大洋洲的雕塑中，他发现了艺术所具有的力量，即艺术能够将强大的超自然力量化为可感知的具体呈现。毕加索对部落面具和雕塑的解释是："对我而言，'他们'不仅仅是雕塑，'他们'是有魔力的物体……是反抗未知的、有威胁的灵魂的调解人。"显然，埃通比地区的面具形象（图32.3）和《亚威农少女》右侧两个人物所具有的特色，就是具有表现力的抽象概念和动态变形的结合。

图 32.2 亚威农少女 巴勃罗·毕加索，绘于1907年

图 32.3 刚果共和国埃通比地区的面具 木制品

毕加索对西方艺术传统题材"推陈出新"的方式值得仔细研究：在毕加索早期的油画草图上，这幅原名为《哲学妓院》的《亚威农少女》其实有两个男性角色，其中一位与艺术家本人相似。然而在1906年，毕加索受到了许多重要展览的影响：在卢浮宫举办的古代伊比利亚雕塑展、在沙龙举办的高更的波利尼西亚油画和雕塑展，以及在1907年举办的塞尚作品大型回顾展。最后，在1907年的夏天，毕加索深深折服于当地美术馆和夏乐宫人类学博物馆展出的非洲和大洋洲艺术的魅力。

毕加索修改了《哲学妓院》，除去男性形象，并将五个妓女转化成了一群凶狠的、具有象征意味的女性形象，不再具有诱惑性，反而令人望而却步。在这幅后来被他称为"第一幅驱魔画"的作品中，他画出人物的面孔，而在创作右边的两个人物时，他给她们配上了非洲面具的样貌。他似乎将人物拆开重新组合起来，仿佛要检验分裂和间断的物理现象。这其中至少有三个裸体女性是从多个角度而非单一的视角呈现的，仿佛人的眼睛能够自由地在时间和空间里穿梭。画布右边远处蜷缩着的女性身体是从背面观察所得，而她画着野蛮条纹、像是非洲和波利尼西亚雕塑的满布划痕的脸，则是由正面的视角绘制而成的。中间两个女性的鼻子是侧面的视角，而她们的眼睛是正面视角——这可能是毕加索从古埃及壁画中借鉴的传统。这些人物和她们所在的区域之间的关系也同样是分离的：背景和前景难以区分，绘画空间被极其破碎、像陶瓷碎片一样的平面（砖红色块和鲜艳的蓝色色块）打破。毕加索抹去了他笔下的"少女"的所有魅力，把迷人的女性裸体这个主题驱逐出了西方艺术领域。

立体主义的诞生

《亚威农少女》是一种被称为"立体主义"的大胆的新风格的先驱。立体主义是一种大胆的、与众不同的形式语言，它对文艺复兴时期绘画原则的挑战不亚于爱因斯坦的相对论对牛顿的物理学的挑战。在立体派作品中，可辨认的感觉世界消失在半透明的平面和棱角分明的短线条中，普通物体看起来像是在经历了爆炸之后被重新随意组装起来，然后以零碎的几何图形堆在画布上。从图32.1这幅立体派绘画作品和《亚威农少女》（图32.2）的对比中可以看出，毕加索在不到四年的时间里向抽象主义迈进了多远。

"立体主义"在早期被称为"分析的立体主义"，这种风格以多重视角取代了单一视角，其作品中的意象就好像一个人在物体的四面八方移动，甚至从物体内部去感知它一样被构思出来，甚至还融入了第四维度——时间。方向上的突然转变以及模糊不清的空间场域，让人联想到新物理学中的种种不确定性。当毕加索和他的法国同僚乔治·布拉克（1882—1963）通力合作，寻找一种始终精简的形式语言时，他们的作品变得越来越抽象，色彩的运用也变得冷静和克制：立体主义提供了一种对叙述内容毫不关心的新的形式语言。几年以后，毕加索为这种新语言的可行性进行辩护："立体主义在很长一段时间里都没有被理解，但这个事实……其实无所谓。我不懂英语，以英语写成的书对我来说如空白的书，但那并不意味着英语这门语言不存在。"

1912年左右，布拉克首次在静物画中加入三幅墙纸，标志着立体派进入了立体主义的第二阶段，即综合的立体主义时期。毕加索和布拉克认为自己是空间先锋（和莱特兄弟类似），将酒瓶标签、扑克牌、报纸碎片等普通的物件粘贴到画布上，创作出一种名叫"拼贴画"的艺术。这种拼贴画艺术既不是油画也不是雕塑，但同时兼而有之。两位艺术家在画作中加入了双关语、隐藏的讯息，以及对当时事件的微妙提及等内容，但在这些艺术作品中占主导地位的策略都是对"艺术即幻觉"这一观念进

图 32.4 桌上的静物 乔治·布拉克，绘于1914年左右，纸拼贴画。布拉克受过装饰训练，他在作品中加入了模板印刷的信、沙子和木屑等元素。他对剪报、墙纸、酒瓶标签和外包装的运用，让作品有了更大的密度，并向观众发起挑战，让他们从不同视角（概念视角和感知视角）去观察日常的事物

行检验。

在布拉克的作品《桌上的静物》（图32.4）中，仿木纹条状物、刀片外包装和剪报具有"呈现"和"象征"的双重功能。脱离上下文的单词和图像如同用暗号写成的广告牌一样互为衬托。布拉克从总体上预言了20世纪的艺术："作品的主题不是绘画的对象，而是一种新的统一，即由方法引发的抒情。"

图 32.5 吉他 巴勃罗·毕加索，创作于1912—1913年，金属薄片和金属丝的组合结构

集合艺术

在那几年里，毕加索也创造出了首批集合艺术作品——通过组建或整合各式各样的普通材料而形成的艺术品；和拼贴画一样，三维的集合艺术依赖于所用物体和材料的创新结合。同样，集合艺术为艺术家提供了一个有别于石雕、金属浇铸、黏土或

科技发展一览表

1901年	意大利人古列尔莫·马可尼接收了第一则国际无线电广播信号。
1903年	美国人奥维尔·莱特和威尔伯·莱特首次试飞飞机成功。
1927年	第一部带有同步声音的电影（《爵士歌手》）上映。
1927年	德国人维尔纳·海森伯提出"不确定关系"。

石膏模型等传统技术的全新替代技术。很显然，集合艺术从非洲和大洋洲结合自然资源（比如玛瑙、贝壳、珠子、酒椰叶纤维）来制作面具和服装的传统中得到启发；它也注意到了代表着能量物、圣骨匣和其他部落艺术形式的富有表现力的简化事物。毕加索在1912—1913年创作的《吉他》（图32.5）通过碎片化的平面、刻意的空间颠倒（注意突出的音孔），以及金属薄片和金属丝的组合达到了强有力的效果。

未来主义

在现代技术创新思维的推动下，被称为未来主义的先锋派运动在意大利兴起。未来主义运动最初是文学运动，但很快发展为包括建筑、诗歌、音乐、电影在内的所有艺术类型。该运动的创始人是诗人菲利波·托马索·马里内蒂（1876—1944），他抨击社会传统观念，发表了一系列抨击文学的形式主义、博物馆艺术和学术文化的宣言，提倡一种将同时期的艺术表达和工业、技术、城市生活联结起来的风格。马里内蒂认为"战争是世界上唯一的健康之源"，要求一种"燃烧暴力"的艺术形式出现，切除意大利身上的"教授、考古学家、古文物研究者和辞藻华丽而浮夸的作家带有的恶臭坏疽"。他在1909年发表的《未来主义宣言》里写道："我们宣布，除了以绝对的现代感觉为起点创作的绘画之外，不可能存在现代绘画。轰鸣的汽车比罗得岛上有翼的胜利女神像（图5.21展示的著名希腊风格的雕塑）要美丽得多。我们在画布上重现的姿势将不再是动态的固定瞬间，而应是动态感觉本身。"

提出用未来主义代替墨守成规的学院派风格的是翁贝托·博乔尼（1882—1916）。他创作的接近原物大小的青铜雕塑（图32.6）像一个自动化机器人一样前进的样子，充分体现了移动中的动态感觉。尽管博乔尼在1912年发表的《未来主义雕塑宣言》中主张，艺术家应该"摒弃……传统上推崇的题材"，但这个迈着大步、由一系列参差的动态线条构成的形象在外形上显然是人的模样。

未来派沉迷于汽车、火车、飞机的速度和活力，惊叹于如机枪以及在20世纪头十年在罗马街道上安装的弧光灯等新型技术。一个未来派艺术家异想天开地宣称，电灯使月光相形见绌，代表

图 32.6 空间连续的独特形体 翁贝托·博乔尼，制作于1913年，青铜制品

第三十二章 现代主义的进攻 185

着西方浪漫主义艺术的终结。在文学领域，未来派和意象派诗人一样，都希望从传统的韵律和句法中"摆脱出来"。在音乐领域，未来派作曲家引入了噪音发生器，还在音乐中加入飞机螺旋桨和工业机械的声音。

未来派还受到埃德沃德·迈布里奇的延时摄影、X射线（到1910年才开始广泛使用）的神奇特性，以及电影新产业（看起来像多个画面在时间和空间里运动）的创新尝试的启发。这些现代现象推动了法国艺术家马塞尔·杜尚（1887—1968）早期艺术生涯的发展。当杜尚的《下楼梯的裸女，2号》（图32.7）在纽约的国际现代艺术展（又称军械库艺术展）中展出时，一个评论家嘲笑它为"木瓦工厂爆炸的场景"。然而，在它于1913年首次被展出后，这幅作品（连同很多在军械库艺术展中展出的作品）对美国现代主义的发展有着潜移默化的影响。未来主义在第一次世界大战结束后就不复存在了，但美国和俄国的艺术家都受到了它的影响，在美国和俄国，未来派试图表现动态形式感的做法与电影制作技术的最初发展不谋而合。

图32.7 下楼梯的裸女，2号 马塞尔·杜尚，绘于1912年。人物的移动是通过其连续重叠体现出来的。这种技巧借鉴了1832年发明的名为"频闪观测仪"的设备的工作原理

电影的诞生

电影艺术在艺术家和科学家痴迷于空间和时间问题的时代产生并非巧合。电影作为一种捕捉快速变化过程的艺术形式，实际上是一种典型的现代媒体。最早的公开电影展示出现在19世纪90年代中期的欧洲和美国：大约在1894年，托马斯·爱迪生成为第一位将动态图像投射到屏幕上的美国人。法国的奥古斯特·卢米埃尔（1862—1954）和路易·卢米埃尔（1864—1948）兄弟两人完善了商业放映机播放胶卷的方法，他们在1895年率先在一家咖啡馆里放映了历史上第一部电影。第一批有关日常题材的电影试验让观众非常高兴。

然而，直到1902年，电影才被用于创作一个完全属于自己的世界：这一年，法国电影制作人乔治·梅里爱（1861—1938）完成了一部长达16分钟的名为《月球旅行记》的戏剧性电影，这是一部根据儒勒·凡尔纳的小说改编的引人入胜的科幻片。一年后，美

186　人文传统

国导演埃德温·S.鲍特（1870—1941）创作了一部约10分钟的默片《火车大劫案》，该片以美国的西部生活为主题，展现了一个戏剧性的持枪抢劫事件以及后来的警察追逐和抓捕匪徒的场面。这些先锋叙事电影为电影史上流行的科幻电影和西部电影这两种题材确立了借鉴的榜样。

1908—1912年，好莱坞成了美国的电影中心。大卫·格里菲斯（1875—1948）是那个时代最杰出的导演，他为电影技巧带来了巨大的革新。他主张用多部摄像机和不同的视角进行拍摄，还加入了特写、渐隐、闪回等新技巧，这些革新手段一起出现在剪辑过的电影中时，极大地提升了电影叙事的潜力。格里菲斯长达3小时的默片《一个国家的诞生》（1915年）是对美国南北战争和南方紧接着经历的重建时期的史诗般的记录。遗憾的是，尽管这部电影的技巧非常卓越，它对非裔美国人的负面描绘却让人们产生了刻板印象——非裔美国人被认为都是粗暴无知的野蛮人。

直到20世纪20年代末，所有的电影都是无声的：电影制作人在适当的地方会用字幕来代替对白，剧院里通常会有现场音乐伴奏。早在有声电影时代之前，电影摄影师就开始使用摄影机，他们不是简单地把摄影机看作公正无私的观察者，还将其当作传达角色情感状态的媒介。在无声的情况下，他们只能通过视觉传达的方式来展现电影的情感状态。据一些电影评论家称，电影作为媒介的美学价值因声音的加入而遭到破坏。尽管如此，到了1925年，电影注定成了现代的主要艺术形式之一。

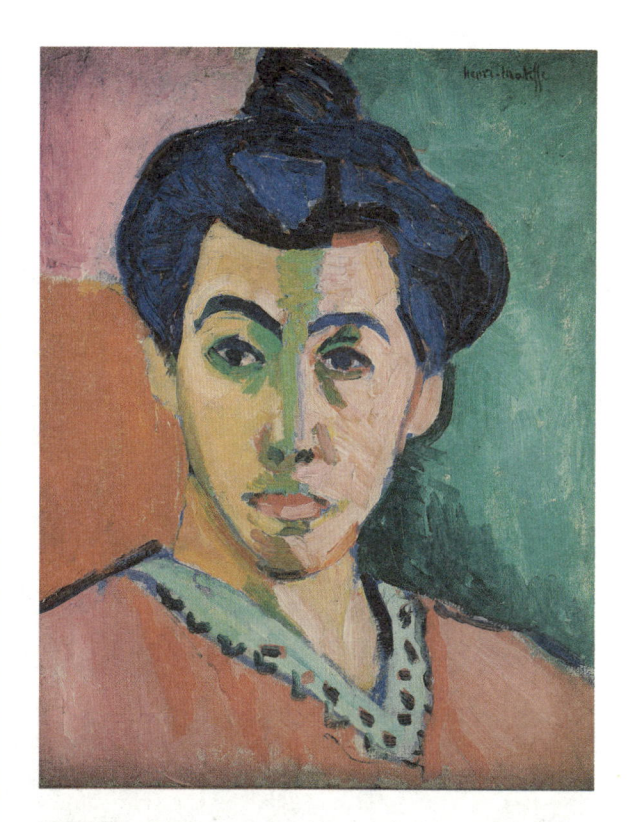

图 32.8 带绿色条纹的马蒂斯夫人像 亨利·马蒂斯，绘于1905年

马蒂斯和野兽派

立体派和未来派主要关注空间和运动的问题，而以法国艺术家亨利·马蒂斯（1869—1954）为代表的其他现代派画家则把"色彩"作为其绘画作品的主要特征。这个群体被一位在1905年巴黎展览会上看到他们作品的评论家冠名为"野兽派"，他们学着凡·高和高更那直率、随意的风格，运用扁平、鲜艳的色彩进行创作。然而，后者使用色彩来唤起情感或象征性的意象，而更为年轻的艺术家对色彩的关注只是因为色彩有助于勾勒绘画结构。他们的风格以大胆的自发性情感表达和对颜料直率的运用为特点。称这些艺术家为"野兽派"的评论，实际上说的是他们对色彩粗鲁且野蛮的运用。评论家抨击这种新风格为"色彩的疯狂""小孩的游戏"等。然而，对马蒂斯来说，色彩是纯粹的感官

图 32.9 舞蹈1 亨利·马蒂斯，绘于1909年。马蒂斯为他的资助人——俄国的艺术收藏家谢尔盖·休金——画了第二版的《舞蹈》。现被收藏于圣彼得堡赫米蒂奇博物馆

愉悦的洗礼池，在他的《带绿色条纹的马蒂斯夫人像》（图32.8）中，宽阔、扁平的颜料条勾勒出人物的容貌，人物的脸庞被一条垂直的绿色粗线一分为二。

马蒂斯大胆借鉴并改良塞尚的作品中常用的扁平的彩色色块，利用色块去简化物体的形状，以获得他收集的那些部落艺术品所具有的视觉冲击力。同时，他还赋予了色彩一层令人兴奋的光芒，尽管和气味一样微妙，却能对感觉器官产生强烈的作用。与认为艺术是用来刺激感觉功能的武器的毕加索不同，马蒂斯寻求"一种平衡的、纯粹的、宁静的艺术，没有令人感到烦扰或沮丧的主题，就像一把能让人休息、助人摆脱身体疲劳的舒适扶手椅"。

马蒂斯是第一批明确地对具象艺术表达蔑视的现代主义艺术家之一，他坚持认为："精确并非真实。"在1908年发表的《画家笔记》中，他将色彩和形状描述为感觉的等同物，而不是形式的对应物。渐渐地，在伊斯兰细密画和俄国圣像画的影响之下，他的风格开始有所变化，作品呈现的线条更为简洁，色彩也更有美感。最能体现他在抽象色彩方面的天赋的一个例子是《舞蹈1》（图32.9）。这幅画以未调制的颜色呈现了浪漫的阿拉贝斯克舞姿，让人想起了古希腊瓶饰画所具有的优雅形象，也充分体现了舞者跳着充满原始气息的圆舞时的愉快之情，而这种舞蹈几乎是地中海文化区都保留的传统舞蹈。

布朗库西和抽象主义

尽管立体派、未来派和野兽派艺术家追求的方向不同,但他们都信奉抽象艺术的信条:艺术家应该唤起主题内在的、本质的特性,而不是去描述主题的外在特征。在早期的现代雕塑中,康斯坦丁·布朗库西(1876—1957)就是这个信条的捍卫者。布朗库西出生在罗马尼亚,在布加勒斯特、维也纳、慕尼黑接受艺术训练,他于1904年移居巴黎。在巴黎罗丹的画室短暂停留之后,他深深地被古代丰饶的人物形象以及非洲和波利尼西亚的雕塑吸引了。受到这些物品的启发,其精神力量在于视觉上的直观性以及对材料本真的呈现,布朗库西继续致力于创造一种极其简单,同时有着有机形态的艺术。当他开始近距离地观察生命体(人类或动物)时,他渐渐地除去所有的写实主义细节,直到他领悟出一种能充分体现事物本质的形。与他的好友埃兹拉·庞德一样,布朗库西在形式方面的表达达到了足够浓缩且精练的程度,这些形式极其质朴,看起来似乎是人人都能理解的事物。

《空间的小鸟》(图32.10)就是其中一个例子,布朗库西就这个主题创作了30个版本的作品,这些作品的尺寸不一,用的材料也多种多样。这件雕塑作品并没有特指哪一类带有羽毛的生物,但它完美展现了"鸟类"的概念。布朗库西解释道,重要的是"飞行的本质"。他坚持认为:"真实的不是外在形式,而是事物的本质。"这件造型优雅的作品,弯曲得如同一片羽毛,将鸟类优雅与平衡的特质和火箭、飞机等机械飞行器那种翱翔升空的动态感融合在了一起。事实上,布朗库西的《空间的小鸟》首次抵达美国时,美国海关还误认为这是工业机械制品。

图32.10 空间的小鸟 康斯坦丁·布朗库西,1928年

抽象主义和摄影

摄影师们也满腔热情地接受现代主义美学。美国摄影师爱德华·韦斯顿（1886—1958）是运用摄影抽象主义的先驱之一。他拍摄的两个鹦鹉螺贝壳的特写照片让人联想到花朵（据韦斯顿的说法是木兰花）和女性。韦斯顿拍摄的照片超越了写实的领域：他不仅仅用照相机记录自然世界，还用它探索视觉体验的新疆域。

非写实艺术

1909—1914年，三位来自欧洲不同地区的独立艺术家开始致力于清除艺术中所有可辨识的主题。俄国的瓦西里·康定斯基（1866—1944）和卡西米尔·马列维奇（1878—1935）以及荷兰的皮特·蒙德里安（1872—1944）是非写实艺术（抽象艺术）的先驱，他们都接触了20世纪早期的主要艺术运动：立体主义、未来主义和野兽派。他们承认后印象派的假设，即一幅绘画作品首先是一个覆盖着按特定顺序组合的色彩的平面。但他们对无主题的形式的追求有一个独特的目标：实现一种纯粹的艺术，其纯粹度能够在精神上弥补现代生活毫无灵魂的现状。

康定斯基

康定斯基在30岁才开始其艺术生涯，他深受野兽派画家、象征主义者和俄国民间艺术的影响。他早期的画作充满着饱含活力的色彩，但他略带惊慌地发现自己画中的主题有种"隐入"颜色中的趋势。有一天傍晚，回到慕尼黑的画室后，康定斯基得到了"心灵的启示"，从此他就摒弃了绘画中的题材内容。这件事被他记录在1913年创作的《回忆录》中：

图 32.11 埃德温·坎贝尔的评判一号 瓦西里·康定斯基，绘于1914年。康定斯基是第一批承认原子理论的作用的现代派艺术家之一，他力劝年轻艺术家去学习新物理学

我看见了一幅美丽的画作，它散发着光芒，那种美丽无法言喻。一开始，我犹豫了，接着就奔向这幅神秘的画，上面除了形状和色彩，别无他物，其内容也是无法理解的。我马上就找到了这个谜团的答案：这是我之前画的一幅画，它靠墙立着……我现在能肯定，是绘画中"物体"的存在毁坏了我的画作。

从那以后，康定斯基在组合色彩、线条和形状时，不再加入可辨认的物体。他称自己的非写实画作为"即兴创作"或"抽象构思"，并按顺序给它们编号（图32.11）。在《论艺术中的精神》（1910年）一书中，他提出形式和色彩会产生意义，但这意义与自然世界无关。他写道："色彩会对身体产生巨大的影响。"同时，色彩还会影响情绪。这种深刻见解为研究现代色光疗法提供了基础。所谓色光疗法，就是将颜色和色光作用于人体，改变人体的状态。在康定斯基看来，绘画与音乐相似，是一种精神解放力量。康定斯基本人是业余大提琴演奏家，也有很多先锋派作曲家朋友。"绘画，"他强调，"是不同世界之间雷鸣般的碰撞，旨在创立一个新的世界。"

马列维奇

与康定斯基同时期的俄国艺术家卡西米尔·马列维奇走向非写实艺术，并不是受野兽派的影响，而是受到了立体主义（主张线条的价值高于色彩）的影响。马列维奇致力于探寻"将艺术从物体的重负中解放出来"的方法，力图再发现"创造性艺术中的纯粹感受"，他创造了一种简约的风格，这种风格的呈现仅限于正方形、圆形、长方形等这些严谨的几何形状。马列维奇称这些形状为"至上主义元素"，称他的风格为至上主义风格。"对至上主义者来说，"马列维奇写道，"客观世界的视觉现象本身是无意义的，重要的是感觉……这种感觉与唤起它的环境完全无关。"通过将自己的艺术局限于二维绘图平面上排列的完美的几何形状，马列维奇用一种和现代物理学一样抽象且精确的形式语言来替代表象世界。

蒙德里安

非写实艺术的第三位先锋人物是皮特·蒙德里安，其早期作品显示出他对自己所属的国家——荷兰的风景的热爱之情。然而，到1910年，他开始在描绘自然环境时运用抽象的几何学规律，甚至慢慢地丢弃了可辨识的主题。最终，他约束自己的视觉语言，使其表现为"纯粹"的形：排列在水平和垂直方向的线条交织成的网格上的正方形或长方形，三原色（红色、黄色、蓝色），三种色值（白色、灰色、黑色）（图32.12）。这种"减法"实现了几何元素在构图上的平衡，即"对立的等价状态"，类似于代数方程的动态平衡。

蒙德里安最终移居美国，但他发起的"风格派"运动将继续蓬勃发展。"风格派"取自1917年创办的一本杂志《风格》的名字。荷兰风格派运动

图 32.12 红、黄、黑、灰、蓝构图 皮特·蒙德里安，绘于1921年

的追随者提出了一种激进的乌托邦式的计划，致力于发展纯粹抽象的艺术："这是普遍性的直接表现。"尽管成员们的观念不一（1924年，蒙德里安因反对同僚对对角线的运用，退出组织），但风格派的影响是世界性的，对建筑和家居设计的影响尤其深刻。

在20世纪早期的艺术中，绘画客体的消失往往与现代生活的去人性化错误地联系在一起。然而，非写实艺术的诞生最具讽刺意味的是，它得益于现代早期流行的神秘主义和超验主义哲学。其中影响最大的是通神学，它是东西方宗教的混合体，强调通过纯粹的精神手段与自然实现交融。蒙德里安是荷兰通神学会的成员，他将清晰的几何图形视为精神进步的表现。在他看来，等价法则反映的是"现实的真实内容"。"不只是科学，"蒙德里安写道，"艺术也让我们明白了，一开始无法理解的现实会慢慢地通过事物内在的关联显现出来。纯科学和纯艺术都是客观、公正且自由的，它们能加快人们认可基于上述关系产生的法则和规律。"致力于把纯粹抽象作为普遍的精神语言的行为——这种艺术行为对康定斯基、马列维奇和蒙德里安的艺术生涯极其重要——反映了现代主义艺术家具有的乌托邦式的人文精神：他们视艺术为维系社会和谐有序的源泉。

俄国构成主义

当乌托邦式的现代主义风格席卷欧洲之际，"纯艺术"运动中极具功利主义色彩的运动之一在十月革命前的俄国繁荣起来。"构成主义"受到未来主义和马列维奇的纯粹主义观点的影响，主张将几何学抽象风格应用于所有形式的社会事业中。称自己为"艺术工程师"的俄国构成派将新抽象风格应用于工艺美术、剧院、电影、印刷术、织物设计和建筑领域，以改善群众的日常生活。柳博芙·波波娃（1889—1924）是这项运动里众多才华出众的女性倡导者之一，她为俄国的剧院设计了舞台布景（图32.13）和服装，将构成派"把艺术转化为成果"的格言应用于实践中。和其他的现代主义艺术

图 32.13 柳博芙·波波娃为费尔南·克罗默兰克的《绝妙的绿帽子》设计的舞台布景，莫斯科国立戏剧学院，1922年

抽象主义和电影

在通神学和康定斯基的抽象作品的启发下，德国的电影制作人奥斯卡·费钦格（1900—1967）制作了欧洲第一部抽象风格的动画电影。在费钦格的《空间-光线-艺术》（1926年）中，由抽象形状和色彩构成的硝酸纤维胶片（通过融化的蜡、染色液体以及其他别出心裁的媒介创作而成）被同时投射到三块屏幕上，并配以音乐，营造出了这位艺术家所称的"光影沉醉"效果。费钦格于1936年移居美国，他参与了美国两部经典动画电影——沃尔特·迪士尼的《幻想曲》和《木偶奇遇记》（均于1940年上映）的制作工作。

家一样，构成派致力于消除精细工艺和应用艺术之间存在的障碍，但不同于任何一种现代艺术运动的是，构成主义受到了官方认可。然而，在俄国革命之后，苏联就终结了构成主义，这几乎抹杀了俄国对20世纪现代主义最具创新性的贡献（详见第三十四章）。

20世纪早期的建筑

视觉抽象风格革命在建筑领域得到了极大的发挥。早期的现代建筑师积极地运用两种新材料——钢架和钢筋混凝土，并通常与悬臂构造相结合。悬臂是一个水平的横梁，只在一头受支撑物支撑，悬臂的长度远远超出支撑点，最早见于中国的木制房屋结构中（详见第十四章）；但钢架悬臂的生产却让一种史无前例的朴素风格应运而生。这种风格的开创者是弗兰克·劳埃德·赖特（1867—1959），他是早期现代建筑史上的一位领导性人物。

赖特的建筑艺术

弗兰克·劳埃德·赖特是第一位世界级的美国建筑师，他是芝加哥建筑师路易斯·亨利·沙利文（详见第三十章）最看重的学生。赖特的设计风格结合了钢铁和玻璃的新技术与亚洲建筑的美学原则。三十多岁时，赖特游历日本，对日本艺术的优雅和纯净留下了深刻的印象，他尤其赞美日本传统建筑对自然资源的尊重，以及对环境和结构之间关系的敏锐度。在他最早期承接的住宅建筑委托项目中，赖特采用了东亚建筑中强调水平延伸的理念，依据这一理念，建筑物可以"拥抱"大地。他模仿日本楼阁和寺庙那低矮且陡峭的屋顶。日本建筑内部的墙壁往往由可移动的屏风组成，赖特也借鉴了这种将内部和外部空间连接起来的想法。他还使用钢架结构和悬臂来开辟一览无遗的巨大空间。在赖特的每一个设计中，建筑的外部结构都显示出了其内部空间的主要划分情况。他在为美国中西部设计一系列新颖的房屋时改善了这种做法，并在大约1900年开创了草原建筑学派。草原建筑学派一直持续到第一次世界大战时期。

赖特早期的经典之作是位于芝加哥的罗比住宅（图32.14），完成于1909年，这个三层的房子标志着焊接钢横梁第一次在住宅式建筑物中被使用。赖特用壁炉定位建筑平面图的中心，让突出悬于阳台和走廊之上的低矮悬臂式屋顶的相应轴线延伸过房子长长的主轴线。他让装饰性细节都为整体设计服务，允许使用的材料（砖、玻璃、天然岩石）在

图 32.14 罗比住宅 弗兰克·劳埃德·赖特设计，位于芝加哥伊利诺伊州，完成于1909年

图 32.15 流水别墅 弗兰克·劳埃德·赖特设计，位于宾夕法尼亚州熊溪河畔，建造于1936—1939年。赖特排斥国际风格建筑具有的机器般的特性。在建造流水别墅时，他采集当地的天然岩石，并将一条小溪倾泻而下的景观融入自己的设计中

确立结构的独有特色的过程中扮演主要的角色。赖特坚持认为："错误地使用材料就是对整个设计的完整性的侮辱。"其结果是形成了一种风格，这种风格由轮廓清晰、相互交错的平面，对比鲜明的纹理，以及相互贯穿的实体与空间所构成——这是一种犹如立体主义绘画般抽象且充满动感的住宅建筑风格。

赖特对悬臂的使用，以及他将风景和房屋融合为一体的做法，在他1936年为美国商人埃德加·乔纳斯·考夫曼设计的位于宾夕法尼亚州熊溪河畔的住宅——流水别墅（图32.15）中达到了富有想象力的新高度。这个以钢筋混凝土和石头为材料的建筑物环绕着一个天然瀑布，看起来似乎是从自然形成的森林环境里长出来的，它却又凭借着那份纯净无瑕的平衡感，在这个环境中占据着主导地位。

包豪斯设计学院和国际风格

赖特对艺术和技术的综合运用为包豪斯设计学院的建立提供了基础。包豪斯设计学院是现代主义最具影响力的建筑及应用艺术学院，是德国建筑师沃尔特·格罗皮乌斯（1883—1969）于1919年建立的，倡导将机器时代的技术和功能性设计中最纯粹的原理结合起来。在包豪斯设计学院存在的短暂历史中（1919—1933），该学院经常搬迁，从魏玛到德绍，最后到柏林。包豪斯设计学院提倡在家具、照明器材、排印工艺、摄影、工业产品和建筑领域，物体的功能都应与其形式设计形成一种紧密的关系。

包豪斯设计学院的教师很少考虑传统学院派的风格，他们支持依托现代技术生产的新型合成材

图 32.16 包豪斯设计学院大楼（讲习班侧厅）沃尔特·格罗皮乌斯设计，位于德国的德绍，建造于1925—1926年，使用的材料为钢和玻璃

料、简洁的设计、标准化的零部件、低廉的价格来大批量生产商品,以及建造大型住宅。欧洲的一些顶尖艺术家也在包豪斯设计学院授课,包括康定斯基和蒙德里安。和格罗皮乌斯一样,这些艺术家设想了一个被抽象原则解放了的新工业社会。他们和俄国构成派一样有着乌托邦式的信仰,都相信艺术具有改变社会的力量。纳粹在1933年关闭学校,学校里很多优秀的教师都陆续移居美国(比如摄影师莫霍利-纳吉、建筑师兼设计师马塞尔·布劳耶、艺术家约瑟夫·艾伯斯等),他们对美国建筑和工艺美术的发展产生了巨大的影响。(1929年,一群富有的美国人创办了第一座现代艺术的国际收藏馆:纽约现代艺术博物馆。)

在格罗皮乌斯的指导下,包豪斯艺术学院开创了建筑领域的国际风格。这种风格将钢架、钢筋混凝土和平板玻璃相结合,赋予其一种形式上的精确感和几何上的简洁感,像极了蒙德里安的绘画作品。在格罗皮乌斯为包豪斯艺术学院展示其工艺品而设计的四层玻璃建筑物(图32.16)中,未经装饰的玻璃幕墙在建筑物的拐角处非常连贯地悬浮在钢架悬臂上。功能性空间和极小的结构融为一体,产生了一种纯粹主义的风格,与本章前面讨论过的诗歌、绘画和雕塑中的抽象趋势相呼应。

勒·柯布西耶

具有革新精神的瑞士建筑师兼城市规划师勒·柯布西耶(1887—1965)虽然与包豪斯艺术学院没有直接关联,但他与格罗皮乌斯一样,非常关注设计的功能、标准化的建筑技巧,以及廉价住宅的推广。1923年,勒·柯布西耶出版《走向新建筑》一书,他在书中建议,现代建筑原理应该模仿机器的效能。他预言道:"机器将有助于产生工作和休闲的新秩序。"在飞机、汽车和其他一般机械的设计中,形式要服从功能,现代民房建筑也应如此。勒·柯布西耶坚持认为"房屋是用来居住的机器"。他带着乌托邦式的热情竭力主张:

> 我们必须发扬大批量生产的精神,发扬大批量建造房屋的精神,发扬居住在大批量建造的房屋中的精神,发扬构思大批量建造房屋的精神。
>
> 如果我们抛开思想里所有有关房屋的陈旧观念,从批判和客观的角度看待这个问题,我们就能得出"房屋机器"的概念,即大批量建造的房屋是健康的、美丽的,就像我们生活中使用的机械和工具一样美丽。

勒·柯布西耶将上述革新概念应用到了别墅的实际建造过程中,即坐落于巴黎近郊普瓦西的萨伏依别墅(图32.17),如今该建筑被认为是具有国际风格的经典之作,它由简洁而朴素的钢筋混凝土构成,其间点缀着带状窗户。整个建筑在底层架空柱的作用下被抬离地面,从而使地面空间得以解放。(后来,建筑师滥用底层架空的原则来为汽车创造更多的停车空间。)萨伏依别墅展现了勒·柯布西耶钟爱的一些设计手法。比如屋顶花园;开放式内部格局,使得人们能够根据不同的需求封闭或开放空间;还有由大面积玻璃构成的自由立面,即所谓玻璃幕墙。

在20世纪30年代,勒·柯布西耶在调整形式以适应功能方面的天赋使其得以创造出第一座超高层城市公寓大楼,这种公寓大楼能够容纳超过1000人,提供了具有购物、休闲娱乐和儿童保育等功能的综合设施,实现了一站式服务。这种"立体城市"没有布朗库西的雕塑那样的装饰性细节,成了城市现代主义的特色标志。

图 32.17 萨伏依别墅 勒·柯布西耶设计，位于法国普瓦西，建造于1928—1931年，使用的材料为钢筋混凝土和玻璃。该建筑体现了勒·柯布西耶在1923年提出的五个民房建筑原则：1.底层架空，主要层高于地面；2.平屋顶；3.开放式内部格局；4.外部玻璃幕墙；5.横向长窗

20世纪早期的音乐

20世纪早期的音乐也和现代主义一样对传统发起了挑战，尤其是在音调和节奏方面。19世纪晚期之前，大多数音乐都是调性的，也就是说，音乐都有单一的调或者调中心。然而，到20世纪20年代，乐曲变成了多调的（有几个调中心）或无调的（没有调中心）。再后来，现代音乐作品不再遵循单一的节拍，有可能是复节奏的，同时有两个或两个以上不同的节拍，或像意象派诗歌那样不再有固定或规律的格律。

现代作曲家往往会排斥传统的表达模式，包括传统的和声与乐器演奏。如同绘画作品中可辨识的主题，旋律对形式作曲也变得不那么重要了。现代主义艺术家没有发明能与赋格曲或奏鸣曲相媲美的新音乐形式。相反，他们探究了不协和音的新效果，摸索了节拍的自由使用以及独出心裁的乐器组合，还借鉴了一些非西方文化。他们会采用另类的声音来源，比如警报器、扩音喇叭和门铃等。有些作曲家还在作品中加入了沉默的无声状态，这种做法类似于立体派雕塑家利用负空间（实体周围的空间）进行创作。这类音乐入耳时令人惊奇的程度可与立体派在视觉上给人们带来的震撼程度相媲美。

勋伯格

20世纪早期，音乐界最激进的人物是美国作曲家阿诺德·勋伯格（1874—1951）。勋伯格出生于维也纳，这座城市也是莫扎特和贝多芬的故乡。他从8岁就开始学习小提琴，在十几岁时便开始谱曲。勋伯格创作第一批作品时受到了浪漫主义传统的影响，但是在1908年，他开始用一种新的音乐语言，以不协和且不常见的和弦为特色。他没有按照西方作曲传统中围绕调中心创作音调的做法，反而对半音音阶中的12个音一视同仁。勋伯格的无调性音乐作品在节奏、音色和强弱上使用了突兀的变化音——这些特点在他创作的表现主义联篇歌曲《管弦乐曲五首》（1909年）和《月迷彼埃罗》（1912年）中表现得非常明显。《月迷彼埃罗》被一位报纸评论家称为"如同西藏的诗文一样让人费解"，作品中的乐器营造出一连串独立的、对比鲜明的音调，就像勋伯格的好朋友康定斯基的非写实画布一般，摒弃了人们熟悉的和声与抚慰人心的"解决"[1]。

20世纪20年代，勋伯格基于序列主义作曲的技法，构想出一种创作无调性音乐的统一方法。他创立的"十二音体系"要求作曲家在重复使用十二个半音音阶中的任何一个音之前，必须将这十二个音以旋律或和弦的形式全部使用一遍。这十二个音可以反转排列，也可以颠倒或逆向演奏——每一个音实际上有四十八种组合排列的方式。和量子论或蒙德里安的"对立的等价状态"一样，序列主义需要一种疏朗且基本的形式语言对音符进行战略性的运用，它要求作曲家对音乐元素进行极其公式化（甚至达到数学的精确度）的排列。在理论上，序列主义作曲技法会引发作曲家创造性的发明，而不是呆板的应用。尽管如此，对不能哼着曲子离开音乐厅的一般听众而言，勋伯格的无调性音乐作品显得晦涩难懂，令人望而生畏。

斯特拉文斯基

1913年，就在埃兹拉·庞德发表"意象派宣言"，马列维奇和康定斯基创作出他们的第一幅非写实绘画的同一年，巴黎的民众亲眼见证了芭蕾舞剧《春之祭》的首次公演。这次公演是由俄罗斯芭蕾舞团演出的，该团是由谢尔盖·佳吉列

夫（1872—1929）率领的俄国舞者组成的团队，谱写乐曲的是俄国作曲家伊戈尔·斯特拉文斯基（1882—1971）。公演开始没多久，观众为抗议管弦乐队演奏的"震撼"的声音，嘘声、嘶嘶声、起哄声和喝倒彩声此起彼伏，致使公演一度中断。等警察到达现场时，斯特拉文斯基早已从后台的窗户离开了。斯特拉文斯基将震动的节奏和不协和的和声大胆结合起来的做法，虽然令这些老练世故的观众感到不愉快，但是这种做法连同舞蹈编排的新风格带来的令人震惊的效果，标志着现代音乐的诞生。

斯特拉文斯基是20世纪音乐史上极具影响力的人物之一。和勋伯格一样，他很小就开始学习音乐。斯特拉文斯基的家人逼迫他从事与法律相关的工作，但他一心想成为作曲家。他在28岁时离开俄国前往巴黎，并在那里加入了俄罗斯芭蕾舞团。在包括画家毕加索、作家让·谷克多、编舞者瓦斯拉夫·尼金斯基在内的当时这些伟大的艺术家的帮助下，斯特拉文斯基为俄罗斯芭蕾舞团成为现代舞蹈剧场中的主导力量做出了巨大的贡献。斯特拉文斯基对美国音乐的影响也同样巨大，尤其是在1939年他定居美国之后。

俄国民间故事和歌曲为斯特拉文斯基的很多早期作品提供了灵感，包括《春之祭》——这部里程碑式的作品以《来自异教俄国的画面》为副标题，是根据一个古老的斯拉夫民族的仪式改编的；在这个仪式中，人们通过献祭少女的仪式来唤醒春天，并庆祝春天来临。与传统异教徒因季节变化而举行庆典相关的死亡和重生的主题构成了这首曲子的结构，曲子被分为两部分："大地礼赞"和"祭礼"。斯特拉文斯基和毕加索、高更一样被原始主义吸引，他痴迷于古代的宗教仪式和对19世纪晚期的欧洲产生巨大影响的部落文化（详见第三十一章）。这些题材被詹姆斯·乔治·弗雷泽爵士收录在其广受好评的《金枝》（1890年）一书中，并因

---

1. 在西方调性音乐理论中，"解决"指的是和弦或音符从不协和音到和协音的转变。

此得到了推广；该书在1890—1915年被整理成12卷并出版发行。

《春之祭》是一部田园牧歌式的作品，但其音乐缺少传统上与这种体裁相关的宁静优雅。它那刺耳的和弦组合与令人不快的节奏变换，使之与早期的田园牧歌式作品不同，例如德彪西的《牧神午后前奏曲》。德彪西的调性转换和莫奈的海景画一样微妙、精细，而斯特拉文斯基的调性转换却如同毕加索的《亚威农少女》那样，突兀而断断续续，以至于评论家质疑斯特拉文斯基是否能写出传统的音乐变调。尽管《春之祭》并不是无调性作品，但它的乐曲部分段落是多调性的，其他乐段尤其是开头部分的调性则模糊不清。如果说这部作品变换的调性和剧烈的节奏一如评论家所说是"野蛮的"，其管弦乐效果也是如此：斯特拉文斯基另类的总谱要求有18件木管乐器、18件铜管乐器和一个刮瓜（用挖制过的拉丁美洲葫芦制成的乐器）。《春之祭》对20世纪音乐的影响相当于《亚威农少女》对视觉艺术的影响，它以一种类似于《亚威农少女》抨击传统绘画规范的力量，粉碎了传统音乐语言的规则，重写了几个世纪以来一直被践行的音乐创作规则。在当时，没有比这更大的对传统音乐的冲击了。

现代舞的开端

尼金斯基

在瓦斯拉夫·尼金斯基对德彪西的音乐作品《牧神午后前奏曲》（详见第三十一章）进行了大胆演绎之后的那一年，他对《春之祭》的创编和演绎引发了公众更大的争议。斯特拉文斯基将配乐中强烈而有节奏的错综复杂当作灵感来源，设计了一系列疯狂的跳跃和狂野的转圈，这种表演震惊了观众，甚至让斯特拉文斯基感到不安。"他们用手抓地面，不停地跺脚，跺脚，跺脚，跺脚。"一个法国评论家如此抱怨道。和《春之祭》一样，这种舞蹈的设计看起来是在表达评论家所说的"隐藏在人身上的原始内容"。有趣的是，尼金斯基的一些身体动作——有棱角的、分离的、因静止状态而中断的动作——让人想起了立体派的绘画（参见图31.2）。遗憾的是，尼金斯基的事业生涯因其无法治愈的精神疾病而在1917年终结。在他作为西方第一位舞蹈巨星的10年里，尼金斯基只创编了4支芭蕾舞，并且他最著名的芭蕾舞剧《春之祭》一直到1987年才重新在美国的舞台上演。

格雷姆

早期的现代舞蹈具有创新的特色，这大部分要归功于美国的先驱编舞者玛莎·格雷姆（1893—1991）。与伊莎多拉·邓肯（详见第三十一章）和尼金斯基一样，格雷姆也排斥古典芭蕾舞的规则和传统，她更喜欢探索自然的动作蕴含的表现力。她借鉴亚洲人、非洲人和美国土著的传统舞蹈，在不可捉摸的情感和形体姿态之间寻找一种恰好的对应关系。她的很多舞蹈设计，比如为阿隆·科普兰的芭蕾舞组曲《阿巴拉契亚的春天》设计的舞蹈（1944年），为特定的故事提供了视觉叙事（详见第三十四章）。就像意象派诗人用语言来传达情感的"形态"或感觉那样，格雷姆找到了能够表达难以形容的思想状态的确定舞姿。她训练舞者在跳舞的过程中展现其舞蹈技巧和步骤，而不是像古典舞的舞者那样隐藏身体的表现。

乔治·巴兰钦

与格雷姆相比，乔治·巴兰钦（1904—1983）创立了一种没有故事的、抽象的、高度结构化的舞蹈。巴兰钦是一位美国的编舞者，他早年在巴黎为佳吉列夫的俄罗斯芭蕾舞团工作。他经常与朋友兼同胞伊戈尔·斯特拉文斯基合作，并深受其音乐创新的影响——斯特拉文斯基至少为巴兰钦的4部芭蕾舞谱曲。

巴兰钦青睐由音乐驱动的舞蹈和纯粹的艺术形式。他遵从有着350年历史的古典芭蕾，坚持一丝不苟的学院派舞蹈训练，以及使用传统的芭蕾舞鞋。然而，他反对19世纪的舞蹈剧表演形式，更喜欢现代主义的活力和激情，热衷于斯特拉文斯基不规则的节奏。他开创了20世纪为协奏曲、交响曲和其他并不是为舞蹈创作的古典音乐形式设计编排舞蹈的先例。据一位评论家称，巴兰钦的舞蹈设计"使舞蹈达到了非常现代化的程度"。1933年，巴兰钦被人说服来到美国。1934年，他帮助建立了美国芭蕾舞学校。

凯瑟琳·邓翰

现代舞的发展很大程度上归功于凯瑟琳·邓翰（1909—2006）的天赋。被称为"黑人舞蹈之母"的邓翰是一名编舞者，也是受过系统教育的人类学家。她在芝加哥大学攻读博士期间，研究了大量有关黑人传统的资料，其研究范围从非裔美国奴隶舞蹈到加勒比海地区的舞蹈历史。她的编舞借鉴了19世纪晚期的舞蹈风格，当时全部由黑人演员组成的歌舞团和吟游表演在美国巡回演出。她自由地对踢踏舞风格和美国的流行舞蹈（例如抬高脚步走的步态舞）进行即兴创作。在之后的职业生涯里，她还尤其重视海地和特立尼达岛上土著群体的舞蹈习俗。20世纪30年代，邓翰组建了自己的舞蹈团——美国历史上第一个黑人舞蹈团，在之后30年左右的时间里，也只此一个。

回 顾

新物理学

在20世纪头几十年里，原子物理学家提出了宇宙新模型。阿尔伯特·爱因斯坦从理论上说明了物质是能量的一种形式，时间和空间会随着观察者所在位置的改变而改变。维尔纳·海森伯推断，宇宙的运行不能被绝对精确地测量出来。

科学和技术领域革命性的变化，为现代主义向传统表达方式发起挑战提供了基础。

20世纪早期的诗歌

现代诗人抛弃了浪漫主义，开始采用一种概念性的抽象文学风格。意象派的诗歌展现了意象派对超越自然主义和现实主义的再现形式的简化。

以埃兹拉·庞德为首的意象派诗人借鉴了日本俳句凝练的风格，在创作中运用自由诗体。庞德还号召其他作家"推陈出新"，消除诗作中所有冗余的表达。

T.S.艾略特创作了《杰·艾尔弗雷德·普鲁弗

洛克的情歌》），以博学的自由诗体表达了现代城市反英雄主义的精神状态。罗伯特·弗罗斯特直白的格律抒情诗，为现代主义者对密集的文学典故的喜爱提供了另一种选择。

20世纪早期的视觉艺术

毕加索用里程碑式的作品《亚威农少女》挑战了传统；立体主义也由此诞生。在塞尚的作品和非洲艺术的启发下，毕加索、布拉克和布朗库西也开始追求形式的高度凝练和简化。

在意大利，未来派将艺术表达与代表速度的机器技术、电灯照明和电影的新发展联系起来。

马蒂斯领导野兽派在绘画中采用扁平、鲜艳明亮的色彩，批评家抨击这种新风格为"色彩的疯狂"。

在康定斯基、马列维奇和蒙德里安的实践中，绘画完全摆脱了可辨识的对象。这些艺术家对纯粹主义的非写实艺术所具有的革新力量有着乌托邦式的信仰。

俄国构成派对非写实抽象风格进行了更实际的应用，他们将纯粹主义设计运用到功能性产品中，包括工艺美术、剧院布景、织物设计、印刷术和建筑等领域。

20世纪早期的建筑

弗兰克·劳埃德·赖特将钢铁和玻璃的新技术、悬臂的功能性原则与日本艺术的美学相结合，创造了一种住宅建筑的现代风格。

格罗皮乌斯是德国包豪斯设计学院的创建者，他确立了功能性设计的教学大纲。这种功能性设计的特点是，运用新的合成材料，以及在艺术和建筑中追求几何学朴素简单的特性。包豪斯设计学院的教师为现代工业设计提供了范例。

勒·柯布西耶是建造立体城市的先驱，他发展了强调"形式要服从功能"信条的国际风格。勒·柯布西耶坚持认为"房屋是用来居住的机器"，并且引进了现代城市建筑中的一些经典元素，包括开放式内部格局、平屋顶和玻璃幕墙。

20世纪早期的音乐

阿诺德·勋伯格和伊戈尔·斯特拉文斯基提出在创作中运用无调性、多调性和复节奏，用这样的音乐来替代西方的传统音乐——在创作中使用悦耳和声以及统一的节拍。

勋伯格最初的创作受传统音乐形式的影响，后来开始用序列主义作曲技法来创作无调性音乐。这种序列主义作曲技法被称为"十二音体系"，它要求作曲家在重复使用十二个半音音阶中的任何一个音之前，必须将这十二个音以旋律或和弦的形式全部使用一遍。

斯特拉文斯基的《春之祭》作为强有力的音乐表现形式，对音乐创作的影响不亚于《亚威农少女》对绘画界的影响。

现代舞的开端

俄国舞者瓦斯拉夫·尼金斯基以打破学院派舞蹈传统的疯狂和狂野的编舞来响应"推陈出新"的号召。

美国的玛莎·格雷姆在研究了其他文化的舞蹈之后，在其编舞中强调用富有表现力的自然动作来反映人的情感。

与斯特拉文斯基合作密切的乔治·巴兰钦创作了非叙事性芭蕾舞剧，为现代主义抽象风格注入了严谨的学院派舞蹈的内容。

凯瑟琳·邓翰深受美国流行舞蹈风格以及海地和特立尼达岛的舞蹈传统的影响，组建了美国历史上第一个黑人舞蹈团。

术语表

抽象风格：这种风格的作品为表现其本质或内在的特性，会将主题削减或简化；也指任意一种反映该风格的艺术作品。

集合艺术：由天然或人造的三维物件组合而成的艺术品。

先锋派：创作领先于时代的风格或提出领先于时代的理念的一群人；也指一种非传统的运动或风格。

悬臂：一个向外突出的横梁，一头被紧紧固定住，另一头是悬空的。

俳句：日本的一种谐趣诗体形式，包含十七个音节（共三句，第一句五个音节，第二句七个音节，第三句五个音节）。

非写实艺术：没有可辨识主题的艺术，也被称作"抽象艺术"。

复节奏：音乐术语，同时采用两种或两种以上不同节奏的技巧，也称"复节拍"。

多调性：音乐术语，同时运用多个调中心或调；使用两个调中心的作品一般被称为"双调性"作品。

序列主义作曲技法：音乐术语，一种运用音符、节奏和其他元素组成的特定序列，并在全曲中不断重复的技巧。

十二音体系：序列音乐的一种，要求作曲家在重复使用十二个半音音阶中的任何一个音之前，必须将这十二个音以旋律或和弦的形式全部使用一遍。

第三十三章
弗洛伊德引发的革命

约1900年—1950年

只有孩子、疯子和野蛮人才真正懂得精神真理的中间世界。

——保罗·克利

图 33.1 哈里昆的狂欢节 霍安·米罗，绘于1924—1925年。在完成这幅画的几年后，米罗称他早期的超现实主义画作里的一些形象是受幻觉的启发而作，并且这种幻觉是由于饥饿，以及长久地盯着他破旧的巴黎公寓灰泥墙面上的裂缝引发的

在西方现代史中，没有哪个人物能像西格蒙得·弗洛伊德一样，对我们的自我认识产生如此大的影响。这位杰出的精神科医生在其著作中公开探讨了人类的性欲和性行为两大主题，这些著作震惊了现代西方世界。弗洛伊德是第一位绘制精神（心理）地形图并使之成为系统的科学研究对象的人。弗洛伊德的理论认为，有意识的自我只是人精神生活的一小部分。他提出了一个有关人的意识的全新模型，并在20世纪的艺术界引发共鸣，对文学、戏剧、音乐、绘画，以及电影产生了巨大的影响。

尽管弗洛伊德和所有的启蒙哲学家一样，坚定地相信理性的变革力量，但他的无意识理论模式却挑战了理性至高无上的地位。哥白尼将人类从宇宙的中心拉了下来。达尔文将人类从其作为上帝的终极创造物并享有特权的位置上拉了下来。如今，弗洛伊德对无意识这个神秘领域的揭露，挑战了"理性在根本上支配着人类行为"这个存在已久的观念。

弗洛伊德

1881年，西格蒙得·弗洛伊德（1856—1939）从维也纳大学医学院博士毕业。他早期接触了心理极度失常的病人，之后一段时间进行了透彻的自我分析，这让他得以提出一套治疗情绪性疾病的系统步骤。弗洛伊德提出的精神分析理论是一种治疗学方法；通过这种方法，压抑的欲望被带到意识层面，从而显露出情绪障碍的根源。作为这种理论的创建者，弗洛伊德提出了极重要的分析方法：梦境分析和自由联想法（随意进行联想并用语言表述出来）。相比他研究过的一些著名医生所喜欢的催眠法，他更喜欢上面讲的两种方法。

弗洛伊德认为，本能冲动和欲望，尤其是性欲支配着人的行为。因为抑制本能的强烈欲望而产生的罪恶感支配着人类的无意识生活，并在情感疾病中表现出来。他提出，大多数精神障碍是与性有关的精神创伤引发的，这种精神创伤源于人在孩童时对异性的父亲或母亲的无意识依恋，以及对同性的父亲或母亲的嫉妒之情。弗洛伊德称这种现象为俄狄浦斯情结（源自古希腊神话，底比斯国王俄狄浦斯在不知情的情况下杀死了自己的父亲，并娶了自己的母亲）。弗洛伊德对婴儿性行为的分析震惊了世界，从广义上说，他声称人类的精神生活在5岁时就形成了，这个观点震惊了世界。

在弗洛伊德所有的发现中，他认为自己对梦境分析的研究是最重要的。1900年，他出版了《梦的解析》，他在书中为梦境在破译个人的无意识方面的重要性做了辩护。在《图腾与禁忌》（1913年）中，他仔细审查了无意识在最早期的宗教和道德形式的发展过程中所发挥的功能。1916年，他面向维也纳大学的医学生，发表了题为《人类的性生活》的演讲，探讨了虐待狂、同性恋、恋物癖和窥淫癖的心理根源——在一些社会圈子里，与性有关的话题仍然被视为禁忌。弗洛伊德的理论为那些先前有所保留的人类行为类型的临床评估打开了大门。通过让人们注意到性欲在人类生活中的中心地位，他的著作不可逆转地改变了人们对人类性行为的普遍看法。他的工作对精神疾病的治疗也产生了重大影响。至少在18世纪之前，人们普遍认为精神病行为是病人被恶魔或邪灵附体后的表现，而精神病人常常会像动物一样被关起来。弗洛伊德的研究表明，神经症和精神病都是需要通过医学手段进行治疗的疾病。

人格三重结构理论

在描述人类心理活动时，弗洛伊德提出了一个理论模型，该模型的术语（尽管经常被过分简化和误解）已经成为心理学中必不可少的词汇，在我们日常沟通中也经常用到。这个模型把精神分成三个组成部分：本我、自我、超我。根据弗洛伊德的观点，本我是人的本能所在，也是所有身体欲望的来源，包括对食物和性满足感的需求。本我（尤其是性欲）按照唯乐原则来寻求满足感，是无意识领域的强制力。

弗洛伊德将精神的第二部分描述为自我，本我要受到自我的管理：自我相当于"管理者"，试图让本我的需要适应现实世界。不管是通过梦境还是通过升华（对原始冲动的积极修正和重新定向），自我在具有潜在破坏性的欲望和社会需要之间进行调解。在弗洛伊德看来，文明是自我试图更改本我的原始冲动而做出努力的产物。人类精神生活中的第三个组成部分是超我，超我是道德监督者，通常被称为"道德心"或"良心"。超我根据父母、老师和其他权威人物反复灌输的原则，来监督人类的行为。

《文明及其缺憾》

弗洛伊德通过挑战理性作为人类行为的"支配者"的地位，对人类道德的本质提出了质疑。他认为，仁慈的举动和利他的行为只不过是自我满足感的伪装；宗教则是一种群众妄想的形式。这是他在《文明及其缺憾》一文中所表达的主要观点。在《文明及其缺憾》中，弗洛伊德详细地探究了精神活动和人类社会之间的关系。弗洛伊德列举了人类试图逃避生活中的"痛苦和不愉快"的各种方法后，认为文明本身就是本能升华后的集合产物。他声称，文明发展的最大阻碍就是人类的侵略性，他将之定义为"人类身上原始的、永久存在的本能倾向"。下文的阅读材料展示了弗洛伊德对人类精神生活进行深刻分析后得出的一些观点。

阅读材料33.1
选自弗洛伊德《文明及其缺憾》（1930年）

我们……现在来谈一个更小的问题，即人类通过他们的行为，透露出的关于生活的目标或计划。他们对生活的所求是什么，希望得到什么？答案是毋庸置疑的：他们为幸福奋斗，他们想要变得幸福并且一直维持这种状态。这种奋斗有两个目标：一个消极，以没有痛苦或不愉快的经历为目标；一个积极，以强烈的快乐感受为目标。"幸福"从严格意义上来说，只和后者有关。与目标的二分法相一致，人类活动也根据实现这个目标或那个目标，而朝着两个方向发展。

我们可以看到，决定生活目的的正是唯乐原则。这个原则从一开始就控制着我们的精神结构的机能和运作，其功效是毫无疑问的，然而这一原则却和整个世界格格不入——包括微观世界和宏观世界。这个原则是无法变成现实的，宇宙间的所有法则和机制都与之相悖；人们不禁会说，人类应该是"幸福的"这种目的在"创世"的计划中并无一席之地。我们所说的幸福，从严格意义上来说，来自被压抑的需求突然之间获得了满足的这种状态。从本质来看，感到"幸福"仅仅就是一种偶然出现的现象。任何唯乐原则希望发生的情况的延时存在，都只会产生一种不温不热的舒适感；我们的心理结构决定了，我们只能从对比中获得强烈的快乐，而不能从情况本身获得这种感受。因此，我们感受到幸福的可能性已经受到了我们自身的限制。不幸福感却不难体会到。苦难从三个方面威胁着我们：一是我们注定会衰老和死亡的肉体——它一定会感受到作为警报信号的痛苦和紧张这两种感受；二是外部世界，外部世界会发出势不可挡的、无法改变的，且具有破坏性的力量来攻击我们；三是我们与其他人的关系。来自最后一个方面的苦难给我们带来的痛苦可能会比其他两方面的更甚；我们会倾向于认为这个方面多少有点多余，尽管它同来自其他方面的苦难一样，都是不可避免的。

对我们的所有需求无限制地满足，是一种最诱人的生活方式，但也意味着将享受置于谨慎之前，这很快就会给人带来惩罚。其他主要旨在避免不愉快经历的方法，则会因对这种不愉快经历的不同来源给予的关注程度不同而有所差异。有些是极端的，有些是温和的，有些是片面的，有些则同时从多方面来处理问题。刻意地孤立别人，与别人保持距离，能够最有效地保护自己，以避免人际关系引发的痛苦。人们认为，以这种方法获得的幸福是平和、安静的幸福。一个人在面对可怕的外部世界时，如果想自己解决问题，只有通过某种方式避开问题，才能抵御问题带来的伤害。当然，人们还有更好的解决方案：作为人类社会的成员，人们可以在应用科学的帮助下，向自然发起进攻，让自然臣服于人类的意志。其中一个方案就是为了全人类的幸福而彼此通力合作。阻止苦难发生的方法中，最值得关注的就是那些力图改变自己的组织结构的方法。说到底，所有的苦难都仅仅是感觉，它们只存在于我们的感觉范围内；我们会感受到苦难，仅仅是因为我们自身的组织结构受到了某种方式的调节和控制。

最原始，同时也是最有效地影响我们的组织结构的方法是运用化学手段——醉酒。我想，应该没有人完全理解醉酒是如何起作用的，但我们体内有外源性物质却是事实：这种外源性物质存在于我们的血液和组织里，能让我们直接感受到愉悦，也改变了我们情感的决定因素，让我们不再那么容易受到不愉快感受的影响。这两种效果不仅同时发生，看上去也有密切联系。我们身体里一定也存在着某种化学物质以同样的方式在起作用，因为我们至少知道一种病症，那就是狂躁症——患狂躁症的人不服用可致醉物，也会出现类似于醉酒的状态。另外，在我们正常的精神生活中，相当容易的愉悦感的释放和其他不容易得到的愉悦感之间存在摇摆，这些摇摆与对不愉快感受的敏感性成正比。遗憾的是，这种精神中毒的过程迄今为止还未经过科学调查。致醉物质在人们获得幸福感和远离痛苦的斗争中表现出的效果被认为是极大恩赐；不光是个人，所有的国家都在力比多[1]经济中牢牢占据着一席之地。在力比多的帮助下，我们不仅直接获得了愉悦感，还获得了热切盼望的、在一定程度上脱离外部世界束缚的自由。毕竟，我们知道，在任何时候"借酒消愁"，我们都能因此暂时摆脱现实的压力，在一个属于我们自己的世界中寻得庇护，使我们的感觉能得到更好的满足。众所周知，正是致醉物质的这种特性让其成为危险品和有害物。在某些情况下，致醉物质要为人类本该用于改善人类命运和谋求福祉的大量无效努力负责……

另一种避免苦难的方法需要用到力比多的替代物，这种替代物获得了我们精神结构的许可，还赋予了其功能巨大的灵活性——这让力比多的替代物不会被外部世界干扰或阻挠，并替换了我们内在驱动力的目标。驱动力的升华在避免苦难中起着重要作用。如果我们能充分地从脑力劳动中获得愉悦感，我们就能最大限度地达到目标。命运将无法伤害到我们。这种满足感——艺术家在创作他想象中的作品的过程中获得的喜悦，或者科学家在解决了问题、发现了真理时的喜悦——有着独特的品质，总有一天，这种品质无疑能用元心理学的术语表达出来。在当下，我们只能象征性地说，在我们看来，这种满足感是"更好的、更高级的"。但是与那些由原始的、初级的驱动力产生的满足感相比，这种满足感的强度是受到限制的：它们不会破坏我们的身体组织结构。然而，这种方法的缺点在于其应用上的局限性，即只有少部分人才能使用这种方法。这种方法的先决条件是，使用的人要有并不常见的特殊资质和天赋，因为不常见，所以这种方法不具备普遍性。即使那一小部分人，这种方法也无法为其提供充分的保护，让其免受苦难。这种方法并不能为他们提供抵御命运之箭的盔甲，并且在个人的身体成为苦难的源头时常常无计可施……

---

1. 力比多（libido），指的是本我的本能欲望，更确切地说，是性冲动。

另一种运行得更为积极、彻底的方法是将现实看作唯一的敌人、所有苦难的来源，以及人类无法忍受之物——一个人想要快乐和幸福，就必须千方百计地与现实切断所有联结。隐居之人远离世事，拒绝同世事产生任何联系。但是，人类可以做的远不止这一件事：人类可以试着重新创造世界，在这个世界创造另一个世界；在新世界里，最难以忍受的某些方面已经被根除了，代之以其他符合人类自身的愿望。一般说来，任何一个选择这条通往幸福之路的人，都本着不顾一切的反叛精神，无畏一事无成。现实对他来说太过强大，也让他变成一个疯子，很难得到他人的帮助以实现自己的妄想。然而，有人认为，在某种程度上，我们都表现得像个妄想狂者，痴心妄想着去纠正一些自己无法忍受的方面，并将这种妄想带入现实之中。另一种情况更重要，即很多人一起行动，试图通过对现实的幻想性重塑来确保自己的幸福、免于痛苦。人类的宗教也必得被视为大众妄想的例子。当然，具有妄想的人不会如此承认……

宗教通过强迫每个人无差别地接受它提供的通往幸福、远离苦难的道路，干扰了这种选择和适应发挥作用的过程。宗教利用妄想和错觉，降低生命的价值，歪曲真实世界的面貌；这种做法的先决条件是人的智慧受到压制。通过强制的方式，宗教让人们处于一种精神幼稚的状态，把他们卷入大众妄想的队伍中，以此为代价，成功地将许多人从个人神经症中拯救了出来。但是宗教几乎不再起作用了……

近些年来，人类在自然科学和技术应用方面取得了非凡的进步，也以一种从前根本难以想象的方法，加强了对自然的控制。这些进步已众所周知，在此不必一一列举。人类为取得这些成就而感到自豪，也理当如此。然而，他们相信自己发现了一个事实，即这种新近获得的对空间和时间的掌控，但是这种对自然力量的征服——一种由来已久的渴望的满足——并没有增加他们期望从生活中获得的愉悦感，或让他们感到更加幸福。从以上的观察中，我们可以推断出，控制了自然并不是人类幸福的唯一条件，就像控制自然不是文化进步的主要目的一样；但我们不应得出这样的结论：技术进步对我们获得幸福感毫无价值。作为反驳，有人可能会问，如果我能像我所希望的那样，经常听到住在千里之外的孩子的声音，或者我的朋友在靠岸后不久便能告诉我他经历了一次漫长又艰难的海上旅程并幸存了下来，这难道对我的愉悦感来说不是一种真实的补充？我的幸福感难道不是明确地有所增加吗？医学已经成功地大幅降低了婴儿的死亡率和妇女在分娩过程中的感染风险，也大幅提高了人类的平均寿命，这难道就不值一提吗？这样的例子还有很多，这都要归功于科学技术进步的时代——这个被许多人轻视的时代。然而，针对这一点，悲观主义者提出的批评，提醒我们这些对科学技术的满足大多遵循着某个笑话中提到的"廉价的愉悦"的模式——这种愉悦感是，人在寒冷冬夜从被窝里伸出一条没穿裤子的腿，再缩回被窝时也能感受到的。如果没有缩短了距离的铁路，我的孩子就不会离开家乡，我就不需要通过电话来听他的声音。如果没有海上航行，我的朋友就不会启程，我就不需要用电报来消减我对他的担忧……

正是我们在自己身上发现的，同时对他人做出合理推测的侵略倾向，损害了我们和他人的关系，也迫使文明发展到了这种程度。鉴于人类互相之间存在的固有敌意，文明社会一直面临着分崩瓦解的威胁。对工作的共同兴趣并不会让社会团结在一起：源于本能冲动的热情比合理兴趣更有推动力。文明须得千方百计地努力，限制人类的侵略冲动，通过促使人们进行心理层面的反思来抑制人类的侵略性表现。这促使我们需要使用那些旨在鼓励人们互相认同，建立有目标的性关系，从而限制性生活，实现爱邻居如爱自己的理想训诫的方法；这种方法的使用是合乎情理的，因为没有什么能与最基本的人性背道而驰。但是，尽管投入了许多气力，这种文化上的尝试迄今为止并没有取得多少成就，其通过否定对罪犯使用暴力的权力，来阻止更野蛮的暴力行径，但是法律无法处理人类侵略性更为微妙的表现。到了某个时候，我们每个人都会抛弃幻想，抛弃他年轻时赋予他的同胞的期望，并且能够体会到满怀恶意的人生是多么痛苦和艰难。

问：在弗洛伊德看来，人类苦难的三个主要来源是什么？人要通过什么方法来避开苦难？

问：在弗洛伊德看来，宗教在文明社会中扮演了什么角色？

弗洛伊德的追随者

紧紧追随着弗洛伊德的人承认，他们站在一位智者的影子中。尽管一些理论家不同意弗洛伊德的武断主张，即神经症来源于本我的创伤经历，但大多数人将弗洛伊德的发现作为他们研究人类行为的出发点，例如弗洛伊德在维也纳结识的伙伴阿尔弗雷德·阿德勒（1870—1937）。阿德勒是个体心理学的先驱人物，他致力于解释自我为适应其所处环境而做出的努力。阿德勒创造了"自卑情结"这个术语，着重分析与自我无法在日常生活中完成其预定目标相关的问题。

弗洛伊德的另一个伙伴是瑞士的精神病学家卡尔·古斯塔夫·荣格（1875—1961）。荣格发现弗洛伊德有关精神的观点太过狭隘，带着太多决定论的色彩。荣格认为，个体的无意识状态建立在人类精神中更深、更普遍的层面上，他称之为集体无意识。在荣格看来，集体无意识属于全人类，或者说，属于人类大家庭，并通过梦、神话和童话等形式以历史的方式呈现出来。集体无意识领域的原型（最初的模式）反映出了人类作为一个物种的深层精神需求，并以人类熟悉的图形和人物形象出现，比如"孩童之神""英雄""智慧老人"等。荣格对人类文化史的研究揭示了不同宗教和民间传说的符号和神话之间的相似性。他用这些来佐证他的理论："原型就是人类精神与生俱来的，或者说经遗传而得的内容。"

荣格将有关集体无意识状态的一些很有说服力的观察收录在自己的论文《母亲原型的心理学面向》（1938年）中。在这篇文章里，荣格讨论了女性原型在个人生活中的表现，如母亲、祖母、继母、保姆和家庭女教师等角色；他还讨论了女性原型在宗教中的表现，如圣母、童贞女、索菲亚，以及古神话和宗教中各种各样的自然女神；还有与生育能力和丰产有关的普遍象征符号，如聚宝盒、花园、喷泉、洞穴、玫瑰、莲花、魔法圈和子宫等。荣格认为，女性原型的负面特质通常在传统童话中以女巫的形象呈现出来。

荣格强调集体无意识在反映所有文化的"心理一致性"方面的作用。他把个人心理看作全人类大家庭的一部分。而且，不同于弗洛伊德，他强调宗教在满足人类最深处的精神需求方面具有积极价值。目前，研究荣格学说的分析学家致力于在个人和无意识领域之间建立一种持续的联系。

问题探讨

弗洛伊德 vs 批评家

和大多数伟大的思想家一样,弗洛伊德提出了一些令人怀疑的论断,这其中有许多在20世纪末期之前已经遭到了抨击。修正主义者质疑了他关于性压抑的理论,认为弗洛伊德的这部分理论无法被科学验证。女权主义者就弗洛伊德对女性性征的分析(他认为"阴茎羡妒"困扰着女性),以及他认为女性是被动的、软弱的、需要依靠别人的这种对女性的男权看法(详见第三十六章),提出了异议。生物精神病学和行为心理学的支持者对精神分析本身的有效性提出质疑。关于精神疾病是生物学方面的功能障碍且最好用药物进行治疗,与婴儿期或童年早期经历的创伤有关的心理方面的功能障碍最好运用精神疗法进行治疗,还是兼而有之的争论,仍然在持续着。

虽然将弗洛伊德看作一位经验主义科学家的人越来越少,但弗洛伊德仍然备受赞誉,他在人们心中仍是一个伟大而有创见的人。他的著作为很多神经精神病学领域的新发展提供了基础——神经精神病学是医学的一个分支,专门研究与精神和神经系统有关的疾病。他的理论依然在接受检验。然而,从长远来看,弗洛伊德最重要的贡献或许体现在现代思想史领域——具体而言,在于他提出的这样一个论点:心智的内在功能是人格中有效且有意义的要素;还在于他坚称,梦境和幻想对人类生活而言,与理性本身一样至关重要。

新心理学和文学

新心理学的影响遍及整个欧洲。弗洛伊德的理论,尤其是他对人性的悲观看法,加剧了原子物理学的惊人发现和第一次世界大战的爆发所引发的不确定情绪。弗洛伊德式的变革影响了艺术表达的各个方面,尤其是在文学领域。在20世纪早期的小说领域,很多人深受弗洛伊德的影响,其中非常有名的三位是马塞尔·普鲁斯特、弗朗茨·卡夫卡和詹姆斯·乔伊斯。在这些作家的作品中,最值得注意的事件是发生在梦境和记忆的精神层面中的事件。故事的叙事线可能会被意想不到的思维跳跃、忽然闯入的回忆片段、自我反省、突然出现的情节死胡同等打断;此外,幻想也可能与理性思考自由交替出现。这些故事里的主角——更确切地说,是不符合典型的英雄举止的主角——的生活经常是无足轻重的,而他们所关心的事情尽管平凡或琐碎,却可能是匪夷所思、令人着迷、充满激情的。

普鲁斯特的《追忆逝水年华》

出生于巴黎的马塞尔·普鲁斯特(1871—1922)年轻时饱受哮喘病的困扰。1905年,他的母亲去世,这对他来说是一次毁灭性的打击。在那之后,他彻底远离了巴黎的社交界。他退居到一间用软木镶衬的半昏暗的房间里,远离了噪声、光线和无聊的社交，终日自省，并进行文学创作。1909—1922年，普鲁斯特创作了一部长达7卷的小说。这部小说的名字从字面意思上看是"对逝去时光的追寻"，一般被国内的译者翻译成《追忆逝水年华》。这部长篇巨作描绘了世纪之交（19世纪末20世纪初）的法国社会，但它对现实的理解完全是内在的。这部作品被普遍认为是欧洲第一部以同性恋为主要描写对象的小说。然而，它的主题却是记忆在找回过去的体验和塑造个人私生活方面所发挥的作用。作者的意图是通过唤醒被埋藏在精神深处的感官体验来重新找回过去，也就是说，将无意识层面的内容带到意识层面上来。普鲁斯特解释道："对我来说，小说是……时间和空间里的心理学。"

《追忆逝水年华》的第一卷名为《去斯万家那边》。在这卷中，普鲁斯特用弗洛伊德的"自由联想法"，试图从记忆深处抓取感受，再次体会他品尝浸泡在茶水中的蛋糕时感受到的强烈的愉悦。下文的阅读材料表明，普鲁斯特具有将体验从无意识时间的呆板秩序中解放出来，并侵入结构繁复的精神世界的能力，同时阐明了将心理历程看作"意识流"的现代观念，这个概念早在1884年就出现在美国心理学家威廉·詹姆斯（1842—1910）的作品中，后又出现在将现实描述为一种过去和现在不可分割的永恒流动的亨利·柏格森（详见第三十一章）的作品中。

阅读材料33.2
选自马塞尔·普鲁斯特《去斯万家那边》（1913年）

过去被隐藏在领域之外的某个地方——超出了智力范围，被藏在一个我们不曾怀疑的物质对象中（在这个物质对象带给我们的感觉中）。至于那个物质对象，我们能否在身死之前遇到它，则全凭运气。

许多年过去了，这些年里，除了与我上床睡觉有关的事件外，贡布雷对我来说就如同不存在一般。冬日里的一天，我回到家，母亲看我冷得瑟瑟发抖，就递给我一杯茶，我平时并不怎么喝茶。起先我拒绝了，然后，不知怎么回事，我又改了主意。她拿出一个小小的、鼓鼓的、名叫"玛德琳蛋糕"的点心，看起来像是用扇贝壳带有凹槽的扇形模子做出来的。很快，我度过了无聊的一天。想到明天还将如此压抑，我顿时倍感疲惫，机械地舀了一匙茶水送到嘴边，茶水里泡了一小口蛋糕。温暖的液体就着蛋糕渣一触碰到我的上颚，我浑身就一阵颤抖。我停住了，专注地思考着正在发生的非同寻常的变化。我感受到了一种绝妙的愉悦，但这种愉悦感是单独的、超然的，不知道它来自何处。生活的沧桑变迁顿时于我无关紧要，它带来的灾难也无伤大雅，它的短暂也变得虚无缥缈——这种新感觉对我产生的影响就像是爱赋予我精华；更精确地说，这种精华并不在我身上，而是我自己。我现在不再感觉自己平凡、偶然、终有一死了。这种全能的快乐从何而来？我意识到，这种快乐与茶水和蛋糕的味道相关，但是它又大大地超越了那种滋味，实际上，它和茶水、蛋糕的味道并不相同。那它从何而来？它意味着什么？我该如何抓住它，定义它？

我又喝了一口，发现这一口给我的感受与第一口给我的感受一样，第三口给我的感受还没有第二口多。是时候停下了，这茶饮正在消失魔力。显然，我追寻的真理并不在茶杯里，而在我自己身上。茶召唤了我，但它自己并不明白，只能随着渐渐消失的力量，模糊地重复相同的证言；尽管我希望至少能够通过喝茶，再次感受它，完好无缺地为我所用，让我最终恍然大悟，但我也无法对此加以解释。我放下茶杯，审视着自己的心灵，为了发现真理。但我该怎么做呢？无论何时，只要心灵感受到它的一部分游离到界限之外了，那将是一个多么不稳定的深渊啊；当心灵这个探寻者，同时又身处它必须去探寻的那片黑暗区域之中，而它所有的"装备"在此都派不上任何用场的时候。探寻？不仅仅是探寻，还要创造。它要面对的是目前并不存在的事物，只有它能赋予这个事物真实感，将其变成实质的东西，只有它能带来光明。

　　我再一次问自己它会是什么，这种记不起来的状态没有合乎逻辑的存在证明，它只是一种幸福的感受，它是真实的状态，有了它，其他的感觉都消失不见了。我决定试着让它重现。我将精神追溯到我喝第一口茶的时刻，还是同样的状态，并没有新的启发。我强迫精神再做一次尝试，试图跟随并再次体验那短暂的感受。为了防止这过程中出现任何干扰，我排除了一切障碍，停止每一个无关紧要的念头，对隔壁房间传来的声音充耳不闻。我感到精神越来越疲惫，但尝试却毫无成效，我强迫它改变，转而去享受我刚才禁止它关注的、让人分心的事物，让它想想别的事情，在最大一次的尝试之前让它休息休息，提提神。我再一次为它清空场地，将第一口茶饮余留的滋味摆到它面前，然后，感觉内心有什么东西在涌动，那东西像锚一般嵌在深处，现在离开了栖息之所，试图攀升而上；我还不知道它是什么，但我能感受到它在慢慢往上爬；我能估量阻力，能听到它行完长长的距离时发出的回音。

　　毋庸置疑，在我内心深处悸动着的一定是那想象，是和那种味道相关联的视觉记忆，它正试着跟随味道进入我的显意识。但它的努力太过遥远，太过混乱，我几乎无法察觉它无色的影像——散发着光芒的各种颜色如乱麻一般，交织盘旋在这影像中，根本无法捕捉。我无法辨别它的形状，无法询问它，无法让它为我解释如同其同时期事物的证据、密不可分的情人一般的浸泡在茶水里的蛋糕的滋味；不能让它告诉我，正在讨论的是我过去生活中的哪段时光里的什么特殊情况。

　　这个记忆，一个相同时刻费了如此大的劲去纠缠、打扰，从我的内心深处挖掘出来的过去沉寂的时刻，会不会最终到达我意识的清晰层面？我不知道。既然我现在感觉不到了，也许它已经停止了，有可能它再次沉入黑暗之中，谁知道它会不会再现？我可以连续尝试十次，可以俯下身来凝视深渊。每一次，阻止我们挑战艰难事业或从事重要工作的懒惰力劝我放弃，让我喝茶，只想今天的烦恼和明天的希望，却不费一点心思或脑力。

　　记忆突然回来了。那味道是玛德琳蛋糕碎屑的滋味。在贡布雷，周日早晨（在这些早晨，我不会在教堂礼拜时间结束前出门），我去莱奥妮姑妈屋里对她道日安时，她总会把玛德琳蛋糕在自己的红茶或椴花茶里蘸一蘸给我吃。在品尝它之前，看到玛德琳蛋糕并没让我想起什么，也许是因为我经常在点心店橱窗的托盘上看到这种蛋糕，却没有品尝过，因此它们的形象和待在贡布雷的日子里品尝到的其他蛋糕给我的印象相去甚远，从而较新的事物取代了它的地位；也许，因为那些早已被抛弃和遗忘的记忆，什么也没留下，一切都是乱糟糟的；事物的形状，包括小扇贝糕点的形状，层层叠叠的酥皮之下浓郁的口感，要么被忘却了，要么一直处于休眠状态，以至于失去了力量，无法再出现在我的意识层面。然而，哪怕往昔的岁月了无痕迹，哪怕物毁人亡，东西的气息和味道依然会存在，它们虽脆弱，却更具生命力，更形而上，更持久，更忠实；它们长久地留存着，如同灵魂一般，时刻准备唤起我们的记忆，在一切皆已化为废墟的境遇中，等待着、盼望着属于它们的那一刻；在那几乎难以察觉的细微本质之点滴中，它们坚定不移地承载着回忆的巨厦……

问：普鲁斯特以什么来连接他潜意识的自我和意识层面的自我？

问：玛德琳蛋糕在这些关系中扮演了什么角色？

卡夫卡的噩梦现实

对普鲁斯特而言，记忆是一种让人生丰富多彩的现象，而对奥地利犹太裔小说家弗朗茨·卡夫卡（1883—1924）而言，潜意识的生活给有意识的体验带来的是怪异的、具有威胁性的沉重意味。卡夫卡的小说皆以德语创作，呈现出一种梦境般的现实，人物都是无名之人，细节虽然准确却怪异，事件也缺乏逻辑连贯性。在他的小说所描绘的噩梦般的世界里，主人公成了未知或难以理解的力量的受害者。他们可能会陷入荒诞却又司空见惯的境地，饱受内疚和挫败感的折磨；也可能会受到一些毫无意义、目的不明的可怕事件的威胁。例如，在《审判》（1925年）中，主角被逮捕并被证明有罪，在不知道自己犯了什么罪的情况下就被处死了。在20世纪最引人不安的短篇小说《变形记》中，主人公格雷高尔·萨姆沙在某一天早晨醒来，发现自己变成了一只大甲虫。卡夫卡小说里屡次出现的不安全感和脆弱性这两个主题，反映了20世纪早期普遍存在的社会情绪。卡夫卡也受到这种不安全感的折磨和困扰：1924年，在去世前不久，他请求一个密友烧掉他所有的手稿；密友没有理会这个请求，才确

保卡夫卡的作品（包括没完稿的作品）得以出版。因此，卡夫卡建立在模棱两可和极度矛盾之上的写作风格，对现代小说产生了极为重要的影响。尽管《变形记》篇幅过长，无法完整地在这里呈现出来，但通过下面的节选部分，读者同样能感受到卡夫卡超现实叙事风格的特点。

阅读材料33.3
选自弗朗茨·卡夫卡《变形记》（1915年）

一天早晨，格雷高尔·萨姆沙从混乱的梦境中醒过来，发现躺在床上的自己变成了一只巨大的甲虫。他仰躺着，那背脊硬得像盔甲似的，然后，他稍稍抬起头来，看到了自己的腹部——棕色的圆形腹部被拱形隆起线隔开，肚子上盖着的毯子没剩多少，已经快要滑下去了。他有许多条腿，相比他的腰，他的腿真是瘦得可怜，现在正无助地在他眼前颤动着。

"我这是怎么了？"他心想。这不是梦，他的房间虽然小了一点，但是个真正让人类居住的房间，四面是他熟悉的墙。桌子上散落着拆开的衣料样品——格雷高尔是个旅行推销员，桌子上方挂着一张他最近从一本画报上剪下来的图片——他找了个好看的镀金相框，将图片放了进去。那图片上是一位女士，盛装的她，戴着裘皮帽和毛皮围巾，坐得端正，向观众举起一个厚重的毛皮暖手筒，她的整个前臂都拢在里面。

格雷高尔转头望向窗外，天气阴沉，能听到雨滴打在窗户和排水槽上的声音，这让他感觉十分忧郁。"如果我再睡一会儿，忘记发生的这个蠢事，会怎么样？"他想，但那根本不可能，因为他习惯了往右侧卧入睡，而就目前的状况看，他没法转过身。他不管花多大的力

气往右侧转动，每次都摇摇晃晃地又回到仰卧的状态。他肯定已经试了一百遍，闭上眼睛不去看他那挣扎的腿，直到他感到以前从没感受过的轻微的、隐隐的疼痛，才停下来。

"天啊，"他想道，"我挑了个多么累人的行当！除了夜以继日的奔波，远比办公室的混乱糟糕得多的生意上的混乱之外，我还要遭受旅途的折磨，担忧火车的班次倒换，担心不能按时吃饭、吃不上好饭，人际关系常常变化，从不能持久，我永远无法与人亲近。该死的！"他感觉腹部轻微发痒，于是慢慢挪动背部，向床柱靠近，这样他就能稍微抬起头。他找到了发痒的部位，那里满是白色的小圆点。他不知道那是何物，想用一条腿去够那个地方，但又立即把腿缩了回来，因为他一触碰到那里，浑身就起了一股寒意。

…………

他朝闹钟看了一眼，它正在嘀嗒作响。"我的天哪！"他心想。现在是六点半，闹钟的指针安静地往前移动着。事实上，现在已经超过六点半了，快六点四十五了。闹钟没响吗？他躺在床上，能看到闹钟定的是四点整——它无疑是响过了。是，但有没有可能那铃声震天响的时候，他还安静地睡着？当然，他也并没有睡得很安稳，但有可能睡得正酣。那他现在怎么办呢？下一班火车七点发出，要赶上它的话，他得拼命冲出去了，但他的样品还没打包，他自己也无精打采的，没有什么生气。就算赶上火车，他也避免不了老板的一顿痛骂了，因为办公室信使等的是五点的那班火车，所以信使肯定早就把他的疏忽职守报告给了老板……

他着急忙慌地考虑这些的时候，还是不知道该如何下床。时钟指向六点四十五分时，床头处的门口响起了敲门声。"格雷高尔，"

一个声音响起——那是他母亲的声音，"已经六点四十五了，你不是要出门吗？"那温柔的声音！格雷高尔听到自己回答的声音时吓了一跳，当然，那毫无疑问是他从前的声音，但这声音里包含了一种像是从底下升起来的、抑制不住的痛苦的叽叽喳喳声，以至于他的声音一开始还算清楚，随着话音落下，渐渐变得扭曲失真，所以你不能断定自己听到的是否真切。格雷高尔想给出一个详细的答复，好好解释目前的状况，但在当前情况下，他只说："是，是，谢谢，妈妈，我现在就起来。"因为房门是木制的，格雷高尔声音里的变化可能也并不明显，所以他妈妈听了那个解释便释然了，于是慢吞吞地走开了。但因为这简短的对话，家里的其他成员已经意识到一个事实，那就是，与期望相反，格雷高尔现在还在家。他的父亲马上就敲起了侧门。敲门声很轻，但父亲用的是拳头。"格雷高尔，格雷高尔！"父亲叫道，"发生什么事情了？"很快，父亲用更低沉的声音告诫道："格雷高尔！格雷高尔！"另一扇门那头，他的妹妹轻声责问着："格雷高尔，你还好吗？你需要什么东西？"格雷高尔同时向两边说："马上就来！"他努力让自己的声音不受任何不寻常事物的影响，发音时极其小心，说完每个单词还要做长时间的停顿。他的父亲回去吃早饭了，但他妹妹还是小声地叫着："格雷高尔，开门，我求你了。"……

（没想到，组长竟然登上门来，想看看格雷高尔为什么没去上班，要求见格雷高尔。）

格雷高尔靠着椅子慢慢地往门边挪。到了门边，他放开椅子，将自己贴到门上，靠着门板让自己站直了——他脚上的球状物会分泌黏糊糊的东西。他费了好大的劲，在那里休息了一分钟。然后，他准备用嘴巴去转动门锁中

214 人文传统

的钥匙。遗憾的是，他好像没有真正的牙齿。那他用什么来抓牢钥匙？他发现自己的下巴很结实，便用下巴转动了钥匙，但他并没注意到的是，这么做毫无疑问是在伤害自己，因为一股棕色液体从他嘴里流了出来，淋到了钥匙上面，滴到了地板上。"听，"组长在隔壁的房间里说，"他正在转动钥匙。"组长的话对格雷高尔来说是极大的鼓舞，但他们本该向他大叫，甚至是他的父母也应如此。"格雷高尔，加油干！"他们本该说，"坚持下去，继续开锁！"他想象着他们都在暗自为他的努力鼓劲，便不顾一切地用全身的力气转钥匙。他绕着门锁转过来，转过去，随着钥匙的转动而移动。他现在只靠着嘴巴来保持站立的姿势，在必要时，他要么悬在钥匙上，要么再次利用身体的全部重量把钥匙往下推。门锁终于迅速弹回，发出一声刺耳的响声，这响声让格雷高尔彻底清醒了过来。格雷高尔松了一口气，自言自语道："所以，不用请锁匠了。"他把头放在门把手上，试图打开门。

因为他不得不用这种方式开门，所以当门被打开的时候，外面的人还是没看见他。首先，他必须慢慢地将身体绕过双开门的其中一扇门，而且，如果他不想在进房间之前摔个四脚朝天，他就得十分小心。他的注意力都集中在那个艰难的动作上，没时间去注意其他的东西，然后他听到组长大叫了一声："啊！"——听起来像风在咆哮似的。现在，他也看到组长了。组长是最靠近房门的，他一只手捂着张开的嘴巴，慢慢地往后退去，仿佛被某个释放着均匀的压力的无形力量驱赶着。格雷高尔的母亲——尽管有组长在场，在门口站着的母亲的头发还像前一晚那样乱糟糟地堆在头顶，没有梳理——先是双手合十，看了看格雷高尔的父亲，然后向格雷高尔走近两步，倒在了地上，裙摆在她身边摊了开来，她的脸埋向胸口，完全看不见了。父亲握紧了拳头，满脸敌意，好像要把格雷高尔推回房间似的。然后，他茫然地环顾客厅，双手捂住眼睛痛哭了起来，哭得胸口也开始发抖。

…………

问：怎样描述格雷高尔·萨姆沙的个性？
问：这个故事的哪些细节给人一种现实感？哪些细节给人一种不现实感？哪些细节又给人一种恐惧感？

詹姆斯·乔伊斯和意识流散文

20世纪早期极具影响力和挑战性的作家之一是侨居国外的爱尔兰作家詹姆斯·乔伊斯（1882—1941）。乔伊斯出生于都柏林，在耶稣会学校接受教育。1906年，他离开爱尔兰，移居海外。在巴黎，他学习了医学和音乐，但在巴黎以及其他地方，他大多通过教授外语、创作短篇小说谋生。乔伊斯的散文反映出他作为一位语言学家的天赋，以及他辨别语言中潜在的音乐性的敏锐能力。他对情节和人物的处理深受弗洛伊德的影响，他对弗洛伊德早期的出版物极为感兴趣。受弗洛伊德的作品的启发，他用人物的内心独白进行创作，这是一种文学手法，由人物以"意识流"的形式出现的个人沉思构成。"意识流"指的是由自由联想，而不是逻辑论证或叙事顺序连接而成的一连串想象和观点。意识流的手法让人想起了弗洛伊德在精神疗法中运用的自由联想的技巧，也让人回忆起意象派诗人不连续的诗歌风格（详见第三十二章）。在一部意识流小说中，主角对意识和潜意识的双重刺激做出回应时，人物的行为通过精神得到发展。下面的部分选自乔伊斯的长篇小说《尤利西斯》（1922年），供读者参考：

> 他穿过马路，走到有阳光的地方，避开七十五号房子那松松垮垮的地窖拉门。太阳正在向乔治教堂的尖顶靠近。今天天气暖和，穿着这身黑衣服，我感觉更热了。黑色会传导热量，也会反射（准确地说是折射？）热量。我不能穿那身浅色套装出门，因为穿那身衣服像是要去野餐。博兰面包店正在用面包车派送托盘装着的今天现烤的面包，但她却喜欢隔夜的烤面包，两面酥脆，热乎乎的。让你感觉年轻。在东边的某个地方，清晨：拂晓便出发，在太阳前面赶路，抢在它前面先走一天的路程。就这样一直走下去，从严格意义上来说，你一天都不会变老……四处游荡一整天，遇上一两个强盗。唉，遇到他。渐渐到了日落时分。清真寺的影子沿着柱子投下，拿着卷轴的神职人员赶到。树木颤动着，傍晚起风了。我继续走。褪色的金色天空。一个母亲站在门口张望，用神秘的语言喊孩子回家。高墙：那边有人在拨弄弦乐器。夜空的月亮，紫罗兰色，就像莫莉新吊袜带的颜色。弦乐器。听。女孩在演奏一个你们称之为"杜西莫琴"的乐器。
>
> 我经过……

乔伊斯模仿荷马史诗《奥德赛》创作了这部意识流小说，但乔伊斯的版本与荷马的有很大不同。《尤利西斯》的主角利奥波德·布卢姆是个普通人，对应的荷马史诗里的主角则是英雄人物奥德赛；相比古典文化中的人物奥德赛，布卢姆的冒险经历看起来微不足道、无关紧要。布卢姆从家到办公室、酒馆、妓院，再回到家的平凡经历——都柏林街道一日游——构成了小说的情节。然而，真正的"行动"发生在主要人物的头脑之中：布卢姆、他的熟人，以及他的妻子莫莉。他们的沉思集合在一起，制造出一种势不可挡的孤寂感和一种令人吃惊的认知，即人的精神永远无法从不受时间影响的模糊体验中解脱出来。

乔伊斯的意识流手法和他对不熟悉的、稀奇古怪的合成词的密集堆砌，让这部不朽的小说变得让人难以理解。然而，《尤利西斯》仍然比作者试验性的、令人困惑的作品《芬尼根的守灵夜》（1939）要容易理解得多。然而，《尤利西斯》最初因为审查制度而无法向公众公开：乔伊斯看待性事就如看待人类体验的其他方面一样，对性事的描写信手拈来，但评论家称之为污秽、下流的语言。直到1933年，这部小说才在美国解禁。

大部分20世纪的一流文学作品显然受到了弗洛伊德和乔伊斯的共同影响。格特鲁德·斯坦因（1874—1946）、诺贝尔奖得主托马斯·曼（1875—1955），以及威廉·福克纳（1897—1962）等作家扩大了意识流手法的运用。在剧院里，美国剧作家尤金·奥尼尔（1888—1953）将希腊神话和弗洛伊德有关罪恶感和压抑的概念结合起来，运用到悲剧三部曲《悲悼》（1931年）中。他用戏剧技巧来揭露人物隐藏的情绪，比如让两名演员饰演一个人的不同性格侧面，使用面具，以及插入旁白来丰富对话。

新心理学对表演风格也产生了影响：弗洛伊德对内在精神的强调促进了方法演技的发展。方法演技是一种现代戏剧表演风格，演员在诠释角色时，会设法利用"真实的情感"和"表达情感的记忆"（童年时代的经历）。方法演技的先锋人物是苏联导演兼演员康斯坦丁·斯坦尼斯拉夫斯基（1863—1938），他参与创办了莫斯科艺术剧院。20世纪30年代，他那具有创新性的技巧流传到了美国。在他的理论的指导下，美国涌现了一批非常优秀的电影演员和舞台演员，包括詹姆斯·迪恩（1931—1955）和马龙·白兰度（1924—2004）。

诗歌领域的新自由

现代诗人在创作中热切地利用意识流技巧，将诗歌从句法和语法的束缚中解放出来——这是由象征主义者发起，经意象派诗人改良的一项任务。法国诗人纪尧姆·阿波利奈尔（1880—1918）与毕加索是密友，他十分欣赏立体主义，其诗歌不仅将单词从传统的句子排列中解放出来，还将句子从传统的书页排列规则中解放出来。在普通的传单、广告牌和指示牌的形象设计的启发下，阿波利奈尔创造了象形诗，这种诗歌整体呈现外部事物的形状，比如手表、领带、鸽子等。比方说，他对《下雨》一诗中的单词进行排列，让它们呈现出雨点从天空落到书页上的样子。这样的文字画面被阿波利奈尔称为"抒情象形文字"，也让诗人欢欣鼓舞地宣称："我也是一名画家！"

美国诗人爱德华·埃斯特林·卡明斯（1894—1962）在一战期间志愿参加救护队，在法国战地工作。和阿波利奈尔一样，卡明斯创作的诗歌也不遵循传统的诗歌创作规则。为了突出诗歌的主旨，他改变了排版和句法，让它们呈现出扭曲变形的形态，这对眼睛和耳朵都是挑战。卡明斯在他的诗歌里引用俚语、行话、性暗示，来嘲弄现代社会。如下文所示，他的诗歌经常充斥着大量幽默、诙谐的成分。

阅读材料33.4
卡明斯《她是炽焰》（1926年）

> 新的；你知道
> 我因此会
> 有些拘谨
> 对她小心翼翼（我
> 已给全部接合处

> 涂了油，检查了汽油
> 检查了水箱确保她的弹簧正常。）

> 我直接给化油器注满油，用曲柄将她
> 发动，松开
> 离合器（然后不知怎的挂了倒挡
> 她反冲一下
> 怎么回事）很快
> 我挂上空挡，再次

> 慢慢地尝试；小心翼翼地轻推（我的

> 控制杆，往右
> 哦，她挂上了
> 第一挡，慢慢
> 从低速
> 向第二挡冲去，像
> 加了润滑油的闪电）我们转过神学院

> 大道拐角处，我踩了踩油门，给她

> 加点油，很好
> （这
> 是第一次尝试，相信我，看到
> 她整个过程表现得这么好，我很开心
> 最后我们回到公共花园
> 我一脚在

> 那
> 内部膨胀
> 且
> 外部收缩
> 的刹车上踩下去

> 让她所有的颤

抖

戛然而止。

一片

寂静。)

问：诗中的"她"指的是什么？
问：作者对诗歌形式和主题做了怎样的改动？

新心理学和视觉艺术

视觉艺术受新心理学的影响是最大、最持久的。随着艺术家将他们隐藏的情感、被压抑的欲望、梦想和幻想带入作品创作中，艺术成了潜意识的载体。本我的非理性、反理性的力量成了各种风格的主题，为这些风格提供了创作灵感，其中包括表现主义、形而上画派、达达主义和超现实主义等。表现主义和超现实主义对摄影和电影，以及商业美术和应用艺术领域的发展有非常重要的影响。在我们日常生活的各个方面，从时装设计到杂志广告、电视广告，弗洛伊德引发的变革造成的影响依然很明显。

表现主义

20世纪表现主义画家的先驱是挪威的爱德华·蒙克（1863—1944）。蒙克非常崇拜亨里克·易卜生（详见第三十章），很喜欢这位戏剧家创作的审视人物内心冲突和压抑的欲望的戏剧作品。蒙克非常关注青春期以及挫败的性行为带来的

图 33.2 呐喊 爱德华·蒙克，绘于1893—1910年。前景是幽灵般的人物（蒙克自己），他可能受到了1899年在巴黎展览会上看到的有关印加木乃伊的作品的启发。血红色的天空可能与1883年8月印度尼西亚发生的火山喷发现象有关，那次火山喷发事件影响到了蒙克位于挪威的故乡

痛苦经历，他同时深受自己与病痛和死亡的紧密联系的折磨——他的母亲和姐姐都死于肺结核。他在自己的绘画和雕刻作品中，将这些主题进行了形象化的描述；但在这种风格（对给人以强烈感受的扭曲形状和粗犷的色彩的综合运用）里，他充分展现出1908年导致他出现精神崩溃的神经官能症带来的强烈痛苦。

《呐喊》（图33.2）这幅绘画作品已经成为现代社会的普遍象征，它通过蜿蜒的云朵、扭动的蓝黑色河水、急剧后退的码头（一个著名的会面场所，靠近蒙克的夏季别墅）相结合呈现出的效果，来表达紧迫感和恐慌的情绪。这些视觉形象让人想起了蒙克在这幅画的素描初稿里添加的注释中描述

的能引起共鸣的无声哭泣的声音:"我和两个朋友散步。夕阳西沉,天空突然变得如血一般通红……我的朋友们继续往前走,我孤零零地落在后面,不由得恐惧得浑身发抖。我仿佛感觉到,一声强有力的、无止境的尖叫声贯穿了自然界的万物。"

蒙克充满激情的风格为德国的表现主义的发展奠定了基础。和意大利的未来派画家一样,德国年轻的艺术家反抗学院派艺术"存在已久的力量"。在弗洛伊德、非洲和大洋洲的艺术形式的影响下,德国出现了两个现代主义团体:第一个团体是"桥社",于1905年在德累斯顿成立;第二个团体名叫"青骑士社",于1911年在慕尼黑成立。尽管两个团体的艺术家因为强烈的个人差异而存在分歧,但他们却有共同的风格,其创作都以悲怆、暴力、情感强烈为特点。德国的表现主义者继承了歌德、尼采和瓦格纳的忧思与浪漫的情感。他们喜欢令人毛骨悚然的、较为私密的主题,并通过扭曲的形状、刺目的颜色和对黑色的大胆运用将主题描绘出来。

在恩斯特·路德维希·基希纳(1880—1938)的领导下,包括埃里希·黑克尔(1883—1970)、卡尔·施米特-鲁特勒夫(1884—1976)和埃米尔·诺尔德(1867—1956)在内的桥社成员设想他们的运动是通往现代主义的"桥梁"。他们认为艺术是"内在需要"、情感和狂喜的流露。他们受到第一次世界大战前德国城市的紧张氛围的影响,创作了探究式的自画像、气势磅礴的风景画和让人感觉不祥的城市景观画。在《柏林街景》(图33.3)中,基希纳使用的参差不齐的线条和不和谐的颜色,再加上带有侵略性的黑色区域,让人想起了拥挤、冷漠、危险的城市生活。人物形象抽搐般的扭曲体现出了非洲雕塑对画家的影响,而他有力的线条风格则反映了由丢勒(详见第十九章)倡导的德国绘画传统对他的启发。和丢勒一样,基希纳也用木版画绘制了很多主题(包括肖像和城市景观)。木版画也是德国表现主义者最喜欢的媒介。

图 33.3 **柏林街景** 恩斯特·路德维希·基希纳,绘于1913年。两个穿着时髦的妓女沿着一条极度倾斜的街道向前逼近,艳丽的粉色、湖蓝、炭黑增强了幽闭、恐惧的气氛。基希纳从德累斯顿搬到柏林之后,画了这幅作品以及描绘相似场景的作品。在那段时间,他形容自己是饱受孤独和抑郁的一员

形而上画派和幻想

在对视觉世界的描绘中,德国表现主义艺术家表现出的主观强度达到了一个新的高度,其他艺术家则开始了对感觉之外的内容的探索。乔治·德·契里科(1888—1978)就是其中一位艺术家。契里科出生在希腊,于1910年移居意大利。他反对意大利未来主义的基本原则(详见第三十二章),开创了一种他称之为"形而上"的绘画风格,意即"超越物理现实"。在1910—1920年创作的绘画作品中,他将精神景观引入了艺术领域。他笔下轮廓清晰的图像、相互矛盾的视角、非自然的色彩,以及不合逻辑的投射阴影,营造出了一种与

卡夫卡的散文作品类似的令人不安、如梦似幻的效果。

《无限的乡愁》（图33.4）中，因怪异的阴影而显得矮小的两个人物站在空旷的庭院里，五面旗帜飘动在没有风的淡绿色天空中，右侧门廊的直角线确立的消失点和远处地平线的低位相矛盾。契里科这样评价这幅令人不安的城市景观作品："一个在阳光下行走的人的阴影中包含的难解之谜，要比过去、现在和未来的所有宗教包含的难解之谜多得多。"契里科为一种被称作"魔幻现实主义"的表现形式提供了基础，在魔幻现实主义作品中，普通的物件和事情会以一种能引发神秘感或幻想的意想不到的方式被夸大或并置。

出生在俄国的艺术家马克·夏加尔（1887—1985）于1910年抵达巴黎。和他的同胞、移居海外的同伴伊戈尔·斯特拉文斯基一样，夏加尔在第一批作品中加入了故土的民间故事和风俗等内容。他表达对俄国乡村的怀旧情怀的作品《我与我的村庄》（图33.5）在很大程度上源于他对立体派和野兽派风格的学习。然而，画中人物的不规则的大小和位置，以及随意的颜色变化都遵循了无意识的异

图 33.4 无限的乡愁 乔治·德·契里科，绘于1913—1914年（作品注明的时间是1911年）

图 33.5 我与我的村庄 马克·夏加尔，绘于1911年

想天开原则。夏加尔随心所欲地将图像叠加在一起，或无视万有引力定律让其在空中飘浮。诸如小提琴演奏家、飘浮在空中的恋人等自传性的主题元素，成了夏加尔漫长且多产的艺术生涯中创作的色彩绚丽的油画、壁画、彩色玻璃窗等作品中标志性的符号。

达达主义艺术运动

当表现主义和幻想主义研究弗洛伊德的无意识理论时，它们都没有像达达主义那样猛烈抨击民族主义传统。达达主义艺术运动由一群组织松散的欧洲画家和诗人于1916年在瑞士发起。这些艺术家将第一次世界大战看作世界疯了的证据，致力于传播非理性的真理。该运动被冠以一个无意义的名称——"达达"（法语中幼儿语言的"马"），这是艺术家们将小折刀随意插入一本字典后选中的，象征着他们"不敬"的立场。如果世界疯了，人们费力创造出的东西难道不应该同样疯狂吗？达达派认为艺术是侥幸、意外或令人震惊的行为的产物——这些作品故意与高雅品位、中产阶级价值观和艺术传统背道而驰。

达达派会定期在苏黎世的伏尔泰咖啡馆聚会，他们在那里组织了"噪音音乐会"，并背诵那些通过即兴和自由联想创作出来的诗歌。罗马尼亚诗人特里斯坦·查拉（1896—1963）用从报纸上随意剪落至桌面上的单词作诗，而法国雕刻家兼诗人让·阿尔普（1887—1966）则用随意落在画布上并"依据随机定律"留下的形状创作拼贴画和浮雕。达达主义对理性主义传统和整个现代技术官僚体制的抨击反映了虚无主义的精神（否认传统的、宗教的、道德的原则），在战争废墟中得到繁荣发展。查拉在1922年发表的《论达达主义》的演讲中声明："生活中的行为既没有起点也没有终点，一切事情都以一种极其愚蠢的方式发生着。这种纯粹简单就叫达达主义……就像生活中的一切事情一样，达达主义是毫无用处的。"

和诗歌以及绘画领域一样，正如一位法国剧作家所说的，达达派剧场通过解放"思想中一切晦涩的、隐藏极深的、不为人知的东西"，向弗洛伊德致敬。现实主义的叙事和传统的人物塑造，都让位于即兴创作和随机、怪异事件的表演。达达派剧场中有一种名叫"残酷剧场"的形式，因其暴力和污秽的主题而闻名，这为20世纪50年代至20世纪60年代间创作出来的荒诞派戏剧（详见第三十五章）提供了范例。

达达派的精神在法国艺术家马塞尔·杜尚的作品中得到了最生动的展现。在早期艺术生涯中，杜尚曾尝试立体派和未来派的画法，创作出轰动一时的《下楼梯的裸女，2号》，但在1912年之后他放弃了专业绘画，开始制作——或者说是重新制作——艺术品。1913年，他把自行车的车轮安置在酒吧的高脚凳凳面上，创造出第一个"现成品"和第一个动态雕塑（由活动部件组成的雕塑作品）。1917年，杜尚推出了20世纪具有里程碑意义的现成品：他将一个普通的工厂制造的小便池放在基座上，并给它签上了假名"R.Mutt"，然后呈给纽约独立艺术家沙龙展出。这件被他称作《泉》（图33.6）的作品被拒了。但从长远来看，《泉》的影响是巨大的。杜尚将"拾得物"称为艺术品，嘲笑创作艺术的传统技巧。此外，通过将物体从原有的功能背景中抽离出来，他建议想象要服从自身逻辑，这种逻辑的"规则"无视传统的美学规范。《泉》不仅挑战了艺术和生活之间的界限，还称艺术应赞扬荒谬、偶然和无意义。

尽管如此，《泉》最重要的意义可能是为现代艺术引入了一个革命性的观念，即艺术品首先是表达艺术家的观点的。《泉》不是因为杜尚的"创作"而成为艺术品的，而是因为艺术家选择了将它

在"的不敬观点,对众多诗人、画家和作曲家都产生了重大的影响,这种影响甚至持续到21世纪。

超现实主义和抽象的超现实主义者:毕加索、米罗、克利

超现实主义(纪尧姆·阿波利奈尔于1917年创造的术语)是现代极具特色的运动之一,它致力于用有形的表达方式表现无意识心理的运作。超现实主义者明确表达了对弗洛伊德及其作品的崇

图 33.6 泉 马塞尔·杜尚,1917年

从日常生活的语境中移出来,并赋予了它全新的特性(艺术品)。按照这种逻辑,艺术家也可以改变或"再制作"现存的艺术品,比如,杜尚在达·芬奇珍贵的作品《蒙娜丽莎》的复制品上给她画了胡子,并在复制品底下加了一串法文字母。如果我们快速念出来这些字母,会发现这是一句法国俚语,意思是"坐着的人屁股热烘烘"。这件作品(图33.7)被杜尚称为"修改过的现成品",它表达了达达派对西方极其高雅的艺术的蔑视,也确立了现代艺术家特立独行的个性——他们是自封的先知和传统的破坏者。

1918年,杜尚搬到纽约市居住。他花了很多时间创作他的巨作,这是由一面巨大的玻璃和铁丝组合而成的,里面充满了神秘的性象征。杜尚称这个巨作为《新娘甚至被光棍们扒光了衣服》。1920年后,杜尚转入秘密创作的状态,花大量时间精进他的国际象棋(他最喜欢的消遣方式)技术,同时继续艺术创作。尽管如此,他那少量的、具有开创性的作品,以及他认为艺术"绝对没有作为真理而存

图 33.7 有髭须的蒙娜丽莎 马塞尔·杜尚,1919年。这是一个修改过的现成品,作者用铅笔在《蒙娜丽莎》的复制品上进行了创作

222　人文传统

敬之情，尤其是涉及自由联想和梦的解析法的作品。在第一份《超现实主义宣言》（1924年）中，法国评论家、超现实主义精神教父安德烈·布勒东（1896—1966）强调，艺术家要从理性和传统社会的要求中解放出来。在1921年去维也纳拜访过弗洛伊德后，布勒东对超现实主义者致力于非理性表达的描述如下：

> 我们仍然生活在逻辑的控制之下……但在当今这个时代，逻辑方法只适用于解决次要的问题。正时兴的绝对理性主义只允许我们考虑与我们的体验直接相关的事实……常识像哨兵一样保护着体验。我们以文明和进步为借口，设法将思想中的一切可能被正确地或错误地称为迷信或幻想的内容抹去；任何不符合习惯的追寻真理的行为都是被禁止的。显然，纯属偶然，我们假装不再关注的精神世界的一部分——在我看来是迄今为止最重要的部分——被重新公之于众。为此，我们必须感谢西格蒙得·弗洛伊德的发现……这种想象力可能正处于再次显现自己、重申自己的权利之际。

布勒东将超现实主义定义为"处于一种纯状态中的精神的自动行为"，即在不受理性约束的思维功能引导下的创造性努力，他还说超现实主义应该"免受任何审美或道德的干扰"。此外，他强调睡梦状态在引导超现实主义创造力方面具有全能作用。

正如作家发展新的文学技巧和手法来摆脱理性的控制，视觉艺术家也构思出了新的方法来解放视觉想象力。有些艺术家摸索精神的自动行为，让手自发地随意移动，像随意涂鸦或即兴创作一样。另外一些艺术家则试图通过在画中加入自由奔放的生物形态的图形，以期重新获得孩童时代自发创作的灵感。然而，从根本上讲，超现实主义艺术的悖论在于艺术家是在用有意识的行为去捕捉无意识的体验。

布勒东认为毕加索是超现实主义艺术的一位先驱人物。早在1907年，毕加索就在《亚威农少女》中运用极端的手法塑造人物的形象。到了20世纪20年代中期，他的作品中充斥着残忍的解剖体和剧烈的变形扭曲。1927年，毕加索创作了一幅《坐着的女人》（图33.8），画面是一个"人格分裂"的形象，看上去似乎将弗洛伊德的人格三重结构的理论形象化了。女人的头部由一个正面像以及至少两个侧视图组成，每一面都展现出人物性格的不同面。

图33.8 坐着的女人 巴勃罗·毕加索，绘于1927年

"人格分裂"一直是毕加索漫长的艺术生涯中主要关注的主题。在毕加索创作的大量绘画作品、雕刻作品，以及在20世纪30年代创作的意识流散文中，他一直在追求双重含意和视觉双关语，因此获得了20世纪艺术领域的"变形大师"的名号。

在西班牙艺术家霍安·米罗（1893—1983）的绘画作品中，超现实主义者对潜意识体验的探索激发了艺术家创造自己的幻想世界的热情。米罗将简单且有童趣的形象、有机形态的生物和带刺的抽象有机体组成了一个奇异的宇宙。在他的作品《哈里昆的狂欢节》（参见图33.1）里，变形虫、蛇等生物在无限的空间里嬉闹着，梯子搭在睫毛上，窗外是金字塔。"在我的绘画中，"米罗解释道，"广阔而空旷的空间里有极小的形状。空旷的空间、地平线、平原……所有被剥离了附着物的东西总能给我留下深刻印象。"

出生在瑞士的画家保罗·克利（1879—1940）处于超现实主义的边缘地位。作为20世纪极具思想深度的艺术家之一，克利是个才华横溢的画家，他创造了类似于象形符号拼图的小型艺术作品。他的抽象作品就如同他私人日记里的文字记录一样，以诙谐幽默和细腻精湛的技巧为特色，它们位于心灵深处，是潜意识中神秘符号的宝库。克利坚持认为："艺术并不表现可见世界。相反，艺术使不可

图 33.9 **鱼的魔法** 保罗·克利，绘于1925年。这幅绘画版的童话故事的灵感可能来自克利在意大利那不勒斯参观的一个水族馆。在描述他自己的风格时，克利写道："我的目标是于微小处创造出许多灵性。"

见变为可见。"

克利的《鱼的魔法》（图33.9）是他在包豪斯设计学院任教期间创作的，画中有一群精心排列的有机图案，类似于神圣的符号。花、鱼、人物都是以象形文字般的简易手法绘制而成，它们与行星共享着空间，一个悬浮在中间的神秘钟表记录着这些行星的规律性变化。克利是第一批认可没有经过训练的人和精神病患者所创作的艺术的艺术家之一。他写道："只有孩子、疯子和野蛮人才真正懂得精神真理的中间世界。"

极富想象力的超现实主义者：马格利特和达利

毕加索、米罗和克利喜欢用抽象的、生物形态的图像进行创作，其他的超现实主义者则往往以一种令人震惊或意想不到的方式将精心绘制的物体并列在一起。其中著名的两位艺术家是勒内·马格利特（1898—1967）和萨尔瓦多·达利（1904—1989）。他们两位都是技术精湛的画家，其错视画技艺能营造出一种令人不安的梦幻般的现实。

比利时艺术家勒内·马格利特接受过商业插画的艺术训练，深受乔治·德·契里科的影响，他以令人吃惊的、荒谬的方式将现实中物体的细节结合起来。在他的一幅画中，一副棺材取代了一个斜倚着的人；在另一幅画中，一个鸟笼替代了坐着的人的头部；还有一幅画中，一双皮鞋上长出了人的脚趾。在这些不协调的画像中，马格利特给日常生活中用到的物品添了一笔神秘的色彩。"我不画幻象，"马格利特写道，"我描绘物体以及物体间的相互关系，用一种我们惯常的概念或情感都不与之必然产生联系的方法进行创作。"

在一幅名为《形象的叛逆》（图33.10）的小作品中，创作者用清晰无误的精准度描绘了一支石楠烟斗，烟斗下方有一行字"这不是一支烟斗"。这幅画反映出了真实世界（真实的烟斗所在的世界）和绘制的画像之间由来已久的区别，绘画中的现实只是烟斗的真实错觉。"谁能从我的画中抽烟斗？"马格利特嘲弄道。与此同时，这幅作品也为现代主义者质疑语言和图像在传达信息方面的巨大差异所做出的努力提供了铺垫。马格利特说："物体并不只是非这个名字不可，也不是说人们就找不到一个更适合它的名字。"

图 33.10 形象的叛逆 勒内·马格利特，绘于1928—1929年。"寻找象征意义的人们不能理解这幅图内在的诗意和神秘，"马格利特抱怨道，"他们问'这是什么意思'，就是希望所有事情都是可以理解的。"

西班牙画家、导演萨尔瓦多·达利是一名艺术家，也是表演者。他将怪异当作生活方式来培养，表现出一种反常的想要令观众震惊的欲望。他从自己有关性爱的梦境和幻想中选取主题，用一丝不苟的准确性来描绘自然和非自然的形象，并将它们结合，放在不同寻常的背景下，或赋予它们荒唐的特性。

达利著名的画作《记忆的永恒》（图33.11）描绘的是一片广阔而贫瘠的景色，有一棵没有叶子的树、三只绵软无力的钟表和一只爬满了蚂蚁的表壳。其中一只钟表上还停了一只苍蝇，另一只钟表则放在一大团类似艺术家侧面自画像的脑状物

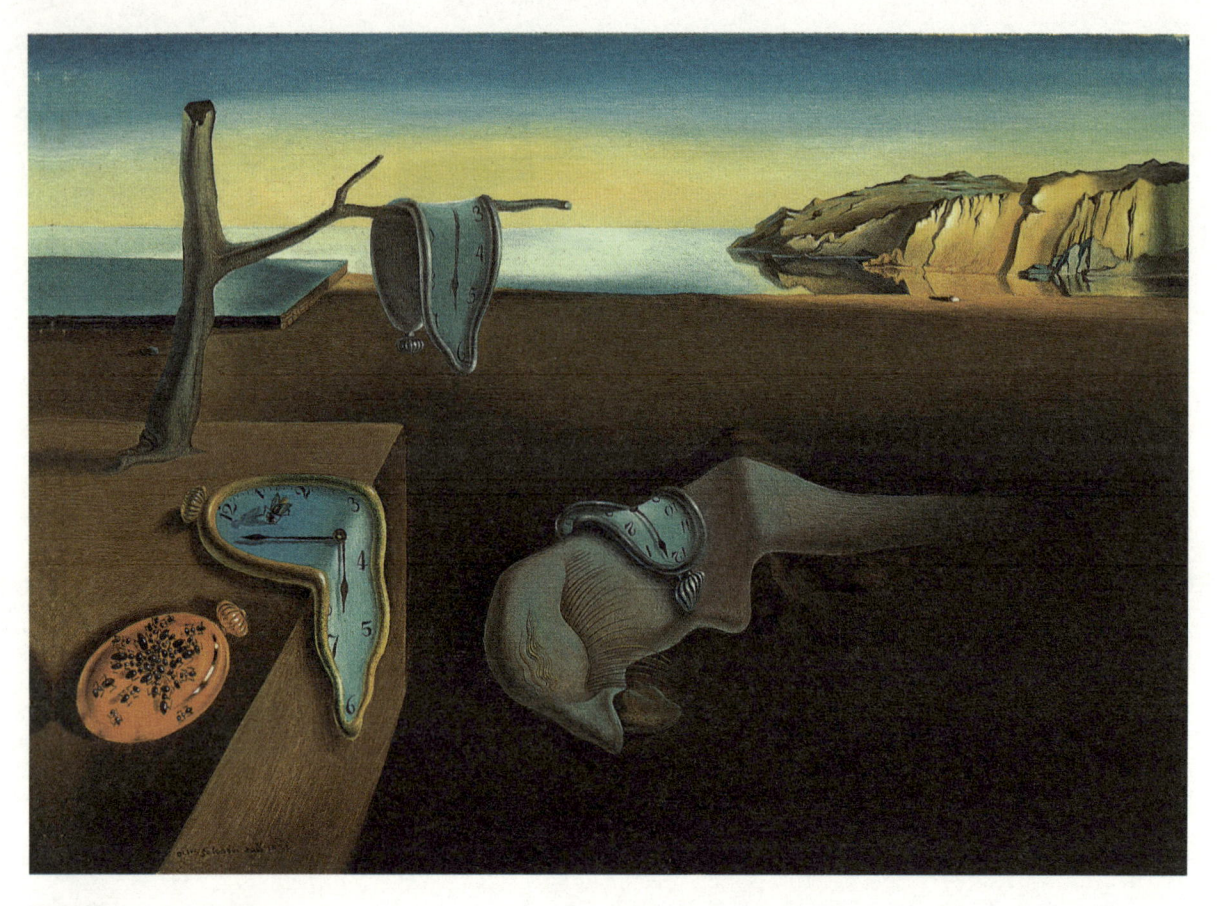

图 33.11 记忆的永恒 萨尔瓦多·达利，绘于1931年。这幅画最具迷惑性的一点是它的尺寸：这幅画看上去是一幅很大的画，但其实并不比你看到的这页纸大多少

达达主义和超现实主义电影

达达派将电影看作荒谬而无意义的载体，杜尚和美国摄影师曼·雷（1890—1976）在纽约合作拍摄了一部早期的达达派电影，电影内容就是一个自称埃尔莎·冯·弗赖塔格-洛林齐霍芬男爵夫人的妓女刮阴毛的全过程。1928年，萨尔瓦多·达利和西班牙电影制作者人路易斯·布努艾尔（1900—1983）合作，创作了超现实主义电影的先驱作品《一条安达鲁狗》。暴力和色情是这部没有情节的无声电影的主题，其中比较著名的场景有：蚂蚁从一个男人手掌上的洞里爬出来（暗指基督的圣痕），一个男人在抚摸女人时嘴里流出血，一个女人拿着一根棍子拨弄扔在街上的断手，用刮胡刀片割一个眼球，两架堆满驴子残骸的钢琴。这些慢镜头、特写、场景间快速剪辑切换等特殊的电影技巧，创造出了震撼、梦幻的效果。超现实主义电影对20世纪一些富有想象力的电影制作人产生了重大的影响，其中包括让·谷克多、让·雷诺阿、英马尔·伯格曼和费代里科·费里尼。

上——这是达利常在自己作品中使用的一个主题元素。试图在这幅画中找到一个明确的信息——哪怕是与现代时间观念相关的信息——都可能会偏离重点，因为正如达利所提醒的那样，他"手绘的梦境照片"仅仅是为了"在人的脑海中留下不可磨灭的印记"。

超现实主义领域中的女性

超现实主义吸引了一大批优秀的女性艺术家，其数量可能比现代主义早期历史中的任何一次运动吸引的女艺术家数量都要多，其中最著名的是墨西哥的弗里达·卡罗（1907—1954）。卡罗的绘画作品三分之一以上是自画像，这些作品反映出一种坚定的决心（也是许多女权主义者的决心），即把女性形象展现为不同于男性欲望对象的存在。她的艺术"佐证"了她说的生命中"两个大事故"：一个是发生在她18岁致使她残疾的车祸，另一个是与臭名昭著的墨西哥壁画画家迭戈·里维拉（详见第三十四章）的暴风雨般的婚姻。和里维拉一样，卡罗也是一个热情的马克思主义者和民族主义者，她支持1921年控制了墨西哥的革命政府。但是，卡罗艺术中的主题是她自己，她解释道："我就是我最熟悉的主题。"她的绘画作品鲜活地描绘出了慢性痛的体验，这种痛既是生理上的（她遭遇车祸后，前后接受了三十多次手术，最终右腿被截肢），也是心理上的（比如，反复的流产让她不能再生育）。

卡罗的绘画作品反映出她对墨西哥民间艺术的认同，这种民间艺术以天然、残酷的细节为特征。与此同时，她对现实的构思和令人惊讶的意象组合方式受到了乔治·德·契里科和魔幻现实主义风格的影响。在画作《破裂的脊柱》中，卡罗将自己描绘成一个受难者兼救世主的形象，这一具有象征意

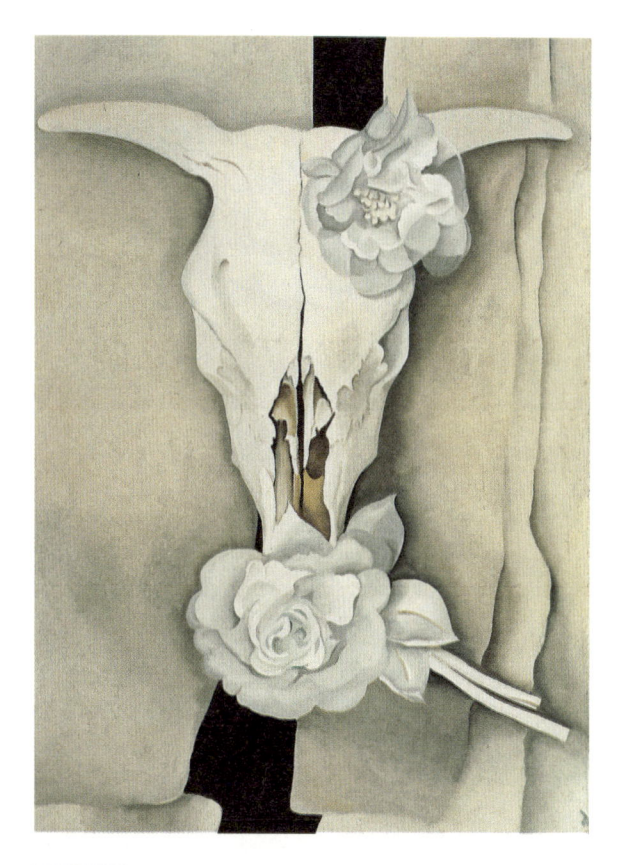

图 33.12 牛头骨与白玫瑰 乔治娅·奥基弗，绘于1931年

义的人物让人联想到墨西哥宗教神龛中那些供人虔诚膜拜的圣像。

致力于描绘美国风景的现代主义先驱画家乔治娅·奥基弗（1887—1986）常常被归为美国的地域画家。然而，她对脱色的动物骨头和极度放大的花朵进行抽象化处理，继而创作出给人以强烈感受的生物形态图案（图33.12），为她早期的绘画作品增添了一种危险性。这位被称为早期现代主义女领袖的画家以流畅的线条风格，用一种具有创见性的方式体现主题，清晰地展现了美国风景中最普通的部分。

将普通物体以非传统的方式组合——有创见的超现实主义者的标志性手法——对超现实主义雕塑家来说是特别有效的创作策略；而且在这个领域，女性也做出了显著的贡献。由瑞士裔德国雕塑家梅雷特·奥本海姆（1913—1985）构思的裹着毛皮的

图 33.13 物体：皮草中的早餐 梅雷特·奥本海姆，1936年，裹着毛皮的杯子、杯托和勺子

杯子、杯托和勺子，因结合了人们熟悉但又完全不相干的元素而令人震惊。奥本海姆借鉴了杜尚改良现成品这种对传统艺术"不敬"的精神，她的《物体：皮草中的早餐》（图33.13）引发了一系列让人难堪的评价。

达达主义和超现实主义摄影

摄影是探索无意识心理各个层面的理想媒介。现代主义摄影师用双重曝光和非传统的暗室技术做实验，创造出了不同寻常的新效果，类似超现实主义画家和雕塑家的作品效果。一群柏林的达达派将摄影从传统的画意摄影主义解放出来，发明了一种新的照片拼贴法，叫"蒙太奇照片"。蒙太奇照片由从书本、杂志、报纸摘录来的"现成的"摄影图像构成，这些图像被贴在一块平面上。拉乌尔·豪斯曼（1886—1971）是这项技巧的拥护者，他称蒙太奇照片为摄影的"异化"，隐晦地表达了蒙太奇照片破坏了摄影作为再现现实的媒介这一角色。但这种说法也表明，蒙太奇照片借助碎片和错位，提供了"战争和革命时代混乱的视觉和概念上的新形象"。

这个团体中唯一的女性汉娜·霍克（1889—

图 33.14 用菜刀砍断德国魏玛最后的啤酒肚文化纪元 汉娜·霍克，1919年。在这幅讽刺魏玛文化的作品中，汉娜·霍克大胆地将政治领袖、体育明星、科学家、达达派艺术家、城市活动家的照片汇集到了一起

1979）接受了视觉艺术和广告方面的教育。她早期在柏林接受训练时，为女性受众创作广告小册子，这开阔了她的眼界，让她知道了大众传媒以女性为目标的行事方式。霍克将她个人与女权问题的关联，以及对德国魏玛共和国（1919—1933年，希特勒谋取政权期间建立的）日益加剧的腐败和军国主义的审慎认识带入了她对蒙太奇照片的创作中。她的图像作品《用菜刀砍断德国魏玛最后的啤酒肚文化纪元》（图33.14）就是由报纸和杂志上精选的字和图像组成的：军事机械的车轮和齿轮、德国名人的脸等。这一系列通过单个图像快速剪辑、组合而成的作品，为改变整个电影史的电影蒙太奇试验提供了原型（详见第三十四章）。

新心理学和音乐

20世纪20年代,作曲家超越了伊戈尔·斯特拉文斯基的《春之祭》中具有异域风情的器乐演奏尝试,开始摸索更加非正统的声音实验。包括法国作曲家埃里克·萨蒂(1866—1925)在内的6位艺术家在他们的音乐中加入了门铃、打字机、轮盘等"乐器"的声音。萨蒂的音乐作品风格疏朗、富有节奏感、诙谐,和阿波利奈尔及卡明斯的诗歌有许多共同点。他给自己的作品冠以类似《松弛前奏曲》《脱水胚胎》《梨状小曲三首》的名字,然而这些作品远没有他的生活方式古怪——他只吃白色的食物,只穿灰色的套装。

施特劳斯和贝洛

弗洛伊德的思想对音乐的影响在音乐剧中表现得尤为明显,到20世纪20年代,音乐剧开始涉足与性、情色、女性癔症、梦境等相关的主题。在对施洗者约翰的牺牲赋予现代诠释的歌剧《莎乐美》(1905年)中,德国作曲家理查·施特劳斯(1864—1949)戏剧化地描述了希律王美丽的继女对基督教圣徒的痴迷和依恋。《莎乐美》的音乐(在一些地方,每个音乐小节的韵律都有变化)和对《圣经》主题的直率处理很具革命性,这让批评家们备受震惊。该歌剧原定于1905年在维也纳的演出被取消;1907年,在纽约演出之后,在美国也被禁了差不多30年。

《蓝胡子的城堡》(1911年)是由20世纪匈牙利的著名作曲家巴托克·贝洛(1881—1945)创作的一部独幕歌剧,尽管作曲家大胆地重塑了一个著名的神话故事,将其改编成一个表达两性之间被压抑的紧张与嫉妒的寓言,但这部歌剧并没有遭受像《莎乐美》一样残酷的命运。

勋伯格

表现主义和超现实主义艺术特有的焦虑和忧惧的情绪,在阿诺德·勋伯格的作品中体现得尤为强烈(第三十二章已经详细介绍了该作曲家的无调性试验)。勋伯格的声乐套曲或独角戏是为一个单独的人物(通常是心理极为不正常的角色)创作的作品。在独角戏《期待》中,勋伯格将一个女人对抛弃她的情人的疯狂搜寻作为主题。勋伯格于1912年创作的《月迷彼埃罗》是由小型乐器合奏,同时有21首女声咏唱歌曲组成的套曲,他栩栩如生地呈现了一个发疯的丑角的幻想世界。

他的无调性的、刺耳的不协和声乐套曲的文本内容类似于意识流独白,当这样的内容以诵唱的形式被呈现出来时,这种风格就要求演员以不同的音调来念词。"诵唱"既不是唱歌,也不是演讲,而是一种歌剧风格的朗诵,朗诵的音调很接近,声音可以像哀号那样从一个音符滑到另一个音符。很多评论家认为《月迷彼埃罗》是"堕落的""丑陋的"。尽管他那引人忧虑的音乐引发了争议,勋伯格仍然吸引了一大群追随者。即使在他于1933年移居美国后,年轻的作曲家(包括很多与好莱坞电影相关的作曲家)也蜂拥而至,向他学习音乐。现代电影的观众很快就接受了乐谱中具有震撼效果的不协和音,正是这些不协和音给电影叙事带来了情绪表现力。

贝尔格

勋伯格最好的学生阿尔本·贝尔格(1885—1935)创作了20世纪极具影响力的两部歌剧。尽管贝尔格的歌剧《沃采克》（1917—1921年）和《璐璐》（1917—1935年）在无调性方面不像勋伯格的声乐套曲那样严格，但它们运用了序列主义作曲技法和诵唱风格。从主题上看，这两部歌剧以性挫折、谋杀和自杀这些极具冲击力的内容为特色。

未完成的《璐璐》讲的是一个在性生活中占据强势地位的女人的故事，她毁了她的情人们，同时也因情人们而遭受毁灭。有人用"肮脏""精神病""令人厌恶"来形容这部歌剧。它探索了女性癔症、被压抑的性欲等弗洛伊德式的主题，同时利用了女性被看作蛇这一由来已久的形象。《璐璐》的音乐和故事情节都营造了一种梦魇般的恐怖气氛，在现代多媒体的支持下，这种气氛因为舞台上的数字投影设备而得到了增强。

回顾

弗洛伊德

西格蒙得·弗洛伊德关于人类精神实质、梦的重要性，以及人类性欲的主导作用的理论对现代社会和艺术有着革命性的影响。

两次世界大战的爆发证实了弗洛伊德对人性的悲观主义分析的正确性，因此20世纪的艺术也认可了他的观点——人类理性不是"城堡守护者"；"城堡"本身很容易受到人类思想中的黑暗势力的攻击。

新心理学和文学

普鲁斯特、卡夫卡、乔伊斯代表了现代小说家对无意识心理，以及记忆和梦在塑造现实方面发挥的作用的关注。

意识流叙事和内心独白是现代主义文学用来发展情节和塑造人物的技巧。

正当现代剧院和电影在探索一种基于方法演技的新表演风格时，美国剧作家积极尝试了意识流手法。

卡明斯的诗歌将单词从句法和传统书写规范的束缚中解放了出来，展现出了自由联想的影响。

新心理学和视觉艺术

在视觉艺术领域，弗洛伊德的研究成果所产生的影响催生出了一些可以让幻想和梦境得以自由呈现的艺术风格，比如蒙克和基希纳的表现主义、契里科的形而上艺术，以及夏加尔的幻想作品。

马塞尔·杜尚是达达派中最令人震惊的一位艺术家，他捍卫一种虚无主义的、反资产阶级的、反艺术的精神，这对20世纪后半叶产生了深远的影响。

1924年，安德烈·布勒东发起了超现实主义运动，这是一次致力于将精神从理性的束缚中解放出来的国际性运动。超现实主义者深受弗洛伊德的影响，他们认为无意识领域是受本能支配的冲突力量的战场。

毕加索、米罗、克利在抽象绘画中探索内心世界，其作品充斥着幽默的和具有不祥预兆的意象。达利和马格利特则通过将逼真的细节以不合理的方式并置在一起的物体来质疑幻觉本身。

卡罗、奥基弗、奥本海姆和霍克是女性超现实主义者，她们巧妙地处理现实世界的东西，以营造令人震惊的、梦幻般的效果，并揭示出令人不安的个人真相。

摄影和电影都热情地响应了超现实主义风格中不连贯且荒诞的特征。

新心理学和音乐

在音乐领域，埃里克·萨蒂满怀热情地运用日常的声音，就如同卡明斯热衷于使用俚语、杜尚对"现成品"的处理那般。

弗洛伊德的影响在以下方面得到了极有力的体现：勋伯格的表现主义独角戏，以及施特劳斯、贝洛和贝尔格的充满情色意味的歌剧。

术语表

原型：集体无意识最初的模式，被荣格描述为"不能用一个人生活中的任何东西来解释其存在的精神形态，是原始的、与生俱来的、遗传的人类思想形态"。

集体无意识：根据荣格的理论，指包含了原型的无意识状态的普遍领域。

内心独白：人物的意识流得以呈现的文学手法，记录人物在一个或多个意识层面上的内心和情绪上的体验。

方法演技：现代戏剧表演风格，试图利用童年时期的情绪和记忆来诠释戏剧角色。

动态雕塑：零件可以通过自然或机械的方式进行移动的雕塑。

虚无主义：一种否认客观道德事实、传统宗教和道德原则的观点。

蒙太奇照片：通常是自由地将种类繁多的摄影图像摆放在一起组合而成的作品。

升华：被弗洛伊德认定为自我作用下对原始冲动的积极修正和重新定向。

第三十四章
全面战争、极权主义及艺术

约1900年—1950年

上帝现在在哪里？

——埃利·威塞尔

图 34.1 德国布痕瓦尔德 李·米勒，照片拍摄于1945年4月30日。大约600万被定位为"不良分子"的犹太人以及其他人（毫无人性的纳粹党政策的牺牲品）在德国的布痕瓦尔德、达豪等集中营被处死。米勒在美军解放了布痕瓦尔德集中营几天之后拍摄了这张照片

两个在根本上相关的灾难折磨着20世纪的人们：全面战争和极权主义独裁统治。这两个灾难造成的后果极为严重，甚至当今世界仍然没从它们造成的后果中恢复过来。在先进的军事技术和大众传播媒介的推动下，全面战争和极权主义让20世纪成了世界史上最血腥的一个世纪。与黑死病、里斯本地震，以及其他自然灾害不同，现代战争和极权主义的统治是由人类针对同类犯下的罪行。这些人为灾难不仅挑战了人类相信的科技能改善人的生活质量的观念，也验证了弗洛伊德的理论，即人类的行为是由低劣本能和自我毁灭的黑暗力量驱使的。

20世纪的两次世界大战为这个时代的艺术创作提供了大背景。很多作家、画家和作曲家用发自肺腑的反战声明对战争做出直接回应，其他承认极权主义统治要求的艺术家创作的作品则是对国家革命性意识形态的回应。摄影和电影是直接面向公众的媒介，它们成了战时的重要载体，既充当了宣传工具，又作为展现战争暴行与绝望的证据。这个时代为20世纪的两位重要艺术家提供了灵感，他们创作出了自己具有里程碑意义的现代主义作品：T.S.艾略特的《荒原》和巴勃罗·毕加索的《格尔尼卡》。

全面战争

在西方世界，19世纪末期是相对和平的时期，人们对人类进步还抱有乐观的信念。然而，在世界范围内，富人和穷人之间，技术先进的国家和技术落后的国家之间存在鲜明对比。更强大的国家不择手段地谋取政治和经济上的领先地位，欧洲各国和美国继续加强其生产和军事实力，少有人预料到大范围的武装冲突发生的可能性。然而，在1914年，第一次世界大战的爆发使这种可能性变为现实。第一次世界大战是世界史上的第一次全面战争，彻底终结了所谓纯真年代。一直到1945年第二次世界大战结束时，世界上似乎再也没有看似确定的东西了。

1914年爆发的第一次世界大战和1939年爆发的第二次世界大战被称为"全面战争"，不仅因为被卷入武装斗争的国家数量达到了有史以来的最大值，还因为除了军事人员之外，大量的平民在战争中惨遭杀害。这两次战争之所以被称作"全面战争"，还因为其"毫不留情、不受拘束"的态度——所有被使用的毁灭方法都是以征服为名义而执行的。

具有先进技术支持的武器使战争比以往更没有人情味，更具有毁灭性。第一次世界大战的参战国使用了机枪、重型火炮、手榴弹、毒瓦斯、火焰喷射器、装甲坦克、潜艇、驾驶飞艇、飞机等。飞行员从敞开的驾驶舱向敌机开火，而陆地上的士兵则挖出一条条大型壕沟，在战壕里做斗争。单是速射的全自动机枪就造成了大量人员伤亡。持续4年又3个月的战争花费了大量资金，造成的死亡人数更令人瞠目结舌。卷入战争的人口在15亿以上，死伤3000多万人。在第二次世界大战中，飞机和空投炸弹（包括战争后期使用的原子弹）发挥了重要的作用；战争消耗的费用和造成的伤亡人数更是第一次世界大战的数倍。

两次世界大战爆发的根本原因在于欧洲各国的激烈竞争。19世纪，民族主义和工业主义促进了欧洲各国在世界各殖民地开展军事竞赛，因此武装力量成了一个国家的主权精神的集中体现，以及帝国主义的主要工具。各国领导人强烈捍卫军事力量是和平最好的保障这一观念，他们认为："想要守护和平，就要做好随时进入战争的准备。"各国都认为自身的安全依赖于防御性同盟。意识形态上相近或地理位置上相邻的国家开始结盟，从而逐渐构建起了同盟体系。到20世纪初，这一体系将欧洲分成了两个潜在对立的阵营，每个阵营都做好了一旦受到威胁就动员军队的准备。

第一次世界大战

奥匈帝国和德国试图控制东欧的广大地区，其日益明显的行为是引发第一次世界大战的原因之一。19世纪崛起的德国在工业实力上可与其他任一欧洲国家相匹敌。到20世纪初，德国在东欧采取了激进的帝国主义形式，来开拓其殖民地的贸易市场。1914年6月，想要往南扩大领土的奥匈帝国以弗兰茨·斐迪南大公（奥匈帝国的皇位继承人）被暗杀为政治借口，对塞尔维亚发动战争。几乎是顷刻之间，两个对立的联盟开始对抗：由奥匈帝国、德国和奥斯曼帝国组成的同盟国对抗塞尔维亚、比利时、法国、英国和俄国组成的协约国。显然，通过军事实力来保护和平的政策并没有阻止战争，反而激发了战争。

战争初期，德国在比利时和波兰取得了胜利，但是协约国在1914年9月第一次马恩河战役中挫败了德国的进攻。两军开始专注于西线作战——两个敌对战壕的防线长达500英里，从英吉利海峡一直延伸到瑞士边境。与此同时，东线作战的俄国军队在与德国和奥地利联军的对战中损失惨重。在战争初期，美国保持中立，但德国潜艇在1917年开始攻击未武装的商船后，美国总统伍德罗·威尔逊选择帮助协约国，以求"保证世界民主的安全"。在美国提供的物资和军队的帮助下，协约国逐渐走向胜利。1918年11月，随着停战协定签署，第一次世界大战结束了。

关于第一次世界大战的文学

关于第一次世界大战的诗歌

作家对这场战争的反应所体现出的情绪各不相同，从乐观的理想主义和激进的爱国主义，到沮丧和绝望都有。然而，这个时代最具持久影响力的文学作品，表达的却是战争经历本身给人带来的深切痛苦。年轻的英国军官威尔弗雷德·欧文（1893—1918）的诗歌反映出了在战争接近尾声时，人们所表达出的那种愤世嫉俗的情绪以及对战争感到徒劳无益的心态。欧文认为战争是对人类资源毫无意义的浪费，是人类行为的野蛮形式。他的诗歌对战时英雄主义的意义提出质疑，揭露了"古老的谎言"，即"为国家牺牲是光荣且应当的"。在停战协议签署前的一星期，诗人战死沙场，那时他只有25岁。

阅读材料34.1
威尔弗雷德·欧文《为国捐躯》[1]（1918年）

　　我们弓身走着，像背着麻布袋的老乞丐，

---
1. 原文为"Dulce Et Decorum Est"，意为"为国家牺牲是光荣且应当的"，这句话摘自古罗马诗人贺拉斯的《歌集》。

迈着八字脚，像丑老太婆那般咳嗽着，咒骂着蹚过污水，
　　照明弹发出强光，我们不加理睬，
　　步履维艰地朝着后方营地前进。
　　行军队伍昏昏沉沉，很多人丢了靴子，
　　依然跛着足浴血前行，所有人都瘸了，都瞎了；
　　身体疲惫不堪；耳朵甚至听不到
　　落在我们身后的毒气弹的轰鸣声。

　　毒气！毒气！快跑，弟兄们！——人们疯狂摸索
　　及时将笨拙的头盔戴上，
　　但还有个人在喊叫，跌跌撞撞地走着，
　　如坠火海，如沉石灰浆般扑腾、挣扎。
　　透过凝结了水汽的面罩和浓厚的绿色光线看去，
　　我看到他溺死在一片绿色的海洋中。

　　在所有的梦境中，我无助地看着他
　　向我冲过来，浮浮沉沉，窒息，溺死在水里。

　　如果你也出现在那些令人窒息的梦境中，
　　你可以跟在我们运送他的马车后缓步而行，
　　看看他脸上因痛苦而扭曲的白眼，
　　他如绞死一般的脸庞，就像恶魔一样恐怖。
　　如果你能听见每一次颠簸时，血液
　　从充满了泡沫的肺部流出的声音，
　　像恶心的反刍食物般苦涩，
　　像舌头上长出了无可救药的褥疮。
　　那样的话，我的朋友，你就不会热血沸腾地

告诉你那渴望通过不顾一切获得荣耀的孩子
　　那个古老的谎言：为国家牺牲
　　是光荣且应当的。

问：为什么诗人试图将现代战争中的科技与传统的爱国主义理想联系起来？

也有诗人认为，战争是西方文明走向灭亡的象征。我们在第三十二章讨论过的诗人T.S.艾略特在他的经典诗歌作品《荒原》（1922年）中对这种观点进行了阐述。这首为枯燥、贫瘠的文化创作的安魂曲是由单独的诗组合而成的诗集，每首诗由不同的人在不同的时间叙述而成，但每一首诗都表达着幻灭的主题，以及对救赎的希望。诗歌运用了希腊文、意大利文、德文和梵文的许多典故，提及了古典神话、凯尔特神话、《圣经》、圣奥古斯丁、但丁、乔叟、莎士比亚、惠特曼、瓦格纳、印度教的《奥义书》、佛陀的布道、詹姆斯·乔治·弗雷泽的《金枝》，以及其他知名人物和经典作品。这些资料的引用说明了艾略特的博学，也使他不得不为此诗附上脚注。《荒原》成为早期的现代文学中极具影响力的一首诗，它以魔咒般的韵律和高深的典故，为现代诗歌用语确立了凝练、复杂、严肃的基调。

阅读材料34.2
选自T.S.艾略特《荒原》（1922年）

五　雷霆之言

汗涔涔的脸被火炬照亮后
花园在霜冻的寒冷中沉默后
在乱石丛生的地方历经了苦难后
大声呼喊和哭泣
监狱和宫殿，还有
春雷在远山上的轰鸣
他曾经活着而如今已死
我们曾经活着却也正在消亡
带点耐心

这里没有水，只有岩石
没有水却有岩石，沙地上有一条路
这条路在大山中蜿蜒而上
岩石堆成的山上没有水
如果有水，我们应该停下来喝
岩石中的人不能停下脚步和思考
汗水干了，双脚陷入沙地
如果这些岩石里有水就好了
死气沉沉的山像是长满蛀牙的嘴，吐不出水
这里不能站，不能躺，不能坐
山里甚至没有片刻宁静
只有不带雨点的干雷声
山里也没有独处的地方
通红愤懑的脸躲在门后
在龟裂的房门里发出嘲讽咆哮

如果有水
没有岩石
如果有岩石
又有水
有水
岩石中
一股清泉
一池泉水
如果只有水流潺潺
没有蝉鸣
没有枯草的歌声

只有水流过岩石的声音
隐居的画眉在松树间歌唱
滴答滴滴滴滴滴
但是没有水
…………

问：据说，艾略特偏爱"《圣经》式的韵律"。在这段节选内容中你能察觉到这种韵律吗？它们产生了怎样的效果呢？

与艾略特同时期，同时是20世纪伟大的抒情诗人之一的威廉·巴特勒·叶芝（1865—1939），创作了启示录式的诗歌《二次圣临》，来回应第一次世界大战的暴力行为以及他的家乡爱尔兰普遍存在的不安情绪。这首诗的标题既暗指期待已久的耶稣的第二次降临，也暗指一种在叶芝看来会让世界陷入黑暗的不可名状的威胁性力量。

阅读材料34.3
叶芝《二次圣临》（1921年）

在逐渐扩大的螺旋形轨迹上旋转、旋转[1]，
猎鹰再也听不见驯鹰人的喊叫；
一切土崩瓦解，中心也不复存在；
世界陷入了一片混乱无序之中，
被血色污染的潮水漫溢，到处都是；
纯真圣洁的仪式淹没在水中；
好人缺失了所有坚定的信念，而坏人
则满怀疯狂的激情。

毫无疑问，某种启示即将到来；
毫无疑问，二次圣临即将出现。
二次圣临！话到嘴边未出口，
眼前就出现了从宇宙之魂[2]中
冒出的巨大影像：在沙漠的某处，
一个狮身人面像的模糊影像
带着犹如太阳般空洞冷酷的眼神，
正缓缓迈开大腿走着，它周围
愤愤不平的沙漠鸟儿投下盘旋的影子。
黑暗再度降临；但如今我知道
在如石头般沉睡了二十个世纪，
却在摇篮中被噩梦困扰而惊醒的，
是怎样的狂兽，最终迎来了属于它的时刻，
懒洋洋地向伯利恒走去以求重生？

问：叶芝描写的二次圣临是解救还是毁灭？

关于第一次世界大战的小说

第一次世界大战也为20世纪的部分杰出小说家提供了灵感，大多数此类小说是由亲临战场的男人创作的。美国作家欧内斯特·海明威（1899—1961）在他的小说《永别了，武器》（1929年）中，让盟军在意大利的那次攻势永载史册。这部小说的书名反映出人们曾抱有绝望的希望，即认为第一次世界大战会是"终结所有战争的战争"。这是一部关于幻想破灭的作品，也证明了武装冲突的徒劳无益。海明威的散文风格以轻描淡写和新闻报道般的简明扼要为特点。他对身体和精神上的勇气怀

---

1. 猎鹰快速向上飞翔的环形路线。这个意象反映了叶芝所持的循环往复的历史观。

2. 宇宙之魂，类似于荣格在心理分析学中提到的原型意象——"大记忆"（Great Memory）。

有深深的敬意，这一点在他所有的小说中都有体现，这种敬意来自他在战场上亲眼看见的情形。

武装冲突对小说家埃里希·玛丽亚·雷马克（1898—1970）的生活和创作也产生了类似的影响。雷马克曾是一名德国士兵，多次在战争中负伤，他把自己在第一次世界大战中的亲身经历写入了小说《西线无战事》中。该小说可能是20世纪最好的一部战争小说，它以令人毛骨悚然的清晰笔触描绘了堑壕战和毒气战的残酷现实，而这两者正是第一次世界大战中最令人胆寒的战争手段。雷马克以第一人称的口吻、现在时的叙事方式来讲述故事，这种风格使读者也能对主人公的忧虑和恐惧感同身受。仅在出版当年，该小说就在德国大卖，其译本和电影也获得了同样的成功。然而，1933年后，德国的纳粹政权公开焚烧雷马克的作品，并在1938年剥夺了他的德国公民身份，以此谴责雷马克直言不讳地反军国主义的态度。1939年，雷马克移居美国，并在8年后加入美国国籍。

阅读材料34.4
选自埃里希·玛丽亚·雷马克《西线无战事》（1929年）

我们坐着卡车，穿过一片看上去很贫瘠的树林，再经过几处施粥场。在树林的掩护下，我们下了车。卡车回去了，他们会在黎明之前回来接我们。

雾气和枪炮的硝烟弥漫在田野上，月亮照耀大地，有一支军队沿着公路列队行进。他们的头盔在月光下静静地闪着微光。士兵的脑袋和来复枪在白色的雾气中格外显眼，他们点着头，摇晃着枪托。

再走远一点，我发现雾气渐渐消散，这些隐隐约约的脑袋变成了一个个身影，外套、裤子、靴子从薄雾中显现出来，像从乳白色的池塘里冒出来似的。他们汇集成了一列纵队，迈着阔步，笔直地向前走。那些身影淹没在人群里，再也辨不清每个人的身影，仿佛黑色的楔形物向前挺进，乳白色的雾气之中飘浮着脑袋和武器。这是一个纵队，但根本辨不出人形。

大炮和装有军需品的车在路上行驶，马背在月光下闪闪发光，马行进的动作优美，不时摇晃一下脑袋，眼睛闪现微光。大炮和马车在月光朦胧的昏暗光影中飘浮，戴着钢盔的骑士像极了被遗忘的时代里的骑士，这场景有一种奇异的美丽，引人注目。

我们继续向前，来到前线的仓库。在我们之中，一些人用肩膀扛着尖锐弯曲的铁桩，其他人则将光滑的铁棒穿过金属电线圈，然后手提着这些电线圈前进。负荷让人的脚步变得既笨拙又沉重。

地面变得更加坑坑洼洼。前方传来警告："小心，左边有深炮弹坑。""注意壕沟！"

我们朝外看去，先用脚或拐杖在前面探路，然后再移动整个身子。队列突然停下来，我的脸撞上了前面男人背着的金属电线圈，我咒骂了一句。

接着，我们路过几辆被炮弹轰炸过的卡车。另一个命令传来："把香烟和烟斗灭了！"我们快到前线了。

与此同时，周围变得一片漆黑。我们绕过一片小树林，就看到前线在我们眼前。

一道来源未知的红色微光从地平线这头延伸到那头，它不断移动，其间伴随着炮台的炮口时不时冒出的点点火花。光球高高地升起，银色、红色的球体爆炸，红色、白色、绿色的火星如雨点般落下。法国的火箭弹升空，在空中划出一个个细丝状的降落伞，然后慢慢飘落下来。火箭弹把一切照亮，使夜晚如同白昼一般,也照出我们棱角分明的影子。它们在空中盘旋了一分钟才燃尽,很快,新的炮弹继续被发射到空中,红色、白色、绿色的火星再次如雨点般落下。

"轰炸!"卡特叫道。

大炮发出的轰鸣汇集成音量巨大的咆哮,又再次分成零散的爆破声。机枪一阵射击,发出嗒嗒的声音。在我们的头顶上空,无数看不清的东西快速飞过,咆哮声、嘶嘶声、刺耳的呼啸声此起彼伏,这些是小型炮弹。那些巨大的、发出黑烟的炸弹和火炮像管风琴一样发出穿透夜空的轰鸣声,如同发情的雄鹿般发出一种嘶哑、遥远的怒吼,蹿上天空,越过小型炮弹的咆哮和呼啸声。这声音让我想起了一群群大雁。去年秋天,大雁在枪林弹雨中飞了一天又一天。

探照灯开始扫视漆黑的夜空。它们像巨大的锥形尺子一样在夜空中滑动。其中一束探照灯停了下来,微微颤动着。紧接着,另一束探照灯也照了过来。一架飞机像黑色的虫子一样被夹在两束灯光之间,试图逃脱。飞行员被强光照得眼花缭乱,迟疑了一下,接着就被击落了……

我们往回走,该回到卡车上了。天空开始出现光亮,现在是凌晨三点。微风凉爽又清新,我们的脸色在天光下显得灰扑扑的。

我们排成一队,步履艰难地向前走,穿过战壕地带和一个个炮弹坑,再次回到雾气弥漫的地方。卡特有点焦躁不安,这可不是个好兆头。

"怎么了,卡特?"克罗普问。

"我多希望现在就在家啊。"他说的家是指临时营房。

"很快就会回去的,卡特。"

他紧张地说:"我不知道,我不知道——"

我们来到通讯战壕,再到旷野,看到小树林又出现在视野里。我们熟悉这里的每一寸土地,这个遍布着土堆和黑色十字架的公墓地区。

就在那时,我们身后爆发出膨胀声、咆哮声、轰鸣声。我们赶紧弯下腰——一团火焰在我们前方一百码的地方升腾而起。

下一分钟,第二次爆炸袭来,部分小树林被炸飞,三四棵树腾空而起,继而被炸得粉碎。炮弹发出安全阀排气时那样的嘶嘶声——炮火变得密集。

"隐蔽!""隐蔽!"有人大喊。

旷野很平坦,小树林又太远、太危险,唯一可以藏身的地方是墓地里的土堆之间。我们在黑暗中跟跄前进,像被粘住了一样,一动不动地躲在一个个土堆后面。

此时此刻,黑暗像疯了似的起伏咆哮着。比黑夜还深的黑暗迈着大步朝我们袭来,越过我们的头顶,又离开了。爆炸的火焰照亮了墓地。

我们已经无处可逃了。借着炮弹的亮光,我试图观察旷野目前的状况。那简直就是汹涌的火海,爆炸时燃起的火苗如匕首一般吞噬旷野,连成一座"火山"。从这里突破是不可能了。

小树林不见了,它在重击之后,已经被炸得粉碎。我们必须待在这块墓地里。

我们面前的土堆被炸得飞起来,土块像雨点一样砸下来。我被击中了,衣袖也被碎片划破。我攥紧了拳头,似乎感觉不到疼痛。但这并不能让我安心:人受伤之后要隔段时间才会感到痛。我检查了一遍手臂,只是擦破了一点皮,没什么大碍。有个东西突然撞到我的头,我的意识开始涣散。一个念头飞快地在我脑海中闪过:不要倒下,倒下去也要马上站起来。

一个炮弹碎片飞过来，而后打在我的头盔上，但因为飞行距离太远，碎片的力量并没有大到击穿头盔。我抹掉眼睛上的土，看到面前出现了一个大坑。炮弹几乎不会落在同一个坑里两次。我要到那里躲着。我像鱼一样一跃而起，跳入坑中，平躺下来。耳边又传来呼啸声，我立马蜷伏成一团，抓了个东西当作掩护，感觉到左边有东西，便往里挤了挤；坑塌了，我发出痛苦的呻吟，看着泥土翻飞，听爆炸声在我耳边如雷鸣般响起。我慢慢爬到一个柔软的东西下面，把它拉过来，用它来隐蔽自己，不知道它是木头、布块，还是掩蔽物，反正这掩蔽物总能抵挡一阵"嗖嗖"飞行的炮弹碎片。

我睁开眼睛，发现我的手拽着一条袖子，这是只手臂。一个伤员？我向他大喊，但他没有回应——他已经死了。我的手继续往前摸索，摸到了碎木头片——现在我记起来了，我们是在墓地里。

炮弹比一切都坚硬，它摧毁了我的感知力，让我只能匍匐着往棺材的深处爬行——这个棺材应该能保护我，尤其是棺材里还住着死神呢！

在我面前，弹坑大张着口。我像用拳头紧攥东西那样，用目光紧紧盯着它。我必须一跃跳进弹坑里。就在这时，我的脸上挨了一下重击，一只手死死抓住我的肩膀——难道是尸体活过来了？那只手使劲摇晃我。我转过头，在转瞬即逝的亮光中，我看到眼前是卡特的脸。他张大了嘴巴，正在大声说些什么。我听不见。他摇了摇我，凑近了一点。在短暂的安静中，我听到他说："毒气——毒气——毒气——快告诉他们。"

我一把抓起防毒面具，发现不远处还躺着一个人。我脑海里只有一个念头：一定要让他知道这里有毒气，毒气。

我大声叫他，往他那里靠近，一边用力挥动着背包，但他没看见，我试了一次又一次，但他只是俯身低着头，我想他大概是个新兵吧。我绝望地看向卡特，他已经戴上了面具，我也拿出自己的面具，把头盔放到了一边，戴好面具；我到了那人身边，看到他的背包就在靠近我的这边，我抓起面具，帮他戴上，他才明白过来。我放开他，纵身一跃，跳回弹坑里。

毒气弹沉闷的重击和烈性炸药轰隆隆的爆炸声混杂在一起。在爆炸声中，钟声、锣响、金属撞击的噼啪声交织在一起，提醒人们——毒气！毒气！毒气！

有人"扑通"一声落在我旁边，接着又有一个人。我擦了擦面具的护目镜上凝聚的水汽，看到那是卡特、克罗普和另外一个人。我们四个人心情沉重地躺在那里，同时又保持着警觉，尽可能轻地呼吸着。

戴上面具的最初几分钟决定了一个人的生死：面具是不是严丝合缝？我记起在医院看到的可怕的一幕：受到毒气侵害的病人整天处于呼吸困难的状态，他们咳嗽的时候，竟然把烧伤的肺部组织一块一块地咳出来了。

我小心翼翼地将嘴凑到阀门上呼吸。毒气依然在这片土地上蔓延，沉入所有的凹陷处。它像一只巨大的、软绵绵的水母，飘到我们所在的弹坑里，让人感到面目可憎，懒洋洋地停留在那里。我用手肘推了推卡特，示意他爬出去，在我看来躺在毒气上方比留在毒气聚集最多的地方相对好一些。但我们还没怎么行动，另一次轰炸就开始了。这一次不再是炮弹咆哮那么简单，大地震怒了。

伴随"轰隆"一声巨响，一个黑色的物体朝我们压过来。它落在我们身旁——一个棺材被炸飞了。

我看到卡特动起来，匍匐着爬过去。棺材落在了坑里那第四个人伸开的手臂上。他试图用另一只手抓下防毒面具。克罗普及时制止了他，把他的手扭到背后紧紧抓住。

卡特和我走过去拉出他那只受伤的手臂。棺材盖已经松了，一下就打开了，我们很容易就把盖子拿下来，再把里面的尸体弄出来，尸体一下就滑到了弹坑底部。然后，我们试着弄开棺材的下半部分。

幸运的是，受伤的男人昏过去了，于是克罗普也加入我们。我们不用再小心翼翼，怕那人会醒过来捣乱。我们不停地干，直到把铁锹插入棺材底下的泥土里，把棺材撬了起来。

天色更亮了。卡特取了棺材盖上的一块木板，把它放在受伤那人的手臂下方，我们拿出仅有的全部绷带给他包扎好，目前我们只能做到这样了。

戴上面具后，我感觉脑袋几乎就要炸裂了，还出现了耳鸣、肺部很憋闷的症状，我感觉呼出的每一口气都是滚烫的，含氧量极低。太阳穴上的青筋暴起，我快要窒息了。

一束灰色的光线穿透空气，照到我们这里。我爬出去，翻过弹坑的边缘，在浑浊的黎明薄雾中，看到眼前有一条完整的腿，腿上穿的靴子也完好无损。我看了一眼便知道发生了什么。不远处有人站起来了。我擦了擦护目镜，因为我太过激动，所以护目镜马上又变得模糊了。我透过镜片看过去，那边的男人没戴面具。

我等了几秒钟，看到他没有倒下，他看了看周围，还走了几步。我也摘下面具，躺了下来，空气如冷冽的水流入我的身体，我感觉眼睛如决堤了一般，波浪淹没了我，浇灭了一切……

问：节选部分的哪些元素营造了一种恐怖感？

问：雷马克是如何实现作品的电影感的？

关于第一次世界大战的绘画

恩斯特

在德国，第一次世界大战引发了许多视觉艺术家的强烈抗议。其中最直言不讳的一位是马克

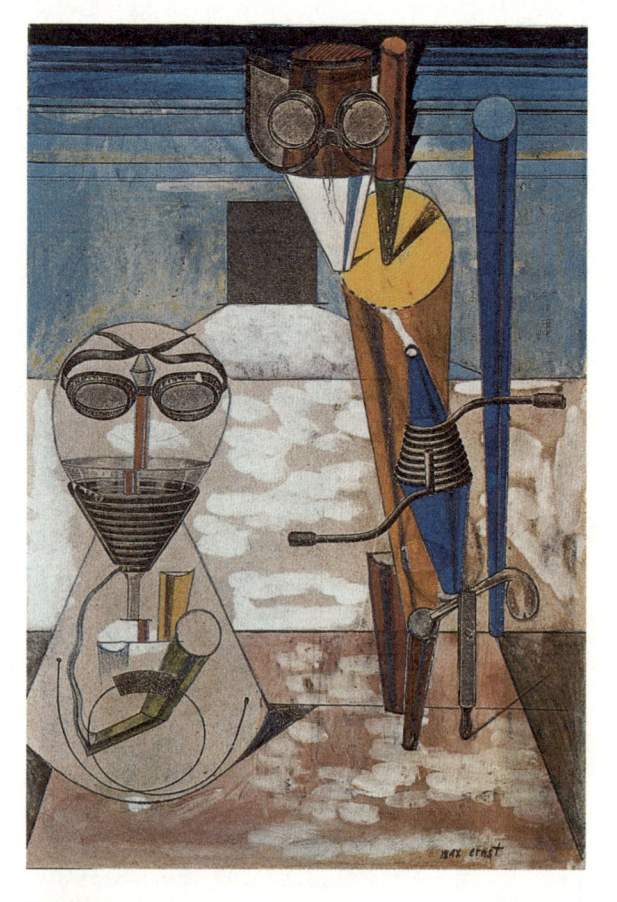

图 34.2 **两个模糊不清的人物** 马克斯·恩斯特，1919年。恩斯特从化学和生物科学设备教具目录中撕下了一页，直接在上面创作了这一惹人争议的作品

斯·恩斯特（1891—1976），他的事业在达达主义运动和超现实主义运动中得到了蓬勃的发展。战后不久，恩斯特就开始创作令人不安的视觉幻想作品，他从杂志、书和报纸上裁剪照片和印刷图案，并将其拼凑起来制成拼贴画。在拼贴画作品《两个模糊不清的人物》（图34.2）中，他将现代战争的大量军用装备和科学实验室的设备结合在一起。

对于恩斯特创作的如机器般的怪物，人们不禁怀疑，恩斯特是否以这样的作品来描绘他曾经在德国步兵团度过的那4年中见过的戴着防毒面具的士兵。可悲的是，恩斯特笔下的恶魔变成了现代战争的预言性象征。20世纪80年代，伊拉克人在其与伊朗的战争中使用了毒气。随后于1991年爆发的海湾战争让毒气再次引起了全世界的关注。当时，海湾战争的战场画面在电视上播出，战场遍布了戴着防毒面具的士兵和平民，那些景象非常骇人。

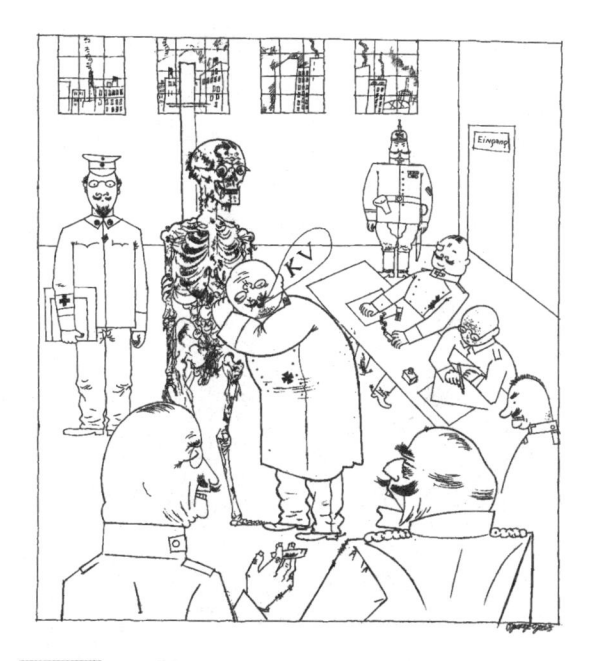

图 34.3 可以参战 乔治·格罗斯，绘于1916—1917年。格罗斯兴高采烈地嘲笑魏玛社会腐败的"肥猫"（即有钱有势的人）。在这幅素描的上方，格罗斯画了正在冒烟的工厂烟囱，这些烟囱污染着他的家乡柏林那已经被污染的政治环境

格罗斯

乔治·格罗斯（1893—1959）的艺术作品因对社会进行了富于想象力的批判和辛辣的讽刺而独树一帜。格罗斯在前线短暂待了一段时间之后，于1916年离开军队。他用具有写生风格的尖锐作品嘲弄德国军队及腐败、愚蠢的官僚机构，其作品大多是辛辣的讽刺画。例如战时钢笔画《可以参战》（图34.3），该画画的是一个德国胖军医宣布一具遗骸可以服现役，参加战斗。在这幅作品中，格罗斯尖锐地指出军队招募老兵（甚至病兵）的普遍做法。他以犀利的线条风格，营造了一种与死亡相关的恐怖感，类似于雷马克在小说《西线无战事》中呈现的那种氛围。

和雷马克以及成百上千位欧洲艺术家和作家一样，格罗斯在20世纪30年代逃离了纳粹德国，移居美国，最后成了美国公民。

莱热

费尔南德·莱热（1881—1955）的艺术作品通常被归类为立体派艺术，但真正塑造了莱热漫长而多产的艺术生涯的其实是这位法国艺术家的战时经历。莱热在前线的4年时间里，亲眼见识了战争的恐怖，有一次他差点死于德国军队在凡尔登投放的芥子气。这位艺术家开始领会到现代机器给人带来的视觉震撼，以及与他在同一个战壕里的工人阶级士兵所具有的普遍人性。他被一门75毫米口径火炮的炮尾在阳光下闪耀的样子"迷住了"（用他的话来说），也发现了普通人身上以及日常用品中存在的类似的美丽，"一如你的厨房中白色墙壁上挂着的锅碗瓢盆"。"我创造画像的灵感源于机器。"他如此说道。在战后的岁月里，城市生活中人们默默无闻的状态和城市那冷峻的宏大感——灰暗、坚硬、时髦——成了莱热作品的主题。这种

第三十四章 全面战争、极权主义及艺术 243

图 34.4 三个女人 费尔南德·莱热，1921—1922年。这几个健壮的女人展现出一种早餐静物画中的物品般的特性。"就像其他艺术家利用裸体或静物那样，我利用了机器。"莱热解释道

探索性影片

费尔南德·莱热创作了电影史上最早的、最具影响力的后立体派电影之一。他与美国新闻工作者达德利·墨菲合作完成了电影《机械芭蕾》（1923—1924年）。这部电影让一系列抽象形状和日常物品（比如瓶子和厨房用具）动了起来。这些物品与具象元素穿插在一起，传达出一种幽默的却缺乏人情味的日常体验感。影片中图像的节奏和并置在没有任何故事情节的情况下，暗示了现代生活机械化、程式化、标准化和缺乏人情味的特点。例如，洗衣女工的画面与旋转的机器零件的画面反复交替出现，正是对视觉图案会引发联想这一特点的有效利用，这种方式将在之后的几十年里对电影制作人产生不小的影响。

"机械美学"（他称之为"俚语绘画"）在《三个女人》（图34.4）中表现得很明显。画中的三个如机器人一般健壮的裸体女人，长得几乎一模一样，她们以及她们的猫是由简单、生动的几何图形构成的。

俄国革命

1914年，俄国作为欧洲最后一批工业化的国家之一，在沙皇尼古拉二世（1868—1918）的领导下加入第一次世界大战。但在政府腐败问题以及疲软的、本质上还是农业为主的经济的影响下，俄国的参战让该国陷入了绝望的困境。战争造成的人员伤亡极其惨重。食物和燃料的短缺威胁着整个国家的平民的性命。1917年，一场大规模的革命爆发了：城市里爆发了罢工和起义，村里的农民占领了贵族地主的土地。1917年的革命也迫使沙皇退位，俄国

建立了一个新的政权；后来，新政权也被推翻，俄国社会主义党派成员在马克思主义革命者弗拉基米尔·伊里奇·列宁（1870—1924）的领导下夺取了政权。

在1917—1921年，列宁通过艰苦的努力和政治斗争，让马克思主义社会主义者中的左翼派别——布尔什维克党——成了拥有1.5亿多人口的俄国的执政党。列宁根据革命时期俄国的需求对马克思主义思想进行了调整，他成了苏维埃共产主义的缔造者。

在掌权前后，列宁阐述并公开发表了他的政治理论。他遵循马克思的观点，认为帝国主义就是资本主义试图垄断全世界原材料和市场的一种表现形式。他认为，"无产阶级专政"是将工人从资产阶级的压迫下解放出来的第一步。他谴责国家是"阶级统治的工具"，在一本颇具影响力的小册子《国家与革命》（1917年）中概述了向无阶级社会过渡需要经历的一系列阶段。根据列宁的观点，在共产主义社会的第一阶段（一般称为社会主义阶段），私有财产会转化成公有财产，生产资料和分配方式将属于全社会。社会中的每个成员都要从事某种劳动，每一个付出劳动的人根据其完成的"一定量的工作"，都有资格从公共仓库中领取相应的"一定量的产品"。（列宁最喜欢的口号是："不劳动者不得食。"）在共产主义社会的第一阶段，社会主义国家普遍存在。列宁解释道："国家还是有存在的必要的，它在保持生产资料公有制的同时，还要维持劳动平等以及产品分配的平等。"

然而，在共产主义社会的第二阶段，国家将会完全消失：

> 当社会能践行以下规则时，国家将会彻底消失："各尽所能，按需分配。"也就是说，当人们已经习惯于遵守社会生活的基本原则时，当他们的生产力高到可以根据自己的能力自愿进行劳动时……在这种情况下，社会在给其成员分配产品时，不再需要精确计算产品的数量，每个人都将根据自己的需要自由取用。

列宁很清楚，这种社会秩序可能会被视为"纯粹的乌托邦"，然而从理想层面上讲，他预见了共产主义理想在全世界的胜利。1922年，俄国改名为苏维埃社会主义共和国联盟（苏联）。1924年，宪法确立了苏维埃代表大会具有至高无上的权力，这个机构实际上是由共产党的领导层掌控的，在列宁去世后也继续保持着绝对权威[1]。

1926年，约瑟夫·斯大林（1879—1953）控制了官僚机构。在斯大林的统治下，苏联政府开始了大规模的工业化和农业集体化进程（将个体农场转变为政府经营的集体农场的运动），并要求苏联人民拿出英勇无私的精神，牺牲他们的私人财产。农民在国家控制的农场上长时间劳作，只能获得维持最低生活水平的工资。斯大林镇压了所有的反抗：他的秘密警察"清除"了国内持异议的人，他们要么被监禁，要么被流放到古拉格（劳改营），要么就被处死。在1928—1938年，严重的饥荒和斯大林的残忍政策（后被称为"大清洗"）夺走了无数俄国人的性命。

对于文化表达的所有方面，斯大林也实施了控制。1934年，第一次苏联作家代表大会正式批准了艺术中的社会主义现实主义风格。该风格将"现代主义"的所有表现形式（从立体主义绘画作品到爵士乐）谴责为"资产阶级的堕落"。大会号召苏联艺术家"在革命发展中，对现实进行真实的描绘，并赋予现实以明确的、具体的历史意义"。包括马列维奇以及俄国构成主义先驱在内的艺术家收到明确指示，要用简单而直接的方式传达内容，刻意避开堕落的（即现代的）西方艺术的所有表现形式，

---

1. 1991年苏联解体之后，共产党失去执政地位。

并且只能描述社会主义社会积极的方面。社会主义现实主义的海报则描绘了新苏维埃男人和女人热火朝天地操作拖拉机或工厂机器的样子。因此，这些艺术创作的主要目的是强化公众对共产主义的优越性的认识。

小说以客观、活灵活现的方式展现了具有社会意义的话题。注意不要将社会现实主义与社会主义现实主义混淆，后者是政治宣传的工具，而社会现实主义则是表达批判和政治抗议的一种方式。斯坦贝克称，作家"是社会的看门狗"，必须"在其理解力范围内，尽其所能记录他们所处的时代"。

大萧条和美国景象

第一次世界大战让欧洲各国受到了重创，严重的经济问题给协约国和同盟国都带来了负担。在战后的3年里，世界工业的生产量下滑了三分之一以上，商品的价格也严重下跌，数千万人失业。美国从战争中崛起，一跃成了债权大国，但其经济发展还是和世界大环境有着千丝万缕的关系。1929年，在总体持续高涨的股票价格不可避免地暴跌之后，美国经济逐渐陷入瘫痪，最后发展成了大萧条——这次世界经济危机一直持续到20世纪40年代。

文学

大萧条激发了创作者对经济压迫和穷困的文学描写，这在社会纪实和虚构故事中都有涉及。其中最具代表意义的是约翰·斯坦贝克（1902—1968）于1939年写的小说《愤怒的葡萄》。故事叙述了俄克拉荷马州农民家庭的逃荒经历，他们从俄克拉荷马州前往加利福尼亚州，想在那里谋一条生路。在斯坦贝克简洁明了、逼真地还原细节的语言中，他描述了人们面对饥饿、不公和恶行时的勇敢。和雷马克笔下的战士一样，乔德一家（尤其是妈妈）展现了纯粹为了生存的英勇气概。

《愤怒的葡萄》是社会现实主义的一个例子，

视觉艺术

在大萧条期间，社会现实主义同样主导着美国的视觉艺术。社会现实主义与现代主义相反，现代主义会为了抽象的形式而牺牲主题，而社会现实主义则利用可辨认的意象，来表达大众关注的内容。出生在密苏里州的托马斯·哈特·本顿（1889—1975），致力于描绘导致了大萧条的政治和经济政策受到质疑的情景。本顿旨在通过他的画笔将这些坚毅、活力四射的普通男女的生活铭记下来，以纪念"真正的"美国价值观。在1930—1933年，他完成了三组公共壁画，创造了非同寻常的美国绘画史。他描绘炼钢、采矿和其他工人阶级从事的活动，以及非法制造私酒、唱福音、赌博等活动。

本顿的壁画《都市活动》（见调查研究，图34.5）是《今日美国》十幅壁画中的一幅。它描述了禁酒时期的美国生活，是本顿选取马戏团、电影院、舞厅等都市休闲场所的小片段组合而成的作品。壁画上方有一个股票行情自动收录器，那是华尔街商业主义和美国贪婪的象征；左下方的前景处是另一个象征商业主义的东西——非法制造私酒的设备，它起到了平衡上方的收录器的作用。本顿笔下的壁画不仅仅是装饰，更是一种主要的公共艺术形式，生动地揭示了普通美国人的生活，就像文艺复兴时期的壁画生动地反映了16世纪意大利人才辈出的盛况一样。

调查研究

托马斯·哈特·本顿的《都市活动》

《都市活动》出自《今日美国》壁画系列，该系列作品描绘了美国大萧条前夕的都市和乡村景象。1968年，本顿在一个采访中解释道，创作《今日美国》的意图是让其充当"美国生活的一篇报道"。他声称，创作这个主题的灵感来自他在全国游历时"画的素描以及与当地人的对话"。画面右下角拿着画笔的人就是本顿，他对美国中西部乡村地区的"纯粹"大加赞赏。相比之下，他认为美国城市"只不过是生活和思考的棺材"。尽管如此，他通过这些生动的人物形象，捕捉到了城市景象中那种充满生机和活力的节奏。

图 34.5 都市活动 托马斯·哈特·本顿，选自《今日美国》壁画系列，1930年。本顿的《今日美国》壁画系列设定的背景是禁酒时期：1920年1月16日起生效的美国宪法第18条修正案规定，禁止制造、售卖酒类产品。该修正案不受大众欢迎并且很难强制大众履行，于1933年被废止

墨西哥的壁画复兴

本顿创作壁画的灵感来自两位伟大的墨西哥壁画家：何塞·克莱门特·奥罗斯科（1883—1949）和迭戈·里维拉（1886—1957）。他们的绘画作品以简单却有震撼力的形式、大胆的颜色运用为特色，充分体现了墨西哥革命（1910—1917年）的活力和徒劳。墨西哥革命爆发于20世纪上半叶，是致力于改善中南美洲的经济和社会状况而进行的众多军事活动中的一次。

墨西哥革命作为20世纪第一次社会革命，且作为发动了广大农民和城市工人积极参与的活动，其意义非常重大。在"土地自由"的旗帜下，墨西哥农民和工人团结起来，反对以牺牲他们的利益为代价的工业化和农田再分配政策。里维拉通过创作壁画来支持农民和工人的奋斗目标，画家对农民的刻画带着明显的同情色彩。里维拉对这些壁画的创作也受到了玛雅和阿兹特克祖先创作的艺术的启发。通过强调墨西哥历史中的印第安人元素，里维拉的艺术和革命本身一样，帮助改变了墨西哥的形象。

摄影

大萧条时期，摄影被强制用来为政治服务。美国联邦机构发起了一个活动，为美国农村的经济和社会状况做永久的记录。移民和贫穷的农村——领救济面包的穷人队伍、乞丐和美国贫困阶级的棚户区——成了纪实摄影的主要题材。纽约摄影师多萝西娅·兰格（1895—1965）周游全国，记录那些逃离风沙侵蚀的中西部地区，前往加利福尼亚州的穷困农民。《移民母亲》（图34.6）是兰格在加利福尼亚州尼波莫的一个农舍拍摄的，照片中憔悴的32岁女人是她6个孩子的唯一依靠。在这张照片中，满脸忧愁却不会被打倒的女主人公被逼无奈卖掉了最

图 34.6 **移民母亲** 多萝西娅·兰格，1936年。《移民母亲》被誉为大萧条时代的中世纪圣母像——抵挡痛苦和绝望的形象

后的家当来换取食物，她或许是从斯坦贝克的小说《愤怒的葡萄》里走出来的人物。兰格拍摄的照片超越了特定的时间和地点，向大众展示了当时普遍存在的贫穷和压迫。

极权主义和第二次世界大战

希特勒的崛起

在大萧条及与获得胜利的协约国签订的丧权辱国的和平条款的共同影响下，不满和骚乱的情绪在德国民众中滋长。1931年，沉重的债务使德国银行倒闭。在大萧条最严重的时期，大量的德国工人

丢掉了工作。在这样的情况下，年轻的政治家阿道夫·希特勒（1889—1945）执掌了德国政权。1933年，希特勒成了德国总理以及民族社会主义德国工人党（即纳粹党）的元首，将德国再次带入了世界大战。

希特勒是个狂热的种族主义者，他确定了纳粹党的施政纲领。他将德国的不幸和弊病怪罪到国家内部"敌人"的头上，他指的"敌人"是犹太人、马克思主义者、资产阶级自由派和"社会偏离者"。希特勒承诺要"净化"德国境内"具有威胁性的"少数民族，并将国家建成强大的帝国。他利用所有可利用的宣传手段来控制大众舆论，特别是能将他的声音传送到每个德国家庭的无线电广播。在1925年出版的自传《我的奋斗》中，希特勒提出一个具有误导性的错误观念，即"非犹太血统的高加索人具有种族优越性"，这导致了人类历史上一些极其残忍的事件的发生，包括种族大屠杀：几百万犹太人、成千上万的罗马天主教徒、吉卜赛人、同性恋者，以及其他少数民族被有计划地屠杀。为了证明他的种族主义意识形态是合理的，他写道：

> 我们必须为保卫我们种族和人民的生存和繁衍而奋斗，为保证我们子孙的生存空间和血统的纯正而奋斗，为我们祖国的自由和独立而奋斗，这样我们的人民才会成熟起来，能够完成宇宙的造物主赋予我们的使命。

《我的奋斗》盛赞极权主义国家为"未来千年的守护者。在这样的国家面前，个人的愿望和自私都是浮云，个人必须服从国家"。"国家是达成目的的手段，"希特勒坚持认为，"其目的在于保护从生理到心理完全是同类的生物，并促进他们的进步。"

第一次世界大战结束不到20年，第二次更具毁灭性的世界大战就逼近了。促成第二次世界大战爆发的因素包括：结束第一次世界大战的和平解决方案的失败，以及民族主义和军国主义无节制的发展。但是，引发新一轮战争的特定事件是希特勒在1939年向波兰发起的军事进攻。

大屠杀

希特勒拥有无限的权力，对权力的运用也常常是无情且残酷的。他摧毁了德国的民主制度，谴责先锋艺术、现代建筑、无调性音乐和爵士乐，认为它们是"堕落的"，他还攻击爱因斯坦的理论并称之为"犹太物理学"，并继续借助盖世太保（纳粹德国时期的秘密警察）的力量消灭所有反对他开展"净化行动"的人。1933年，3万多名德国人因自杀或"不明原因"而死亡。1941年开始，纳粹派遣了几千个"军事行动小组"，去杀害犹太人和其他"不良分子"。1942年，纳粹领导层达成了终极的或者说"最终的解决方案"，他们在奥地利、波兰、德国建造集中营，以关押希特勒所谓"肮脏的"少数民族。这些囚犯被押上家畜车，并转移到集中营，他们的胳膊上都被烫上了数字，一旦有人认为他们不能在这些强制劳动的监狱里干活了，他们就会被消灭（通常，他们会被带到致命的毒气室）。据估计，600万犹太人和500万非犹太人在纳粹毒气室丧命——这是欧洲历史上一段令人难以置信的可怕记忆，后被人称为大屠杀。

第二次世界大战

两大对立阵营再次形成：德国、意大利、日本组成了轴心国（"轴"指的是罗马和柏林之间看不见的那条线），而中国、法国和英国，以及1941年加入的美国和苏联是同盟国阵营的主要力量。德国与意大利的极权主义政权（贝尼托·墨索里尼领导下的政权），以及西班牙的极权主义政权（弗朗西斯科·佛朗哥领导下的政权）联合，使战争很快蔓延到了北非、巴尔干半岛和其他地方。西班牙的三年内战（1936—1939年）以及1940年德国进攻荷兰的战斗预示了全面战争的残酷程度。在西班牙，纳粹俯冲轰炸机把许多城市整个摧毁；在荷兰，德国利用坦克、空降部队和大炮，用了不到一周就占领了这个国家。德国空军不仅攻击军事目标，还对手无寸铁的平民下手，这造成了大量人口死亡。1940年，法国落入德国之手，英国成为德国轰炸的目标。1941年，希特勒违反了1939年签订的《苏德互不侵犯条约》，向苏联发起进攻，结果在1942年的斯大林格勒战役中惨败。

美国虽然支持同盟国，但又试图坚持"善意中立"的政策。尽管如此，美国还是被19世纪末期迅速崛起的日本卷入了战争。1905年，日本在日俄战争中击败了俄国。1931年，这个小国成功入侵了满洲地区，后在中国和东南亚地区建立了据点。1941年12月，为了对抗美国限制日本贸易的行为，日本海军航空部队在夏威夷珍珠港的美国空军基地投掷了炸弹。因此，美国向日本宣战，加入了反对轴心国的同盟国，并派遣战斗部队在欧洲和太平洋地区作战。

对日的战争实质上是一场海战，但也包括陆战和空战。1945年8月，美国对广岛和长崎这两个日本城市的袭击把对日战争推向了可怕的高潮。这次袭击夺去了几万人的生命（大多是平民），并迫使日本在几天之内投降，也开启了原子时代。在这之前的几个月，德国军队在各个战线都不敌同盟国，希特勒选择了自杀。1945年，德国和日本宣布投降，第二次世界大战结束。

新新闻主义

对广岛市的轰炸开启了原子时代，也为新新闻主义早期的一些案例提供了灵感。新新闻主义是一种将小说的写作技巧运用到非小说类纪实作品（即对真实发生的事件所做的新闻报道）中的体裁。新新闻主义的一个著名例子是，约翰·赫西（1914—1993）创作的文章很快就以《广岛》（1946年）为书名结集出版，并获得了普利策奖。赫西复述了6名幸存者对他所说的美国发射原子弹轰炸日本的恐怖后果。关于日本幸存者的其他一手报道，如山冈美智子的《距离震源800米》，同样触目惊心。

关于第二次世界大战的诗歌

在全球范围内，关于第二次世界大战的诗歌将绝望和徒劳的感受带向了新极端。美国诗人和评论家兰德尔·贾雷尔（1914—1965）于1942—1946年在美国陆军航空兵团服役，他谴责军事战争是人性沦丧的可耻行为。在他的短诗《旋转炮塔炮手之死》中，一位二战飞行员在死后叙述自己作为空军炮手的致命经历。他被封闭在飞机旋转炮塔的有机玻璃罩里，就像婴儿在母亲子宫里一样。他因"黑色的高射炮"而"惊醒"，然后就死去了；这一死亡中诞生的惊人意象将梦境与现实混为一体。贾雷尔认为，现代战争以先进的技术设备和手段为动力，既不培养自尊心，也不肯定人类的高尚品格。相反，这样的战斗将士兵变成了战争的技师和工具，剥夺了士兵作为人的个人认同，将士兵物化成一个个可以被高压蒸汽软管冲刷的东西。这首诗的标题注释是由作者本人提供的。

阅读材料34.5
兰德尔·贾雷尔《旋转炮塔炮手之死》[1]
（1945年）

在母亲的睡梦中，我投入国家的怀抱，
在其腹里蜷缩，毛皮外套上的汗水已结成冰。
离地六英里，从生命之梦中解脱出来，
黑色的高射炮和噩梦般的战斗机将我惊醒。
我死了，他们便用软管将我冲出炮塔。

问：贾雷尔是如何将生和死的概念混合起来的？

在日本，悲痛先于愤怒袭来。俳句是一种谐趣诗，传统的俳句描绘樱花、春雨之类的让人珍惜的美好意象，现在的俳句被日本诗人用来唤起关于死亡的记忆。加藤楸邨（1905—1993）在介绍下面的俳句诗时，如此说道："半夜发生了一次严重的空袭。我背着生病的弟弟，和我的妻子在大火中寻找我们的孩子。"

阅读材料34.6
加藤楸邨的俳句诗（1945年）

在火焰深处

我看到一朵牡丹
被烧成粉末。

凛冽的冬袭——
着火处的安全门
在风中嘎吱作响。

冬日的海鸥——
活着无家可归
死去也无墓可埋。

问：语言的压迫感营造了怎样的效果？

关于第二次世界大战的小说

和贾雷尔的诗歌一样，二战小说以虚无主义和无奈的顺从为特征，小说的主人公都被剥夺了理性和纯真。在詹姆斯·琼斯（1921—1977）的《从这里到永恒》（1951年）和诺曼·梅勒（1923—2007）的《裸者与死者》（1948年）中，人在战争状态下可以和机器等同——全面战争的残暴让主人公丧失了人性。梅勒那些直白的、自然主义风格的小说中充满了很多现代主义小说中都存在的脏话、粗话，描述了被暴力和性欲主导的文化。在文体上，梅勒常常偏离传统的"开头、中间、结尾"的叙述格式，反而使用了像闪回这样的电影技巧。

这种插曲式的写作技巧在约瑟夫·海勒（1923—1999）、库尔特·冯内古特（1922—2007）和其他黑色幽默作家的小说中也很盛行。黑色幽默是一种文学讽刺的形式，通过唤起人们对那些看起来太可怕或太荒谬而显得不真实的情景的关注，来嘲弄现代生活。这些小说以当代新闻报道式的中立，甚至冷漠的口吻，描述怪诞、恐怖的事物。黑色幽默小说像精心设计的仇恨笑话，让人们

---

[1] 旋转炮塔是一个嵌入到B-17或B-24轰炸机腹部的有机玻璃球体，里面配有两挺50毫米口径的机枪和一个身材矮小的炮手。该炮手用机枪追踪到下方有战斗机在攻击其所在的轰炸机时，他会跟着炮塔旋转，在球体里缩起身子，呈颠倒的状态，看上去就像子宫里的胎儿。攻击他的战斗机装备有爆破榴弹。软管指的是蒸汽软管。

在面对丑恶的、可怕的事物时只能无能为力地笑笑。在这些幽默作家看来，现代战争是典型的仇恨笑话：它受官僚的任性专断和机械化的破坏所支配，是一场没有胜利者、只有受害者的活动。

海勒的《第二十二条军规》（1961年）是第二次世界大战之后著名的黑色幽默小说之一，它标志着对现代战争的现实主义描写（雷马克、琼斯和梅勒创作的小说共有的特征）向对战争的无情讽刺的转变。海勒参照自己作为一名二战空军投弹手的亲身经历创作了《第二十二条军规》的故事。小说里的故事发生在意大利沿海的一个空军基地，但它的情节与其说和战争有关，还不如说描述的是控制着战争的庞大军事官僚机构那泯灭人性的动作方式。海勒把这种官僚主义描述为"我们大众社会中的欺骗、虚伪、残酷和愚蠢"的象征。他对经典的军队慰问制式信函的描述，讽刺了现代战争毫无人情味的一面，也展现了他辛辣的写作风格：

　　亲爱的＿＿＿＿＿夫人/先生/小姐/先生和太太：言语无法表达我个人所感受到的深切悲痛，我遗憾地告知您，您的丈夫/儿子/父亲/兄弟牺牲了/受伤了/在执行任务的过程中下落不明。

《第二十二条军规》是虚无主义和强颜欢笑的尖锐混合体。小说中的人物——包括一个没有方向感的领航员和一个为了商业利益而轰炸自己所在的空军基地的飞行员——听凭一个毫无人性的体制的摆布。当他们竭尽全力想保持对自己身份的认同和头脑清楚的状态时，他们就成了当初将他们送上战场的当局的敌人。

对极权主义的回应

在德国，大屠杀暴行的真正目击者大多因为死亡而不能发声，但集中营内的囚犯留下的素描以及战后不久拍摄的纪实摄影照片（图34.1）为大家展现了发生在现代的野蛮行径，这是令人震惊的视觉证据。最有说服力的大屠杀幸存者是作家埃利·威塞尔（1928—2016），他在1986年获得了诺贝尔和平奖。作为一个在罗马尼亚出生的犹太人，威塞尔15岁时和家人一起被运送到位于波兰的奥斯威辛集中营。他们一家人被拆散了，威塞尔和他父亲被运送至德国布痕瓦尔德的强制劳动集中营，正是在那里，威塞尔亲眼见到他的父亲和成千上万的人被纳粹杀害。1945年，威塞尔被释放出来后，他将童年时期的创伤经历转化为文学作品。"奥斯威辛集中营，"他写道，"代表着人类进步过程中的否定和失败：它否定了对人性的设计，让人们质疑其存在的正确性。"威塞尔有关纳粹种族大屠杀的自传体记录《夜》生动地描绘了希特勒违反人性的罪行。下文的阅读材料揭示了威塞尔和其他犹太人在面对上帝似乎也为之沉默的残忍、不公的现象时，感受到的极度痛苦。

阅读材料34.7
选自埃利·威塞尔《夜》（1958年）

　　一天，布纳的总电站出现了电源故障。盖世太保集结起来，去察看损毁程度，最后得出的结论是，电源故障是因为有人蓄意破坏。他们找到了一条线索，线索指向一群荷兰的囚监[1]。在一通搜查之后，他们发现了大量武器。

---

1. 囚监：囚犯的头头，是由纳粹在囚犯中选出的。

其中一个荷兰囚监当场就被逮捕。他被连续折磨了好几个星期。可这是白费力气的，他没有透露别人的名字。后来，他就被运送到奥斯威辛集中营了。再也没人听到过他的消息。

他的小跟班[1]被单独关了起来，也受到了拷问，但他同样保持沉默。SS[2]判处他死刑，连同另外两个被发现私藏武器的同伴一起处死。

一天，我们劳动完回来，看到了三个绞刑架，像三只黑乌鸦般立在集合广场[3]上。开始点名。SS围住我们，将机枪口朝着我们，这和他们往常的做法一样。三个囚犯戴着镣铐，其中一个是那个小跟班，一个眼神哀伤的天使。

SS看上去非常专注，比平时还要忧心。毕竟，在几千名观众眼前绞死一个小孩并不是一件小事。集中营的头目宣读判决。所有眼睛都盯着小孩。他脸色苍白，似乎很镇定，但站在绞刑架的阴影中的他还是咬着嘴唇。

这回，管理仓库的囚犯头目拒绝做行刑者。三个SS代替他来执行。

三个被判死刑的囚犯一起踏上椅子，同时，三条绞索也套到了他们脖子上。

"自由万岁！"另外两人大喊道。

但男孩沉默着。

"仁慈的上帝在哪里？他在哪里？"我背后有人说着。

一声令下，三把椅子同时被翻倒。

集中营一片沉寂。太阳正落至地平线下。

"脱帽！"集中营的一个囚监尖叫道。他的声音有些颤抖。我们这些人开始哭泣。

"戴上帽子！"

1. 囚监的仆从。
2. 集中营里的一支秘密的警察部队。
3. 集中营里的集合地点。

然后，囚犯列队经过受害者。两个男人已经没了生气，他们浮肿的、青色的舌头垂在外面。但是，第三根绳子还在动——那个孩子太轻了，他还有呼吸……

那个孩子在生死边缘徘徊了半个小时，在我们眼前痛苦地扭动身体。我们被迫近距离地看着他。我经过他身边时，他还活着，他的舌头还是红色的，眼睛里的光也没有熄灭。

我听到刚才在我身后的那个男人问道：

"天哪，上帝现在在哪里？"

在我心里，我听到一个声音回答他：

"他在哪里？他就在这里——在这根绞刑架上吊着……"

这天晚上的汤里有尸体的味道……

问：阅读材料中描述的情况和雷马克作品中描述的情况（阅读材料34.4）有何异同？

问：比较威塞尔和雷马克的写作风格，二者有何异同？

战争时期的视觉艺术

摄影新闻

第二次世界大战的真实情况是由世界各地的摄影记者记录的。其中最有才气的是当时初入新闻界的美国女记者李·米勒（1907—1977），她是第一位女性战时新闻摄影记者，也是德国集中营内恐怖场景（图34.1）的早期见证者。美国摄影师罗伯特·卡帕（1913—1954）拍摄了著名的二战伞兵照片。法国摄影师亨利·卡蒂埃-布列松（1908—

2004）通过几百张从美学上来说极具感染力的社会现实主义摄影作品，将欧洲饱受战争蹂躏的困境永恒记录。

纪实摄影和新闻摄影之间的区别很模糊。然而，纪实摄影师（例如多萝西娅·兰格）以讲故事的形式收集和创作图像，而摄影记者（例如米勒、卡帕、卡蒂埃-布列松）的照片则是对随机出现的视觉信息的即时和本能的反应，因此这两者也许可以拿来进行比较。

毕加索的《格尔尼卡》

1937年4月26日下午，共和国政府军向以弗朗西斯科·佛朗哥为首的法西斯独裁政权发起反攻，此时正处于西班牙内战期间，德国空军勾结西班牙法西斯主义者，向西班牙北部巴斯克地区的小镇格尔尼卡投掷了燃烧弹。在3个多小时的轰炸中，小镇被夷为平地，数千人伤亡。对这起事件的新闻报道（世界上第一例以平民为目标的空袭）传到了巴黎。骇然的巴勃罗·毕加索在报纸上读到了这次空袭的图文报道——死亡人数还在不断增加。那年的早些时候，毕加索被邀请为巴黎世界博览会的西班牙馆作画。格尔尼卡的轰炸事件为他提供了灵感，让他创作出了一幅巨大的壁面油画，这幅画后来成了20世纪最著名的反战油画作品《格尔尼卡》（图34.7）。

《格尔尼卡》比任何文学作品都更强有力地描绘了战争的残酷和苦难。在创作这幅和他画室的墙壁一样宽的画作时，毕加索选择了单色调——焚化灰的淡灰色，这也让人想起了大众传播的纪实媒介：报纸、照片和电影。然而，《格尔尼卡》却不是纪实作品。它那些扁平且抽象的人物形象以及没有空间纵深感的画面，是立体派的风格，与两次世界大战期间在欧美占主导地位的社会现实主义风格形成了鲜明的对比。该画忽略了逼真的细节，将轰炸的真实情况和毕加索从个人的绘画元素中提取的意象相结合，尤其是与西班牙斗牛有关的意象——作者非常感兴趣的一种古代祭祀仪式。作为传统战斗中的英雄和受害者的公牛，站在扁平的画面左边；被长矛刺伤的马痛苦地仰天长啸，它在这场大屠杀中所充当的角色带给人的震惊程度，绝不亚于它在斗牛场上经常被公牛攻击时扮演的角色。画中

图 34.7 格尔尼卡 巴勃罗·毕加索，1937年

触类旁通

毕加索认为自己是世界艺术史上那些巨匠的继承者，尤其是那些来自他的祖国——西班牙的艺术家的继承者。他熟知弗朗西斯科·戈雅为铭记法国入侵军队残忍杀害马德里人民的历史事件而创作的《1808年5月3日》（图34.8）。毕加索借鉴了这个作品中一些令人印象深刻的绘画手法，比如用来统一画面构图的三角形光束，以及创造出戏剧性张力、对比鲜明的光影。在创作《格尔尼卡》中深陷火焰中的女人时，毕加索借鉴了戈雅的画作中那个让人难以忘记的人物，即在面对法国行刑队时，将手臂高举过头顶以表达愤怒和绝望的那个人。自1981年《格尔尼卡》被归还给西班牙以来，它和戈雅的《1808年5月3日》成了西班牙的国家级历史文物。

图 34.8 1808年5月3日 弗朗西斯科·戈雅，绘于1814年

的四个女人，一个女人抱着一个死婴，一个女人拿着一盏灯，一个女人被淹没在燃烧的建筑物的火焰中，她们发出无声的尖叫，伴随着受伤的马发出的悲鸣声。画面底部那死去的战士（实际上是一座破碎的雕像），寓意战争对高雅艺术品带来的破坏性作用，同时是对传统战争纪念品所代表的激进的理想主义的嘲笑。毕加索将尖叫的女人、死婴、断臂、受伤的动物等具有冲击力的形象以独特的方式结合起来，为战争中毫无人性的残酷暴行创造了一个通用象征，这证明了他的主张，即艺术是"对付敌人的武器"。

战争时期的音乐

在纳粹德国，爵士乐因其自由即兴的创作风格及其与黑人音乐家的联系而被禁止。在苏联，列宁政权做出了具体规定，作曲家只能写可"传达"给人民的音乐——与精英主义、不可知相关联的无调性音乐应该避免，同样应该避免的还有其他代表着"堕落"的西方的音乐表达。"音乐，"列宁说，"是团结广大人民的手段。"

肖斯塔科维奇

来自苏联的杰出作曲家德米特里·肖斯塔科

维奇（1906—1975）的事业生涯昭示了斯大林时期的苏联作曲家所面临的挑战。13岁时，肖斯塔科维奇就读于列宁格勒音乐学院，他是严格的古典音乐训练培养出来的人才。他的作品包括15部交响乐、15部弦乐四重奏，以及为许多芭蕾、歌剧、戏剧、电影创作的配乐，都融合了歌曲般的旋律和不断重复的强烈节奏。他的这些作品本质上是调性的，却戏剧性地运用了不协和音。他早期创作的歌剧之一——《姆钦斯克县的麦克白夫人》（1930—1932年）被苏维埃新闻界誉为对社会主义意识形态的忠实表达。然而，在此之后的两年内，苏联官方报纸《真理报》谴责这部作品"违反人民意志"（即"反人民"）。1941年，他创作的《第七交响曲》（亦称《列宁格勒交响曲》）被誉为苏联战胜纳粹对列宁格勒的入侵的一种歌颂。然而，这部作品在1948年又因其具有"资产阶级形式主义"而遭到严厉的批判。同年，肖斯塔科维奇遭到政府的抨击，并被免去在莫斯科和列宁格勒音乐学院的职务。

然而，"音乐很少有超过声音本身的意义"这个事实是对音乐家有利的：以军国主义节奏为特征的乐段可以被理解成战斗胜利的标志，也可以被理解成挣脱压迫、获得自由的标志。只是，直到1979年，肖斯塔科维奇的回忆录被偷运出苏联之后，这位作曲家的交响乐中表达的意图才被人知晓——他以作品抨击了斯大林对人民实施的残暴行径。

普罗科菲耶夫

苏联作曲家谢尔盖·普罗科菲耶夫（1891—1953）的事业同样动荡混乱。他在1918年获准出国，1936年又被说服回国。他为苏联的原则辩护："作曲家有责任为人民服务。一个作曲家首先是公民，这样他的艺术才能有意识地歌颂人类的生活，引领人类走向光明的未来。"然而，1948年，苏联政府谴责普罗科菲耶夫的音乐"太过现代"，因此他和肖斯塔科维奇一样被免除了音乐学院的职务。

普罗科菲耶夫的大多数作品体现了他对古典形式的喜爱，是调性的、旋律优美的，但在转调与和声的不协和音方面却存在大胆的创新。在为芭蕾舞剧《罗密欧与朱丽叶》（1935—1936年）和《灰姑娘》（1944年）创作的配乐，以及在为谢尔盖·爱森斯坦的电影《亚历山大·涅夫斯基》（1938年）创作的声乐套曲康塔塔中，普罗科菲耶夫展现出了在驾驭多种节奏、轻快活泼的进行曲，出人意料且常常是异想天开的节奏和旋律的变化等方面的天赋。这些特点也见于他的两部令人愉快的现代经典作品——《基杰中尉组曲》（1934年）和交响童话《彼得与狼》（1936年）。

布里顿

20世纪，作曲家常常因深受感触而创作音乐，以纪念战争的残酷。在这类音乐中，堪称不朽的作品之一是英国作曲家本杰明·布里顿（1913—1976）为英国重建的考文垂大教堂的献堂仪式创作的《战争安魂曲》（1962年）。新考文垂大教堂紧挨原考文垂大教堂的遗址——考文垂大教堂原建于14世纪，但在二战中被德国的炮弹摧毁殆尽。布里顿很擅长为文字谱曲。在《战争安魂曲》中，他将罗马天主教的追思弥撒和威尔弗雷德·欧文的诗歌结合在一起，后者表达了作曲家反战的坚定信念。布里顿发挥想象力，将神圣的宗教仪式音乐和非宗教的歌曲结合起来，这样的作品需要管弦乐队、合唱队、男童合唱团和三个独唱者共同演绎。这部传达深刻的精神和强烈的戏剧化效果，同时与宗教相关的音乐作品，在音乐领域中与毕加索的《格尔尼卡》相呼应。

战争时期的电影

爱森斯坦

电影为20世纪早期动荡的军事和政治事件提供了永久的记录，也成了政治宣传的有效媒介。在苏联，列宁设想的电影是一种传播共产主义理想的宝贵手段。在俄国革命爆发之后，列宁将新兴的电影产业国有化。在苏联电影导演谢尔盖·爱森斯坦（1898—1948）看来，电影既是政治游说的工具，又是艺术品。他将现实主义叙事和象征意象结合起来，塑造出了电影的社会影响力和艺术潜力。

在他的默片杰作《战舰波将金号》（1925年）中，爱森斯坦讲述了一场爆发于1905年，由俄国海军舰艇全体船员发起的起义，以及军队随后对起义的支持者（敖德萨的老百姓）实施的大屠杀。这件事并没有在现实中发生，只是爱森斯坦对类似事件进行的创作。为了重现现场记录的效果，他利用了蒙太奇的手法——一种依靠图片，进行快速演替的电影技巧。在电影末尾，所谓"敖德萨阶梯大屠杀"系列事件在不到5分钟的时间里插入了100多张独立的照片；镜头里出现了向前挺进的沙俄战士正在攻击无辜平民的画面，包括一名被杀害的母亲，她正试图救出婴儿车里的婴儿，但婴儿车缓慢地从宽阔的楼梯上滑了下去（图34.9）。利用交替的特写镜头、远景镜头、仰拍镜头和俯拍镜头，以及固定镜头和移动镜头，电影赋予了虚构的敖德萨平民受害者遭遇大屠杀以前所未有的戏剧真实性。

1928年，爱森斯坦将俄国革命作为电影《十月》（又名《震撼世界的十天》）的主题。他在默片以及后来制作的有声电影中都运用了诸多技巧，吸引观众走进电影的时空。他刻意在画面中去掉部分人脸，让观者集中关注人物的眼睛随一个镜头接一个镜头地播放，以制造一种矛盾的、经常是不连续的系列事件，借助构成主义的方式构思视觉角度，营造令人吃惊的、非对称的抽象元素。

爱森斯坦在后默片时期的代表作是《亚历山大·涅夫斯基》（1938年），这部电影赞颂了13世纪的一位俄国王子，他保卫祖国免遭日耳曼骑士团的攻击。在电影中，爱森斯坦把配乐（由谢尔盖·普罗科菲耶夫谱写）和电影动作的节奏关联起来，即将配乐和一系列视觉对象对应各个镜头的播放过程联系起来，这种技术被称为"垂直蒙太奇"。他把主角放在风景和战斗场景中，代替了他早期电影中歌剧风格的人群场景，这些场景效仿

图 34.9 电影《战舰波将金号》第四幕的剧照"敖德萨阶梯大屠杀" 谢尔盖·爱森斯坦，1925年。一个脸将会被士兵砍伤的女人亲眼看着倾斜的婴儿车从楼梯上滚落。"敖德萨阶梯大屠杀"系列事件迅速加快的节奏令人惊恐不安，它是一部具有独创性的剪辑作品，成为现代电影导演频繁模仿的对象

了经典油画作品的风格，显得非常壮观。《亚历山大·涅夫斯基》获得了约瑟夫·斯大林的赞许以及俄国人民的热烈称赞，成了创造性电影制作史上里程碑式的存在。

里芬斯塔尔

当爱森斯坦用电影来赞美苏联人民的集体英雄主义和个人英雄主义时，为希特勒工作的德国电影导演则将电影变成了国家宣传的工具。这位曾经是女演员的电影导演莱妮·里芬斯塔尔（1902—2003）获得了很多国家补贴，拍摄了有史以来最著名的政治宣传片《意志的胜利》（1934年）。她雇用了100多名工作人员，来拍摄希特勒和纳粹党的大型集会和典礼，包括纳粹党在纽伦堡举行的第一次会议。《意志的胜利》是事实和技巧结合的产物，其大胆的拍摄角度以及对比鲜明的构图，本身就是极权主义的体现——在纽伦堡会议的场景中（图34.10），环绕在画面中的人物形象极小，希特勒及其同胞身边的大量军队具有绝对对称性和严格一致性的特征。

美国电影

在美国，电影既用来传递消息、鼓舞士气，为盟军事业做宣传，也被当作娱乐消遣和逃避现实的手段。在大萧条最严重的时期以及战争时期，每周都有几百万美国人拥入电影院。像《西线无战事》（1930年）和《从这里到永恒》（1953年）这样的获奖电影呈现的是令人痛苦的现实主义风格，但也有许多电影美化战争，将战争浪漫化。《大独裁者》（1940年）是众多平庸的战时电影中的例外，该片由在英国出生的多才多艺的演员兼电影导演查理·卓别林（1889—1977）执导。在这部令人捧腹大笑的讽刺法西斯独裁的电影中，阿道夫·希特勒（在电影中被称为阿德诺伊德·亨克尔，由卓别林扮演）作为"双十字党"的领导人上台执政，结果却被自己的军队逮捕了，因为他们误以为希特勒是犹太理发师。

图34.10 《意志的胜利》的电影剧照 莱尼·里芬斯塔尔，1934年。在照片中，海因里希·希姆莱、希特勒和维克托·卢策在走向德国纽伦堡纪念碑时被数列纵队环绕着

潘德列茨基

如果用音乐来体现战争的苦难,那么波兰作曲家克里斯托弗·潘德列茨基(1933—2020)的音乐是最接近于此的。他创作的《广岛受难者挽歌》(1961年)由刺耳的、具有打击乐效果的声音组成,如江河激烈的奔涌之声,其中一些声音是通过敲击52件弦乐器制造出来的,这首曲子就是为这52件乐器谱写的。这首哀悼亡灵的乐曲以悠长而尖利的音调开篇——由小提琴上的最高音调发出,接着是一段不时出现音簇(几组相邻的不协和音符)的乐段。音乐密度、音色、节奏和强弱的快速变换十分刺耳,让人不安,这种音乐效果符合乐曲的主题。

据说,《广岛受难者挽歌》是"痛苦的哭声",宣告了铁幕之后先锋派音乐的诞生。在潘德列茨基的作品中,音调狂暴到模糊不清的特色也体现在他的《震怒之日》(1967年)中,该乐曲的副标题为《献给奥斯威辛集中营受难者的宗教乐曲》。和布里顿的《战争安魂曲》一样,这部作品借鉴基督教的礼拜仪式——最后的审判("愤怒的日子")中的传统赞美诗——来表达一种低沉和绝望的情绪。《震怒之日》首次演出是在曾经的集中营中进行的,演出不时被金属链条的叮当声和刺耳的警报声打断。其乐曲刺耳且粗粝,至今仍作为大屠杀造成的深远影响的象征。

科普兰和美国之声

阿隆·科普兰(1900—1990)是20世纪美国非常优秀的作曲家之一,他的创作题材避开了战争的恐怖;然而,正如肖斯塔科维奇和普罗科菲耶夫的音乐根植于俄罗斯的土壤一样,科普兰的音乐也是从美国本土的音乐风格中汲取营养的。这位纽约的作曲家在他大部分调性作品中加入了美国民歌的简洁和声、清教徒颂歌的纯净明晰,以及爵士乐和墨西哥舞曲活泼的节奏。1941年,科普兰建议美国作曲家寻找能替代欧洲作曲家那种艰涩且高难度的序列主义的音乐风格。"新的音乐听众必须要听他们听得懂的音乐,"他坚持认为,"因此,音乐一定是简单、直接的……最重要的是,音乐一定要给人耳目一新的感觉。"科普兰在作品中践行了上述目标,尤其是在芭蕾舞配乐《小伙子比利》(1938年)《牧场竞技》(1942年)和《阿帕拉契亚的春天》(1944年)中。

年代表

1910—1917年	墨西哥革命
1911年	辛亥革命
1914—1918年	第一次世界大战
1917年	俄国革命
1926年	斯大林掌握了苏联的最高权力
1929年	股票市场崩盘,全球经济大萧条开始
1936—1939年	西班牙内战
1939—1945年	第二次世界大战

《阿帕拉契亚的春天》最初名为《献给玛莎的芭蕾》，是玛莎·格雷厄姆舞蹈公司委托创作的。编舞者根据美国作家哈特·克莱恩（1899—1932）的一首诗中的第一行命名了这首舞曲。舞曲名中的"春天"指的并不是季节，而是水源。格雷厄姆的芭蕾舞剧讲述了宾夕法尼亚州一对刚刚订婚的夫妇移民拓荒的故事，而一位拥护宗教复兴的牧师和他的会众欢迎他们加入新团体。作为室内管弦乐队的管弦乐组曲，这首曲子以大家熟悉的震颤教的歌曲《朴实无华的礼物》为基础进行了5次变奏。1974年，科普兰在指挥该乐曲的管弦乐队排练时，敦促道："要让它在精神上更加美国化，也就是说情感不要显露在表面。"科普兰还为电影作曲，在1949年，他因为《女继承人》的配乐获得了奥斯卡奖。和托马斯·哈特·本顿的壁画一样，科普兰的音乐将美国主题和一种形式上富有活力、通俗易懂的语言结合了起来。

回　顾

全面战争

20世纪是在全面战争和极权主义的熔炉中铸成的。

第一次世界大战和第二次世界大战在性质和影响上比历史上其他任何一场战争都更具破坏性。两次战争都让许多国家卷入其中，平民受害者的数目之大达到了前所未有的程度，各种融入了现代技术的武器也被投入了战争，包括机枪、毒气、坦克和原子弹。

关于第一次世界大战的文学

作家以愤怒、怀疑和同情等情绪来回应全面战争和极权主义。

欧文、艾略特和叶芝的诗歌饱含了对第一次世界大战的深刻控诉，他们认为战争是西方文明衰落的标志。

小说家雷马克提供了关于堑壕战和第一次世界大战的毁灭性本质的第一手资料。

关于第一次世界大战的绘画

视觉艺术家也抗议战争带来的灾难。恩斯特用拼贴画创作出古怪的、去人性的图像，而格罗斯则对德国军用机器进行了嘲弄性的描绘。

莱热的立体派油画反映了他对现代武器和机械的欣赏。他制作了第一部抽象电影《机械芭蕾》，将现代生活描绘成机械化、去人性的生活。

俄国革命

第一次世界大战、腐败的沙皇政府和疲软的国民经济引起了俄国民众的不满。1917年俄国革命爆发，标志着苏维埃共产主义政党的诞生，该政党在列宁的马克思主义意识形态的引领下，对苏联实施了长达几十年的统治。

大萧条和美国景象

美国经济与世界其他地区一样，在第一次世界大战后遭受重创，国家陷入大萧条。

社会现实主义常常表达着对社会的批判和抗

议，这也是约翰·斯坦贝克的小说和托马斯·哈特·本顿的壁画中主要运用的创作手法。与墨西哥革命时期的壁画一样，本顿描绘美国各行各业（包括娱乐行业）的壁画成为公共艺术的主要形式。

多萝西娅·兰格和大萧条时期的其他摄影师，用纪实的照片记录了农村普遍存在的贫困和压迫。

极权主义和第二次世界大战

在希特勒的领导下，纳粹的激进种族主义政策导致整个欧洲数百万人惨遭杀害。

兰德尔·贾雷尔的诗歌、诺曼·梅勒的自然主义风格小说、约瑟夫·海勒的黑色幽默小说等二战文学，强调了战争具有的让人丧失人性的影响。

威塞尔关于在纳粹集中营的亲身经历的作品是令人震惊的对极权主义非人道行径的记录。

战争时期的视觉艺术

摄影以视觉图像记录了令人毛骨悚然的二战历史。第一位女性战地新闻摄影记者李·米勒拍摄了纳粹集中营中令人动容的图片。

在巴黎工作时，毕加索对德国空袭西班牙一个小镇的新闻报道做出了回应，创作出《格尔尼卡》，这部作品已成为20世纪典型的反战绘画作品。

战争时期的音乐

德米特里·肖斯塔科维奇和谢尔盖·普罗科菲耶夫生活在苏联时期，却创作出截然不同但同样令人难忘的音乐作品。

在英国，本杰明·布里顿创作了纪念二战的《战争安魂曲》；在波兰，克里斯托弗·潘德列茨基以无调性的不朽作品记录了20世纪种族灭绝的残酷现实。

诸如民歌、墨西哥舞曲之类的本土音乐风格，被美国著名的作曲家阿隆·科普兰融入了他创作的通俗音乐中。

术语表

黑色幽默：在现代小说和戏剧中，作者为了制造喜剧和讽刺效果而使用病态和荒谬情节的做法。

蒙太奇：在美术、音乐和文学作品中，通过自由地并置多样化的图像而形成的合成物；在电影中，通过图片的快速演替而创作出的作品，以呈现一系列相互联系的概念。

音簇：几组相邻的不协和音符，例如一个音阶的音符同时发音。

极权主义：把国家意志强加于个人生活和行为的政体。

第三十五章
对意义的追寻

约1940年—1960年

人除了是自我塑造形成的人之外，什么都不是。

——让-保罗·萨特

图 35.1 无题 马克·罗思柯，绘于1960年，布面油画。罗思柯的大幅、明亮的画作因为不呈现具体的人的形象，持续引发着人们的思考。这位艺术家认为，如果观众与画布的距离不超过18英寸，那么艺术作品和观众之间就能形成一种精神上的亲密交流

第二次世界大战如噩梦一般，让人们都处在震惊和幻灭的状态中。虽然民主国家已经阻止了极权主义的侵略势力，但未来似乎仍和从前一样充满了威胁。结束第二次世界大战的条约签订之后，两个强国主导的庞大阵营为了进一步实现各自的政治、社会和意识形态领域的目标，形成了对峙状态。其中，最大的意识形态权力集团是以美国为首、以其民主/资本主义意识形态为指导的所有国家，与其对立的是苏联/共产主义集团，后者包括了与苏联毗邻的大多数东欧国家。共产主义和资本主义民主在敌对的不信任中相互对抗，并且其对应的国家拥有消灭人类的核武器。

因对前几个世纪的基本信念丧失了信心，伴随着两次世界大战而来的悲观情绪变得更为严重。堑壕战、大屠杀、广岛事件等让人们难以坚持相信"人是理性的""科技可以促进人类幸福""宇宙是由仁慈的上帝统治的"等观点。20世纪上半叶发生的事情让人们丧失对道德的绝对准则的信心，也不足为奇。与上帝及理性的疏远引发了被称作"异化"的焦虑性逃避。到20世纪中叶，对意义的追求推动了存在主义哲学的发展，而异化和焦虑的情绪则普遍体现在反乌托邦文学、虚构的反英雄人格，以及艺术领域的众多新方向中。绘画、音乐、舞蹈中的先锋派运动，让美国在西方文化领域中获得了领导地位。

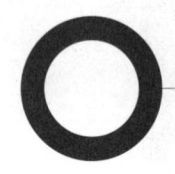

冷战

第二次世界大战后的冷战是争夺世界控制权的比赛，它决定了20世纪后半叶国际关系的走向。在欧洲，战后德国出现了政治分裂，最为明显的体现是，柏林墙将德国分隔为民主德国（东德）与联邦德国（西德）。随着"权力真空"的现象在东亚后殖民地区出现，冷战愈演愈烈。在朝鲜半岛，苏联和美国这两个超级大国展开了外交博弈，试图取得主导权，但未能成功，而这最终演变成了一场全面战争。在朝鲜战争（1950—1953年）中，双方都遭受了重大的损失（数百万朝鲜人死亡，其中大部分是平民），战争几乎陷入僵局，最后战争结束，朝鲜半岛分裂成北部的共产主义国家（朝鲜民主主义人民共和国）和南部的资本主义国家（大韩民国）。持续的冷战造成了不稳定的政治环境，这是第二次世界大战后焦虑存在的一大原因。

存在主义

存在主义是20世纪最重要的哲学运动，它审视了存在于无意义的宇宙中个体体验的独特本质。它关注人的自由、选择和责任，其根源可以追溯到19世纪晚期。有关存在主义的最著名的理论体现在丹麦哲学家瑟伦·克尔恺郭尔（1813—1855）的作品中。但存在主义是因为法国左翼知识分子让-保罗·萨特（1905—1980）的努力，才得到了广泛的重视。

萨特的哲学

让-保罗·萨特是20世纪著名的哲学家，同时以剧作家、小说家、新闻记者和文学评论家的身份为文学界做出了重要贡献。萨特参加了第二次世界大战，积极参与法国抵抗德国侵略的斗争。他致力于社会改革，支持马克思的共产主义中的工人阶级理想，但他从未成为法国共产党员。

如同萨特在其经典著作《存在与虚无》（1943年）中所阐述的那样，萨特的哲学是以存在先于本质这个观点为前提的，即人的物质存在先于任何内在因素且独立于任何内在因素之外。萨特的这一前提是对传统哲学的基本原理（柏拉图将"本质"界定为永恒不变的形式或理念）的挑战。亚里士多德认为，理性——人类进行理性思考的能力——是将人类和低等动物区分开的"本质"所在。从笛卡尔到康德，哲学家们遵循前辈的理论，捍卫"存在的基本内在原则先于存在本身"这一观点——这种观点在形而上学层面是与基督教神学相符的。

然而，萨特提出，人类没有预先设定的蓝图，没有固定的本质或本性。我们并没有任何特殊神性，我们本质上也并不理性。我们既不像弗洛伊德所认为的那样被无意识的力量囚禁，也不像马克思所坚持的那样被特定的经济条件限定。我们作为肉体/物质诞生于这个世界，就要接着做出选择，我们通过这些选择形成自己的本性。根据萨特的分析，每个个体都是其行为的总和。"我们是我们所选择成为的人。"他坚持认为。因为我们必须在每一次转折时，在各种可能性之间做出选择，所以我们"命中注定是自由的"。此外，我们做出的每一个选择都意味着全人类的一个选择，我们需要承担无法抗拒的全部责任——萨特将这种状态称之为"痛苦"。

萨特的观点在乐观和绝望之间找到了平衡。虽然自由和意义取决于人类的行为，但人类的一切行为必然是在道德空白内进行的，或者说是在缺乏神圣指导和绝对价值的宇宙中进行的。使我们深感绝望的是，我们在一个毫无意义的世界中寻找着意义。然而，因为人的生命就是我们所拥有的一切，所以我们必须要珍惜生命。萨特认为，人类的生存状态就是在面对虚无和必然到来的死亡时所体验到的一种焦虑。这种焦虑因为"只有我们自己对自己的行为负责"这一现实而加重。通过归咎于外部原因，如"魔鬼逼我做的""贫民区把我变成了罪犯""我父母太仁慈了"来免除"我"对这些行为的责任，就是"不真诚"。对萨特来说，任何形式的人类工程，无论是技术官僚式的还是其他形式的，都不能剥夺人类自由行事的可能性。逃避自由和责任是自欺欺人和不真实的表现。"我们独自奋斗，没有任何借口。"他如此总结道。

除了主要的哲学著作之外，萨特还写了许多值得关注的小说、戏剧。他最扣人心弦的戏剧是《禁闭》（1945年），其中的3个角色很有特色，他们试图证明塑造了他们人生的不真诚行为的合理性，而被困在他们自己创造出来的"地狱"里。1945年，在巴黎进行的题为《存在主义是一种人道主义》的演讲中，萨特概括了这些知名作品中阐述的主要观点。在下面的阅读材料中，萨特将存在主义作为一种行动和参与的伦理进行讨论，并探讨了因思考人类存亡而引起的痛苦的意义。

阅读材料35.1
选自萨特《存在主义是一种人道主义》（1945年）

……无神论的存在主义陈述的内容是，如果上帝不存在，那么至少有一个存在先于本质的存在，一个能在被任何概念定义之前就存在的存在，并且这个存在是人，或者如海德格尔[1]所说，是人类现实。这里所说的存在先于本质是什么意思？它意味着，首先，人存在、出现、到场，只有在那之后，才会定义自己。按照存在主义者所设想的，人很难被下定义，因为人一开始就什么也不是。只有到后来人才会有所成就，人类个体才会成为他所希望成为的样子。因此，不存在什么人类本性，因为没有上帝来构想这个东西。人不仅是自己所设想的那样，而且在被推向存在之后，人也只是其希望成为的那样。

人除了是自我塑造形成的人之外，什么都不是。这是存在主义的第一条原则，也是所谓主观性——当被人们指控时，我们被贴上的标签。如果不是说那个人相比石头或桌子更有尊严的话，那么我们这样说又是什么意思呢？我们的意思是，人首先要存在，即人首先是这样一种存在者：他向着未来前进，并且有意识地想象自己处于未来之中。人类一开始就有自我认知的规划，而不是一片苔藓、一块垃圾或一棵花椰菜；在这个规划之前，什么都不存在；在天堂里，什么都不存在；人将会成为他计划成为的样子，而不是他想成为的样子。"意志"通常指一个有意识的决定，它出现在我们已经完成了自我塑造后。我可能想加入一个政党，写一本书，结婚，但所有这些都只是一个更早的、更自发的选择的表现，也就是所谓"意志"的表现。如果存在确实先于本质，那么人应该对自己是什么负责。因此，存在主义的第一步是让每个人都意识到自己是什么，并且让他将其存在的全部责任落在自己身上。我们说一个人要对自己负责时，不仅仅意味着他应对自己个人负责，还意味着他应对所有人负责。

---

1. 德国哲学家（1889—1976），他的作品对萨特以及其他存在主义者有着极大的影响。

主观性这个词有两种含义，而我们的反对者就在利用这两种含义。一方面，主观性意味着个体要进行自我选择和自我塑造；另一方面，它意味着人不可能超越人类的主观性。第二点是存在主义的核心要义。我们说人选择自己，就是说我们每个人都同样地选择自己；这也意味着在进行这种选择时，他也选择所有的人。事实上，在创造我们想要成为的人时，我们的每一个行为，都同时在创造着我们认为应该成为的那个人的形象。选择成为这样或那样的人就是同时肯定我们选择的道路的价值，因为我们永远不会选择邪恶。我们总是选择好的事物，而不是对全人类好的事物也就不会对我们有好处。

从另一方面来说，如果存在先于本质，如果我们承认我们存在并同时塑造着我们的形象，那么这个形象对于每个人和我们的整个时代都是有效的。因此，我们的责任比我们想象中要大得多，因为它涉及全人类。如果我是一个工人，选择加入基督教工会而不是成为共产主义者，而且由于身为工会成员，我想说明，对人来说最好的选择是顺从，人类的王国并不在这个世界上，这就不仅仅涉及我自己的事了——我想让所有人都顺从。因此，我的行为影响着全人类。再举一个更私人的例子，如果我想结婚、生孩子，即使这桩婚姻完全取决于我自己的处境、激情或愿望，这也不仅仅是我个人的事情，我的行为也让全人类参与到一夫一妻制中来。因此，我对自己和其他人负责。我正在创造一种我自己选择的人的形象。在选择自己时，我也选择了人类。

这有助于我们理解诸如痛苦、孤独、绝望等华而不实的词语所指向的实际内容。你会知道，一切都很简单。

首先，什么是痛苦？存在主义者立刻会说人就是痛苦。其含义是，一个人投身于世，意识到自己不仅是他选择成为的那种人，而且还是一个同时在为全人类和为自己做选择的立法者，他就无法逃避那种深刻而全面的责任感。当然，很多人并不感到焦虑；但我们认为，他们只是隐藏了他们的焦虑，他们在逃避焦虑。当然，很多人相信，当他们做某事时，这事只和他们自己有关，当有人对他们说："如果每个人都那样做呢？"他们会耸耸肩，回答："不是每个人都那样做的。"实际上，人总是应该问自己："如果每个人都那样看待事情，那么会发生什么？"除非选择口是心非，否则你无法逃避这种令人不安的想法。通过说"不是每个人都那样做的"这种话来骗别人，给自己找借口的人，是良心不安的人，因为撒谎就意味着谎言被赋予了普遍的价值……

存在主义者认为上帝不存在这件事非常让人忧虑，因为所有在思想的天堂中寻找价值的可能性都随"他"消失了；不会再有先验的善，因为没有无限的、完美的头脑去思考善。没有任何地方命中注定有善存在，以及我们必须诚实，不能撒谎。事实是，我们处在一架只有人的飞机上。陀思妥耶夫斯基说："如果上帝不存在，一切皆有可能。"这就是存在主义的出发点。的确，如果上帝不存在，一切都能被允许，那么人必然是孤独的，因为无论是在他的内心还是在外部环境中，他都找不到可依靠的东西。他不能为自己找借口。

如果存在确实先于本质，那么人就无法用固定的、既定的人的本性来为事物进行辩解。换句话说，决定论是不成立的，人是自由的，人就是自由。此外，如果上帝不存在，那么我们就找不到让我们的行为合法化的价值或指令。因此，在光明的价值领域中，我们身后没有用来开脱的借口，前面也没有为自己辩解的理由。我们孤身奋战，没有任何托词。

这就是当我说"人命中注定是自由的"时，我想传达的想法。说"命中注定"是因为人虽然不是自己创造了自己，但是他在其他方面是自由的，他一旦被抛入这个世界，就要对自己做的所有事负责。存在主义者并不相信激情的力量，也永远不会认同这样的观点：席卷而来的激情是毁灭性的洪流，不可避免地让人做出某些行为，因此激情也是一个正当理由。存在主义者认为人要对他的激情负责。

存在主义者并不认为，人类会通过寻找世界中某种能确定自己方向的预兆来帮助自己。他们认为，人会随自己的意愿来解读预兆。因此，他们认为，没有得到支持和帮助的人，每时每刻都注定要去创造"人"的定义。蓬热[1]在一篇出色的文章中写道："人是人类的未来。"说得太对了。但如果认为这个未来早已被记录在天堂，而且上帝看到了它，那么就是错误的，因为它不再是一个真正的未来。如果认为一个人无论现在是什么样的，他都有一个可以塑造的未来，一个未被破坏的全新的未来，那就是正确的。但那样的话，我们就是孤独的……

对存在主义者而言，实际上并不存在所谓的爱，除非它体现在一个人陷入爱河的具体行为中。也不存在所谓的天赋，除非它在艺术作品中得以展现。普鲁斯特的天赋就体现在普鲁斯特的全部作品中；拉辛的天赋则体现在他创作的一系列悲剧里。除此之外，别无他物。为什么要说拉辛本可以写出另一部悲剧却没有写呢？一个人被卷入生活，在生活中留下印记，除此之外，什么也没有。当然，对一个在生活中没能获得成功的人来说，这似乎是一个残酷的想法。但另一方面，这也促使人们认识到，只有现实才是重要的，梦想、期望和希望只不过是把人定义为令人失望的梦想、破灭的希望、徒劳的期望，即对人进行否定而非肯定的定义。然而，我们说"你只不过就是你的生活"，并不意味着我们对艺术家的评判会局限于他的艺术作品，还会参考无数其他的东西。我们的意思是，人只不过是一系列事业的集合，人是组成这些事业的关系的总和、组织和集合体……

虽然不可能在每个人身上找到某种普遍的本质（即人性），但是一种普遍的人类境况是确实存在的。如今的思想家谈论人类境况比谈论人的本性要容易得多，这种现象并非偶然。他们说的"境况"，确切地说，是勾勒出人类在宇宙中基本处境的先验范围。历史境况千差万别，一个人可能生来就是异教徒社会里的奴隶，或封建领主，或无产阶级。不变的是，他必须在这个世界上生存，必须在这个世界上劳作，必须与其他人共处，并且最终难免一死……

但是，人文主义还有另一种含义。从根本上来说，人始终存在于自我之外；在自我投射、在将自我迷失于自身之外的过程中，他促成了人的存在；另一方面，正是通过追求超越性的目标，他才得以存在；人处于这种超越的状态之中，并且只有当事物与这种超越相关时，他才会关注这些事物，人处于这种超越状态的中心位置。除了人的宇宙，即人的主观性的宇宙之外，不存在其他宇宙。这种将超越性（作为人的构成要素，并非指上帝那种意义上的超越，而是指超越自身的意义）与主观性（指人并非自我封闭，而是始终存在于人的宇宙之中的意义）相联系的观点，就是我们所说

---

1. 弗朗西斯·蓬热（1899—1988）是一位法国诗人和评论家。

的存在主义的人文主义。之所以称之为人文主义，是因为我们想提醒人们，除了他自己之外，不存在立法者，而且在他孤立无援的境地中，他将由自己来做决定；是因为我们指出，人要成为真正意义上的人，实现自我价值，不是通过转向自身，而是通过在自身之外寻求一个目标，而这个目标恰恰就是这种解放，就是这种特定的自我实现。

显然，从这些思考中可以看出，没有什么比那些反对我们的声音更不公平的了。存在主义只不过是试图引出有关无神论立场的所有清晰的结论，根本不是试图令人陷入绝望。如果人们像基督教徒一样，将不信神的态度称之为绝望，那么就偏离了这个词的本义。存在主义并不像无神论一样，会竭尽全力去证明上帝不存在，相反，存在主义宣称的是，即使上帝真的存在，也改变不了什么。这就是我们的观点。我们并非相信上帝存在，而是认为上帝是否存在这个问题不是关键。从这个意义上说，存在主义是乐观的，是一种行动主义，而基督教徒不把自己的绝望和我们的绝望区分开来，然后声称我们是绝望的，这样的说法显然是不诚实的。

问：用自己的话解释一下，"存在先于本质"和"因思考人类存亡而引起的痛苦"是什么意思？

问：评价一下萨特的主张"你只不过就是你的生活"和"人命中注定是自由的"。

问题探讨

共产主义和资本主义

第二次世界大战后大约半个世纪以来，世界各大国被分成两个对立的阵营，即"共产主义阵营"和"资本主义阵营"，双方秉持对立的意识形态。两大阵营的成员都热切地捍卫自己的优势，捍卫自己在争霸世界统治权中取得成功的必然性。

"共产主义"实际上是马克思列宁主义社会主义的几种形式之一，描述了一种社会和政治制度，它坚持中央政府应拥有并运营国家的生产资料和产品的分配体系，全体人民平等地分享由此产生的财富。

"资本主义"描绘了一个基于亚当·斯密所描述的原则的体系，即世界经济资本应依靠自由市场的力量进行调节，并且政府应极少对经济和金融世界的监管施加影响。然后，个人要发挥主动性和开拓精神，在一定量的人口中生产、分配商品。

这两种看似矛盾、相互竞争的意识形态加剧了冷战的紧张态势。虽然冷战在过去的半个多世纪中，只是偶尔趋于白热化——最近一次是在越南战争中（详见第三十六章），在20世纪的大部分时间里，共产主义和资本主义这两种对立的意识形态及其思想指导下的政策依然威胁着国际关系的稳定。

基督教存在主义

虽然萨特把上帝是否存在这个问题排除在他的推测之外，但基督教存在主义者认为对至高无上的上帝的信仰与人的自由和责任的行为准则之间并不存在矛盾。他们认为，宗教哲学不必涉及上帝存在与否的证明，而应该关注个人的道德生活。除了克尔恺郭尔所说的"信仰的飞跃"（所有的宗教信仰都源于此）之外，还存在一种对自己的生活而言的持续的道德责任。根据哲学家卡尔·雅斯贝斯（1883—1969）和加布里埃尔·马塞尔（1889—1973）的说法，上帝对人类发出挑战，让人类作为自由的、负责任的生物来支配自己的行动。

在基督教神学家中，对个人道德生活的类似关注让宗教得以走出神学院，走向市井街头。神学家莱因霍尔德·尼布尔（1892—1971）批判了教条主义神学，呼吁在不道德的社会中复兴道德行为。尼布尔坚信，人的参与对社会救赎是必不可少的，他敦促基督教徒在现代社会培养谦逊的精神并推进公平正义。尼布尔同时期的伙伴、路德教的保罗·蒂利希（1886—1965）大胆抵制人格化神的概念。对蒂利希来说，焦虑和异化是对"高于有神论之神的上帝"进行神秘领悟的初步条件。

20世纪中叶的文学

乌托邦和反乌托邦

战后时期，人文主义和科学之间的鸿沟似乎比以往任何时候都要大。越来越多的知识分子开始质疑科学知识在推动人类进步方面的社会价值。乐观主义者仍然认为现代技术是解放人类的力量。例如，美国行为主义心理学家伯勒斯·弗雷德里克·斯金纳（1904—1990）就期望这样一个社会——人们为了个人和集体的利益，可以利用科学对人类的行为进行设计。在斯金纳的未来主义小说《瓦尔登湖第二》（1948年）中，他创造出了一个虚构的社会。在这个社会中，"行为技术"取代了传统的"前科学时代"对自由和尊严的看法。在大量盛赞科学是塑造未来的积极力量的乌托邦文学中，《瓦尔登湖第二》是其中的典型。

然而，悲观主义者担心，并且到现在仍然担心现代技术可能会带来灾难，包括核武器大屠杀，个人自由的绝对丧失……反乌托邦文学是描绘社会糟糕、黯淡、荒凉一面的作品，其反映的就是这种消极的观点。其中著名的反乌托邦作品有英国作家奥尔德斯·赫胥黎（1894—1963）创作的《美丽新世界》（1932年）、赫胥黎的同胞乔治·奥威尔（1903—1950）创作的《一九八四》（1949年）和美国作家雷·布雷德伯里（1920—2012）创作的《华氏451》（1953年）。这三部小说都呈现了虚构的极权主义社会，而在这些社会中，人类的自由正在被现代科技和人类工程技术摧毁——这一主题在21世纪的反乌托邦文学中得到了新的演绎（详见第三十七章）。

《美丽新世界》描述了一个虚构的处于福特（以20世纪早期的美国汽车制造商亨利·福特的名字命名）纪元7世纪的社会。在赫胥黎的未来主义社会中，婴儿在试管中受孕，社会中的个体遵循福特发明的汽车制造流水线的方法，个体的行为举止都受到制约，以完成对社会有益的工作任务。在这个"美丽新世界"中，家庭生活的概念和实践被根除，人类的焦虑被一种叫唆麻（一种改变情绪的药物）的东西压制；艺术、文学和宗教被无情地清除，因为按照技术管理者的说法，艺术、文学和宗教都威胁着公共秩序和稳定。

文学中的反英雄

战后时代见证了一类新文学英雄的诞生：这类英雄不具有传统价值观和宗教信仰，承担着自由的重担，对自己的行为负全部责任。存在主义英雄——更确切地说，反英雄——开始追寻意义：他们被自然和环境异化，在一个缺乏绝对道德准则的世界里做选择。在他们所处的那个世界里，除非是有意识地在一众替代选择中优先选择了该行为，否则任何行为都不能被称为"善行"。与过去的英雄不同，现代的反英雄既不高尚，也没有明确的目标。他可能行为果断，但非常清楚这个世界并不存在共同的文化价值观，而且自己也不会得到个人回报。他被自由束缚，而不是被自由解放，他可能会难以与他人相处，或者仅仅是度过一天都是问题——在萨特的《禁闭》中，一个角色说："他人即地狱。"面对无意义和无理性，反英雄可能除了痛苦地意识到生活的荒谬本质之外，会一无所获。

20世纪的文学中有许多反英雄人物，这些人物的生活说明了人类境况的荒谬。萨特的同胞阿尔贝·加缪（1913—1960）将荒谬定义为"人与生活、演员与场景的分离"。在加缪的小说中，反英雄不可避免地面临存在主义的基本要求："承认生而为人的尊严"和"做出选择并全身心投入到行动中去"。加缪的经典作品《局外人》（1942年）的主人公是典型的异化了的人：他背离了传统的社会价值观，除了持续不断反抗，无法建立自我意识。

加缪对人类本性的看法没有像萨特一样悲观，他更关心个体间饱含善意的、和谐一致的价值观。同时，他的小说所描述的情景以及他因车祸而死亡这件事，似乎不可避免地有些随意和荒谬。

尽管存在主义起源于欧洲，但其英雄人物却出现在20世纪世界各地作家的文学作品中，其中引人注目的是阿根廷的豪尔赫·路易斯·博尔赫斯（详见第三十七章）和日本的大江健三郎（1935—2023）的小说。在战后的美国，存在主义的思维方式突破了地域，从威廉·福克纳（1897—1962）和沃克·珀西（1916—1990）所在的南方腹地到约翰·契弗（1912—1982）所在的新英格兰，以及伯纳德·马拉默德（1914—1986）所在的纽约；从索尔·贝娄（1915—2005）的中西部城市到"垮掉的一代"所在的加利福尼亚州。"垮掉的一代"是一群崇尚波希米亚式的创造力，反对从众行为，崇尚自发的生活方式的作家。其中，充分体现"垮掉的一代"特色的作品有杰克·凯鲁亚克的《在路上》（1957年）——一部由年轻的躁动引发的冒险故事，凯鲁亚克称它是"记录自己的真实故事的小说"，还有艾伦·金斯堡咄咄逼人的长诗《嚎叫》（1955年）。后者是对美国价值观丧失的咆哮式悲叹，提到了非法毒品、性取向、同性恋，以及美国商业主义的罪恶，并以以下愤怒的言辞开场：

> 我看到这一代的精英正在被疯狂摧毁，
> 他们饥肠辘辘，歇斯底里，赤身裸体，

科技发展一览表

1944年	一位加拿大细菌学家证明脱氧核糖核酸（DNA）是决定遗传的基础。
1946年	第一台功能性的电子数字计算机在美国进行测试。
1947年	量子电动力学（QED）研究亚原子粒子的"不规则"行为。
1948年	贝尔实验室开发出了晶体管。
1951年	核反应堆成功地用于发电。

在拂晓时分，拖着沉重的步伐行走在黑人区
找寻着一剂猛药；
他们穿着时髦，有着天使般的面庞，渴望
在这死气沉沉的夜晚
与发出光芒的繁星产生古老的神圣连接……

二战后，剧作家们也在作品中探讨了存在主义体验：在阿瑟·米勒（1915—2005）获得普利策戏剧奖的《推销员之死》（1949年）中，反英雄是典型的美国式人物形象。主人公威利·洛曼是个推销员，是个处处遭遇失败的"小人物"，但他无法认识到自己声称的物质上的成功是不真实的，也无法逃避自欺欺人的徒劳。《推销员之死》是一部经典的美国作品，它依靠传统的戏剧结构，将复杂但最终能引起人共鸣的人物刻画得惟妙惟肖。然而，一个完全不同的戏剧类型将在战后时期占据主导地位。

荒诞派戏剧

被称为荒诞派戏剧的国际运动生动地体现了现代社会所经历的极度痛苦，以至于20世纪末期的批评家称之为"我们这个时代真正的戏剧"。荒诞派戏剧作家，如易卜生和米勒，抛弃了索福克勒斯和莎士比亚的经典戏剧创作手法，他们拒绝传统的戏剧结构（在这种戏剧结构中，冲突经过发展，最后得以解决）和传统的人物发展模式。荒诞派戏剧从达达主义的表演艺术和超现实主义电影中汲取风格上的灵感，它没有戏剧情节的逐步推进、明确的发展方向和结局。荒诞派戏剧的人物很少或从不经历变化，对话与行动相互矛盾，情节的发展也不遵循逻辑顺序。戏剧情节中夹杂着黑色幽默，可能由毫无理性的、荒诞的状况构成，而这些状况在演出结束时仍未得到解决，就如同现实生活中经常发生的那样。

荒诞派戏剧的主要人物体现了这场运动的国际性，他们包括萨缪尔·贝克特（爱尔兰人）、欧仁·尤奈斯库（罗马尼亚人）、哈罗德·品特（英国人）、费尔南多·阿拉瓦尔（西班牙人）、让·热奈（法国人）和爱德华·阿尔比（美国人）。在这些人中，1969年诺贝尔文学奖获得者萨缪尔·贝克特（1906—1989）享有最高的荣誉。贝克特在早期的职业生涯中，受到詹姆斯·乔伊斯的影响，而年迈的乔伊斯当时视力开始下降，其小说《芬尼根的守灵夜》的部分内容正是由乔伊斯口述、贝克特记录而完成的。贝克特钦佩乔伊斯对语言的实验性运用。他也赞同奥地利语言哲学家路德维希·维特根斯坦（详见第三十七章）的观点——人类为语言所囚禁，从而失去了真正理解万物的可能性。

语言是思想的牢房是贝克特戏剧风格的基础，该观点也在后现代哲学中具有深远影响。在贝克特最著名的作品《等待戈多》中，这一观点体现得尤为明显。这部作品创作于1952年，在1953年首次上演。该戏剧的主要"情节"是两个流浪者在等待神秘的"戈多"时，持续进行的对话——对话简短生硬、重复乏味，并且常常显得比较滑稽（尽管他们殷切期望戈多出现，但最终戈多也没有来）。有人认为，戈多象征着救赎、启示，或上帝（最为普遍的解释），但贝克特并不认同这些解释。尽管如此，这位缺席的"拯救者"（也许正是通过他的缺席）为剧中主要人物的生活带来了一点点意义。他们的渴望和幻想、麻痹和无知，在剧本的开场白"无事可做"中已经埋下了伏笔，因此是可以预见的。戏剧引用了《圣经》的典故、低俗的闹剧、有趣的文字游戏、禅宗式的主张、粗俗的笑话，并以非同寻常的方式组合在一起，推动着戏剧的发展，这种发展生动地体现了萨特的观点，即"人首先是这样一种存在者：他向着未来前进，并且有意识地想象自己处于未来之中"（详见阅读材料35.1）。作为一部有关存在的境况的寓言，《等待戈多》把期望与事件之间的分离演绎得十分鲜活。同时（正如下文节选的《等待戈多》第二幕结尾部分所示），这部戏剧强调了两个互相依附（共同等待）的脆弱生命之间交流的徒劳。

阅读材料35.2
选自萨缪尔·贝克特《等待戈多》（1952年）

埃斯特拉贡：我们要去哪里？

弗拉迪米尔：不远处。

埃斯特拉贡：哦，对，让我们远离这里吧。

弗拉迪米尔：我们不能。

埃斯特拉贡：为什么不能？

弗拉迪米尔：我们明天还得回来。

埃斯特拉贡：为什么？

弗拉迪米尔：为了等待戈多。

埃斯特拉贡：啊！（沉默）他没来？

弗拉迪米尔：没有。

埃斯特拉贡：现在太晚了。

弗拉迪米尔：对，现在是晚上了。

埃斯特拉贡：如果我们放弃他。（停顿）如果我们放弃他呢？

弗拉迪米尔：他会惩罚我们。（沉默，他看了看树）除了这棵树，别的都死了。

埃斯特拉贡：（看着树）那是什么？

弗拉迪米尔：那是树。

埃斯特拉贡：对，是什么品种？

弗拉迪米尔：我不知道。柳树。

（埃斯特拉贡拉着弗拉迪米尔往树那边走。他们一动不动地站在树前面，沉默）

埃斯特拉贡：我们为什么不上吊？

弗拉迪米尔：用什么上吊？

埃斯特拉贡：你连绳子都没有吗？

弗拉迪米尔：没有。

埃斯特拉贡：那我们没法上吊。

（沉默）

弗拉迪米尔：我们走吧。

埃斯特拉贡：等一下，我有腰带。

弗拉迪米尔：那太短了。

埃斯特拉贡：你可以紧紧抓住我的腿。

弗拉迪米尔：那谁来抓我的腿？

埃斯特拉贡：你说得对。

弗拉迪米尔：还是看看吧。（埃斯特拉贡松开绑在裤腰上的绳子。裤子太大了，掉到了脚踝处。他们看着绳子）在紧要关头或许能用上。但它够牢固吗？

埃斯特拉贡：我们马上就会知道。给。

（他们各拿了绳子的一头，开始拉绳子。绳子断了。他们两人差点摔倒）

弗拉迪米尔：都不屑于骂它。

（沉默）

埃斯特拉贡：你说，我们明天还要回来？

弗拉迪米尔：对。

埃斯特拉贡：那我们可以带根好绳子。

弗拉迪米尔：是。

（沉默）

埃斯特拉贡：狄狄[1]。

弗拉迪米尔：在。

埃斯特拉贡：我不能再这么过下去了。

弗拉迪米尔：那是你的想法。

埃斯特拉贡：如果我们分开呢？那可能对我们都好。

弗拉迪米尔：我们明天就上吊。（停顿）除非戈多来了。

埃斯特拉贡：如果他来了呢？

---

1. 弗拉迪米尔的昵称。——编者注

弗拉迪米尔：我们就得救了。

（弗拉迪米尔摘下帽子——幸运儿的帽子——盯着里面看，在帽子里摸索，晃动它，敲敲帽子顶，又把它戴上）

埃斯特拉贡：怎么样？我们走吧？

弗拉迪米尔：穿上你的裤子。

埃斯特拉贡：什么？

弗拉迪米尔：穿上你的裤子。

埃斯特拉贡：你想让我脱下裤子？

弗拉迪米尔：穿上你的裤子。

埃斯特拉贡：（意识到自己的裤子在脚边）你说得对。（他拉起裤子）

弗拉迪米尔：怎么样？我们走吧？

埃斯特拉贡：好，我们走吧。

（他们没动）

（落幕）

问：这段阅读材料是如何传达"荒谬"的？

问：两个主要人物在个性上有差异吗？

20世纪中叶的诗歌：狄兰·托马斯

狄兰·托马斯（1914—1953）对现代社会状况秉持着审慎的态度，他认为现代社会只是处在生和死之间的一个停顿。他自称首先是个威尔士人，其次是个酒鬼；在美国，他因热情洋溢的公开朗诵和音乐性的诗歌而闻名。他的诗歌《不要温和地走入那个良夜》发表于1951年——他父亲去世后不久，表达了一种面对死亡时，对生命积极向上的恳求。托马斯用"聪慧的人""善良的人""野蛮的人""严肃的人"创造了一组富有节奏感的诗句，6个小节中有4个小节以祈使句"愤怒地对抗逐渐消逝的光明"结尾。诗歌引用"以失明之眼看到"很可能是受到自己当教师的父亲在生命最后几年遭受到的视力丧失的启发，但也可以看作对他父亲不可知论的暗示，即他父亲精神上的盲目——更广泛地说，是对困扰着现代怀疑论者的那种疏离情绪的一种影射。1954年，伊戈尔·斯特拉文斯基以这首诗作为基础，创作了音乐作品《纪念狄兰·托马斯》，通过男高音、弦乐团和两个长号进行演绎。

阅读材料35.3
狄兰·托马斯《不要温和地走入那个良夜》（1951年）

不要温和地走入那个良夜，
日薄西山时，老人应奋起怒吼、燃烧；
愤怒，愤怒地对抗逐渐消逝的光明。

聪慧的人临终时虽知黑暗是正途，
却因他们的话语未化成一道道闪电，
不要温和地走入那个良夜。

善良的人在最后的波浪到来时高呼
他们的脆弱善举本可在绿色海湾里欢快起舞，
愤怒，愤怒地对抗逐渐消逝的光明。

野蛮的人抓住飞翔的太阳并为之高歌，
等意识到这让太阳悲伤了一路时已为时过晚，
不要温和地走入那个良夜。

严肃的人临终时以失明之眼看到
失去光泽的双目如流星般燃烧并快乐着，
愤怒，愤怒地对抗逐渐消逝的光明。

而你，我的父亲，我祈求你在生死边缘，
用你那滚烫的热泪咒骂我、保佑我，

不要温和地走入那个良夜。

愤怒，愤怒地对抗逐渐消逝的光明。

问：在这首诗歌中，托马斯是怎样使用光与影的意象的？

问：诗歌体现宗教信仰了吗？

拉宾德拉纳特·泰戈尔

与托马斯相比，诗人拉宾德拉纳特·泰戈尔（1861—1941）认为世界是一个精神堕落的世界。对泰戈尔来说，现代社会的危机在于一系列错位的价值观，这些价值观以牺牲美丽、创造力和精神和谐为代价，反而追求商业和物质享受。泰戈尔出生于印度西孟加拉邦（当时该地区还受英国殖民统治），在一个聚集着美术家、音乐家和社会改革家的家庭中长大。在英国短暂停留之后，他回到印度，在那里成了一位多产的作家，出版了大约六十卷诗歌、戏剧和小说。

在印度，泰戈尔建立了一个国际性的教育机构，旨在为西方学者和印度学生之间的思想交流提供一个平台，以实现他促进"所有种族的精神统一"的理想。1913年，泰戈尔获得了诺贝尔文学奖。他留下了大量的作品，为现代社会的意义探索提供了一个东方的，尤其是印度教的方法。在他的叙事诗《那人没有什么有意义的工作》中，他论述了个体选择的存在主义责任。这首诗是具有挑衅性的寓言，质疑了推动大多数现代社会的以目标为导向，追求务实的价值观。这首诗还用了一种带有讽刺意味的方式，探讨了艺术作品既可能毫无意义又必不可少的可能性。

阅读材料35.4
泰戈尔《那人没有什么有意义的工作》
（1921年）

那人没有什么有意义的工作，只有各种各样的异常行为。

因此，在花费了一生的时间处理各种琐事后，他惊讶地发现自己竟身处天堂。

领路人误把他带到了错误的天堂——这里是为善良且忙碌的灵魂所设的。

在这个天堂里，那人悠闲地漫步在路上，却不料妨碍了匆忙赶着办事的人。

他退到小路边，却被人警告不要践踏刚播种的种子。有人推搡他，他便急忙站起身来；有人催促他，他就继续往前走。

一个极匆忙的女孩来到井边打水。她在路上奔跑，跑动的双脚像快速弹奏竖琴的手指。她在匆忙间随意绾了个发髻，额前散落的几缕发丝探入她深邃的眼睛中。

男人开口问她："你能把水罐借给我吗？"

"我的水罐？"女孩问，"去打水吗？"

"不，在它上面画画。"

"我没有时间可浪费。"女孩轻蔑地反驳道。

一个忙碌的人可消磨不过一个无所事事的人。

她每天都在井边遇见他，他都提出相同的要求，最终她妥协了。

那人用奇特的颜色在水罐上画上线条交织的让人捉摸不透的迷宫般的图案。

女孩拿起水罐，一边转动它一边问："这是什么意思？"

"这没有任何意义。"他回答。

女孩把水罐带回家。她举起水罐,借助不同的光线尝试解开谜题。

晚上,她下床点上灯,从各个不同的角度仔细盯着它看。

这是她第一次遇上没有意义的东西。

第二天,男人又出现在井边。

女孩问:"你想要什么?"

"为你做更多的工作。"

"什么工作?"她问道。

"允许我把彩色的线编织成缎带作为你束发的发绳。"

"有必要吗?"她问。

"丝毫没有。"他赞成地说。

缎带做好了,从那以后,她花很多的时间梳头发。

天堂里原本井然有序、人们充分利用时间的平静日子,开始出现不规则的裂缝。

年长的人深感忧虑,他们聚在会议室里商量对策。

领路人承认了自己的过失,坦白他把一个错误的人带到了错误的地方。

他们把错误的人叫过来。他头上色彩鲜艳的头巾,清楚地表明了这一错误是多么严重。

年长的人中的头领说:"你必须回到人间去。"

男人松了一口气,说:"我准备好了。"

头发上绑着缎带的女孩插嘴道:"我也去。"

这是年长的头领第一次遇到毫无道理可言的情况。

问:在泰戈尔的寓言诗中,每个人物角色代表什么?

问:这个故事有"寓意"吗?

20世纪中叶的视觉艺术

在二战后,欧洲艺术界的重要人物是出生于都柏林的画家弗兰西斯·培根(1909—1992)。培根是自学成才的,在欧洲表现主义中加入了异乎寻常的表达方法,将人类和动物的形象描绘成剥皮的躯体或扭曲的骨骼。他像个巫师,把电影、杂志插画和艺术史里他喜欢的形象转变成怪诞的、变形的(但画得很感性)画像。

对于迭戈·委拉斯开兹(详见第二十一章)于1650年完成的《教皇英诺森十世肖像》的原画作,培根表示从来没有见过;然而,他收藏了许多该作品的复制品,并且一直被画中人物那孤独的形象所困扰。培根创作了超过25幅对该肖像的再创作版本,在

图 35.2 头像(六)弗兰西斯·培根,绘于1949年。这幅画已经成为存在主义绝望的象征。教皇大张的嘴巴是受到谢尔盖·爱森斯坦的《战舰波将金号》中"敖德萨阶梯大屠杀"系列事件里尖叫的女人形象的启发,也借鉴了艺术家在巴黎购得的一本书中针对口腔病症的图解说明

图35.2这一版中，他把画中人物囚禁在一个透明的笼子里，人物被模糊的线条束缚着无法动弹。这位德高望重的教皇成了极度痛苦和异化的直观体现。他无声的尖叫是失去了精神意义的现代主义的象征，让人联想到蒙克、爱森斯坦和毕加索的作品，而这些艺术家都是培根所崇拜的。

抽象表现主义

几百年来，几乎所有重要的绘画新风格都源自巴黎或其他欧洲国家。然而，1945年之后，美国，尤其是纽约市，以一种被称为抽象表现主义的激进新风格独领风骚。抽象表现主义源于现代主义对传统具象派艺术的挑战和破坏，从毕加索和马蒂斯的还原主义抽象风格、康定斯基的色彩试验、达达派的无意义表演和超现实主义的"自动"艺术中获得灵感。这种新风格以存在主义的热忱欣然接受了偶然因素所起的作用；它似乎也呼应了量子物理学家对宇宙的描述，即宇宙是一系列不断变化的随机模式。无论这些理论是否直接影响了视觉艺术，它们都与当时出现的有关随机艺术的实验相呼应。

在美国，抽象表现主义开创了所谓美国绘画的"英雄时代"。该运动的先驱是一群才华横溢的移民，他们逃脱了纳粹的压迫，逃离了饱受战争摧残的欧洲给人的生存带来的威胁。这些艺术家包括阿希尔·高尔基（1904—1948）、汉斯·霍夫曼（1880—1966）和威廉·德·库宁（1904—1997），他们都在1920—1940年间陆续移居纽约。抽象表现主义画家在大幅画布上作画，并使用特大号的画笔，将颜料以一种松散、随意和出于本能的方式置于画布上，这种方式强调的是绘画的身体姿势，即绘画这一行为本身。

抽象表现主义绘画通常是抽象的、非写实的，但当可辨认的题材出现时，这些题材会被呈现出疯狂的、主观的紧迫性，比如德·库宁的凶猛的图腾女性系列——他很喜欢的主题之一。在德·库宁的画中，杏眼圆睁的女性形象伴有丰满的乳房和露齿的笑容，这被一些人认为是对女性的负面看法。事实上，这种形象的灵感来自苏美尔人的祈愿雕塑和大地之母的形象（图0.3和图1.2）。德·库宁开玩笑说，他画的女人是流行的海报美女和广告牌女神的姐妹——这些女人因其空洞的"美国式微笑"而闻名。

图 35.3 马霍宁河 弗朗兹·克兰，绘于1956年

相比之下，弗朗兹·克兰（1910—1962）的巨幅黑白绘画则完全由壮观、抽象的形状组成。尽管克兰的画作（图35.3）完全是非写实的，但它们让人想起了桥梁、轧钢厂和因二战后城市扩张而出现的其他纪念物所具有的强有力的棱角。克兰常常在边长超过10英尺的画布上使用房屋油漆工用的刷子作画，从而营造出一种粗犷且直观的感觉（他称之为"瞬间的活力"）。

波洛克

最著名的抽象表现主义者是出生于美国怀俄明州的杰克逊·波洛克（1912—1956）。在他早期

触类旁通

几个世纪以来，日本的禅宗大师们都在练习书法，这种艺术在18世纪重新流行起来（详见第二十一章）。禅画是由大毛笔蘸黑墨水画成的，是需要专注、集中注意力的冥想行为，也是即兴创作和克制的敏悟平衡（图35.4）。这些书法作品通常出现在长度不超过4或5英尺的绢本或纸卷卷轴上，传达了如抽象表现主义画作那样的大幅绘画的活力。

虽然抽象表现主义画家可能没有直接受到禅宗大师的影响，但他们可能知道日本在战后出现的被称为"具体美术协会"的激进团体。作为禅宗大师的间接继承人，具体美术协会发起了"行为艺术活动"——依靠身体行为来表现艺术。他们的表演具有自发性的特点。他们偶尔也以令人震惊的方式运用油画颜料，可能会将颜料猛地丢向画布。和美国抽象表现主义者一样，具体美术协会的艺术家在创作者、动作姿势和创作材料之间实现了一种无媒介的直接碰撞。

图 35.4 日本高僧东岭圆慈的书法作品，18世纪晚期

的绘画中，人物形象具有粗犷的画风和粗暴的笔触，与德·库宁的画风有相似之处。但到1947年，波洛克已经构思出一种让动作本身成为绘画主题的技术。他作画时并不把画布放在画架上，而是把画布固定在画室的地板上，然后将油画颜料、亮漆和商用铝粉涂料滴、溅、倾倒、涂抹到画布表面（图35.5）。颜料层层叠叠形成的暗纹——可看作艺术家吸引人目光的"笔法"——和沙子、钉子、火柴、瓶子碎片混合在一起，偶尔还有烟头。

波洛克大胆的新方法后来被称为行动绘画，让他（如他所解释的）可以"在画布周围走动，在画布的每一侧作画，完全融入画中"，这种方法的灵感来自印第安纳瓦霍族创作沙画的治愈仪式。纳瓦霍族的沙画是将直觉、即兴创作和严格缜密的控制相结合的产物，他非常钦佩。"在我看来，"他

图 35.5 杰克逊·波洛克在他位于长岛的画室工作，照片拍摄于1950年

说,"现代画家无法用文艺复兴时期的旧形式或其他任何一种文化的旧形式来表达我们这个时代,如飞机、原子弹、收音机。每个时代都有其特定的手法。"波洛克的画作是对感觉、密度和节奏的研究,虽然有些令人困惑,但在一个按照过程、不确定性和偶然性来定义客观现实的时代,他的画作算是这个时代的恰当隐喻。就像宇宙中的旋涡气流一样,《秋天的旋律:第30号》(图35.6)中银河般的颜料线条似乎超出了画布的边框,仿佛映射出了二战后有关不断膨胀的宇宙的量子理论一样。波洛克认为他的每件艺术作品都有生命,但他坚称自己能控制作品的方向:"没有偶然,就像没有起点,也没有终点一样。"

色域绘画

抽象表现主义中有一个流派叫色域绘画,其特点是画布表面被大面积地涂上了一层层近乎透明的颜料。马克·罗思柯(1903—1970)的画作由半透明的、边缘柔软的色块组成,这些色块神秘地浮在其他色域的表面(参见图35.1)。这些巨大的、象征性的艺术作品所具有的诉诸美感的力量,来自一层层浓郁颜料产生的微妙的相互作用,作品似乎由内而外焕发出绚丽的光芒。罗思柯经历了战后时代因思考人类存亡而引起的异化。他声称,他在作品中表达了基本的人类情感:"悲痛、狂喜和沮丧。""那些在我的画作前哭泣的人,正体验着我作画时的体验,"他说,"如果你……只是因为色彩关系而感动,那么你显然没有抓住重点。"罗思柯在1970年自杀了。

罗思柯的抽象形状通常是自成一体的,而海伦·弗兰肯塔勒(1928—2011)的抽象画作往往像奇异花卉一样盛开蔓延。弗兰肯塔勒有个习惯,她直接从咖啡罐中倒出经过稀释的油画颜料,泼到未经处理或未涂底漆(没有石膏涂层)的画布上。她的抒情艺术作品往往规模宏大,充分体现了水彩画透明的清新感。

图 35.6 秋天的旋律:第30号 杰克逊·波洛克,绘于1950年,在帆布画布上使用油画颜料、亮漆和铝粉绘成。这类艺术作品的出现早于20世纪90年代中期哈勃空间望远镜拍摄的一些外太空照片

在大规模机械化日益占据主导地位的文化中，美国抽象派艺术家声称他们偏爱一种姿态式的、个人化的、自发性的艺术。创作艺术作品的过程变得和艺术成果一样重要。同时，这些艺术家似乎背弃了资产阶级的审美趣味，创作出大到无法在普通的起居室里悬挂、装饰的艺术品。事实上，随着该运动的发展，画布的尺寸越来越大，似乎要容纳下艺术家们的雄心和抱负。然而，具有讽刺意味的是，这些鄙视资本主义技术去人性化效果的艺术品却得到了这种技术捍卫者的珍视。现在，挂在公司办公室、旅馆、银行和圣地（如休斯敦非宗派教会的罗思柯教堂）的抽象表现主义绘画已成为现代高雅艺术的标志。

霍珀的美国

抽象表现主义代表着美国绘画与现实主义传统的决裂，特别是与社会现实主义的决裂。尽管如此，在20世纪，具象派艺术仍然繁荣发展。例如，纽约艺术家爱德华·霍珀（1882—1967）的绘画就描绘了美国城市寂寥的、缺乏有意义的人际关系的具象图景。霍珀对美国电影和剧院的喜爱反映在其剪裁奇特、光线刻意的艺术作品中，这些作品与电影剧照类似。霍珀的定格瞬间和电影剧照一样，似乎是一种更大范围的存在主义叙事。在《夜鹰》（图35.7）中，霍珀描绘了一个灯光刺眼的通宵餐馆，里面的人虽同处一个狭小的空间，却几乎没有亲近感。霍珀描绘了"一夜廉价旅馆"和"锯木屑餐馆"单调的内部环境中彼此疏远、孤立的人物，让人想起了艾略特的作品中的普鲁弗洛克（阅读材料32.2）。

图 35.7 夜鹰 爱德华·霍珀，绘于1942年。霍珀以描写城市日常生活中无趣的平凡活动而闻名。作为一名纽约本地人，他说他描绘这个充满忧郁氛围的场景的灵感来自格林威治大道与西11街和12街形成的楔形拐角处的一家餐馆

20世纪中叶的雕塑

贾科梅蒂

因思考人类存亡而引起的忧虑情绪也支配着国际雕塑领域。艺术评论家赫伯特·里德所称的"恐惧几何学",在瑞士艺术家阿尔贝托·贾科梅蒂(1901—1966)的具象雕塑作品和抽象雕塑作品中表现得淋漓尽致。1930年,贾科梅蒂受到超现实主义的影响,但在战后时期,他创造了一种描绘人物形象和处境的新语言。在大大小小的陶土作品中(之后用青铜浇铸),他把具象的描绘对象转变成令人难忘的、身形瘦长的形象,这些形象似乎象征着存在主义式的孤独(图35.8)。贾科梅蒂创作的自由却饱受摧残的人物形象受到萨特的高度赞赏,后者在1948年为贾科梅蒂在纽约举办的个人展览撰写了介绍。贾科梅蒂与存在主义作家之间的紧密联系,使他获得了为萨缪尔·贝克特的《等待戈多》首演设计布景的委托。

西格尔

在美国,乔治·西格尔(1924—2000)令人难忘的作品充分体现了现代的异化情绪。西格尔发明了一种独特的方法,根据真人模特的石膏模型创作与真人一样大小的塑像,其模特通常是他的朋友和家人。他把这些怪异得让人害怕的复制品安放在普通环境里,再配以普通的、未经浇铸的小道具,如酒吧高脚凳、路灯、床、公交车座椅等。这些被他称为"集合的环境",使西格尔能够对现代生活中人们的异化、社会不公以及沟通不畅等问题发表看法。从风格上讲,西格尔的这些场景式作品将现实主义雕塑传统与20世纪晚期,以及21世纪的波普艺术和行为艺术运动联系在了一起(详见第三十七章)。

史密斯

战后的抽象雕塑与抽象表现主义绘画一样具有即兴创作的活力。美国雕塑家利用诸如焊接的钢铁等工业材料,建造了规模宏大、气势磅礴且充满

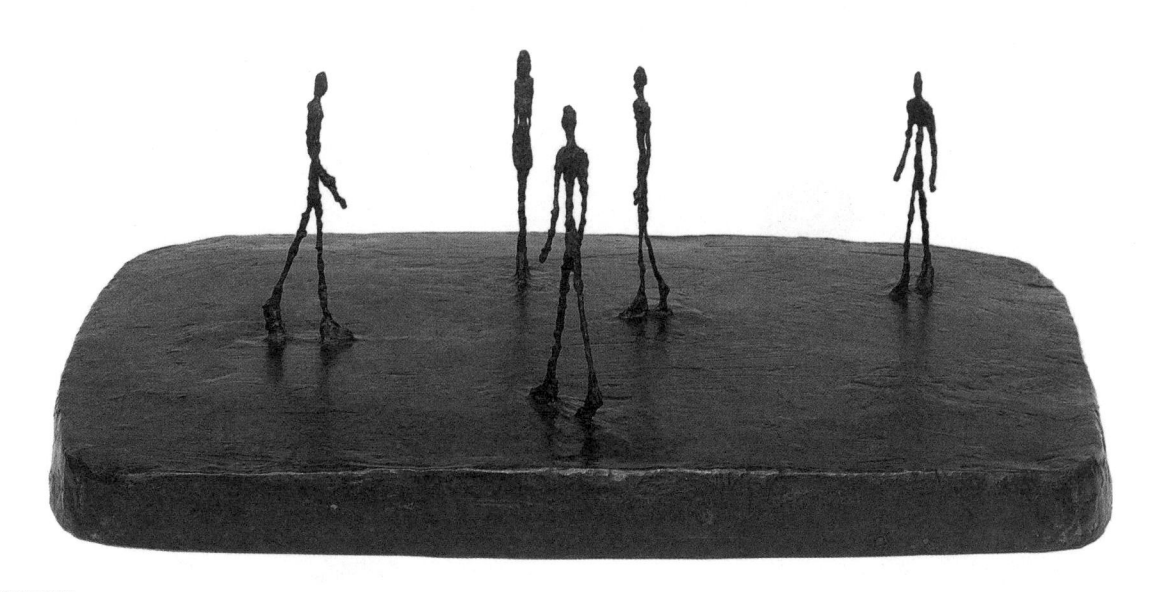

图 35.8 **市区广场** 阿尔贝托·贾科梅蒂,创作于1948年,青铜制品。个体之间相互孤立的现象被这样一个事实表现出来,即如果按照个体前进的运动轨迹延伸,没有一个个体会在这个空间场中碰见另一个个体

动感的标志性抽象雕塑作品。构成式雕塑的先驱者之一是来自美国中西部的艺术家大卫·史密斯（1906—1965）。大学暑假时，史密斯曾在汽车厂打工，学会了焊接。在战时的机车工厂工作时，他又掌握了各种其他的工业加工工艺。他的早期作品是大型焊接铁制造型，外面喷涂了许多层汽车亮漆。1961—1965年，他创造了28件箱形不锈钢造型作品（"立方体"系列），他用电动工具对作品的表面进行抛光和刮擦，让它们得以反射周围环境的颜色（图35.9）。

史密斯以工业技术为基础，打造出一种新的结构风格。他那些气势恢宏的雕塑造型有着弗朗兹·克兰的抽象作品带有的书法艺术般的活力：它们都充分体现了一种极具冲击力的动感，使周围的空间充满活力。虽然贾科梅蒂和西格尔的作品可能反映了存在主义式的绝望，但史密斯的雕塑却象征着战后美国的乐观精神。"金属本身，"他坚持认为，"几乎没有艺术史内涵。其所承载的联想都与20世纪有关，比如权力、结构、动感、进步、悬浮、毁灭、残酷。"

图 35.9 立方体（12号）大卫·史密斯，约创作于1963年，不锈钢雕塑。史密斯在将作品转换成不锈钢材质的成品前，用旧箱子为他的每一个"立方体"制作了纸板模型。他把抛光表面上的痕迹比作画笔的笔触

图 35.10 黑色、白色和十个红色 亚历山大·考尔德，创作于1957年，材质为涂色金属薄片和金属丝

282 人文传统

20世纪中叶的电影

在战后时期，电影导演开创了许多新方向。在意大利，罗伯托·罗西里尼（1906—1977）的新现实主义探索了法西斯主义造成的痛苦后果。在他的电影《罗马，不设防的城市》（1945年）中，罗西里尼用一种残酷的新电影类型取代了娱乐大众的电影，这种电影将人类悲剧如实记录下来，仿佛它们是自然灾害一般。罗西里尼在风格和内容上都与现实主义结下了不解之缘，他雇用非专业演员，完全用实景拍摄的方式拍摄影片。新现实主义电影自觉地摒弃了电影说教的模式以及好莱坞"舞台化"的手法，试图描绘平凡生活中的残酷现实。

战后电影的第二个方向是以黑色电影的形式出现的，黑色电影是一种讲述罪恶和阴谋混杂的黑暗世界的电影类型（在德国、法国和美国尤其流行）。与20世纪30年代的黑帮电影不同，黑色电影表现出一种幻灭和无奈地顺从的情绪，这种心情源于善与恶之间道德界限的模糊。在美国电影《双重赔偿》（1944年）中，蛇蝎美人的形象（危险的、充满诱惑力的女人）第一次在电影中出现。在经典的黑色电影《历劫佳人》（1958年）中，多才多艺的导演兼演员奥森·威尔斯（1915—1985）使用长镜头、高低不同的机位和偏离中心的构图，来塑造险恶的角色和烘托阴森的氛围。

第三种电影类型是惊悚片。导演阿尔弗雷德·希区柯克（1899—1980）在拍摄惊悚片方面极负盛名。惊悚片的影响力主要依赖于营造悬念，而非直白地展现暴力场面。希区柯克以独特的方式——通过快速切换角色和角色（常常是带着恐惧）所注视的对象之间的镜头——将故事情节与拍摄风格相结合。这种手法在《后窗》（1954年）和《惊魂记》（1960年）等电影中尤其成功。

战后的电影开始通过挑战以传统道德价值观为主导的电影来寻求意义。日本电影导演先驱黑泽明（1910—1998）通过重新审视传统的武士文化，探索了现代生活的复杂性。作为一名技术高超的导演，他在经典之作《罗生门》（1950年）和《七武士》（1954年）中，运用了不寻常的摄影角度、倒叙手法以及严谨简洁的表达方式。这些电影传达了黑泽明的乌托邦观点，即积极的社会行动可以拯救世间的罪恶。

伯格曼

瑞典电影业巨擘英格玛·伯格曼（1918—2007）对人类的命运则没有那么乐观。在他拍摄的约40部电影中，伯格曼探讨了现代男女的混乱生活。失去上帝，承认精神和情感上的异化，以及伴随自我理解而生的焦虑是他电影的主要主题。伯格曼著名的电影有《第七封印》（1957年）、《野草莓》（1957年）和《假面》（1966年）。他具有里程碑意义的作品《第七封印》是一部面对即将到来的死亡而心生绝望的寓言故事。故事发生在中世纪的欧洲（受《新约》中圣约翰《启示录》的启发），讲的是一个骑士离开十字军，回到家乡，却发现瘟疫已大范围暴发，无数人身处苦难的故事。幻想破灭后，他最终向死神发起挑战（下棋），赌注就是他自己的生命。伯格曼把电影创作比作音乐创作：电影创作是一项非叙事的、基本上依靠直觉的创作活动。他那些被搬上电影银幕的启示录般的愿景，源自他所称的"对难以言表之物的呈现"。

考尔德

美国雕塑家亚历山大·考尔德（1898—1976）与超现实主义艺术家是同时代的人，他曾于1926年在巴黎见过他们。考尔德受马塞尔·杜尚和霍安·米罗的作品影响，他创作了一些用金属丝构成的抽象作品。他给这些作品装上动力装置或将它们悬挂在天花板上，这样它们就可以在空中自由飘浮。考尔德的移动装置（动态雕塑），依靠风力驱动，其尺寸可能小到几英寸，也可能巨大，它们都利用了气流的"偶然"效应，在实体和空间之间建立不断变化的关系——实体指的是色彩鲜艳、具有生物形态的铝状物，空间指的是这些铝状物周围的空间（图35.10）。

20世纪中叶的建筑

到20世纪中叶，公共建筑呈现出鲜明的国际特征。以钢架、钢筋混凝土和玻璃的使用为基础的国际风格建筑原则，在包豪斯建筑学派训练有素的建筑师以及勒·柯布西耶的影响下（详见第三十二章），已经得到普及。标准化和机械化的高效率成为城市高层公寓建筑的标志特征，在1930年后的几十年里，成千上万座这样的公寓楼被建造出来，并充当廉租房。在学校、工厂和办公楼的建设中，国际风格的简洁和朴素与艺术中普遍存在的去个性化情绪相呼应。国际风格的摩天大楼成为企业财富和现代技术统治的象征。它们有力地反映了20世纪的物质主义，正如哥特式大教堂体现了中世纪鼎盛时期的精神信仰一样。

图 35.11 西格拉姆大厦 路德维希·密斯·凡·德·罗，建造于1954—1958年

密斯·凡·德·罗

在国际风格的拥护者中，最大胆的是出生于德国的建筑师（包豪斯设计学院的最后一位院长）路德维希·密斯·凡·德·罗（1886—1969）。密斯的信条"少即多"为这些简朴的建筑提供了灵感，比如他与菲利普·约翰逊（1906—2005）合作设计的纽约市西格拉姆大厦（图35.11）。由具有金属光泽的青铜和琥珀玻璃建成的这座造型流畅、不加装饰的大厦是复杂而巧妙的机械工程的"最新成果"，也是国际风格中"形式要服从功能"信条的典范。该建筑的比例和古典建筑一样完美无瑕：抬高的底层和顶部四层深色玻璃形成了平衡的状态。几十年来，西格拉姆大厦一直影响着玻璃和钢结构的建筑；遗憾的是，对该大厦的模仿普遍呈现出的

图 35.12 环球航空公司候机楼 埃罗·萨里宁,建于1962年

是冷酷、缺乏人情味的建筑特色,而不是其诗意的简洁风格。

在20世纪中叶,一些世界顶尖的建筑师对国际风格建筑的几何结构和功能性的纯粹主义提出反对意见。他们提供了主观的、个性化的,甚至浪漫的替代性选择,试图取代冷峻的、理性的国际风格。他们以模铸混凝土为媒介,创造出了像史密斯的雕塑那样富有表现力的,像弗兰肯塔勒的绘画一样诗意的且具有有机形态的建筑物。例如,由芬兰裔美国建筑师埃罗·萨里宁（1910—1961）设计的纽约肯尼迪机场的环球航空公司候机楼（图35.12）,该候机楼就隐喻着飞行:它的交叉拱形屋顶——由混凝土覆盖的钢结构——像一只巨鸟一样向上张开翅膀。从外向内,候机楼神秘的内部逐渐呈现出流畅的、不间断的空间。

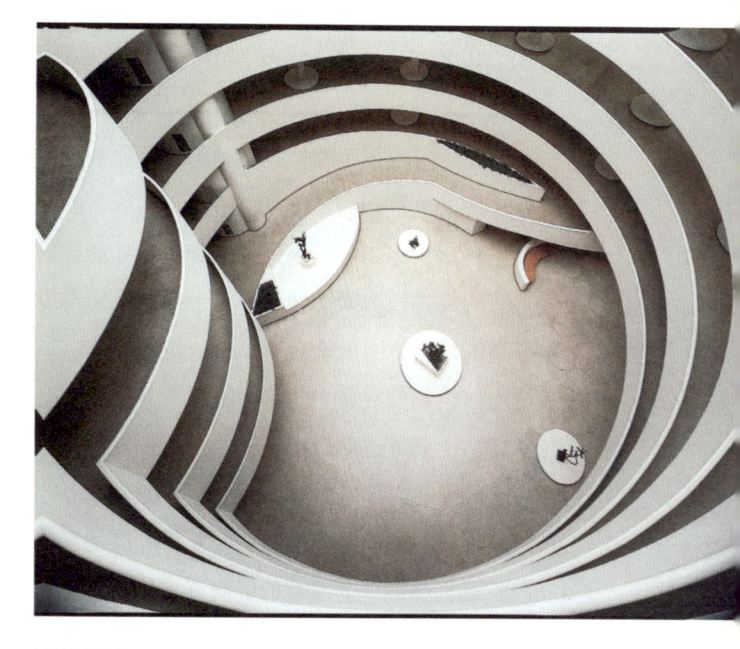

图 35.13 古根海姆博物馆内部 弗兰克·劳埃德·赖特,建于1947—1959年

第三十五章 对意义的追寻 285

图 35.14 古根海姆博物馆外部 1992年，在赖特原设计的基础上，增加了一些布局传统的房间和一座相邻的建筑

20世纪中叶的赖特

弗兰克·劳埃德·赖特是20世纪极具独创性的建筑师之一，早在1909年他就创造了一些著名的民房建筑。在20世纪中叶，他设计了美国独特的建筑之一：纽约的古根海姆博物馆。这个建筑地标与曼哈顿典型的四四方方的垂直建筑形成鲜明对比。该博物馆由白色钢筋混凝土的带状物构成，绕成一个圆柱形，从上到下逐渐变窄。它的内部类似于一个巨大的蜗牛壳的内部（图35.13），由一条环绕着中央天井的连贯的螺旋形坡道和一个96英尺高的天窗构成。该建筑物有一个透明的玻璃圆顶，能让建筑内部沐浴在自然光里，其令人惊叹的内部空间与建筑物里展出的大多数艺术品一样具有吸引力。1992年新增的10层石灰岩扩建工程（图35.14）减弱了圆形建筑与城市环境之间的强烈对比，但并没有破坏原设计的风采。古根海姆博物馆仍然是现代建筑想象力的典型代表。

富勒

建筑界的梦想家兼先锋环保人士理查德·巴克敏斯特·富勒（1895—1983）几乎没有看到自己那些充满未来主义色彩的想法以实体的形式实现。富勒的环保意识超前于他的时代，他意识到地球的资源是有限的，而地球（他称之为"地球号宇宙飞船"）是一个脆弱的实体。他发起的关于节能、价格亲民的住房运动，催生了最早的预制房屋设计之一：戴马克松房屋（1927年）。这是一种金属结构的房屋，由一根中心桅杆支撑，外墙是一整片连续的玻璃。

富勒最为人熟知的建筑是他的高圆顶建筑。这种建筑依赖质量轻的三角形结构的拉伸性能来构建，能够使用最少的结构材料产生最大的强度，而

图 35.15 高圆顶建筑（"富勒球"） 1967年蒙特利尔世界博览会的美国馆。1976年，一场大火毁坏了圆屋顶的丙烯酸纤维表面，但留下了格子框架，此后这一框架得到了修复并留存了下来

且可以以低廉的价格进行大批量生产，也可以被直升机运到任何地方来迅速搭建起避难所。和戴马克松房屋一样，富勒为1967年蒙特利尔世界博览会设计的高圆顶建筑（图35.15）直到20世纪末都几乎未对建筑构造领域产生任何影响。

20世纪中叶的音乐与舞蹈

凯奇

在20世纪中叶的音乐领域中，最具创造性的人物是美国作曲家约翰·凯奇（1912—1992）。凯奇自称是建筑和园艺专业的学生、禅宗佛教的信徒。他师从阿诺德·勋伯格（详见第三十二章），后者称凯奇为发明家，而不是作曲家。凯奇是音乐实验法的主要代言人，他曾把音乐定义为乐音（特定音调）、噪音（无音调的声音）和沉默的组合，而节奏则是其中共有的要素。他坚持认为："我们所做的一切都是音乐。"

1938年，凯奇发明了"预制钢琴"，他对传统的施坦威钢琴进行改良，在其琴弦上系上橡胶片、竹条、螺栓及其他东西。在演奏时，"预制钢琴"就变得类似于某种打击乐器，发出的声音像巴厘管弦乐队的音色；正如凯奇所说，这是"由单个演奏者控制的打击乐团"。为"预制钢琴"而写的《奏鸣曲与间奏曲》（1948年）包括16段奏鸣曲和4首间奏曲，其表达的是作曲家对印度音乐和哲学的体验。这些早期作品的音色和织体都很细腻，打击节奏也很优雅。

凯奇后来的音乐是彻底的实验性作品，特别体现在他试图将沉默和无音调的声音融入作品中。1954年，凯奇创作了《4分33秒》，在这部作品中，演奏者在钢琴前静静地坐了4分33秒。《4分33秒》的"音乐"由指定时间段内出现的短暂的、随机的声音组成，包括钢琴家的呼吸声、观众因坐立不安而发出的双脚摩擦声，或音乐厅外遥远的交通嘈杂声。

凯奇的大部分音乐作品都属于偶然音乐，即它们源于偶然或随机的创作过程。为了确定一部音乐作品中音符的位置，凯奇可能会采用掷骰子掷出的数字，或者将纸张表面的污点和瑕疵加入本来是空白的活页乐谱中。他的这些创作技巧的灵感来源于佛教禅宗、《易经》和超现实主义者的精神自动行为理论。随机和偶然是构成其作品《想象中的风景第四号》（1951年）的基础，这部作品需要同时播放12台收音机，同时配备24名演奏者（每台收音机对应两人）来随机转动按钮，以调节收音机的音量或转换电台。这种反传统音乐的作品颂扬了现代体验的荒谬和随意性，同时让作曲家与演奏者、艺术构思与实际演奏之间的传统关系变得模糊不清。尽管凯奇采用了机会法来进行创作，但他的每部音乐作品都有完整的乐谱，包括最非常规的乐段也遵循他明确的、清晰的指示。这些"谱曲的即兴作品"认可存在主义的信条，即每一种创造性行为都涉及选择。无论是通过掷骰子、抛硬币、还是其他方式来进行随机操作，甚至决定不采取任何行动，这些都代表一种选择。

凯奇的前卫方法，正如他在诸多论文和讲座中宣传的那样，对年轻艺术家产生了巨大的影响，这种影响一直持续到21世纪。他的"偶然"美学激发了被称为"激浪派"的国际新达达主义运动。激浪派画家、作家、电影导演和音乐家尝试创作以表演为导向的极简主义作品，这些作品需要观众来完成艺术创作的过程。

坎宁汉

20世纪40年代中期，凯奇遇到了美国编舞家默斯·坎宁汉（1919—2009）和年轻的画家罗伯特·劳申伯格（1925—2008，详见第三十七章）。在北卡罗来纳州阿什维尔市的黑山学院，他们合作进行舞台表演，运用即兴创作技巧，并将舞蹈、哑剧、诗歌、音乐、投影照片和电影进行了富有创意的结合。

坎宁汉对现代编舞的贡献源于他将音乐和舞蹈彻底分解开来的做法。他反对自己的老师玛莎·格雷姆（详见第三十二章）的叙事式舞蹈风格，只专注于动作和形式。在坎宁汉的作品中，舞蹈可以不借助音乐进行，音乐也可以与舞蹈共存，但是音乐的节奏可能与舞者的动作完全无关。坎宁汉放弃了传统的舞蹈姿势，无视传统的舞台表演站位。舞者的数量和他们跳舞的时长可能会由他的生活伴侣约翰·凯奇随机地做出决定。他的编舞要求舞者有干净利落、大幅度的身体动作，占据大面积的舞台空间。坎宁汉的舞蹈表演就像波洛克的绘画或凯奇的音乐作品一样，可能会顺着一个宽泛的脉络展开，缺乏固定的中心。坎宁汉对所有的肢体动作（包括跑步、跳跃和跌倒等普通动作）的要求都是一样的，而这些动作可能通过即兴表演的方式出现，或者就像凯奇的音乐一样由偶然因素决定。然而，正如凯奇的作品一样，即使是即兴创作的作品，那也是经由艺术家精心策划（或编排）而成的。

坎宁汉的一部名为《夏日时空》（1958年）的早期作品，体现出了一种原始的活力和自发性，这与抽象表现主义的绘画有异曲同工之妙。在这部多媒体作品中，坎宁汉探讨了偶然与选择、自由与控制之间的矛盾张力，这也是存在主义表达的核心。

回顾

冷战

第二次世界大战后，异化和焦虑是人们心理上的两种主要状态。

战后，争夺世界控制权的"冷战"决定了国际关系的走向。共产主义和资本主义这两种看似不相容的意识形态，在全球舞台上开始了权力的争夺。

资本主义以亚当·斯密的自由市场理论作为依据，而共产主义则赋予中央政府平等分配财富的权力。

存在主义

存在主义是让-保罗·萨特推崇的一种人文主义哲学，它强调个体选择在缺乏绝对道德准则的世界中所起的作用。

世俗存在主义和基督教存在主义都要求人类对自己自由选择的行为承担全部责任。

20世纪中叶的文学

20世纪的作家表达了存在主义带来的挑战，以及因个人选择的自由而引发的痛苦。悲观主义者担心现代技术的破坏性潜力，并预见到了人类自由的消亡。

文学作品中的反英雄，比如萨缪尔·贝克特的荒诞派戏剧《等待戈多》中滑稽可笑的流浪汉，正与绝望抗争，而这种绝望源自他们要在一个基本上毫无意义可言的宇宙中做出选择这个事实。他们的生存似乎取决于其恪守行动的承诺。

像拉宾德拉纳特·泰戈尔这样的亚洲作家在世界各处寻找意义，而在他所去的这些地方，现代主义不仅威胁着传统，也在重塑传统。

20世纪中叶的视觉艺术

视觉艺术的中心从巴黎转移到了纽约。被称为抽象表现主义的艺术运动，是一次通过富有表现力且常常大胆粗犷地将颜料涂抹在画布上，来实现自我价值的伟大尝试。

杰克逊·波洛克的行动绘画和马克·罗思柯、海伦·弗兰肯塔勒的色域绘画探索了偶然和选择之间的动态平衡。

20世纪中叶的雕塑

阿尔贝托·贾科梅蒂和乔治·西格尔创作的雕塑都表现出了存在主义焦虑的特征。他们所塑造的人物形象，即便置身于熙熙攘攘的都市环境中，也依然能唤起一种疏离感。

大卫·史密斯的大型作品，将工业技术运用于以铁和不锈钢为原材料的抽象雕塑创作中。

20世纪中叶的建筑

建筑领域的国际风格在经典的如玻璃盒一般的摩天大楼的建造中达到高潮，尽管也有例外，但这些建筑强化了现代城市社区缺乏人情味的特征。

理查德·巴克敏斯特·富勒的高圆顶建筑和引人注目的钢筋混凝土建筑新浪潮（以弗兰克·劳埃德·赖特的古根海姆博物馆为例），挑战了国际风格的简洁和朴素。

20世纪中叶的音乐与舞蹈

和视觉艺术领域一样，在音乐和舞蹈领域，战后的一代人把绝对真理的缺失当作自由实验的起点。

约翰·凯奇是音乐先锋派的领军人物，他将沉默、噪音和偶然元素融入了自己的音乐作品中。

默斯·坎宁汉将现代舞重新定义为一种脱离了主题和音乐关联的肢体动作表达形式。

术语表

偶然音乐：指任何根据偶然或随机程序创作的音乐。

高圆顶建筑：一种由处于张力状态的轻质量构件构成的球状结构建筑。

第三十六章
解放与平等

约1930年—现当代

这个世界不再是白色的，再也不会是白色的了。

——詹姆斯·鲍德温

图 36.1 **世界舞台系列** 凯欣德·威利，绘于2011—2012年。威利在为模特作画前会先给他们（通常穿着街头服装）拍照。他画室的助手会绘制那些藤蔓状的装饰图案，这些图案将人物环绕其中，形成一幅色彩鲜艳的"织锦画"

在战后的大部分时间里，绝望的情绪依然在蔓延，但一种更为积极的精神在世界的许多地区推动着实现解放和平等的运动的发展。20世纪下半叶有两个主要的解放运动。第一个解放运动牵涉到殖民地国家为确保政治、经济、宗教和民族独立而做出的努力，旨在在世界上工业不发达的国家范围内，减少贫困现象，提高生活水平，以便这些国家能达到经济更发达的国家的生产水平。

第二个解放运动爆发的导火索来自对由来已久的社会不公正和根深蒂固的偏见的反对，人们要求种族平等、民族平等和两性平等。该运动在全球范围内展开，包含了非裔美国人争取公民权利的长期斗争，西方世界的女权主义者对平等的要求，以及对那些非传统性取向者所遭受的不平等的承认。

追求解放和平等的运动（关于殖民、种族和性别等方面），为20世纪和21世纪的一些重要的文学、美术和音乐的创作提供了背景。从长远来看，评价任何一件艺术作品，都不该牵涉艺术家的政治立场、种族和性别。尽管如此，对本章出现的重要作品的审视仍是在不断追求平等的背景下进行的。平等，是人文主义传统史上的一个关键主题。

反殖民主义与解放

在二战后,力量被削弱的欧洲国家无法再维持支撑其帝国所必需的军事和经济力量。同时,他们的殖民对象开始不断增强力量,以摆脱西方统治者的控制。

早期对殖民统治的反抗行为之一发生在印度。在第一次世界大战期间,印度国民大会党受到印度教徒莫汉达斯·卡拉姆昌德·甘地(1869—1948)的影响。甘地的追随者称他为"圣雄",即"伟大的灵魂",他领导印度进行斗争,摆脱英国的统治并获得了独立。在印度教教义的指导下,同时受《山上宝训》以及梭罗和托尔斯泰著作的影响,甘地提出了和平抗议殖民压迫的政策。他的非暴力抵抗运动包括禁食、和平示威等,对后来世界各地的解放运动都产生了影响。甘地的参与对印度于1947年摆脱英国控制并获得解放至关重要。1948年,甘地被一名反对他在印度穆斯林少数民族问题上秉持和解态度的印度教狂热分子刺死。

1944—1960年,包括约旦、缅甸、巴勒斯坦、斯里兰卡、加纳、马来亚(后归属马来西亚)、塞浦路斯和尼日利亚在内的许多国家都摆脱了英国的统治。叙利亚、黎巴嫩、柬埔寨、老挝、越南、摩洛哥、突尼斯、喀麦隆、马里及其他非洲国家脱离法国统治获得独立。其他地区脱离了美国、日本、荷兰、比利时和意大利等国的统治,获得了独立。

然而,在中美洲、东南亚及其他地方,内部冲突引发了第一世界强国(包括美国、西欧大部分国家、日本和加拿大在内的工业化资本主义国家)的军事干预。1961—1975年,美国接替了法国在越南的势力,借口保卫并帮助越南南方抵御受共产主义指导的越南北方而多次发起战争,但以失败告终。越南战争是美国历史上持续时间最长的战争,造成了双方严重的人员伤亡。后来,在东欧和俄罗斯的部分地区,苏联政权的解体引发了由来已久的民族冲突,也造成了国家分裂和流血暴力事件。

伊斯兰世界的解放与文学

当印度脱离英国的控制,并获得独立时,该国的穆斯林少数群体也在进行相关的解放运动。为了在印度次大陆上建立一个自治的伊斯兰国家,1947年巴基斯坦宣告独立。然而,伊斯兰世界的其他地区并没有如此成功。例如,在1971年真正实现完全自主之前,埃及经历了残酷的屠杀、暴乱和革命的折磨,长达几十年。阻碍独立的伊斯兰国家取得成功的原因是,即使在获得独立后西方国家仍然持续地影响着这些国家经济的关键方面(如石油生产)。

现代化进程同样具有挑战性,具体而言,以西方资本主义模式和民主改革为核心的现代化议程,与以《古兰经》和具有统治权力的神权政体为基础的穆斯林传统之间存在不相容性。在伊斯兰世界的大部分地区,将现代法律和宪法的创新内容引入悠久的伊斯兰社会的困难程度让人难以应对。事实上,直到今天,伊斯兰世界中的少数群体仍然强烈反对现代文化和西方对穆斯林事务的干涉。

虽然西方的科技和帝国主义在伊斯兰世界从古代到现代的转变中产生了重大影响,但是穆斯林文化依然蓬勃发展。在印度,诗人和哲学家穆罕默德·伊克巴尔(1877—1938)将伊斯兰教视为南亚主要的道德力量。在支持巴基斯坦建立一个独立的伊斯兰国家的同时,伊克巴尔强调了印度的穆斯林、基督教徒和印度教徒之间建立兄弟情谊的重要性。伊克巴尔在德国、英国的大学攻读法律和哲学,他期望建立一个超越民族、种族和国家的泛伊斯兰教团体。他敦促他的追随者用积极的精神取代古代穆斯林神秘主义者禁欲遁世和自我克制的理论。在诗中，他表达了穆斯林所感受到的绝望，他们认为帝国主义和现代主义对他们的精神信仰和神圣律法造成了双重威胁。

阅读材料36.1 伊斯兰教的诗

革命（1938年）

伊克巴尔

置人的灵魂于死地的是欧洲，
置人的意志于死地的是亚洲，
两者都感受不到生命的流动。
人类心中激起一场革命的洪流；
也许我们这个旧世界也快要死亡了。

欧洲和叙利亚（1936年）

伊克巴尔

叙利亚这方土地曾赐给西方一位
代表着纯洁、怜悯、天真的先知；
作为补偿，叙利亚从西方
获得了骰子、酒和妓女。

问：根据这两首诗，你如何描述穆斯林对西方价值观的态度？

拉丁美洲的解放与文学

从哥伦布时代起，拉丁美洲的各个民族就为比他们自己国家更强大的第一世界国家的政治和经济利益服务。甚至在19世纪早期欧洲国家离开阿根廷、巴西、墨西哥、秘鲁及其他拉丁美洲国家之后，漫长的殖民主义时期普遍存在的令人无法忍受的状况依然存在：包括大量美洲原住民后裔的农民在内的绝大多数拉丁美洲人处于贫困之中，只占人口一小部分的富有的精英则掌握着权力和土地。这些精英与包括美国在内的第一世界国家存在着金融和工业方面的利益联盟关系（特别是自19世纪90年代以来），并以此维持着他们在国内的地位。

拉丁美洲有20多个国家都讲西班牙语，以天主教徒为主，在人口快速增长的同时试图努力解决长期存在的不平等、剥削和不发达问题，也因此再三经历社会动荡。迭戈·里维拉的壁画记录了墨西哥革命漫长而痛苦的历史，也是体现上述情况的生动例子。在拉丁美洲的各个国家，政治和社会改革者都努力彻底改革社会经济秩序，让拉丁美洲得以摆脱经济上的殖民主义，实现更公平的财富分配。对这些本质上是社会主义运动的支持来自社会贫困阶层的代表，其中包括隶属工会的工人和作为社会公平的推动者代表广大群众行事的天主教会。神职人员中的改革派所宣扬的"解放神学"对基督教教义提出了一种强有力的新阐释。

拉丁美洲的艺术家联合起来支持解放运动。20世纪60年代，优美的拉美散文和诗歌在文学界涌现，形成了一股文学热潮，其影响至今仍然在世界范围内存在。改革运动的拥护者、智利人巴勃罗·聂鲁达（1904—1973）是拉丁美洲多产的西班牙语诗人之一。他的诗歌常常运用激烈的超现实主义意象，公开赞同激进的民粹主义意识形态。在《联合果品公司》中，他描述了拉丁美洲"香蕉共和国"中正义和自由的腐败。这首诗被称为仿制的"最后审判"，表达了对美国在边境以南的国家实施商业剥削政策的愤慨。

阅读材料36.2
巴勃罗·聂鲁达《联合果品公司》
（1950年）

当号角吹响的时候，
世间万物都已就绪，
上帝将宇宙瓜分：
阿纳康达铜业公司、福特汽车公司、
可口可乐公司，以及类似的企业。
联合果品公司为自己
保留了最多汁美味的部分：
我祖国的中心地带和海岸，
美洲最诱人的腹地。
他们重新命名自己的领地，
称它为"香蕉共和国"——
在渐渐衰弱的死者身上，
在曾与那强大势力、
他们的旗帜和自由抗争的
英雄们不安的长眠之地，
他们上演了一出讽刺歌剧：
他们掠夺所有企业，
像恺撒那样被授予桂冠，
释放所有的贪婪，谋划
苍蝇专横的统治时期——
特鲁希略苍蝇，"塔克"苍蝇，
卡里亚斯苍蝇，马丁内斯苍蝇，
乌维科苍蝇[1]——他们都是苍蝇，
浸满橘子酱色的奴性鲜血的苍蝇，
在人口密集的垃圾堆上
东倒西歪嗡嗡飞舞的苍蝇：
马戏团的苍蝇，博学多才的苍蝇，
特别擅长实施专制暴政的苍蝇。
在这个被残忍的苍蝇统治的地方，
联合果品公司
带着咖啡和水果启航了，
战利品满得快要溢出货船，
像托盘一样带着从我们濒临覆灭的土地上
搜刮来的赃物悄悄溜走。
同时，一个印第安人在早晨
掉入了我们海港那
甜甜的地狱深处，
被毒气闷死了：
一具躯体倒下，一个没有姓名的奴隶，
一个滚动的数字，
一根耗尽生命的树枝
在腐肉的桶里枯萎，满桶水果开始腐烂。

问：这首诗的主要思想是什么？
问：聂鲁达仿制"最后审判"有什么作用？

---

1. 20世纪拉丁美洲的独裁者：拉斐尔·特鲁希略于1930—1961年在多米尼加共和国实行残暴统治；"塔克"是安纳斯塔西奥·索摩查·加西亚的昵称，他从1937年开始统治尼加拉瓜，一直到1956年被人暗杀；蒂武西奥·卡里亚斯·安迪诺是洪都拉斯自封的独裁者，他在19世纪30年代至40年代受到联合果品公司的支持；马克西米利安·埃尔南德斯·马丁内斯是19世纪30年代至40年代萨尔瓦多残忍的独裁者；豪尔赫·乌维科在1931—1944年控制了危地马拉，他一直是美国控制危地马拉的傀儡。

寻求种族平等

20世纪最波澜壮阔的解放运动聚焦于种族平等的问题，这个问题在非裔美国人的经历中表现得如此明显，以至于一些观察者称这个世纪为"种族时代"。自奴隶制存在以来，数百万美国黑人生活在发达的工业国家，作为被剥夺了基本权利的少数群体而存在。

16—19世纪，数千万非洲奴隶被运送到美洲殖民地，尤其是南方的殖民地。直到美国南北战争结束，奴隶制一直存在于美国人的生活中。亚伯拉罕·林肯于1863年颁布的《解放宣言》促进了奴隶的解放，但直到1865年美国宪法修正案第十三条生效，奴隶制才正式宣布被废除。这项宪法修正案和其他宪法修正案共同保障了黑人的权利，但与他们以前的白人主人相比，非裔美国人的生活仍然十分艰苦、贫穷。在奴隶获得解放之后，因隔离的住房、低等的学校、没有选举权和平等就业权引起的种族隔离只不过是非裔美国人遭受到的不公正待遇中的一部分。在第一次世界大战后，许多非裔美国人为解决这些问题以及更为普遍的种族主义问题而奔走。

哈莱姆文艺复兴

第一次世界大战为非裔美国人提供了新的教育和就业机会。在战争期间以及战争结束之后，上百万非裔美国人从南方移居到北方各州。纽约市成为经济机会的中心，也成为从世界各地赶来的黑人的大熔炉。但是，在1919年"红色夏季"期间，白人的挫败感和对黑人与其竞争就业机会的恐惧导致超过25个城市发生了种族暴动（图36.2）。

1920—1940年，非裔美国人对种族平等的追求以及对自我认同的追寻激发了他们通过艺术创作来表达的热潮。以哈莱姆（曼哈顿的一个社区，主要由非裔美国人组成）为中心，诗人、画家、音乐家和舞蹈家推动了后来被称为"哈莱姆文艺复兴"的运动。

哈莱姆文艺复兴使非洲文化遗产的有意识"重生"成为对种族认同与平等的理智层面和文化层面追求的主要部分。该运动的一位领军人物是作家、民俗学家和人类学家佐拉·尼尔·赫斯顿（1891—1960）。赫斯顿在其20世纪早期的小说中运用了非

图 36.2 《黑人移民》系列作品（第五十幅）雅各布·劳伦斯，绘于1940—1941年。1993年，艺术家修改了文字和画作名。"当时有大量的种族暴动。白人工人对被聘用的外来移民抱有敌意，因为外来移民破坏了白人工人的罢工。"

裔美国人的方言，塑造了一些非常坚强的女性形象。她的小说《他们眼望上苍》（1937年）被普遍认为是黑人文学的经典。

与赫斯顿同时期的兰斯顿·休斯（1902—1967）是哈莱姆文艺复兴时期能言善辩的作家之一。休斯出生于密苏里州，于1921年移居纽约，在那里成为第一个以专业作家身份维持生计的非裔美国人。他不仅是音乐家、记者、小说家，还是杰出的诗人，他有力的词句（"被拖延的梦想""阳光下的葡萄干""像我一样黑"）已成为美国文学和英语语言的经典。他的诗歌充分体现了非洲口述传统的音乐特质，将日常对话与布鲁斯和爵士乐的节

奏融为一体。休斯认为，诗人是"抒情的历史学家"，他从自己的经历中汲取了大量创作素材：他的《为英语B而写的作文》记录了他对白人文化主导下的黑人学生所接受的教育的感受。在针对1919年"红色夏季"事件进行反思的作品《哈莱姆》中，休斯回顾不久前的过往，以此来预示自20世纪60年代以来在美国黑人聚居区频繁发生的愤怒暴乱。

和哈莱姆文艺复兴时期的作家一样，诗人格温多琳·布鲁克斯（1917—2000）也借鉴了爵士乐和街头俚语的风格，生动地描绘了她所在城市的黑人聚居区。布鲁克斯是第一位获得普利策诗歌奖（1950年）的非裔美国人，她引起了人们对美国社会中的黑人（尤其是年轻的黑人）所处困境的关注。阅读材料36.4中的两首诗是她漫长而多产的作家生涯的早期代表作。

阅读材料36.3
兰斯顿·休斯的诗歌

为英语B而写的作文（1949年）

老师说：

今天晚上
回家写一页文章。
应字字句句发自肺腑——
那才是真实的。

我想知道事情是不是就这么简单？

我二十二岁，有色人种，出生于温斯顿–塞勒姆。

我在那里上学，然后去了达勒姆，再到这里，这座位于哈莱姆上方小山上的大学。
我是班里唯一的有色人种。
小山上的台阶向下直达哈莱姆，
我穿过公园，走过圣尼古拉斯街道、
第八大道和第七大道，来到哈莱姆基督教青年会，
我乘电梯到我的房间，坐下，写下这一页：

在你我二十二岁的时候，
要知道什么是真实并不易。但我想，
我是我的感受和所见所闻，哈莱姆，
我听到你的声音：

听到你的声音和我的声音——我们在这纸上对话。

（我也听到了纽约的声音。）我——
我是谁？

嗯，我喜欢吃、睡、喝酒、坠入爱河。
我喜欢工作、阅读、学习、理解生活。
我想要一个烟斗当作圣诞节礼物，或者唱片——贝西·史密斯、波普爵士乐或巴赫的作品。

我想，肤色并不能阻止我喜欢
其他种族的人也喜欢的事物。
所以我写的这一页文字有种族颜色吗？
因为我是我，它不会是白色人种的文字风格。

但那是
你的一部分，老师。
你是白人——
却是我的一部分，
就如同我是你的一部分一样。
这就是美国。
可能有时候你不想成为我的一部分。
我也并不会常常想成为你的一部分。
但我们确实是彼此的一部分，这是事实！

我想你能从我这里学到东西——
尽管你年岁更长——而且是白人——
并且某种程度上更自由。

这是我为B写的作业。

哈莱姆（1951年）

被拖延的梦想怎么了？

它是不是像
阳光下的葡萄干一样干涸？
还是如溃疡一般化脓——
然后溃烂流脓？
它似腐肉般发臭吗？
还是会结上硬皮，再裹上糖霜——
就像黏腻的甜品？
也许它只是如负重一般
不断下垂。

还是说它爆炸了？

问：在这两首几十年前写成的诗中，作者所描写的情形在多大程度上至今仍然适用？

**阅读材料36.4
格温多琳·布鲁克斯的诗歌**

母亲（1945年）

堕胎不会让你忘却。
你记得你曾拥有却未得到的孩子，
那小小的湿黏的东西几乎没有头发，
本可成为歌手、工人，却未曾呼吸过空气，
你永远无法冷落或打骂他们，
或用糖果收买他们，或让他们安静。
你永远不用阻止他们吮吸手指，
或假装讲赶走鬼怪的故事。
你永远不会离开他们，抑制住自己满足的叹息，
也不能用母亲渴望的眼神回到过去，重温与他们一起的时光。

我在风声呜咽中听到了我那些夭折的可怜孩子的哭泣声。
我身体抽搐。我曾试图减轻
我那些可怜的孩子的痛苦，尽管他们从未吮吸过我的乳房。
我说，宝贝，如果我犯下罪过，
如果我夺走你们的幸运
和你们未竟的生命，
如果我偷走你们的诞生和名字，
你们纯真的眼泪和游戏，
你们或羞涩或美好的爱情，你们的吵闹，你们的婚姻，
你们的痛苦和你们的死亡，

如果我阻碍了你们呼吸的开始，
你们要相信，即使我是故意的，那也非我的本意，
可是我为何要哀诉，
哀诉这罪过不是我的？——
无论如何你们已死去。
或者，应该说，
你们从未来过。

但我害怕的是，这一点
也是错的：哦，我该说什么，真相该如何

诉说呢?
你们出生了，你们有身体，却死了。
只是你们从未傻笑，从未思考，从未哭泣。

相信我，我爱你们所有人。
相信我，我了解过你们，尽管很模糊，但我爱，
我爱你们
每一个人。

我们真的很酷（1959年）

台球玩家。
七个人在"金铲子"台球房。

我们真的很酷。我们
辍学了。我们

在深夜游荡。我们
直线击球。我们

歌唱罪恶。我们
痛饮杜松子酒。我们

在六月跳爵士舞，我们
马上死去。

问：在哪些方面，我们可以看出这些诗是叙述性的诗？它们也具有说教性吗？具体是如何体现的呢？

理查德·赖特与种族主义的现实

理查德·赖特（1908—1960）出生于密西比州的一个农场，在哈莱姆文艺复兴的鼎盛时期之后，他于1937年来到纽约市。赖特在他的作品中表达了一个曾在白人手中受过虐待，并屡屡遭受不公正对待的男人的愤怒。在他的小说《土生子》（1940年）中，赖特讲述了一个贫穷的年轻黑人杀害白人雇主的女儿这样一个噩梦般的故事。他借这部小说探讨了身份认同的挫败是如何让一些非裔美国人感到绝望，奋起反抗，甚至实施暴力犯罪的。这部小说一经出版立即为赖特赢得了好评，并于1941年被改编为舞台剧在纽约上演。

在其自传体短篇《活着的吉姆·克劳的道德标准》（1938年）中，赖特以冷峻而坦率的记录，描绘了他在美国南方的一个种族隔离的社区里成长的经历。"吉姆·克劳"是19世纪著名的唱游表演者托马斯·D. 赖斯的艺名，被用于形容与非裔美国人有关的任何东西，包括种族隔离问题。

阅读材料36.5
选自理查德·赖特《活着的吉姆·克劳的道德标准》（1938年）

当我还很小的时候，我第一次学会了如何作为一个黑人生活。我们住在阿肯色州，房子就位于铁轨后面，简陋的院子里铺满了黑煤渣。那个院子里从来不长绿色植物，我们唯一能看到的绿色距离我们很远，在铁轨那头白人居住的地方。煤渣对我来说已经足够了，我从来不想念生长成绿色的东西。反正，煤渣是很好的武器。你总能利用巨大的黑煤渣来发动一场激烈的打斗。你需要做的就是双手拿满沙砾一样的煤渣弹药，蹲在房子的砖柱后面，等

第三十六章 解放与平等 299

待你看到的从另一排柱子后面冒出来的第一颗毛茸茸的黑脑袋，那就是你的目标。尽你所能去攻击，那是非常好玩的。直到有一天，跟我一伙的这群人和那些住在铁轨那边的白人男孩打了一架，我才充分意识到身处满是煤渣的环境里的可怕缺点。我们像往常一样投掷煤渣弹药，以为这能把白人男孩们彻底打垮，但他们却一直朝我们扔破瓶子。我们加大了煤渣的投掷量，但他们聪明地躲到了树木、篱笆和草坪的斜坡路堤后面。由于没有这样的防御工事，我们退回到了房屋的砖柱那里。在我撤退时，一个破牛奶瓶砸到了我的耳朵背面，并划开了一道很深的口子，这让我流了很多血。看到鲜血在我脸上流淌，我的战友们完全泄了气。他们留我一人无力地站在院子中央，急匆匆地跑回家去了。一位好心的邻居看见了我，急忙把我送到医生那里，而医生则在我的伤口上缝了三针。

我坐在门口的台阶上沉思，抚摸着我的伤口，等待妈妈下班。我觉得自己受到了严重的不公正待遇。被扔煤渣对人来说一般是无关紧要的，因为煤渣能造成的最大伤害就是擦伤。可被扔破瓶子对人来说是很危险的，因为破瓶子会让你受伤、流血，让你感到无助。

夜幕降临时，我妈妈从白人的厨房里回来了。我沿着街道跑去迎接她。我觉得她会理解我的。我知道她会告诉我下次该怎么做。我抓住她的手，喋喋不休地说出了整个经过。她检查了我的伤口，然后打了我一巴掌。

"你怎么不藏起来？"她问我，"你怎么老打架？"

我非常生气，放声大哭起来。我边哭边说，我没有树或篱笆可以藏身，没有任何东西可以用来充当我们的战壕。当你躲在一个房子的砖柱后面时，你也不可能把弹药扔得很远。

她抓起一块木桶板，把我拽回家，剥光我的衣服，开始打我，直到我发高烧。她用板子打我的屁股，在我的皮肤还疼的时候，她把吉姆·克劳式的智慧传授给了我。我再也不扔煤渣了，我再也不开战了。不管发生什么事，我也不再和白人打架了。他们用破牛奶瓶打我是完全正确的。我难道不知道她每天都在白人那像蒸笼一样热的厨房里辛苦工作，赚钱来照顾我吗？我什么时候才能学会做一个好孩子？她不能因我和其他人打架而分心。她最后告诉我，我应该感谢上帝，因为我还活着，而他们没有杀了我。

那一整晚我都神志昏迷，无法入睡。每次我闭上眼睛，都看见天花板上悬着可怕的白色脸庞，它们充满恶意地瞪着我。

从那时起，那个堆满煤渣的院子对我不再有吸引力。绿树、修剪过的篱笆、剪短的草坪都变得有意义，它们成了一种象征。甚至在今天，当我想起白人时，我脑海中的某个地方仍会浮现出环绕着树木、草坪和篱笆的白色房屋那硬挺清晰的轮廓。这些年来，它们逐渐变成一种夸大的恐惧的象征。

那之后过了好长一段时间，我才又和白人有了密切的联系。我们从阿肯色州搬到密西比州，有幸没住在铁轨后面，也并不靠近白人社区。我们住在当地黑人聚居区的中心。这里有黑人教堂和黑人传教士、黑人学校和黑人教师、黑人食品杂货店和黑人职员。事实上，这里的一切都具有黑色属性，以至于很长一段时间里，我都没再想起白人，除了那些遥远而含糊的词语，但这种情况不可能永远持续下去。随着年龄的增长，人吃得越多，衣服的开销也越多。我读完初中后，不得不去上班。我母亲所做的厨房工作无法再维持我吃穿用度上的开销了。

一个什么手艺都不会的黑人男孩只有在那个地方才能找到工作，即住着白人的白色房子，树木、草坪和篱笆都是绿色的的地方。我的第一份工作是在密西西比州杰克逊市的一家光学公司。去应聘的那天早上，我把自己收拾得整洁利落，笔直地站在老板面前，机敏地用"是的，先生"和"不，先生"来回答他所有的问题。为了让他知道我有礼貌，让他知道我明确自己所处的位置，让他知道我知道他是个白人，我小心翼翼地把"先生"这两个字念得清清楚楚。我非常想得到那份工作。

他打量着我，好像在审视一只获奖的狮子狗。他仔细地询问我的学业情况，尤其是我学了多少数学知识。当我告诉他我已经学了两年的代数时，他似乎很高兴。

"孩子，你愿意在这里学点什么吗？"他问我。

"我很愿意，先生。"我高兴地说。我有"通过努力一步一步往上爬"的梦想。就算是黑人，也会有这样的梦想。

"好。"他说，"跟我来。"

我跟着他来到小工厂。

"皮斯，"他对一个约35岁的白人男子说，"这是理查德，他接下来会为我们工作。"

皮斯看了看我，点点头。

然后，我被带到一个17岁的白人男孩那里。

"莫里，这是理查德，接下来他会为我们工作。"

"哇，你怎么样，伙计！"莫里朝我大叫。

"很好！"我回答道。

老板命令这两个人帮助我，教我，给我派活，并让我在业余时间学习能学的东西。我的工资是每星期5美元。

我努力工作，试图取悦别人。第一个月，我和他们相处得不错，皮斯和莫里似乎喜欢我。但有一件事似乎不太对头，我一直在想那是什么。我没学到任何东西，并且这里没有人会主动帮助我。我以为他们忘记了我应该学习一些有关打磨透镜的技术知识，我在某天请莫里告诉我相关的工作情况。他立即脸红了。

"你想干什么，黑鬼，想变聪明？"他问。

"不。我没有想变聪明。"我说。

"好啊，那就别这么做，如果你知道什么对你有用的话！"

我有些茫然。可能他只是不想帮助我，我心想。于是我去问皮斯。

"说，你是不是疯了，你这个黑人混蛋？"皮斯问我，他灰色眼珠里的神色变得凌厉起来。

我大胆抗议，提醒他老板说了会让我有机会学新东西。

"黑鬼，你以为你是白人，是吗？"

"不，先生！"

"啊，可你现在表现得就像白人一样！"

"可是，皮斯先生，老板说……"

皮斯冲我挥了挥拳头。

"这是白人干的活，你最好自己小心点！"

从那时起，他们对我的态度就变了。他们不再说早上好。当我干活有点慢了，他们就会称我为懒惰的狗娘养的黑人。

有一次，我想把所有的情况都报告给老板。但是，我一想到皮斯和莫里发现我告状后可能会发生什么，我就不敢了。毕竟，老板也是个白人。所以，告状有什么用？

在夏日的一个中午，事情达到高潮。皮斯

叫我到他的工作台那边，而我为了到他那边，不得不穿过两条窄长凳的中间地带，背靠墙站着。

"好的，先生。"我说。

"理查德，我想问你一件事。"皮斯语气和善，继续低着头工作。

"好的，先生。"我再次说。

莫里过来了，堵住了两条长凳中间狭窄的通道。他交叉双臂，严肃地盯着我。

我看了看皮斯，又看了看莫里，感觉有事情将发生。

"好的，先生。"我第三次回答道。

皮斯抬起头，慢悠悠地开口道：

"理查德，这位莫里先生告诉我，你直呼我皮斯。"

我僵住了。我心底仿佛出现一个黑洞。我知道这是决战时刻。

他的意思是我没叫他皮斯先生。我看着莫里。他手里拿着一根钢条。我想张开嘴辩解、抗议，并向皮斯保证，我从来没直呼过他皮斯，我也从来没有这样做的意图，但莫里抓住我的衣领，把我的头往墙上撞。

"你小心点，黑鬼！"莫里咬牙切齿地咆哮着，"我听见你叫他皮斯了！如果你说你没有，那就是说我在说谎了，明白吗？"他威胁地挥舞着钢条。

如果我说"不，先生，皮斯先生，我从来没叫过你皮斯"，我就在不经意间表明莫里说谎了。如果我说"是的，先生，皮斯先生，我叫过你皮斯"，那就意味着我承认有罪，承认我对一个南方白人说出了黑人所能说出的最严重的侮辱。我站在那里，犹豫不决，试图想出一个中立的回答。

"理查德，我问了你一个问题！"皮斯说。他声音里已经有明显的怒意。

"我不记得我叫过你皮斯，皮斯先生。"我小心翼翼地说，"如果我真的叫了，我确定我不是有意的……"

"你这个黑狗娘养的！那就是你叫过我皮斯了！"他严厉地说，然后开始打我耳光，直到我蜷缩着侧躺在长椅上。莫里压在我身上，大声叫唤：

"你难道没有叫过他皮斯？如果你说没有，我就用这根钢条扯开你的肠子，你个婆婆妈妈的骗子黑鬼！你以为说一个白人是骗子之后还能当什么事都没发生过吗？你这个黑狗娘养的！"

我退缩了。我祈求他们不要找我的麻烦。我知道他们想要什么，他们要我离开。

"我会离开，"我保证道，"我现在就离开。"

他们给了我一分钟的时间离开工厂，并警告我不要再出现，也不要告诉老板。

我离开了。

当我把这些事告诉家里人时，他们叫我傻瓜。他们告诉我，我做事情不能再试图越界了。他们说，当你为白人工作时，如果你想继续工作，那么你必须"待在你的位置上"……

问：阅读材料中的哪些细节把美国南部年轻黑人的困境描绘得栩栩如生？

问：描述一下皮斯这个角色，他是一个可信的人物吗？

民权运动

二战后很久，种族歧视仍然是实现平等的一个不可否认的障碍。具有讽刺意味的是，美国人曾为反对德国纳粹的种族主义而斗争，而美国的黑人却要忍受着低等程度的教育资源、限制性工作、贫民区住房，以及普遍的低生活水平。高犯罪率、文盲和吸毒成瘾现象是富裕的美国无法包容其中受苦受难的群体的证据。二战期间有大量非裔美国人服役这一事实激励人们加倍努力，以结束美国长期存在的歧视和种族隔离。在20世纪50年代至60年代，这种努力在民权运动中得到发展。

20世纪50年代，民权领袖要求执行美国宪法中承诺的所有平等条款。他们的要求导致最高法院在1954年做出了具有里程碑意义的决定，即禁止在学校里实行种族隔离。这个决定含蓄地破坏了美国已合法化的隔离制度。种族隔离遭到了激烈的抵制，尤其是在美国南部。作为回应，所谓"黑人暴动"于1955年拉开序幕，一直持续了十多年。该运动表现为非暴力的、不经谈判就直接罢工或示威以进行抗议的形式，包括抵制隔离的午餐柜台、和平的"静坐示威"以及抗议游行。领导这场运动的人是马丁·路德·金博士（1929—1968），他是一位新教牧师和民权活动家，他以甘地为榜样来开展和平抗议活动。作为南方基督教领袖会议主席，金激励了所有非裔美国人。

未经许可在亚拉巴马州伯明翰市示威游行后，马丁·路德·金曾被关进监狱里，正是在那时，他在狱中写了一封信，传达了他们实现其目标的紧迫性。信是写给当地一群白人神职人员的，他们曾公开批评金，说他违反了禁止黑人使用公共设施的法律规定，说他"不合时宜"地进行示威游行。金的信件在《基督教世纪》（1963年6月12日）上发表之后，成为全国民权辩论的关键文本（由金本人编辑的简短版本），它为公民反对不公正手段提供了哲学依据。金字斟句酌的雄辩能力和理性的克制力与反对派的野蛮行径形成了鲜明的对比，极具讽刺意味。这些反对派用枪支、水管和警犬来攻击示威者，造成了2000多人和金一起被监禁。

阅读材料36.6
选自马丁·路德·金《来自伯明翰监狱的公开信》（1963年）

我的牧师伙伴们：

我在伯明翰市立监狱里，看到你们最近发表的声明——我们目前的活动是"不明智、不合时宜的"。我很少停下脚步，去回应别人对我的工作和思想提出的批评。但是，我觉得你们很真诚又心怀好意，你们是恳切地提出批评的，所以我想以耐心和合理的措辞来回答你们的声明。

我认为我应该说明自己来到伯明翰的原因，因为你们显然已经受到"外来者闯入"这一观点的影响。几个月前，伯明翰本地的分支机构邀请我们随时待命，在必要时参与到非暴力的、不经过谈判而直接进行的罢工或示威中。我们欣然答应了，等时机成熟我们便履行诺言。所以，我和部分工作人员一起来到这里，是应邀前来的。除此之外，我来到伯明翰是因为这里存在不公正。

此外，我深知所有社区和州之间都是相互关联的。我不能待在亚特兰大无动于衷，不关心伯明翰发生的事情。任何一个地方的不公正事件都会对所有地方的公正构成威胁。我们被困在一个不可逃避的相互联系的网络中，这是我们共同的命运。我们再也不能抱着那种狭隘的"外来煽动者"的思想生活了。任何一个住在美国境内的人在美国的任何一个地方都不能被视为这个国家的外来者。

你们对目前在伯明翰进行的示威游行活动感到惋惜。但让我感到遗憾的是，你们在声明里并没有对引发示威游行的社会现状表达出担忧和关切。我可以毫不犹豫地说，当前在伯明翰开展的所谓示威游行是让人感到不幸的事，但我更想强调的是，这座城市的白人权力结构让黑人群体别无选择，这才是更让人感觉不幸的事。

在任何一次非暴力活动中，都有以下四个基本步骤：1.收集事实，以确定不公正是否存在；2.谈判；3.自我净化；4.不经过谈判而直接进行罢工或示威（直接行动）。

你可能会问："为什么要直接行动？为什么要静坐示威、游行等？谈判不是更好的途径吗？"提倡谈判是完全正确的。其实，这是直接行动的目的。非暴力的直接行动试图制造一种危机，建立一种创造性的紧张关系，让一个一直拒绝谈判的团体被迫面对这个问题。所以，直接行动的目的是创造出危机四伏的形势，进而打开谈判的大门。

我的朋友们，我必须对你们说，没有明确而坚决的法律手段和非暴力的压力，我们在公民权利方面无法取得任何进展。历史就是这样一个漫长而悲惨的故事：特权群体很少会自愿放弃他们享有的特权。特权个体可能会看到道德的光芒，自觉放弃他们不公正的态度，但是正如莱因霍尔德·尼布尔[1]提醒我们的那样，群体比个体更不道德。

我们从痛苦的经历中得知，自由绝不是压迫者自愿给予的，必须由被压迫者提出要求才能实现。多年来，我一直听到有人说"等等"，这熟悉又刺耳的话语在每个黑人的耳朵里回响。这句"等等"几乎总是意味着"永不"。就如昔日那位杰出的法学家说的，我们必须要知道"被拖延过久的正义就是被否认的正义"。我们等待宪法和上帝赋予的权利已经等了340多年。

你们对我们违反法律的想法表现出极大的忧虑。这当然是一个合理的担忧。我们是如此勤奋地敦促人们遵从最高法院于1954年确立的关于禁止公立学校实行种族隔离的裁决，而我们现在却有违反法律的想法，这做法是很奇怪、很矛盾的。人们可能会问："你怎么能主张违反一些法律，然后服从其他的法律呢？"答案在于，我们事实上有两类法律，一类是公正的法律，一类是不公正的法律。遵守公正的法律不仅需要一个人具有法律责任，还要具有道德责任。反过来说，一个人在道德上有责任不遵守不公正的法律。

那么，这两者有什么区别呢？公正的法律是由人创立，符合道德法则或上帝法则的法典。不公正的法律是不符合道德法则的法典。任何贬低人类人格的法律都是不公正的。所有有关种族隔离的规章、法令都是不公正的，因为种族隔离扭曲了灵魂，损害了人格，给予了隔离者一种错误的优越感，给予了被隔离者一种错误的自卑感。

让我们来看一个有关公正法律和不公正法律的更具体的例子。不公正的法律是大多数人强加给少数人的法典，而对大多数人不具有约束力。这是差别立法。另一方面，公正的法律是大多数人强迫少数人服从的法典，并且大多数人也服从法律的约束。这是平等的立法。

我希望你们能看到我试图指出的这两者之间的区别。我绝不像偏激的种族隔离主义者那样，提倡逃避或违抗法律——这将引发无政府的混乱状态。一个公开地、忠诚地违反不公正的法律，并愿意通过坐牢来接受惩罚以唤起群体的良知来直面其不公正的人，实际上表达的是对法律的最高尊重。

当然，这种公民不服从的现象并不是新鲜事。沙得拉、米煞、亚伯尼歌拒绝遵守尼布甲

---

1. 莱因霍尔德·尼布尔是美国基督教新教神学家，他倡导基督教里的现实主义伦理学，并将其运用到政治辩论中（详见第三十五章）。

尼撒二世[1]的法律，却被视为高尚的行为，是因为其中牵涉到更高的道德准则。早期的基督徒非常庄重地践行这种道德准则。

我们永远不能忘记，希特勒在德国所做的一切都曾被认为是"合法的"，匈牙利自由斗士在匈牙利所做的一切都曾被认为是"非法的"。在希特勒领导的德国，帮助和安慰一个犹太人是"非法的"行为。

你们在声明中断言，我们的行动尽管是和平的，但必须受到谴责，因为我们的行动助长了暴力。但是这个断言是否合乎逻辑呢？这难道不像是在谴责被抢劫者因为拥有金钱才促成了邪恶的抢劫行为吗？我们必须看到，如联邦法院一贯肯定的那样，敦促个人放弃争取宪法规定的基本权利的努力是不道德的，因为这种要求会引发暴力。社会必须保护被抢劫者，惩罚抢劫者。

在过去的几年里，我一直在宣扬，非暴力要求我们使用的手段必须像我们寻求的目的一样纯粹。我试图澄清，使用不道德的手段来达到道德目标是错误的。但是，现在，我必须申明，用道德手段来维护不道德的目的同样是错误的，甚至错得更离谱。T. S. 艾略特说过，没有比为了错误的理由去做正确的事更严重的背叛了。

我希望你们曾对伯明翰的黑人静坐示威者和游行示威者表达过赞扬，肯定他们崇高的勇气、愿意受苦的意愿和在最不人道的挑衅中表现出的惊人的纪律。总有一天，南方会承认真正的英雄。这些英雄将包括年老的、受到压迫、遭到虐待的黑人妇女，其代表人物是一位72岁的亚拉巴马州的蒙哥马利妇女，她带着尊严起身，离开座位，和她的同胞们决定不再乘坐种族隔离的公共汽车，当有人以不合语法规则却富有深意的话问她是否疲惫时，她回答道："我的双脚虽然疲倦，但我的灵魂得到了安宁。"总有一天，南方将知道，当这些被剥夺了继承权的上帝的孩子坐在午餐柜台前时，他们实际上是在为捍卫美国梦中最美好的部分，以及犹太教与基督教的传统中最神圣的价值观而奋斗，从而把我们的整个国家带回到民主确立之初——美国的开国元勋通过制定《宪法》和《独立宣言》，为实现民主做出了许多努力。

我希望这封信能让你们坚定信念。我也希望我这里的情况会有改观，能让我有机会面见你们每一个人，不是作为一个主张取消种族隔离的人或民权领袖，而是作为一名牧师同伴和基督教的兄弟。我们希望，种族偏见的乌云很快消散，误解的浓雾从我们饱受恐惧折磨的群体中消除，在不远的明天，象征着爱和团结的璀璨星辰将闪耀在我们伟大的国家上空，绽放全部的美丽。

为了和平和团结事业奋斗的

马丁·路德·金

问：金提到非暴力和谈判时提出的论据是什么？
问：请对第7段末尾部分"群体比个体更不道德"的说法做出评价。

当金运用非暴力手段来实现美国种族融合和民权目标的时候，另一位组织抗议活动的领袖采取了与金极其不同的行动方针。这位领袖就是马尔科姆·利特尔（1925—1965），他称自己为马尔科姆·X（马尔科姆·艾克斯），亲身体验了美国白人世界中生活的不平等和堕落。有一段时间，他为了

---

1. 公元前6世纪新巴比伦的国王。根据《但以理书》记载，尼布甲尼撒二世要求这些犹太青年崇拜巴比伦的神。他将这些犹太青年扔进烈火窑中，但他们被神子救下，因此毫发无损。

谋生而走上了犯罪道路，还沾染了毒品。他于1946年被捕入狱，借此机会学习历史和宗教，尤其是伊斯兰教的教义。1952年刑满释放后，他已经加入了"伊斯兰民族组织"，并准备开始他的传教士生涯。

马尔科姆和其他"黑人穆斯林"对美国白人世界持续存在的种族主义感到绝望。他们决定，黑人应该选择一条与金博士和南方基督教领袖会议截然不同的道路。马尔科姆提出，非裔美国人应该放弃种族融合的愿望。相反，他们应该以一切可行的方式，与美国白人分道扬镳；他们应该建立一个黑人国家，在这个国家通过努力工作、奉行穆斯林的道德规范，他们可以平等地、有尊严地生活，不受白人种族主义者日常的公开侮辱。他们应该通过一切手段实现这些目标，必要时也可以使用暴力（武装自卫是第一步）。只有为黑人民族主义而战，非裔美国人才能在充斥着种族歧视的美国获得权利和自尊。毫无疑问，美国白人对马尔科姆既惧怕又憎恨，而较为温和的黑人也视马尔科姆为危险的激进分子。

1963年，马尔科姆在美国密歇根州底特律的黑人领袖会议上发表讲话。在这则后来被称为《致底层民众的留言》的演讲中，马尔科姆面向代表整个非裔美国人团体的广大听众发表了讲话。最能体现他演讲风格中的力量和即时性的是非裔美国人广播唱片公司发行的有关这则演讲的磁带。尽管如此，读者凭借下文的阅读材料，也能一窥马尔科姆在短暂的职业生涯中（他于1965年被暗杀身亡）展现出的惊人口才。

阅读材料36.7
选自马尔科姆·艾克斯《致底层民众的留言》（1963年）

……美国面临着一个很严重的问题。不仅美国面临着一个很严重的问题，我们的人民也面临着一个很严重的问题。美国的问题是我们，我们就是她（美国）的问题。她会面临问题的唯一原因是，她不希望我们在这里。不管你的皮肤是黑色、棕色、红色或黄色，一个所谓黑人代表的就是给美国造成这种严重问题的人，因为你不被接纳。一旦你直面这个事实，你就可以开始规划能让你显得聪明而不是无知的做法。

你和我需要做的就是，学会忘记我们的不同。当我们集合起来，我们不是作为浸礼会教徒或卫理公会教徒集合起来的。你不会因为自己是浸礼会教徒或卫理公会教徒而遭罪，你不会因为自己是民主党人或共和党人而遭罪，你不会因为自己是共济会成员或麋鹿会成员而遭罪，你肯定也不会因为自己是美国人而遭罪。如果你被认可是美国人，你就不会遭罪。你会遭罪，是因为你是黑人。你遭罪的原因，以及我们所有人遭罪的原因是一样的。

所以，我们都是黑人，所谓黑鬼、次等公民、曾经的奴隶。你什么都不是，你的身份就只是曾经的奴隶。你不喜欢别人告诉你这些，但你还有其他的身份吗？你们都曾经是奴隶。你们不是乘坐"五月花"号来到美国的，是乘坐奴隶船来到美国的。你们身上挂着锁链，像马、牛、鸡一样。你们是被那些乘坐"五月花"号的人带到这里来的，你们是被所谓清教徒或开国元勋带来这里的。他们是带你们来这里的人。

我们有着共同的敌人。这是我们的共同点：我们有共同的压迫者、共同的剥削者和共同的歧视者。一旦我们意识到我们有共同的敌人，我们就会团结起来——团结的基础就是我们的共同点。我们最大的共同点是我们的敌人——白人……

白人把你们送到朝鲜，你们浴血奋战。

他们把你们送到德国，你们浴血奋战。他们把你们送到南太平洋打日本人，你们浴血奋战。你们为白人浴血奋战，但当你们看到自己的教堂被炸、黑人小女孩被杀时，你们却一点血也没有了。当白人让你们流血时，你们流血；当白人让你们咬人时，你们咬人；当白人让你们叫唤时，你们叫唤。我不想这样说我们自己，但这是事实。你们在朝鲜那么有战斗性，可在密西西比州，你们怎么就变得逆来顺受、主张非暴力了呢？当你们的教堂被炸毁，你们的同胞——一个黑人小女孩被杀害的时候，你们在密西西比州和亚拉巴马州还主张非暴力，可与此同时，你们却能对希特勒、东条英机，以及一些你们不认识的人采取暴力行动，你们怎么能自圆其说呢？

如果暴力在美国是错误的，那么暴力在国外也是错误的。如果为保护黑人妇女、黑人儿童、黑人婴儿和黑人男子而进行暴力反抗是错误的，那么美国征召我们入伍，让我们在国外为保护她而实施暴力抵抗也是错误的。如果美国征召我们，教我们如何为保护她而进行暴力抵抗是正确的，那么我们为了保护自己身处美国的同胞做的所有必要的事情也应是正确的……

问：马尔科姆是如何为黑人的暴力辩护的？
问：他的看法与马丁·路德·金有何不同？

黑人革命文学

1964年，美国通过《民权法案》，从官方层面结束了在公共场所实行的种族隔离制度，但事实上仍持续存在的歧视和一些民权组织日益高涨的激进态度，引发了20世纪60年代末期及之后更暴力的抗议阶段。甚至在1968年马丁·路德·金被暗杀之前，黑人革命就已经开始呈现出超越国界的狂热态势。美国的革命队伍及其在西印度群岛、南非和世界上其他地方的黑人邻居团结了起来。受种族隔离制度的影响（直到1994年之前，严格的种族隔离制度一直在南非合法并普遍存在着），南非诗人布洛克·莫迪萨内（1923—1986）哀叹道：

> 糟糕透顶的孤独，
> 孤独；
> 像尖叫，
> 尖叫着表达孤独，
> 尖叫着走过梦幻小巷，
> 尖叫着忧郁，仿佛没有人能听到。

在《黑皮肤，白面具》（1952年）一书中，西印度群岛的散文家和革命者弗朗兹·法农（1925—1961）为暴力辩护，认为在解决殖民世界里白人对黑人的暴政时，使用暴力是有必要的，也是可取的。"从个人层面上来说，"他写道，"暴力是一种净化的力量。"在美国，广告媒体清楚地展示了美国黑人和白人在物质享受上存在的差距，以及黑人革命随着人们不断上升的期望值而发展壮大。1966年，勒鲁瓦·琼斯（1934—2014）将自己的名字改成非洲名阿米里·巴拉卡，他在诗歌和戏剧中呼应马尔科姆·艾克斯的主张，提倡采取激进的行动和泛非主义。巴拉卡拒绝西方白人的文学传统，倡导"描绘杀戮的诗"。"在爱情可以自由、干净地存在之前，"他恳求道，"诗人不要写爱情诗。"

詹姆斯·鲍德温和拉尔夫·埃利森

美国黑人抗议文学中有两位杰出人物，他们

是詹姆斯·鲍德温（1924—1987）和拉尔夫·埃利森（1914—1994）。鲍德温是家里9个孩子中最年长的，在哈莱姆长大，家里一贫如洗，从14岁开始写作。在职业生涯早期，他受到理查德·赖特的鼓舞，成了一位令人敬畏的传教士，传播平等福音。对鲍德温而言，写作是一种颠覆性的行为。他坚持认为："一个人写作是为了改变世界，虽然完全明白自己可能做不到，但也知道文学对世界来说是不可或缺的。在某种程度上，你的抱负和对一个人的关注确实可以开始对世界的改变。世界会因人们看待它的方式而产生改变，如果你改变了一个人或许多人看待现实的方式，即使只改变了一点，你就可以改变世界。"

鲍德温在他的小说和散文中，强调了非裔美国人在与其他国家和地区的贫困人口相处时所感受到的亲切感。然而，当他试图界定黑人和白人之间的差异时，他发现前者是现代世界中的局外人——这个世界的传统是由白人决定的。正如他在文章《村中的局外人》（1953年）中所解释的那样：

> （欧洲的白人）从权力的角度来看，他们不可能在世界上的任何地方成为局外人；事实上，正是他们创造了现代世界，即使他们并不知情。在某种程度上，他们当中受教育程度最低的人也和但丁、莎士比亚、米开朗琪罗、埃斯库罗斯、达·芬奇、伦勃朗和拉辛有着联系，沙特尔大教堂对他们表达着它不能与我诉说的内容……贝多芬和巴赫的音乐也在他们的赞美诗和舞蹈中有所显现。追溯几个世纪，他们则完全处于荣耀巅峰——可我却在非洲，眼看着征服者到来。

鲍德温揭露了一个被忽视的有关现代世界的特征的真相——黑人文化以深刻又不可逆转的方式影响了白人文化，尤其是美国文化：

> 现在应该认识到，在美国大陆上演的跨种族戏剧不仅创造了新的黑人，也创造了新的白人……美国人区别于其他人的一点是，其他人从来没有如此深入地参与到黑人的生活中，反之亦然……正是这种黑白融合的经验对我们今天面对的世界具有不可或缺的价值。这个世界不再是白色的，再也不会是白色的了。

与鲍德温同时期的拉尔夫·埃利森是土生土长的美国俄克拉荷马州人，也是个业余的爵士音乐家。他于20世纪30年代来到哈莱姆学习雕塑和音乐创作。他同时受到了兰斯顿·休斯和理查德·赖特的影响，不久便转向创作短篇小说、撰写新闻评论。1946年，他开始创作小说《看不见的人》，这是一部杰作，探索了黑人与白人文化之间存在的隔阂。下文的阅读材料是该小说的序言，让人得以一窥"看不见"的主人公艰险的精神之旅，这位主人公是一个无名的黑人，住在哈莱姆免收租金的地下室公寓——公寓因为他非法连接到城市电网的1369盏电灯而变得灯火通明。这部小说以超现实主义的手法触及了埃利森认为很重要的一些主题：梦魇般的城市生活、现代美国黑人和白人所经历的异化。

阅读材料36.8
选自拉尔夫·埃利森《看不见的人》（1952年）

我是一个隐形人。不，我不是埃德加·爱伦·坡[1]的作品中萦绕不去的幽灵般的人物，我也不是好莱坞电影中的外星人。我是一个实实在在的，有血有肉、有骨骼、有纤维组织的

---

1. 美国著名诗人、文学评论家和小说家（1809—1849），以其恐怖故事和构思巧妙的侦探故事而闻名。

人，甚至可以说，我是个有头脑的人。你要明白，我是隐形人，只是因为人们拒绝看见我。就像你有时在马戏团的助兴表演里看到的那些没有躯体的头一样，我好像被坚硬、扭曲的玻璃镜包围在里面。当他们接近我时，他们看到的只是我周围的环境、他们自己，或者他们想象出来的虚幻事物——事实上，他们看到了除了我之外的一切事物。

我的隐形状态并不意味着外表发生了生理异化。我所说的隐形状态之所以会发生，是因为与我接触的人的眼睛有着特殊的构造。这大概是他们内在的眼睛构造问题，他们用内在的眼睛透过肉眼来观察现实。我并不是在抱怨或抗议。有时，别人看不见我是对我有利的，尽管很多时候这种情况让人神经紧张，倍感疲倦。此外，你还会经常被那些视力不佳的人撞到。或者，你经常会怀疑，自己是不是真实存在的。你会疑惑自己是不是别人脑子中的一个幻影，比方说，是睡梦中的人千方百计想毁掉的那种噩梦中的人物。正是当你有这种怨恨感的时候，你开始把那些撞你的人撞回去。我承认，在大部分时间里都会有这种感觉。你迫切地想要说服自己，你确实存在于现实世界中，你是所有声音和痛苦的一部分，并且你用拳头猛击他们，你诅咒着他们，想让他们承认你的存在。唉，那很少会成功！

一天晚上，我不小心撞到一个人。也许是因为天黑了，他看见了我，并用侮辱性的话骂我。我扑向他，抓住他的外套翻领，要求他道歉。他是个高大的金发男子，当我的脸靠近他的脸时，他用他的蓝眼睛傲慢无礼地看着我，咒骂我。他挣扎着，滚烫的呼吸喷在我的脸上。我猛地用头撞他的下巴，像西印度群岛的土著人那样以头撞他，我感觉到他的皮肤被撕裂，血液喷涌而出。我大喊："道歉！道歉！"但他继续咒骂我，继续挣扎着。我一次又一次撞他，直到他重重地跪倒在地，流了好多血。我不断地踢他，到了近乎疯狂的地步，因为他在嘴角冒出血沫后仍一直在骂我。哦，是的，我踢了他！我怒气冲冲地拿出刀子，准备割断他的喉咙。就在那荒凉的街道的灯光下，我一手抓住他的衣领，用牙齿咬开刀具，一手试图拨出刀——这时，我想起来，那个人其实没有看见我；对他而言，他此刻正在噩梦中！我收起刀，在空中挥舞了一下，便把他推开了，让他摔回到地上。车灯刺破黑暗时，我紧紧盯着他。他躺在那里，在柏油路上呻吟，一个差点被幽灵杀死的人。这让我感到不安。我既感到厌恶又感到羞愧。我就像个醉汉，双腿虚弱，摇摆不定。然后，我被自己逗乐了，想到有什么东西突然从那个人愚蠢的脑袋里冒出来，并差一点就让他丧命。我开始因这个疯狂的发现大笑。他会在死亡来临的时刻觉醒吗？死神会不会让他从清醒的生活中解脱？但我没有停留。我跑进黑暗中，我笑得那么厉害，以至于担心自己会笑到出现疝气。第二天，我在《每日新闻》上看到他的照片，照片上方写着一行字——他被"行凶抢劫"了。"可怜的傻瓜，可怜的、无知的傻瓜，"我抱着真诚的同情心感叹道，"他被一个隐形人抢劫了！"

问：当埃利森的故事主角说自己是"隐形人"时，他说的是什么意思？

托妮·莫里森和艾丽斯·沃克

在黑人革命文学中，尤其是20世纪最后30年的文学作品中，许多极具影响力的声音都是由女性发出的。在赫斯顿和多萝西·韦斯特（1907—1998）

等著名的哈莱姆文艺复兴作家之后，托妮·莫里森（1931—2019）和艾丽斯·沃克（1944— ）这两位当代作家声名鹊起。

托妮·莫里森是美国很优秀的作家之一。她的小说具有丰富的史诗般的主题、令人难忘的角色以及生动的口语韵律，审视了奴隶制对美国造成的深远影响。在她的作品中，许多角色都是非裔美国妇女，她们在家庭和社区都遭受着流离失所和绝望的折磨。她的小说《宠儿》于1988年获得了普利策奖，其灵感来自一个非裔美国奴隶的真实故事，讲述了种族主义具有摧毁人类爱的本性的力量。莫里森的小说《爵士乐》（1992年）通过小说人物口头的"即兴创作"，反映了爵士乐这种独特的音乐流派的多样韵律。1993年，莫里森成为第一位获得诺贝尔文学奖的黑人女性。

艾丽斯·沃克的小说《紫色》得到高度好评，并于1983年获得普利策奖。她因用坦率的笔触刻画面临种族主义、家庭暴力和性虐待等危险的黑人妇女形象而闻名。她的短篇小说《爱丽丝娅》探讨了身份认同和解放的双重问题，正是这两个问题塑造了一个年轻黑人女性的命运。

阅读材料36.9
艾丽斯·沃克《爱丽丝娅》（1981年）

一次任性的经历影响了爱丽丝娅的一生，让她一直都随身带着一个装了骨灰的小药瓶，这是真事。

在她出生的那个小镇上有一个男人，他的祖先拥有一个大种植园，所有的东西都是在种植园里种植、生长起来的。那里曾经有许多奴隶，并且在奴隶制已经不存在后，这位前奴隶主的孙子仍对有色人种持一种古怪的、仿佛自己仍拥有特权的观点。当然，他所喜爱的，不是当下的有色人种——这是不言而喻的——而是停留在他记忆边缘的那个时代的有色人种，也就是他祖父生活的那个时代的他们。

爱丽丝娅从没见过这个男人，他在市中心附近的一条繁忙街道上开了一家在当地很有名的餐馆，他称之为"阿尔伯特叔叔的餐馆"。在餐馆的橱窗里，有一个类似阿尔伯特叔叔本人的蜡像，那是一个棕色的蜡像："他"皮肤蜡黄，眼睛乌黑发亮，嘴唇上挂着热情的微笑，假牙也闪闪发光；"他"一只手拿着一个盖了盖的托盘，抬到和肩膀齐平的地方，另一只手的手臂上盖着一块白色餐巾。

黑人不能在"阿尔伯特叔叔的餐馆"吃饭，虽然他们在餐馆的厨房工作。但是在周六的下午，他们一群人会聚在一起看"阿尔伯特叔叔"（的蜡像），谈论着这个蜡像和真人怎么能这么像。只有那些年纪很大的人才记得阿尔伯特·波特本人，但他们的视力和记忆力一样糟糕。尽管如此，想到和阿尔伯特相似的东西（蜡像）每天都摆在他们面前，以及他本人如果从没像蜡像那样微笑过，那么，也许那些人都记错、看错了，不知怎的，这总令人感到欣慰。

老人们似乎很感激那个拥有这家餐馆的富人，因为他让他们体验了一把仿佛自己获得荣誉的感觉。他们可以经过"阿尔伯特叔叔"所站之处那闪闪发光的窗户，看到"阿尔伯特叔叔"看上去像是在拿着托盘向前冲。他们知道餐馆虽然不允许黑人从前门进去，但"阿尔伯特叔叔"已经在里面了，而且看上去也很高兴。

对爱丽丝娅来说，神奇的是"阿尔伯特叔叔"的指甲。她想知道"他"的创造者是如何把这些指甲安上去的。她好奇的还有"阿尔伯特叔叔"那在光线下闪闪发光的白发。有一年夏天，她在餐馆的厨房制作沙拉，发现了"阿尔伯特叔叔"身上的真相。"他"不是个假人，而是一个被填充起来的东西。就像一只被填充起来的鸟，或者一个驼鹿头标本，又或者一条大鲈鱼标本一样，"他"是被填充起来的。

一天晚上，在餐馆关门后，有人闯了进来，把"阿尔伯特叔叔"偷走了。这件事正是爱丽丝娅和她的朋友干的，这群朋友是她的同班同学，管她叫"丝娅"。他们会买"雷鸟"牌葡萄酒，然后和她一起分享。他们因为她讲的笑话而捧腹大笑，差点忘记她是个可爱的姑娘。他们是她最铁的哥们儿。他们用中学校园里的焚化炉小心地将"阿尔伯特叔叔"烧成灰，每个人保留了一瓶骨灰。对他们每个人来说，他们所知道的真相和他们对这一真相的反应都有着深远的意义。

这一经历削弱了爱丽丝娅所认为的她拥有的一切的坚实基础。她变得偷偷摸摸、小心翼翼，会因一点轻微的响动而回头张望。她常出没于每一个城市的博物馆，通常会看印第安人的遗骸，因为她所到之处都可见这类展品。她发现博物馆里的一些印第安勇士和少女也是填充起来的，上了色，戴上假发，穿上长袍，像《莫格街谋杀案》（爱伦·坡作品）里的人物一样。事实上，"他们"的数量太多了，她不可能全部偷走，然后烧掉。此外，她不知道这些有着玻璃眼珠的人是否愿意被烧死。

但是对于阿尔伯特叔叔，她认为自己是了解的。

阿尔伯特叔叔是个什么样的人？

嗯，老人们说，他不是任何人的叔叔，也不会容忍别人这样称呼他。

另一个老头说，我记得有一次他们把一个男孩的私处挂在街道尽头的柱子上，而所有的黑人都在那条街上买东西。他们只是想吓唬我们，你知道的。然后阿尔伯特·波特就把那个男孩的私处拿下来埋了。不过，我们没找到那个男孩身体的其余部分。这种事经常发生——他们会在你身上绑上一根又粗又旧的绿木头，把你扔进河里，让你沉到河底。

他继续说。

阿尔伯特在奴隶制还存在的时候出生，他记得在奴隶制结束将近十年的时间里，他的父母还是对此一无所知，因为奴隶主不让他们知道法律。所以，当阿尔伯特发现的时候，他简直气疯了。他们曾经严刑拷打他，试图让他忘记过去，让他咧嘴笑，让他表现得像个黑鬼一样。（阿尔伯特说："每当你看到某人表现得像个黑鬼，你可以肯定的是，他真的忘记了他的过去。"）但阿尔伯特永远不会忘记自己的过去。他也永远不会在主屋里当管家——他总会打碎东西。那个时候，他的主人总是到处找他的碴儿，看起来恨他胜过一切——但他的主人从不让阿尔伯特到别的地方找工作。阿尔伯特也从不会离开家。他太倔强了。

是的，他很倔强。另一个人说。这就是那个张着嘴的老阿尔伯特的蜡像看起来那么奇怪的原因。那些牙齿……该死……阿尔伯特的整口牙在他成年之前就全部被打掉了。

爱丽丝娅去上大学了，她的朋友则去参军了，因为他们很穷，只能去参军。他们发现，"阿尔伯特叔叔"遍布世界各地。爱丽丝娅在她的课本、报纸、电视中发现"阿尔伯特叔叔"时，心情特别沮丧。

她目光所及之处，都有"阿尔伯特叔叔"的身影（不用说，还有很多阿尔贝塔斯阿姨）。

但她有骨灰瓶、已被写下来的老一辈的回忆以及她的朋友。他们写信告诉她，他们正在军队里学习技能，那能让他们穿过比厚玻璃板窗户还要结实的东西。

第三十六章 解放与平等

此外，她很小心，不管外界的大肆宣传有多引人注目，在她自己的心里，绝不允许"阿尔伯特叔叔"这样的形象存在。

问："阿尔伯特叔叔"指的是什么？
问：在这个故事里，艾丽斯·沃克抨击了什么样的社会矛盾？

非裔美国人与视觉艺术

在哈莱姆文艺复兴时期，非裔美国画家和雕塑家将黑人诗人和作家关注的社会问题公之于众。在描绘自身经历时，他们借鉴了非洲的民间习语和本土表达的口语形式，也吸收了欧洲现代主义的全新风格。这些画家的作品中出现了一种"蓝调美学"，这种风格以大胆的配色、棱角分明的形状，以及有节奏的、程式化的构图为特色。

雅各布·劳伦斯和罗马勒·比尔登

雅各布·劳伦斯（1917—2000），20世纪最著名的艺术家之一，他和家人于1930年移居至哈莱姆。劳伦斯极具表现力的艺术风格以色彩平涂、不做渐变处理，以及棱角分明的抽象形式为特点，这些特点既受到非洲艺术的影响，也得益于综合立体主义和表现主义。同时，他毕生致力于解决社会和种族问题，这让他成为他所钦佩的19世纪艺术家兼批评家戈雅和杜米埃的后继者。劳伦斯早期以蛋彩画法在纤维板上作画，因创作有关黑人历史和美国黑人英雄生活的系列画而赢得赞誉。其中最著名的是由60幅画组成的系列作品《黑人移民》（1940—1941年）。在创作以表现主义叙事的方式记录一战后美国黑人北迁运动的《黑人移民》时，劳伦斯借鉴的是文本资料，而非自己的亲身经历。每一幅画（参见图36.2）的戏剧性都是通过大胆的节奏和充满活力的几何形状来表达的，这些元素保留了劳伦斯所说的"画面的魔力"。

与劳伦斯同时期的罗马勒·比尔登（1911—1988）出生于北卡罗来纳州，却在哈莱姆长大。他结识了哈莱姆文艺复兴时期的主要人物，包括劳伦斯、兰斯顿·休斯和纽约的主要爵士音乐家。比尔登最喜欢的创作媒介是拼贴画（详见第三十二章）。他早期的拼贴画作品诞生于民权运动时期，以非裔美国人的斗争为题材。和汉娜·霍克的做法类似，比尔登会从流行杂志上剪一些零碎的图像，但他的半抽象作品所展现的是源于日常生活的叙事主题。这些作品在比例上的突然变化和浓烈的颜色，让人想起爵士乐的即兴乐句和切分节奏。事实上，音乐为比尔登的一些著名作品提供了创作题材，比如《火车汽笛蓝调》（1964年）、《三个民间音乐家》（1967年）、《新奥尔良狂欢之家》（1974年）和《蓝调皇后》（1974年）。

贝蒂·萨尔和罗伯特·科尔斯科特

自20世纪中叶以来，非裔美国艺术家在面对有关种族歧视和种族刻板印象的主题时，采取了更加愤世嫉俗的态度。加利福尼亚州的雕塑家贝蒂·萨尔（1926—）放弃了早期艺术生涯中受非洲人的启发创作的偶像崇拜的雕塑，转而制作集合艺术作品，来抨击象征着白人商业文化的内容。在混合材料作品《杰迈玛大婶的解放》（图36.3）中，萨尔通过呈现R.T. 戴维斯在1890年创作的一个售卖现成煎饼粉的形象的持枪版本，来抨击"黑人保姆"这一刻板形象。萨尔解释道："我的兴趣是把一个消极的、有损人格的人物，转变成一个积极的、被赋予能力的女人……准备与奴役势力和种族主义做斗争的勇士。"

讽刺画艺术家罗伯特·科尔斯科特（1925—2009）以著名画作为原型创作滑稽的模仿作品，他将这些名作中的白人塑造成卡通风格的、刻板印象

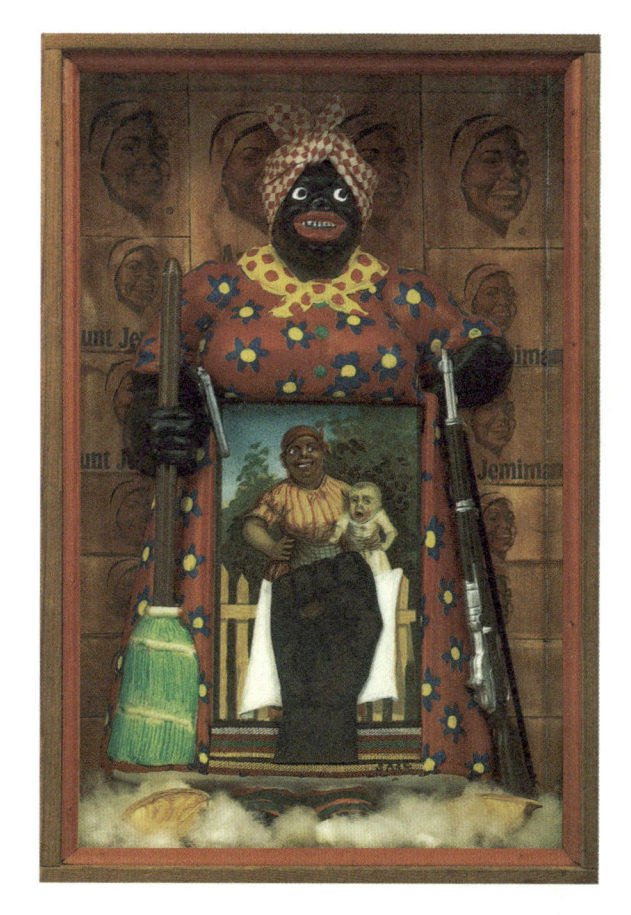

图 36.3 杰迈玛大婶的解放 贝蒂·萨尔，绘于1972年。萨尔让人注意到了那些对非裔美国人带有贬损意味的刻板形象：汤姆叔叔、小黑桑波、杰迈玛大婶等。杰迈玛大婶这个与著名的煎饼粉相关的商标人物版本在这里被看作一个拿着步枪、手枪和扫帚的家庭用人。另一个版本表示她是一个保姆，怀里抱着一个吵闹的白人婴儿

图 36.4 亚拉巴马州少女 罗伯特·科尔斯科特，绘于1985年

中的黑人男女。科尔斯科特这样做是想提醒人们注意到黑人被排除在西方艺术史之外。他于1976年对欧仁·德拉克洛瓦的《自由引导人民》进行了刻薄、夸张的戏仿，画中描绘了一群由皮肤黝黑的自由女神领导的、盛气凌人的非裔美国人反叛者。科尔斯科特的《亚拉巴马州少女》（图36.4），明显是对毕加索的里程碑式绘画作品《亚威农少女》的一种非理性艺术（恶臭艺术）模仿，巧妙地挑战了原始主义和现代主义在当代的定义。科尔斯科特说："毕加索从欧洲艺术出发，对非洲艺术进行抽象处理，创作出'非洲化'艺术，但他的创作风格还有部分停留在欧洲艺术中。我以毕加索的'非洲化'艺术为起点，向欧洲艺术发展，创作风格部分停留在'非洲化'艺术中……"

卡拉·沃克和凯欣德·威利

非裔美国艺术家卡拉·沃克（1969—）意识到，解放和种族自由是一个持续不断的过程。她利用其标志性的剪影艺术，为当代艺术展现了她对美国白人和黑人之间纠缠不清的关系的微妙而复杂的审视，尤其是19世纪美国南方的男主人和女奴隶之间的关系。在作品《进行中的作品》（图36.5）中，她描绘了一个典型的非裔美国女仆正在清扫一个身上的锁链刚断了的女性形象。沃克说，被解放的女性可以代表奴隶制的终结，但就像从家里扫走的垃圾一样，她们在社会上的地位是不明确的（不受欢迎的）。

非裔美国艺术家凯欣德·威利（1977—）以文艺复兴和巴洛克时期的著名肖像为原型，创作了超写实且极具戏剧化造型的年轻黑人男性形象，这些人物身着嘻哈街头服饰，如连帽衫和宽松运动装。

第三十六章 解放与平等 313

图36.5 进行中的作品 卡拉·沃克，创作于1998年。沃克运用了广受欢迎的剪纸剪影民间艺术传统，这种传统在18世纪晚期常被用于制作肖像画

后来，为了"记录世界各地黑人和棕色人种的生存现状"，他走访了巴西、以色列以及非洲的多个地区，包括他父亲的故乡尼日利亚。在以色列，他拍摄并绘制了埃塞俄比亚黑人犹太人的肖像，这些人如今的音乐风格（嘻哈和雷鬼音乐）引起了部分非裔美国人的共鸣。

在威利技术精湛的绘画作品中，他利用阿拉伯、以色列和欧洲装饰艺术中的设计图案来装饰自己的作品，并借鉴传统马里雕像艺术，让他的绘画对象摆出相应的姿势（参见图36.1）。为了消除在媒体中占主导地位的负面且暴力的后殖民刻板印象，他赋予他的绘画对象以男子气概、英雄般的力量，并借鉴西方白人贵族肖像中那种自觉优越的神态。

非裔美国人与爵士乐

非裔美国人对世界文化最重要的贡献可能体现在音乐领域，尤其是在被称为爵士乐的独特现代音乐形式的诞生和发展方面。爵士乐是20世纪前20年间各种音乐元素的综合体，但在第一次世界大战之后，爵士乐作为一种艺术形式发展成熟。尽管一些音乐史学家坚持认为，爵士乐是地域的产物，而不是种族的产物，但非裔美国人在爵士乐的兴起和发展过程中所起的主要作用是无可争辩的。

爵士乐主要是演奏家的艺术，而不是作曲家的艺术。爵士乐以加勒比黑人的节奏风格为主，融合了欧洲人和非裔美国人有关和声、旋律和音色的各式概念。爵士乐在发展过程中吸收了行进铜管乐队、黑人滑稽表演的舞台、布鲁斯音乐和被称为拉格泰姆音乐的钢琴演奏风格的乐语。拉格泰姆音乐是钢琴创作和表演的一种形式，其特色是具有复杂的切分节奏和简单且吸引人的旋律。据说，拉格泰姆音乐起源于密西西比河下游，但在美国南北战争后向北迁移，并在19世纪90年代流行起来。拉格泰姆音乐最具代表性的人物（在不考虑拉格泰姆音乐的发明人的前提下）是黑人作曲家和广受欢迎的钢琴家斯科特·乔普林（1868—1917）。早期的爵士乐演奏家，比如声称发明了爵士乐的杰利·罗尔·莫顿（真名为费迪南德·约瑟夫·莱蒙特，1890—1941），利用拉格泰姆音乐的节奏发展了爵士乐这种新音乐形式的重要特色。

布鲁斯音乐是爵士乐发展过程中的一个关键构

非裔美国人与电影

谢尔顿·杰克逊·斯派克·李（1957—）是美国第一位跻身好莱坞重要电影导演之列的非裔美国人。他制作的电影探讨了市中心的种族冲突（《为所应为》，1989年）、现代黑人历史（《黑潮》，1992年）、黑人歌手的吟唱传统（《迷惑》，2000年）、毒品交易（《第25小时》，2002年），以及二战中被称为"水牛战士"的黑人步兵（《圣安娜奇迹》，2008年），因而赢得了国际赞誉。李以极具创造性的方法运用镜头来强调社会冲突，比如他对陷入激烈、痛苦争执中的人物面部进行大胆的特写。他喜欢短小、不连贯的场景，手持摄影机拍摄的"偶然"效果，以及经常让他的电影叙事主题悬而未决却饱含暗示的剪辑技巧。李为新一批黑人电影导演的涌现开启了一扇门，其中包括约翰·辛格尔顿（代表作《街区男孩》，1991年）和茱莉·黛许（代表作《大地的女儿》，1991年）。

导演史蒂夫·麦奎因（1969—）在英国出生，为公众带来了一部极具影响力的电影《为奴十二年》（2013年），它改编自所罗门·诺瑟普的传记体小说《为奴十二年》（1853年）。这部电影以尖刻的方式重现了小说，讲述了一个自由的黑人纽约公民身上发生的残忍故事，他在华盛顿特区被绑架，直到12年后在路易斯安那州的红河附近的一个棉花种植园被解救出来。

成元素，起初是一种声乐体裁，而非器乐体裁。布鲁斯音乐最早出现于美国南部，但可能起源于非洲的歌曲形式，是一种个人表达自己的烦恼、孤独和绝望等情绪的音乐类型。布鲁斯音乐可以让人想起种植园奴隶的哀号，可以描述分离和失去的痛苦，以及从压迫中解脱的希望。此类经典作品如W.C.汉迪的《圣路易斯布鲁斯》（1914年），以一句简单的感叹开头（"我讨厌看到夕阳西下"），在第二行重复这句感叹，在第三行"回应"（"这让我觉得自己到了穷途末路"），这种模式可能源自非洲的呼应式吟唱。从技术上讲，布鲁斯音乐使用了被称为"布鲁斯音阶"的特殊音阶，这种音阶以标准C大调音阶中的降E调、降G调和降B调形式为特色。

拉格泰姆音乐和布鲁斯音乐都对作为一种独特音乐风格的爵士乐的发展做出了巨大的贡献。但如果要说爵士乐最典型的特征，那一定是即兴演奏——个人的和集体的。大多数爵士乐表演都是以标准的旋律（通常是熟悉的流行曲调）为基础的，而个人表演者（有时是表演团体中的一群表演者）会根据基础旋律进行"即兴演奏"。他们在演奏中创作乐段——一种"随心所欲地作曲"的形式，或者将其他的（通常是熟悉的）旋律的一部分融入他们的独奏中。大多数学者认为，无论是个人的还是集体的即兴演奏，都是构成爵士乐明显区别于其他音乐的一个因素。

最后，爵士乐在标准节奏上采用了一种独特的变奏形式，这被演奏者和爵士乐的狂热爱好者称为"摇摆乐"。虽然要定义"摇摆乐"的概念几乎是不可能的，但是我们可以用"演奏不合拍"——演奏节奏略快或略慢于节拍——来尽可能贴切地描述这一概念。"摇摆乐"通常需要达到某种有韵律的"节奏感"——赋予整个乐队活力、推动演奏发展的节奏与和声的组合。如果用20世纪40年代的一首流行歌曲中的话来说，那就是"如果没有那种摇摆的感觉，一切根本就没意义"。

作为一种表演艺术，爵士乐依赖整个乐队成员间的互动，因为所有成员在表演的过程中创造了一个本质上全新的作品。切分节奏、布鲁斯主题、和声灵活性，以及即兴演奏本身虽然并不新鲜，但它们被组合起来，通过"摇摆乐"的表演被赋予了活力时，就产生了一种本质上全新的艺术形式，这种艺术形式在未来的很多年里都对西方音乐产生了重大影响。

路易斯·阿姆斯特朗

美国爵士乐的发源地是路易斯安那州的新奥尔良，这里是汇集了西班牙、法国、非洲、加勒比地区、印第安和克里奥尔黑人音乐传统的大熔炉。在新奥尔良，黑人和白人音乐家借鉴了非洲部落舞蹈错综复杂的节奏和欧洲传统行进乐队的和声。许多经常跟在葬礼或婚礼队伍后面的街头音乐家，既没有受过正规训练，也看不懂乐谱，但可能会演奏小号、长号或单簧管，其所需的节奏则由大号、军鼓和低音鼓提供。这些音乐家构成了游行队伍的"前线"，在他们身后跳舞的那群人被称为"第二线"[1]。游行乐队的演奏或许是最早版本的爵士乐。类似的乐队也会在夜总会和舞厅演奏当时的流行音乐。

路易斯·阿姆斯特朗（1901—1971）是新奥尔良人，从12岁开始演奏短号。到了20世纪20年代，他已成为那个时期最好的爵士音乐家。阿姆斯特朗创新的独奏是音乐上的重大突破，使个人即兴演奏成为爵士乐表演中极为重要的部分。他在独奏中转换和声的能力以及对标准旋律进行改编的能力非常精湛，令人为之惊叹，这提升了爵士独奏家在整个乐队表演中的地位。

绰号"大嘴"的阿姆斯特朗也是一位具有极高音乐天赋的爵士歌手。他经常用拟声唱法（即兴地发出一组无实际意义的音节）来演绎爵士乐。他那引人注目的个性和永远饱满的精神给数百万人带来了欢乐，把爵士乐变成了在国际上受人尊敬的音乐形式。莉莲·哈丁（阿姆斯特朗的妻子）的作品《比那更热辣》（1927年）被称为"热爵士"风格的典型作品，而"热爵士"风格在法国尤其受到追捧。

爵士乐时代

在20世纪20年代，爵士乐向北传播到芝加哥、堪萨斯城和纽约等城市中心。阿姆斯特朗于1922年搬到芝加哥。在纽约，非凡的爵士乐和布鲁斯歌手借助收音机和留声机唱片赢得了全世界的赞誉，比如被歌迷称为"布鲁斯天后"的贝西·史密斯（1894—1937）、昵称为"迪女士"的比利·霍利迪（1915—1959）。在所谓"爵士乐时代"，爵士乐对其他音乐流派产生了重大影响。美国作曲家乔治·格什温（1898—1937）把爵士乐的节奏融入令人着迷的《蓝色狂想曲》（1924年）中，这是一首由钢琴和管弦乐队演奏的音乐会曲目。格什温的《波吉与贝丝》（1935年）是一部完整的歌剧，讲述了被贫穷困扰的非裔美国人查尔斯顿的生活，它结合了爵士乐、布鲁斯音乐、圣歌和民间习语，创造了以出演的演员全部是黑人为特色的美国音乐剧新风格。

20世纪30年代和40年代，流行音乐与当时盛行的大乐队爵士乐以及适合跳舞的摇摆乐节奏紧密相连，助长了20世纪40年代风靡一时的舞蹈热潮。汤米·多尔西、格伦·米勒、本尼·古德曼（他后来让自己的乐队实现了种族融合，是第一位这么做的乐队领队）等白人摇摆乐队演奏的曲目混合了器乐摇摆乐和流行民谣，而像威廉·贝西伯爵（1904—1984）这样的黑人摇摆乐队则更倾向于布鲁斯音乐和充满活力的大乐队爵士乐的声音。

---

1. 请注意不要和这个词的其他用法混淆，这里是用来将乐队的节奏乐器组与簧片、铜管独奏乐器演奏家组成的"前线"区别开的说法。

年代表

1919年	美国城市出现"红色夏季"种族暴动
20世纪20年代	美国的爵士乐时代
1920—1940年	哈莱姆文艺复兴
1954年	美国最高法院禁止学校实行种族隔离制度
1965年	马尔科姆·艾克斯被暗杀
1968年	马丁·路德·金被暗杀

战后爵士乐

在二战之后的几年中，爵士乐呈现出"艺术音乐"的一些复杂的、精致的特征。爱德华·肯尼迪·艾灵顿公爵（1899—1974）创作的令人陶醉的组曲《黑色、棕色、米色》（1943年）为音乐厅爵士乐铺平了道路。自20世纪90年代以来，音乐厅爵士乐再度流行起来。艾灵顿是一位多产的音乐家，毫无疑问是美国爵士乐领域里（甚至可以说是在任何音乐领域里）最杰出的作曲家。

在20世纪40年代末和50年代，爵士乐队规模较小，只有5到7件乐器的情况下，爵士乐呈现出了个人演奏者独特的即兴演奏才能。新的音乐种类包括波普爵士乐（以疯狂的节奏、复杂的和弦、密集的复节奏为特色的爵士乐类型）和冷爵士乐（与美国西海岸有关联的更克制、更温和的爵士类型）。萨克斯管吹奏者查理·帕克（1920—1955）和小号手约翰·迪齐·吉莱斯皮（1917—1993）演奏的《可可》是20世纪40年代波普爵士乐的典型作品，这首曲子是英国作曲家雷·诺布尔（1903—1978）的流行爵士标准曲《切罗基》的即兴版本。

自从20世纪80年代爵士乐复兴以来，新奥尔良作曲家、小号奇才、教师温顿·马萨利斯（1961— ）再次确认了爵士乐作为美国古典音乐的地位。1997年，马萨利斯因其有关奴隶制的爵士清唱剧《血色田野》获得普利策音乐奖，他成了世界上最能清晰阐释爵士乐这一音乐类型的代言人。马萨利斯把爵士乐比作开放的思想交流，他认为："爵士乐不仅是美国文化最好的表达，也是最具民主精神的艺术。"直到今天，爵士乐仍然是一种独特的结合了古典音乐和流行音乐最好的部分的室内音乐类型。

嘻哈乐

与哈莱姆文艺复兴时期的诗歌和绘画中的"布鲁斯美学"一样，以自发性和即兴创作为特色的"爵士乐美学"也融入了20世纪70年代被称为"嘻哈乐"的表演现象之中。嘻哈乐是美国城市中心贫民区亚文化的产物，把喧闹且有打击乐效果的音乐（通常由唱片播放者运用电子装置进行"混音"）、说唱和街舞结合在一起，营造出一种近似于暴力的原始活力。

英年早逝的让·米歇尔·巴斯奎特（1960—1988）的画作，既融入了现代爵士乐那种自由的即兴创作和借鉴而来的"重复乐段"，同时也饱含着嘻哈乐那种断奏的节奏和刺耳的歌词。巴斯奎特的作品融合了粗糙、幼稚却又为人熟悉的图形，冷酷的卡通图案，街头艺术，潦草的涂鸦（详见第三十八章）——这是一种城市的民间艺术风格，也是城市中心贫民区的年轻人（如巴斯奎特）发泄愤怒和喜悦的途径。《吹号者》（图36.6）是巴斯奎特使用便携式油画棒在类似黑板的表面上涂

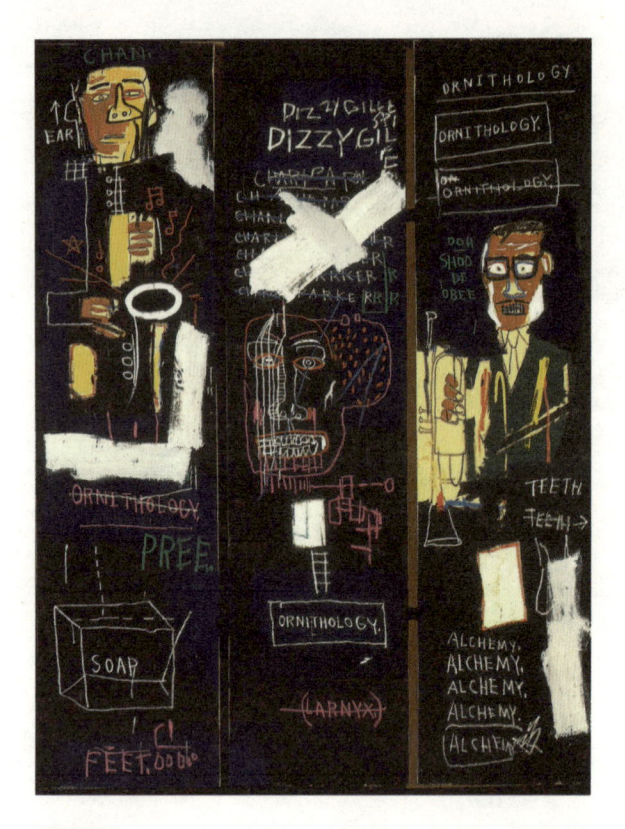

图36.6 吹号者 让·米歇尔·巴斯奎特，绘于1983年。画作中间的死神的头颅是画家最喜欢的图案，出现在他的很多作品中。一些人认为，这预示了巴斯奎特在28岁时因吸食可卡因和海洛因过量而死亡

抹而成的，也是巴斯奎特向爵士乐巨匠迪齐·吉莱斯皮（图中左边吹萨克斯管的人）和查理·帕克（右边拿着小号的人）致敬的作品。画中写的ORNITHOLOGY（鸟类学）既对应了与其同名的波普爵士乐经典曲目，也与帕克的昵称"鸟"相呼应。

非裔美国人与舞蹈

非裔美国人对20世纪舞蹈的影响可与其对音乐的影响相媲美。几个世纪以来，舞蹈一直是非裔美国人表达宗教信仰的主要方式，也是身体自由的象征。到19世纪晚期，随着清一色黑人演员的剧团和吟游表演者在美国巡回演出，白人观众开始接触到黑人的娱乐风格。像高踢腿步态舞这样流行的黑人舞蹈成为20世纪初的国际时尚，而像黑臀舞、林迪舞之类的舞蹈也开始对社交舞蹈和戏剧表演产生影响。

在第三十二章介绍的非裔美国编舞先驱凯瑟琳·邓翰的努力下，黑人舞蹈超越了过去舞台娱乐的范畴。在芝加哥大学获得人类学博士学位后，邓翰前往牙买加、特立尼达、马提尼克和海地做研究，其中一些研究探讨了舞蹈与伏都教仪式之间的关系。邓翰热衷于学习加勒比人的舞蹈，她在编舞，以及为她丈夫约翰·普拉特设计的舞台布景和服装上大量借鉴了加勒比黑人的文化和非洲文化（图36.7）。

邓翰的剧团借鉴了加勒比人音乐中钢鼓乐队的节奏，这个乐队里的乐器完全由以油箱制成的钢鼓组成。钢鼓乐队起源于特立尼达，为卡利普索歌曲和其他即兴舞蹈形式提供打击乐伴奏。在她的《海地舞蹈》一书中，邓翰探讨了舞蹈的社会学功能，例如集体舞蹈如何体现民间庆祝活动的精神，非洲宗教舞蹈如何与欧洲世俗舞蹈相互影响。

邓翰的作品启发了其他人。珀尔·普赖默斯（1919—1994）出生于特立尼达，在纽约长大。她利用自己对舞蹈编排和人类学的研究（像邓翰一样，她也在这个领域获得了博士学位），在非洲舞蹈领域成了世界级权威。20世纪40年代，她自从游历非洲后，便把非洲当地部落的宗教仪式的精神和实质融入现代舞蹈中。她还为非裔美国人的圣歌和诗歌（包括兰斯顿·休斯的作品）的舞台版本精心设计、编排舞蹈。在她的《非洲舞蹈》一书中，普赖默斯宣称："这种舞蹈具有强大的魔力……它把身体变得如液态钢铁般刚劲，让身体能像吉他一样振动，让身体没有翅膀也能飞翔，没有声音也能歌唱。"

邓翰和普赖默斯的成就让非裔美国舞蹈剧场在国际上享有盛誉。自1950年以来，阿尔文·艾

女性虽然占人口的大多数，但几乎没有行使过重要的政治或经济权力。像许多少数民族一样，女性长期以来都被归为二等公民。到1900年，世界上只有一个国家的女性有投票权：新西兰。到20世纪中叶，大多数第一世界国家的女性已经获得了选举权，但她们的社会和经济地位仍然远低于男性。到1985年，世界妇女大会报告说，虽然女性占世界人口的50%，为世界总工时贡献了近三分之二，但她们只得到世界收入的十分之一，并且拥有的财产不到世界总财产的1%。尽管女性受到不平等对待一直是历史事实，但直到20世纪，追求女性解放才以国际运动的形式出现。

图 36.7 **热带时事讽刺歌舞剧** 凯瑟琳·邓翰，1945—1946年创作。这位"跳舞的人类学家"在攻读硕士学位时，不得不在舞蹈和学术生涯之间做出选择。在继续攻读博士学位时，她最终选择了舞蹈，并组建了自己的舞蹈团，与舞蹈团一起在世界各地巡回演出

利（1931—1989）、唐纳德·麦凯尔（1930—2018）、阿瑟·米切尔（1934—2018）等杰出的编舞家为美国舞蹈史增添了光彩。艾利的《启示录》（1960年）是一部组舞作品，取材于作者在出生地得克萨斯州的成长经历，并融入了他对非裔美国人的圣歌、布道歌曲和福音音乐的热爱，是对美国南方文化史的永恒赞颂。

寻求性别平等

纵观历史，厌女症（对女性的厌恶或憎恨）和认为女性在智力上、力量上均处于劣势地位的想法，都强化了性别不平等的状况。在许多文化中，

女权主义文学：伍尔夫

女权主义（主张男女具有平等的社会、政治和经济权利的理念）的历史至少可以追溯到14世纪，当时法国诗人克里斯蒂娜·德·皮桑执笔为女性辩护（详见第十五章）。文艺复兴和启蒙运动时期的人文主义者中偶尔会有克里斯蒂娜的追随者，其中最著名的是玛丽·沃斯通克拉夫特，她于1792年在伦敦出版了一部引发争议的作品《女权辩护》（详见第二十四章）。在19世纪，孔多塞侯爵和穆勒写下理性的呼吁，为女性平等进行辩护，女小说家乔治·桑也一样（详见第二十八章）。在美国，安杰利娜·格里姆克（1805—1879）和其他女权主义者以雄辩的口才在1920年帮助女性赢得了选举权。

小说家弗吉尼亚·伍尔夫（1882—1941）是女权运动极为激昂的拥护者之一。伍尔夫认为，平等地享有教育机会和经济优势甚至比选举权更重要（英国女性于1918年获得选举权）。伍尔夫在她的小说和散文中提出，女性只有脱离男性并获得经济和心理上的独立，才能变得强大。她认为，自由是

创造力的先决条件：一个女人要想获得自己的创造自由，就必须有钱，必须有"一间她自己的房间"所提供的私密环境。她的随笔《一间自己的房间》是对一位牧师的言论——"没有哪个女人能比得上莎士比亚的天赋"的回应。在下文的阅读材料中，伍尔夫设想了虚构的莎士比亚的妹妹朱迪思身处16世纪背景下的情形。她借这个虚构人物之口，从心理方面提出了一些发人深省的、有关女性创造力的问题。

阅读材料36.10
选自弗吉尼亚·伍尔夫《一间自己的房间》（1929年）

……既然很难得出事实，那么让我想象一下，如果莎士比亚有一个才华横溢的名叫朱迪思的妹妹，那会发生些什么。莎士比亚很可能——因为他母亲是个继承人——去语法学校学习过，他或许在学校里学过拉丁语——奥维德、维吉尔和贺拉斯的作品，以及语法和逻辑的基础知识。众所周知，他曾是个会偷猎兔子的调皮男孩，也许还射杀过鹿，而且本不应该却早早地和附近的一个女人结了婚，而那个女人在结婚前就怀了他的孩子。在这种越轨行为的驱使下，他跑到伦敦去自谋生路。他看起来似乎很喜欢戏剧。最开始的时候，他在剧院后门帮别人牵马。很快，他就在剧院里找到了一份工作，成了一名成功的演员，并且生活在世界的中心，结识各色人等，熟知世间万象，在舞台上磨炼自己的演技，在街头施展自己的才智，甚至还能进出女王的宫殿。让我们猜一猜，与此同时，他那天赋异禀的妹妹留在了家里。她和他一样爱冒险，富有想象力，渴望去看外面的世界。但她没能去上学，她没有机会学习语法和逻辑，更不用说读贺拉斯和维吉尔的作品了。她会时不时拿起一本可能是她哥哥的书，读上几页。但她父母进来了，让她去补长袜，或者看着炖菜，不要神思恍惚地乱翻书和报纸。他们的话可能说得严厉，但语气却很温和，因为他们是通情达理的人，知道生活对一个女人来说并不容易，而且他们爱他们的女儿——事实上，她很可能是父亲的掌上明珠。也许，她偷偷地在放苹果的阁楼上草草地写了几页东西，但总是小心翼翼地把它们藏起来或者用火烧掉。然而，很快，她在还不到20岁时，就要和邻近一户羊毛批发商的儿子订婚。她大声抱怨，说婚姻对她来说是可憎的，为此她被父亲狠狠打了一顿。然后，父亲不再责备她了。他反而请求她不要伤害他，不要在婚姻问题上令他蒙羞。他会送她一串珠子或一件精美的衬裙，他的眼里还含着泪水。她怎么能违抗父亲呢？她怎么能让他伤心呢？正是她自己天赋的力量驱使她去做这件事。一个夏天的夜晚，她收拾出一个装着行李的小包裹，用绳子逃出房间，前往伦敦。她还不到17岁。在树篱笆里鸟的歌唱都没有她的歌声悦耳。和哥哥一样，她拥有最敏锐的想象力天赋，能为词编曲调。像他一样，她也喜欢戏剧。她站在剧院后门，说她想表演。男人们当面嘲笑她。一个肥胖的、嘴唇耷拉的男经理狂笑。他大吼着说些有关贵宾犬跳舞和女演员表演的事情——他说没有一个女人可以成为演员。他暗示她——你能想象到那是什么暗示。她无法在自己热爱的演艺事业上得到任何训练。她还能在酒馆里吃到晚餐吗？难道只能半夜在街上闲逛吗？然而，她具有为创作小说而生的天赋，渴望充分了解男人和女人的生活经历，并研究他们的生活方式。最后——因为她很年轻，她和诗人莎士比亚长得很像，他们有着同样的灰色眼睛和浓密的眉毛——演员兼经理的尼克·格林终于还是同情她的遭遇。她发现自己怀了那个绅士的孩子，所以——当诗人炽热而躁动的内心被困在女人的躯壳里，又陷入这样的困境时，谁又能估量得出那其中的痛苦呢？——她在一个冬天的夜晚自杀了，被埋在某个十字路口，如今那里是公共马车在"大象与城堡"酒馆外停靠的地方。

……在16世纪，任何生来就被赋予极高天赋的女人肯定会疯掉，开枪自杀，或者在村外某个孤零零的村舍里度过她余下的日子，活得人不人、鬼不鬼，害怕被嘲笑。因为不需要太多心理学技巧就能确定，一个天赋很高的女人如果试图利用她的天赋创作诗歌，就一定会受到人阻挠，受到自己矛盾的本能的折磨和撕扯，最后必定会失去健康和理智。没有哪个女人能走到伦敦，站在剧院后门口，在演员兼经理面前冲出一条路，同时又能全身而退，不承受痛苦的煎熬。这种痛苦或许是毫无道理的——贞洁可能是某些社会出于未知原因而臆造出来的迷恋对象，但也仍然是不可避免的。那时，甚至到现在，贞洁在女人的生活中都具有宗教般的重要性，它用神经和本能把自己包裹得紧紧的，要把它松开，使之显露在日光下，需要女人具有罕见的勇气。在16世纪的伦敦过着自由的生活，对一个诗人兼剧作家的女人来说，可能意味着一种紧张的压力和进退两难的困境，而她很可能就是被这种压力和困境杀死的。如果她幸存下来，那么她写的任何东西都会扭曲变形，这是由紧张而病态的想象造成的。看着那个书架上没有摆放一本由女性写作的戏剧图书，我想，毫无疑问，她的作品肯定也没有署名。她肯定会选择这样的庇护方式。甚至到了19世纪，驱使女人匿名发表作品的依然是那种贞洁观念的残余影响。正如她

们的著作所证明的，柯勒·贝尔[1]、乔治·爱略特和乔治·桑都是这种内心冲突的受害者，她们都试图用男人的名字来隐藏自己，但效果并不理想。就这样，她们向一种社会习俗表示了敬意，这种习俗即便不是由男性灌输的，也得到了他们的大力推崇（伯里克利，一个自己就备受争议的男人，曾说过，女人最大的荣耀就是不被人议论），即女人抛头露面是令人厌恶的。匿名发表作品已经融入了她们的血脉之中……

问：虚构的莎士比亚妹妹的形象是如何证明伍尔夫的观点的？
问：在伍尔夫看来，女性的创造力有多脆弱？

战后女性主义：波伏瓦

两次世界大战对女性的地位产生了积极的影响。在战时没有男性的情况下，女性在农业和工业领域踏上了许多原本属于男性的工作岗位。正如伍尔夫所预测的，女性新近获得的经济独立给她们带来了一种自由感，并刺激了她们寻求法律和社会平等的需要。在苏联，共产主义政权将女性派往工业领域和战场进行劳作。在西方以外的其他地区，女性的角色也在发生变化。1949年成立的中华人民共和国政府关闭了所有妓院，禁止包办婚姻，实行同工同酬政策。

西方女权运动的领导要求心理上的独立和平等的工作机会，她们的目标包括提高两性的意识。法国小说家、社会评论家和存在主义者西蒙娜·德·波伏瓦（1908—1986）坚持认为，新女性

---

1. 柯勒·贝尔是英国小说家夏洛蒂·勃朗特的假名。

必须摆脱被动,通过可靠的行动实现独立。在她经典的女权主义著作《第二性》中,波伏瓦颠覆了"女性神话"——一种虚假的、没有影响力的观念,认为女性具有一种独特的、命中注定的"女性"本质,这迫使女性成了在社会地位和智力上都从属于男性的角色。她重新审视了女性依赖男性的生理、心理和政治方面的原因,得出这样一个结论——尽管男性将女性定义为"他者"(或第二性),但心甘情愿地接受从属地位的却是女性自己。波伏瓦号召各地的女性"放弃男性结盟所赋予她们的一切优势"。她在自己的生活中也追求这个目标(根据一些评论家的说法,她没有成功):她与让–保罗·萨特长达50年的伴侣关系是20世纪最引人注目的关系之一。尽管两人都与其他人有过恋情,但他们在精神上拥有着一生的契合。

在下面《第二性》的简短节选中,波伏瓦探讨了女性对男性依赖的本质,以及自由所带来的"形而上的风险"。

阅读材料36.11
选自西蒙娜·德·波伏瓦《第二性》
(1949年)

如果一个女人发现自己是无关紧要的,并且永远无法变得重要,那是因为她自己没有带来这种转变。无产阶级说"我们",黑人也说"我们"。他们将自己定位为主体,因此把资产阶级或白人变成了"他者"。女人不使用"我们"——除了在某些像专题讨论会这样的抽象聚会场合;男人说"女人",女人则接受这个词,用来指代自己;但是她们并没有把自己真正地定位为主体。无产阶级在俄国发动革命,黑人在海地发动起义,印度人在印度战斗,可女性的行为从来没有比象征性的焦虑不安更进一步。她们只赢得了男性愿意让给她们的东西,她们并没有夺取什么东西,她们只是接受东西。这是因为她们缺乏将自己组织和团结起来,以表明反对立场的具体方法。她们没有自己的历史、宗教;与无产阶级不同,她们没有在劳动力或利益方面表现出团结一致;她们甚至缺乏自己的空间,而美国黑人、贫民区的犹太人、圣丹尼或雷诺工厂的工人因为有自己的空间才得以形成群体。她们散布在男人中间,因为家庭、工作、经济利益和社会状况而与男人紧密相关联,她们与其父亲或丈夫比与其他女性的关系还要密切。作为资产阶级女性,她们与资产阶级男性团结一致,而不站在无产阶级女性这边;作为白人女性,她们与白人男性团结一致,而不是站在黑人女性这边。无产阶级可以制订计划,屠杀整个统治阶级;狂热的犹太人或黑人可以梦想夺取原子弹的秘密,把全人类完全变成犹太人或完全变成黑人;但是,女性甚至不能梦想消灭男性。把她和压迫她的人绑在一起的关系不似其他任何一种关系。性别划分是生物学意义上的,并不是人类历史上的某个特定阶段。两性间的对立形成于一个原始的共存状态,而女性还未打破它。夫妻是互相吸引组成的一个基本单位:通过性别来分裂社会是不可能的。这是女性的基本特征:她是一个整体中的"他者",这个整体的两个组成部分是相互依存的……

女性即使不是男人的奴隶,也至少一直是男人的附庸者;两性在世界上的地位,从来都是不平等的。即使到了今天,即使她们所处的环境正在改变,女性仍然受到严重的阻碍。在所有国家,女性的法律地位都与男性的法律地位不相等,这常常让女性处于相当不利的境地。即使女性的权利在理论上被认可,存在已久的习惯也会让这些权利不能具体地体现在行为与习俗中。在经济上,男性与女性几乎形成了两个阶层。在其他一切条件相同的情况下,相比新女性竞争者,男性拥有更好的工作、更高的工资和更好的成功机会;男性在工业、政治等领域占据着更多的岗位,且他们占据着最重要的位置。除了男性的具体权力之外,他们还被赋予一种威望,这种威望的传统在孩子的整个教育过程中受到强化:现在是过去的延续,而过去的所有历史都是由男性创造的。在女性开始参与创造世界的时刻,这个世界仍然属于男人:男人对此毫不怀疑,而女人对此几乎没有怀疑。拒绝成为他者,拒绝与男性共谋,就意味着放弃与占优势的社会阶层的联盟所赋予的一切优势。作为"主人"的男性会在物质上保护作为"附庸者"的女性,并负责赋予她们存在的意义:女性不仅避免了经济上的风险,还逃避了那种必须在没有任何帮助的情况下为自己的自由设定目标的形而上的风险。事实上,除了每个人都有将自己确立为主体的诉求(这是一种伦理诉求)之外,还存在着逃避自由并将自己变成某种"物"的诱惑:这是一条有害的道路,因为处于被动、异化和迷失状态的个体,会成为他人意志的牺牲品,被剥夺自身卓越的特性,失去所有的价值。但这是一条轻松的道路,这样就可以避免真正承担生存所带来的痛苦和压力。将女性视为"他者"的男性,会在女性身上发现一种深刻的默契。因此,女性没有将自己确立为主体的诉求,是因为她们缺乏具体的方法,因为她们意识到自己与男性之间存在着一种必要的联系,却没有认识到这种联系应该是相互的,还因为她们常常从自己作为"他者"的角色中获得满足感……

问:根据波伏瓦的说法,是什么情形让女性成了"他者"?

问:现在仍然是"属于男人"的世界吗?

美国女权主义作家

20世纪60年代,特别是在美国,争取男女平等的斗争呈现出激烈的态势。教育和就业领域中的性别歧视引发了女性代表向联邦政府争取立法的诉求。1960年,口服避孕药在美国得到联邦政府的批准。尽管新的避孕方法让女性能够控制自己的生殖功能,从而获得更大的性自由,但争取法律和政治权利的运动仍在继续,并引发了抗议游行,使一大批令人觉醒的文学作品诞生。1963年,贝蒂·弗里丹(1921—2006)出版了《女性的奥秘》,该书声称美国社会,尤其是商业广告,对广大女性进行了洗脑,让她们更喜欢妻子和母亲的角色,而非生活中的其他角色。弗里丹是早期抨击弗洛伊德理论(尤其是弗洛伊德把女性视为"失败的男人"的男权观点)的女权主义者之一。她要求女性质疑现有的秩序,并寻求家庭以外的事业。随着1966年美国全国妇女组织(NOW)成立,激进的女权主义者呼吁重新建构所有西方体系。

20世纪60年代以来,以关注两性平等和寻求女性自我认同为主题的诗歌和小说出现了实质上的复兴。与黑人解放文学一样,女权主义文学作品常常充满压抑的盛怒。显然,并非所有由女性书写的现代文学作品都只专注于女性问题——当代女性作家所处理的主题多种多样,包括拳击运动和环境污染等。然而,在女性创作的大量战后文学作品中,三个主题反复出现:女性遭受的迫害,女性在传统上由男性主导的社会中努力界定自己的角色,女性从古代的女神和女族长的角色中脱离出来。

西尔维娅·普拉斯和安妮·塞克斯顿

第一代女权主义诗人包括西尔维娅·普拉斯（1932—1963）和安妮·塞克斯顿（1928—1975）。普拉斯以尖锐的诗歌反映了她在男性主导的社会中感受到的那种格格不入。在她最著名的诗歌《拉撒路夫人》（1962年）中，普拉斯把大屠杀的意象和自杀未遂的冗长陈述结合在一起，而诗的高潮是她像《圣经》中的拉撒路那样"复活"时发出的愤怒威胁：要"把男人吃掉"。

和普拉斯一样，塞克斯顿也探讨了女性社会化以及寻找女性身份认同的问题。她的诗歌充满了深刻的自白，她常常用诗歌来回顾自己混乱的、令人苦恼的生活经历，而她和普拉斯一样最后以自杀终结了一生——这颇具讽刺意味地应验了伍尔夫关于那位想象中的莎士比亚妹妹的命运的预言。塞克斯顿在自传体诗歌《1958年的自我》中探讨了传统上用来定义女性的形象：洋娃娃、礼服、厨房，以及作为她母亲某种延续的她自己。塞克斯顿的诗歌探讨了女性在现代社会中为实现自我认同而进行的抗争，让人想起在易卜生的《玩偶之家》中娜拉的困境，以及伍尔夫对女性"透过母亲思考问题"的观察结论。

索尼娅·桑切斯、艾德丽安·里奇和丽塔·达夫

非裔美国诗人索尼娅·桑切斯（1934—）探讨了种族主义和身份认同这两个领域相互关联的问题。桑切斯的诗歌比塞克斯顿的更通俗，和巴拉卡的诗歌一样经常具有猛烈的对抗性。在《女人》一诗中，桑切斯借鉴了杰出的作家（通常是男性）请求古典文化中的神灵赐予灵感的文学传统：她恳求大地之母的精神力量赋予她勇气和创造力。

艾德丽安·里奇（1929—2012）的诗歌是女权主义经典作品中极具挑战性的作品。在很大程度上，这些诗歌是她对自己作为美国人、南方人、犹太人、妻子、母亲、教师、民权活动家、女权主义者和女同性恋者这些不断变化且常常相互冲突的角色所做出的充满激情的回应。里奇的许多诗歌都探讨了个人和政治关系的复杂性，尤其是当这种关系受到性别的影响时。在《翻译》一诗中，她提到了传统的性别角色是如何使两性对立，并有可能剥夺女性权利的。

这批女权主义诗人中最年轻的是丽塔·达夫（1952—），她是第一个荣获"美国桂冠诗人"荣誉的非裔美国女性。丽塔·达夫的诗集（其中一本获得了1987年的普利策诗歌奖）深入探讨了黑人女性主义者的经历。在短诗《罗莎》（选自名为《和罗莎·帕克斯一起乘坐公交车》的诗歌集）中，达夫向在亚拉巴马州蒙哥马利公交车上拒绝给白人让座的黑人妇女的勇敢事迹表达了敬意。（这次事件引发了早期的民权抗议活动之一，即马丁·路德·金领导黑人在全市范围内发起的抵制公交车运动。）

阅读材料36.12
女权主义诗歌

塞克斯顿《1958年的自我》（1966年）

什么是现实？
我是个石膏娃娃，我摆着姿势，
被剪开的眼睛看不见陆地或黄昏
盯着一个涂抹着虫胶、露齿而笑的人，
眼睛睁开，蓝色的、冷酷的，再闭上。
我是否与I. Magnin百货公司[1]的移植来的商品相似？

1. 美国的一座时尚百货大楼。

我有头发，黑天使般的头发，
可以梳理的黑天使般的头发，
尼龙的腿，发亮的手臂，
还穿着一些广告宣传过的衣服。

我住在一个玩偶之家，
里面有四把椅子，
一张仿制桌子，一个屋顶平台
和一扇巨大的正门。
很多人光临这个小小的交叉路。
这里有一张铁床，
（生活充实了，有目标了）
硬纸板铺成的地板，
窗户猛地打开，外面是某个人所在的城市，
除此之外，别无他物。
有人摆弄着我，
把我放在一个全电气化的厨房里，
这是罗姆鲍尔女士[1]说的情景吗？
有人和我玩过家家的游戏——
我被他们的喧闹声紧紧围住——
或是把我放在他们整齐的床上。
他们以为我是"我"！
他们的热情？他们的热情一点都不友好！
他们撬开我的嘴让我喝杯子里的杜松子酒，
还吃他们不新鲜的面包。

对这个应该微笑，
应该变换不同姿势，
应该在一片混乱中推开门
没有恐惧或毁坏的人造玩偶来说
什么是现实？
但我真想痛哭一场，

1. 伊玛·罗姆鲍尔，是知名的食谱书《烹饪之乐》的作者。

我仿佛扎根在曾经
是我母亲的墙壁上，
如果我记得如何哭，
如果我还有眼泪的话。

桑切斯《女人》（1978年）

来控制我的出生吧，大地之母
告诉我，我为何成为
牙齿间咬着剃刀片的
这个女人。
哦，大地之母，将我的历史唱给我听，
关于增加记忆的语言，
关于稻草里蕴含的气息。
把我从人类的喉舌里带走，
哦，大地之母，那里是蠕虫进食的地方。
来到这个黑人女性身边吧。你，
大地朝圣之旅的驾驭者，
告诉我，我是如何在
爱的这一大杯鸡尾酒里容纳了五具躯体
却仍有开始啜饮的渴望。
告诉我，告诉我吧，大地之母。
我想重新发现自己，我的秘密，
我的河流，我早晨的悠闲。
我想让身体像沟渠般承载我的话语。
我想让世界变成我的日记，
并倾诉出如河流般滔滔不绝的话语。

来吧，大地之母，
从捆扎着绳索的树木上起来，
跳一支没有风相伴的舞蹈。
来吧，幽灵般的母亲，
为我跳一支孕育新生的早餐之舞，
把我从你的嘴里吐出，

让我随着你的清晨嘎吱作响。
来吧，古老的母亲，用太阳般
明亮的故事来照亮我的心灵。

里奇《翻译》（1972年）

你给我看某个和我一般大的
或比我年轻的女人写的诗，
那诗翻译自你的语言。

某些词出现了：敌人、烤炉、悲伤。
这些足以让我了解到
她是和我同时代的。

迷恋于
爱情的女人，爱情，是我们的主题：
我们像培育常春藤那样，让它沿着我们的墙壁攀爬；
像对待烤炉里烤面包那样，将它烘焙；
像把铅块绑在脚踝上那样，让它成为我们的负担；
我们用望远镜注视它，好似
它是为我们带来食物，
拯救我们的饥荒的直升机；
或是敌对力量派出的
一颗卫星。

我开始想象那个
做事情的女人：搅拌米饭，
熨裙子，
通宵达旦地打字录入一份手稿，

试图在公用电话亭
打一个电话。

一个男人卧室的电话
响了，却没人接听。
她听到他对另一个人说
不用管。她一会儿就厌倦了。
她听到他把她的故事告诉她的姐妹，
让她们姐妹反目，
并在她做好准备时
指引她自己走向悲伤。

她并不知道这条不幸之路
是共通的、不必要的，
而且是与政治相关的。

达夫《罗莎》（1998年）

她坐在那里，
正确的时间，错误的地方，
准备好了。

那个有着精致的名字的人，
休憩在梦想的长凳上。
她的大衣实用耐穿。

什么都不做却表明了立场：
她的凝视散发出干净的光芒，
经闪光灯雕琢记录下来。

当他们弯下腰捡起她的钱包，
她站起来。
如此彬彬有礼。

问：上面的诗歌分别提到了女性经历的哪些方面？
问：这些诗歌会如何赋予女性力量？

女权主义艺术

世界艺术史上只有少数女性艺术家。针对这一事实,出生于澳大利亚的女权主义者杰梅茵·格里尔(1939—)解释说:

> 没有……女的达·芬奇,没有女的提香,没有女的普桑,但原因并不在于女人有子宫,可以生孩子,她们的大脑更小,缺乏活力,不性感。原因很简单,你无法将那些自我已遭损害、意志存在缺陷、性欲已被压抑到无法触及,且精力都被转移到神经质上的人,培养成为伟大的艺术家。

然而,从20世纪中叶开始,视觉艺术以及音乐领域中的女性人数比以往任何时候的都多,这无疑是上述情况有所改变的迹象。与女权主义诗歌一样,19世纪60年代以来,女性艺术家创作的大多数绘画和雕塑作品都出于对女权主义的关注。几个例子就足以说明这一点。

妮基·德·圣法勒

在国际上备受赞誉的法国雕塑家妮基·德·圣法勒(1930—2002)在对女性身体的塑造过程中,加入了女权主义元素,她创作了一组规模庞大的雕塑,并称之为"娜娜"。1963年,圣法勒展出了一座80英尺长、20英尺高、30英尺宽的娜娜雕塑,观众可以通过人物双腿之间的门进入其中。雕塑内部有一个放映着葛丽泰·嘉宝的电影的影院、一部电话、一个小吃吧台,还有录制的一男一女浪漫对话的声音。

安娜·门迭塔

在探寻女权主义美学的过程中,女性艺术家们开始关注女性的身体,将其视为自然生殖力量的象征。出生于古巴的安娜·门迭塔(1948—1985)

触类旁通

妮基·德·圣法勒的《黑色维纳斯》(图36.8)是一个身形巨大的,以聚酯材料制作的"大地之母"雕像,她的腹部有一颗大大的红心,臀部有花朵。相比古希腊和古罗马精致考究的古典女神,她更接近史前时期那些笨重的象征生育的雕像,比如《维伦多夫的维纳斯》(参见图0.3)。事实上,她代表了对19世纪主流艺术中的理想化女性形象的一种女权主义式的批判。

图 36.8 黑色维纳斯 妮基·德·圣法勒,创作于1965—1967年

第三十六章 解放与平等 327

利用摄影和电影，记录了受加勒比黑人生育仪式启发而创作的行为表演。在名为"轮廓"的系列作品中，门迭塔将自己置于池水、沙子和泥潭中，记录了约200张有关她的身体或身体在不同地表上留下的印记的图像。在这个系列中有一张名为《生命之树》的照片（图36.9），艺术家被草和泥土覆盖，呈现出树精（古典文化中的树神）和古代女祭司的双重形象。她说："我的艺术是我与宇宙建立联系的方式。"

朱迪·芝加哥

激进的美国女权主义者朱迪·杰罗维兹（1939—）在1969年将自己的姓氏改为出生的城市（因此她叫朱迪·芝加哥），她终身都是女性艺术的倡导者。芝加哥开创了一些早期的艺术社团，让女性在这些社团中一起工作，创造、展览、售卖艺术品。女权主义运动唤醒觉悟的政治活动激发了她的视觉艺术创作。在1974—1979年，芝加哥主导了一个名为《晚宴》的大型项目。这件占据一个房间大小的装置作品由一张三角形的桌子（每边长48英尺）组成，配有39套餐具，每个位置都象征着神话或历史中的一位著名女性（详见调查研究，图36.10）。

为了完成这个雄心勃勃的项目，芝加哥学习了传统的女性刺绣艺术和瓷器彩绘，同时发明了将陶瓷和花边等不同材料组合起来的新技术。300多名男女为这个合作项目贡献了力量，它让全世界都关注到了女性在世界历史上的文化贡献。

辛迪·谢尔曼和芭芭拉·克鲁格

美国摄影师辛迪·谢尔曼（1954—）在职业生涯中着眼于女权主义艺术家关注的一个问题：事实上，西方传统的女性形象——甜蜜、性感、恭顺——是由男性的需要和价值观塑造出来的。

当代女权主义者认为，这种形象反映了"男性凝视"的控制权。由20世纪60年代的女权主义批评家提出的"男性凝视"理论认为，由男性艺术家构思并从男性视角描绘的女性形象通常将女性降低到了客体的地位。正如科尔斯科特和萨尔利用艺术

图 36.9 生命之树 安娜·门迭塔，选自"轮廓"系列，1977年，艾奥瓦州。门迭塔将加勒比黑人的宗教表演传统融入她的女权主义作品中。1980年后，她远离了女权主义艺术运动，因为她觉得女权主义艺术运动与白人中产阶级的价值观联系太紧密了

调查研究

芝加哥《晚宴》

作为与《最后的晚餐》相对应的女权主义作品,《晚宴》是在向诸如涅菲尔娣蒂、萨福、女王伊丽莎白一世、弗吉尼亚·伍尔夫等不朽人物表示敬意。每个餐位都包含了一块绣有著名女性名字的长方形桌布、餐巾、餐具、高脚杯和色彩艳丽的高凸浮雕陶瓷盘。芝加哥选择了三角形(平等的象征)作为桌子的形状,999块瓷砖(上面刻有另外一些著名女性的名字)同样是三角形的,它们构成了所谓"传承地板"。这位艺术家解释说,其目的在于"结束妇女被历史记录忽略并排除在外的循环"。

图 36.10 晚宴 朱迪·芝加哥,创作于1974—1979年,混合舞台效果。芝加哥雄心勃勃地将制陶工艺和纺织品结合在一起,并把工艺技法引入20世纪70年代的艺术创作中。这里的每一个盘子都是独立的艺术品,每一块长方形桌布都带有刺绣,刺绣的内容包括著名女性的名字及其标志性的符号

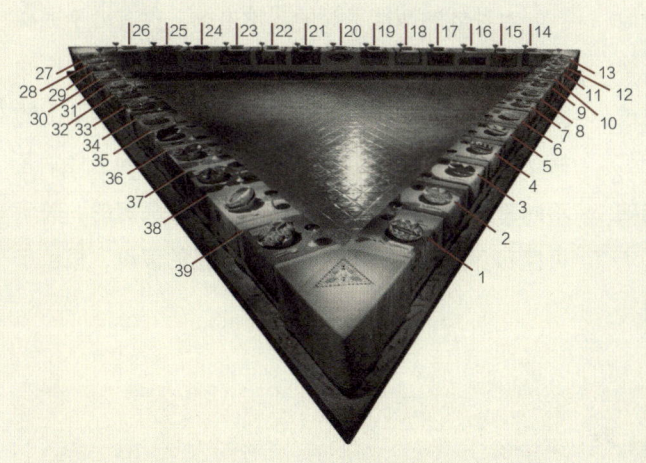

侧边1
从史前时期至罗马帝国
1. 原始女神
2. 丰产女神
3. 伊什塔
4. 迦利
5. 蛇女神
6. 索菲亚女神
7. 亚马孙女战士
8. 哈特舍普苏
9. 朱迪思
10. 萨福
11. 阿斯帕西娅
12. 布狄卡
13. 希帕蒂亚

侧边2
从基督教形成之初至宗教改革运动
14. 玛塞拉
15. 圣布里奇特
16. 狄奥多拉
17. 赫罗斯维塔
18. 特罗图拉
19. 阿基坦的埃莉诺
20. 宾根的希尔德加德
21. 彼得罗妮拉·德·米思
22. 克里斯蒂娜·德·皮桑
23. 伊莎贝拉·德·埃斯特
24. 伊丽莎白一世
25. 阿尔泰米西娅·真蒂莱斯基
26. 安娜·范·舒曼

侧边3
从美国革命至女性革命
27. 安妮·哈钦森
28. 萨卡贾维亚
29. 卡罗琳·赫歇尔
30. 玛丽·沃斯通克拉夫特
31. 索杰纳·特鲁斯
32. 苏珊·布朗奈尔·安东尼
33. 伊丽莎白·布莱克韦尔
34. 埃米莉·狄更生
35. 埃塞尔·史密斯
36. 玛格丽特·桑格
37. 纳塔莉·巴内
38. 弗吉尼亚·伍尔夫
39. 乔治娅·奥基弗

来抨击种族刻板印象，谢尔曼对性别刻板印象进行了视觉上的抨击——这些刻板印象来自创作"伟大艺术"的那群艺术家、现代的电视、"少女"杂志和其他大众媒体。20世纪70年代，谢尔曼在摄影棚里拍摄了大幅的、用亮光纸印刷的照片。这些照片的特色是，这位艺术家的姿势和着装吸引了人们对身体的关注，而且在这些照片中，身体具有政治或性方面的意义。利用类似黑白电影剧照的个性化叙述手法，她再现了商业领域的刻板印象，嘲讽了女性所扮演的屈从角色，比如"小女人"、蛇蝎美人、玩偶娃娃、"海报女郎"和相思成疾的少女。自20世纪80年代以来，谢尔曼一直使用彩色摄影的最新技术，发自肺腑地抨击与女性的性别和历史相关的刻板印象。她可能会用女性形象（通常是她本人）来取代一幅举世闻名的画作中的男性形象，用人造的身体部位"重塑"传统的裸体，或者明目张胆地彻底改变西方神话、历史和宗教中著名的女性形象。

芭芭拉·克鲁格（1945—）深知商业主义对身份认同的影响达到了哪种程度，她创作出巧妙地将文字和图像结合在一起的照片，就像商业广告牌一样。克鲁格坚称："你的身体是战场。"她通过将信息叠加到女性面部的分裂图像（正片和负片）上，以唤起人们对当代社会具有争议的堕胎问题的关注（图36.11）。

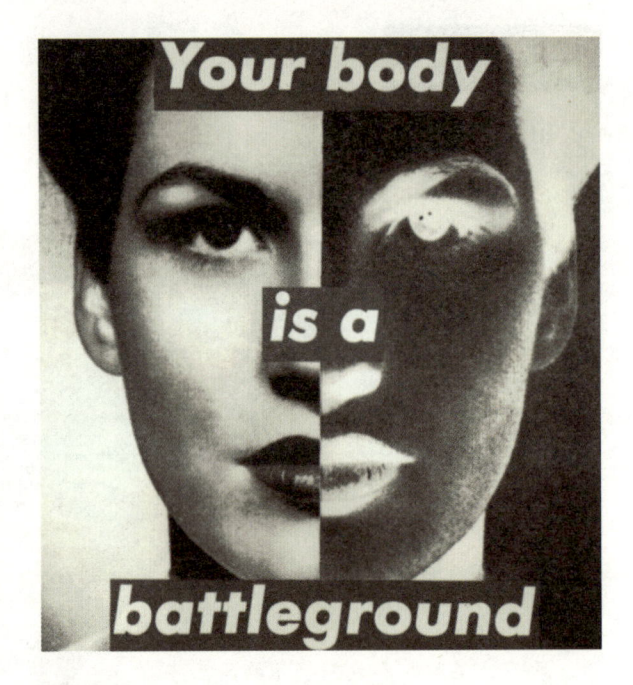

图 36.11 未命名（"你的身体是战场"）芭芭拉·克鲁格，1989年，以乙烯基材料为底片拍摄的丝网印刷品

性别认同

对种族和两性平等的双重追求，也有助于提高公众对性别被当作人类文化和社会中的结构化原则来使用的方式的认知。"生理性别"是生物学上的概念，它将个体指定为男性或女性；"社会性别"不同于"生理性别"，它是由文化来决定的。关于男性和女性的性别角色和社会角色的假设，根植于

年代表

1918年	英国妇女获得选举权
1920年	美国妇女获得选举权
1966年	美国全国妇女组织成立
1969年	警察突袭了纽约市一家名叫石墙酒吧的同性恋酒吧
2001年	荷兰将同性婚姻合法化
2013年	美国最高法院废除了《婚姻保护法案》
2014年	在印度、瑞典、新西兰及其他地方，保护变性者权利的立法已经取得进展

和旧石器时代文化一样古老，和《圣经》一样受尊敬的传统中。对很多人来说，性别角色是固定不变的。然而，这些假设像20世纪文化史上的许多其他假设一样，已经受到挑战并得到了重新评估。

伴随着性别问题而来的还有对非传统性取向的性别问题平等的要求，这就涉及双性恋者、同性恋者（男同性恋者和女同性恋者）和变性的个体（那些认同不同于自己出生时的生理性别的人）。在美国，同性恋者的"解放"可追溯到1969年6月，当时他们公开、暴力地抗议警察对纽约格林威治村的同性恋酒吧——石墙酒吧——的突袭。此后，保护自己免受骚扰的呼吁转向了对文化上性别平等的要求。虽然所有的社会中都存在跨性别的亚文化，但直到20世纪的最后几十年，性别问题和公共问题才相互交织起来，并引发了一些极具争议的问题。同性恋者应该在军队服役吗？同性婚姻应该合法化吗？同性恋如何影响传统家庭的未来？露骨的艺术是否应该接受公共资助？这里面的许多问题都已经通过21世纪的立法做出回答了。例如，2001年，荷兰成为第一个宣布同性婚姻合法的国家。2013年，美国最高法院驳回了1996年颁布的阻碍联邦政府承认同性婚姻的《婚姻保护法案》。2015年，美国全部50个州承认了同性婚姻。所谓性别革命的最新表述是保护变性个体权利的社会运动。在印度、阿根廷、新西兰、瑞典、荷兰等国家，保护变性者权利的立法工作已经取得进展。

人类与性有关的问题和性别认同的问题在20世纪晚期的文化中变得如此显而易见的原因有很多：日益增长的性允许度（药物避孕方法改进的结果）、媒体（尤其是电视和电影）播放的露骨的娱乐节目，以及极具毁灭性、传染性的艾滋病（获得性免疫缺陷综合征）的出现。艾滋病是一种由名为HIV的逆转录病毒引起的威胁生命的疾病，其中HIV病毒会攻击人体的血细胞，从而导致人体的免疫系统失效。总体而言，这些现象对传统的性观念、性行为，以及更广泛地说对传统道德观念构成了巨大的挑战。它们还引发了一种具有煽动性的性别角色模糊化（这一点在商业广告、视频网站和大众媒体中越来越多地被利用）。而且，它们继续使区分仅仅具有震撼效果的表达方式和那些代表着实质性创造性成就的表达方式这一任务变得更加复杂。

性别认同与艺术

艾滋病大流行在20世纪末以一个公共艺术项目的形式留下了印记：艾滋病纪念拼布活动。该活动始于1985年，有两万名普通人参与，他们每个人都制作了一个单独的3×6英尺的织物布板，用于纪念因艾滋病及相关疾病死去的人。1996年，艾滋病活

科技发展一览表

1953年	生物物理学家确定了DNA的分子结构。
1953年	美国人乔纳斯·索尔克试验了一种有效的脊髓灰质炎（俗称小儿麻痹症）疫苗。
1955年	美国的一位内分泌学家研制出一种成功的避孕药。
1967年	南非的克里斯蒂安·巴纳德进行了第一例人类心脏移植手术。
1973年	美国生物化学家分离基因，使基因工程成为可能。
1978年	世界上第一个试管婴儿诞生。
1982年	首次诊断出致命的免疫系统紊乱疾病——艾滋病。

图 36.12 "姓名工程" 艾滋病纪念拼布活动，华盛顿特区国会大厦对面的国家广场，1996年10月

动人士把这些织物布板组合成16英尺长的正方形拼布，并把它们从旧金山带到华盛顿特区，抗议政府对艾滋病危机的不作为。为了纪念约15万美国人的死亡，这些艾滋病纪念拼布覆盖了华盛顿纪念碑和林肯纪念堂之间的15英亩[1]土地（图36.12）。"姓名

1. 英美制面积单位，1英亩约合4046.86平方米。——编者注

图 36.13 自画像 罗伯特·梅普尔索普，1980年，银明胶照片。质疑传统的男性身份和女性身份的"标识物"，梅普尔索普男扮女装出现在这里，他披着毛皮披肩，化了妆。20世纪80年代后期，美国博物馆和画廊展出了梅普尔索普的照片，这些照片坦率地展现了另类的生活方式和性行为，引起了公众的激烈争议，并引发了一场关于国家艺术基金会对艺术家资助问题的辩论

工程"还在继续：2013年，拼布的数量达到了4.8万块，比原来的数量增加了一倍多。

罗伯特·梅普尔索普（1946—1989）的摄影作品是一位艺术家，也是艾滋病受害者做出的富有意义的表达。梅普尔索普的有细密纹理的银明胶材质的照片展示了构图精致的画面，其主题包括静物、经典姿势的裸体等。这些照片虽然缺乏明确的叙事，但反映了艺术家对与身体相关的主题和性主题的关注：男性的阳刚之气、施虐受虐狂症、雌雄同体和性方面的身份认同。梅普尔索普通过朴实的黑白照片，以一种既超然又充满激情的方式描绘了当代的性特征，但它们常常作为对性别刻板印象的颠覆性戏仿而获得额外的力量——参见他在1980年的《自画像》（图36.13）中对男性和女性特征令人震惊的模糊表现便可知晓。

当代作家越来越关注与人类性取向相关的主题。在科幻小说《黑暗的左手》

（1969年）中，美国作家厄休拉·勒古恩（1929—2018）描述了一个遥远的星球，那里的生物具有同时成为雄性和雌性的性潜能。在这个虚构的乌托邦中，人物的两性特征让人们对于男性和女性的行为角色界定的先入为主的观念受到质疑。通过科幻小说，勒古恩建议将焦点从男女二元性（或对立性）的狭隘观点转移到更广泛、更紧迫的相互依存的问题上。

当勒古恩在想象的背景中研究雌雄同体时，其他作家已经着手讨论日常生活中同性恋的体验了。在20世纪杰出的小说家中，明确讨论过同性恋主题和人物的有爱德华·摩根·福斯特、詹姆斯·鲍德温、戈尔·维达尔和安德烈·纪德。比尔·舍伍德的《离别秋波》（1986年）以艾滋病危机为背景，被广泛认为是同性恋电影的里程碑。在过去近半个世纪里，世界各地已经制作了大量的男女同性恋的电视节目、录像和电影（质量各异）。大众媒体在向广大民众传播性别认同、性方面的"另类性"以及同性恋群体的情感观念等问题上尤其成功。

当代艺术通过引导人们关注与性相关的问题影响社会及其制度的方式，表明性与权力密切相关，就像种族与权力、性别与权力之间的关系一样。托尼·库什纳（1956—）获普利策奖的戏剧作品《天使在美国：关于国家主题的同性恋幻想曲》（由两部分组成：1990年的《千禧年降临》和1993年的《重建》），展现了美国社会反对艾滋病流行和保守主义政治活动的激进的憧憬。库什纳敦促"旧美国"——异性恋、新教徒和白人——以更加客观的眼光看待"边缘群体"（各种各样的少数民族、种族和性取向少数派），这些群体渴望得到社会的接纳，并努力争取属于自己的权利。库什纳的这部里程碑式的戏剧代表了关注身体意识的政治运动和具有社会责任感的艺术潮流。这一潮流在20世纪的最后10年蓬勃发展，并在我们这个时代继续产生共鸣。

问题探讨

问题导向型艺术

对于艾滋病危机，让人感动的回应之一是《仍然／在此》（1994年），这是一部由非裔美国舞蹈家、编舞者比尔·T.琼斯（1952—）创作的两幕舞剧作品。琼斯构思这部作品的部分原因是纪念1988年死于艾滋病的伴侣阿尼·赞恩。为了完成这部作品，琼斯将舞蹈和声乐配乐与视频图像结合在一起，视频图像部分来源于他与艾滋病患者举办的研讨会录像。这部舞剧作品于1994年首次演出，引发了激烈的批评和辩论。评论家质疑展示疾病和死亡的艺术价值。另一些人则捍卫艺术家让艺术服务于社会运动与改革的权利和责任。

几十年的时间过去了，许多人认为《仍然／在此》是对人类精神在面对威胁生命的疾病时所展现的坚韧的赞美。但是这部作品也提出了一些重要的问题。问题导向型艺术在当代生活中应该扮演什么角色？如果这种艺术仅仅从其直接的历史语境中获取意义和权威，那么其更广泛意义上的美学价值能够得到客观评价吗？是否所有问题导向型艺术作品在创作意图上都具有激进主义倾向？（详见第三十八章）

回顾

反殖民主义与解放

设法从贫困、压迫和不平等中解放出来，是20世纪历史的一个普遍的主题。第二次世界大战之后，数十个国家开展了去殖民化运动。

同时，少数种族和族裔通过英勇的斗争，反对主流文化所主张的歧视。这种争取平等的斗争仍在东欧、拉丁美洲、中东、非洲和其他地方持续上演。

西方对穆斯林领地的入侵引起了抗议，而穆罕默德·伊克巴尔的诗歌就证明了这一点。

拉丁美洲的解放运动得到了天主教会和巴勃罗·聂鲁达等作家的支持。聂鲁达的诗歌谴责了殖民主义和商业剥削。

寻求种族平等

非裔美国人试图摆脱种族主义的罪恶枷锁，以获得自由的斗争有着漫长且跌宕起伏的历史。从20世纪初的哈莱姆文艺复兴到20世纪60年代的民权运动，其间的艺术作品反映了这段历史。

在兰斯顿·休斯和格温多琳·布鲁克斯的诗歌，以及理查德·赖特、詹姆斯·鲍德温、拉尔夫·埃利森和艾丽斯·沃克的小说中，非裔美国人在美国白人中的困境和身份认同一直是这些作品的主题。

视觉艺术家罗马勒·比尔登在拼贴画创作中融入了爵士乐的内容。贝蒂·萨尔、罗伯特·科尔斯科特和卡拉·沃克通过滑稽的模仿作品和讽刺文学，检验了美国种族主义的刻板印象。

黑人文化对音乐和舞蹈的影响非常大。从路易斯·阿姆斯特朗到温顿·马萨利斯，布鲁斯音乐和爵士乐巨头创造了大量鲜活的流行音乐，而从凯瑟琳·邓翰到阿尔文·艾利，编舞者激励着几代舞蹈家从非洲传统中汲取精华。

寻求性别平等

二战后，世界各地的女性都致力于实现政治、经济和社会平等。

女权主义者弗吉尼亚·伍尔夫和西蒙娜·德·波伏瓦的作品影响着女性去审视她们受到压迫的、苦恼的心理状况。

在美国，女权主义运动引领了一个文学的黄金时代。安妮·塞克斯顿、索尼娅·桑切斯、丽塔·达夫和艾德丽安·里奇关于自我觉知的诗歌就是这种现象的典型代表。

在视觉艺术中，至少有两代女性重新定义了关于女性身份的传统观念：先是赞美女性特质本身，后是抨击陈旧的刻板印象。

20世纪解放运动中，最具争议性的一个运动集中于性别认同问题。在艾滋病流行期间，罗伯特·梅普尔索普和托尼·库什纳对性取向和性行为问题做出了坦率而敏锐的回应。

术语表

种族隔离：某些国家依据种族歧视原则设立的制度和政策措施，大体分为制度隔离（或人身隔离）和地域隔离。

女权主义：主张女性享有平等的社会、政治和经济权利的学说。

拟声唱法：用无意义的音节代替歌词的爵士乐表演风格。

摇摆乐：爵士乐的一种演奏方式，演奏者通过略快或略慢于节拍来改变标准节奏；同时也是一种大乐队爵士乐风格，形成于20世纪20年代，并在大乐队时代（1932—1942年）盛行。

第三十七章

信息时代

约1960年—现当代

在美国,广告受到民众的普遍认同,
美国人的生活方式也因其而改变。

——雅克·埃吕尔

图 37.1 鱼雷……发射! 罗伊·利希滕斯坦,绘于1963年,布面油画。利希滕斯坦的大幅画作表面光滑,图形扁平、醒目,是英雄漫画和大众媒体广告的滑稽版本。具有讽刺意味的是,如今的商业界在广告和时装设计中通过引用利希滕斯坦的图像来"重新利用"波普艺术

有些历史学家将现代主义的终结追溯到纳粹对犹太人的大屠杀发生的那10年以及第二次世界大战造成巨大破坏的浩劫时期。当时，乌托邦理想被摧毁，犬儒主义和怀疑主义抬头。但是这些令人深思的现实也构成了后现代从工业时代（以农业和制造业为主）向信息时代（以通信技术以及我们接收和处理信息的方式发生的彻底变化为主）转变的背景。高科技、大众媒体和电子通信模式促成了这一转变。15世纪，活字印刷术引发了印刷领域的革命，把本来的口头文化转变成以书籍为依托的文化。在我们这个时代，数字通信方式具有同样革命性的影响：比以往任何时候都更快速地为更多的人提供了更多的信息，并且以视觉的形式传递了大部分信息。

信息爆炸对20世纪后期的文化产生了巨大的影响，为挑战传统叙事体裁、质疑语言服务于意义的文学风格提供了灵感。信息爆炸和数字化的传播方式共同促成了大量视觉艺术的新风格和新类型，其中许多是概念性的、交互性的。在音乐和电影领域，数字技术已经对从声音制作到存储和发行的方方面面都产生了影响。过去数十年的文化富有挑战性，不仅是因为它的风格和观点的多样性，还因为它以客观和怀疑的态度直面历史。

信息爆炸

电视和计算机——信息爆炸的主要载体——几乎改变了我们这个时代生活的方方面面。电视是电子工业领域的杰出产物，是现代大众媒体的典型代表，最初通过电磁波传输声音和图像，即时地将信息传送到世界各地的家庭中。直到20世纪50年代，电视才在西方中产阶级家庭中普及起来，尽管电视早在几十年前就被发明出来了。到了20世纪60年代，越南丛林中的战事通过电子通信卫星传送到美国人的客厅。1969年，在一次实况转播中，全世界看到了第一批宇航员在月球表面行走的画面。20世纪90年代初，在伊拉克入侵科威特引发中东冲突期间，有电视的观众目睹了第一个"黄金时段之战"——一场由审查制度和电视新闻广播"处理"后的战争。自2009年从模拟电视向数字电视转变以来，世界新闻已经以更好的即时性进入我们的家庭。

信息时代的另一个主要技术发明是计算机。数字计算机——通过数字代码处理信息的机器——在20世纪50年代首次得到广泛应用。到20世纪60年代，利用电子电路的计算机能够每秒执行数百万次计算。如今，计算机比以往任何时候都更小、更可靠，并且已经可以实现许多不同的功能，从移动通信到快速成型技术——一种三维"打印"物体的数字处理技术。

计算机技术加速了信息生成、存储和检索的过程。单片计算机芯片能够存储整套百科全书的内容。通过万维网连接起来的各种数据库，几乎可以获得无限量的信息。万维网是一个由电子链接的文本（或超文本）组成的系统，可以通过一系列相互连接的计算机网络（即互联网）来访问。

自20世纪90年代以来，信息技术迅速普及。1998年，谷歌（Google）作为搜索引擎诞生，成为基于关键词搜索其他网站的门户网站。2001年，世界上第一个免费的在线非营利性英语百科全书——维基百科（Wikipedia）上线。经过公众编辑和不断更新，维基百科条目和内容还在持续增加。谷歌则与其他公司展开竞争，试图通过将所有现存的印刷品转化为电子图书，创建一个通用的文学资料库。视频分享网站YouTube（成立于2005年）吸引了使用多种语言的用户来上传视频短片，而图片托管网站Flickr（成立于2004年）则为人们提供了一个可以分享数百万张照片和视频的社区资源平台。在线发布的网络日志（博客）涵盖了从当下的时尚潮流到

科技发展一览表

1951年	第一台获得商业成功的计算机问世。
1954年	商业彩电开始普及。
1958年	美国工程师制造出第一块微芯片（由硅片制成）。
1970年	光纤技术得到完善，其信息传输速度比铜线电缆快几千倍。
1972年	第一款商业可视游戏问世。
1975年	第一台个人计算机出现。
1979年	第一款便携式音乐设备（随身听）问世。
1983年	第一款商用移动电话（手机）问世。

政治政策的一切信息和观点。推动这些活动发展的是两个知名的在线社交网站：成立于2004年的脸书（Facebook）和成立于2006年的推特（Twitter）。脸书的注册用户积极上传照片、发表观点和分享信息，其全球用户数量如今已超过30亿。而在推特上"发推文"的受欢迎程度则体现在这样一个事实上：用户平均每天发送的推文总量约达5亿条。

大数据

大数据是指挖掘和分析由于数字通信和存储而产生的海量信息的现象。这种让测量和分析大量数据（"元数据"）变成可能的技术，可以被看作望远镜或显微镜在数字领域的同等物。在从生物科学到体育、政治等所有领域中，日益增长的数据量和数据种类与复杂的软件结合起来，为决策提供了依据。大数据工具和技术可以用于好的方面，也可

问题探讨

信息时代的危险

法国社会学家雅克·埃吕尔（1912—1994）指责电视创造了他所谓"大众人"社会。他指出，广告是破坏人类尊严的最致命的因素。在《技术社会》（1954年）一书中，埃吕尔指出：

"广告影响着所有人，或者至少绝大多数人。它的目标是说服大众去购买……其必然的结果就是，易受大众传媒影响的人（"大众人"）由此产生。随着各种各样产品的广告铺天盖地而来，一种特点明确且具有普遍性的新型人类出现了。通过研究美国，我们可以对这种新型人类有一个大致的印象。在美国，人们显然倾向于认为自己等同于广告中的完美典范。在美国，广告受到民众的普遍认同，美国人的生活方式也因其而改变。"

埃吕尔认为广告是一种"心理集体主义"的形式，它剥夺了人的自由和自尊，这一观点形成于商业广告被平面印刷媒体和电视支配的时代。然而，今天计算机化的传播形式和数据收集形式为操纵个人品位和价值观提供了更强大的手段。同时，数字技术为个人表达和交互式的全球企业提供了免费的资源（详见第三十八章）。

戴夫·埃格斯（1970— ）的反乌托邦小说《圆圈》（2013年）为我们所处的数字时代呈现了一个应时且极易引起共鸣的寓言故事。小说的女主角加入了一家名为"圆圈"的公司（很像谷歌或脸书），这家公司力图搜集、量化、共享所有能被记录的东西。遵从公司的标识语"所有发生的事情都必须让大家知道"，她被迫通过"透明化"来放弃自己的隐私，也就是说分享她生命存在过程中的全部信息。信息共享的后果远不止透明化带来的专制那么简单，而且对她个人的人格构成了挑战。大数据时代引出了一个问题："生活在一个万事万物都持续不断地处于被观察的世界里，会有什么危险呢？"

以用于坏的方面：它可以用于创建有助于医疗救治的基因组档案，分析邻里犯罪的模式以提高居住安全度；也可以用于操纵获取非法利益的金融程序，以帮助黑客躲避或袭击政府和公司的安全系统，或进行身份盗用。政府目前使用大数据来实施各种各样的监控，而商业企业使用大数据来针对性地获取和利用我们的个人购物习惯，进而塑造我们的价值观。显然，大数据可以帮助政治家当选，但它能帮助他们进行有效的领导和管理吗？

从书本到屏幕

书本文化和书面语言依赖于线性结构、句法顺序和精确性。相比之下，信息时代的文化越来越具有图像导向性。通过屏幕——电视、电脑、手机和照相机等——我们接收的是被转化成图片、标识、符号等形式呈现的各种观念。视觉信息（就像音乐和电影一样）会经由许多数字程序进行处理：剪辑、合成、扭曲、混音和重新合成。与印刷品这种线性媒介不同，电子图像是以分散、不连续的形式生成，并以快速传播的碎片化形式呈现。随着产品和信息服从于处理过程和媒介，所有图像都趋于同质化，也就是说变得千篇一律、相似雷同。正如传播理论学家马歇尔·麦克卢汉（1911—1980）在1964年提出的著名理论："媒介即讯息。"此外，经由电视和互联网的快速传播，不同类型信息之间的界限变得模糊："大众"文化的内容与"高雅"文化的内容难以区别。屏幕里的世界太频繁地将信息（从抗议游行到早餐麦片）转变成有销路的商品，同时将文化转变成一个批评家所说的"巨大的车库里的闲置物品交易"。信息的超负荷以及互联网对纸媒的逐渐替代，必将以我们尚未知晓的方式改变人类的认知和交流的方式。

科学与哲学的新方向

过去半个多世纪的重大发展是随着科学技术的进步而出现的，这些进步使我们对"外部空间"（整个宇宙）和"内部空间"（我们的身体内部）的探索成为可能。科学技术已经可以使人类离开地球，进入宇宙空间。同时，科学技术让我们史无前例地了解到主宰生命本身的基因模式。这些现象使得地球显得愈发渺小，宇宙显得愈发浩瀚，而且探索这两者的方法也越来越有前景。

弦理论

自20世纪中叶以来，物理学家一直试图调和本世纪初提出的对两大知识系统的见解，即适用于广阔宇宙空间的爱因斯坦的相对论和描述微观世界的量子物理学。他们力求建立一种"万物理论"，一种或许能够解释支配物质的构成与复杂性的"基本中的基本"的理论。一种新的（但尚未证实的）理论提出，所有物质——从这本书的书页到桃子的表皮——都由微小的振动弦环组成。对于弦（或超弦）理论，美国物理学家布莱恩·格林（1963—）给出了最有说服力的解释，弦（或超弦）理论描述了一个多维宇宙，在这个宇宙中，弦环和振荡的物质小球将全宇宙的所有造物统一成振动模式[1]。虽然这样一个宇宙的运作方式可以在计算机上被模拟出来，但是除了数学语言之外，其他语言都太过无力，不能用作解释说明的媒介。然而，在艺术上，也可能在美学理论上，这个美妙宇宙的设计是可以被大概还原出来的。正如挪威物理学家尼耳斯·玻尔（1885—1962）所说的："当谈到原子时，语言的使用只能像在诗歌中那样。"

1. 布莱恩·格林《宇宙的琴弦》。

混沌理论

同样令人着迷的是那些探索物质自身形状和结构的学者的推测。混沌理论的支持者发现，自然界看似随机的运转有着普遍的模式。混沌理论发展的刺激因素是电子计算机，电子计算机最先计算了随机模式的数学运算（应用于诸如大气湍流和天气预报之类的事情）。可预测的模式在物理现象中反复出现，包括雪花的形成、人类心脏跳动的节奏等。混沌理论学家（不仅是物理学家，还是天文学家、数学家、生物学家和计算机科学家）观察得出，虽然这些模式看起来是随机的、不稳定的、无序的，但它们实际上在比例上有相似性，就像闪电的曲折轨迹，或电流的振荡运动。针对爱因斯坦的知名论断"上帝不和宇宙玩骰子"，这些理论学家可能会回答："上帝不仅玩骰子，而且骰子是灌了铅（做了手脚）的。"

人类基因组

20世纪晚期的重大项目之一是成功绘制人类基因组图谱。到2000年，分子生物学家（在计算机的帮助下）已经能够确定近30亿个DNA单元的排列顺序，从而定位基因并确定其在人类细胞系统中的功能。最终，这项事业有望彻底改变基因相关疾病的预防性治疗、遗传疾病的诊断和预测，以及组织的修复和再生方面的医学做法。这样的研究已经在国际范围内减少了艾滋病患者的死亡人数。

基因工程作为一种工具，也赋予科学家克隆生命形态的能力。它们还有望减轻弗洛伊德所描述的人类受到的威胁之一："我们注定会衰老、死亡的身体给我们带来的痛苦折磨。"从运动医学到精神分析学，社会已经开始将人体视作一种机制，认为即使不能达到完美，也可以通过正确的饮食、药物、锻炼和健康的生活方式来使身体状况得到改善。

20世纪90年代，随着新的成像技术显示出脑电波如何影响物质，认知神经科学领域取得了令人兴奋的突破。在德国有关神经意识的实验中，头皮上戴电极的病人通过调节电信号，从电子屏幕上选择字母，从而实现了只依靠自己的大脑进行交流的方式。这些生物反馈实验通过神经化学研究得到了验证：美国生物化学家坎达丝·珀特（1946—2013）在她的开拓性著作《情绪分子》（1997年）中写道："我们知道，免疫系统像中枢神经系统一

科技发展一览表

1990年	国际联网的计算机网络（因特网）开始对个人电脑开放。
1992年	国际商业机器公司（IBM）发明了智能手机。
1995年及以后	纳米技术和微处理技术的进步使微型电脑、掌上电视、智能炸弹等产品的开发成为可能。
2000年及以后	无线网络、宽带、数字电视和卫星广播成为主流。
2001年	苹果公司发布了第一代iPod（便携式数字音乐设备）。
2004—2006年	社交媒体网站Facebook和Twitter成立。
2005年	视频分享网站YouTube正式启用。
2007年	无线电子阅读设备Kindle问世。

科技发展一览表

1983年	核磁共振成像（MRI）首次投入商用。
1990年	人类基因组计划启动。
1996年	克隆羊多莉在苏格兰出生。
2000年	科学家完成了人类基因组图谱的测绘。
2005年	第一次公开个人基因蓝图。
2007年	科学家发现人类皮肤细胞可被重新编写，培养出干细胞。
2010年	西班牙完成了第一例全脸移植手术。

样具有记忆和学习能力。因此，智力不仅存在于大脑中，还存在于全身的细胞中，并且将包括情绪在内的心理过程与身体分离的传统做法不再是正确的了。"随着精神和身体之间的距离越来越小，东方的物质和精神共生的概念在西方已受到越来越多的关注。出生于印度的内分泌学家迪帕克·乔普拉（1946—）借助通俗文学（比如《量子治疗：探索精神/身体医学的前沿》，1990年），向西方读者介绍了印度蓬勃发展了2000年的冥想和身体控制的整体医学模式。

语言理论

当科学乐观地向前发展并揭露潜在的自然秩序时，哲学已经进入了一个激进的怀疑论阶段，这种怀疑论否认任何真实或统一的思想体系的存在。当代哲学家一直坚持这样的观点，即语言作为描述工具的局限性支配着所有形式甚至是所有真理的表达，这个观点最先是由奥地利人路德维希·维特根斯坦（1889—1951）推广的。维特根斯坦一生的工作是研究用语言描绘世界的方法，他认为句子（或命题）是"现实的图画"。维特根斯坦去世两年后，他有关语言哲学的开拓性理论以《哲学研究》为名被出版。

继维特根斯坦之后，哲学家试图通过仔细分析文本（即任何文化表达的方式）的语言结构，来解开文本的意义。语言理论家提出，为了"揭开"话语的多重含义，必须"解构"或"拆析"话语。解构主义的领头人物、法国哲学家雅克·德里达（1930—2004）和米歇尔·福柯（1926—1984）主张的所有人都是他们用来思考和描述世界的语言的囚徒的观点颇具影响力。在《论文字学》（1967年）一书中，德里达探究了口语和书面语之间的关系，以及两者在有效交流中发挥的作用。研究类似方向的福柯在《知识考古学》（1969年）中也指出，语言是使用语言者的主人，而不是仆人；我们没能意识到我们永远要服从于语言的要求。他断言，哲学家应该放弃对绝对真理的探索，转而专注于意义的发现。"解构"成为20世纪后期哲学、语言学和文学批评中盛行的分析方法。

美国哲学家理查德·罗蒂（1931—2007）对语言研究和传统哲学的局限深感不安。他认为，后哲学时代的伟大思想家不是形而上学者或语言学家，而是一群艺术家，他们的作品能为别人提供实现自我转化的深刻见解。罗蒂提出的所谓"语言学转向"描述了作家和哲学家将语言重新视为言语编码的转变。

信息时代的文学

后现代主义

"后现代主义"一词在第二次世界大战爆发前不久开始被使用,用来描述对现代主义的回应或反对,但到了20世纪60年代末,该词被用来指代20世纪晚期的文化状况。后现代主义无论被定义为对现代主义的反对,还是被视为一种全新的现代主义形式,主要盛行于西方。作为一种风格,后现代主义的特点是对历史抱有一种既困惑又清醒的认知,而那段历史的"真实面貌"已被大众传播和信息技术所重塑。

后现代艺术家从历史、广告和媒体中挪用(或借用)已有的文本和图像。他们提供了有别于现代主义表达的高度严肃和内向的替代内容,向滑稽模仿、异想天开、自相矛盾和讽刺的方向发展。他们把迥然不同的风格幽默地混合在一起,把肤浅和深刻的内容交织在一起呈现。他们的作品中看似不协调的意象"分层"让人想起了混沌理论的基本原理,该原理提出了一个"破碎、扭曲、紊乱、错综复杂"的宇宙几何结构。

与精英主义的现代主义相比,后现代主义自觉地带有平民主义色彩,甚至到了邀请观赏者积极参与的程度。现代主义艺术家(如艾略特或康定斯基)盛赞艺术家是有远见的人,是叛逆者,而后现代艺术家则对创作行为抱以揶揄的怀疑态度。后现代主义者不像现代主义者那样关注抽象形式及其救赎力量,他们承认艺术是一种信息系统,是一种由电子媒介、电子媒介传达的信息及电子媒介的通信模式塑造出来的商品。后现代主义的立场与其说是权威性的,不如说是超脱的,其传达的信息往往晦涩难懂。最后,后现代主义是多元的,也就是说,后现代主义主张意义是多面的、短暂的,而不是绝对的、固定的,而且个人具有许多(常常是矛盾的)身份。

后现代小说

后现代作家与当代哲学家一样蔑视理性结构,与解构主义者一样迷恋语言功能。他们倾向于忽视传统的叙事风格,转而采用滑稽模仿的手法,将过去、现在和未来的事件混合起来,留下悬而未决的局面,并无所顾忌地将平凡与奇异的内容混合起来。这种体裁被称作"元小说"——关于小说的小说。它从最初的文学或历史语境中提取出信息片段,将这些信息片段放在一起,对其意义做少量评论,或干脆不加任何说明。在一个故事中,T.S.艾略特的一行诗或者莎士比亚戏剧中的一句台词,可能与电视广告中朗朗上口的一句话或老套的口号、国歌中的一句歌词,甚至一份购物单同时出现,就好像作者是在声明所有信息都同样有价值一样。

在后现代小说中,人物很少发展变化,或根本没有发展变化,情节往往缺乏逻辑与方向,事件——无论是普通的、有悖常理的,还是不切实际的——都可以用报纸文章的那种不带感情的语气来描述。像电视新闻广播一样,后现代小说的语言常常是不清楚的、不连续的,充满了影射和"评论"。美国小说家库尔特·冯内古特喜欢运用一般现在时的简洁句子进行创作。他创作了一种"视频小说",似乎针对的是那些注意力持续时间因为商业电视节目而缩短的读者。意大利小说家伊塔洛·卡尔维诺(1923—1985)致力于让读者寻找存在于写作行为和文字所描述的事件之间的意义。卡尔维诺在他的小说《寒冬夜行人》(1979年)中打断故事情节直接与读者对话,他是这样写的:

到目前为止,你已经读了好几页了,现在

本应清清楚楚地告诉你，我所到达的这个车站是属于过去的车站，还是如今的车站；然而，这些句子却依然在模糊与灰暗之中推进，仿佛处于一片无人之境，所描述的经历也被简化到了最低程度。小心了，这肯定是一种逐渐让你深陷其中的手法，在你还没意识到的时候，就把你捕获到故事里去了——这是一个陷阱。或许作者自己也还没拿定主意，就像你（读者）不确定自己最想读的内容是什么样的。

虽然冯内古特和卡尔维诺是20世纪元小说的代表，但他们绝不是仅有的其散文作品具有后现代印记的作家。诺贝尔奖得主多丽丝·莱辛（1919—2013）构思的《金色笔记》（1962年）由一系列相互交织的叙事片段、日记条目和个人笔记组成。她发出的是一个中年女权主义者的声音，这位女权主义者在二战后的后现代社会中，与其政治创伤和个人痛苦经历做斗争。

现在判定过去半个多世纪中哪一位国际知名作家会在文化史上留下具有里程碑意义的印记还为时尚早。以下是很有希望的候选人：琼·狄迪恩（1934—2021）、汤姆·沃尔夫（1931—2018）和唐·德里罗（1936—）。这三位美国作家都利用他们那个时代的事件来创作纪实小说——一种为当代事件和情景提供独特（且经过虚构处理）叙事语境的文学体裁。德里罗在其引人入胜的小说《地下世界》中，充分体现了美国生活如电影般的快节奏，它将原子弹、冷战等全球重大事件，与诸如棒球、垃圾处理之类的日常事件联系起来。他那叙事时间前后穿梭的风格，与后现代主义混乱的时间顺序倾向相似，在当代电影中非常明显。德里罗对国际恐怖主义（详见第三十八章）、地球生态、城市暴力，以及精神和道德价值丧失的关注，也是许多当代小说家所共有的。然而，大多数人，如菲利普·罗斯（1933—2018）、约翰·厄普代克（1932—2009）和玛格丽特·阿特伍德（1939—），都保持着传统的叙事风格。阿特伍德在她称之为"社会科幻小说"或"推测性小说"的反乌托邦作品中，也保留了这种风格。

城市暴力、贫穷、企业的贪婪，以及受商品驱动的世界中对精神复兴的追求，为20世纪晚期和21世纪早期的大量文学作品提供了灵感。这类作品通常具有现实主义风格，且叙述直白明了。美国作家乔伊斯·卡罗尔·欧茨（1938—）是叙事文学的主要代表人物之一。欧茨关注的是当代城市社会中暴力的暗流。在短篇小说《王牌埃斯》中，她运用了一种高度浓缩的散文化小说的形式，她称之为"微型叙事"。故事中对随机暴力的叙述——就像每日播出的电视新闻中的常见内容一样——以电影般的强烈节奏展开，这种效果经由具有感染力的现在时态叙事和生动的人物刻画得到增强。

阅读材料37.1
乔伊斯·卡罗尔·欧茨《王牌埃斯》（1988年）

一群18到25岁的大男孩今年夏天又占领了我们公园的东北角。傍晚时分，他们开始抵达，一直待到半夜公园关门。他们没什么事可做，只是一个劲地喝啤酒、吸毒。只要他们自己管好自己，不给别人带来太多困扰，警察也随他们去。偶尔会有打斗，但没什么大事——没有人开枪或动刀。

当然，如果那群人中没有她的男朋友，任何一个精神正常的女孩或女人都不会靠近他们。

埃斯是他们的头儿，他是一个20多岁的大男孩，长着一张刻薄的娃娃脸，噘着嘴巴，面颊通红，看上去像刚刚被人扇过巴掌，狡猾、冷冰冰的小眼睛缩在角落里，仿佛正在大笑或为大笑做准备。他身高6英尺2英寸，体重约220磅[1]——他会在健身房举重——但他腰间还是有些松弛的赘肉，勒在裤腰带边。在酷暑中，他赤裸着胸膛，喜欢在户外出汗，肌肉隆起，闪闪发光，这样还可以炫耀他奇怪的文身——右手臂肱二头肌上刺有黑桃A花样，左手臂上刺着漆黑的章鱼。他的长发粗浓蓬乱，颜色像脏沙子。为了好看，他戴着一条红色的防汗带。

没有人注意到绕着公园移动的小汽车有什么特别之处，夏天的晚上交通拥挤，没有人关注那辆车，然后一声爆竹般的爆裂声响起，埃斯立马尖叫起来，一只手捂着眼睛，那里在流血——这到底是怎么回事？有人开枪打他了吗？他的伙伴们不知所措，呆若木鸡。在那可怕又漫长的一分钟里，所有人都站在那里盯着埃斯，不知该干什么——然后男孩们像鸽子一样四下逃窜，闪躲着寻找遮蔽物。埃斯一个人蜷缩在那里，他的手捂着左眼，尖叫道："救命，耶稣，嘿，救救我，我的眼睛。"——他蜷着膝盖蹲在那里，好像在等待第二枪过来把他打死。

子弹一定是斜飞过来的，它掠过埃斯脸的一侧，不然的话，他就直接死在草丛里了。他惊慌失措，嘴巴喘着粗气，大声呼喊："哦，天啊，天啊。"然后，一分钟之后，人们开始大喊大叫，他们说这里发生了枪击事件，有人受伤了。埃斯将身体转来转去，好像他又被枪击了一样，但那只是为了逃跑。突然，他弯下腰飞快地走，鲜血淋漓，可能是他感觉很尴尬，不想让人看到他、他的红色防汗带和文身。现在血正沿着他结实的前臂滴落，他急忙往家里赶。

一些年轻女孩开始尖叫。没有人确切地知道发生了什么。埃斯走过的地方，人们都会给他让出一条道。血流到了他的胸口，浸透了他的牛仔裤，飞溅到人行道上。他的朋友被吓得魂飞魄散，他们跟着他，问他要去哪里，是不是要去医院，但是埃斯像个疯子一样，用那只没受伤的眼睛怒瞪了他们一眼，说："滚开！别碰我！"然后，没人愿意靠近他了。

在街上，警察拦住了他，有人打电话叫救护车。埃斯站在那里，头昏眼花，羞愧不堪。警察问他问题时的语气好像在说他应该为发生的事负责一样。他们问他，他是在打架吗，他来自哪里，是子弹伤吗？——在人群聚集的时候，你可以感觉到空气中的兴奋。这是一个8月的夜晚，深夜，将近32摄氏度，没有微风。人群里全是陌生的面孔，埃斯的朋友已经不见了。他想恳求警察放他走，但他的心跳得厉害，人喘不过气来。他开始像个醉汉一样摇晃，脚下虚浮得站不稳，警察不得不扶住他。他们能嗅到他身上那惊慌的汗水，那汗水汇成细流，沿着他身侧的手臂奔流而下。

在救护车里，他已被固定就位。一个黑人护理员告诉他没事，他会没事的，两分钟后就能到医院。护理员和埃斯说话的方式就像你和小孩或动物说话时那样。他们对他采取了一些急救措施，试图帮他止血，但埃斯无法控制自己，无法保持静止不动。他害怕得发疯，他的心脏重重地跳动了6下，然后感觉不到了，接着再次跳动——就像胸口有召唤归营的鼓声一样。救护车在街上呼啸而过，一路警报长鸣。埃斯说："哦，上帝啊，哦，上帝啊，哦，上帝啊。"他那可怕的心跳让他失去了自制力。

他一生中从未进过医院——他知道自己会死在那里。

---

[1] 英美制质量单位，1磅=0.4536千克。——编者注

然后，他被拖出救护车。他跟跄地穿过自动门，不知道自己在哪里。他下巴紧得都能把牙齿磨掉了。他喘不上气，周围的人看他的眼神让他感到无比羞愧。就在走廊的灯光下，人们盯着他的脸，好像他们从来没有见过这么可怕的东西。他跟不上护理员的脚步，膝盖弯曲得厉害，心脏也跳得很快，但是他们没有注意到，试图让他走得更快一些。"来吧，伙计，"他们说，"你伤得不重。"可埃斯就是跟不上他们，如果他们不搀扶住他的双臂，他就会倒下。然后，他来到了急救室，躺到了手术台上，薄薄的白色帘子猛地被拉上，围在他的四周。这里有一位医生、两名护士。医生问埃斯："问题出在什么地方？"说着，他透过眼镜，眯着眼睛看埃斯，拿走了血淋淋的纱布，眼前的景象并没让医生畏缩。医生警告埃斯安静地躺着，他的声音听上去很疲倦、很恼火，好像这都是埃斯的错。医生问这是怎么回事，但是没等埃斯回答。埃斯拘谨地躺在那里，害怕得颤抖，他紧紧抓住手术台底部，指甲穿透了棉纸保护层，碰到了乙烯基塑料。他的左眼什么也看不见，除了疼痛，别无其他，他脑袋里充斥着一阵阵的疼痛和重击声，护士——有两个护士？还是三个？——低下头看他，他觉得她们的眼神里有同情和怜悯。她们照料着他，触碰着他，而在他的一生中，没有人如此温柔地触碰过他。他因为自己像底下这块板一样，像出的血一样，像困住的猪一样被拖到这里来而感到羞愧无比，大家都能看到，他那暴露在光线中的被汗水渗透的赤裸胸膛和腹部颤抖着。

医生在埃斯的额头上缝了8针，并告诉他，他很幸运没有失去那只眼睛，子弹离眼球大约2英寸，眼睛会有一段时间的肿胀、发黑，但下次他可能就没那么幸运了。但埃斯没有听到后面这句话，他的心脏跳动得厉害。他们将纱布紧紧地裹在埃斯的头上，然后把一台机器连到他身上，监测他的心跳。医生轻声吹着口哨，好像很惊讶的样子，把手平放在埃斯的胸口上，感受那奇怪的不断的振动节奏。埃斯汗流浃背，但那是生病时出的黏湿的冷汗，他知道自己快死了。这台机器快速地发出"哔哔哔"的尖锐声音，在他的心脏爆开之前，它的声音能有多快？他看见护士低头看他，其中一个护士盯着他，埃斯想恳求她"别让我死"，但他会感到难为情。医生正用听诊器听着埃斯的心跳，问他胸口疼吗？以前这样发作过吗？埃斯低声说没有，只是声音太小，以至于医生没听见。他的脸上毫无血色，皮肤惨白，嘴巴像鱼嘴一样松弛地张着，脚趾像冰一样寒冷，死神正要爬上他的脚：他能感觉到。

这心脏已不是埃斯的心脏，只是他身体里某种变得愤怒、卑鄙的东西，它像锤子一样砰砰地敲打他的肋骨，让他的身体摇晃，所以他突然惊慌失措，想要摆脱束缚，想试着走下手术台——他没有思考，如果他能思考，那么他会说，他想把发生在他身上的事情抛在脑后，就好像那些事只是发生在急诊室里，发生在那个手术台上一样。他们不让他走。急诊室一片哗然，两个护理员把他压制住，他放弃了抵抗，所有的力气都耗尽了，他放弃了。其实他们已经没有必要像刚才那样把他绑起来，他已经无力反抗了。他们再次把心脏监测仪连接到他身上，可怕、尖锐的"哔哔哔"声又开始了。他躺在那里，无比羞愧，知道自己快要死了。他忘记了枪击，忘记了他的眼睛，忘记了这是谁干的、是不是有人故意针对他、他要怎么报复，他忘记了自己身上满是黏湿的冷汗，皱缩的乳头，胸口扭结的湿漉漉的毛发，他甚至忘记了他的肚脐因为刚才的挣扎暴露在外面,忘记了不应该出现在这里的他的文身在灯光下一定显得很愚蠢、悲哀。

其中一个护士往他的手臂上扎了一根长针,在他手背上柔软精瘦的部位也扎了一根针,这让他吃了一惊。他们手里拿着一根管子,热乎乎的、带有刺痛感的东西滴入他的静脉。医生在和他说话,但他听不太清,医生说:"这是能让心跳慢下来的东西,只是心跳过速,不是致命的,试着放松。"但是埃斯知道他快要死了,他能感觉到死神从他的双脚爬上了他的双腿,就像步入冷水中一样。突然他感觉自己太累了,抬不起头来,如果他们把他解开,他也不能自己从手术台上坐起来。他死了——就这么容易。就像滑入水中,推出去,让水带你走。就这么简单。

他们问埃斯有没有看到是谁袭击他,埃斯说:"不,没看到任何人。"他们问他有没有仇敌,他说:"不,和别人差不多。"他们问他是否能想到有可能开枪打他的人,他有点尴尬,低下头,用那只没受伤的眼睛看着地板,说:"不,现在想不起任何人来。"所以,他们放他走了。

第二天晚上,埃斯自豪地重新出现在公园里,但他有一种感觉,觉得自己不是真的,或者他和以前不一样了。他的一只眼睛缠着绷带,这让所有的东西看起来都是扁平的。人们盯着他看,好像他是个怪物,想知道他的眼睛怎么了。埃斯耸耸肩,告诉他们他没事,只是子弹打中了他的前额。所有人都推测是谁开枪,那是谁的车,但是埃斯安静、沉闷地站着,沉浸在自己的想法里。假设他站的位置再往一边移一下,子弹就会呈直角射入他的额头,或者直接飞入他的眼睛里,把他打死。这确实值得好好想想,他努力把这一点记在心里,这样他会感觉好一些。但是他感觉并不太好。他从来没有过这种感觉。他在医院里发生的某件事是他的秘密,但他不记得了,只知道那件事发生了且发生在他身上。他的心情很坏,因为现在脑袋像木乃伊一样半裹着绷带,在黑暗中看起来很怪异。他关注着人们对他的看法,以及在他背后说些话,叫他埃斯,这个名字像剃刀一样刮过他全身,因为这是个小混混才用的名字,不是他的真名。

大多时候还好,他隐藏自己的感受,也有幽默感。他不介意大家胡闹,他们假装自己听到了枪声,闪躲着找遮蔽物,反正没人把这件事记得太久。除了那一次,埃斯的笑容僵在脸上,反手击打这个家伙腰带之下的腹部,用他原先那嘲弄的声音说:"你知道什么?你连屁都不知道。"

问:你如何形容埃斯的性格?
问:欧茨探讨的是当代美国文化的哪些方面?

后现代诗歌

和后现代小说一样,后现代诗歌中占支配地位的是滑稽模仿和矛盾情绪。多重意义或意义本身的缺失,与语言本身、语言的模棱两可、语言在塑造自我中起到的作用有关。在《交谈》一诗中,墨西哥诗人和评论家奥克塔维奥·帕斯(1914—1998)探讨了语言的自我界定和神圣特征。

更难理解的是美国作家约翰·阿什伯里(1927—2017)的诗歌。虽然他的诗歌通常很幽默,但它们经常是隐晦的、神秘莫测的。在《悖论与矛盾修饰法》一诗中，阿什伯里提出，语言和生活都是不协调的、自相矛盾的，在本质上都具有人性的特点。

阅读材料37.2
奥克塔维奥·帕斯《交谈》（1987年）

> 我在一首诗中读道：
> 交谈是神圣之事。
> 但众神不说话：
> 他们创造和毁灭世界，
> 而人在喋喋不休。
> 神不发一言，
> 玩着令人恐惧的游戏。
>
> 圣灵降临，
> 解开人们的舌结，
> 但它不说话：
> 它喷火焰。
> 神点燃的语言，
> 是火焰的预言
> 是烧焦音节的一声巨响：
> 那是毫无疑义的灰烬。
>
> 人的言语，
> 是死亡之女。
> 我们交谈，因为
> 我们终有一死：言语
> 不是符号，它们是岁月。
> 我们说出名字，
> 说着它们说的话，
> 说时间：它们说我们，
> 我们是时间的名字。
> 交谈是人之常情。

问：关于语言的力量和危险性，帕斯在这首诗中传达了什么样的深刻见解？

阅读材料37.3
约翰·阿什伯里《悖论与矛盾修饰法》[1]（1981年）

> 这首诗在非常浅显的层面上探讨了语言。
> 看，它在与你对话。你望向窗外，
> 或假装坐立不安。你拥有它，但没有它。
> 你错过它，它也错过你。你们彼此错过。
>
> 这首诗很悲伤，因为它想成为你的诗却不能。
> 什么是浅显的层面？它就是如此，也包含着其他的东西，
> 并使与之相关的一套体系发挥作用。发挥作用？
> 嗯，实际上，是的，但我认为这发挥作用。
>
> 是一种更为深刻、外在的东西，是一种在梦中出现的角色模式，
> 就如同在这漫长的八月时光里，神分配的恩惠
> 无须证明。没有确切的结论。而在你意识到之前，
> 它就消失在打字机的热气和嘈杂声中了。
>
> 它又一次被演绎。我觉得你存在的意义
> 只是逗引我在你的层面上进行创作，然后你却

---

1. 悖论指的是一种看起来矛盾或荒谬的陈述，但实际上可能是真的。矛盾修饰法是矛盾词语的组合，例如"聪明的傻瓜"或"残忍的善良"。

不在那里了,
或是换了一种截然不同的态度。而这首诗
已轻柔地将我安置在你的身旁。这首诗就
是你。

问：这首诗中的"它"指代的都是什么内容？你能在这首诗中找到悖论或矛盾修饰法吗？

魔幻现实主义

"魔幻现实主义"一词起源于视觉艺术的语境，是乔治·德·契里科和勒内·马格利特的绘画特点（详见第三十三章）。作为一个文学术语，魔幻现实主义描述的是一种体裁；在这种体裁的作品中，不真实或离奇的元素会出现在真实的场景中。从20世纪20年代初至60年代末开始所谓"拉丁美洲文学爆炸"前，魔幻现实主义一直在拉丁美洲小说领域占据支配地位。拉丁美洲著名的魔幻现实主义作家有两位，哥伦比亚小说家加夫列尔·加西亚·马尔克斯（1927—2014）和智利作家伊莎贝尔·阿连德（1942— ）。这两位都是杰出的故事叙述者，他们把拉丁美洲的传奇历史与语言和爱情等普遍主题交织在一起呈现。阿连德把自己"用图像思考"的能力归功于电影和电视。

拉丁美洲早期的魔幻现实主义者之一是阿根廷的豪尔赫·路易斯·博尔赫斯（1899—1986）。在他的短篇小说和散文中，博尔赫斯结合了魔幻现实主义的元素——在时间和地点上出人意料的转换及梦幻、神话般的背景——以及后现代主义作品共有的多重意义和视角。他引用了幻想文学的基本手法：梦境对现实的渗透、时间旅行，以及"分身"。在《博尔赫斯与我》中，分裂出的具有自我反思性的自我既是主体又是客体。《博尔赫斯与我》是他最个人化的一本书《造物主》（1960年）中许多寓言和散文中的一篇。

阅读材料37.4
豪尔赫·路易斯·博尔赫斯《博尔赫斯与我》（1960年）

这件事情发生在另一位博尔赫斯身上。我走过布宜诺斯艾利斯的街道，停下来——也许现在的动作很机械——凝视入口通道的拱门和内侧门；有关博尔赫斯的信息会通过邮件传到我这里，或者说我在专业学者的名单或一些传记词典上看到他的名字。我钟情于沙漏、地图、18世纪的字体、词源、咖啡的味道和罗伯特·路易斯·斯蒂文森的散文。博尔赫斯也有同样的爱好，但是他以一种毫无意义的方式，把这些喜好变成了一个演员的行头。如果说我们的关系充满敌意，那就太夸张了——我活着，我让自己活下去，这样博尔赫斯就能创作文学作品，那些文学作品就是我存在的理由。我欣然承认，他写了许多有理有据的好作品，但这些作品救不了我，也许是因为这些作品中好的部分不再属于任何一个个体，甚至不属于那个叫博尔赫斯的人，而是属于语言本身，或属于传统。除此之外，我注定完全且不可避免地要被遗忘，而那些倏忽即逝的瞬间将是我在那个博尔赫斯身上留下的全部。渐渐地，我把一切都交给他了，尽管我知道他有着歪曲和夸大一切的古怪癖好。斯宾诺莎相信万物都希望继续保持原样——石头希望自己永远是石头，老虎希望自己永远是老虎。我将要继续处在博尔赫斯的身体内，而不是我自己的身体内（如果我还算得上是个什么人物的话），但相比他的书，我在许多其他人的书或吉他单调乏味的弹奏中，更能认出我自己。几年前，我试图摆脱他，从城市贫民窟和郊区的虚幻故事转向与时间和无限的比赛中，但这些比赛现在属于博尔赫斯，我必须想出别的东西。因此，我的生活就是一种对位法，一种赋格曲，一种消逝的东西——我失去了一切，一切结束了，都被遗忘或落入另一个人的手中。

我不确定我们两个之中，是谁在写这篇文章。

问：仅以此阅读材料为依据，描述说话者所处的环境、年龄，以及他（他们）关心的主要问题。博尔赫斯认为这是一则寓言，这则寓言给人的启示是什么呢？

科幻小说

科幻小说已经成为我们最具娱乐性的文学类型之一。优秀的科幻小说能唤起人们对未知事物的敬畏和求知欲。科幻小说也是作家表达他们对地球未来的关切的载体。在20世纪——科幻小说事实上的黄金时代，未来主义者设想了外太空存在生命的可能性、计算机与人类之间的交互、核灾难的后果，以及生物工程创造新物种的潜在可能性。

现代科幻小说的起源可以追溯到法国小说家儒勒·凡尔纳（1828—1905）和英国作家赫伯特·乔治·威尔斯（1866—1946）所处的时代。但最近这种体裁的繁荣发展始于太空探索——特别是1957年具有历史意义的苏联人造地球卫星（史普尼克1号）的发射和1969年美国实现的月球着陆。这些事件引发了大量与空间探索有关的小说出现。1950年，英国优秀的作家之一阿瑟·克拉克（1917—2008）创作了引人入胜的科幻小说《警戒》，这部小说反过来又为太空时代一部非凡的电影概念作品《2001：太空漫游》提供了基础。

在20世纪的最后几十年里，科幻小说催生了被称为"赛博朋克"的独特的科幻小说亚类。受托马斯·品钦（1937— ）的长篇杰作《万有引力之虹》（1973年）的影响，赛博朋克题材作品探讨的是计算机、人工智能、非法药物和朋克摇滚占主流的科幻型社会。品钦的这部小说是典型的后现代主义文本，里面包含了大量对世界历史、化学、数学、宗教、电影和流行音乐的旁征博引（以及双关语）。

科技发展一览表

1957年	苏联将第一颗人造卫星（史普尼克1号）送入轨道。
1969年	一个美国宇航员成为第一个在月球上行走的人。
1981年	激光被用于物质研究。
1990年	哈勃空间望远镜证实了太阳系外行星和500亿个星系的存在。
1995年	全球定位系统（GPS）全面投入使用。
2004年	美国国家航空航天局科学家发射的探测车在火星上登陆。
2006年	无人机（无人驾驶飞行器）经美国联邦航空管理局授权投入国内使用。
2007年	计算机成像（CI）用于航天器生产前的测试。
2011年	国际空间站基本建成。

科幻电影

由美国杰出的电影导演之一斯坦利·库布利克（1928—1999）执导的《2001：太空漫游》（1968年）建立在大多数科幻小说共有的有趣假设之上：智慧生命存在于外太空。故事情节大致按照阿瑟·克拉克的短篇小说《警戒》展开，其中涉及找寻一块400万年前的晶体巨石板的下落，巨石板似乎正在朝木星的方向发射强大的无线电波。太空探险的虚构主人公配备了一艘叫作"发现号"的最先进的宇宙飞船，飞船由一台名为HAL-9000的超级计算机操控，他们踏上了飞往木星的漫漫太空之旅。他们的冒险经历包括宇航员与冷酷且反常的HAL-9000之间的意志力较量、在外太空的惊险邂逅，以及令人震惊的关于再生和重生的秘密的披露。库布利克的《2001：太空漫游》是古代神话和传说的现代对应物。就像荷马的《奥德赛》一样，这部电影也赞美了一个英雄的冒险经历，作为探索的一部分，他凭借智慧和想象力挑战未知。广阔而神秘的外太空相当于吉尔伽美什未驯服的荒野、奥德修斯航行的暗海和但丁的基督教宇宙在20世纪的体现。正如古人越过海洋眺望地球最外面边远地区的陆地一样，对现代人来说，地球外的太空构成了宇宙中未被探索的天体边缘。"在最深的心理层面，"库布利克解释说，"这部电影的情节象征着对上帝的追寻，它假定的差不多就是对上帝的科学定义。"

1999年，美国电影业制作了引人注目的科幻三部曲中的第一部——《黑客帝国》，随后制作了《黑客帝国2：重装上阵》（2003年）和《黑客帝国3：矩阵革命》（2003年）。这些电影描绘了一个由人工智能主导的世界，人工智能将人类充当能量来源。已知的世界——矩阵——实际上是一个计算机模拟的根植在每个人头脑中的虚拟现实。该电影系列借鉴了古典神话、《圣经》、刘易斯·卡罗尔的《爱丽丝漫游奇境记》、禅宗佛教和反重力武术编舞中的元素，采用了一种独特的摄影技术（"流体延时"），这种技术需要使用100多台一致协作的静态摄像机来创造非凡的特效。《黑客帝国》从内容和形式两方面对时空观念进行了探索，是对21世纪科幻电影造成极大影响的电影作品。

信息时代的视觉艺术

在过去的半个多世纪里，视觉艺术在风格和技巧上已经变得极其多样化。总的来说，视觉艺术以受到大众传媒和电子技术的影响、强调创作过程和媒介，以及运用后现代的滑稽模仿和讽刺为特点。高科技材料，如玻璃纤维、有机玻璃、不锈钢、霓虹灯和聚酯树脂，在当代艺术界已经变得像之前几个世纪的大理石、黏土和油画颜料一样普遍。行为艺术和环境艺术项目走出工作室，进入日常生活。早期现代主义的混合媒介实验现已扩展到电影、录像、电视和电脑领域。

电子媒体彻底改变了我们这个时代的视觉艺术：电脑编辑的照片、虚拟环境、电子游戏和混合媒介设备是信息时代的独特产物。音乐、视频、舞蹈和表演的电子合成开辟了新的戏剧体验种类，其中一些还会邀请观众进行互动参与。在信息时代，图像，尤其是动态图像，已经占据了比印刷文字高的地位。事实上，视觉形象在价值和权威性上，已经与所有文化表达的其他形式展开了竞争。

信息时代的艺术家们已经与流行音乐家和世界级运动员一起成为当代社会的超级明星。依然活跃在艺术领域的杰出画家、雕塑家和行为艺术家的作品所创造的财富可媲美以前的工业大亨所拥有的财富。批评家、画廊老板和拍卖行利用互联网影响艺术的营销和商业化，从而使艺术家成为名人（无论好坏），让艺术成了"大生意"。

波普艺术

波普艺术具有信息时代的典型风格，以电视、电影和杂志为媒介，融入了消费主义和名人文化的意象。波普艺术作为一种风格，戏剧性地脱离了二战后的抽象化，为西方的具象派传统注入了新的活力。然而，波普艺术的主题很明显是以现实主义风格呈现的，却经由商业广告被扭曲过滤。

"波普艺术"一词是由一群英国艺术家于20世纪50年代创造的，他们那时开始把从美国杂志上剪下来的广告粘贴到他们的艺术品上。10年后，这个艺术运动在纽约发展成熟。20世纪60年代，大约60%的美国人拥有电视机。商品、舞台和荧幕上的名人，以及当时有新闻价值的事件，都通过一种以图像为主导的媒介鲜活地呈现在人们眼前，这种媒介比任何印刷媒介都更具吸引力，将观众"扣留"在自己的客厅里。

美国波普艺术的先驱安迪·沃霍尔（1928—1987）淡淡地解释了新风格的含义："波普艺术就是喜爱事物的一种方式。"沃霍尔接受过商业广告艺术的培训，他早期的一些创作题材来源于超市的货架。他通过放大物品，或是以单调的、像邮票排列那样的方式来复制物品，从而使创作主题变得不带个人色彩，就如同超市的陈列一般。沃霍尔在胶合板上手绘了他的第一批布里洛牌清洁用品包装盒，并在画布上绘制了坎贝尔牌的汤罐标签和可口可乐瓶，但是他很快就转向商业广告的照片丝网印刷技术，机械地复制这些图像，之后还雇用工作室助理来批量复制它们。他的一些作品描绘了自然灾害和社会暴力事件，比如20世纪60年代亚拉巴马州伯明翰市的种族暴动，这些作品的图像是从杂志和报纸的照片上获取的，然后通过丝网印刷的方式呈现出来。像死刑电椅这类具有新闻价值的事件和常见图像，与沃霍尔的可口可乐瓶一样，以一种冷静的客观方式展现出来。他那些以"工业图像制作"的方式描绘的具有标志性的政治人物和名人，如埃尔维斯·普莱斯里（猫王）、玛丽莲·梦露的肖像，挑战了高雅艺术和实用艺术之间的传统界限——即使这些作品公开赞同艺术是一种可销售的商品。

贾斯珀·约翰斯（1930—）是一位艺术生涯跨越了半个多世纪的艺术家，他与沃霍尔一样对日常物品非常感兴趣。当威廉·德·库宁打趣说，约翰斯是强大的艺术商，可以卖任何东西（甚至是两个啤酒罐）时，约翰斯创作了《彩绘青铜》（图37.2），一组用青铜浇铸的手绘啤酒罐。约翰斯的啤酒罐就像他早期的旗帜和靶子上的绘画作品一样，是约翰斯向自己认识的马塞尔·杜尚致敬的新

图 37.2 彩绘青铜（啤酒罐）贾斯珀·约翰斯，1960年

波普艺术在美国艺术家兼证券经纪人杰夫·昆斯（1955—）的欢快的庸俗作品中继续得到赞美。昆斯借鉴了商业礼品店的新奇产品，和工作室的125名助理一起将这种新奇产品重新设计成闪闪发光的不锈钢雕像。《气球狗》（图37.3）是依照儿童派对玩具创作的一个巨型雕塑版本，这个作品有多个版本和颜色，是艺术界与大众品位和流行文化的当代"浪漫邂逅"的巧妙体现。

集合艺术

结合了二维和三维元素的艺术的历史可以追溯到20世纪早期——比如毕加索的拼贴画和杜尚对现成品加以修改后呈现出的作品（详见第三十三

图 37.3 气球狗（黄色）杰夫·昆斯，1994—2000年。昆斯用这种风格创造了气球兔子、猴子、天鹅和花。在2013年的拍卖会上，昆斯的一只气球狗以创纪录的5840万美元成交，这是当时在世艺术家创作的艺术品卖出的最高价

达达主义作品。一些评论家把约翰斯的啤酒罐看作对当代文化珍贵象征物的后现代模仿。但约翰斯的啤酒罐也是对"艺术（如啤酒一样）是一种有销路的商品"这一事实的嘲讽式评论。

在波普艺术的戏仿作品中，最诙谐有趣的当数克拉斯·奥尔登伯格（1929—2022）创作的巨型软质乙烯基雕塑，如衣夹、热狗、台扇、打字机、橡皮擦和马桶等日常物品。这些物品通常会在原有尺寸的基础上被放大10到20倍，呈现出一种有趣、滑稽的粗俗，迫使我们重新考虑它们在日常生活中的存在。

罗伊·利希滕斯坦（1923—1997）以超大画作模仿连环画杂志上的漫画，让人们关注流行娱乐中常见的陈词滥调和刻板印象。暴力与浪漫在利希滕斯坦创作的执着的女性和超级英雄的虚构生活中被简化了（参见图37.1）。和其他波普艺术家一样，利希滕斯坦也运用了商业技巧，包括模板和喷枪；他模仿广告设计中使用的网点印刷法来达到色调渐变的效果。

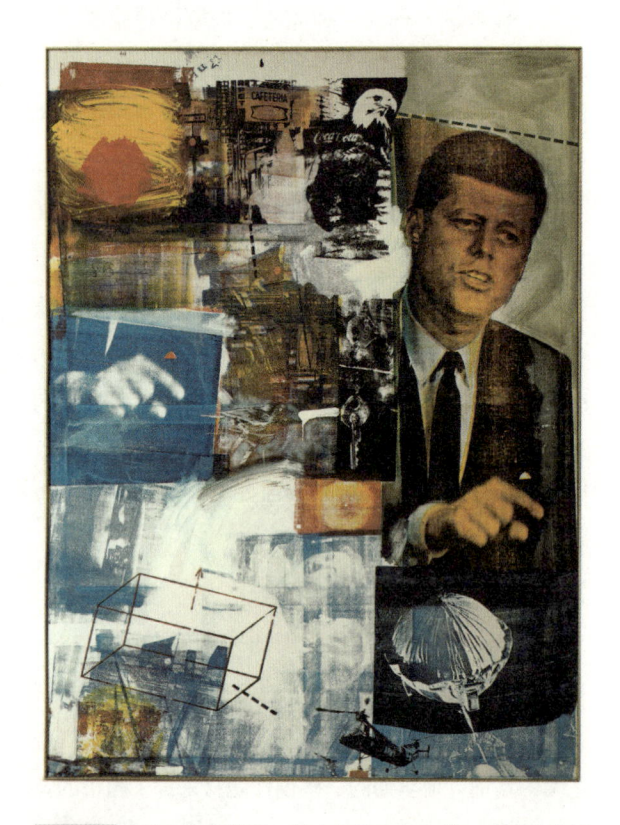

图 37.4 水牛2号 罗伯特·劳申伯格，1964年。劳申伯格用溶剂转印和丝网印刷技术来复制杂志和报纸上的图像。他作品的中心策略（即收集和组合）不仅影响了他的版画，还影响了他的三维立体作品

章）。然而，自20世纪中叶以来，美国艺术家罗伯特·劳申伯格创作了包含他后来语带挖苦地称作"世界上多余的东西"的作品，让集合艺术提升到了新的高度。他大胆地组装了旧汽车轮胎、路牌、破损的家具和其他废弃物，创作了具有里程碑意义的艺术品，他称之为"组合艺术"。这些艺术品模糊了绘画和雕塑的界限，就像艺术家本人一样"在艺术和生活的间隙中"发挥作用。

劳申伯格是一位非凡的版画家。50多年来，他尝试了各种转印技术、石版印刷和丝网印刷，创作出了大型版画，其图像来自他自己的照片以及当时的杂志和报纸（图37.4）。不相干的、零零碎碎的文化废弃物碎片看似随意地拼凑在一起，好像所有的东西都具有同样的价值（或同样没价值）。但是这些令人眼花缭乱的视觉信息在颜色、形状和形式上的组合却有着无可挑剔的敏感度。劳申伯格巧妙地将熟悉的"拾得"图像并置在一起——就像后现代随意切换电视频道所呈现的视觉频道所呈现的视

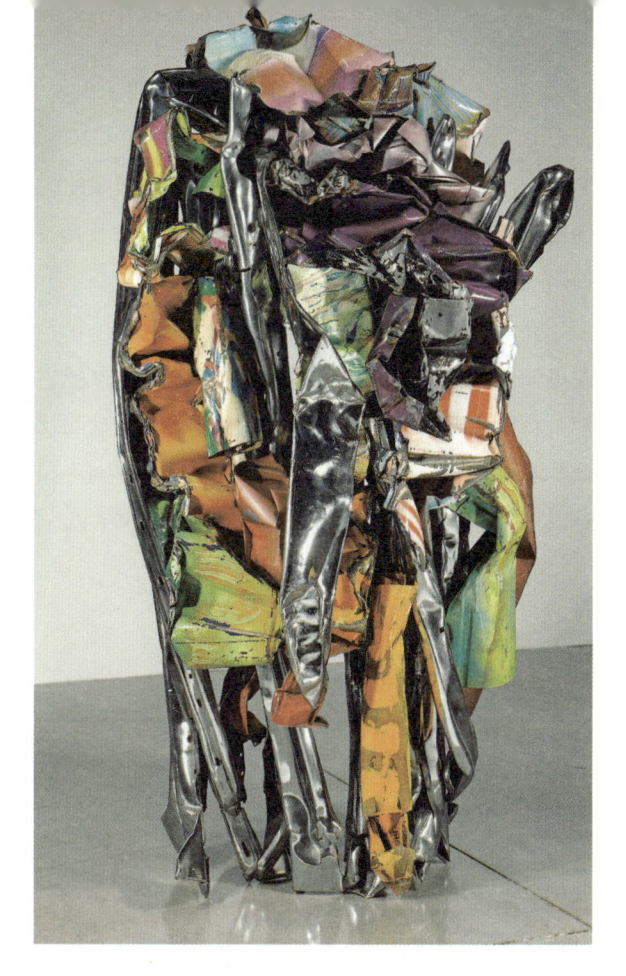

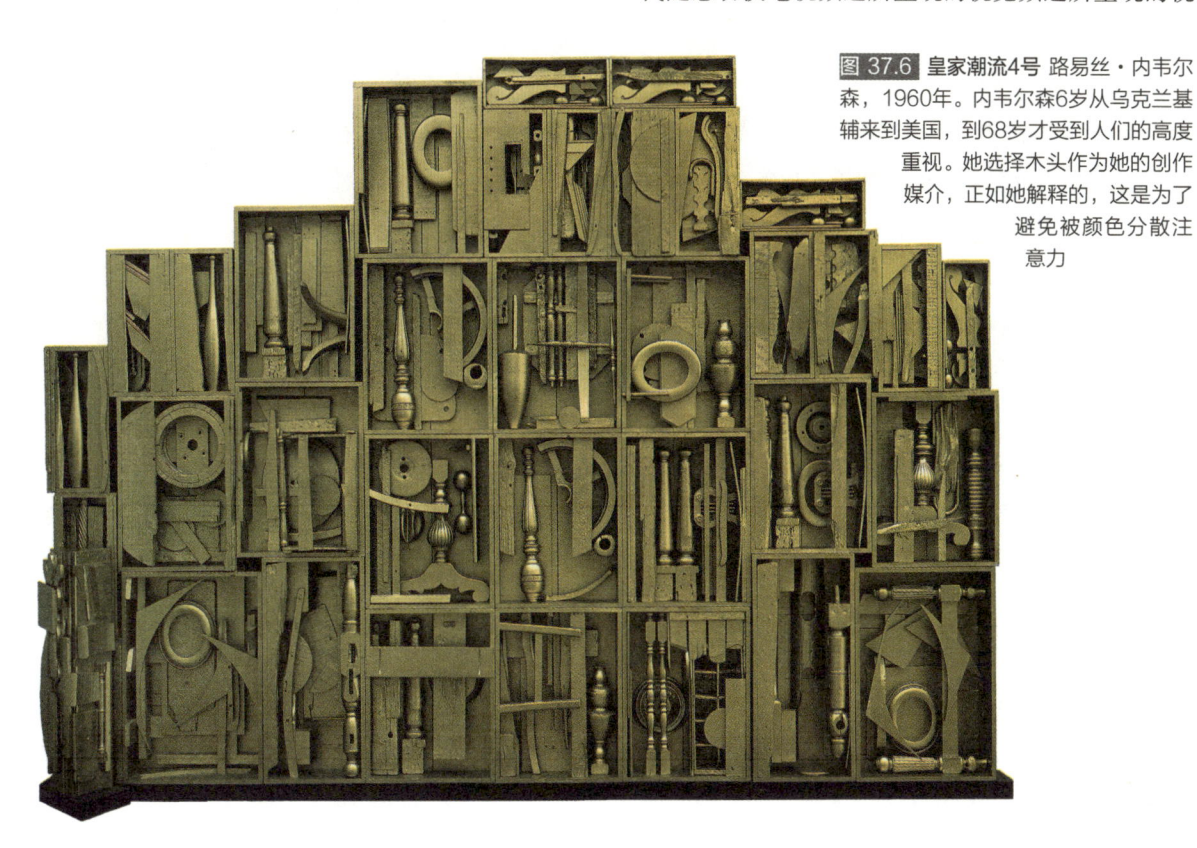

图 37.5 快活的阿帕切人 约翰·张伯伦，1991年

图 37.6 皇家潮流4号 路易丝·内韦尔森，1960年。内韦尔森6岁从乌克兰基辅来到美国，到68岁才受到人们的高度重视。她选择木头作为她的创作媒介，正如她解释的，这是为了避免被颜色分散注意力

第三十七章 信息时代 355

艺术电影

传统电影通常遵循一个叙事顺序或呈现一个故事，而艺术电影，如费尔南德·莱热的《机械芭蕾》（详见第三十四章），则探索电影媒介本身的艺术潜力。1963—1968年，安迪·沃霍尔制作了近60部探索性影片。他把固定摄影机聚焦在单个物体上，让胶卷"滚动"，直到用完。这样就创作出了"事件"之间的（独特的电影式的）"空白时间"，就像约翰·凯奇给音乐带来的声音片段之间的"沉默"一样。在电影《内与外》（1966年）中，沃霍尔使用双屏格式在电视录像带中呈现多个版本的观看自己照片的女性"明星"。他还利用了"长镜头"：在同性恋电影《我的小白脸》（1965年）中，他用长达30分钟的镜头记录了两个在浴室水槽前打扮自己的同性恋男性之间的互动。

一些艺术电影完全依赖于一连串富有想象力的并置图像引发的联想性细微差别。像劳申伯格的拼贴画一样，布鲁斯·康纳（1933—2008）的探索性影片由从旧新闻片、色情电影和好莱坞电影中收集来的镜头组成，按照特定的乐谱进行"编排"来达到额外的效果。康纳的第一部电影《一部电影》（1958年）就是这样的情况。与音乐一样，艺术电影也无明确的意义；其激发情感的力量在于将图像和声音进行巧妙的电影式的结合。

觉乱象一样——吸引观众创造他们自己的叙事。

许多艺术家利用集合艺术来引导人们关注当代社会中随意且暴力的一面。约翰·张伯伦（1927—2011）用报废的汽车制作出引人注意的雕塑（图37.5），这些汽车损坏了的金属薄片车身和扭曲的钢制保险杠暗示了高科技产品存在的短暂性及其被误用、滥用所具有的危险。

路易丝·内韦尔森（1899—1988）收集木箱，在里面装满拾得的、机械制作的废弃物件，并把它们统一涂成黑色、白色或金色。这些巨大的集合物就像腐坏的祭坛装饰品一样，供奉着那些似曾相识且令人难以忘怀的现代物质主义文化的废弃物（图37.6）。

几何抽象

并非所有当代艺术家都欣然接受波普艺术和集合艺术的讽刺态度。有些艺术家仍然忠于几何抽象这种非写实的风格，这种风格发端于马列维奇和蒙德里安的绘画作品（详见第三十二章）。这些艺术家遵照包豪斯建筑学派的建筑师路德维希·密斯·凡·德·罗的"少即多"的信条，追求基本形式如机械般的纯粹感，偶尔还将这些形式扩大到巨大的尺寸。

在职业生涯的早期，美国艺术家弗兰克·斯特拉（1936—）就绘制了由色彩鲜艳、棱角鲜明的几何图案组成的大幅画作，这些图案看起来就像是用一个巨大的量角器画出来的（图37.7）。"量角器"系列画作中的每一幅均是以小亚细亚的古代圆形城市命名的，该系列的作品所用的画布不同于标准的方形和矩形画布，其画布形状像V形、圆形或三角形，它们被组合在一起，以创造独特的几何布局。斯特拉近期的艺术品所用材料是绚丽夺目的钢和铝片，在三维空间中充分体现了杰克逊·波洛克的画作所具有的那种强烈表现力。尽管如此，这位艺术家仍然拒绝以价值为导向的艺术，而选择一种中立的、不受个人感情影响的风格。"我想让任何一个人从我的画中获取到的，以及我从这些画中获取到的，就是能清楚看到的整个画面。"斯特拉解释道，"你看到的就是你看到的。"

图 37.7 塔克特依－苏莱曼一世 弗兰克·斯特拉，"量角器"系列之一，1967年

图 37.8 流 布里奇特·赖利，1964年

光效应艺术

"一个人看到的东西是由这个人怎么看所决定的"这个观念对出生于匈牙利的维克多·瓦萨雷利（1908—1997）和英国的布里奇特·赖利（1931—）的创作有着至关重要的作用。这两位艺术家都探索了互相矛盾的视觉线索的运作，以及色彩和形状对人的视网膜机能造成的基本影响——一种被称为光效应艺术或欧普艺术的风格。在赖利的《流》（图37.8）中，白色平面上画着一系列弯曲的黑色线条，创造出振动的错觉和难以捉摸的颜色——盯着画看

图 37.9 未命名 唐纳德·贾德，1967年。本系列中各组成部分之间的空间具有重要的视觉意义。正如贾德所解释的："在本质上，实际空间比平面上的颜料更具表现力和独特性。"

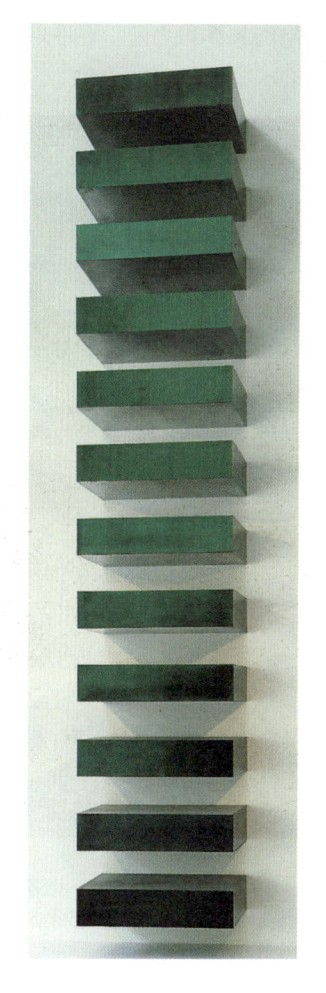

几分钟就能看到黄色。

极简主义

欧洲人开创了光效应艺术，美国人则引领了极简主义的发展。极简主义雕塑家发展了一种精致的工业美学，以高科技材料制成的元素形式为特色。极简主义艺术品的几何组成部分通常是工厂根据艺术家的指示进行生产和组装的。

唐纳德·贾德（1928—1994）创作的"未命名系列"的不锈钢和有机玻璃制成的盒子突出在墙面上，具有数学般的精确性，排列极其匀称（图37.9）。它们像一排架子，但既不盛放东西，也不支撑东西。贾德的系列作品所产生的视觉韵律，在空间和体积之间、在平坦明亮的搪瓷颜色和暗淡或反光的金属灰色之间、在有着精细纹理的表面和平滑的表面之间，创造了一种对话。

日裔美国雕塑家野口勇（1904—1988）的主要作品造型在规模上更为巨大。野口勇创作的巨型《立方体》，以钢铁和铝制框架的一个角保持平衡，其形式的纯粹性以及神秘的共鸣可与埃及金字塔和电影《2001：太空漫游》中的晶体巨石板相媲美。

新现实主义

20世纪70年代出现了一种研究具体人物形象的现实主义新方法，这种方法强调照片的定格静止和锐焦的即时性。新现实主义（也叫新写实主义、超现实主义、照相写实主义）与以往的现实主义风

图 37.10 自画像 查克·克洛斯，1991年。1988年被诊断为脊髓瘤血栓之后，这位局部瘫痪的艺术家尝试用彩色纸片和指纹在画布上画出单个的点

图 37.11 游客 杜安·汉森，1970年

格（包括社会现实主义和波普艺术）的不同之处在于，新现实主义摒弃了叙事内容，并且对道德、社会和政治问题漠不关心。虽然新现实主义毫无疑问具有具象特征，但它和极简艺术一样不带个人情感。

大多数新现实主义者并不试图仿造自然现象，他们会重新创造由摄影图像捕捉的、经人工处理的现实景象。例如，理查德·埃斯蒂斯（1932— ）根据自己拍摄的照片来描绘城市静物。埃斯蒂斯是一名技术精湛的艺术大师，用抛光的铝面和平板玻璃窗折射的细节来吸引人们的目光。

查克·克洛斯（1940—2021）把照片和画布都画成类似于印有小方格的绘图纸之后，将照片图像转印到画布上；照片的每个正方形都被编了号，对应画布上相同编号的正方形。然后，他用类似于电视屏幕像素点的极小的颜色渐变层次填充每个小正方形（图37.10）。虽然他早期的单色作品类似于不带个人色彩的"面部照片"，但是他近年的肖像画看起来很像电视屏幕上发言人的头部特写。这些肖像画运用了新技术，每一个小正方形包含多个彩色点。

高科技材料和技术使新现实主义雕塑的制作成为可能，这些雕塑都逼真得惊人。杜安·汉森（1925—1996）使用经由玻璃纤维加固的聚酯树脂来重现普通大众，尤其是工人阶级群体在日常生活中的形象（图37.11）。他根据真人模特铸造出聚酯人形，再给这些人形加上假发、衣服和饰品。汉森的"活死人"是枯燥乏味的现代生活的象征。

整体艺术

信息时代产生了新的创作策略，这些策略超越了画室和美术馆，进入了公共领域。就整体艺术而言，创作过程和构思通常比产品（即艺术品本身）更重要。承袭杜尚的小便池（参见图33.6）的传统，这类作品的独创性在于艺术家的想法，其构思比任何视觉或形式上的考虑都更为重要。整体艺术项目可以采取公共仪式的形式，包括有计划（虽然通常没有排练）的表演。

整体艺术发端于约翰·凯奇的即兴创作（详见第三十五章）和战后日本具体美术协会（详见第三十五章）的大胆实验——其艺术家或表演者用填充了颜料的拳击手套击打帆布或将自己用力投掷在湿帆布上，以此与创作材料互动。欧洲早期的行为艺术作品之一是一幅名为《人类测量学》的作品：法国艺术家伊夫·克莱因（1928—1962）雇用裸体女性作为"人体画笔"。与克莱因同时期的让·坦盖利（1925—1991）为一系列机器设定程序，让它们于公众面前在噪音、火灾和烟雾中自毁，以对20世纪的科技发表自己与众不同的评论。

美国艺术家艾伦·卡普罗（1927—2006）开创了整体艺术的经典流派——"偶发艺术"。卡普罗为这一概念性的艺术流派命名，他称"偶发艺术"为"发生在特定时间和空间的表演"。偶发艺术可以发生在市区街道、海滩或私人住宅里，包括一系列有条理的动作和有脚本的姿势。虽然由艺术家构思和指导，但是这种表演也欢迎偶然和随机的因素。在20世纪60年代，卡普罗创作并精心安排了50多场偶发艺术活动，其中大部分活动都邀请了几十名普通人扮演观众和表演者的双重角色。《流体》（1967年）是在美国加利福尼亚州帕萨迪纳上演的一场偶发艺术表演，它要求参与者建造一座冰块房屋，然后见证随后的融化过程。表演就像一场仪式或一部戏剧作品，其本身就是艺术品。表演发生的唯一记录可能就是照片或录像带。

显而易见，行为艺术作为可供出售的商品价值有限，但仍然吸引着艺术家和参与者。纽约现代艺术博物馆曾举办了一场名为《艺术家在场》（2010年）的概念性活动，活动邀请观众在所谓"行为艺

图 37.12 奔跑的栅篱 克里斯托和珍妮·克劳德，位于加利福尼亚州的索诺马县和马林县，1972—1976年。"栅篱"的安装调动了大批工人，花费了两位艺术家300多万美元。这个地标性作品的引人入胜的历史被记录在电影、照片和书籍中

术祖母"玛丽娜·阿布拉莫维奇（1946—）对面静坐一段时间，不规定时长。作品展示了一种独特的被称为"关系美学"的概念性运动。在这种艺术中，艺术家精心安排了一次明确的社会交流（如谈话或聚餐），但并不产生实物。与20世纪60年代的偶发艺术不同，这类活动通常既不拍照也不录像。"艺术"可以与体验互换。

行为艺术也演变成了有计划的活动，包括政治示威、摇滚音乐会、"锐舞聚会"（以电子舞曲为特色的充满活力的聚会）和快闪活动（通过互联网组织的一群人在公共场所短暂地聚在一起跳舞、唱歌或表演）——这些都可以被认为是整体艺术的"舞台化"版本。

最纯粹的概念艺术由文字或作为指示、信息形式的内容驱动，而非视觉或形式上的考量。例如，芭芭拉·克鲁格的广告牌式海报结合了摄影图像和文字，对社会和政治问题进行了隐晦的评论。美国雕塑家珍妮·霍尔泽（1950—）将自相矛盾且常常具有颠覆性的信息刻在石头上，或者用电子方式在公共广告牌上进行播报。她经常用发光二极管（一种很受欢迎的商业广告媒介）来传播她的口号。霍尔泽用既平淡又尖刻的语言告诉我们："缺乏个人感召力可能是致命的""神话使现实变得更容易理解""人文主义过时了""正派是相对的""举棋不定能毁掉你的生活"。霍尔泽的文字艺术考验着公共信息的权威性，尤其是这些信息经由当代媒体传播时。她当时把大量精力都花费在《权力之前的真相》（2004年）这一项目上，该项目展示了大型丝网印刷的美国政府解密文件，其中部分被审查员用笔涂掉了。通过这些隐晦的记录——官方备忘录、审讯记录，以及军事人员对美国在中东的外交政策的描述——这位艺术家阐述了与战争政治相关

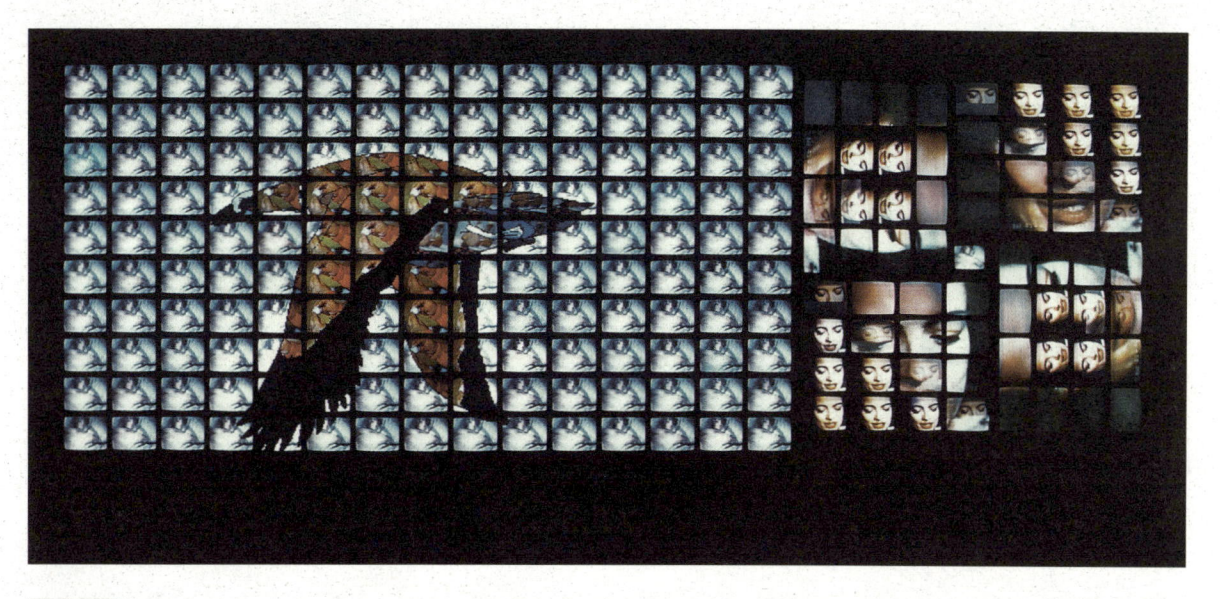

图 37.13 塔形电子管 白南准，1995年。215台显示屏，八通道彩色视频和双声道音响。图像从这些显示器上流动而过，看上去好像是坐在一辆快速驶过的汽车上看到的。白南准是第一个使用"电子高速公路"来描述连接地球不同地区的快节奏媒体资源的人

的保密、审查和信息操纵等问题。

整体艺术在实体层面最具野心的表现形式是大地艺术，它既以自然景观为媒介，又以自然景观为主题。这样的环境艺术工程独立于美术馆或博物馆，通常是巨大的、夸张的，且具有临时性。有些作品如罗伯特·史密森的《螺旋形防波堤》（参见图38.3）一样，具有生态学意义。而其他的作品，比如美国夫妻团队克里斯托（1935—2020）和珍妮·克劳德（1935—2009）的特定地点项目，是对大型实体空间或地标在美学上的改造。他们用大量的合成纤维包裹巨大的公共建筑，比如巴黎新桥和柏林国会大厦。克里斯托和珍妮·克劳德也会改造自然景观，他们用超过600万平方英尺的粉色聚丙烯织物包裹了澳大利亚海岸的一部分和迈阿密比斯坎湾的11座岛屿。2005年，他们沿着曼哈顿中央公园的人行道悬挂了数千面藏红花色的布旗帜，这个场景持续了16天，被称为《门》。

克里斯托和珍妮·克劳德早期的项目之一《奔跑的栅篱》（图37.12）包含一条长24.5英里、高18英尺的尼龙"栅篱"。尼龙板悬挂在缆绳和钢柱上，从加利福尼亚州的索诺马县和马林县一直延伸至太平洋。这道栅篱沿着加利福尼亚的山丘蜿蜒而行，就像现代版的中国长城，但它仅仅在原地保留了两个星期。

影像艺术

20世纪50年代，韩国艺术家和音乐家白南准（1932—2006）预言，电视阴极射线管将取代画布，成为未来的艺术媒介。这位如今广受赞誉的"影像艺术之父"的说法相当正确，因为采用电子技术形式的艺术已经开始主宰艺术世界。影像艺术始于20世纪60年代。受约翰·凯奇（详见第三十五章）富有远见的作品影响，白南准进行了第一批与声音和图像相关的交互式实验。在电子工程师的帮助下，他推出了视频表演作品和电子装置艺术，其中一些作品包括早期的视频合成器——能够改变视频图像的形状和颜色的一种装置。

20世纪90年代，白南准将电视机、电路板和其他电子设备组合起来，生产出奇特的机器人。然而，在尺寸和构思上更加具有雄心的是这位艺术家

图37.14 车站 比尔·维奥拉，1994年。视频/音响设备（持续运转）：五通道彩色视频投影出现在悬挂于天花板上的5块布质屏幕上；5块黑色花岗岩板放在每块屏幕前面的地板上；5个声道放大的单声道音效

的多屏幕电视装置。例如，《塔形电子管》（图37.13）由215台显示屏组成，这些显示屏的内容由从东方和西方获取的连续放送的各式各样的动画和实况视频图像编制而成。快速剪辑的首尔奥运会、韩国鼓手、摇滚音乐会片段、色情杂志上的裸体图片和白南准最喜欢的艺术家，与各个国家的国旗以及其他全球标志交替出现。一只优雅地飞过屏幕墙的鸟的动画轮廓为这场视觉信息闪电战带来了神奇的统一，而双声道音轨则为视觉上的规则变化增加了低沉有力的切分音。白南准的视频监控墙呈现的万花筒般的密集图像让观众眼花缭乱，其快节奏的剪辑模仿了主流电视和电影的风格。

与白南准疯狂的、炫目的视频项目相比，比尔·维奥拉（1951—）的艺术是非常微妙的。维奥拉以视频为媒介来传递引人入胜的故事。他的作品主题受到禅宗、基督教神秘主义和伊斯兰教苏非派诗歌的启发。维奥拉的《车站》（图37.14，参照了《苦路》，耶稣受难像）是一个五通道的视频和声音装置，呈现了水下人体的动态图像。赤裸的身体投影上下颠倒，下方抛光的黑色花岗岩板反射出身体的影像，他们漂浮着进出框架，然后在一下子变亮的光线照射下突然跳入水中。这一令人难以忘怀的、在寂静中呈现出有序与无序的循环，以缓慢的节奏不断重复，唤起了人们对从生到死的人类旅程的梦幻般的心理意象。

维奥拉的艺术引人沉思，它根植于艺术家所称的"表现与身份的危机"——在这种危机下，新媒体技术让观众难以确定光学图像是真实的还是虚构的。用维奥拉的话说，"呈现信息"将是未来艺术中的主要问题。影像和声音设备是20世纪晚期的主要表现手段，与电影体验密切相关，两者都使观众沉浸在动态影像中。但是，就像维奥拉的作品一样，影像艺术以把观众包围在三维空间的方式来凝聚体验。

自20世纪70年代以来，视频装置艺术已经向戏剧化方向发展。2004年，维奥拉特别创作的一系列视频被用作瓦格纳的歌剧《特里斯坦与伊索尔德》的舞台背景。21世纪的歌剧舞台所使用的设备更为精美，会利用全息图、激光束、数字图像和计算机生成的特效（详见第三十八章）——这些元素都可以投射到屏幕和墙壁上，并配以现场音效或电子音效。

信息时代的建筑

一些当代评论家把后现代主义的诞生与20世纪60年代的建筑联系起来，特别是与建筑的国际风格的消亡联系起来。美国建筑师罗伯特·文丘里（1925—2018）在《建筑的复杂性与矛盾性》（1966年）一书中，首次引入建筑后现代主义，他反驳了路德维希·密斯·凡·德·罗的"少即多"信条，声称"少即乏味"。文丘里排斥以玻璃和钢铁为原材料的摩天大楼以及混凝土高层建筑那种缺乏个性且朴素的风格，也拒绝接受通过功能性形式来改革社会的进步乌托邦主义。他选择了一种强调视觉复杂性、个性和纯粹乐趣的建筑风格。

与国际风格建筑物的机械般的纯粹形成鲜明对比的是，后现代建筑是由各种各样的有趣部分组成的，"引用"了像快餐店和希腊风格的寺庙这样不相配的传统建筑风格。后现代建筑就像后现代小说一样，以一种异想天开且常常诙谐的方式将部分融合起来，形成多姿多彩的混合物。后现代建筑与解构主义文学理论家一样，都希望拆开并重新组合"文本"，以寻找"文本"的多重含义。正因为（根据解构主义理论）没有单一的文本能解释我们的全部经验，所以任何单一的建筑设计也不存在统一的模式或明确的风格。

后现代美学的一个例子是由查尔斯·穆尔（1925—1993）设计的位于新奥尔良市的意大利广场（图37.15）。这个广场是用来充当意大利的文化

图 37.15 意大利广场 新奥尔良，1976—1979年

中心的，借鉴了庞贝古城、意大利古典建筑师帕拉第奥的作品和意大利巴洛克式建筑的基本图案，并进行了滑稽又优雅的组合。它那色彩鲜艳的柱廊、门廊——看起来就像花哨的舞台布景——装饰着喷泉、霓虹灯和抛光的铝栏杆。穆尔对意大利文化遗产的滑稽模仿最终表现为一条形状像意大利地图的裙边，漂浮在广场的中央水池中。

出生在中国的美籍华裔建筑师贝聿铭（1917—2019）在其对巴黎卢浮宫的庭院别出心裁的设计中，将后现代设计与极简主义原则相结合。三个小型的钢制有机玻璃金字塔围绕着中心金字塔，中心金字塔遮住了博物馆正门。这座高达70英尺的大金字塔由673块玻璃组成。它的几何结构简单得惊人，让人联想到帕克斯顿的组合式水晶宫、巴克敏斯特·富勒的高圆顶建筑以及国际风格以钢和玻璃为原材料的功能性建筑。庭院本身就代表了后现代主

图37.16 密尔沃基艺术博物馆 圣地亚哥·卡拉特拉瓦，威斯康星州，2003年。卡拉特拉瓦说，在设计博物馆时，他"努力让建筑物对湖文化——船只、船帆，以及一直在变化的景观——保持一定敏感性"

义的胜利：它将20世纪版本的胡夫金字塔放在了17世纪古典巴洛克建筑物之中。贝聿铭的金字塔群充满了未来主义精神，已经成为一种艺术空间站。

自新千年以来，世界上的许多大城市一直处于"建筑热潮"中。这似乎是一个博物馆建设和扩建的伟大时代。博物馆已经成为神圣的地方，数百万人前往博物馆不仅是为了欣赏伟大的艺术，还是为了得到不同于其他休闲活动的体验。一些新的艺术场馆在营造未来主义的影响力方面可与弗兰克·劳埃德·赖特的古根海姆博物馆（位于美国纽约）相媲美。由出生于西班牙的圣地亚哥·卡拉特拉瓦（1951—）设计，并实现了扩建的密尔沃基艺术博物馆（图37.16）就是一个很好的例子。它像一个漂白后的大恐龙骨架一样坐落在密歇根湖畔，其标志性元素是一个90英尺高的用玻璃围住的接待厅，上面覆盖着一块可移动的翼状遮光板，遮光板由72块钢制散热片制成，控制着室内的温度和光线。一座250英尺长的斜拉索吊桥将密尔沃基市中心与湖滨地带以及博物馆连接了起来。卡拉特拉瓦在世界各地设计了一些非常奇特的酒店和桥梁，在以钢和玻璃为原材料的建筑领域做出了全新的大胆尝试。

建筑巨匠弗兰克·盖里（1929—）出生于加拿大多伦多，但在美国加利福尼亚州生活和工作。他早期的建筑反映了他对普通建筑材料（如胶合板、波纹锌板、不锈钢和铁丝网栅栏）的兴趣，他把这些材料组装成一系列部件。盖里的建筑物外墙和柱子倾斜、内部空间扭曲，这反映了他对对称和稳定的古典设计原则的刻意抵制。在后来更具纪念意义的项目中，他结合了钢材、钛、玻璃和石灰石，从日常物品（如鱼、吉他、一束花）中汲取灵感，创造出起伏的形态和不规则的形状。

盖里的杰作之一是位于加利福尼亚州洛杉矶的迪士尼音乐厅（图37.17）。这座拥有2000多个座位的音乐厅配有玻璃幕墙和宏伟的多层大厅，但真正让这座建筑展现出独特壮丽的是其令人惊叹的外观设计，那起伏的、反光的不锈钢钢板。盖里的创造过程是凭直觉的：他在"头脑中"设计构思，用纸和模型勾勒出轮廓，然后借助航天工程师和精密的计算机来指导实际建筑部件的切割。他的音乐厅就和其设计的位于西班牙毕尔巴鄂的广受赞誉的古根海姆博物馆（1997年）一样，将行动绘画的自发活力、极简主义雕塑的宏伟稳定性与数字化时代的技术结合了起来。

信息时代的音乐

与视觉艺术和建筑一样，自1960年以来，音乐一直经历着大胆的实验，呈现出多样的风格，并且在很大程度上是不带个人色彩的（除了流行音乐）。20世纪晚期，一些作曲家追求约翰·凯奇的随机风格，另一些乐曲家则创作高度结构化的音乐，将勋伯格的序列主义作曲技法扩展到音高、对

触类旁通

图 37.17 迪士尼音乐厅 弗兰克·盖里，加利福尼亚州洛杉矶，2003年

随着建筑变得更加具有雕塑的特性，雕塑也变得更加建筑化。与盖里一样，美国雕塑家理查德·塞拉（1939—2024）在其后极简主义作品中（图37.18）透露出对有机设计和几何规律的钟爱。塞拉说："弗兰克建筑物的曲线和我的作品中明显的扭转是相互关联的。"塞拉设计的巨大的生锈铜质椭圆形雕塑通常高13英尺以上，长50英尺以上，重达100多吨，反映了公共艺术的发展方向——邀请观众成为参与者，而不是单纯的旁观者。塞拉希望观众能及时地在作品中穿行并环绕在其周围，也就是说，成为作品本身的一部分。

图 37.18 带 理查德·塞拉，2006年

位以及作曲的其他方面。

另外两个值得注意的发展是：其一，在几个世纪以来由男性主导的领域里，女性作曲家和指挥家越来越引人注目，比如普利策奖得主、美国作曲家艾伦·塔菲·兹薇里希（1939—）和大都会歌剧院的第一位女指挥莎拉·考德威尔（1924—2006）。卡罗琳·肖（1982—）是普利策音乐奖最年轻的获得者，她凭借《八声部》（2013年）获此殊荣。《八声部》是一首无伴奏合唱作品，由不含歌词的旋律和新颖的声乐效果（如耳语、咕哝和叹息）组成，节奏精确。

其二，电子技术已经影响到音乐的各个方面，从作曲、表演到发行都受其影响。正如电子技术在加工处理和宣传方面让图像的创造和传播民主化一样，电子技术也改变了声音的创作和传播方式。数字化制作和复制音乐，成本低廉且易于获取，实际上已经消除了过去的资助体系。电子技术也让过去几十年主导音乐界的商业发行渠道变得过时。

电子音乐

电子技术除了实用和商业功能外，还催生了全新的声音种类。电子音乐的历史始于20世纪50年代后期，当时约翰·凯奇和其他先锋派作曲家率先使用磁带录制和处理声音。通过拼接和反转磁带上多种环境噪音的录音——雷声、鸟鸣、火车汽笛和钟的嘀嗒声，先锋派作曲家开创了一种被称为具体音乐的音乐流派。这种类型的音乐使用电子设备来录制或修改早就存在的声音，这些声音可以是自然声音、乐器声音，也可以是机械制造的声音。

另一种电子音乐是使用特殊设备产生的声音。"纯"电子音乐与具体音乐的区别在于，"纯"电子音乐依赖振荡器、波发生器和其他电子设备。这种音乐的先驱是德国作曲家卡尔海因茨·施托克豪森（1928—2007）。作为德国科隆电子音乐工作室的音乐总监，他既单独使用电子设备发声，也会用电子设备来处理和组合预先录制的声音，这些声音包括由传统乐器和人声产生的音乐。他的作品是由声音和静默构成的无调性模式，缺乏任何可参照的控制框架，摒弃了所有传统的节奏与和声规则。施托克豪森像电影制作人剪辑镜头那样剪辑磁带里的录音，他无须书面进行创作乐谱，直接在录音带上进行创作，从而同时扮演作曲家和演奏者的角色。就像卡普罗的偶发艺术或爵士乐即兴演奏一样，施托克豪森的乐曲也是一种过程与成果同等重要的艺术形式。

20世纪60年代后期最具革命性的音乐发明是计算机合成器，一种能够通过生成和组合不同频率的信号来产生声音的电子仪器。这种人造声音合成器既可产生声音又可以处理声音。与施托克豪森同时期的美国当代作曲家米尔顿·巴比特（1916—2011）是第一个使用计算机合成器来控制电子声音的织体、音色和强度的作曲家。传统乐器只能产生七八十种音高和有限的动态强度范围，但合成器这样的电子设备可以提供每秒50—15000个周期的频率范围。这为几乎无限制的音高变化提供了可能性。此外，电子乐器可以以超出现场演奏者能力的速度和复杂模式来处理节奏。因为电子音乐的这些特征违背了传统的记谱法，所以电子音乐通常用声学示意图来表示，以此作为其"乐谱"。

自20世纪70年代以来，便携式数字合成器开始与各种乐器相连。这让音乐家即使在演奏过程中，也能操控音乐的音高、时长和声音的强弱。合成器促成了被称为"采样"的典型后现代音乐技术。采样是被录制的声音的一个短小的"借用"片段，可以以数字化的形式被存储起来并进行随意操作（延伸、倒播等），然后被重新引入另一个音乐乐句或乐曲中。正如一位评论家所指出的，如何处理声音变得比声音本身更重要了。电子采样、混音和再混音产生了各种声音和创作手法，就像后现代电影的跳跃剪辑一样，充分体现了当代生活的碎片化和混乱。

微分音乐与简约音乐

匈牙利作曲家捷尔吉·利盖蒂（1923—2006）在科隆与施托克豪森和其他先锋派作曲家见面之后，对电子音乐产生了兴趣。虽然他创作的灵感来自电子音乐独特的声音，但他的电子音乐作品很少。尽管如此，在他的器乐作品中，他又重现了电子音乐的一些独特的听觉效果。为了营造出电子音乐的织体，他利用了微分音乐（使用比传统的欧洲和美国音乐的半音程还要小的音程）。利盖蒂称之为"微复调"的技巧几乎完全没有旋律与和声，但会产生密集的音簇：微小、闪烁的电流，以连续的、催眠般的流动发出声音。他的器乐曲《大气》（1961年）和他的合唱作品《永恒之光》（1966年）都出现在电影《2001：太空漫游》的配乐中，它们变成了一种新的音响效果，正如作曲家所解释的："（那种音响效果）如此密集，以至于各个交织其中的乐器声部都被吸收到总织体中，并完全丧失了它们的个性。"

利盖蒂那巧妙变化的音响模式将成为简约音乐风格的标志。简约音乐，就如同极简主义艺术一样，将表达的语汇简化为基本的或首要的元素，这些元素以只有细微变化的方式不断重复。在这些"精简"的作品中，调性和旋律通常很简单，而通过细微重复构建的节奏和织体则是密集的、复杂的。简约音乐在爱沙尼亚作曲家阿沃·帕特（1935—）的崇拜者中广为流行。帕特用钟鸣作曲法来润色简朴的、沉思性的作品。所谓"钟鸣作曲法"是一种将旋律线交织在一起，创造出如钟鸣般的音响效果的方法。

最著名的简约音乐作曲家菲利普·格拉斯（1937—），早期接受了西方音乐作曲基本法则的训练。然而，20世纪70年代，格拉斯游历亚洲并向西塔尔琴大师拉维·香卡（1920—2012）学习之后，格拉斯开始创作包含了印度拉格、前卫爵士乐和摇滚乐的节奏结构的音乐。他与设计师兼导演罗伯特·威尔逊（1941—）合作创作的歌剧《爱因斯坦在海滩》（1976年），是纽约大都会歌剧院上演的首部以电子扩音乐器为特色的歌剧。

和传统歌剧一样，《爱因斯坦在海滩》把器乐、声乐、朗诵、哑剧和舞蹈结合在一起。但它与传统歌剧又极其不同，根本区别在于它缺乏故事情节和人物塑造，它使用的乐器也与传统歌剧不同。这部歌剧在4个半小时内不间断地演出，它并非讲述阿尔伯特·爱因斯坦的生平或成就，而是为纪念这位20世纪伟大的科学家所进行的一次诗意礼赞。这部歌剧的总谱由简单的旋律线构成，这些旋律线层层叠加，并以看似无穷无尽的变奏方式重复出现。格拉斯的音乐令人着迷，极具魅力，让人想起格列高利圣咏的织体、电子磁带循环播放时的序列重复，以及印度拉格的巧妙节奏。和声的变化极为缓慢，以至于（如格拉斯所说）人们必须学会以"不同的速度"倾听，这一过程类似于冥想行为。

历史主题和当代人物继续为格拉斯的大量音乐提供灵感。1980年，他创作了歌剧《真理坚固》，赞颂印度和平主义英雄莫汉达斯·甘地的功绩（详见第三十六章）。歌剧用梵语和英语演唱，使用的文本取自印度教的圣书《薄伽梵歌》。为了纪念哥伦布航行到美洲五百周年，他创作了一部富有想象力的现代作品《航行》（1992年），把伟大的探险思想和星际旅行的主题联系起来。格拉斯的歌剧《阿波马托克斯》（2007年）探讨了美国的种族主义问题，而《完美的美国人》（2013年）则以好莱坞偶像华特·迪士尼为主题。

后现代歌剧

20世纪晚期，歌剧在诸如国际劫持（约翰·亚当斯的《克林霍弗之死》）、黑人民族主义（安东尼·戴维斯的《马尔科姆·X》）、同性恋权利（斯图尔特·华莱士的《哈维·米尔克》），以及名人崇拜——比如埃兹拉·拉德曼的《玛丽莲》（玛丽莲·梦露）、约翰·亚当斯的《尼克松在中国》（尼克松总统）、罗伯特·罗德里格兹的《弗里达》（弗里达·卡罗）等有新闻价值的事件中找到了灵感。其他作曲家借鉴文学和艺术经典，并将其作为大型歌剧的主题：卡莱尔·弗洛伊德的《人鼠之间》（1970年）是根据约翰·斯坦贝克的同名小说改编而成的，威廉·博尔科姆的《桥上风景》（1999年）改编自亚瑟·米勒的戏剧，约翰·哈比森的《了不起的盖茨比》（1999年）的灵感来自菲茨杰拉德的同名小说，田纳西·威廉斯的经典戏剧《欲望号街车》（1998年）由美国作曲家安德烈·普列文谱写成歌剧。这些歌剧很难达到20世纪第一部典型的后现代歌剧《凡尔赛的幽灵》（1991年）那样的音乐高水准。《凡尔赛的幽灵》这部歌剧由约翰·科里利亚诺（1938—）创作，由管弦乐队和合成器配乐，以喜歌剧的形式演出，其故事发生在3个不同（而且相互交织）的世界：18世纪的凡尔赛宫廷、莫扎特式歌剧的场景、来世的领域——玛丽·安托瓦内特和她的王宫人员的鬼魂聚集的地方。这部歌剧的总谱混合了传统和当代的音乐风格，将伪莫扎特式的抒情风格与现代不协和音以一种大胆并富有创造性（虽然经常断断续续得让人惊讶）的方式交替呈现。科里利亚诺本着后现代主义的精神，把历史风格本身作为主题；他的多重寓言通过让歌剧中的一个人物突然惊呼"这不是歌剧，瓦格纳的作品才是歌剧"，将过去与当下的文本进行对照。

摇滚乐

摇滚乐起源于20世纪50年代中期的流行文化。最初用来描述性行为的"摇摆"和"滚动"这两个词被用来指代一种不受抑制的音乐风格。摇滚乐广泛融合了美国流行音乐和非裔美国人音乐，包括乡村音乐、摇摆乐、福音音乐、节奏布鲁斯等。虽然并没有哪个音乐家的出现是摇滚乐形成的原因，但这种风格在诸如比尔·哈利、小理查德和埃尔维斯·普莱斯里（猫王）等表演者的推动下广受欢迎。经过这些耀眼的音乐家的演绎，摇滚乐开始具有自己的特色：高动态声级、快而有力的节奏、强劲的节拍、朴实的口语歌词。

从一开始，摇滚乐就是青年文化的一种表现方式：摇滚乐与舞蹈、性自由，以及对限制性的家长和文化规范的反抗相联系，也反映了战后时期的新消费主义。20世纪50年代，摇滚乐通常以肤浅的"泡泡糖"歌词为特色；到20世纪60年代，摇滚乐变得更加复杂、高深，成为西方波普艺术在听觉上的对应物。

伴随着20世纪60年代英国披头士乐队的成功，摇滚乐成了一种国际现象，把全世界的年轻人团结在一起。披头士乐队吸收了小理查德的音乐风格和印度古典音乐的节奏及器乐谱写法。他们创造性地运用了电子音效，比如回授音效和拼接音效。他们的作品反映了西方反主流文化的精神，这一点在专辑《佩珀军士的孤独之心俱乐部乐队》（1967年）中达到了创作的顶峰。虽然电吉他早在披头士乐队出现之前就被广泛使用，但正是因为这个乐队，电吉他才成了摇滚乐的标志，并且如今仍然是摇滚音乐家的主要乐器。

在20世纪60年代，美国的"主流阶层"面临着来自年轻气盛的反主流文化群体的抗议，这些年轻人对中产阶级的价值观、盲目的消费主义和官僚权威已不再抱有幻想。反主流文化的"嬉皮士"是爵士乐及其亚文化的崇拜者，他们赞扬一种新浪漫主义的生活方式，这种生活方式呼吁和平共处，倡导回归自然和群居生活，实行更宽松的性标准，以及允许试验诸如大麻和LSD（一种迷幻药）等改变意识的药物。反主流文化群体对致幻药物的使用与英国和西海岸的许多迷幻摇滚（或硬摇滚）团体的出现有关联，比如谁人乐队和杰斐逊飞机乐队。这些乐队的音乐通常以震耳欲聋的电子放大音效和性挑逗的歌词为特色。那些年产生了一些优秀的演奏家，如吉他手吉米·亨德里克斯（1942—1970）。20世纪60年代还诞生了民谣摇滚艺术家鲍勃·迪伦（1941—），他的歌曲表达了美国反主流文化群体的愤怒和绝望。迪伦的歌词充斥着对现代物质主义、伪善、贪婪和战争（特别是美国对越南的介入）的严厉批判，抨击了当代权威人物的道德冷漠。

信息时代的舞蹈

在为歌剧《爱因斯坦在海滩》编排舞蹈时，露辛达·蔡尔兹（1940—）在创作上遵循了极简主义规则，她本人也在最初的演出中登台表演。为配合作品那令人着迷的节奏，她的舞蹈编排以一系列仪式化的姿势和机器人般的动作为特色。蔡尔兹把纯粹舞蹈的信条简化为一系列有规律的、几何形状的、反复出现的身体动作。

著名的编舞家马克·莫里斯（1956—）出生于西雅图，他将舞蹈与精心研究的乐谱结合起来。自1980年成立自己的舞蹈公司以来，莫里斯已经编排了数百首受特定音乐作品启发的原创舞蹈作品，这些音乐作品涵盖了从莫扎特和维瓦尔第的音乐到舞厅曲子和摇滚乐等多种类型。莫里斯凭借幽默的机智和对技巧的崇敬，经常挑战芭蕾舞的性别传统，让男芭蕾舞者表演传统上由女芭蕾舞者表演的舞蹈姿势。莫里斯的标志性作品《快乐、哀愁和中庸》（1988年）改编自格奥尔格·弗里德里希·亨德尔的清唱剧（1740年），该清唱剧的文本取材于约翰·弥尔顿的同名诗作。莫里斯的这部作品集诗歌、音乐和舞蹈于一体，呈现了巴洛克风格结构的清晰，以及莫里斯早期受过训练的民间舞蹈流派的直率简约。

即兴创作在舞蹈中的作用——默斯·坎宁汉的"遗赠"（详见第三十五章）——留下了明显的印记，诸如悉尼舞蹈团、皮洛伯洛斯舞蹈团和莫米克斯奇异舞蹈坊这样的团体继续制作出特别有创意的剧目，这些剧目包括有趣的动作和充满活力的身体运动，如杂技、有氧健身活动、体操、杂耍和街舞。在当代编舞领域，一位极具独创性的人物是非裔美国人伦尼·哈里斯（1964—）。哈里斯在费城北部犯罪猖獗的地区长大，没有条件接受正规的舞蹈训练，他决心把嘻哈舞带到音乐会的舞台上。为了实现这个目标，他在1992年成立了自己的舞蹈公司。他那爆发性十足的编舞将街头帮派的暴力行为转变成以霹雳舞（杂技街舞风格）和电子"增音"为特色的多媒体形式的艺术。

回 顾

信息爆炸

20世纪的最后几十年见证了以工业为基础的世界文化向以大众媒体、电子技术和太空旅行塑造的世界文化的转变。

数字技术提升了基本的通信方式，促进了全球文化的同质化，使海量信息（所谓大数据）的积累和传播成为可能。从书本到屏幕的转变改变了我们感知现实的方式，并对所有艺术形式产生了影响。

社交媒体的扩展以及对信息的电子挖掘和收集引出复杂的文化问题，这些问题引起了注重隐私权的人们的注意。

科学与哲学的新方向

20世纪晚期，科学技术的进步使人们对外部太空和人体内部运作机制有了更深入的了解。

物理学家继续追寻一种"万物理论"，这种理论可能让爱因斯坦的相对论与量子物理学原理达成一致。弦理论家提出了一个由弦环和振荡的物质小球组成的通用模型。混沌理论家指出，自然界中存在共性：看似随机的模式有着相似性。

分子生物学家对人类基因组的绘制已经让医学和基因工程实验取得了重大进展。

20世纪的哲学家们普遍放弃了对绝对真理的探索，他们开始关注语言作为描述工具的局限性。

信息时代的文学

与"后现代转向"同时发生的还有摆脱现代主义焦虑的主观性和高度严肃性，向对文化史及各式各样的文本抱持怀疑、困惑的态度发展。

后现代作家将语言作为言语编码、滑稽模仿和社会改革的载体来研究。他们借鉴大量的历史资源，并用在经常将历史虚构化的作品中。作者的声音可能会打断叙事，产生一种"视频小说"风格的简洁节奏。

一些当代作家对城市暴力和社会不平等的现实给予了批判性的关注，另一些作家则探索了魔幻现实主义和科幻小说的体裁。

信息时代的视觉艺术

信息时代的视觉艺术没有呈现出单一或者说统一的风格，反而具有多样性和兼收并蓄的特征，反映了后现代主义对媒体形象、滑稽模仿、戏谑态度，以及当代生活的矛盾本质的关注。高雅艺术和通俗艺术的区别变得越来越模糊。

安迪·沃霍尔是美国波普艺术的先锋人物之一，这种艺术形式推崇批量生产的商业形象。在罗伯特·劳申伯格的组合艺术中，拾得物成为富有创造性的集合艺术的一部分。唐纳德·贾德倡导的极简主义运用商业和工业材料创作作品，这些作品重新定义了20世纪初有关绝对抽象的信条。与此相反，新现实主义者呈现了极其细致入微的生活片段。

创作艺术的过程压倒了艺术作品本身的首要地位。随着"偶发艺术"的诞生，各种各样的整体艺术应运而生，包括行为艺术、概念艺术，以及将艺术从工作室移出并移入自然环境中特定场所的大地艺术。

白南准、比尔·维奥拉是在广为流行的影像艺术的诞生和发展中起重要作用的两位人物。

信息时代的建筑

后现代主义早期的表现之一是在建筑设计领域，建筑师将各种各样有趣的历史风格整合在单一的建筑结构中，如新奥尔良的意大利广场。

新千年见证了建筑雕塑化发展的趋势，最明显的是由圣地亚哥·卡拉特拉瓦和弗兰克·盖里构思的博物馆和剧院的扩展设计。

信息时代的音乐

信息时代的音乐常常偏离传统的欧洲和声模式和节拍模式，融入微分音、即兴演奏，以及各种非西方的音乐形式和乐器。

菲利普·格拉斯的简约音乐受印度传统音乐形式的启发，以富有催眠效果的重复模式为特征。后现代歌剧以当代主题和历史题材为主导，采用了多种多样的音乐风格来创作。

电子技术对音乐的各个方面，从作曲、表演到发行都产生了巨大的影响。这种技术不仅有助于对已有声音的改编（如"具体音乐"），也成功创造出了一个电子音乐和电子媒介操控音乐的黄金时代。

摇滚乐作为20世纪60年代青年文化的一种表达方式开始流行。随着便携式数字合成器的普及，以及日益复杂化的混音和采样技术，摇滚乐已经成了一种流行的音乐类型。

信息时代的舞蹈

露辛达·蔡尔兹极简主义的舞蹈编排和默斯·坎宁汉的创新，得到了杂技、体操、杂耍和街舞（包括嘻哈）为特色的舞蹈风格的补充。

不同于坎宁汉，马克·莫里斯富有创造性的舞蹈编排受到特定音乐作品的直接启发，并且是为特定作品创作的。

术语表

微分音乐：使用比传统的欧洲和美国音乐的半音程还要小的音程，这在印度和阿拉伯的音乐中很常见。

具体音乐：一种使用真实或"具体"的声音的电声音乐，真实或"具体"的声音包括街道嘈杂声、人声、鸟鸣和雷声等，这些声音被录制下来，经过处理后被组合在磁带上。

丝网印刷：一种印刷技术，将切割好的模板图像附着在有细网眼的丝网上，通过挤压使油墨透过丝网，从而将图像转印到纸或布上；也被称为"绢印"。

合成器：一种用于生成和控制声音的电子元件集成系统，可以与计算机和大多数乐器结合使用。

第三十八章
全球主义：当今世界

约1970年—现当代

做出对近期的和长远的未来都最有利的选择是一项艰巨的任务，那些选择常常看起来是自相矛盾的，需要知识和伦理规范，而这些知识和伦理规范多半尚未形成。

——爱德华·奥斯本·威尔逊

1964年，加拿大传播理论学家马歇尔·麦克卢汉预言了地球将经历电子化转变，成为一个"地球村"[1]。在地球村，地理上相距甚远的地区之间的通信几乎会在瞬间完成，而每一个重要的新发展——无论是来自技术领域、生态领域、政治领域、经济领域，还是来自智力领域——都会在某种程度上影响每一个村民。社会和地理上的流动性、接受变化的能力以及集体意识将是这个新世界共同体的特征。在过去的50年里，麦克卢汉的未来主义愿景已经成为现实。

全球主义的根源——世界各地文化和人民的相互依存——可以追溯到19世纪晚期的工业和商业技术。但是，将世界所有地区结合在一起，实现信息和思想的即时交换的最重要的一个因素是电子技术（以及新的数字技术）。

21世纪的全球共同体面临一些独特的问题：全球主义对已确立的宗教、民族和种族传统的影响，恐怖主义的持续威胁，以及世界生态系统未来的健康状况。全球主义及其带来的挑战和影响是本章的主题。在艺术领域，重点探讨的是数字技术对传统和非传统艺术类型造成的变革性影响。全球共同体艺术中多重且常常相互矛盾的信息和风格使得我们这个时代成为人文传统史上最激动人心的时代之一。

---

1. 该理念由英国现代主义者温德姆·刘易斯（1882—1957）在《美国和宇宙人》（1948年）一书中提出。

全球典范

全球主义已经成为当代世界的新模式或典范。虽然数字技术加速了这一进程，但全球主义在很大程度上要归功于20世纪晚期众多事件的发展：反殖民运动的成功（详见第三十六章）、柏林墙的倒塌（1989年）和苏联随后的解体，以及冷战的结束（详见第三十五章）。影响人们自由交流的障碍随之消除，全球文化融合成为可能，随后变成了现实。

电视、互联网和视频共享网站在传播国际事件的视觉图像方面起着至关重要的作用，在将西方的价值观和生活消费品推广到世界其他地区方面也是功不可没的。随着西方消费文化在亚洲和其他地区扎根，全球主义受到了不同程度的欢迎（还有一些批评家反对社会的"麦当劳化"）。在印度和中国，全球主义的影响是变革性的，而在穆斯林为主的近东和中东的一些地区，全球主义引发了反西方这种憎恶情绪（对世界和平造成严重后果）以及民众激进的政治变革运动。

然而，全球主义本身仍然是一个不可避免的当代典范。在国际畅销书《世界是平的：21世纪简史》（2005年）中，普利策奖得主、记者托马斯·弗里德曼描述了一个被喻为"扁平的"世界。随着地理、历史和民族主义方面最古老的壁垒的瓦解，全球格局为选择在国际市场上竞争的所有人提供了一个新的、公平的竞争环境。相互连接的数字网络、通信卫星、光纤电缆和工作流程软件使数据的自由交换，以及货物和思想的自由流动成为可能。这些工具继续发挥作用，将地球转变为一个单一的世界共同体。

全球主义与传统

非洲大陆的许多地区在应对全球化的挑战时遇到了困难。随着殖民主义的终结和西方列强从非洲的撤退，非洲传统和欧洲人引入的现代生活方式之间出现了差距。一些非洲国家，特别是那些深受贫穷和流行病困扰的非洲国家，面临着这种差距带来的严重问题。比如，20世纪60年代，加纳领导人夸梅·恩克鲁玛（1909—1972）发出的要求非洲团结的呼吁并没有得到重视；一些非洲国家的权力斗争导致极权主义的独裁政权出现，由来已久的部落之间的冲突被重新点燃，这常常导致血腥的内战以及对儿童兵的招募。因此，非洲的大部分地区会陷入新旧方式之间有时具有毁灭性的斗争中。

非洲的知名英语作家钦努阿·阿契贝（1930—2013）敏锐地探讨了这些问题。他最出名的小说《瓦解》（1958年）至今仍然是非洲文学中最广为传阅的一本书。在短篇小说《死者之路》中，阿契贝探究了前现代传统与现代传统之间存在的冲突，以及长期困扰非洲许多地区的二元文化冲突。同时，他探讨了传统与创新、精神信仰与世俗忠诚、信仰与理性之间难以捉摸且更为普遍的紧张状况——这些截然对立的关系在我们这个时代继续存在着，考验着人类的价值观。

阅读材料38.1
钦努阿·阿契贝《死者之路》（1972年）

迈克尔·奥比的愿望实现了，这比他想象中要早很多。他在1949年1月被任命为恩杜梅中心学校的校长。这所学校一向落后于别的学校，因此教育当局决定派一位年轻、精力充沛的人来管理学校。奥比满怀热情地接受了这份委任。他有许多绝妙的想法，这是一个将它们付诸实践的机会。官方记录显示，他受过良好的中学教育，这让他得以成为"核心教师"，并让他与教育领域的其他校长有明显区别。他直言不讳地谴责这些年长的、受教育程度往往没那么高的人的狭隘观点。

"我们会做得很好的，对吗？"当他们第一次听到他升职的喜讯时，他问年轻的妻子。

"我们会尽力的。"她回答，"我们将拥有如此美丽的花园，一切都将是新的、令人愉快的……" 在他们结婚后的两年里，她完全被他对"现代方法"的热情，以及对"这些教学领域里年老不中用的、想法过时的，还不如去奥尼查市场当商人的人"的诋毁感染。她已经开始把自己当成学校的女王、年轻校长那让人赞不绝口的妻子了。

其他老师的妻子会羡慕她的地位。她将在一切领域开创新风尚……然后，她突然想到，也许没有别的妻子。她在希望和恐惧之间摇摆，问了丈夫那个问题，然后焦急地看着他。

"所有的同事都很年轻，都未婚。"他热情地说，但她这一次并没有像他一样高兴。"这是件好事。"他继续说。

"为什么？"

"为什么？因为他们将把全部的时间和精力都献给学校。"

南希情绪低落。她开始对这所新学校表示怀疑，但这种状态只持续了几分钟。她不会因为个人小小的不幸而无视丈夫幸福的前途。她看着软绵绵地倒在椅子上的他。他有点驼背，看上去很虚弱。但有时他突然爆发的体能，让人们感到无比震惊。然而，就他目前的姿势来看，他身体的全部力量似乎都隐退至那双深陷的眼睛后面，赋予了那双眼睛非凡的洞察力。他只有26岁，但看上去像30多岁了。总体来说，他也不是不帅气。

"告诉我，你在想什么，迈克尔。"过了一会儿，南希模仿她读的那本妇女杂志说道。

"我在想，我们终于有机会向这些人展示学校应该如何运作了。"

恩杜梅中心学校从各个方面看都是落后的。奥比先生全身心地投入工作，他的妻子也是。他有两个目标：坚持高水准的教学，把校园变成美丽的地方。南希的梦想花园随着雨水的来临而焕发生机，花朵都开了。美丽的芙蓉花和黄蔓篱那鲜艳的红色和黄色，将得到了精心照料的校园和周边繁茂的灌木丛区分开来。

一天傍晚，奥比正在欣赏他的杰作，他看到村里的一位老妇人蹒跚着穿过校园，穿过万寿菊花圃和篱笆，这让他大为震惊。他向那边走去，那里隐隐闪现出一条几乎被废弃的小路，小路从村子穿过校舍，一直延伸到另一边的灌木丛。

"真让我吃惊，"奥比对一位在校3年的老师说，"你们居然允许村民使用这条小路。简直难以置信。"他摇了摇头。

"这条路，"老师抱歉地说，"对他们来说似乎很重要。虽然他们很少使用这条路，但是这条路连着村里的圣地和墓地。"

"那和学校有什么关系？" 校长问。

"嗯，我不知道，"另一个人耸耸肩答道，"但我记得，前段时间我们试图封闭这条路时，他们来大闹了一场。"

"那是以前的事了。但是这条路现在已经废弃不用了。"奥比说着走开了，"政府的教育官员下周来视察学校时会怎么想？我想，村民可能会在视察期间在教室举行异教徒的仪式。"

这条小路进出校舍的两个地方密密麻麻地竖起了大量木棍。后来，这些棍子周围还装了带刺铁丝网，以实现进一步的加固。

3天后，阿尼村的牧师拜访了校长。他是个老人，走起路来有点驼背。他拿着一根结实的手杖，每次在争吵中提出新论点时，他常常会用手杖敲击地板，作为强调。

"我听说，"在一番常见的热情寒暄后，他说，"我们祖先的小路最近被封锁了……"

"是的，"奥比先生回答，"我们不允许人们在我们校园里开辟出一条公用道路。"

"听我说，我的孩子，"牧师放下手杖说，"这条小路在你出生前，甚至你父亲出生前就有了。这个村子的所有生命都依赖于这条小路。我们死去的亲戚经由这条小路离去，我们的祖先也经由这条小路来探望我们。最重要的是，这是孩子们投生的小路……"

奥比先生听着，脸上带着满意的微笑。

"我们学校的全部目的，"他最后说，"就是要根除那样的信念。死去的人不需要小路。这个想法太怪诞了。我们的责任是教你们的孩子嘲笑这种想法。"

"你说的可能是真的，"牧师回答，"但是我们遵从我们祖先的习俗。如果你重开小路，我们就没有什么可争吵的了。我总是说：让鹰栖息，让鹰栖息。"他站起来要走。

"对不起，"年轻的校长说，"但是校园不能成为大街。这违反了我们的规定。我建议你再修一条路，绕过我们的建筑物。我们甚至可以派学校里的男孩过去帮助你们修路。我想祖先不会觉得绕一下路是多麻烦的事。"

"我没话可说了。"已经在外面的老牧师说。

两天后，村里的一位年轻妇女在分娩时去世。他们立即去询问一位占卜师，他指出村民要做出重大牺牲，以安抚被防护围栏侮辱的祖先。

第二天早上，奥比从原本是他的杰作的废墟中醒来。小路旁边的美丽篱笆被毁掉了，校园里的篱笆也被摧毁了，鲜花被践踏致死，一栋校舍被拆除。

……那天，正是白人督学来视察学校的日子。白人督学写了一份关于学校状况糟糕的报告，但更严肃地谈及了"学校和村庄之间的部落战争愈演愈烈的状况，其部分原因在于新校长的盲目热忱。"

问：这个故事是如何说明传统和创新之间的冲突的？

问：这个故事中的小路象征着什么？

全球主义的挑战

恐怖主义

当代国际社会的最大的单一威胁可能要数恐怖主义了。恐怖主义指的是蓄意地、有计划地、有步骤地使用暴力侵害平民，以实现破坏政治体制的稳定或推进政治、宗教、意识形态目标的行为。作为一种作战策略，恐怖主义并不新鲜。然而，快速的通信和交通运输方式以及更具杀伤力的武器的出现，使当代恐怖主义变得既迫在眉睫，又具有潜在的毁灭性。从马德里到孟买，世界各地都发生过恐怖袭击。其中最残酷的一次是，在纽约世界贸易中心和华盛顿五角大楼同时发生的空袭。2001年9月11日，"基地组织"的伊斯兰激进分子劫持了四架美国客机，其中两架撞向了曼哈顿的双子塔，第三架撞向了美国首都附近的国防部总部。第四架客机在到达目的地白宫之前坠毁。

现在被称为"九一一"事件的袭击由基地组

织头目奥萨马·本·拉登（1957—2011）策划，造成了3000多名平民死亡。本·拉登为其行为辩护，称这次行动是对美国在中东主要穆斯林地区的驻军行为和生态政治干涉的报复。伊斯兰激进分子在世界各地一再发起主要针对西方的袭击行为，这种袭击行为凸显了两种主要意识形态之间令人不安的裂痕：现代的、以西方为主导的政教分离现象与严格的《古兰经》神权政体——宗教和宗教领袖通过这种神权政体来支配统治秩序。

"九一一"事件后，因怀疑伊拉克贮备了大量化学和生物武器，一支国际联合部队入侵了伊拉克；这次军事干预导致了什叶派和逊尼派教徒之间的武装冲突，让已经紧张的中东局势更加复杂化。从那时起，反恐战争蔓延到其他地区，例如在阿富汗，被称为塔利班的逊尼派武装叛乱分子试图开始严苛地执行伊斯兰教法。而且，自2003年以来，中东许多地区（包括埃及、利比亚、突尼斯、也门和叙利亚）要求结束独裁统治的运动导致了地区动荡，在很多情况下都引发了血腥的内战。

图 38.1 **终极速度** 卡若琳·史尼曼，2001—2005年，"九一一"事件中坠落尸体的黑白电脑扫描件。史尼曼放大了扫描的报纸照片（部分是由美国新闻摄影记者理查德·德鲁拍摄的）。她把这些照片拼贴到一个巨大的网格上，创造了令人难以忘怀的、表明肉体的脆弱性的图像

艺术与恐怖主义

最初，艺术家通过纪念世界贸易中心被摧毁以及那些在袭击中丧生的人来回应"九一一"事件。袭击发生一年后，作曲家约翰·亚当斯（我们在第三十七章中讨论过他）首演了他的合唱悼歌《灵魂转世》，该歌曲在2003年获得了普利策音乐奖。许多照片和电影让人们回顾了该事件发生时的悲惨状况，尤其是那些为了逃生从燃烧的建筑物上跳下去而死亡的受害者的经历。美国视觉艺术家卡若琳·史尼曼（1939—2019）以其关注身体的行为艺术作品而闻名，她在给人以深刻印象的混合媒介艺术作品中，对"跳跃者"的形象进行了处理。其中一幅作品名叫《终极速度》（图38.1），是由扫描的报纸照片组成的垂直网格，显示的是9个人在大楼倒塌前从双子塔高楼层上跳下的场景——当时跳楼的人有200名左右（一些人的身份仍然不明）。

对"九一一"事件及其后果的文学反思催生了多部作品，其中包括唐·德里罗的小说《坠落的人》（2006年）和劳伦斯·赖特经过精心调查而写成的非虚构作品《巨塔杀机：基地组织与"9·11"之路》（2007年）。2013年，加拿大作家玛格丽特·阿特伍德（详见第三十七章）完成了一部虚构的末日世界三部曲，讲述了由一个名叫"疯亚当"的生态恐怖主义黑客组织引发的致命的人造瘟疫。

面对国际恐怖主义，两位获得了诺贝尔奖的诗人在他们的作品中强烈地表达了全球人民的不安全感。这两位诗人是维斯瓦娃·辛波丝卡（1923—2012）和谢默斯·希尼（1939—2013）。辛波丝卡

一生中大部分时间都生活在波兰,这个国家在二战期间损失了将近五分之一的人口。她的诗歌以对话式的、直截了当的语气为特色,探讨了个人题材和普遍题材,以及紧迫的道德问题。她写于1976年的诗歌《恐怖分子,他在观察》对我们当下的不安和忧虑具有预见性的描述。

爱尔兰的谢默斯·希尼和他的同胞威廉·巴特勒·叶芝(详见第三十四章)一样,具有创作精彩的抒情作品的天赋。希尼将日常生活中的小细节转化为超凡脱俗的思想的能力是无与伦比的。虽然他的许多诗歌反映了他对乡村生活中的"泥塘和谷仓"的深切热爱,但他的诗集《故地轮回》(又译《区线与环线》)是对我们时代的暴力,特别是对2005年伦敦地铁系统遭受的恐怖袭击所做出的回应。受到罗马诗人贺拉斯的鼓舞,希尼努力应对"任何事情都有可能发生"这一令人警醒的事实。

触类旁通

加纳艺术家埃尔·安纳祖(1944—)的雕塑揭示了非洲传统和当代主题的交汇融合。《天地之间》(图38.2)由数千个铝制密封圈和烈酒、红酒酒瓶的螺帽组成。螺帽被压扁了,和铜线一起被编织成大而闪闪发光的金属挂毯。埃尔·安纳祖将丢弃的物品回收利用,创造出引人注目的艺术品,这些艺术品的图案和颜色(金色、红色和黑色)与装饰性的棉布纺织品——肯特布有许多共同之处。手工编织的肯特布——其名字来源于阿散蒂王国(现在的加纳)传统中编织篮子的图案——属于皇家纺织品传统,可以追溯到11世纪。这些纺织品的颜色鲜艳,图案复杂,与泛非的身份认同形成关联。

图 38.2 天地之间 埃尔·安纳祖,2006年。埃尔·安纳祖被广泛认为是非洲最重要的雕塑家,他在尼日利亚大学任教

阅读材料38.2
维斯瓦娃·辛波丝卡《恐怖分子，他在观察》（1976年）

炸弹将于一点二十分在酒吧爆炸。
现在是一点十六分。
有些人仍有时间进来，
有些人则要离开。

恐怖分子在另一边准备就绪。
那段距离保护他不受任何伤害，
嗯，就像影片一样：

一个穿黄色夹克的女人走进来。
一个戴墨镜的男人离开。
几个穿牛仔裤的男孩在聊天。
十六分零四秒。
小个子的那个很幸运，踏上了他的摩托车，
但高的那个小伙子走了进来。

十七分四十秒。
一个女孩走过，头发上系着绿色丝带。
但那辆公车突然挡住了她。
十八分。
女孩消失了。
难道她笨到进去了，还是没进去？
等他们把尸体搬出来时，我们就知道了。

十九分。
看样子没人会进去了。
那边，一个肥胖的秃顶男人离开了。
但他看起来在口袋里找什么，
然后在一点二十分差十秒时，
他回去找他那该死的手套了。

一点二十分。
时间，是多么熬人的东西。
当然，就是现在。
不，还没到。
是，现在。
炸弹，爆炸了。

问：这首诗对地球村中个人的生活有何启示？

阅读材料38.3
谢默斯·希尼《任何事情都有可能发生》（2005年）

贺拉斯之后，颂歌，我，34岁

任何事情都有可能发生。你知道朱庇特[1]
通常在抛出闪电之前，是如何等待云层
积聚起来的吗？就在刚才，
他驾着他那运送霹雳的车和马匹

飞驰过晴朗的蓝天。它震撼着大地，
震撼着淤滞的地下世界，震撼着冥河[2]，
震撼着蜿蜒的溪流，震撼着大西洋的海岸。
任何事情都有可能发生，最高的塔

被推翻了，那些在高处的人被吓得胆怯，
那些被忽视者将被正视。带着恼怒尖嘴的命运女神
俯冲而下，让空气倒抽，扯下一人的冠羽，
将流血的他按在另一人头顶。

1. 罗马神话中的最高神。
2. 冥界的河，死者的灵魂会渡过这条河。

> 大地塌了。天空的重量
> 像水壶盖一样从阿特拉斯[1]身上掀起。
> 拱顶石移位。万物不再安稳如初。
> 大地的灰烬和火苗沸腾翻涌。

问：诗人对古代神话的引用对这首诗有何作用？

全球生态系统

未来环境已成为全球关注的主要问题。现代工业在给人类带来巨大益处的同时，也威胁着全球的生态系统（生态群落及其物质环境）。某一地区的二氧化硫排放会影响世界其他地区，会引发对森林、湖泊和土壤造成破坏的酸雨。工业污染会污染整个地球的海洋。核反应堆的泄漏（如2011年日本福岛第一核电站在遭遇毁灭性的海啸后发生的放射性物质泄漏事件）会危及数千英里之外的人群。温室气体（部分产生于为世界工业提供动力的煤炭、石油和天然气的燃烧过程）导致全球变暖和气候异常。这些现实尽管已经引起了人们对生态系统可持续性的日益关注，但直到近年才引起世界各国领导人的重视。

美国社会生物学家爱德华·奥斯本·威尔逊（1929—2021）是生态系统研究领域的一个里程碑式的人物。作为自然环境的重要捍卫者，威尔逊早期在进化生物学方面的工作中研究了蚂蚁和其他动物群落（包括人类）之间的相似性。他提出了一种新的跨学科研究（他称之为"科学人文主义"），致力于改善人类的生存状况。在《缤纷的生命》一书中，威尔逊呼吁保护生物多样性——特定生态系统内生命形式的多样性。他寻求发展一套健全的环境伦理，既被"那些相信生命是以神圣的方式降临到地球上的人"认同，又被"那些认为生物多样性是盲目进化的产物的人"认同。威尔逊呼吁一套务实的环境伦理的出现，以确保地球拥有健康的未来。

阅读材料38.4
选自爱德华·奥斯本·威尔逊《缤纷的生命》（1992年）

每个国家都有三种财富形式：物质财富、文化财富和生物财富。前两种很好理解，因为它们是我们日常生活中会接触到的。生物多样性问题的实质是，相比前两种财富，生物财富并没有那么受重视。这是一个重大的战略性错误，随着时间的推移，人们会越来越后悔犯了这个错误。生物多样性以食物、药物和舒适生活环境的形式，构成了巨大的、尚未开发的物质财富潜在来源。动植物群也是国家遗产的一部分，它们是特定时空下进化了几百万年的产物，因此，就像语言和文化的特性值得国家关注一样，生物多样性也应获得国家的关注。

世界的生物财富正在经历一个注定要再持续50年或更长时间的瓶颈期。全球人口已经超过54亿，预计到2025年将达到85亿，到21世纪中叶可能达到100亿至150亿。随着人类这一生物的数量显著增加，以及发展中国家的物质和能量需求以更快的速度增长，在短时间内，大多数动植物的生存空间将越来越小。

人类的发展浪潮带来了一个相当严重的问题：如何在尽可能让生物多样性的损失最小并尽可能让人类付出的代价最小的情况下，通过瓶颈期，迎来21世纪中叶？至少在理论上，将

---

1. 希腊神话中的大力神，被罚用头和手支撑天堂。

物种灭绝率降到最低和将经济成本降到最低这两种做法是兼容的：人类越是合理利用和保护其他形式的生命，人类自身的生产活动就会越高效，生存也会越有保障。后代子孙将受益于我们这一代为生物多样性做出的明智决策。

我们迫切需要的是知识以及比我们习惯应用的还要长的时间尺度上可实践的环境伦理。理想的伦理是一套为解决复杂问题或应对遥远未来挑战而制定的规则，这些问题的复杂性和时间跨度使其解决方案超出了日常讨论的范畴。环境问题本质上就是关乎伦理的问题，需要人们同时具有短期目光和长远目光。现在对个人和社会有利的东西，十年后可能轻易就变质了；未来几十年里看起来理想的东西可能会毁掉后代。做出对近期的和长远的未来都最有利的选择是一项艰巨的任务，那些选择常常看起来是自相矛盾的，需要知识和伦理规范，而这些知识和伦理规范多半尚未形成。

承认生物多样性面临高风险后，该怎么办？即使在这个问题才开始得到重视的现在，需要做些什么也是毫无疑问的。解决办法需要长期被学术和实践传统分开的众多专业的合作。生物学、人类学、经济学、农业、政府和法律界必须找到共同的声音。它们的联合已经产生了一门新的学科，即生物多样性研究，即被定义为对全部的有机多样性及其起源的系统研究，以及维持和利用该多样性以达到为人类造福这一目标的方法。因此，生物多样性研究既是科学的，是纯生物学的一个分支，也是应用性的，是生物技术和社会科学的一个分支。生物多样性研究在整体生物和种群层面借鉴生物学知识，就像生物医学研究在细胞和分子层面借鉴生物学原理一样……

环境的迅速变化证明其需要一种独立于其他信仰体系的伦理观。那些信仰宗教，相信生命是以一种神圣的方式降临到地球上的人们将认识到，我们正在毁灭"神的造物"，这也是那些认为生物多样性是盲目进化的产物的人所赞同的。在另一个重大的哲学分歧中，不管物种是否拥有独立的权利，道德推理是否仅是人类独有的关切，两者都无关紧要。这两个前提的支持者似乎注定要站在相同的保护立场上。

环境治理是形而上学范畴内的实践领域，所有善于思考的人必定能在此找到共同立场。归根结底，道德除了是良心的命令，难道不也是对后果进行理性审视后的沉淀吗？除了服务于世世代代，环境伦理还有什么基本准则呢？一种持久的环境伦理，其目标不仅在于维护人类的健康与自由，更在于守护人类精神诞生的世界——让后世仍能亲近这片孕育人性的土地。

问：为什么威尔逊认为"环境问题本质上就是关乎伦理的问题"？
问：他为什么将"环境治理"视为一项全球责任？

环境艺术

威尔逊所说的"环境治理"激发了许多视觉艺术家的想象力。例如，美籍华裔概念艺术家陈貌仁（1951—）发起了一个从高度污染的土壤中提取有毒金属物质的新奇项目。陈貌仁和具有巨大影响力的生态艺术家罗伯特·史密森（1938—1973）有着同样的热情，后者创作出20世纪晚期重要的大地艺术地标之一：被称为《螺旋形防波堤》的作品（图38.3）。这件作品坐落在犹他州大盐湖的边缘，它所在的水域遭到被废弃的油矿的污染，《螺旋形防

图 38.3 | **螺旋形防波堤** 罗伯特·史密森，位于犹他州大盐湖，1970年。这个湖曾因被废弃的石油钻塔而遭到破坏。与《螺旋形防波堤》相关的文献绘图、照片和电影，以及之后对这件大地艺术作品的修复，提高了公众对自然和文化之间脆弱平衡的认识

波堤》是一个巨大的螺旋结构，由6000多吨当地的黑色玄武岩、石灰岩和泥土组成。这个蜗牛状的永恒象征参考了古代的土方工程，比如新石器文化中的土方工程，也暗指生命起源于原始海洋的咸水环境。它也提醒人们注意大自然不断改变环境及其生态平衡的方式。

1970年，史密森建造《螺旋形防波堤》时，这个湖由于干旱变得异常浅。因为水位上升而被淹没了几十年后，这个地标式的作品如今又露出水面，可供人们观看。它银河般的螺旋结构有一部分被裹上了闪闪发光的白色盐晶，漂浮在藻类泛滥的玫瑰色浅滩中。通常来说，像《螺旋形防波堤》这样的大地艺术最好从空中欣赏。遗憾的是，史密森就是在一次乘坐小型飞机勘测地形时，因飞机坠毁而丧生的。

绿色建筑

建筑师总是从实际的角度对建筑所处的环境加以考虑。然而，面对现在不断上涨的燃油价格、全球变暖以及工业发展导致的生态系统退化等问题，设计对环境造成的损害最小的建筑物（"绿色"或"可持续"建筑）变得更为重要和紧迫。人们已经发现，绿色建筑——对生态系统友好又节能的建筑物——可以同时实现节省资金和保护环境。尽管美国在1993年成立了绿色建筑委员会，但在随后几年里，只有不到800个获得认证的绿色建筑被建造出来。然而，建筑绿色化已经成为一个全球性运动。绿色建筑包含了利用节能（和可再生）建筑材料的建筑设计、收集雨水并用于日常生活的再循环系统、利用太阳光发电的太阳能电池板、隔热的玻璃，以及其他节能设备和技术。

在过去建造的绿色建筑中，有一座已经成为

地标性建筑：英国建筑师诺曼·福斯特（1935—）于2003年设计的瑞士再保险总部大楼——圣玛利艾克斯30号大楼（图38.4），是伦敦第一座具有环境可持续性的摩天大楼。自动开启的窗户提供自然通风、被动式太阳能供暖以及双层隔热玻璃幕墙是这座40层建筑物拥有的一些特点，这些特点能帮助建筑物将能源成本降低为正常的一半。虽然福斯特的这座建筑物像宇宙飞船，但是它又高又圆、像小黄瓜一样的外形激发了伦敦人的想象力，他们称这座建筑物为"小黄瓜"。

全球主义与民族身份

民族身份——一个人与一个和自己有着相同传统、文化和价值观的群体之间的联系——是全球社会的一个重要主题。作为形成自我形象的一系列特征（种族、语言、外貌和宗教价值观）的集合，民族身份使个体区别于大众文化，并在语言、音乐、饮食和仪式中显露出来。对民族身份的自我肯定的重要性在约鲁巴人的古谚语中是显而易见的："我之所以是我，是因为我们是我们；我们是什么，我就是什么。"

随着地球村变得更加同质化，维护民族身份的努力引起了人们自觉的反思。莱斯利·马蒙·西

图38.4 圣玛利艾克斯30号大楼 诺曼·福斯特，伦敦，2003年

科技发展一览表

1962年	蕾切尔·卡森的《寂静的春天》指出，人造化学物质正在破坏地球的生态系统。
1974年	美国科学家证明了氯氟烃（CFC）正在侵蚀地球的臭氧层。
2006年	阿尔·戈尔发表了《难以忽视的真相：全球变暖的紧急危机以及我们能做什么》。

尔科（1948—）在其诗歌和小说中赞美她的美洲原住民祖先普埃布洛的民间传说；而美籍华裔作家汤亭亭（1940—）则把虚构内容和非虚构内容混合起来，写进了描写家庭传奇和中国本土风俗的小说中。口述传统——通常是由妇女口述而代代相传的故事——在这些作家的作品中发挥着重要的作用，甚至在维护民族身份方面也是如此。

民族身份也成为视觉艺术的一个显著主题。当埃尔·安纳祖通过精心制作的雕塑作品向他的非洲身份致敬时，其他艺术家则通过摄影和电影探讨民族议题。当代中国艺术家黄岩将传统的中国山水意象文在自己身上，并拍照记录。出生于伊朗，现居纽约的诗琳·娜夏特（1957—）利用电影和摄影来表现相互冲突的民族价值观和生活方式：伊斯兰教的和西方的、古代的和现代的、男性的和女性的。她的摄影系列"真主的女人"（1993—1997年）探讨了参与1979年推翻伊朗王朝的革命中斗志激昂的妇女所扮演的角色。娜夏特使用了引人注目的罩袍（即巨大的黑布面纱，已经成为穆斯林妇女的民族象征）来框住自己的脸，她的脸部中间竖着放了一支枪，脸上用波斯语写着一首诗，这首诗是女权主义作家芙洛格·法罗赫扎德（1935—1967）创作的（图38.5）。

拉丁文化

全球化进程和民族意识的兴起催生了另一个重要现象：近年来，移民——人们从祖国迁移到其他国家的过程——人数急剧增加。每年大约有1亿人离开出生地（或试图离开出生地）以寻求政治或经济上的机遇。这种人口的大规模迁移导致世界各地形成了众多大型族裔社区。将美国当成他们家园的大量移民对美国造成了巨大的影响：人口结构发生变化，主要表现为亚洲人和拉丁美洲人的数量增加，这种变化改变了美国的经济、城市环境和文化的面貌。如果目前的趋势继续保持下去，那么到2050年，拉丁美洲人将占美国总人口的30%。

从文学、美术到饮食、舞蹈风格，拉丁文化在生活的各个方面都繁荣发展着。《曼波之王的情歌》（1989年）是母语为西班牙语的人创作的第一部赢得普利策奖的小说，其作者是古巴裔美国人奥斯卡·海杰罗斯（1951—2013）。这部小说不仅引导人们关注拉丁美洲的音乐对美国文化的影响，更普遍地揭示了记忆在追溯民族根源中的作用。像畅销小说《奥斯卡·瓦奥短暂而奇妙的一生》（2007年）的作者多米尼加裔美国人朱诺特·迪亚斯（1968—）这样的当代作家，表达了个人在适应美国的族裔大熔炉时遇到的问题，以及语言和习俗是

图 38.5 反判的沉默 诗琳·娜夏特，选自"真主的女人"系列，1994年

提供重要的民族身份认同感的方式。这些也是当今时代杰出的奇卡诺（墨西哥裔美国女性）作家桑德拉·希斯内罗丝（1954—）所追求的主题。希斯内罗丝以类似日常说话的口吻，描述了奇卡诺妇女在异国社会中的挣扎。她如此评价她的写作风格：

> 这是一种反学术的声音——一个孩子的声音、一个女孩的声音、一个可怜的女孩的声音、类似口语的声音、属于美国墨西哥人的声音。正是在这种反传统诗体的反叛领域，我试图用我所能找到的最非官方的语言来创作一篇诗意的文本。

希斯内罗丝从认识到自己的"特别性"（即她独立于主流文化之外的事实）那一刻（在一次有关西方文学的研究生研讨课上）起，她的政治意识就觉醒了。她的经典小说《芒果街上的小屋》描述了一个在芝加哥拉丁裔社区长大的年轻女孩的经历。这部小说揭示了语言和记忆在身份建构中的关键作用。

阅读材料38.5
桑德拉·希斯内罗丝《芒果街上的小屋》（1984年）

小妈咪是住在街对面公寓第三层的男人的妻子，她很高大。雷切尔说，她应该是"胖妈妈"，但我觉得那有些刻薄。

那个男人是攒了很久的钱把她接来这里的。他一直在攒钱，因为她独自带着小男孩生活在老家。他揽了两份工作，每天都早出晚归。

然后，有一天，小妈咪和小男孩坐着一辆黄色出租车抵达这里。出租车门像服务生的手臂一样打开，一只小小的粉色鞋子迈了出来，那只脚就和兔子耳朵一样柔软，然后是粗粗的脚踝、颤动的臀部，一身紫红色玫瑰图案的衣裳，浑身散发着绿叶香水的味道。男人不得不上前拉她，同时，出租车司机在后面推她。推、拉，推、拉。噗！

她一下子如花朵一般绽放。她极其高大，也很美丽，从她帽尖那橙红色的羽毛到她脚趾上的小玫瑰花苞都很好看。我无法将目光从她小小的鞋子上移开。

她抱着用蓝色毯子裹着的小男孩，咚咚咚地上楼，男人拿着她的行李、淡紫色帽盒、一打缎面高跟鞋盒。然后，我们就没再见过她。

有人说那是因为她太胖了，有人说那是因为她要走三层楼梯，但我觉得她不出来的原因是她害怕说英语，也许就是这样，因为她只懂八句英语。当房东来时，她会说：他不在；有别人来，她会说：不会讲英语。她还会说，我的妈呀。我不知道她在哪里学的这句话，但我听她说过一次，这让我很吃惊。

我父亲说，当他刚到这个国家时，他吃了三个月的火腿煎蛋。早餐、午餐和晚餐都是火腿煎蛋。那是他唯一知道的词。他后来再也没吃过火腿煎蛋。

不管她的理由是什么——胖，或者不能爬楼梯，又或者害怕英语，她都不下楼。她整天坐在窗边，听收音机里播放的西班牙电台节目，用听起来像海鸥的嗓音唱所有关于她祖国的乡愁歌曲。

家乡。家乡。在照片中，家乡是一座粉红色的房子，那颜色就像闪烁着许多让人惊奇的光的蜀葵。那个男人把公寓的墙刷成粉红色，但你知道，这是不一样的。她还是为粉红色的房子叹息，然后，我想她哭了。要是我，我也会哭。

有时，那个男人会感到厌恶。他开始尖叫，整条街都能听到。

"唉，"她说，"我很悲伤。"

"哦，"他说，"不要这样了。"

"什么时候，什么时候，什么时候？"她问。

"天哪！我们就在家里。这就是家。我就在这里，我住在这里。说英语。说英语。我的老天！"

不属于这里的小妈咪偶尔发出一声歇斯底里的大喊，就好像他扯断了能维系她生命的唯一细线，通往那个国家的唯一道路。然后，让她彻底心碎的，是已经学会走路的小男孩开始唱他在电视上听到的百事可乐广告歌曲。

"别讲英语，"她对用金属般的声音唱歌的男孩说，"别讲英语，别讲英语。"然后，她突然哭起来。"不，不，不——"她念叨着，仿佛不敢相信自己的耳朵。

问：希斯内罗丝是如何让小妈咪这个形象变得栩栩如生的？是什么使她成为一个令人同情的人物？

与文学作品一样，视觉艺术也记录了拉丁裔群体为维护或提升民族身份所做的努力：约兰达·洛佩斯（1942—）借鉴了拉丁美洲在政治抵抗中盛行的一个标志——瓜达卢佩圣母。她把圣母的形象变成了一位穿着跑鞋、披着镶嵌星星的斗篷、精力充沛的马拉松运动员的形象（既让人联想到瓜达卢佩圣母，又带有神奇女侠的影子）。

民族冲突

从全球角度来看，寻求民族身份认同的做法已经成为一股强大的社会和政治力量。摆脱了外国势力和极权主义意识形态的束缚后，各族人民致力于重申他们首要的归属感——回归他们的精神根源。

"身份政治"指的是利用群体团结来行使权力，以更有害的方式让各民族在激进的对抗中相互对立。在非洲、中东、巴尔干半岛、印度次大陆和苏联，唤醒或维持民族身份认同的努力往往与争取团结和政治自治的激进追求同时发生。这种现象最明显的体现是巴勒斯坦人和以色列人之间持续存在的冲突，他们都声称对同一块中东的古老领土拥有主权。在1947年一个独立的犹太国家建立前，巴勒斯坦的阿拉伯人（基本上是穆斯林）和以色列的犹太居民之间的战争就已经存在了。然而，在过去的几十年中，他们之间的敌意加剧，走向和平让步的道路似乎还很遥远。

巴勒斯坦诗人马哈茂德·达尔维什（1941—2008）一生颠沛流离、背井离乡。达尔维什出生于1948年被以色列摧毁的一个巴勒斯坦的村庄，父母是逊尼派穆斯林，他还在全球很多城市居住过。然而，他拥有"在场的缺席者"的荒诞身份，一直是流亡于祖国之外的难民。这位"流亡诗人"被巴勒斯坦人视为他们的桂冠诗人，他一共创作了20余本诗集。他将想拯救失去的家园的热情在诗歌《地球压迫着我们》中以简单而有力的笔触表露无遗。

与达尔维什一样同为诗人的以色列人耶胡达·阿米亥（1924—2000）出生于德国，但他于1935年移居巴勒斯坦。在以色列为建国而进行的激烈斗争中，阿米亥成长为正统派犹太教徒，并于1948年开始写诗。这位以色列的著名诗人以记忆、家园和宗教信仰为题材。他的诗《死者复活》超越了民族动荡的当下，思考历史的重要性和未来的希望。

阅读材料38.6 马哈茂德·达尔维什和耶胡达·阿米亥的诗歌

马哈茂德·达尔维什《地球压迫着我们》（2003年）

地球正压迫着我们，将我们困在最后一段路上。
为了走过去，我们卸掉了自己的四肢。
地球正压迫着我们，要是我们是它的小麦，我们或许能在死亡中重生。
要是它是我们的母亲，它或许会待我们宽容些。
要是我们是像镜子一般挂在梦里的岩石像就好了。
在他们为灵魂而战的最后一场战斗中，我们瞥见了那些将要被我们当中最后的幸存者杀害的面孔。
我们哀悼他们孩子的盛宴。
我们看到了那些将把我们的孩子从最后仅剩的空间的窗户扔出去的人脸。
一颗星星照亮我们的镜子。
越过最后一道边界，我们该去往何方？
飞过最后一片天空，鸟儿会飞向何处？
吸尽最后一口空气，植物该在哪里安眠？
我们用火红色的薄雾写自己的名字！
我们用血肉为圣歌画上句点。
我们会死在这里。在这里，在最后一段路上。
不管在哪里，我们的鲜血会用来栽种橄榄树。

耶胡达·阿米亥《死者复活》（2004年）

我们和我们所做的一切都被埋葬于地下，
连同我们的泪水，我们的欢笑。
我们用它们建造了历史的储藏室，
过去的陈列室与宝库，
在时光的地窖里筑就
钢铁与大理石的楼宇、墙壁和无尽阶梯。
我们不带走任何东西。
即使掠夺成性的国王也在此留下了一些东西。
爱人和征服者，快乐的和悲伤的，
他们都在此留下了痕迹：一个标志，一座房子，
就像一个人想要回到自己心爱的地方，
他故意遗忘一本书、一个篮子、一副眼镜，
好找个借口回到自己心爱的地方。
同样，我们把东西留在这里。
同样，死者亦如此将我们留存。

问：这些诗人是如何处理历史、记忆和希望的？
问：你认为这两首诗都没有提到宗教的原因是什么？

地球村的视觉艺术

当代艺术家从世界的一个地方迁移到另一个地方的行为、电视和电影媒介，以及数字技术的迅速普及将画室与画廊、艺术家与顾客联结起来。定期在威尼斯、上海、迈阿密和其他地方举办的艺术博览会为人们提供了思想交流的机会，并促进了蓬勃发展、价值数百万美元的商业艺术市场的形成。艺术已经成为全球行动主义的载体和表达人类共同体验的途径。

艺术与行动主义

艺术家总是会以独特的视角观照社会图景。然而,自20世纪末期以来,许多艺术家自觉地显露出一种积极行动者的激进姿态。行动主义艺术家公开表达自己的政治立场和对现状的批判,他们试图通过唤醒社会的想象潜能或直接要求变革来推动社会转型。这些艺术家提醒人们注意生态破坏和毒品泛滥的现象,注意恐怖主义威胁和边缘群体所处的困境,注意城市生活质量的下降和道德价值的逐渐丧失。

在美国,直言不讳的社会批评家利昂·戈卢布(1922—2004)使用具象绘画,引导人们关注国家支持的侵略行为和政治压迫。他反对后现代战争技术以及美国在越南和伊拉克驻军的行为,创作了大幅绘画来展示雇佣兵实施身体酷刑的行为和帮派暴力的场景(图38.6)。这些画中的一些施暴者在恐吓、残害受害者时,明目张胆地盯着观众。在戈卢布的画中,高大得不正常的人物的国籍被故意模糊化,他们被置于画布模糊的背景(通常是红色)上。他会刮擦或磨损画布,让其呈现古代壁画的效果。戈卢布一生都被认为是"存在主义行动主义者",他留下的视觉叙事不仅与过去的时代息息相关,在我们当下的时代依然具有现实意义。

波兰雕塑家玛格达莱娜·阿巴卡诺维奇(1930—2017)以一种更为含蓄的方式践行行动主义。她利用非传统的制作模型的方法,塑造了庞大的、真人大小的人物,这些人物展现了有关人类的

图 38.6 审讯(二)利昂·戈卢布,1981年。戈卢布的两个系列画作——"雇佣兵"和"审讯"——中的一些意象是基于报纸上的照片创作的,这些照片记录了与政治压迫、恐吓和酷刑相关的具体事件

图 38.7 人群（一）（局部）玛格达莱娜·阿巴卡诺维奇，1986—1987年。50个站立的、真人大小的雕塑

全球境遇（图38.7）。剑麻、黄麻和经树脂硬化的粗麻布构成了这些独一无二的人形雕塑，它们满是伤痕的斑驳表面让人想起泥土、泥浆和原始生物的尘土起源。阿巴卡诺维奇将她创作的无头、无性别的形体（后来才用青铜浇铸）安放在一起，让人感觉到一种集体性的匿名感和脆弱性。她将自己作为第二次世界大战的幸存者的经历带到这些作品的创作中。

在今天的大城市，从贝尔法斯特到布宜诺斯艾利斯、从纽约到莫斯科，街头艺术家以公共壁画的形式评论诸如犯罪、家庭暴力和无家可归等城市问题。同时，由政治和社会活动家组成的反叛亚文化组织以城市涂鸦来表达公众抗议。这些带有讽刺性、颠覆性且往往不乏幽默的喷绘、模板画、素描或彩绘图像（通常配有文字信息），要么是在市政当局批准下创作的"街头艺术"，要么是非法的"涂鸦"。当代最知名的涂鸦人物是英国的一位匿名人士，因为人们只知道他叫"班克西"。作为一名画家、电影制作人和政治活动家，班克西因其反战、反消费主义、反独裁形象的一些极为深刻的作品而获得了一批拥护者和不容置疑的名声。在一个作品中，他利用城市中现有的"禁止擅自进入"标志，在上面加了一个坐着的印第安人，从而巧妙地将美国对美洲原住民的驱逐与当代城市无家可归者的困境联系了起来。

沉浸式虚拟现实环境

沉浸式虚拟现实环境可以说是一种房间大小的装置、一种邀请观众参与的整体艺术形式，已经流行了半个世纪左右。早在1968年，斯坦利·兰兹曼（1930—）的《进入式无限房间》就用镜子和约6000个微型灯泡让观众眼花缭乱。然而，当代的装置艺术在尺寸上要比其大得多，技术上也更为精细、复杂，通常会包括录制的声音、数字编程的灯光，甚至精心设计的气味。巴西艺术家埃内斯托·内托（1964—）用彩色尼龙织物组成的临时装置（图38.8），让大型展厅变得生动起来。这些柔软的帐篷状结构中悬挂着豆荚状囊袋，里面装满了草药和芳香物质。为了让观众的存在作为"完成"作品的最后一步，内托创造的生物形态特定的环境将观众浸没在一个被包裹住的多感官并用的空间中。

电影和行动主义

过去50年是电影创作的黄金时期,电影媒介(与电视一起)在社会影响力方面达到了一个新水平。电影的影响如此之大,甚至以谢尔盖·爱森斯坦的具有重大影响的电影《战舰波将金号》(详见第三十四章)那样的方式塑造了公众舆论。在20世纪60年代中期之前,好莱坞电影业陷入了财政困境,但20世纪70年代至80年代出现的一些导演或艺术家创作的电影恢复了好莱坞电影业。新导演——电影学院培养体系下的产物,而非好莱坞电影制作公司体系下的产物——促成了对美国的"主导叙事"和主流小说的批判性的重新评估,比如阿瑟·佩恩的《小巨人》(1970年),这部电影就揭露了美洲原住民是"野蛮人"的荒诞说法。

罗伯特·奥特曼是美国优秀的导演,他以电影《陆军野战医院》(1970年)为媒介,尖刻地讽刺了朝鲜战争(以及一般的战争)。雷德利·斯科特执导的电影《末路狂花》(1991年)一改女性被动的、依赖男性的形象,而金伯莉·皮尔斯的《男孩别哭》(1999年)探讨了变性人的困境。奥特曼喜欢用远摄变焦镜头来拍摄被社会问题困扰的人物角色的脸,他还喜欢将破碎的声音和对话的片段从画外重叠或插入。为了达到逼真的效果,奥特曼让他的演员在他拍摄时即兴表演。在电影《纳什维尔》(1975年)中,他摒弃了单一的主角,转而描绘20多个参与总统选举的人物。

关于社会问题的题材是美国现代后期电影史的常见题材,但很少有像史蒂文·斯皮尔伯格的电影《辛德勒的名单》(1993年)那样震撼人心的。该电影改编自托马斯·肯尼利于1982年获奖的关于大屠杀的小说。斯皮尔伯格是一位技艺精湛的电影导演,他出色地运用了新闻纪录片的拍摄手法,创造了震撼的视觉效果。

行动主义电影绝非美国独有。在电影《早安孟买》(于1988年上映,在孟买妓院区拍摄)中,印度著名电影制片人米拉·奈尔揭露了该国街头文盲顽童的悲惨生活。国际知名的中国电影导演和摄影师张艺谋(1950—)非常关注中国的农村题材,尤其是那些英勇无畏的被封建和父权传统束缚的农村妇女形象(《大红灯笼高高挂》,1991年;《秋菊打官司》,1992年)。作为英格玛·伯格曼和黑泽明的崇拜者,张艺谋追求视觉的纯粹性与强烈的真实性。他的影片以对色彩的感性运用和对道德与文化议题的深刻洞察著称。

纪录片在当代行动主义中发挥了重要作用。值得注意的例子包括:《日常反叛:变化的艺术》(2013年),它让人们得以一窥当代非暴力抵抗运动的整体情况;耶菡·妮珍儿的《埃及广场》(2013年),它展现了2011—2013年在开罗解放广场发生的暴力政治动乱;《科尼2012》(2012年),是一部30分钟的纪录片,它宣传了推翻乌干达圣主抵抗军首领约瑟夫·科尼的活动,而约瑟夫·科尼曾在中非地区强制招募儿童兵。

图 38.8 起源 埃内斯托·内托，2009年，位于纽约军械库展览会。内托声称他的理想地点是一个洞穴，在这个洞穴中，重力、平衡和各种元素之间的相互作用可能创造一个独特的环境

2003年，丹麦艺术家奥拉维尔·埃利亚松（1967—）在伦敦泰特现代美术馆涡轮大厅启动了《天气计划》（图38.9），该项目使用了200个计算机控制的黄色照射灯来组成圆形的"太阳"，其光芒通过加湿器产生的蒸汽弥漫全场。近两百万观众体验了这种独特的沉浸式虚拟现实环境，他们从一面巨大的天花板镜子里看到自己就像小小的黑影一样。虽然《天气计划》在一些人看来呈现的是惨淡的末日世界，但另一些人却把它看成像巨石阵这样的仪式场所的未来主义对应物。巨石阵是新石器时代用来满足人类的精神和社群需求的工程。

数字艺术

从美术和建筑到音乐和舞蹈，所有形式的表达都反映了数字传输信息的丰富性和交互性，这里的数字传输信息指的是通过计算机或其他电子设备使用的离散数字编码所表达的信息。数字计算机已经把整个艺术史摆在我们面前，任凭我们支配。我们可以通过互联网访问5000多个博物馆的内容，也可以在各式各样的网站上获得数不尽的照片。数字计算机除了具有存储和传播图像的功能外，还改变了艺术的创作、销售和体验的方式。网络摄像机、喷墨打印机和绘画软件应用程序使每个人都能创作、宣传和售卖艺术品。万维网提供了一个虚拟剧场，让人们可以在这个网络空间里拥有一个或多个在线的界限，利用诸如虚拟现实、动画、电子游戏艺术、网络艺术，以及二维和三维成像等创造了全新的视觉体验，使艺术世界发生了革命性变化。在图像制作方面，笔记本电脑已经取代了传统画室。

数字摄影

数字技术对摄影产生了革命性的影响。与使用胶片或底片来记录真实的或人为的自然场景的传统（或模拟）摄影不同，数字摄影有两种主要类型：一种是对现有的摄影资源（数字或模拟格式）进行计算机化操作，以修改、重构或拼贴图像；另一种是用纯数字手段（几何模型或数学公式）来创作全新的图像。在后一种类型中，艺术家可以给计算机一组指令，实现数字化生成图像。

德国艺术家安德烈亚斯·古尔斯基（1955—）的巨幅全景照片是第一种计算机成像类型的代表作品。古尔斯基的照片（通常宽度超过15英尺）是他在世界各地旅行的产物。他游历欧洲、巴西、墨西哥、日本、越南和美国，记录下当代生活：音乐会和公共演出、垃圾场、证券交易所、超市、工厂、监狱、豪华酒店。然而，古尔斯基的照片并非纪实的：这些照片是由他本人拍摄的透明胶片拼接而成的，并且经过了多轮的编辑、扫描和校样。通过数字化技术，古尔斯基创建了栩栩如生的细节图像，然而（讽刺的是）这些图像的所有个体特征都丧失

图 38.9 天气计划 奥拉维尔·埃利亚松，伦敦泰特现代美术馆，2003年。巨大的黄色"太阳"悬挂在地板上方90英尺处，而镜面天花板则反射观众的动作，其中许多人在地板上躺着享受被雾气笼罩的金色氛围

身份。

"数字艺术"涵盖了将计算机语言视为主要工具、媒介或创意搭档，并加以运用的广泛的流派。数字化通过模糊传统绘画、雕塑、电影和摄影之间

科技发展一览表

2010年	三维打印机开始投入商业应用；苹果公司发布了平板电脑iPad。
2012年	机器人被用于商业产品配送；彼得·希格斯发现了一种基本粒子，可以用来解释宇宙中质量的运作。
2013年	可穿戴式计算机开始投入商业应用；FastSound项目制作了第一张宇宙三维地图。
2014年	量子计算机被用于优化元数据。

第三十八章　全球主义：当今世界　393

了。他的作品传达了"易受大众传媒影响的人"毫无特色这一特征，或者艺术家自己所称的全球化世界的"汇合状态"。

第二种类型的数字成像可见于卡尔·西姆斯（1962—）的作品。西姆斯是位于马萨诸塞州剑桥市的麻省理工学院媒体实验室的毕业生，也是生物技术专业的学生，他设计了特殊的计算机图形技术，可以生成基因有机体以及雾、烟、雨等自然现象的抽象三维模拟。根据西姆斯的说法，他的虚拟生物图形"融合了几个概念：混沌、复杂性、进化、自我繁殖的实体和生命的本质"。

数字项目

数字技术催生了各种各样的新媒体项目，但限于篇幅，本章仅能提及其中少数案例。总体而言，这类技术推动了特定场域装置艺术在规模和复杂性上的突破。例如，由利奥·维拉里尔（1967—）推出的《海湾之光》（2013年）就将25 000个经数字编程的LED灯（发光二极管）安装到了旧金山-奥克兰海湾大桥的300根垂直钢索上。这套灯光装置每晚都发出耀眼的光芒，持续了两年（2016年后被作为永久装置）。

日本艺术家山口典子（1983—）重新设想全球通信，她戴上耳机，身着由蜂窝式便携无线电话键盘制成的紧身连衣裤，成了一部"人类移动电话"——一种电信设备，也可用来充当电视、信用卡、视频播放器、便携式音乐设备、数码相机等。那些拥有艺术家电话号码的人可以用自己的手机"拨号"给电话女孩（图38.10）。山口典子的未来主义"盔甲"是一场表演的一部分，该表演还包括交互式激光、快节奏的音乐，以及一种流行的叫作芭拉芭拉舞的日本舞蹈———种队列舞。

虚拟现实技术的新发展让人们得以沉浸在交互

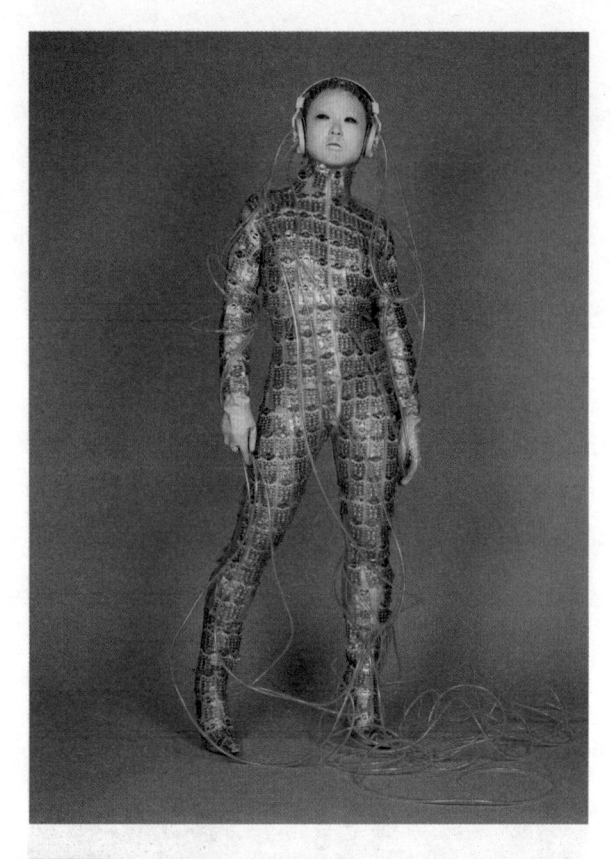

图 38.10 **电话女孩** 山口典子，2003年。这位艺术家使用的白脸妆容参考了日本的舞蹈形式"舞踏"

式的计算机模拟环境中。借助复杂的数字软件，虚拟环境——真实的和想象的——以三维形式出现在头戴式显示器、眼镜上，或出现在360度的屏幕上。高科技传感器可以检测观众的动作和命令。就像一款大型电子游戏，虚拟现实结合了幻觉、声音和语音文本。这种交互式超媒体综合了所有可获取的信息，为大脑提供了一个充满图像的游乐场。然而，虚拟现实技术的应用远远超出了今天的游戏系统，已用于教育、城市规划、医学前沿和其他领域。

也许当代艺术最令人兴奋的发展就是它为个体提供了成为创作行为一部分的机会。无论是在画廊或博物馆展出，还是通过计算机或智能手机呈现的交互式艺术项目，都让观众成为艺术创作的参与者。这类项目的独特之处在于，它们激发了艺术品与观众之间的对话，为观众提供了改变艺术品本身

触类旁通

　　当代日本艺术家特别成功地将计算机技术用于各种摄影和视频项目。森村泰昌将西方的杰作转变成夸张的滑稽模仿作品——他在作品中假扮一个或多个中心人物。在《肖像画（双子）》（图38.11）中，森村泰昌将马奈的《奥林匹亚》（图38.12）的裸体女人变成了假扮为女人、戴着金色假发、穿着镶有人造钻石拖鞋的男人。他自己充当裸体妓女和女仆的模特，重新将艺术史上一个里程碑式作品形象化，同时他暗示妓女和奴隶之间存在着交叉（"双子"即孪生）关系。森村泰昌通过"更新"马奈的《奥林匹亚》（这幅画本身就"更新"了提香的画），对这些历史经典的权威性提出质疑，也巧妙影射了二战后日本对西方文化的模仿现象。《肖像画（双子）》是一幅由工作室布景拍摄、经电脑处理的彩色照片，借鉴了时尚广告中的后现代技术。在这幅作品以及他模仿当代偶像和电影女主角（如麦当娜、玛丽莲·梦露和丽莎·明内利）的照片中，森村泰昌尖锐地挑战了关于身份和性别的经典刻板印象。

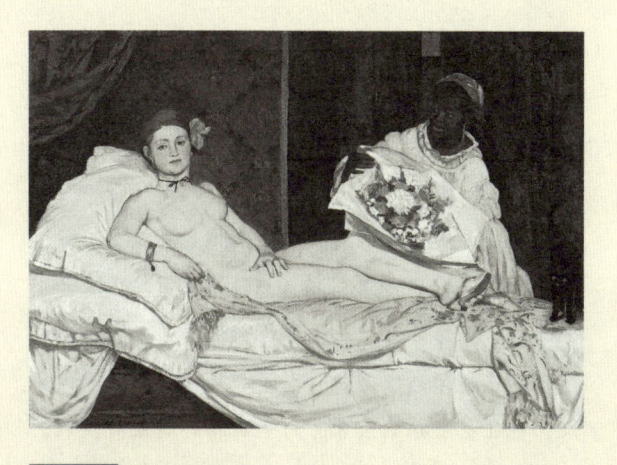

图 38.12 奥林匹亚 爱德华·马奈，绘于1863年，布面油画

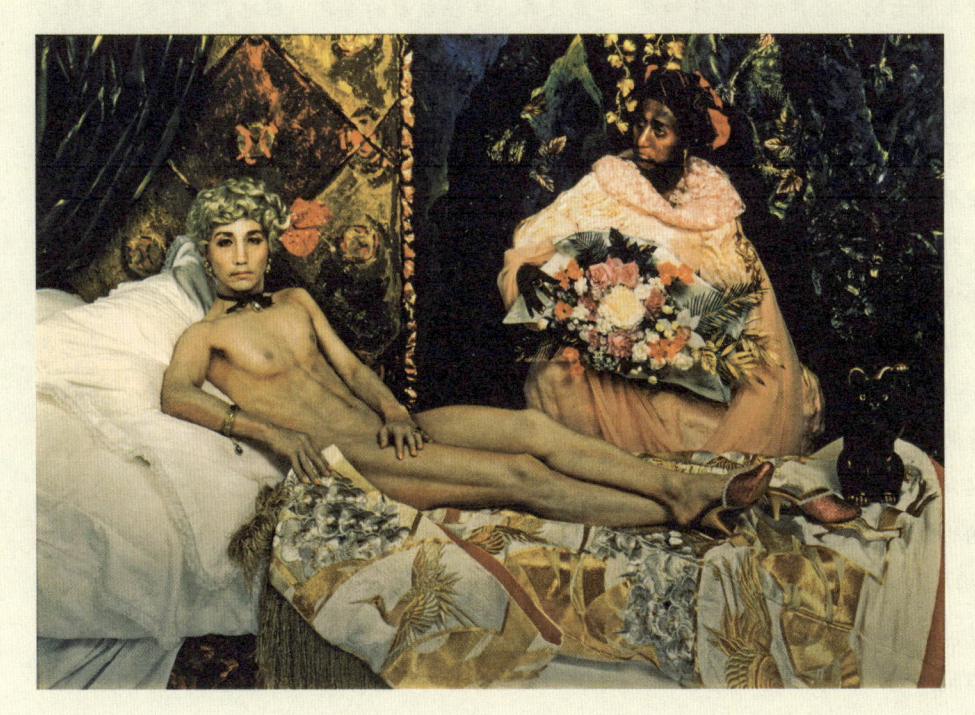

图 38.11 肖像画（双子）森村泰昌，1988年，彩色照片

第三十八章　全球主义：当今世界　395

的途径。例如，在希腊影像艺术家珍妮·马凯图（1954—）设计的交互式项目《电子夏娃》（1997年）中，"图像消费者"通过从视频片段、静态图像、计算机图形、文本和声音的数据库中做出选择（直接在计算机屏幕上点击）来创建他们自己的多媒体环境。在美国新媒体艺术家卡米尔·厄特巴克（1970—）和以色列的鲁米·阿奇托夫（1958—）的交互装置《文字雨》（1999年）中，被投射在屏幕上的观众影像与落下的虚拟字母互动，形成单词和短语。这些字母选自埃文·齐姆罗斯的诗《与你交谈》（1993年），这首诗探讨了身体和语言的关系。厄特巴克喜欢数字媒介，她称"这是一个探索身体和各种表现体系之间交互界的完美载体"。

无论是单独使用，还是与其他人一起协作使用

数字电影

数字技术已经改变了电影制作。新技术，如使视觉图像更加清晰的高清（HD）视频，已经开始全面取代电影胶片了。数字视频制作、电影复制和电脑下载视频的便捷性引发了与版权有关的重大争议，也让电影档案很容易为全世界的观众所获取。欢迎用户发布视频的YouTube网站已经成为年轻的独立电影制作人的全球性论坛，尤其是在短片和纪录片的制作方面。

计算机还彻底改变了电影的制作方式：计算机成像（CGI）技术可以创建逼真的场景，使电影制作人没有必要再使用大规模的布景和实地取景。通过计算机实现的特效能以扭曲现实的方式来实现图像并置。像纪实小说一样，电影能让虚构之事变得可信。例如，电影《阿甘正传》（1994年）就展示了不符合典型的英雄举止的主角与已故总统约翰·肯尼迪握手的情景。

数字技术使得超写实主义形象成为可能，如史蒂文·斯皮尔伯格的恐龙（《侏罗纪公园》，1993年）、詹姆斯·卡梅隆的液态金属机器人（《终结者2》，1991年），以及拉娜·沃卓斯基和莉莉·沃卓斯基在科幻三部曲《黑客帝国》（详见第三十七章的"科幻电影"部分）中的非凡特效。

《终结者》是第一部以计算机生成的变形技术为特色的电影。正如计算机成像可以创建逼真的场景一样，计算机生成的角色也可以代替人类演员。数字演员的使用（如奇幻史诗三部曲《指环王》，于2001—2003年陆续上映）模糊了传统的真人实拍电影和计算机成像动画之间的界限。数字艺术未必会危及真人实拍电影的存在，但也引发了关于原作与复制品、真实与虚拟、真相与幻觉之间的差异的深刻讨论。

最后，动画电影从20世纪初就开始经历重大变化，那时还盛行静态素描和定格动画技术。第一部完全由电脑制作的长篇动画电影《玩具总动员》于1995年上映。自21世纪以来，包括三维图形技术在内的更复杂、更高级的数字成像软件促进了范围更广的颜色、动作和特效的运用。2001年，宫崎骏的获奖影片《千与千寻》让日本动漫受世界瞩目。2008年，由华特·迪士尼电影工作室电影公司发行、皮克斯动画工作室制作的科幻影片《机器人总动员》则栩栩如生地讲述了一个古怪的小机器人清理满是垃圾的地球的故事。2009年，皮克斯制作的冒险幻想影片《飞屋环游记》成为第一部以数字3D形式呈现的动画电影。

计算机进行艺术创作，这种做法已不再为职业艺术家所独有。像"宇宙万物"（由马特·派克于2004年创建）之类的数字艺术和设计团体邀请公众（通过一个智能手机上的应用程序）使用三维打印、动态捕捉和其他新技术来创作数字艺术作品。这样的项目可以被认为是一种"众包"模式，类似于当代科学家和工程师的集体协作项目。

地球村的建筑

自20世纪60年代以来，建筑师开始利用先进的三维建模工具和复杂的动画制作软件。如今，三维打印技术可以保证在24小时内建造、装配房屋。当代技术已经可以形成折叠、碎片、倾斜和大胆的曲线等极其新潮的一些形状，这些形状与旧建筑风格中明确的轴线、锋利的边缘和清晰界定的空间形成鲜明对比。我们这个时代的建筑吸收了俄国构成主义的实验精神、后现代主义的奇思妙想与拼贴挪用，以及弗兰克·盖里令人惊叹的变形设计。但是，在当代建筑中，建筑设计的结构复杂度、构造流动性和造型表现力达到了一个更高的水平。新的"数字建筑"发展中最具活力的人物是屡获殊荣的"空想家"扎哈·哈迪德（1950—2016）。哈迪德出生于伊拉克巴格达，在伦敦接受训练，设计了一些极具创意的建筑。位于阿塞拜疆巴库的盖达尔·阿利耶夫文化中心（图38.13）反映了哈迪德逐渐从她早期建筑的破碎、棱角分明的设计风格转

图 38.13 盖达尔·阿利耶夫文化中心 扎哈·哈迪德，位于阿塞拜疆巴库，2012年。这个建筑物以向下俯冲的波浪形墙壁围出了一个会场、一个剧院和一个博物馆。三维建模、X射线分层和多视角投影是哈迪德在设计中使用的三种数字工具

向一系列蜿蜒的、抛物线式的流体形态（或称"流场"），即动态的"曲线"。这个61.9万平方英尺的建筑有一个包裹着玻璃纤维的钢筋混凝土制成的连续的表面——哈迪德在她的太空时代家具设计中也使用过下班纤维这种材料。

地球村的音乐

文化的相互依存和不同音乐传统的有意融合改变了当代音乐。受古代的、非西方的口头和器乐即兴创作形式的启发，如今的许多音乐没那么依赖正式的乐谱，反而更多地依赖耳朵。阿拉伯圣歌、印度拉格和拉丁美洲节奏的影响在爵士乐和古典音乐中都很明显。古巴的铜管乐器点缀着当代摇滚乐，亚洲乐器发出的闪烁持续音推动着新时代音乐的发展。南非黑人的街头音乐和传统的祖鲁族婚礼歌曲为美国作曲家保罗·西蒙（1941—）创作摇滚专辑《恩赐之地》（1986年）的节奏提供了灵感。

跨文化的丰富多彩

一些当代作曲家用传统的西方乐器与古代乐器（如中国的长笛或西非的大木琴）来创作丰富多彩的音乐，制作出可以通过电子手段熟练处理的织体。这些创新在谭盾（1957—）的作品中十分显著。谭盾是一位中国作曲家，他的作品包括弦乐四重奏、歌剧、多媒体作品和电影配乐等，都体现了一种文化多元化的精神：他把中国戏曲、民歌、乐器与西方音乐传统、技巧融为一体，这些传统和技巧包括中世纪的圣歌、浪漫主义的和声，以及运用水声、撕纸声和鸟叫声的大胆创新的听觉实验（约翰·凯奇的音乐风格）。

谭盾的歌剧《秦始皇》（2006年）将京剧的唱腔、中国的乐器和西方的表演风格，以及标准的西方管弦乐队结合了起来。这部歌剧由著名电影导演张艺谋执导，讲述了中国历史上第一位富有远见的、野蛮残暴的天子——秦始皇的故事。这部作品热情奔放、让人难忘，是连接东、西方的桥梁，也预示了一种新的音乐可能性的诞生。正如谭盾所预言的："歌剧将不再是西式的，就如它不再是意大利式的一样。"

当代跨文化音乐中最著名的实验之一是丝绸之路项目，该项目涉及西方音乐传统与古代丝绸之路（连接东亚和欧洲的一条庞大的贸易路线）沿线的音乐传统的交流。这个将东、西方文化连接起来而做出持续努力的想法自1998年开始，来自著名的华裔美国人、大提琴家马友友（1955—）。马友友旨在重振文化交流精神，而被他称为"古代互联网"的丝绸之路推动过这种文化交流。在当今文化多元化的时代，来自中亚各地的音乐家与马友友挑选的美国演奏家一起创作出了融合完全不同的作曲形式、乐器和演奏风格的作品。

在那些以社会议题为主题的流行音乐中，当代音乐的全球性特征也是显而易见的。牙买加音乐家鲍勃·玛利（1945—1981）将带有社会意识的雷鬼音乐带到了国际舞台上。雷鬼音乐是一种兼收并蓄的音乐风格，吸收了牙买加黑人音乐的各种形式，包括非洲宗教音乐和基督教复兴歌曲。嘻哈乐（详见第三十六章）和霹雳舞（详见第三十七章）在城市中心兴起，已经发展到国际范围。嘻哈乐这种"变异混合体"融合了多种音乐传统，包括现代风格（迪斯科、萨尔萨、雷鬼、摇滚）和古代元素（非洲的呼应式吟唱）。说唱是嘻哈在声乐上的表现，即演唱者跟随激烈的节拍，以押韵的对句有节奏地喊唱出一连串直白的、具有社会挑衅意味的词。

美国前卫作曲家约翰·佐恩（1953—）从蓝草音乐、犹太民间音乐和朋克摇滚乐中借鉴了和声与节奏技巧。名为"乐侃"的新音乐乐队呈现了五花八门的混合声音，模糊了古典音乐和流行音乐之间的界限。这个团体兼具摇滚乐队与大型室内乐团的特质，其受过古典训练的表演者与顶尖作曲家、爵士音乐家和流行艺术家密切合作。乐侃乐队的常驻实验作曲家迈克尔·戈登（1956—）创作的一部作品（《木材》，2013年）要求在一系列长度各异、音色各异的薄木板上，敲打出强烈的复节奏（既没有音高也没有旋律）。这种东方与西方、城市与民间、流行与古典风格的融合，构成了各种风格交织而成的新千年音乐。虽然一些评论家哀叹西方音乐已经分化成两种——艺术（或古典）音乐和流行音乐，但事实是这两种传统正变得越来越相似，或者更确切地说，它们都具有世界音乐的各种元素。

计算机声音

数字技术对世界音乐的创作和表演做出了巨大贡献。约翰·亚当斯的歌剧《原子博士》（2005年）探讨了罗伯特·奥本海默在原子弹诞生的过程中发挥的作用，这部歌剧利用了具有扩音效果的电子乐器和计算机视觉特效。计算机图像、红外线相机和数字投影仪构成了"制造奇观的技术"的一部分，被应用于尼可·穆利的《两个男孩》（2011年）等歌剧。歌剧《两个男孩》的灵感来自现实生活中与互联网有关的暴力犯罪。

乐器可以由计算机进行控制，而计算机本身也已经变成了"乐器"。配备微型键盘、音量控制器和踩踏板后，计算机不仅可以产生全系列声音，还可以创作和再现比人类声音或传统乐器发出的声音更微妙、更复杂的声音。声波发生器已经开始取代演播室和一些音乐表演里的真人音乐家。位于马萨诸塞州剑桥市的麻省理工学院媒体实验室的负责人托德·马乔弗（1953—）的"超乐器"项目应用了通过电子方式增强效果的乐器，以及"自制"交互式仪器。马乔弗的"机器人歌剧"《死亡与力量》（2010年）使用40台计算机、定制图像和软件映射技术，为一个由"歌剧机器人"组成的歌舞队编排舞蹈动作，令"歌剧机器人"和真人歌手一起在21世纪的第一部未来主义歌剧中亮相。

美国作曲家巴顿·麦克莱恩（1938—）利用计算机来制造音乐，用光笔在复杂的、先进的计算机显示屏上画声波轮廓，让计算机"发出"乐曲。如今，人们可以使用一台笔记本电脑和各种复杂的软件工具来"创作"和制作音乐，这种现象抛弃了传统的演奏形式，推动了古典音乐和流行音乐的民主化。在全球范围内，这一领域的终极发展可能将依托新型视觉编码语言（如Pure Data）的普及——这类语言鼓励世界各地的音乐家进行实时现场协作，即共同实时创作音乐。

地球村的舞蹈

当代编舞家越来越被社会问题和历史事件吸引，比如查尔斯·阿特拉斯的《妄想》（1994年）是对波斯尼亚公国的衰落和覆灭的沉思，保罗·泰勒的《哦，孩子》（1999年）则是对三K党的讽刺。成立于1984年的"城市丛林女性"舞团通过舞蹈揭示被剥夺权利者的历史。这支由非洲、加勒比和美国黑人女性组成的布鲁克林舞团，在充满力量的表演中汲取了非洲侨民的精神传统。孟加拉裔编舞家阿克拉姆·汗（1974—）在《家园》等独舞作品中，将印度古典卡塔克舞与当代即兴创作融合起来。

年代表

1948年	以色列成为一个独立的国家
1961—1975年	越南战争
1989年	柏林墙倒塌
2001年	基地组织的恐怖分子袭击美国
2003年	美国及其盟军入侵伊拉克
2005年	恐怖分子袭击伦敦的地铁系统
2006年	伊拉克的教派暴力冲突加剧
2008年	全球金融危机与经济衰退
2010—2012年	阿拉伯世界爆发了示威和抗议的革命浪潮（"阿拉伯之春"），迫使埃及、突尼斯、利比亚和也门的统治者下台
2011年	叙利亚爆发内战
2014年	极端组织ISIS（伊拉克和大叙利亚伊斯兰国）试图在中东建立一个统一的伊斯兰国家
2014年	巴勒斯坦加沙地区和以色列再次爆发军事冲突

在逃离被战争蹂躏的家园15年后，编舞家艾索拉（1970— ）回到越南，她研究了越南的传统舞蹈和音乐，并将其融入她编排的有关战争回忆的舞蹈作品《旱·雨》（1995年）中。这部作品以及当代编舞家创作的其他作品均反映了日本舞蹈形式"舞踏"对他们的影响。舞踏以简单而具有象征意义的动作、令人着迷的缓慢催眠式演绎为特色。"暗黑舞踏"意为"黑暗环境下的舞蹈"，源自亚洲古老的戏剧形式。另外两大知名传统也影响了当代编舞：印度古典舞蹈和德国"舞蹈剧场"，后者是一种融合了日常动作、谈话和戏剧道具（偶尔包括活体动物）的表现主义风格。

回顾

全球典范

全球主义——世界各地文化和人民的相互依存——是当代社会的新模式或典范。

数字技术连接世界各个地方，电子网络促进价值观和商品的传播。地球村一体化形势中的集体意识已经成为一个新的世界共同体的特征。

在后殖民时代，试图让现代主义的生活方式与逐渐衰落的古老传统相协调的努力对许多地区来说都是挑战，其中非洲所受的影响最为显著。

钦努阿·阿契贝的小说探究了非洲部分地区在前现代传统与现代传统之间存在的冲突。同样，非洲的视觉艺术家通常会在创作中借鉴过去的传统，并结合现代媒介进行表达。

全球主义的挑战

恐怖主义威胁着地球村的未来，是极端分子对意识形态和政治差异做出的反应。2001年9月11日，穆斯林激进组织——基地组织对美国发动了毁灭性的袭击，这次袭击在文学、视觉艺术和音乐领域引发了各种各样具有创造性、纪念性的回应。

诗人维斯瓦娃·辛波丝卡和谢默斯·希尼都在各自的作品中谈到了恐怖主义给全球共同体带来的威胁。

全球生态系统

虽然环境问题并不新鲜，但直到21世纪初期，世界各国领导人才开始合力处理全球生态系统并不乐观的健康问题。

爱德华·奥斯本·威尔逊是环境保护的早期倡导者之一，他提出了"科学人文主义"的概念。"科学人文主义"是一门重视生物多样性和健全的环境伦理的跨领域学科。

在视觉艺术中，大地艺术和绿色建筑设计让人们注意到健康的生态系统的重要性。诺曼·福斯特的节能建筑是既美观又实用，符合环境可持续性原则的工程典范。

全球主义与民族身份

民族身份已成为全球社会的一个重要主题。

移民虽然有助于不同民族人口的融合，但也激发了人们试图保持独特的民族价值观和传统的努力。在美国，大量的拉丁美洲人将独特的烹饪、音乐和舞蹈风格引入美国文化中。越来越多关注民族身份问题的女性作家和艺术家涌现，墨西哥裔美国小说家桑德拉·希斯内罗丝就是其中一个代表性人物。

正如巴勒斯坦和以色列之间持续进行的战争，与故土和民族根源有关的问题在世界许多地方引发了冲突。马哈茂德·达尔维什和耶胡达·阿米亥的诗歌表达了记忆在追求和平共处的痛苦进程中起到的作用。

地球村的视觉艺术

视觉艺术已成为全球行动主义日益重要的载体。不满于现状的艺术家通过传统媒介以及摄影、视频和数字资源来努力改变社会。

在引导人们关注边缘化群体的困境、犯罪暴力和政治动乱等议题的创作中，电影已经成为主要的媒介。

沉浸式虚拟现实环境和公共艺术项目反映了当代人对更大规模、更壮观的作品的喜爱。

数字艺术

计算机和数字技术让人们能更为便利地接触全

球艺术。

数字技术已成为创作和分享创意作品的核心手段，它不仅模糊了传统学科的界限，还推动了动画、3D成像和虚拟现实等新技术的发展。

地球村的建筑

先进的数字工具帮助建筑师（如扎哈·哈迪德）创造了一种以动态曲线为特色的未来主义建筑风格。

地球村的音乐

西方的音乐和舞蹈受到亚洲、非洲和加勒比海地区文化的影响。

流行音乐和艺术（古典）音乐的界限变得越来越不明显。

谭盾的作品、丝绸之路项目和乐侃乐队的努力代表着各式各样、千差万别的音乐传统的成功融合。

数字技术拓宽了舞台音乐的视觉奇幻程度，促进了音乐传统和风格的全球化传播。

地球村的舞蹈

当代舞蹈在编排上呈现出全球性的维度，既反映了世界事件，又体现了民族舞蹈风格的融合。